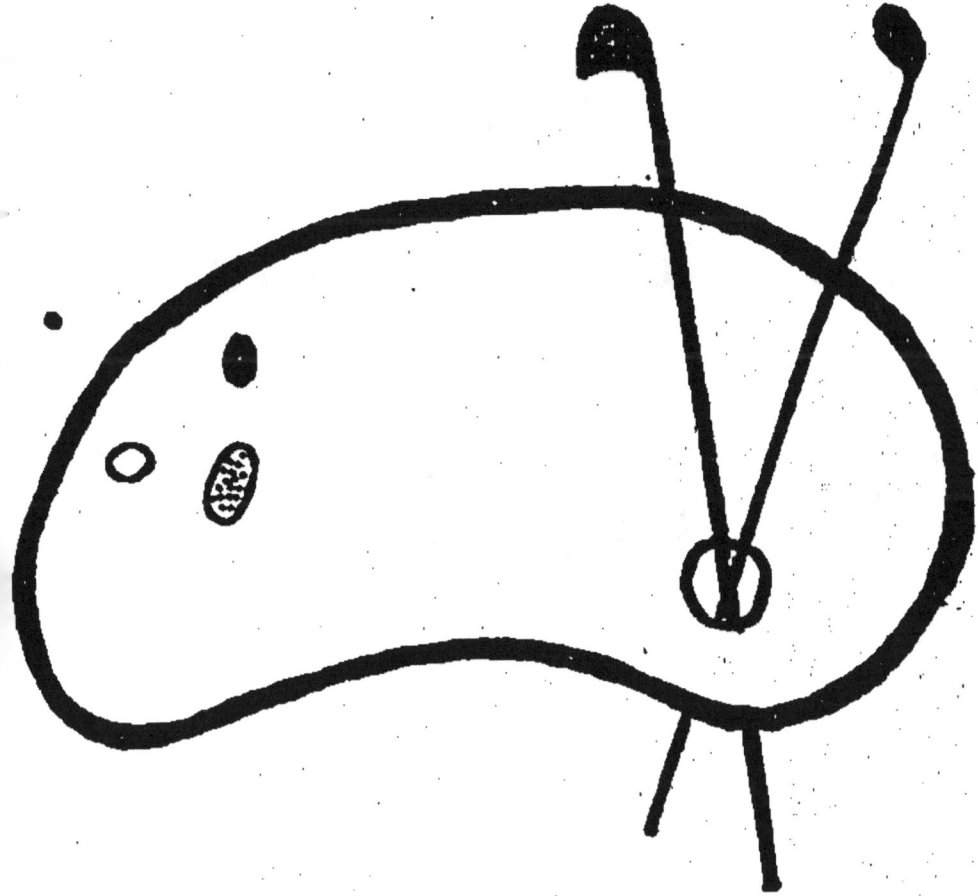

FIN D'UNE SERIE DE DOCUMENTS
EN COULEUR

LES

ERREURS JUDICIAIRES

ET

LEURS CAUSES

LISTE CHRONOLOGIQUE

DES ERREURS JUDICIAIRES (1)

ERREURS ANTÉRIEURES AU XIXe SIÈCLE

---

(1) Les noms des victimes d'erreurs judiciaires sont imprimées en PETITES CAPITALES dans la première partie du volume.

DEBUT DE PAGINATION

ERREURS DU XIXe SIÈCLE

———

Voir la table analytique à la fin du volume.

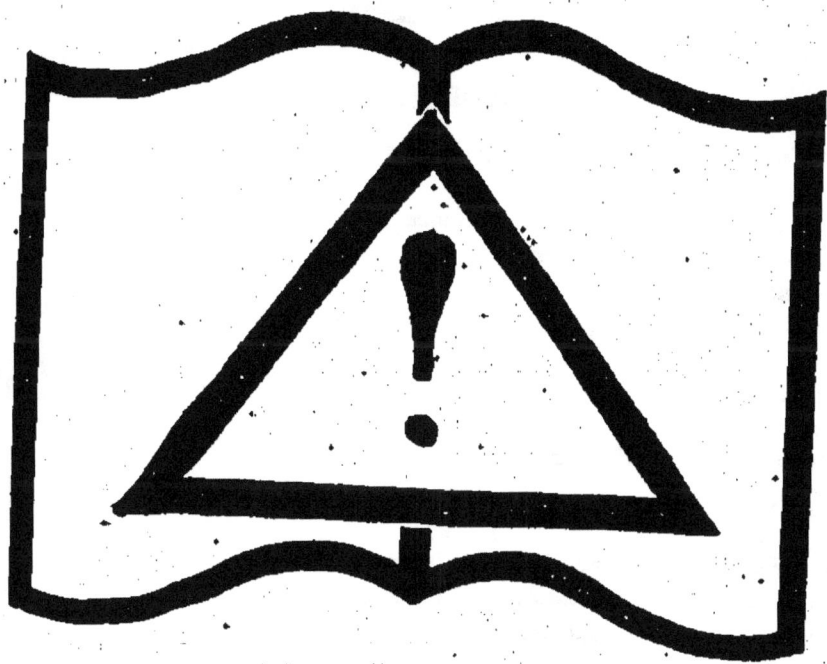

(S) OU *PAGE (S) INTERVERTI (S) A LA C(*

RETABLI (S) A LA PRISE DE VUE.

OUVRAGES CONSULTÉS

PÉRIODIQUES

Bulletin des arrêts de la Cour de cassation, rendus en matière criminelle.

Dalloz. *Répertoire de Jurisprudence.*

— *Recueil périodique.*

Gazette des Tribunaux.

Le Droit.

Gazette du Palais.

Moniteur officiel.

Journal officiel.

Revue des Deux-Mondes.

RECUEILS DE PROCÈS

Des Essarts. *Causes célèbres curieuses et intéressantes.*

Gayot de Pitaval. *Recueil des Causes célèbres.*

De Garsault. *Faits des causes célèbres.*

Guyot. *Répertoire universel et raisonné de jurisprudence.*

Duret. *Gazette des Tribunaux.*

Maurice Méjan. *Recueil des Causes célèbres.*

Saint-Edme. *Répertoire général des Causes célèbres.*

Roch. *L'observateur des Tribunaux.*

Choix des Causes célèbres les plus intéressantes (1840).

Berryer. *Leçons d'éloquence judiciaire.*

Annales du Barreau français.

Albert Bataille. *Causes criminelles et mondaines.*

B. Monteux. *Revue des procès célèbres.*

MÉMOIRES

Actions notables et plaidoyers de Messire L. Servin.

Fournel. *Mémoire pour Victoire Salmon.*

Dupaty. *Mémoire pour trois hommes condamnés à la roue.*

Mémoire pour Jean Fabry.

Lefèvre. *Une erreur judiciaire au XIXᵉ siècle (Max. Flament).*

Bresson. *Mémoire pour Vuillaume.*

Huet. *La revision du procès Lesurques.*

Bellart. *Mémoire sur la fable de l'empoisonnement de Choisy.*

Hallé. *L'affaire de Choisy.*

Nœuveglise. *Mémoire pour Bourgois.*

A. Buchot et Gauthey. *Histoire de Pierre Vaux.*

Marcou. *Une erreur judiciaire (Borras).*

Jules Huret. *Le dossier de l'affaire Pradiès-Borras.*

Renard et Pennetier. *Une erreur judiciaire (L'affaire de Malaunay).*

F. Decori. *Mémoire pour Cauvin.*

MÉDECINE LÉGALE

Brouardel. *Nouveaux éléments de médecine légale par Hoffmann (Commentaires).*

Brouardel. *Des causes d'erreurs dans les expertises (Attentats à la pudeur).*

A. Motet. *Les faux témoignages des enfants devant la justice.*

L. Germe. *Aperçu sur les erreurs médico-légales (affaire Saison).*

Ch. Desmaze. *Histoire de la médecine-légale en France.*

Annales d'hygiène publique et de médecine légale.

Revue de l'hypnotisme.

Pactet. *Les aliénés méconnus.*

Ph. Lafon. *De la toxicologie en Allemagne et en Russie (Rapport officiel).*

DIVERS

Montaigne. *Essais.*

Voltaire. *Dictionnaire philosophique.*

—   *Politique et législation.*

Daguesseau. *Plaidoyers.*

Filangieri. *Système de la législation.*

Mittermaier. *Théorie de la preuve en matière criminelle.*

Gaillard. *Des devoirs des présidents de Cours d'Assises.*

De Franqueville. *Le système judiciaire de la Grande-Bretagne.*

Cruppi. *La Cour d'Assises de la Seine.*

Ad. Guillot. *Des principes du nouveau Code d'Instruction criminelle.*

Bérard des Glajeux. *Souvenirs d'un président d'Assises.*

Maurice Talmeyr. *Sur le banc.*

Intermédiaire des chercheurs et des curieux.

Biographie des prêtres du diocèse de Cambrai.

LES
ERREURS JUDICIAIRES

PRÉLIMINAIRES

I

THÉORIES ET PRATIQUES. — LES RESPONSABLES. — UN MOT DE DAGUESSEAU.

Ce recueil d'erreurs judiciaires n'est point une œuvre de dénigrement. Nous n'avons pas, en l'écrivant, oublié le respect professionnel. Attaquer la magistrature fut si loin de notre pensée, que volontiers nous aurions dédié notre ouvrage aux magistrats eux-mêmes. A eux surtout il peut être profitable.

L'historien qui relève les fautes des gouvernements passés ne rend-il pas service aux gouvernants du jour? Plus que les autres, ceux-ci ne doivent-ils pas bénéficier des critiques de l'écrivain et puiser des enseignements dans les faits? Ainsi les magistrats qui feuilletteront ce volume trouveront, dans ce martyrologe, des avis et des exemples. Il sera pour eux une sorte de morale en action, et si jamais, au moment de signer une sentence dont leur conscience s'inquiète, le souvenir d'une de ces pages traverse leurs hésitations, leur fait poser la plume et leur évite — qui sait? — une involontaire injustice, peut-être devront-ils, aux auteurs de ce livre quelque reconnaissance.

Le tableau de tant de malheureux injustement punis fera-t-il définitivement renoncer à des pratiques abusives, contraires au Code, contraires à l'esprit de notre procédure criminelle? Il faut le souhaiter! Mais ce memorandum des faillites de la justice aurait atteint son dernier but s'il pouvait donner à tous les juges criminels une notion plus complète de leur responsabilité. De tous les procès que nous rapportons, cette responsabilité ressort, à l'évidence, et, s'il ne fallait se garder des généralisations, nous serions tentés de formuler ainsi la conclusion de notre étude : Il n'est pas d'erreur judiciaire qui ne soit imputable à un magistrat.

Dans toute affaire terminée par une condamnation erronée, l'un des juges, à un moment quelconque, a enfreint une règle essentielle de sa délicate mission; et, directement ou non, l'erreur est née de cette faute. Par penchant, plus souvent par imprudence, langueur d'esprit, désir d'arriver à un résultat ou crainte de laisser un crime impuni, le juge a pris parti contre le prévenu. Dès l'abord, il l'a tenu coupable. Il n'a pas conçu la possibilité de son innocence, et, pour découvrir la vérité, il a cru qu'il suffisait de chercher des preuves de culpabilité.

Cette violation des principes, le magistrat la commet en toute probité, sans que sa conscience lui reproche rien. Les meilleurs s'y laissent aller; c'est l'entraînement professionnel. Ils croient bien faire, et préparent « des condamnations plus crimineuses que le crime » (1). Et cela, parce qu'une qualité leur manque, une qualité qui peut devenir un défaut chez d'autres hommes, mais qui devrait être la vertu maîtresse du juge criminel, l'inquiétude d'esprit « qui fait, dit Renan, qu'après avoir trouvé le vrai, on le cherche encore », qualité indispensable, sans laquelle il n'y a pas de justice criminelle, car

---

(1) Montaigne, *Essais*, livre III, chap. XII).

la justice criminelle n'a pas le droit de se tromper. *Il ne devrait pas y avoir d'erreur judiciaire.*

Cela n'est pas un paradoxe. Le juge criminel, en effet, ne doit pas condamner s'il ne peut appuyer sa conviction sur une certitude absolue. Si la culpabilité n'est pas d'une évidence telle que l'innocence apparaisse comme impossible, le magistrat doit se réfugier dans le doute et clore le procès par un acquittement.

Acquitter, ce n'est pas nécessairement proclamer l'innocence, ce n'est pas forcément réhabiliter, c'est aussi déclarer qu'il n'y a pas de charges suffisantes pour condamner le prévenu ; il est peut-être coupable, mais il peut être innocent ; et, si légère soit-elle, l'incertitude profite à l'accusé. Ce corollaire banal de la présomption d'innocence est la loi dominante de l'instruction criminelle. Les philosophes, les législateurs, les juristes l'ont formulé de tout temps.

Huit cents ans après la loi Trajan (1), Charlemagne l'enseignait à ses *Missi* :

« Qu'un juge, écrivait-il, ne condamne jamais qui que ce soit sans être sûr de la justice de son jugement ; qu'il ne décide jamais de la vie des hommes par des présomptions. Ce n'est pas celui qui est accusé qu'il faut considérer comme coupable, c'est celui qui est convaincu ; il n'y a rien de si dangereux et de si injuste au monde que de se hasarder sur des conjectures. »

Neuf siècles plus tard, Voltaire, dans son *Dictionnaire philosophique* (2), précisait la pensée de Charlemagne :

« Il n'y a nulle certitude, dès qu'il est physiquement et moralement possible que la chose soit autrement. Quoi ! il faut une démonstration pour oser assurer que la surface d'une sphère est égale à quatre fois l'aire de son grand cercle, et il n'en faudra pas pour arracher la vie à un citoyen par un supplice affreux ? »

_____

(1) Sed nec de suspicionibus aliquem damnari oportet. Satius quippe est impunitum relinqui facinus nocentis, quam innocentem damnari (Loi 5, *De pœnis*, Loi de Trajan).

(2) Au mot *Certitude*, T. XXXVIII.

De la présomption d'innocence, la Constitution fit un des droits de l'homme et du citoyen (article 9).

Enfin, dans la première moitié de ce siècle, un grand, un très grand criminaliste, le professeur Mittermaïer (1), analysait ainsi les éléments de la certitude judiciaire :

« La certitude veut qu'un effort sérieux et impartial la précède, approfondissant et écartant les moyens qui tendraient à faire admettre la solution contraire. *Celui qui désire conquérir la certitude ne ferme jamais la porte au doute*; bien mieux, *il s'arrête à tous les indices qui l'y pourraient conduire*; et c'est quand il l'a complètement fait disparaître que sa décision seulement devient irrévocable.

« Ces principes, pour le dire en passant, donnent au procès par inquisition, quand son organisation est sagement combinée, une portée puissante, un caractère imposant. Car l'inquisiteur se livre avec une *ardeur égale* à la recherche des matériaux qui pourraient plus tard aider à la défense. Il relèverait, avec soin, le plus léger indice, même contre un témoin à charge, s'il en pouvait résulter que ce témoin mène une vie peu honorable, ou que sa véracité doit être suspecte, ou enfin qu'il soit l'ennemi personnel de l'accusé.

« La certitude ne peut exister qu'autant qu'ont pu être écartés tous les motifs puisés dans les pièces qui *tendraient* à faire regarder l'inculpation comme reposant *peut-être* sur une impossibilité, ou qui viendraient fonder un résultat positivement contraire à celui fourni par les autres motifs...

« Et les motifs qui ne s'appuieraient que sur une possibilité en sens contraire, l'esprit veut les voir écartés avant que la certitude prédomine...

« *Tant qu'il resterait l'ombre d'un doute, il n'y aurait plus de certitude possible pour le juge consciencieux.*

« En ce qui concerne les circonstances simplement *imaginables* quoiqu'inaccoutumées, l'esprit ne saurait davantage les passer sous silence, dès que dans la cause il existe des indices, pour si légers qu'ils soient et établissant une probabilité, même la plus éloignée.»

Vieilles et belles théories qu'on ne discute plus, mais qu'on n'a jamais respectées. Antiques vérités devenues

_____

(1) Mittermaïer, 1787-1867, professeur à Heidelberg en 1834, président de l'Assemblée nationale de Bade. Son principal ouvrage (*Théorie de la preuve en matière criminelle*), auquel nous empruntons ces lignes, a été traduit en 1848 par un magistrat français, M. Alexandre.

des clichés rebattus sans avoir cessé d'être lettres mortes. Si le juge criminel voulait s'en pénétrer, sa fonction serait une mission admirable, tandis qu'aujourd'hui, le plus soucieux de sa dignité, trop souvent ne fait de sa charge qu'un honorable métier.

Imbu des dogmes judiciaires, assistez à une audience correctionnelle, entendez quelques interrogatoires, lisez un acte d'accusation, allez mettre votre oreille à la porte d'un cabinet d'instruction, et demandez-vous ce que deviennent dans la pratique les règles fondamentales de notre droit criminel. Il vous semblera bientôt que c'est la présomption de culpabilité qui en est la base.

Sortez du Palais: Prenez garde de ne pas croiser dans la rue un maniaque atteint du délire de la persécution. S'il vous accusait d'un crime, fût-il absurde, la foule vous dénoncerait au premier gardien de la paix venu, vous seriez arrêté, conduit au prochain poste, interrogé, fouillé, rudoyé, mis au violon, tandis qu'on irait questionner sur vous et sur les vôtres votre concierge et vos voisins. Ne soyez pas en difficulté avec ceux-ci surtout. Les renseignements fournis sur votre compte seraient déplorables ; les journaux les reproduiraient le lendemain ; on vous enverrait au dépôt et vous resteriez détenu pendant des semaines pour peu qu'une coïncidence fâcheuse vous eût rendu suspect au magistrat chargé de l'enquête ouverte *contre* vous. Cependant à chaque étape, tel Candide se consolant de ses maux avec la phrase de Pangloss, vous répéteriez avec raison : « Le doute me profite ; je suis présumé innocent! » Mais si l'aventure se poursuivait jusqu'à l'audience, vous seriez vraisemblablement tenté de redire ce mot qu'un de nos confrères prêtait un jour à un sien client :

Le président avait terminé par cette apostrophe, quelque peu partiale, l'interrogatoire de l'inculpé :

— Assez, prévenu, taisez-vous !

—M. le président, répondit l'autre, le plus prévenu de nous deux : ce n'est pas moi.

La réponse a-t-elle jamais été faite ? Nous n'en garantissons pas l'authenticité, mais elle eût bien pu venir à la pensée de quelque impertinent qui aurait cherché le mot dans le dictionnaire et qui se serait rappelé cette double définition :

Prévention. 1° Opinion qu'on se forme avant examen sérieux. — 2° Etat d'un accusé avant le jugement.

*
**

En montrant les irréparables malheurs qu'entraîne l'oubli des principes, peut-être ce recueil amènera-t-il quelqu'amélioration dans les coutumes judiciaires. Mais si les magistrats pour en tirer profit doivent un peu « briser l'os » de nos documents, nos confrères n'auront qu'à les compulser pour y puiser de l'expérience toute faite. Ils y verront la valeur de certaines dépositions de témoins et de certains rapports d'experts; ils y apprendront à se défier de l'opinion publique qui parfois isole l'avocat entre l'hostilité injurieuse de la foule et l'ironique bienveillance de la Cour. Ils y apprendront à entendre les sarcasmes des uns et les insultes des autres sans laisser s'ébranler leur foi en l'innocence de leur client. Ils se rappelleront, pour les redire aux jurés et aux magistrats, ces belles paroles de Daguesseau qui pourraient servir d'épigraphe à ce livre (1).

« Nous ne pouvons, nous autres magistrats, traiter les
« affaires humaines qu'humainement. Nous devons sa-
« voir que tout ce qui fait la matière des jugements est
« du ressort de la jurisprudence dans laquelle on juge les
« choses, non selon ce qu'elles sont en elles-mêmes, mais

---

(1) Daguesseau — 2ᵉ plaidoyer dans la cause du sieur de la Pivardière, p. 531.

« ce qu'elles paraissent être au dehors. Nous devons
« nous humilier à la vue du néant de la science et si nous
« osons le dire, à la vue du néant de la justice, qui dans
« les questions de fait est forcée de juger sur leurs om-
« bres, leurs figures, leurs apparences » (1).

Puissent-ils emporter enfin de cette lecture la conviction que la défense des accusés est, en dépit des railleurs
obtus, une des plus glorieuses besognes humaines. L'accusé, si compromis soit-il, eût-il fait des aveux (2), peut
n'être pas coupable. Et l'on se demande s'il n'est pas encore plus méritoire d'arracher un innocent à la Justice,
qu'un malade à la mort?

II

DÉFINITION. — ERREURS « OFFICIELLES ». — ERREURS LÉ-
GENDAIRES. — L'AFFAIRE LESURQUES. — ERREURS DOU-
TEUSES. — SIRVEN ET CALAS. — PROCÈS POLITIQUES. —
VIEILLES ERREURS.

Notre but, n'a point été d'écrire de dramatiques
comptes rendus où nous eussions exploité « la condition
lamentable de l'innocent, à qui la précipitation et la procédure ont trouvé un crime (3). » L'horreur des condamnations imméritées n'était pas notre sujet.

Nous avons voulu tirer de ce recueil de jugements

_____

(1) « La justice et la vérité, avait déjà dit Pascal, sont deux pointes si
subtiles que nos instruments sont trop émoussés pour y toucher exactement. S'ils y arrivent ils en écachent la pointe et appuient tout autour
plus sur le faux que sur le vrai » (Pensées).

(2) L'aveu est un phénomène contre nature (Filangieri, Système de la
législation, Ch. 3, p. 179). Sur la valeur des aveux voir, entre autres, l'affaire
La Roncière, l'affaire Chaminade et l'affaire Doise.

(3) Labruyère, De quelques usages, n° 52.

erronés des enseignements pratiques. Il était donc indispensable que l'erreur, base de notre argumentation, ne pût être mise en question.

Aussi n'avons-nous enregistré que les erreurs certaines, indéniables ; les erreurs en quelque sorte « officielles ». Nous n'avons relaté que les affaires où notre conviction de l'innocence du condamné, s'appuyait sur un document authentique : *Nouveau jugement ou nouvel arrêt ;—décision d'une assemblée législative ou déclaration d'un garde des sceaux* (1). C'est seulement sous la garantie de telles autorités qu'il est permis de méconnaître l'autorité de la chose jugée. Et, pour que le lecteur ne s'y trompât point, nous avons classé sous deux rubriques les erreurs rapportées dans notre seconde partie :

I. — *Les erreurs judiciaires judiciairement reconnues,* comprenant : 1° Les procès revisés ; 2° les acquittements après un premier arrêt de condamnation cassé, lorsque les seconds débats ont démontré l'innocence.

II. — *Les erreurs judiciaires reconnues par les pouvoirs publics.*

Des autres, nous n'avons pas voulu tenir compte (2). Et c'est ainsi que dans l'historique des erreurs judiciaires, nous n'avons pas fait figurer l'affaire Lesurques.

*
* *

Lesurques est, cependant, le prototype de la victime judiciaire. Victor Hugo, qui plaidait pour son fils, dans le procès de l'*Événement,* faisait de l'innocence du condamné Lesurques son principal argument contre la peine de mort:

_____

(1) Notons que dans l'affaire La Roncière, il n'y a eu qu'une réhabilitation, mais suivie de la promotion du condamné dans l'ordre de la Légion d'Honneur et de sa nomination au gouvernement supérieur de diverses colonies. Cela nous a paru suffisant pour admettre l'erreur.

(2) De Regnier, de Redon, du Dr Laffîte, par exemple, quelque probable que soit leur innocence, nous n'avons pas parlé.

— Si tu avais besoin, disait-il à son fils, d'une pensée pour t'affirmer dans ton exécration de l'échafaud, dans ton horreur des peines
irrévocables et irréparables, songe que tu es assis sur ce banc, où s'est
assis Lesurques.

Quelle que soit l'opinion de chacun, quelque sérieuses que puissent être les raisons de supposer Lesurques
victime d'une effroyable ressemblance (1), le procès
du courrier de Lyon n'avait point à figurer dans ce recueil.

Avant d'en expliquer le motif : rappelons très brièvè-
ment les faits :

Dans la nuit du 8 floréal an IV, la malle-poste de Paris
à Lyon fut attaquée par des malfaiteurs à Lieursaint,
entre Montgeron et Melun ; le courrier fut assassiné ;
7.000.000 d'assignats, 16.000 francs d'argent furent déro-
bés. L'instruction ouverte aboutit à des premiers débats,
où comparurent cinq accusés, parmi lesquels Couriol et
Lesurques.

Ce dernier protestait énergiquement de son innocence.
Couriol qui avouait sa propre culpabilité, affirmait que
Lesurques n'avait point pris part à l'agression.

Cependant Lesurques, contre lequel plusieurs charges
s'élevaient, notamment la reconnaissance de six témoins,
fut condamné à mort et exécuté.

Cinq ans plus tard, on arrêtait un nommé Dubosq qui
fut accusé d'avoir participé à l'attaque du courrier de
Lyon, et qui fut condamné à mort, le 1er nivôse an IX.

Ce Dubosq ressemblait, paraît-il, à Lesurques.

C'est sur cette ressemblance que l'opinion publique a
créé la légende perpétuée par le théâtre : il n'y avait que
cinq coupables ; on a condamné six individus. Il y a donc

---

(1) Voir les rapports favorables du procureur général Douet d'Arcq, en
1823 ; de M. Brosselard, chef du bureau des grâces au ministère de la
justice en 1834 ; et de M. de la Boulie en 1851, à l'Assemblée législative.
Ajoutons qu'en 1824 une première restitution de 254.000 francs et en 1835
une seconde de 222.000 francs furent consenties aux héritiers de Lesurques.

eu un innocent frappé. Cet innocent Couriol l'avait nommé : c'était Lesurques.

Ce raisonnement est fondé sur une inexactitude. Il n'est pas prouvé qu'il n'y eût que cinq coupables. Il peut n'y avoir eu, en réalité, que cinq auteurs du crime ; mais aussi, il n'y a eu que cinq accusés condamnés comme tels. Pour Dubosq, le sixième, le jury a répondu qu'il n'était point un des *auteurs* de l'assassinat : il l'en a déclaré *complice*.

L'arrêt de la Cour de cassation, rendu le 17 décembre 1868 (1) expose d'une façon très complète, pourquoi l'innocence de Lesurques ne put être juridiquement proclamée et reste douteuse.

Nous détachons de l'arrêt ces passages topiques. Ils expliquent comment dans une étude sur les erreurs judiciaires *indiscutables*, il est impossible de citer l'affaire du courrier de Lyon.

Attendu, porte l'arrêt, que la demanderesse fait ressortir la contradiction qu'elle invoque, de ce que, selon elle, le crime aurait été commis par cinq personnes seulement, dont l'une avait pris place dans la malle-poste au départ, et les quatre autres étaient venues attendre l'approche de la malle aux villages de Montgeron et Lieursaint, voisins du lieu où le crime allait se commettre et étaient retournées ensemble à Paris, après son exécution ; au nombre de ces individus était un homme de trente deux-ans, à chevelure blonde et au teint blême ;

Que cet homme était Dubosq, mais que sa ressemblance avec Joseph Lesurques avait fait prendre, durant la première instruction, ce dernier pour Dubosq et avait amené sa condamnation ;

Que, plus tard, Dubosq a été arrêté et condamné pour le même crime à la peine capitale ;

Que, cependant, un seul, de Dubosq ou de Lesurques avait été vu à Montgeron et à Lieursaint ;

Qu'un seul avait pu, par suite, être présent au crime et concourir à sa consommation ; d'où résultait que les deux condamnations qui les avaient frappés l'un et l'autre étaient inconciliables ;

---

(1) La Cour de cassation fut saisie à cette date, par la fille de Lesurques, d'une demande en révision que la nouvelle loi de 1867 venait seulement de lui permettre d'introduire.

Mais attendu d'abord qu'aucun témoin n'ayant vu commettre le crime, n'a pu déterminer avec certitude le nombre des personnes qui avaient coopéré à sa perpétration;

Qu'il se pourrait, qu'après le départ de Montgeron et de Lieursaint des quatre individus qui y avaient été remarqués, d'autres se fussent joints à eux, eussent concouru au double assassinat et se fussent séparés après;

Que d'autre part, même en supposant, avec la requête, qu'un seul, de Dubosq ou de Lesurques, eût pu se trouver sur le lieu du crime et avoir participé à son exécution, il ne pourrait y avoir contradiction entre les deux condamnations qu'autant que Lesurques et Dubosq auraient tous deux été déclarés coupables d'avoir concouru à sa consommation;

Attendu, en ce qui concerne Lesurques, que le jury de l'an IV a déclaré que le double assassinat et le vol étaient constants et que Lesurques était convaincu d'avoir, sans provocation et hors le cas de légitime défense, participé à cette action, ce qui constatait suffisamment sa présence sur le lieu où elle se passait et que Lesurques fut condamné à mort comme auteur, par application des art. 11 et 14, tit. II, section 2, de la loi de 1791, qui punissent les auteurs d'assassinat;

Mais attendu... que sur sept témoins qui avaient, en l'an IV, reconnu Lesurques, pour être l'homme à la chevelure blonde et au teint blême qu'ils avaient vu à Montgeron et à Lieursaint, avant le double assassinat, et qui furent rappelés à l'audience et confrontés avec Dubosq, six persistèrent à déclarer que l'homme à la chevelure blonde était Lesurques et non Dubosq.

Que l'autre témoin, la femme Alfroy, revint seule sur sa première déposition et affirma qu'elle s'était trompée primitivement et que maintenant elle reconnaissait parfaitement Dubosq pour être l'individu dont il s'agissait; que cette dernière déposition était appuyée par des déclarations dans le même sens qu'avaient faites plusieurs des accusés.

Que, de plus, Dubosq était désigné comme un des quatre individus qui avaient pris à Paris, dans l'écurie de Bernard, les chevaux à l'aide desquels le crime devait se commettre et comme étant un de ceux qui avaient pris part au partage des effets volés.

Qu'en présence de ce débat, le jury appelé à choisir entre Dubosq et Lesurques, déclara que Dubosq n'était pas l'un des auteurs du crime, mais sur des questions subsidiaires de complicité, le jury le déclara convaincu d'avoir aidé ou assisté ces auteurs, volontairement et avec préméditation;

Attendu que, si les éléments constitutifs de cette aide et de cette assistance ne sont énoncées, ni dans les questions posées, ni dans les réponses, il y est suppléé par le texte de la disposition répressive qui a été appliquée, l'article 1er du titre III de la loi du 25 septembre-6 octobre 1791, qui a servi de base à la condamnation, et auquel se référaient virtuellement les questions et les réponses, article transcrit dans le jugement et qui est ainsi conçu :

« Lorsqu'un crime aura été commis, quiconque sera convaincu « d'avoir sciemment et dans le dessein du crime, aidé ou assisté le « coupable ou les coupables, soit dans les faits qui ont préparé ou « facilité son exécution, soit dans l'acte même qui l'a consommé, « sera puni de la peine prononcée par la loi contre les auteurs du « crime. »

Attendu, qu'en répondant affirmativement à ces questions, implicitement alternatives, le jury qui venait de déclarer que Dubosq n'avait pas pris part comme auteur à l'exécution du crime, n'affirme nullement que l'assistance de celui-ci ait été prêtée sur le lieu même du crime et dans les faits qui l'ont consommé; que cette réponse permet au contraire d'admettre que c'est dans les faits qui ont préparé le double assassinat et le vol que Dubosq a prêté son assistance;

Attendu que, surtout quand il s'agit, comme dans l'espèce, d'un crime commis en bande, prémédité longtemps à l'avance, loin du lieu même de l'exécution, et qui exigeait de nombreux préparatifs, une pareille assistance peut se produire sous différentes formes, en divers lieux et temps; que, chaque acte d'une complicité de ce genre, s'il y en a plusieurs, peut se former de circonstances différentes; que cette complicité n'implique donc pas nécessairement la présence de Dubosq à Montgeron dans la soirée du crime, ni au lieu de l'exécution; qu'ainsi, les deux condamnations ne sont, même au point de vue de la requête, ni contradictoires, ni inconciliables;

Attendu enfin, que si, quand la justice est appelée à statuer sur le sort d'un accusé, l'innocence de celui-ci doit être présumée jusqu'à preuve contraire, et si le doute doit être interprété en sa faveur, ce principe reste sans application possible lorsque l'accusé a été condamné par une décision passée en force de chose jugée, et que le procès se fait, non plus à l'accusé, mais à l'arrêt de condamnation;

Que c'est alors la décision de la justice qui est protégée par la présomption légale, présomption qui ne peut tomber que devant une preuve administrée dans les conditions exigées par la loi...

... Déclare la demande non recevable (1).

_____

(1) *Bulletin de la Cour de Cassation*, 1868.

Malgré cet arrêt de la Cour suprême, l'opinion n'admettra jamais que l'innocence de Lesurques fasse encore question et l'âme de la foule perdrait une de ses chères illusions, si l'on découvrait une preuve imprévue de la culpabilité de celui que le théâtre et le roman ont sacré martyr.

Dans le débat, toujours ouvert, nous n'avons pas voulu prendre parti.

L'erreur est discutable ; cela nous a suffi. Nous nous sommes inclinés devant l'arrêt de la Cour suprême et nous avons considéré que la justice ne s'était pas trompée.

L'abstention dans le doute ! Le but de notre ouvrage est de faire de cette règle trop négligée le souverain dogme judiciaire. C'est bien le moins que nous prêchions d'exemple et que nous fassions bénéficier de l'incertitude les magistrats et les jurés de l'an IV (1).

* * *

Au contraire de l'affaire Lesurques, quelques erreurs que nous rapportons sont encore discutées par l'opinion.

Longtemps après la réhabilitation, on a mis en doute l'innocence de M. de la Roncière. Beaucoup croient encore à la culpabilité de Borras. La presse judiciaire a toujours paru admettre que dans l'affaire Cauvin l'acquittement de Cauvin fut la seule erreur commise.

Plus d'un malheureux a pu faire revenir sur un jugement erroné la justice, mais non la foule.

A ceux qui s'étonneraient de nous voir admettre sans réserve ces erreurs contestées par certains, nous deman-

---

(1) Sur la culpabilité ou l'innocence de Lesurques, en dehors des documents officiels, voir l'*Intermédiaire des Chercheurs*, t. XXII, colonnes 324, 412, 442, 465, 523 ; XXXIV, 580, 683. Numéro du *Soleil* du dimanche 11 août 1888. Voir enfin sur « la révision du procès Lesurques devant l'opinion », une brochure de M. Huet, membre honoraire de la chambre des Avoués (Dentu, 1869), concluant à l'innocence.

dons de parcourir ce volume. Ils verront quelle résistance désespérée et désespérante oppose aux demandes
en révision toute la hiérarchie judiciaire ; ils verront
quelle coalition d'intérêts, ou si l'on veut de convictions
et d'amours-propres, se forme nécessairement contre l'innocent condamné ; ils réfléchiront que sa réhabilitation
paraît une sorte d'échec pour le juge qui a prononcé la
sentence, pour le procureur qui l'a réclamée, pour le
magistrat instructeur qui l'a préparée, ils constateront
que l'infortuné a contre lui tous ceux qui collaborèrent
à son procès, jusqu'au gendarme qui l'a saisi, jusqu'au
témoin qui l'a chargé ; ils s'effraieront de l'écrasante
montagne de préventions et de présomptions qui pèse
sur la porte de sa cellule ; ils comprendront combien
fort dut apparaître le doute pour ébranler cette porte
close, combien puissante dut éclater la vérité pour qu'a-
vant l'heure, la prison se rouvrît.

Et puis, répétons-le, nous ne discutons l'innocence ni
la culpabilité d'aucun des accusés dont nous relatons les
procès judiciairement ou législativement revisés.

Pour nous, *condamner dans le doute, c'est condamner à
tort*, et celui-là fut mal jugé dont la culpabilité a paru
si peu certaine aux pouvoirs publics, après la condamnation, qu'ils ont dû réparer l'erreur du juge qui avait
requis ou prononcé la peine.

*⁎
⁎ ⁎

Mentionnons pour simple mémoire quelques affaires
curieuses que nous avons trouvées citées, çà et là, sans
indication de sources, sans date précise.

Du nombre est l'affaire Beaupré, une des rares où le
juge ait eu à supporter les responsabilités civiles de son
erreur (1).

_____

(1) En 1720, à Saumur, le sieur de Beaupré, écuyer, fut condamné à la

Citons aussi le cordonnier Lerouge (1), dont le procès rappelle par certains détails l'affaire Lesurques. Il s'agit, là aussi, d'une ressemblance fortuite qui entraîne la condamnation d'un innocent. Nommons encore Paul Hubert, la veuve Bizerte, Pierre Berthe, etc., etc.

Faute de renseignements précis, nous n'avons pas fait figurer dans notre livre ces erreurs que rien n'établissait d'une manière officielle. Nous les signalons simplement, laissant à des chercheurs plus heureux le soin de faire revivre ces procès d'après des documents authentiques.

*
* *

De Sirven, de Calas — cités presque aussi souvent que Lesurques, — nous n'avons pas non plus rappelé les condamnations. Ceux-là (et combien d'autres dont les procès sont moins anciens) ne furent pas punis par erreur. C'est la passion religieuse, ce sont les haines politiques qui les ont sacrifiés. On ne les *crut* pas, on les *voulut* coupables.

« En politique, il n'y a pas de justice ». On a souvent répété ce mot qui n'est point une boutade, mais la formule concise d'une exacte vérité. Pour ne parler que du passé, on peut dire que la justice, saisie de poursuites contre les adversaires des puissants du jour, a constamment et facilement trouvé des preuves de culpabilité. Dans les procès politiques, aux yeux du juge, quel qu'il fût, le gouvernement incarnait la société dont le magis-

---

roue. Son innocence fut ensuite reconnue et ses juges condamnés à payer à sa veuve 13.000 liv. d'indemnité.

(1) Le cordonnier Lerouge fut exécuté à Aix en 1793. Dix personnes l'avaient vu, en plein jour, assassiner son propriétaire. Longtemps après, sur l'échafaud même, un homme condamné pour un autre crime, s'accusa auprès du prêtre qui l'assistait d'avoir laissé périr un innocent. C'est lui qui avait commis le crime que Lerouge avait expié ; il avait pris pour le commettre la perruque et le tablier de Lerouge. Une vague ressemblance avait complété l'illusion.

trat est par fonction l'appui, le défenseur. En face d'un
adversaire qui revendiquait son droit d'attaquer ce gouvernement, le juge croyait de son devoir de condamner,
de condamner quand même. Il lui semblait qu'acquitter
c'eût été trahir.

Sans songer toujours à son intérêt personnel, sans
obéir toujours aux bas calculs que ses ennemis lui prê-
taient, il voulait dans la mesure de ses forces « conjurer
le péril social », et, le plus souvent, sans rien sauver, il
compromettait le prestige de la justice.

Le plus scrupuleux agissait en cette matière avec d'autant moins d'hésitation qu'il savait mieux son histoire et
n'ignorait pas que les lois d'amnistie font souvent des
déportés de l'an passé les ministres de l'an prochain.

Donc, point d'erreurs judiciaires politiques. Il y a eu,
sous tous les régimes, ce que par un euphémisme commode on appelle « des nécessités gouvernementales ».
La raison d'état a des raisons que l'équité ne comprend
pas. Sans rapport avec la justice, les procès qu'elle tranche sont donc sans rapport avec un ouvrage de critique
et d'histoire judiciaires.

*
* *

Pour des motifs analogues, nous avons — dans notre
revue des anciens procès — absolument négligé tous les
jugements prononcés contre les magiciens, sorciers et
autres criminels punis pour leur commerce avec les démons (1).

Ceux-là furent victimes, non de l'erreur, mais de l'ignorance humaine. On pourrait leur consacrer de longs vo-
lumes à eux et à tous les malheureux que la variabilité

---

(1) La magie est un crime, soit qu'on le regarde comme les effets du commerce avec les démons, ou comme maléfice tendant à la destruction des
hommes ou des animaux utiles aux hommes. Ce crime est presque toujours puni de mort (De Garsault, *Faits et Causes célèbres*, préface, 1757).

des lois fait criminels un jour, innocents le lendemain.

Au temps d'Urbain Grandier, la magie était punie de mort ; mais l'inceste, mais « la fornication du tuteur à sa pupille, du geôlier à sa prisonnière et du valet à la fille de son maître », mais le blasphème envers Dieu, ses saints et ses mystères, étaient également frappés du dernier supplice. Crimes disparus !

Le temps passe, les mœurs se modifient et tels qui furent pendus sous Louis XVI, eussent pu se marier sous Napoléon : avec une dispense de l'Empereur, ils eussent fait souche de braves gens.

Au reste, une Révolution n'est pas nécessaire pour rayer un délit du Code. La grève était proscrite avant 1867 ; elle est, depuis trente ans, un droit légalement reconnu. Qui sait, si les hasards d'une législature ne viendront pas enlever, quelque jour, au travailleur son arme sociale ? Le droit alors redeviendrait délit.

Le mendiant, le vagabond sont passibles de trois mois à six mois d'emprisonnement. Sans doute nos enfants s'étonneront d'un texte pénal, qui jette en cellule avec le malfaiteur, l'homme qui, pour toute faute, a manqué de gîte et de pain.

* *

Mais si les codes obéissent à la loi de transformation générale qui régit le monde, seule, au milieu du perpétuel « devenir », l'âme du juge reste immuable. Que la sentence date du seizième siècle ou d'un des derniers jours du siècle finissant ; qu'elle soit rendue au nom du Roy ou (République française) au nom du Peuple français, c'est toujours à peu près du même homme qu'elle émane. — Qu'il ait appris le droit dans les livres de Muyars de Vouglans, ce juriste à l'esprit de bourreau, ou qu'il admire la philosophie compatissante des lois de pardon de M. Bérenger, il cède aux mêmes tendances, aux mêmes entraînements, aux mêmes instincts.

A cent ans de distance, deux juges se ressemblent comme deux frères élevés par des maîtres différents. Ils ont beau n'être point de la même école, ils ont conservé des traits de caractère communs, des façons de parler, des dispositions d'esprit et des manières d'être pareilles. Il suffit de lire dans Gayot de Pitaval ou dans Des Essarts, quelque vieille « cause célèbre » pour constater dans la grande famille judiciaire ce qu'on pourrait appeler l'atavisme professionnel, et l'on s'aperçoit que rien ne rappelle la Justice d'autrefois autant que la Justice d'aujourd'hui. La procédure diffère : les procédés sont d'une désolante analogie.

En 1754, la veuve du prévôt de Hauzen accusa de vol un juif alsacien, nommé Hirtzel Lévy. Devant le bailli de Ribeaupière, chargé de l'affaire, l'accusé invoqua un alibi et protesta de son innocence avec une énergie telle que la plaignante, après avoir varié dans ses dépositions, hésita, se troubla, fut sur le point de retirer sa plainte.

— Prenez garde, lui dit alors le bailli. Si vous vous rétractez, vous aurez à payer les frais du procès, sans parler des dommages-intérêts que les accusés pourront vous réclamer !

On devine l'effet de cette perspective ; elle rendit la certitude à la veuve du prévôt qui jura qu'Hirtzel Lévy était bien son voleur.

Le malheureux fut condamné à mort et exécuté avec des raffinements de cruauté atroces. Il était innocent.

— Vieux abus, vieilles méthodes, dira-t-on. Nous ne sommes plus au temps des baillis et des dépositions entravées.

— Voyons de nos jours !

En 1892, la Cour de Montpellier avait condamné aux travaux forcés pour assassinat d'une dame Mouttet, le nommé Louis Cauvin (1). La principale accusatrice, aux débats comme à l'instruction, avait été la bonne de la victime, la jeune Marie Michel.

En 1895, cédant on ne sait à quel mobile, Marie Michel se présente au Procureur de la République de Marseille ; elle assure qu'elle a menti en dénonçant Cauvin ; le condamné de Montpellier est innocent, elle seule a commis le crime qu'il expie.

— L'affaire est terminée, répond le chef du parquet de Marseille, ce que vous me rapportez ne peut plus servir à rien (2).

Cependant, sur l'ordre du garde des sceaux, une instruction est ouverte ; un juge est désigné, il interroge la jeune fille :

— Vous avez le plus grand tort, lui dit-il, de persister dans les mensonges que vous débitez pour essayer de sauver Cauvin (3).

Et avant de rendre son ordonnance, le magistrat la prévient que son entêtement pourra lui coûter cher :

— Je vous avertis, lui dit-il, qu'aux termes de l'article 361 du Code pénal vous êtes passible des travaux forcés si le jury vous reconnaît coupable de faux témoignage.

L'avertissement comminatoire ne ressemble-t-il pas beaucoup à l'avis que donnait en 1752 le bailli de Hauzen à l'accusatrice d'Hirtzel Lévy.

_____

(1) Ce sont surtout les lacunes de l'instruction qui ont fait acquitter Cauvin par le jury de Lyon. Son innocence a été fort discutée : mais on a été unanime à condamner la façon déplorable dont le procès avait été instruit.

(2)-(3) Dossier de l'instruction contre Marie Michel pour faux témoignage. — Extraits cités dans le *Mémoire pour Cauvin*, par Me Décori.

Autre rapprochement : En l'an 1687, un vol important est commis Place Royale, chez le Comte de Montgommery. On fait une perquisition chez les locataires de la maison. Tandis qu'on bouleverse tout son appartement (meubles ouverts, lits retournés, etc.), une dame d'Anglade pâlit soudain et s'évanouit. Elle était enceinte et sa syncope que sa grossesse eût expliquée suffisamment pouvait encore être attribuée à l'émotion légitime d'une femme qui sent planer le soupçon sur elle et sur les siens.

Le lieutenant criminel y voit l'indice d'une culpabilité. On retrouve l'argent volé dans un grenier dépendant du logis des d'Anglade. Plus de doute : l'indice devient une preuve. On arrête la femme, on soumet son mari à la question et l'évanouissement de la malheureuse est et demeure, jusqu'après leur condamnation à tous deux, la charge la plus grave de l'accusation.

Les soupçons qu'une syncope faisaient naître dans l'esprit d'un lieutenant criminel de 1687, ne s'éveilleraient-ils pas, en 1897, avec la même facilité dans l'esprit d'un officier de police judiciaire ? Ne reproche-t-on pas sa pâleur à l'accusé que l'on confronte avec le cadavre de *sa* victime ? Son trouble, à la vue d'une gorge ouverte, n'est-il pas pour la justice qui a préparé « la reconstitution de la scène » une preuve de sa culpabilité ? (Il est vrai que son sang-froid serait une démonstration de son cynisme). Devant ce crâne enfoncé, devant ces plaies béantes, ne presse-t-on pas le prévenu d'avouer un crime auquel il est peut-être absolument étranger ?

L'horreur physique que cause aux natures nerveuses le spectacle des chairs meurtries est resté une présomption accablante dont l'avocat général, à l'audience, tire son plus bel effet. (Car, alors comme aujourd'hui, la rhétorique joue son rôle dans les accusations criminelles.

Une belle période, un mouvement sensationnel peuvent, à défaut de preuves, entraîner une condamnation).

Si, ressuscités, ils voyaient ces confrontations à la Morgue, les physiciens du siècle de Louis XIV admireraient, sans doute, les appareils réfrigérants qu'on y emploie, et demanderaient quelques explications sur leur fonctionnement.

Mais aux magistrats du grand Roi, les nôtres n'auraient rien à apprendre : ce sont toujours leurs procédés qu'on applique ; seule la Question a été perfectionnée : elle s'est faite hypocrite et s'appelle la détention prolongée et la mise au secret.

Cette similitude entre le présent et le passé judiciaires nous a décidés à faire figurer en ce volume quelques erreurs antérieures à ce siècle. Leur étude rétrospective amène d'intéressantes observations d'une portée toute actuelle.

D'autant plus que si les auxiliaires et les agents de la justice se ressemblent à travers les âges, les témoins diffèrent moins encore. Qu'ils déposent devant le juge de la Tournelle ou à la barre d'une Cour d'assises, on constate la même légèreté, la même assurance, le même parti-pris, la même incapacité à distinguer le faux du vrai, à discerner des fables de leur imagination la réalité de leurs souvenirs.

D'ailleurs, accusent-ils ? Sujets du roi ou citoyens-électeurs, ils obtiennent du juge même accueil favorable. Sont-ils témoins à décharge, les voilà du coup *ingratæ personæ*, mal écoutés, mal vus.

En somme, si nous avons enregistré les erreurs anciennes, c'est que leurs enseignements ne sont point surannés : l'histoire des mœurs judiciaires n'est pas même un perpétuel recommencement : c'est l'éternelle immobilité.

III

DIVISION DE L'OUVRAGE. — MAGISTRATS ET JURÉS. LES CAUSES DES ERREURS.

Nous étudions dans la première partie de cet ouvrage les causes des erreurs rapportées dans la seconde.

Notre intention première avait été de limiter notre tâche à la publication des erreurs que nous avions recherchées. Les documents avaient assez d'éloquence par eux-mêmes : les commenter n'était-ce pas les affaiblir ? Mais l'examen attentif des procès que nous réunissions, l'analyse des motifs de ces condamnations imméritées ont abouti pour nous à cette vérité qu'il nous a semblé nécessaire de dégager et de démontrer : si les erreurs judiciaires sont dues à plusieurs causes, il en est une sans laquelle toutes les autres eussent été sans effet : *les magistrats chargés d'instruire ou de juger furent inférieurs à leur tâche.*

Nous l'avons dit déjà, répétons-le pour le redire encore. Il n'y a pas d'erreur inévitable, il n'y a point d'erreur imputable à la seule fatalité. Quelle qu'en soit la cause première, le juge a la responsabilité finale de la condamnation. Il peut échapper à la responsabilité pénale, à la responsabilité civile même, mais reste la plus lourde, la responsabilité morale. Le magistrat doit la subir.

En vain, chercherait-il à s'abriter derrière l'opinion publique déchaînée contre le prévenu ? Est-ce la foule ou bien est-ce lui qui juge ? — Quelle est son utilité, s'il n'arrête point la clameur de la populace et s'il ne sait pas remplacer les cris de mort des énergumènes par une discussion méthodique et raisonnée des faits et des documents?

Qu'il n'allègue point pour son excuse que des témoins ignares ou de mauvaise foi l'ont induit en erreur ! N'est-ce pas son rôle de peser la valeur des témoignages, de discerner les dépositions sincères et véridiques de celles qui sont suspectes et mensongères ? N'est-ce point sa tâche de tirer, comme dit Daguesseau, « le vrai du nuage de la vraisemblance ? »

Voudrait-il rejeter la faute sur le jury dont le verdict fut erroné ?

D'abord, ce sont les tribunaux correctionnels qui ont commis le plus grand nombre d'erreurs.

Quant aux jurés, s'ils ont mal répondu à la question posée, n'est-ce pas pour avoir suivi les magistrats dans la mauvaise voie par eux ouverte ?

Est-ce le jury qui a lancé le mandat d'amener, qui a requis une instruction, mené l'information, rendu l'ordonnance, conclu devant la chambre des mises en accusation, prononcé l'arrêt de renvoi devant la Cour d'assises, rédigé l'acte d'accusation, conduit l'interrogatoire et réclamé enfin, au nom de la société, un verdict affirmatif? Si les professionnels de la justice se sont trompés, comment exiger plus de perspicacité, plus de psychologie de ces douze braves gens sortis pour siéger à la Cour d'assises, de leur atelier ou de leur bureau, de leur boutique ou de leur ferme.

Ces jurés, dont la bonne volonté égale l'inexpérience, ont-ils eu des mois pour réfléchir à leur réponse? Des semaines et des semaines se sont écoulées pendant lesquelles les magistrats ont dû, par l'information, découvrir des preuves et se faire une conviction que leur expérience devait rendre fondée. Mais eux? Ces juges de hasard? Venus, le matin à l'audience sans connaître un mot de l'affaire, absolument ignorants des matières qu'on traiterait devant eux (1), ils ont dû s'initier en quelques heures à tout ce qui est la vie quotidienne du magistrat. En muets spectateurs, jusqu'au soir, ils ont assisté au drame des débats déroulé devant eux ; puis, le dernier témoin parti, le corps las, l'esprit fatigué de tant de contradictions entendues, la conscience bouleversée par les sommations du procureur et les supplications de l'avocat, tout de suite, il a fallu émettre un avis décisif... (2).

S'ils ont mal jugé le personnage qu'on leur présentait, est-ce leur faute ou celle des magistrats qui l'ont peint des plus noires couleurs ? Les jurés sont les critiques qui donnent leur avis sur la pièce, les magistrats en sont les metteurs en scène.

Non, le banc des jurés n'est pas un refuge pour le magistrat. S'il y a erreur, c'est lui qui s'est trompé, et pour atténuer sa faute il ne lui reste qu'à crier bien haut le courageux « Me, me, adsum qui feci... »

Parfois enfin, c'est la partialité, la passion du juge qui ont amené la condamnation de l'innocent ; et l'on arrive ainsi à ranger en trois catégories les causes des erreurs :

Les causes personnelles aux juges (procédés d'instruction, conduite des débats) ;

Celles dont il est responsable sans qu'elles lui soient personnelles en principe ; confiance en la dénonciation publique, en des témoignages ou des expertises erronés ;

Celles qui tiennent aux imperfections de la loi, imperfections auxquelles le juge pourrait remédier, même sans qu'il fût apporté de modification au Code.

---

(1) Quel travail pour un cultivateur de comprendre une affaire de faux en écritures de commerce ; pour un artiste ou un savant, une banqueroute de financier ; pour un maçon un procès de presse !

(2) Nous ne concluons certes pas à la suppression du jury. De toutes les juridictions c'est celle dont les décisions s'écartent le moins de la vérité. Nous concluons à la nécessité pour les juges de profession, de se rendre compte que, dans leur collaboration avec le jury, ce sont eux les responsables.

Nous avons suivi dans notre étude de ces causes l'ordre chronologique et logique qui est aussi l'ordre du Code d'instruction criminelle.

Nous avons pris le crime flagrant et l'accusé poursuivi par le cri public ; l'instruction s'ouvre, les dépositions sont reçues, parfois des expertises ont lieu, l'enquête se poursuit, le jour de l'audience arrive.

Et nous avons rangé nos observations sous les six rubriques suivantes :

I. — *La passion publique.*
II. — *Les témoignages.*
III. — *Les experts.*
IV. — *Le juge d'instruction.*
V. — *A l'audience.*
VI. — *Inégalité de l'accusation et de la défense.*

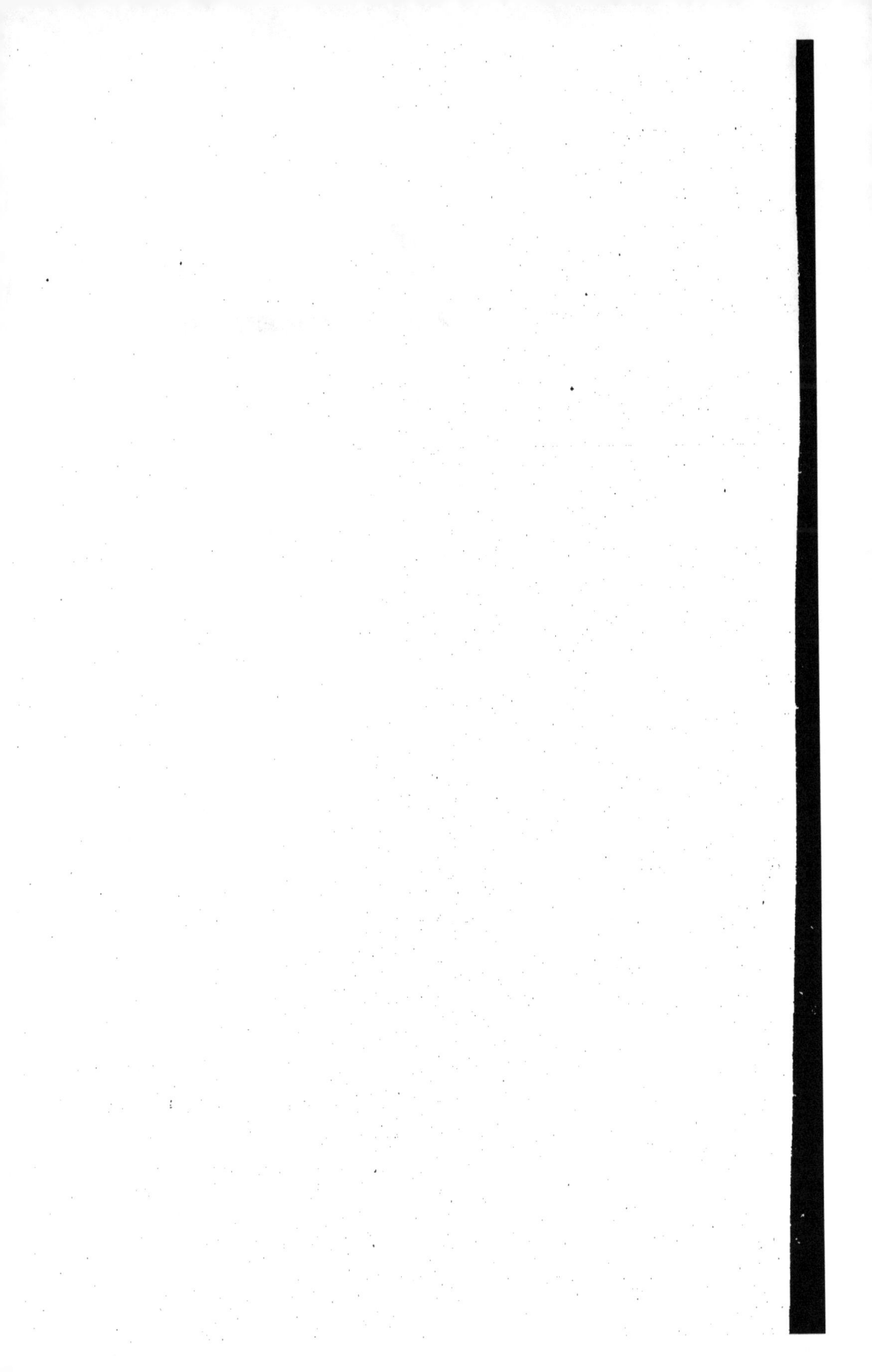

PREMIÈRE PARTIE

LES CAUSES D'ERREURS

———

CHAPITRE I

LA PASSION PUBLIQUE

I

Éléments de la passion publique. — Oisiveté. — Rancunes. — Vanité. — Les syllogismes de la foule.

La passion publique ! Voltaire l'a qualifiée : « la démence de la canaille (1). » Bazile, qui savait en jouer, en a merveilleusement détaillé le mécanisme. Son grand air de la calomnie n'est pas seulement, en effet, un morceau littéraire admirable ; c'est une analyse profonde des éléments de la rumeur publique. Mais, le maître à chanter de Rosine croit qu'il faut s'y prendre adroitement pour faire adopter aux « oisifs d'une grande ville » les plates méchancetés et les contes absurdes. Il leur fait trop d'honneur. Les gens habiles ne sont point nécessaires pour préparer cette « fermentation qui débarrasse d'un homme. » Une balourdise inconsciemment lâchée suffit pour déchaîner contre un malheureux les fureurs populaires. Même, à n'y point regarder de près, on croirait parfois la passion publique un phénomène de génération spontanée. En fait, cependant, là comme ailleurs,

———

(1) *Politique et Législation.* Tome II, p. 371.

rien ne naît sans un germe : mais peu importe la valeur du grain et l'adresse de la main qui l'a lancé. A peine tombée dans l'esprit de la foule, la semence d'accusation — si vide soit-elle — se développe et rapidement devient « le chorus de haine et de proscription ». Cette clameur accusatrice,

Dont la stupidité formidable rugit (1),

et qui dresse contre le premier venu l'horrible fantaisie de son réquisitoire est l'effet d'un besoin de la multitude. D'instinct, le chien poursuit l'homme qui fuit sur la route ; d'instinct, aussi, la foule est hostile à quiconque est soupçonné. Du moins, la colère du chien passe-t-elle vite : calmé par quelques coups de gueule, sans aller même jusqu'au coup de dent, il laisse le fuyard achever en paix sa course : la foule s'acharne après l'accusé ; sa passion s'exaspère peu à peu ; il devient sa proie ; malheur à qui tenterait de le lui arracher (2).

En parlant de cet instinct de la masse, dans son « *Fragment sur le procès criminel de Montbailli* », Voltaire a précisé avec sa netteté coutumière la marche du propos calomnieux, levain de l'accusation future.

La veuve Montbailli était une vieille alcoolique qui tenait à St-Omer un débit de tabac. Le 7 juillet 1770, son fils la trouva morte dans sa chambre.

A la vue du cadavre, le jeune homme s'évanouit : il fallut le saigner pour le faire revenir à lui.

« Tout se passe selon l'usage, raconte Voltaire. Le corps est enseveli dans une bière, au temps prescrit ; on commence un inventaire, tout est en règle et en paix.

« Quelques femmes du peuple dans l'oisiveté de leurs conversations raisonnent au hasard sur cette mort. Elles se ressouviennent qu'il y eut un peu de mésintelligence entre les enfants et la mère, quelque temps auparavant. Une de ces femmes remarque qu'on avait vu quelques gouttes de sang sur un des bras de Montbailli. (C'était un peu de sang qui avait jailli, lorsqu'on le saignait.) La légèreté

---

(1) V. Hugo, *Le Pape*.

(2) Une pétition signée en août 1896 par les habitants de Montauban, protestant contre un décret de grâce rendu en faveur de l'assassin de La Française, montre la persistance de la passion populaire.

maligne d'une de ces femmes la porte à soupçonner que c'est le sang de la mère. Bientôt, une autre conjecture que Montbailli et sa femme l'ont assassinée pour hériter d'elle. D'autres qui savent que la défunte n'a pas laissé de bien, disent que ses enfants l'ont tuée par vengeance. Enfin, ils l'ont tuée ! Ce crime dès le lendemain passe pour certain parmi la populace à laquelle il faut toujours des événements extraordinaires et atroces pour occuper des âmes désœuvrées. »

La clameur devint si forte, que les juges pour donner satisfaction à l'opinion crurent devoir ouvrir une enquête. Naturellement, une fois saisis de l'instruction, ils trouvèrent cent raisons pour une de condamner Montbailli. Le malheureux fut roué vif... et reconnu innocent peu de temps après son supplice.

L'exécution avait attiré une foule immense qui, d'ailleurs, maudissait les bourreaux et proclamait l'innocence du patient aussi haut qu'elle avait publié son infamie avant l'arrestation.

.·.

Parfois, né sans raison, le bruit public se développe en dépit de l'inanité, judiciairement établie, des soupçons.

Tel est le cas de l'affaire RISPAL ET GALLAND en 1817. Le 10 septembre dans la Haute-Loire, près d'Yssingeaux, un nommé Jean Courbon fut trouvé mort sur le revers d'un fossé. Rien n'indiquait qu'il y eut eu crime : le cadavre ne portait aucune trace de violence, les effets n'avaient point été fouillés ; le médecin chargé de l'autopsie avait conclu à la mort par apoplexie. L'inhumation fut ordonnée.

La tombe n'était point fermée que déjà la rumeur calomnieuse s'élevait, grandissait, « allait le diable », désignant, sans motif, trois hommes qu'on avait vus au cabaret, buvant avec Courbon, la veille de sa mort. L'autorité judiciaire émue, malgré le procès-verbal d'autopsie, ordonna l'exhumation du corps, arrêta les trois buveurs accusés : Rispal, Galland et Tavernier. Elle les garda quatre jours sous les verrous, puis les relâcha « faute de preuves. »

Cette mise en liberté fit gronder la foule. Pas de preuves ? C'est qu'on n'en avait pas voulu trouver. Et des témoins s'offrirent et l'instruction fut rouverte, et « les assassins » de Jean Courbon, mort de sa belle mort, furent condamnés, Rispal et Galland aux travaux forcés à perpétuité, Tavernier à un an de prison. Les deux premiers restèrent vingt-cinq mois au bagne ; après quoi, l'on s'aperçut qu'ils n'eussent jamais dû y aller et l'on envoya le témoin principal du ministère public lors de leur procès, les remplacer à Toulon. Un peu de sang-froid, moins de partialité au cours de l'instruction et des débats eussent évité l'erreur.

Mais pourquoi les habitants d'Yssingeaux, cause initiale de cette erreur, avaient-ils accusé les trois hommes d'un meurtre qui n'avait point été commis ?

Rispal et Galland avaient-ils des ennemis dans le pays ? Pas le moins du monde.

Dans l'affaire FLAMENT (1811), on comprend la cause de la clameur publique : Elle servait à merveille les rancunes de paysans à qui le garde-champêtre dénoncé avait dressé des procès-verbaux.

Rien de semblable dans le procès d'Yssingeaux.

Dans une autre affaire bien étrange, celle du sieur VUILLAUME, on trouve encore une explication à la passion populaire.

Vuillaume condamné à mort le 19 juillet 1809, avait dans l'adjoint de sa commune un adversaire acharné. C'était celui-ci qui avait, dans le village, déchaîné les colères, en exploitant l'irréflexion de la masse. Vuillaume purgeait à la maison d'arrêt de Toul une condamnation correctionnelle à trois jours de prison, lorsqu'on vient l'avertir que ses voisins ont découvert le cadavre de sa femme au fond d'un puits. Désespéré, le détenu qui achevait sa peine, demande l'autorisation de sortir avant l'heure de la levée d'écrou. La faveur lui en est accordée. Il court chez lui. Il est accueilli par les huées de la foule, et les gendarmes, à la joie de son calomniateur, s'emparent de lui, au milieu des cris de mort. Dans le procès Flament, dans le procès de Vuillaume, on retrouve l'auteur de la fausse accusation : « is cui prodest. »

Mais, dans l'affaire de Rispal et Galland, la prévention ne flattait aucune animosité, aucune vengeance. Comment donc la passion publique s'était-elle éveillée ? Personne n'en voulait aux trois accusés.

Sans doute, mais ne faut-il pas parler de quelque chose ?
Un accident? Quoi de plus banal ! Le sujet est tôt épuisé ! Un
crime au contraire: voilà belle matière à conversation et à dispute. Et l'hypothèse du meurtre est lancée, sous forme interrogative, d'abord, sans mauvaise intention, par un quidam qui,
cinq minutes après, ne songe même plus qu'il est l'auteur de
la supposition émise. Déjà sa question s'est transformée en un
« on dit : » On affirme bientôt, et le propos se répand.

« Il ne lui fault, dit Montaigne (1) ny matière, ni baze : laissez le
courre, il bastit aussi bien sur le vuide que sur le plain... L'erreur
particulière fait premièrement l'erreur publicque, et à son tour après,
l'erreur publicque fait l'erreur particulière. Ainsi va tout ce basti-
ment, s'estoffant et formant, de main en main, de manière que le
plus éloingné tesmoing en est mieux instruict que le plus voysin et
le dernier informé mieulx persuadé que le premier. C'est un progrez
naturel : car quiconque croit quelque chose estime que c'est ouvrage
de charité de la persuader à un aultre, et pour ce faire, ne craint
point d'aiouster, de son invention, autant qu'il veoid estre necessaire
en son conte pour suppléer à la résistance et au défault qu'il pense
être en la conception d'aultruy. »

C'est au sujet des miracles que l'auteur des *Essais* suit ainsi
le développement du propos. Sa savante analyse de la rumeur
publique en explique l'inévitable fausseté. Même quand elle
part de prémisses vraies, l'opinion aboutit à des conclusions
mensongères. Le tort du juge est d'accueillir ces conclusions non
comme une hypothèse qui a contre elle la présomption d'innocence, mais comme un théorème à démontrer.

Le point de départ de l'opinion est souvent la mésintelligence
qui régnait entre la victime et le soupçonné. Telle fut l'origine
de la célèbre affaire Doise (1861) et de l'affaire Lerondeau (1878).

La femme Doise était brouillée avec son père : ce n'était pas
un motif pour qu'elle l'eût assassiné. Sans doute. Mais vainement un homme de sang-froid eût présenté cette objection à
la meute d'accusateurs hurlant après l'accusée, on lui eût
répondu par cette question sans réplique : « Mais si ce n'est pas
elle, qui voulez-vous donc qui ait tué Martin Doise? Le vieux ne
s'est pas mis à mort tout seul? » En effet, le père de la femme

_____

(1) Montaigne, *Essais*, livre III, chap. XI.

Doise ne s'était pas suicidé; il avait été assommé par des journaliers, et le juge instructeur n'ayant pas su découvrir une piste sérieuse, avait trouvé facile d'adopter la version qui courait les carrefours et les estaminets d'Hazebrouck. Nous verrons plus loin à quels procédés il eut recours pour vérifier son hypothèse (1).

La femme Lerondeau fut victime d'un syllogisme non moins absurde. Elle faisait des scènes à son mari; Lerondeau mourut au milieu de vomissements et de douleurs d'estomac. Conclusion : la femme Lerondeau a empoisonné son mari.

Celle-ci ne pouvait échapper à la malignité publique ; elle avait treize ans de moins que Lerondeau, un brave homme un peu usé, dont l'indifférence précoce exaspérait les ardeurs de sa femme. Quel thème à plaisanteries grivoises! Combien piquant ce mobile d'un crime affreux ! Et pour les psycho-physiologistes quel intéressant sujet d'études! Aussi quel déchaînement ce fut contre la veuve ! Quelle joie de mettre à nu pareille misère intime et de pouvoir élever ce commérage graveleux à la hauteur d'une accusation !

La femme Lerondeau fut une première fois condamnée à vingt ans de travaux forcés, à la suite d'expertises dont nous reparlerons (2). L'arrêt fut cassé et l'accusée fut renvoyée devant la cour d'assises de la Seine qui l'acquitta. L'opinion, une fois de plus, s'était, entre temps, complètement modifiée. Lachaud, dans sa merveilleuse plaidoirie devant le jury parisien, peignait en ces termes l'hostilité générale qui avait accueilli sa défense lors des premiers débats :

« Nous avons de vilains jours, dans notre profession, et je vous assure que, depuis un an, le sort de cette malheureuse m'a souvent attristé, moi qui ai assisté à ses souffrances; mais nous avons aussi de beaux moments. Celui-ci en est un... L'accusation qui a poursuivi cette femme est née de la rumeur publique, de cette passion inintelligente et aveugle qui s'empare des esprits et qui transforme en charges terribles les choses les plus insignifiantes. Ah ! quand je l'ai vue paraître devant le jury de Versailles, j'ai eu peur. Je l'ai

_____

(1) Voir le chapitre sur le *Juge d'instruction* et le procès révisé à sa date.
(2) Voir le chapitre des *Expertises* et le procès à sa date (acquittement après condamnation).

vue perdue avant d'être jugée. Peut-être aurais-je du demander le renvoi devant une autre cour d'assises pour cause de suspicion légitime. Que voulez-vous ? *La prévention, ce crime des honnêtes gens* était là : je la sentais. Les jurés, très consciencieux, faisaient des efforts pour s'en affranchir et pouvoir suivre les débats avec impartialité. Il semblait que la défense blessât tous les sentiments respectables en s'affirmant et en faisant valoir ses raisons... »

* *

Parmi les sentiments respectables heurtés par la défense, dans le procès Lerondeau, il fallait compter la créance accordée à la parole d'un mourant.

Lerondeau, dans sa crise finale, avait, disait-on, dénoncé sa femme comme l'auteur de sa mort! Ce n'était là qu'une invention destinée à donner, comme dit Perse, du poids à la fumée (1). N'importe ! on répétait que le défunt avait désigné l'empoisonneuse, et comment douter d'une accusation formulée à ce dernier moment ? Celui qui ne pourra se rétracter oserait-il mentir ?

Le peuple et les juges aussi attachent une foi quasi-religieuse à ces déclarations échappées ou arrachées au délire suprême de l'agonisant. Ils ne se demandent pas où le moribond puiserait cette vigueur de discernement qui parfois fait défaut au témoin le plus valide, ils ne s'inquiètent pas de savoir comment l'approche de la mort pourrait conférer une sorte d'infaillibilité. Ils croient avec un mysticisme rudimentaire à ces *suprema verba*, à ces dépositions *in extremis*. Que valent-elles cependant et quelle en est parfois l'origine ? L'affaire Borras (1889) nous l'apprend.

Borras avait été amené par le Juge d'instruction au lit de Pradiès mourant. Alors que deux ans plus tard l'innocence de l'accusé devait être proclamée à la tribune de la Chambre par le garde des sceaux, M. Fallières; Pradiès, entre deux râles, reconnaissait en Borras l'homme qui avait frappé sa femme. Il expirait peu d'heures après cette reconnaissance erronée. Mais à peine sortie de sa bouche séchée par la dernière fièvre, sa dénonciation avait été répétée, colportée, preuve décisive, indiscutable, presqu'indiscutée... La passion publique s'en empara et même

---

(1) *Dare pondus idonea fumo.*

après la réhabilitation du condamné, le témoignage de l'agonisant subsistait encore dans l'esprit de certains comme une indestructible preuve de sa culpabilité.

.·.

Entretenu par le désœuvrement et la malignité, le bruit public a souvent la vanité comme mobile. Pour lancer l'opinion dans une fausse voie, il suffit de l'orgueil d'un policier amateur, Vidocq de village ou de quartier, qui croit avoir manqué sa vocation et pense que tout irait mieux s'il était quelque peu préfet de police. Il étudie le crime dans les faits-divers des journaux ; du haut de son rond de cuir, ou du fond de son comptoir, il travaille des pistes, se crée une conviction raisonnée, communique à tous « ses idées » et met sa gloire à faire triompher son accusation.

Quel succès, si le verdict du jury rendait hommage à sa perspicacité ! Avec quels gonflements d'amour-propre il répéterait le soir de la condamnation : « Sans moi, tout de même... !»

Si le policier amateur est investi d'une fonction quelconque, s'il est conseiller municipal ou capitaine de pompiers, la malheureuse victime de son flair est perdue. Témoin l'affaire GAME, qui est de 1773, mais qui est de tous les temps. Une enquête fantastique, conduite par un marchand drapier, capitaine bourgeois de son quartier, aidé de quelques commis et de quelques commères, amena l'arrestation, l'envoi aux galères et la mort d'un innocent.

.·.

L'excuse de la foule est dans sa bonne foi. Son désir honnête d'un châtiment du crime lui fait pousser, à la légère, des cris de mort contre les Montbailli et les Borras, et c'est par vertu qu'elle est, selon le mot de La Harpe « injuste sans pudeur ». Mais souvent elle est, en toute naïveté, l'involontaire complice des vrais coupables qui, pour détourner d'eux les soupçons, la déchaînent contre le premier venu.

Nombreux sont les exemples de criminels mettant ainsi en mouvement non seulement la passion de la foule, mais l'action publique, celle du Procureur. Citons entre autres et dans l'ordre chronologique, d'abord l'empoisonneuse de Caen, la femme Huet Duparc qui, en 1781, bourrait d'arsenic les poches de robe de sa servante VICTOIRE SALMON et la désignait comme la meurtrière de M. Paisant de Beaulieu.

La pauvre fille protestait vainement de son innocence. Entre les déclarations de la maîtresse et de la jeune bonne, le public n'hésitait pas : c'est la véritable empoisonneuse qu'il croyait ; les juges firent de même et par deux fois, Victoire Salmon, innocente, fut condamnée au bûcher.

Pendant le procès à Caen, comme à Rouen, la foule, à plusieurs reprises, avait réclamé le supplice de la jeune fille. Mais à peine le Parlement de Paris l'eût-il « déchargée des plaintes et accusations intentées contre elle », que l'opinion se retourna.

« La nouvelle de son innocence consacrée par le Parlement excita un transport général ; les applaudissements les plus éclatants et les louanges de cet auguste tribunal aussi sévère contre les coupables que favorable aux innocents, se firent entendre dans toute la ville, une simple servante de village devint le sujet attendrissant de toutes les conversations et les cris de joie retentirent dans toutes les provinces (1). »

Voilà ce que vaut le sentiment public ! (2).

----

(1) *Causes célèbres*, par Des Essarts, T. CILIV, p. 73.

(2) Autre exemple : le dimanche, 12 mai 1895, une jeune fille Augustine M*** était assassinée vers dix heures du matin, sur la route de Paris, à cinq kilomètres de Dijon.

Les circonstances mystérieuses du crime commis en plein jour sur un chemin très fréquenté passionnèrent l'opinion publique : la presse locale prétendit aider la justice et la devancer même dans la découverte de l'assassin. Un jour il se trouva que la rumeur publique désigna comme auteur du crime un propriétaire voisin du lieu où la jeune fille avait été tuée, M. G***.

Voici quelques extraits des dépositions recueillies dans l'instruction.

M. M*** ... Je sais bien que dans les communes voisines on dit que c'est M. G***, et quand je leur demande sur quoi ils s'appuient, ils ne savent que me dire.

M. M*** (autre témoin). — Dans le pays, à H***, on a tout d'abord attribué l'assassinat de la jeune fille à un vagabond, puis tout d'un coup, la rumeur publique s'est mise à accuser G***, on disait qu'il avait poursuivi

Dans l'affaire BARONET, un petit stratagème suffit pour décider les villageois de St-Hilaire-le-Petit (près Reims) à seconder les projets criminels de la veuve Lamort. Cette dernière s'était emparée, en son absence, d'une part d'héritage revenant à Baronet. Au retour de son copartageant, pour se débarrasser de ses revendications, elle imagina de faire passer celui qu'elle

---

cette jeune fille de ses assiduités et que, s'il avait commis le crime, c'était l'alcool qui l'y avait poussé.

Demande. — Qui dit cela?

Réponse. — Je ne puis vous le dire. C'était la rumeur alors que chacun disait la sienne.

M. L***. — La rumeur publique accuse, depuis quelque temps, M. G*** d'être le meurtrier d'Augustine M*** et voici, d'après ce qu'on dit sur quoi s'appuie la rumeur publique pour diriger ses soupçons. — Tout d'abord on dit qu'il la poursuivait depuis deux ans; qu'il y a un an elle lui avait échappé et que c'est ce qui avait fait conserver à cette jeune fille la crainte qu'elle avait de passer au bois du Chêne. On ajoute qu'il avait été invité pour le 12, par T*** à Darois, qu'il était invité pour onze heures et qu'il n'est arrivé qu'à deux heures. — On dit enfin que la femme du garde du Chêne en doit savoir très long, qu'elle a dû voir et entendre crier....

D. — Pourriez-vous nous citer les personnes qui vous ont tenu l'un ou l'autre de ces propos.

R. — C'est tout le monde qui le répète sans pouvoir savoir qui l'a lancé. C'est tout le monde qui le *dit* et quand on interroge la personne qui vous le *dit*, elle *dit* qu'elle ne fait que répéter ce qu'elle a entendu *dire*. *Tout le monde le dit et c'est personne.*

Le maire d'une localité voisine dépose : — A l'heure où nous sommes, dans ma commune, l'opinion publique accuse carrément M. G*** d'être l'auteur du crime. Lorsqu'on leur demande sur quoi ils s'appuient pour porter leurs soupçons sur cette personne, ils répondent : « sur rien ».

Le père de la jeune fille lui-même a fini par me dire qu'il n'accusait pas M. G***, mais qu'on devrait l'arrêter tout de même.

A mon avis, comme la plupart de ces gens, tout braves qu'ils sont, sont inintelligents, ils s'en rapportent à ce qu'une certaine presse dit et c'est là dessus, à mon avis, qu'ils s'appuient pour accuser M. G***. C'est pourquoi quand on leur demande sur quoi ils s'appuient, ils répondent : « sur rien », mais qu'on devrait arrêter M. G***.

M. T***. — Je n'ai pas invité M. G*** à venir le 12 chez moi... »

Malgré cette accusation publique M. G*** fut l'objet d'une ordonnance de non lieu le 21 juillet 1895. Il justifiait d'un alibi certain, mais il n'en avait pas fini, malgré cela avec les folles accusations. Au chapitre « *Les Témoins* », nous rapporterons plus loin comment M. G*** fut de nouveau inculpé et comment fut démontrée l'erreur ou le mensonge d'un accusateur acharné.

avait dépouillé, pour un imposteur ayant volé l'identité du véritable Baronet. Voici comment, aidée du curé d'une paroisse voisine, elle s'y prit pour arriver à ses fins.

Un vieux vigneron, le père Babilot, avait un fils, Guillaume, disparu depuis nombre d'années. Après l'avoir dûment stylé, le curé fait venir le vieux au presbytère et y réunit en même temps cinq ou six autres paroissiens. Il y mande Baronet, qui arrive sans se douter de rien. Il n'a pas franchi la porte que Babilot se jette à son cou : — Mon fils! s'écrie-t-il. — Qui? Moi? Votre fils? répond Baronet ébahi... — Le curé n'en attend pas davantage : il envoie les témoins de la scène répéter de porte en porte l'heureuse nouvelle : Babilot a retrouvé son enfant. Et les commentaires aussitôt d'aller bon train. En vain, par la suite, Baronet voulut se défendre; nul ne prêta l'oreille à des protestations qui ne pouvaient parler plus haut que la voix du sang! Le procureur de Reims ne voulut écouter que les témoins qui confirmaient la fable inventée contre l'accusé, et Baronet, le 14 janvier 1774, fut condamné aux galères sous le nom de Guillaume Babilot, comme faussaire et spoliateur de succession.

Lesnier en 1848, Pierre Vaux en 1852 virent aussi se dresser une armée d'accusateurs inspirés, excités par les coupables. Une série de médisants et de faux témoins vinrent créer contre eux cette commune renommée née de la passion publique et dont le magistrat tient toujours compte alors qu'il ne devrait pas même la considérer comme un commencement de preuve.

Le juge qui se laisse mener par la clameur populaire ressemble au touriste qui s'engage, sans carte, sur la route et demande son chemin aux passants; il ne tarde pas à s'égarer. Le voyageur a du moins la sagesse de retourner sur ses pas. Le magistrat instructeur, lui, va jusqu'au bout de la voie qu'il a prise et, conduit par le bruit du dehors, il se laisse entraîner aux plus absurdes hypothèses. En veut-on un exemple?(1)Qu'on lise le procès de Marie Gaillard (1826), accusée d'infanticide par ses voisines, les bonnes femmes du hameau de Caillol (près de Toulouse).

L'accusation n'avait aucune base. Les commères assuraient que la jeune fille était accouchée dans la nuit du 4 au 5 janvier.

_____

(1) Nous avons eu un exemple déjà, dans l'affaire Rispal et Galland.

Or, le cadavre du nouveau-né dont on la prétendait mère avait été découvert au fond d'un fossé plein d'eau, le 19 février, soit quarante-cinq jours plus tard « sain, frais et coloré » disait le rapport des médecins qui avaient pratiqué l'autopsie. Des experts examinèrent Marie Gaillard : elle ne portait pas trace d'un accouchement récent.

Sans autre charge, cependant, que les affirmations des voisines, le juge d'instruction conclut au renvoi de la jeune fille en cour d'assises. Là, malgré les conclusions des médecins, la conviction de la Cour fut si forte, la culpabilité de l'accusée sembla si indiscutable aux magistrats de Toulouse que l'avocat se vit interdire la lecture d'une consultation médico-légale qui ruinait l'accusation. Marie Gaillard fut condamnée aux travaux forcés à perpétuité (1).

Pour obéir aux sommations des commères de Caillol, la Justice oubliait les plus élémentaires principes de droit et les plus simples données du bon sens.

« N'imitons pas, disait le grand magistrat que nous avons cité et citerons encore, Daguesseau ; n'imitons pas l'aveugle impatience d'un peuple qui ose se donner la liberté de prévenir nos décisions. » (2)

Ce mépris du préjugé de la masse, cette prudence recommandée à l'égard de la passion publique, combien souvent on a négligé de les mettre en pratique !

II

La presse. — « Tout reporter est ministère public ». —
Les comptes rendus impressionnistes.

Le bruit public aujourd'hui ne se transmet plus de proche en proche, de bouche en bouche, lentement dans un cercle restreint. Il éclate partout à la fois, à la même heure, instantanément, amplifié par la presse et ses cent millions d'exemplaires quotidiens.

---

(1) L'arrêt fut cassé à raison de l'entrave apportée à la défense et l'innocence de Marie Gaillard fut proclamée par un nouveau verdict.

(2) Plaidoyer pour le sieur de la Pivardière.

La presse... Comment ne pas parler de son rôle, dans un ouvrage sur les Erreurs judiciaires ? La presse, en étendant à l'infini la publicité de l'audience est devenue le seul contrôle efficace de la justice. La presse est le plus puissant auxiliaire de l'innocent condamné.

Cependant, il faut l'avouer, — elle le reconnaît elle-même, — son système d'informations en matière criminelle entraîne de déplorables conséquences. Nombre de journalistes l'ont écrit avant nous ; mais les critiques n'y changeront rien (1). Quel que soit leur souci personnel des intérêts de la défense, les reporters sont fatalement amenés à déterminer contre l'accusé un courant défavorable. « Tout reporter est ministère public » pourrait-on dire en modifiant un peu le vieil adage.

Il l'est, et ce n'est pas sa faute : un crime est commis ; le journaliste qui l'apprend part aux nouvelles : il prend ses informations à bonne source ; il va questionner le commissaire de police qui a procédé à l'enquête. Ce n'est pas ce magistrat qui songe à diminuer l'importance de l'assassinat découvert par ses agents ; ce n'est pas lui non plus qui plaide l'innocence de l'homme arrêté. Il communique obligeamment au journaliste toutes les charges déjà recueillies, il lui fait délicatement remarquer la rapidité avec laquelle ont été menées les recherches, il annonce pour le lendemain des preuves de culpabilité nouvelles, peut-être des aveux. Un souci d'équité guide, au reste, le commissaire dans ses communications aux journaux : il s'efforce d'en donner autant à tous les confrères...

Cependant, pour compléter l'article à faire, le reporter consciencieux veut se documenter encore. Il se rend à la maison du crime, il écoute le concierge, les voisins, les parents de la victime et, de la sorte préparé, rentre à son journal où il écrit un « papier des plus intéressants ». Comme il ne faut rien négliger,

(1) On lit dans l'*Eclair* du 3 juin 1891 : « Quelques-uns de nos confrères « sont trop modestes, ne se rendent pas assez compte de l'influence de la « presse sur les verdicts rendus. Pendant des mois, « elle chauffe » l'opinion, « dramatise l'affaire, prive inconsciemment le prévenu, par un mot cruel, « un détail répugnant, des vagues sympathies qui pouvaient décider de « son sort... Qui dira jamais la pression subie par le cerveau d'un bon « juré, lisant le matin dans sa feuille que toute compassion lui serait im- « putée à faiblesse ; que l'opinion exige de lui un implacable arrêt ? etc. »

il fait la part de la défense : avant de finir, il ajoute quelques lignes : « Le misérable a nié avec un cynisme effrayant... », ou bien : X... ou Y... a persisté dans ses dénégations. Bien *cuisiné* par les agents qui le gardent à vue, il ne tardera pas à entrer dans la voie des aveux. » Volontiers, le journaliste en dirait plus long ; mais, dans son enquête, partout il a trouvé des accusateurs, et pas un avocat.

Naturellement, dès le premier jour, on a publié les antécédents de l'homme arrêté, on a donné le nom de « la famille honorable » à laquelle appartient « le meurtrier » ; on a indiqué la profession de son père, celle de ses frères. Rien n'a été oublié de ce qui peut satisfaire la curiosité des lecteurs avides de détails. Que devient, dans tout cela, l'honneur de l'accusé, innocent ou non ? Nul n'y a songé.

Le juge commence son instruction ; le journal continue ses articles et suit pas à pas, les dépositions et les interrogatoires...

— Quoi, dira-t-on ? L'instruction n'est donc pas secrète ?

— Distinguons : elle est secrète contre la défense ; elle ne l'est pas pour l'accusation. A l'avocat, aux parents de l'accusé, on n'accordera pas de permis de communiquer. Aux journalistes, on ne refusera pas les renseignements. Et c'est par leurs articles que l'avocat, tant que dure le secret, pourra suivre la marche de l'instruction.

— Mais, objectera-t-on encore, le Code d'instruction criminelle exige cependant...

— Le Code ? De quoi va-t-on s'embarrasser là ! C'est l'usage de donner aux journaux des indications sur la marche de l'enquête, usage que nul ne saurait critiquer, puisque tout le monde réclame à grands cris l'instruction ouverte qu'en France, hélas ! on n'aura jamais (1). En attendant l'indispensable réforme, on

(1) C'est à peu près en ces termes que s'exprimait dans son article de tête le *Journal des Débats* du 2 septembre 1896. On venait de mettre en liberté après cinq jours de prévention les prétendues coupables d'un pseudo-crime soi disant commis à Paris, rue Fontaine, et duquel nous parlons plus loin. L'article était ironiquement intitulé : « Le triomphe de l'innocence », et la méprise de la justice inspirait au journal les lignes suivantes :

« Il faut reconnaître que, dans cette circonstance, la justice n'a pas mis beaucoup de temps à débrouiller cette trame ténébreuse et à faire éclater

tolère l'instruction *entr'ouverte*. Rien ne transpire de ce qui pourrait être utile à la défense du prévenu ; le reste seul est publié, et chacun paraît content : le juge qui, sans l'avoir demandé, voit une épithète aimable accolée à son nom ; le reporter qui a reçu de lui la matière de son article, le directeur dont le journal est aussi bien informé que celui du concurrent, et l'abonné, enfin, qui en a pour son argent. Le détenu seul pourrait se plaindre. Il pourrait faire observer que si le Code a organisé la déposition séparée des témoins, c'était pour qu'ils ne pussent pas régler leurs témoignages sur les déclarations les uns des autres ; il ajouterait que le jour de l'audience, il sera puéril de faire attendre dans une salle à part des témoins qui auront lu et relu dans les journaux leurs dépositions réciproques.

Il pourrait faire remarquer encore que les jurés qui, depuis des mois, chaque matin, trouvent dans la presse une tranche du réquisitoire futur, arriveront à leur banc convaincus de la culpabilité.

Mais l'inculpé ne se plaint pas plus que les autres : il est au secret et, seul de tous les acteurs de son procès, il ne lit pas ce qui se publie contre lui.

D'ailleurs, si, par hasard, il s'avisait de protester et d'adresser, comme fit M. de La Roncière en 1835, une lettre de rectification aux journaux, on n'aurait qu'à suivre l'exemple donné par la *Gazette des Tribunaux* à cette époque : on refuserait toute insertion et on renverrait l'accusé à se pourvoir devant le tribunal correctionnel (1).

Veut-on de cette attitude de la presse des exemples plus récents ?

---

l'innocence des pauvres calomniées si odieusement noircies par un ancien valet de chambre...

«Nous serions donc tentés, pour notre part, de payer à la justice un modeste tribut d'éloges. Et de quoi ses détracteurs l'accusent-ils ? Les uns lui font un crime de ne pas avoir procédé à son enquête dans un mystère inviolable, dans un secret impénétrable. *Singulier grief de la part de ceux qui ne cessent de réclamer la publicité de l'instruction !* D'autres lui reprochent d'avoir, pendant plusieurs jours, égaré l'opinion, et d'avoir, par ses communications aux journaux, excité la foule contre les deux calomniées, etc., etc.»

(1) La jurisprudence, dans ce cas, subissant les mœurs, constatant les exigences du public et les nécessités du reportage contemporain, acquitte comme ayant agi de bonne foi le gérant du journal poursuivi pour diffa-

A quoi bon ? Ouvrez, à une date quelconque, le premier journal venu :

Un incendie s'est-il déclaré dans telle ou telle rue, et soupçonne-t-on l'un des locataires de la maison d'être « la cause du sinistre ? » Vous lirez en lettres énormes ce titre sensationnel : *L'incendiaire de la rue ***.* Son innocence, au bout de quelques jours, peut-être, éclatera ; dans leur indiscutable bonne foi, les journaux annonceront l'ordonnance de non-lieu, mais ils n'en auront pas moins détaillé toutes les bonnes raisons qu'avait le sinistré d'allumer l'incendie : sa femme était malade, il avait des enfants et des parents à sa charge, il entretenait une maîtresse, il avait risqué des spéculations malheureuses, etc., etc.

Au mois d'août 1896, on annonçait qu'un crime mystérieux avait été commis à Paris, rue Fontaine. Un vieillard de près de quatre-vingts ans avait eu la gorge ouverte pendant son sommeil par ses deux maîtresses : une jeune aventurière, une vieille courtisane. En se débattant, l'octogénaire avait déchiré la robe de l'une d'elles, et l'on avait retrouvé dans sa main ce lambeau dénonciateur. La victime n'était point morte et faisait de la scène un récit détaillé.

Quel beau crime, n'est-ce pas ? Et quels ronflants sous-titres il inspira : *Un crime commis par deux femmes. — Les deux maîtresses. — La robe sanglante. — Un joli monde. — Histoire d'une courtisane.*

On donnait au public jusqu'à la date à laquelle la jeune femme accusée s'était pour la première fois prostituée ; on donnait le nom de *son souteneur,* etc., etc.

Cinq jours après, il était démontré que la vraie victime de l'affaire était la police, mystifiée par un vieux libertin qui avait tenté de se suicider.

Les deux femmes bénéficiaient d'ordonnances de non-lieu : quant au vieillard, il recommençait sa tentative de suicide au bout d'une semaine et, cette fois, mourait, pendu à son plafond.

Notez que si, dans la presse, un seul journal s'était avisé de circonspection, s'il avait renvoyé à plus tard la publication des noms, le détail des antécédents, etc., il eût certainement perdu quelques abonnés, de nombreux lecteurs et tout le monde eût été

___

mation et qui, sans intention de nuire, s'est borné à publier les charges relevées contre le prévenu.

convaincu qu'il avait vendu son silence. Etre réservé, de nos jours, c'est être suspect.

Il ne faut point exagérer, cependant, il est arrivé que des accusés ont eu, dès leur arrestation, des partisans dans la presse. Convaincu de l'innocence d'un homme arrêté, parfois, un journaliste courageux, n'hésite pas à tarir la source de ses informations judiciaires et se constitue l'avocat d'office du prévenu (1).

Aussitôt, le journal adverse se transforme en ministère public. Au lieu de la prévention discrète du magistrat instructeur dont l'unanimité des faits divers seraient devenus les honnêtes échos, c'est alors contre l'accusé l'acharnement des polémiques et la mauvaise foi inséparable des querelles publiques... Malheur aux accusés qui ont les honneurs de la « Chronique » (2).

Mais, enfin, le jour de l'audience arrive. On entend, pour la première fois, la défense ; le journaliste voit et juge l'accusé. Son compte rendu peut être, doit être, est d'ordinaire une reproduction fidèle des débats.

A la condition, cependant, que l'affaire mérite la peine que le chroniqueur en suive les débats et en rende compte. Si le procès n'est plus de nature à passionner l'opinion, ou s'il tombe un jour de crise ministérielle, on enregistrera simplement le verdict en quelques lignes sommaires.

Les journaux de droit seront moins brefs ;.et ce sera tant pis : car ils donneront l'acte d'accusation en entier, dans toute son exagération, dans toute sa partialité coutumières ; puis, en cas d'acquittement, ils ajouteront, qu'après des dépositions sans intérêt et après plaidoirie de Me X..., le jury a rendu un verdict négatif sur toutes les questions.

Aucun journal judiciaire ne contient in-extenso le récit de l'audience ; ce n'est jamais qu'à la requête et aux frais des accusés ou de la partie civile que les débats sont sténographiés : les feuilles

---

(1) Quiconque prend la défense d'un accusé est tenu,pour un peu traître à la société qui accuse, et déclaré tout au moins, ennemi de l'ordre.

(2) C'est surtout dans les journaux des départements et en particulier dans ceux du Midi que ces polémiques se produisent. Elles se doublent de questions de personnes et de questions de partis. L'affaire Fouroux à Draguignan, l'affaire Cauvin à Aix et Montpellier dégénérèrent en véritables procès politiques. La presse provençale soutint l'innocence ou la culpabilité des accusés, comme elle aurait prôné ou combattu leurs candidatures.

judiciaires ne publient, comme les feuilles politiques, qu'un résumé généralement bien fait, mais un résumé des procès dont
elles rendent compte.

Sans doute, telles qu'elles sont, elles constituent d'admirables
collections dont nous aurions tort de médire après les avoir si
souvent consultées ; mais il est certain que ces journaux quasi-
officiels ne sont point ce qu'ils devraient être. Au seul point de
vue qui nous préoccupe, on peut leur reprocher leur exactitude
parfois trop atténuée. Qu'un incident se produise dont la reproduction exacte pourrait entraîner de désagréables commentaires
ou atteindre le prestige de la justice, ils en diminueront la portée, ils en adouciront les termes.

Cherchez dans la *Gazette des Tribunaux* ou dans le *Droit* le
fameux : « Je vous en défie », d'Emile de Girardin (1) ; cherchez
le célèbre mot de Raspail à M. Zangiaccomi (2) : « Dites donc,
Zangiaccomi, vous pourriez m'appeler Monsieur Raspail, nous
n'avons pas gardé Louis-Philippe ensemble ». Parcourez le
compte rendu d'un procès correctionnel plus récent (le plus re-
tentissant du siècle) et tâchez de découvrir cette apostrophe ironique du président de la Cour à un témoin (3) qui lui faisait répéter sa question : « Dites-moi, témoin, votre père est aveugle,
ce n'est pas une raison pour que vous soyez sourd ! » Cherchez
et vous ne trouverez rien. Et ce n'est point par souci de plaire à
tel ou tel que les feuilles judiciaires en agissent ainsi. Elles obéissent à un sentiment de fausse bienséance, de civilité malenten-
due. En reproduisant certaines réponses vives, certaines interpellations critiquables, elles craindraient de choquer leur clientèle.
C'est le souci de la dignité de la justice qui les fait être parfois
injustes en étant incomplètes (4).

Par contre, dans d'autres journaux judiciaires, vous rencontrerez des appréciations du genre de celles-ci que nous copions dans
la *Gazette du Palais*, du mercredi 30 octobre 1895 (compte rendu
de l'affaire de Nayve).

---

(1) Affaire « du Conservatoire », octobre 49.
(2) 1834.
(3) M. Gilly, 14 janvier 1893. Voir *Sur le banc*, par Maurice Talmeyr.
(4) Ajoutons que depuis deux ou trois ans, la *Gazette des Tribunaux* et
le *Droit* se sont efforcés de se rajeunir et de rompre avec de vieux errements.

L'accusé vient de faire le récit de la mort de sa victime (prétendue ou réelle) et le correspondant ajoute :

« Tout cela est débité sur un ton monocorde, dolent et mal convaincu. De temps en temps, pour se donner du cœur au ventre, le marquis tape du pied ou frappe du poing, mais ça ne vient pas. Les larmes, l'émotion sont rebelles. L'accusé manque de l'accent de la sincérité, — la parole finit par devenir hésitante et pénible, — le marquis attend, il implore presque une interruption pour rebondir. Il prend du temps, il peine et l'on peine à le suivre, enfin il s'arrête court ; mais au milieu du silence profond de l'auditoire la voix glaciale du président lui jette ce seul mot: « Continuez ». Et il continue.

« Déçu, succombant sous le poids, ânonnant, cherchant ses mots avec la conscience qu'il parle dans le vide et que de toutes les charges accumulées sur sa tête, la plus terrible est peut-être encore à cette minute solennelle sa parole, son récit, son attitude, il reprend... »

Voilà certes un tableau vigoureusement peint. Mais dans ce compte rendu impressionniste, que devient la froide impartialité dont devrait se piquer une feuille judiciaire ? Remarquez que ce procès a duré de nombreuses journées, que les jurés avant le moment où ils ont eu à formuler leur verdict, auraient pu lire ces récits et ces appréciations. Croit-on que des impressions étrangères aussi fortement exprimées sont sans influence possible sur des esprits inaccoutumés à juger ?

Et que devient la défense au milieu de ce réquisitoire universel ? Les voisins oisifs et les badauds orgueilleux, les indifférents et les passionnés, ses ennemis et les témoins, ses juges et les journaux, l'accusé a contre lui tout et tous.

C'est un irrésistible torrent qui l'entraîne vers la condamnation juste ou imméritée. De la présomption d'innocence, nul ne tient compte et les mœurs vont effritant chaque jour un peu plus le grand principe criminel.

CHAPITRE II

LES TÉMOIGNAGES

i

La preuve fragile. — Les experts en témoignage.

Le 6 novembre 1877, le tribunal de Lure condamnait à huit jours de prison pour vol, une femme François convaincue d'avoir, le 4 octobre précédent, volé une chaîne et une montre à une dame Thiébault. Le principal témoin à charge était le beau-père de la victime, un vieillard que ses infirmités retenaient au lit, dans une chambre voisine de celle où les objets avaient été volés ; il n'était séparé de cette pièce que par une porte vitrée, et, à travers les rideaux, il avait aperçu, affirmait-il, une femme dont le signalement correspondait à celui de la prévenue.

Il en était certain et, volontiers, il eût répondu aux protestations de la femme François, comme Orgon à Mme Pernelle :

> Mais puisque je l'ai vu, de mes propres yeux vu,
> Ce qui s'appelle vu.

Sans doute, il *avait vu*. Mais il avait vu, comme *ont vu* fréquemment les témoins : leurs dépositions reflètent non les spectacles dont l'image a frappé leur rétine, mais ceux qu'a créés après coup leur imagination complaisante. A la barre, ce qu'inconsciemment ou non les témoins trop souvent apportent, c'est moins les souvenirs de leurs yeux que les illusions de leur esprit.

Si l'on s'était souvenu de ce phénomène, si, tenant quelque compte des protestations de l'inculpée, on avait plus scrupuleusement pesé la charge unique de l'accusation, ces affirmations d'un vieillard malade seul témoin du délit, on eût évité l'erreur. Mais les déclarations de cet impotent avaient suffi aux magistrats. C'est qu'il était le témoin à charge, celui qu'on entend avec bienveillance, par lequel on ne demande qu'à se laisser convaincre, et qui est toujours digne de foi. Le juge voit en lui l'auxiliaire qui l'aide à dresser l'échafaudage de l'accusation et, volontiers, en l'écoutant, il oublie la fragilité de cette preuve testimoniale qui a pour base des organes imparfaits, sujets à l'illusion ; il oublie que la véracité est une vertu rare (1) ; que les récits, d'ordinaire, se débitent sur la gamme du mensonge qui va de la fioriture à la contre-vérité en passant par l'inexactitude et l'exagération ; qu'enfin, l'homme le plus véridique, lorsqu'il a su voir, entendre et résister à son imagination, doit, pour déposer fidèlement, posséder encore, comme Vadius, « le tour libre et le bon choix des mots. »

De cet oubli du juge sont nées un grand nombre d'erreurs judiciaires. Les magistrats qui avaient instruit ou conduit ces affaires si légèrement, d'ordinaire ont abrité leur responsabilité derrière les faux témoignages dont eux-mêmes, disaient-ils, avaient été les premières victimes.

Mais, ce fut là précisément leur tort. Ils ne devaient pas croire ni faire croire à des dépositions indignes de foi ; ils devaient examiner la valeur des affirmations et la moralité des témoins. Puisqu'ils n'avaient pas rigoureusement contrôlé la véracité de tous les témoignages, le président, en son interrogatoire, le ministère public, en ses réquisitions, n'avaient pas le droit d'en affirmer la sincérité et la crédibilité.

Que dirait-on d'un expert en écritures ou d'un expert en tableaux qui s'excuserait des erreurs de son rapport en invoquant la parfaite imitation des pièces ou des peintures soumises à son examen ? On en rirait, on l'accuserait d'ignorer son métier.

Les juges sont des experts en témoignages. La perspicacité n'est point pour eux une qualité, mais un devoir. Que penser de leur zèle et de leur prudence lorsqu'ils avouent délibérément avoir pris un faux témoin pour un vrai ? On n'a pas le droit de les railler et, d'ordinaire, leur méprise a de telles conséquen-

_____

(1) Il y fault, dit Montaigne, un homme très fidèle ou si simple qu'il n'ayt pas de quoi bastir et donner de la vraisemblance à des inventions fausses.

ces qu'on n'a point envie de rire ; mais on peut trouver que semblable défense n'est qu'une mauvaise défaite.

II

Vérité difficile. — Juges et témoins. — Le « pourquoi » des faux témoignages. — Témoins payés. — Témoins coupables. — Témoins indignes. — Les victimes. — Les reconnaissances. — Les enfants et les fous.

— Oh ! qu'il est difficile de dire la vérité devant vous ! s'écriait un jour une vieille femme d'esprit, continuellement interrompue dans son témoignage favorable au prévenu, par le président de la onzième chambre du tribunal correctionnel de la Seine (1).

Le mot fut souligné d'un murmure approbateur : l'exclamation résumait en une formule heureuse les plaintes de tous ceux qui ont comparu à la barre des témoins. S'ils n'étaient ni décorés, ni fonctionnaires, eussent-ils même une situation sociale élevée, ce fut pour eux un vilain quart d'heure à passer.

Le public le sait, en France, et s'il est des oisifs que le besoin de jouer un rôle transforme en policiers-amateurs, bien plus nombreux sont ceux qui redoutent le périlleux honneur de déposer devant un tribunal.

Ils en connaissent les conséquences : des heures à perdre et des rebuffades à subir. Sans avoir pénétré les mystères de l'instruction, ils n'ignorent pas de quelle façon les choses se passent à l'audience.

A Paris, cité pour onze heures ou midi, le témoin souvent n'est entendu que vers quatre ou cinq heures ; parfois, à ce moment, l'affaire est ajournée à huitaine et ce sera de nouveau une demi-journée à passer, debout, dans l'atroce atmosphère des chambres de police correctionnelle.

Enfin, le tour du témoin arrive. Il entre un peu ému d'avoir à parler en public. L'huissier le presse d'arriver, le pousse à la

---

(1) Affaire de l'Obole. Déposition de Mme Persil. Juin 1895.

barre, lui réclame « sa feuille », tandis que le président lui demande ses nom, âge, etc. Il n'a pas ouvert la bouche qu'il est ahuri déjà.

— Faites votre déposition, dit le président.

Le témoin consciencieux commence son récit en prenant les choses *ab ovo*. Le magistrat jette un regard sur le feuilleton d'audience surchargé d'affaires, il lance un coup d'œil à la pendule ; le témoin poursuit toujours.

— Il ne s'agit pas de tout cela, interrompt le magistrat. Vous avez à déposer sur un point précis.

— Lequel ? interroge le justiciable décontenancé.

— Vous l'avez indiqué à l'instruction. Répétez-le au tribunal, vous êtes ici pour cela.

Le témoin, mécontent ou intimidé, se noie alors dans ses souvenirs, « patauge » en ses explications, ou les abrège impatient d'entendre le libératoire : « Allez-vous asseoir », seul remerciement adressé par la Justice au citoyen qui s'est dérangé pour elle et qu'elle bouscule et rabroue.

Le témoin regagne sa place, jurant qu'on ne l'y reprendra plus à offrir son témoignage, et si désormais le hasard le met en présence d'un crime ou d'un délit, il songera tout d'abord au moyen d'éviter les ennuis d'une comparution. Tant pis si son silence entraîne une erreur : que les magistrats s'en tirent comme ils voudront, c'est leur affaire et non la sienne.

.·.

A l'instruction, le juge moins pressé qu'à l'audience, écoute avec plus de patience le témoin. Mais s'il l'accueille avec courtoisie, il l'interroge de la manière la moins propre à faire jaillir la vérité de ses réponses. Nous reviendrons sur ce sujet dans un autre chapitre (1), mais, dès maintenant, il est nécessaire de donner une idée de l'influence que la position de la question peut avoir sur la déclaration du témoin. Nous n'en citerons qu'un exemple, emprunté à l'affaire Cauvin.

Dans les débats du procès en faux témoignage, auquel nous

(1) *Le Juge d'instruction.*

assistâmes à la cour d'assises du Puy-de-Dôme, deux témoins étaient appelés par l'accusation, afin d'établir que Cauvin n'avait pu, sans courir, franchir, dans un temps donné, la distance qui séparait la villa Dahomey où il habitait, de la maison de Mme Mouttet, la victime.

Une voisine qui, le soir du crime, avait rencontré Cauvin sur la route, était entendue la première.

— Cauvin courait ? interrogea le président.

— Non, Monsieur, répondit la femme, il marchait bon pas, mais il ne courait pas.

— Mais, à l'instruction, vous avez dit qu'il courait.

— J'avais dit qu'il allait vite, expliqua le témoin. Alors M. le juge d'instruction m'a répliqué : Mais oui, c'est ça, il courait. Et il a dicté ma déposition avec ce mot-là ; moi, je n'ai pas osé protester.

Un jardinier de la Blancarde déposait ensuite :

— Vous faites souvent le trajet entre la villa Dahomey et la Blancarde, lui dit le président. Combien de temps mettez-vous en marchant bon pas ?

— Une douzaine de minutes, dit l'homme.

— Vous avez dit un quart d'heure à l'instruction.

— Dame, oui, de dix à quinze minutes.

Le détail n'était pas important. Mais ces deux dépositions révélaient comment, à l'instruction, se transforme un témoignage. Dans l'esprit du magistrat convaincu que l'accusé avait pris le pas gymnastique « aller vite » avait signifié « courir » ; et persuadé que le trajet accompli par Cauvin ne pouvait s'exécuter au pas en moins d'un quart d'heure, il avait retenu le second terme seulement de l'appréciation alternative du jardinier « dix à quinze minutes ». Il avait dirigé ses questions vers la confirmation d'une idée préconçue ; il avait enlevé toute spontanéité aux réponses.

Le cerveau du témoin est naturellement paresseux. Pour donner avec précision les renseignements qu'on lui demande, il lui faudrait faire un effort. Evaluer exactement une distance, indiquer une heure, décrire une attitude, un geste, autant d'opérations délicates.

_____

(1) Cour d'assises de Riom, mars 1896. Voir affaire Cauvin.

La ménagère, l'ouvrier, le paysan y sont forcément malhabiles; ils se récusent tout d'abord, modestement : « Je ne sais, je ne pourrais vous dire », répliquent-ils.

Le magistrat alors croit le moment venu de les « piloter », suivant l'expression d'un président d'assises (1). Naturellement il les pilote par les passes qu'il croit bonnes. Et comme il a son opinion faite — opinion inconsciemment hostile au prévenu puisque le juge instructeur connaît l'affaire par la plainte ou par le rapport du commissaire de police ou de la gendarmerie — c'est l'accusation qu'il évite de laisser échouer sur les récifs des dépositions à décharge.

— Voyons, dit-il, d'un ton encourageant au témoin, faut-il vingt minutes pour franchir cette distance ?

— Pas tout à fait autant, répond l'autre.

— Un quart d'heure ? Il doit bien falloir un quart d'heure.

— Oui, environ dix minutes, un quart d'heure.

— Un quart d'heure, dicte ensuite le juge à son greffier.

Le témoin signe sa déclaration et s'en va.

Dans l'escalier, il réfléchit. Maintenant qu'il n'est plus en face du juge, il retrouve ses idées; tout à l'heure, sa personnalité s'effaçait, la présence du magistrat embarrassait sa volonté, il n'osait pas parler et, tout humble, tout petit, il approuvait les réponses proposées ou suggérées à son trouble. Maintenant, il s'est ressaisi. « Un quart d'heure ! » il a eu tort de laisser le juge écrire « un quart d'heure. » Il ne faut pas dix minutes pour un tel trajet... Bah ! il rectifiera la prochaine fois.

La fois suivante, il est à l'audience, il jure de dire la vérité, veut tenir sa promesse, s'efforce d'amender sa précédente déposition et d'en corriger les inexactitudes.

Mais si ces corrections menacent d'ébranler l'accusation, le président l'interrompt pour le « piloter » et le ramener à ses dires originaires tels que l'instruction les a produits.

Persiste-t-il à les modifier ? On lui fait remarquer qu'à l'ins-

_____

(1) M. Bérard des Glajeux, président de chambre à la Cour de Paris dans ses *Souvenirs d'un Président d'Assises* (page 102), parle plus spécialement des obligations du magistrat à l'audience. L'obligation, si tant est que l'obligation existe, doit s'imposer plus encore à l'instruction, le témoin ne sachant pas encore ce qu'on attend de lui.

truction, *quand ses souvenirs étaient plus frais*, il a fait une déclaration différente.

— Et, ajoute-t-on, M. le juge d'instruction n'a point consigné, n'est-ce pas, une réponse de son crû ?...

— Je ne prétends pas cela, s'excuse le pauvre témoin.

— D'ailleurs, vous avez signé votre déposition...

La « déposition signée », c'est le « sans dot » des affaires criminelles.

Le témoin n'a rien à répliquer à cet argument là ! Et que répondrait-il ? — Qu'en effet, le juge n'a point inventé, mais que le résumé dicté au greffier diffère de son récit par tant de nuances qu'en définitive il n'y ressemble plus du tout; qu'on a mal compris ou inexactement interprété ses paroles; qu'il eût bien refusé de signer, mais qu'il n'a pas osé, tremblant à l'idée d'irriter ce personnage puissant dont le cachet et la griffe au bas d'un imprimé, suffisent pour faire jeter un justiciable en prison; que plus d'un comptable honnête, plus d'un caissier sans reproche dont le patron était en fuite, plus d'une fille dont l'amant était coupable de quelque méfait, avaient vu leur citation de témoin se changer en mandat de dépôt. Leur unique crime avait été de défendre l'accusé ; seulement, par leur attitude, ils s'étaient rendus suspects de complicité et suivant un euphémisme cruel, le juge les avait *gardés à sa disposition*. Ils n'étaient coupables que d'innocente fidélité au prévenu. On s'en était aperçu cinq ou six mois après.

Aussi, d'ordinaire, par timidité physique ou par peur d'incident fâcheux, par prudence ou par impuissance, le témoin se laisse aller à « *dire comme le juge* » quoi qu'il dise.

Jamais dans les annales judiciaires, cette mollesse du témoin, cette apathie accusatrice n'a produit de plus curieux effets que dans le procès du sieur de La Pivardière en 1697. Qu'on ne se récrie pas sur la date. Deux cents ans ont passé sur les cendres du sieur de La Pivardière, mais si nous ne prenons pas ici pour exemple les procès plus récents de Dehors (1835), des époux Gardin (1861), ou l'affaire du pont Mirabeau (1896), c'est que, de ces affaires contemporaines, aucun Daguesseau ne nous a laissé l'analyse; nous ne pouvons pour en parler nous appuyer que sur de simples comptes rendus, tandis que nous avons « dans la cause du sieur de la Pivardière et des officiers de Châtillon-sur-

Indre » le *plaidoyer* du grand magistrat. Le futur chancelier s'est efforcé de montrer dans sa harangue la variabilité des témoins et la fragilité des témoignages.

En quelques mots voici les faits (1) : Louis de la Pivardière, sieur du Bouchet, était lieutenant au régiment des dragons de Sainte-Hermine. Pour le service du Roy, il était resté pendant près d'une année éloigné de son château de Narbonne. Sa femme en son absence avait pris pour amant le prieur de l'abbaye de Miseray.

La Pivardière, à son retour, apprit son infortune, déserta le toit conjugal déshonoré, voyagea pour se consoler, rencontra à Auxerre la fille d'un huissier, s'en éprit et l'épousa. Le voilà bigame !

Très heureux avec sa seconde femme, il ne retournait chez la première que de loin en loin, pour toucher ses fermages.

Mais Mme de La Pivardière finit par apprendre la seconde union de son mari et jura de se venger du bigame ; sans doute elle avait un amant, mais lui, prenait une femme *légitime !* pouvait-elle supporter pareil outrage ?

A son premier voyage à Narbonne, M. de la Pivardière descendit, selon son habitude, à son château. Une servante, dans la nuit, l'avertit que sa femme, au courant de sa situation, allait le dénoncer et le faire arrêter. M. de la Pivardière n'hésita pas ; il se leva, prit son fusil, siffla son chien et sans attendre le jour, sans aller prendre son cheval à l'écurie, oubliant dans sa chambre ses pistolets et son manteau, il s'enfuit.

Sa disparition éveilla les soupçons, le bruit d'un meurtre se répandit. On accusa Mme de la Pivardière d'avoir assassiné son mari. Un arrêt de prise de corps fut rendu contre elle.

A l'instruction, deux servantes de l'accusée, Marguerite Mercier et Catherine Le Moyne, firent un récit circonstancié de l'assassinat.

La première assura que sa maîtresse avait éloigné ce soir-là tous ceux qui auraient pu gêner ses desseins ; qu'elle avait introduit deux valets du prieur de Miseray dans la chambre de

(1) L'affaire de la Pivardière n'est point une erreur judiciaire consommée. Ce n'a été qu'une méprise de la justice. Le procès est un des plus intéressants du XVIIe siècle. Nous renvoyons le lecteur curieux des détails de cette affaire au *Recueil de Causes célèbres* de Gayot de Pitaval, tome III, p. 1.

son mari, et que ces valets avaient assassiné le lieutenant du régiment de Sainte-Hermine. Elle contait la scène du crime en tous ses détails les plus précis.

L'autre servante déclara qu'on lui avait fait quitter le château dans la soirée : mais elle était revenue à l'heure du crime et était entrée dans la chambre, lorsqu'on achevait de tuer son maître.

Mme de la Pivardière allait être condamnée, quand son mari, muni d'un sauf conduit, se présenta à la justice et, par sa présence, démontra l'inanité de l'accusation.

Comment les deux servantes avaient-elles pu mentir à ce point? Daguesseau nous l'explique.

Quand on leur demande quelles sont donc les violences dont le lieutenant particulier de Châtillon s'est servi pour extorquer d'elles la confession forcée de ce qu'elles n'ont jamais vu, ni entendu, ni pensé, elles disent tantôt que leur frayeur est venue de ce que *le juge leur a représenté qu'elles seraient criminelles si elles ne disaient la vérité*, tantôt que le sujet de leur crainte a été la menace que le lieutenant particulier leur a faite de leur faire le procès comme à un muet ou de les faire mettre à la gêne si elles ne répondaient pas (1).

La mise en prévention et le secret ont remplacé la gêne, mais le juge ne représente-t-il pas encore souvent à des témoins « qu'ils seraient criminels s'ils ne disaient pas la vérité » ?

Et, de peur d'être criminels, ils chargent l'accusé.

— Vous avez le plus grand tort, disait à Marie Michel M. le juge d'instruction chargé de l'affaire de faux témoignage, dans le procès Cauvin, vous avez le plus grand tort de persister dans les mensonges que vous débitez pour essayer de sauver Cauvin... (2)

Là-dessus il laissait la jeune fille au secret pendant quatre mois !

.*.

Disposé par tempérament et par tradition à ne chercher dans les déclarations des témoins qu'un appui pour sa conviction, le

---

(1) Daguesseau, *Plaidoyer* du 13 février 1699.
(2) *Mémoire* pour Louis Cauvin, par M. Félix Decori, p. 5 et 6. Deux arrêts de Cour ont donné par la suite l'autorité de la chose jugée à la version de Marie Michel.

magistrat est trop enclin, soit au cours de l'instruction, soit à l'audience, à n'écouter que les dépositions des témoins à charge.

Devant la police correctionnelle comme devant la Cour d'assises, la situation inférieure faite par les magistrats aux témoins de la défense, l'espèce de mépris poli avec lequel, d'habitude, on les entend, choque les plus respectueux des coutumes judiciaires.

— Le 29 avril 1896, devant la 9e Chambre de police correctionnelle du tribunal de la Seine, deux individus comparaissaient inculpés de tentative de vol. On les avait vus, au barrage de Pierrefitte, suivant un vieillard qui tenait un cheval par la bride. Ils l'avaient attaqués déjà, sans doute, car l'homme portait au front une large blessure ; il poussait des cris : « A l'assassin ! au voleur ! » Ces appels avaient attiré des passants — les témoins à charge.

Trois témoins à décharge étaient cités. Tous les trois étaient belges ; deux d'entre eux étaient ouvriers fumistes.

Ils avaient aperçu, bien avant le barrage de Pierrefitte, la prétendue victime de l'agression : absolument ivre, le vieillard allait tout seul, zigzaguant, titubant sur la berge, et appelant à l'aide contre d'imaginaires assassins. Sa blessure provenait, sans doute, de quelque chute.

La prévention croûlait. Le substitut crut devoir intervenir.

— Le Tribunal, dit-il, verra le cas qu'il devra faire de la déposition de ces... fumistes belges.

Le public goûta fort la plaisanterie ; le Tribunal sourit et nous prîmes en note la phrase caractéristique du substitut (1) ; elle était un aveu du dédain, secret ou affecté, mais habituel, professé par les magistrats pour les témoins à décharge.

Un conseiller à la Cour de Montpellier a écrit quelque part qu'ils avaient le monopole des faux témoignages. Avant de montrer l'inexactitude de cette assertion, avant de rappeler les erreurs causées par le trop de crédit accordé aux témoins du ministère public, il faut protester contre cette classification absurde des

_____

(1) Nous n'abuserons pas de nos souvenirs personnels ; mais il nous a semblé permis parfois de nous appuyer sur nos propres observations. Nous ne le ferons jamais qu'en évitant les personnalités, et en citant toujours la date et le tribunal où les faits se sont passés.

témoins en deux catégories distinctes, presque hostiles : les témoins à charge et les témoins à décharge.

Dans certaines Cours d'assises on parque chaque groupe dans une salle à part ; et quand la liste des témoins du procureur est épuisée, le président n'oublie pas d'avertir le jury qu'on va entendre les témoins à décharge. Avis d'ailleurs superflu pour les familiers du palais : à la manière dont les questions vont leur être posées, rien de facile comme de reconnaître des témoins cités à la requête de la défense.

Nous disons que cette délimitation, à peine indiquée par le Code, et lourdement accentuée par la pratique, est fâcheuse autant que factice. Elle est contraire à l'intérêt de la vérité. Les témoins de bonne foi, qui tiennent leur serment d'entière sincérité, ne sont ni *pour* ni *contre* l'accusé. Dans les témoignages les arguments favorables au prévenu se trouvent enchevêtrés aux preuves de culpabilité ; bien souvent un témoin cité par la défense laisse tomber sur le prévenu le plus lourd des pavés de l'ours ; parfois, au contraire, c'est quelque détail incidemment fourni par le plaignant lui-même qui sera la justification de l'accusé.

La division des témoins en deux camps entraîne des inconvénients graves. Voici le principal : les témoins devraient être tous, indistinctement, les auxiliaires de la Justice : on les transforme en seconds d'un duel entre l'accusation et la défense. Et dans cette rencontre, ministère public et président ne sont pas toujours d'une courtoisie parfaite pour les témoins de l'adversaire. Ceux qui assistent la prévention sont traités avec la considération due à des collaborateurs ; on les regarde un peu comme des fonctionnaires momentanés : pour les autres, on n'a que railleries ou dédains. Ah ! le président ne les pilote pas, ceux-là..., si ce n'est vers les écueils, quand il en entrevoit. Puisque le Parquet ne les avait pas cités, c'est que leur déposition est inutile : prétendent-ils par leurs témoignages modifier le cours de la justice (1) ?

Ajoutons qu'ils le modifient rarement.

---

(1) Nous trouvons dans le journal *Le Temps* (21 août 1894) un exemple de la façon dont les témoins à décharge sont souvent traités à l'audience.

Le 20 août 1894 comparaissait devant la cour d'assises de la Seine un italien nommé Moschetto, accusé d'avoir fait l'apologie du meurtre du président Carnot.

« Trois témoins à décharge, dit *Le Temps*, viennent certifier que jamais

En 1809, ils n'ont pas empêché la condamnation de VUILLAUME. Accusé d'avoir assassiné sa femme, ce dernier faisait valoir, rappelons-le, un alibi tel que rarement innocent en invoqua. Au moment du prétendu crime, il purgeait à la prison de Toul une condamnation à trois jours de prison. Cependant, libérés après lui, quelques-uns de ses anciens compagnons de cellule assurèrent qu'il avait quitté la prison la nuit où sa femme était morte. Vuillaume, en vain, protesta. Juge d'instruction, procureur général et magistrats de la Cour acceptèrent comme paroles d'évangile ces dires de repris de justice. De chacun d'eux, à d'autres dates, le ministère public avait tracé les plus noirs portraits. Mais, témoins à charge, ils devenaient dignes de toute foi.

Vuillaume fit entendre le geôlier et sa femme. Tous deux affirmèrent énergiquement que l'accusé, incarcéré la veille de la mort de sa femme, n'était sorti de la prison qu'à la nouvelle du décès. On ne les crut pas. Ces fonctionnaires, ces vieux serviteurs de la Justice, ces braves gens, dont le passé était sans tache, tombaient tout à coup dans l'estime des juges au-dessous des condamnés qui chargeaient Vuillaume. Ils témoignaient en faveur

---

« Moschetto n'a fait (avant le délit qui lui est reproché) la moindre allu-
« sion à l'anarchie. Une dame chez qui il a travaillé, déclare qu'elle n'a
« jamais eu à se plaindre de lui, que si elle l'a congédié, c'était parce
« qu'elle avait été obligée momentanément, pour cause de maladie, de
« fermer son magasin.
    « — Je suis prête à le reprendre, dit-elle en finissant.
    « — M. l'Avocat général (vivement). — Madame êtes-vous française ? —
« Le Témoin. Oui, Monsieur. — Le Président. Mais, madame, vous semblez
« ne pas comprendre la portée de la question de M. l'avocat général. Vous
« ne savez donc pas les propos qu'il a tenus relativement à l'assassinat
« du vénéré président ? — Le Témoin. Je ne sais pas de quoi il est accusé.
« J'ai dit que je le reprendrais à cause de la moralité que je lui connais...»
    Un marchand de vins dont Moschetto est encore le débiteur pour soixante-
huit francs, ne tient pas rigueur à celui-ci et le représente comme un garçon inoffensif.
    « Il m'aurait payé, dit-il, s'il avait été moins faible pour le travail. —
« M. le Président. Que voulez-vous dire « moins faible » ? — Le Témoin.
« C'est-à-dire qu'il n'était pas en bonne santé. — M. le Président. Comment
« pouvez-vous apprécier le travail de Moschetto ? Vous n'êtes pas ajusteur.
« Parlez-nous de tonneaux et de vin. Ne parlez pas de choses que vous ne
« savez pas...»
                                        (Le Temps, dernière heure, 21 août 1894).
    — Sur le même sujet voir l'affaire Borras.

du prévenu ! C'en était assez : on les regardait comme des soldats
passés à l'ennemi, et leur déposition n'arrêtait guère le ministère
public. On expliquait leur attitude : l'accusé les avait payés,
sans doute, pour lui ouvrir la porte de la prison la nuit du
meurtre ; dès lors pouvaient-ils avouer une telle infraction aux
règlements, un tel manquement à leurs devoirs (1) ? C'était
pour se sauver eux-mêmes qu'ils essayaient de soustraire Vuillaume à l'échafaud qu'il méritait. En considération de leur
passé, le Parquet ne les poursuivait pas comme complices du
meurtre et comme faux témoins : ils devaient s'en féliciter.

Le jury admira tant de clémence et condamna le prétendu
meurtrier à la peine de mort. Par bonheur, l'arrêt fut cassé pour
vice de forme ; l'avocat de Vuillaume put rapporter la preuve
que les témoignages des anciens co-détenus de l'accusé leur
avaient été dictés et payés par l'adjoint de sa commune, un sieur
Habémont..... Vuillaume, traduit devant une nouvelle Cour
d'assises, fut acquitté à l'unanimité par le jury.

Ainsi, fût-il repris de justice, le témoin à charge est cru contre
toute vraisemblance ; contre toute vraisemblance, contre tout
bon sens, contre toute raison, l'hystérique persécutée obtient
aussi, pour les créations de son cerveau malade, un non moindre
crédit. Vainement, en 1835, Chaix d'Est-Ange essaya-t-il de
mettre en doute l'exactitude du récit puérilement mensonger de
Mlle de Morell, la prétendue victime de M. DE LA RONCIÈRE ;
vainement opposa-t-il aux fantaisies romanesques de la névrosée
les constatations matérielles de l'instruction, les rapports des
experts de toute sorte (médecins, architectes, professeurs d'écritures, etc.), l'accusé succomba sous l'acharnement des témoins à
charge. Aujourd'hui, en relisant leurs dépositions, on s'étonne
que des gens sérieux aient pu les écouter sérieusement jusqu'au
bout ; en lisant l'acte d'accusation, on se demande comment la
plume ne tomba pas des mains du procureur chargé de coudre

---

(1) Dans l'affaire du pont Mirabeau (août 1896), quatre sergents de ville
déclaraient n'avoir pas vu les accusés, la nuit du crime, sur le pont Mirabeau qu'ils surveillaient. L'accusation ne fit aucun état de leurs affirmations. « Ils ne veulent point avouer qu'ils s'étaient relâchés dans leur
surveillance » expliqua-t-on. Et l'accusation adopta, malgré ces témoins à
décharge, la version d'un aliéné.

ensemble ce tissu d'invraisemblances. Mais non, en dépit de l'absurde, il eut foi en l'accusatrice, parce qu'elle était l'accusatrice ; et tous ceux, même les experts, qui ne crièrent point avec elle « haro » sur l'innocent, furent déclarés suspects et tenus pour vendus.

Les juges s'indignèrent, en 1840, contre PAULINE BEUDOT, une petite bonne de quatorze ans, dénoncée comme voleuse par le fils adoptif de ses maîtres, Alfred Charrey. N'osait-elle pas insinuer que son accusateur pouvait bien être le coupable ? Le jeune homme était un garçon « honnête, bien élevé, accomplissant avec une ponctualité exemplaire ses devoirs religieux. » Comment le soupçonner de calomnie et de vol ? On envoya Pauline Beudot dans une maison de correction... et les vols continuèrent dans la demeure de ses maîtres.

On procéda ensuite à une plus sérieuse enquête : on découvrit la vérité : l'auteur des délits était bien le jeune Alfred Charrey, qui fut condamné à cinq ans de prison, pour vol et faux témoignage. Ce fut là peut-être encore une injustice, car, au dire de plusieurs médecins qui l'examinèrent, Alfred Charrey, dont *l'unique* témoignage avait satisfait la conscience des juges de Pauline Beudot, était un impulsif, sinon un inconscient. Avant de condamner l'enfant de quatorze ans qu'il dénonçait, on n'avait pas songé à s'inquiéter de la valeur de ses affirmations : il était d'une bonne famille, il était pieux, cela suffisait. Comment supposer qu'un témoin à charge soit dément ?...

De la véracité de ses témoins, le ministère public ne doute pas. Il n'admet pas qu'on en doute. Et quand, par hasard, le Tribunal ne les trouve pas assez convaincants, quand il fait bénéficier un innocent du doute, le parquet, comme dans l'affaire DESVAUX (1842), interjette appel *à minima* (1), quitte à demander quelques mois plus tard une condamnation à vingt ans de travaux forcés pour assassinat et vol contre ceux dont la parole fut le seul garant de son accusation.

Cependant, sans l'excuser, on s'explique encore le crédit du témoin à charge auprès des juges, quand ce témoin est cité à la requête du procureur. L'instruction, le réquisitoire ont disposé

(1) Sur l'appel *a minima* du ministère public voir, à l'affaire Montbailly, un mot toujours juste de Voltaire.

le magistrat à la crédulité. Mais pourquoi, même dans les affaires « entre parties », voit-on si souvent les juges accorder plus de créance aux témoins du demandeur qu'à ceux de la défense (1). Ignore-t-il donc que le faux témoignage est la monnaie courante de ces procès sur citation directe? Des deux côtés, en ces sortes d'affaires, on n'apporte à la barre que les échos des querelles d'escaliers. Heureux, encore, lorsque les parties n'y amènent point des parjures à quarante sous.

Car elles sont terribles ces haines de voisins mal séparés par une haie d'épines ou trop étroitement groupés dans la promiscuité des maisons de grande ville; ils sont effroyables ces complots de corridors, et l'on s'inquiète en pensant que sur les commérages assermentés de quelques mégères, on peut se voir, comme M. Mac-Auliffe, en 1893, condamné pour injures, coups et blessures, par le Tribunal d'abord, par la Cour ensuite!

M. MAC-AULIFFE, pharmacien à Paris, était prévenu d'avoir, sans motif, injurié et brutalisé une dame Roger qu'il n'avait jamais vue. Il invoquait un alibi, on n'y croyait pas; il parlait de son passé honorable, de l'invraisemblance du délit qu'on lui reprochait; on n'écoutait rien : trois vieilles femmes racontaient la prétendue scène de violence; elles étaient l'Accusation, cela suffit: le Tribunal condamna. — Trois ans après, M. Mac-Auliffe qui avait poursuivi sa réhabilitation avec une admirable ténacité, obtenait contre ses accusatrices une condamnation à trois année d'emprisonnement, « l'inexistence de la prétendue scène d'injures et de violences étant démontrées, non seulement par son impossibilité matérielle et par l'alibi du prévenu, mais par son impossibilité morale » (2).

.·.

Quand le prévenu répond à un témoignage par une objection concluante, le président ne manque jamais de lui adresser cette question :

---

(1) Nous parlons de ce qui se passe à Paris devant le tribunal correctionnel dont les habitudes nous sont plus particulièrement connues.

(2) Arrêt de la Chambre des appels de police correctionnelle de la cour de Paris, 7 février 1896, *Gaz. Trib.*, 8 mars 1896.

— Enfin, si vous étiez innocent, *pourquoi le témoin vous accuserait-il ?*

Il n'est pas une affaire, correctionnelle ou criminelle, dans laquelle cette demande n'ait été opposée aux dénégations de la défense.

Le prévenu répond d'ordinaire qu'il n'en sait rien.

Il pourrait dire que ce n'est pas à lui de démontrer la fausseté des témoignages, mais à l'accusation de prouver leur sincérité. Il pourrait ajouter que si le témoin l'accuse, c'est qu'il obéit à l'un des mille et mille mobiles, qui déterminent les actions humaines, bonnes ou méchantes, inconscientes ou voulues.

Il pourrait reprendre enfin la longue liste des méprises judiciaires et répliquer au président :

— Monsieur le président, je ne sais pas exactement le « parce que » de votre « pourquoi ». Mais si vous voulez, nous allons chercher ensemble les causes de cet effet.

« Peut être le témoin a-t-il pour m'accuser le même mobile que M. Chay, le marchand drapier qui, en 1773, fit condamner à neuf ans de galères, Game, le grainetier de Lyon. M. Chay avait déchaîné une nuée de témoins qui prétendaient reconnaître dans le malheureux un escroc dont ils avaient été les victimes et qui ne lui ressemblait, au reste, ni de loin, ni de près. M. Chay n'avait d'autre but que de faire triompher un soupçon qui le hantait.

« Peut-être suis-je victime, comme le furent, en 1819, RISPAL et GALLAND, de la mauvaise foi du témoin. — Un sieur Peyrache racontait avoir entendu, à travers une cloison, les deux accusés parler du meurtre de leur prétendue victime. Les propos rapportés n'avaient jamais été tenus ; mais l'eussent-ils été qu'on n'eût pas pu les entendre à travers la cloison ; véritable mur qui ne laissait filtrer aucun son.—Peut-être y a-t-il dans mon affaire quelque cloison dont on a négligé de vérifier l'épaisseur ; avec un peu de soin on arriverait à découvrir, sinon le mobile, du moins la réalité du mensonge dont je suis victime.

« Cherchez, dirait encore le prévenu, si, comme dans le procès de Rossi, en 1833, le témoin qui me charge n'a point quelque vengeance politique à exercer contre moi ; voyez si, comme dans l'affaire LESNIER, en 1848, la haine de parti ne se double pas de quelque mystérieux drame intime. L'instituteur Lesnier était accusé d'incendie volontaire : contre lui s'élevait, charge écrasante, le témoignage de sa maîtresse ; elle l'accablait en pleurant. Lesnier fut condamné aux travaux forcés à perpétuité. Cinq ans après on arrêtait le véritable incendiaire : c'était un nommé Lespagne, le propre mari de la maîtresse de Lesnier. Au pardon qu'implorait sa femme, Lespagne avait mis cette condition : elle accuserait son amant.

« Pourquoi le témoin me charge ? Qui sait si ce n'est pas simplement par une antipathie irraisonnée — comme le lieutenant Ambert prononçant à la barre de la Cour d'assises contre l'accusé DE LA RONCIÈRE, de passionnés réquisitoires, dont la bonne foi, l'ardente conviction, excusaient la violence (1835). Peut-être obéit-il à quelque intimidation : on a vu dans le procès LERONDEAU (1878), une femme, la femme Chrétien, rapporter contre l'accusé, un propos des plus graves ; elle dut avouer, par la suite, que sa déposition était mensongère. Elle avait, en la faisant, cédé aux suggestions du maire et du brigadier de gendarmerie.

« Pourquoi, dans l'affaire LEBAIL (1885), les témoins affirmaient-ils avec certitude des faits controuvés ? Ils n'avaient aucun intérêt à mentir ; et, en effet, ils ne mentaient point, ils se trompaient ; les témoins à charge sont faillibles.

« De l'affaire PIOT (1890), pourrait ajouter le prévenu, je ne parlerai pas, c'est un imbroglio trop compliqué pour tenter d'y démêler les motifs du faux témoignage (1). Mais me sera-t-il permis de rappeler, en dehors de ces erreurs consommées, quelques incidents... »

Si jamais prévenu se hasardait à si longue tirade :
— Parlez donc de votre affaire, lui dirait le président.

Mais si, par aventure, on le laissait achever sa diatribe contre la légèreté des témoins à charge, l'inculpé pourrait citer d'autres faits encore et notamment les trois que voici :

Le premier est emprunté à l'affaire Gouffé. Gouffé était cet huissier parisien dont on avait retrouvé près de Lyon le cadavre

---

(1) Voir aussi l'interrogatoire de Cauvin devant la cour d'assises de Montpellier.

enfermé dans un sac. Une malle, non loin du corps avait été découverte le lendemain.

« .....Par les soins du parquet de Lyon (1), la malle avait été reconstruite et l'instruction allait s'avancer d'une marche assurée, lorsqu'un cocher de fiacre, nommé Laforge, cédant au désir insensé de jouer un rôle, s'avisa de produire un récit mensonger du transport du cadavre dans le ravin, en sa présence. *Pressé de questions*, il alla jusqu'à dénoncer trois individus détenus alors sous l'inculpation d'un autre crime. Cette déplorable imposture, dont d'ailleurs Laforge a été justement (2) puni depuis lors, entrava et dissémina les efforts de la police. »

C'est par le « désir de jouer un rôle » que les magistrats expliquèrent la dénonciation calomnieuse du cocher Laforge : si l'imposture n'avait pas été découverte et si les trois individus dénoncés avaient comparu devant le jury, aurait-on admis pareille explication de la part des accusés au traditionnel : « Pourquoi vous accuserait-il ? » du président.

La dénonciation calomnieuse a, parfois, pour raison d'être le dévoûment : telle fut la cause du faux témoignage d'une jeune domestique, la fille Hünmel. Sa maîtresse, Mme V⁎⁎⁎, plaidait en divorce. Pour la seconder dans son instance, elle raconta que M. V⁎⁎⁎ l'avait violée trois ans auparavant (3). On l'examina : elle était vierge.

Vierge aussi cette malheureuse institutrice de Romorantin qui, arrêtée à Paris sur la dénonciation de ses anciens maîtres, fut reconduite jusqu'à Orléans de brigade en brigade et qui apprit avec stupeur, en arrivant à la maison d'arrêt, terme de son voyage, qu'elle était accusée d'infanticide. La dénonciatrice était une cuisinière froissée de la réserve qu'apportait d'ordinaire la jeune fille dans ses rapports avec les domestiques. Une visite médicale démontra l'innocence de la malheureuse institutrice. Mais si, dans son premier interrogatoire, celle-ci avait indiqué pour mo-

---

(1) Extrait de l'acte d'accusation, affaire Eyraud, cour d'assises, 15 décembre 1890.

(2) Fit-on entrer dans les causes d'atténuation du délit de Laforge, la *pression* dont, au dire même de l'acte d'accusation cité, il avait été l'objet ?

(3) Tribunal de Tours, avril 1892.

bile au faux témoignage dont elle était victime, la susceptibilité d'une cuisinière, le juge n'aurait-il pas souri du peu d'imagination de la prévenue ?

Donc, rien de plus inutile, de moins pertinent que la question par laquelle le juge essaie trop souvent d'embarrasser l'accusé.

.·.

Ce n'est pas au prévenu, c'est à lui-même que le juge devrait se poser la question. Quand l'accusé réplique aux témoignages par des dénégations formelles, le devoir du magistrat est de rechercher si le témoin n'a pas un motif de mensonge.

Il trouvera peu de témoins payés. Les faux témoignages par vénalité, du moins si l'on en juge par les erreurs judiciaires, sont assez rares. La raison n'en est point dans le vers des Plaideurs :

> Les témoins sont fort chers et n'en a pas qui veut.

Non. L'homme prêt à se parjurer est d'ordinaire un pauvre diable affamé qui n'a plus rien à lui que sa conscience ; ébloui par un louis offert, il la vend au rabais. Trente francs est un maximum — un maximum qui coûta cher à Chassagne, le faux témoin de l'affaire BOURIQUET (1881). Il paya d'un an de prison les dix écus que son mensonge lui avait rapportés.

Mal rétribués aussi les faux témoins de l'affaire GANCEL (1838). Peut-être même la crainte d'être renvoyés était-elle pour ces domestiques, plus que l'argent reçu, la raison déterminante du faux serment dicté par leur maître. L'affaire VUILLAUME, l'affaire MAC-AULIFFE nous offrent encore des exemples de témoins achetés, mais on peut dire que la corruption est une cause peu fréquente des dépositions mensongères.

.·.

En cherchant le mobile des témoignages argués de calomnie, le juge bien souvent eût découvert le vrai coupable. Souvent, en effet, celui-ci se cache parmi les accusateurs : il a créé les soupçons erronés ou il en profite pour détourner sur un autre le châtiment qu'il redoute.

On trouvera d'intéressants exemples d'affaires, dans lesquelles la justice ainsi se laissa mener par ceux qu'elle aurait dû poursuivre.

Nous avons cité déjà l'affaire de Victoire Salmon (1781), accablée par le témoignage de sa maîtresse, l'empoisonneuse Mme Duparc. On lira le procès du lieutenant Fabry (1813), qui paya son intransigeante probité de cinq ans de captivité et de déshonneur. Le théâtre a popularisé le martyre de Pierre Vaux (1852), victime de Gallemard, de cet Erostrate bourguignon qui, après ses crimes, dirigea l'instruction et lança contre l'instituteur calomnié la meute de ses adversaires politiques. La justice croyait qu'un louable zèle pour le gouvernement animait seul contre Pierre Vaux, Gallemard, le maire de Longepierre ; aussi tenait-elle pour authentique toutes les prétendues constatations qu'apportait au juge cet auxiliaire précieux : on croyait sur parole tous les témoins qu'il fournissait ; à l'audience, on laissait à peine les accusés discuter sa déposition.

Il est vrai que, trois ans après la condamnation de Pierre Vaux, quand la justice fut obligée d'arrêter Gallemard, elle représenta son ancien auxiliaire comme un misérable perdu de dettes et de méfaits (1).

Ce même désir lâche de se décharger de son crime sur un innocent se trouve encore dans l'affaire Lecomte (1828) et dans l'affaire Bou-Medine ben Saddeck (1860).

L'erreur, en tous ces procès, était évitable et la justice se fût épargné toutes ces fautes en dirigeant son enquête non pas exclusivement *contre* les accusés, mais *autour* d'eux, *sur* l'affaire, *sur* les témoins à charge.

N'est-ce point une anomalie bizarre, en effet ? A l'accusé, on reproche jusqu'aux moindres peccadilles de son passé le plus lointain. Parce que, dix ans, quinze ans auparavant il aura encouru une amende pour contravention à la police des chemins de fer ou 24 heures de prison pour outrage aux agents, l'acte d'accusation le flétrira de cette mention : « déjà condamné ».

Quant au témoin ? Il peut être un repris de justice sans que

_____

(1) « Personne à Longepierre n'ignorait, disait l'acte d'accusation du second procès, que le maire de la commune pouvait bien n'être au fond qu'un voleur et un assassin ». Et la justice en avait fait son collaborateur !

la défense ait la possibilité de le savoir et sans que le ministère public se soit inquiété de le rechercher (1). Failli, on ne pourra être témoin d'un acte authentique; on sera privé du droit d'élire le conseil municipal de sa commune, mais, à ce déchu de tant de droits, la loi laisse la faculté de faire tomber une tête.

On répondra que si l'ignorance des antécédents des témoins est peut-être une gêne, les investigations dans sa vie seraient un mal plus grand encore, une source de scandales journaliers. Nous ne le pensons pas. Peut-être, le rappel de quelque faute jadis commise sera-t-il, pour le témoin, une cause de dommage moral et matériel. Ce sera à l'accusation et à la défense, d'accord avec le juge, à écarter sans bruit ce témoin, s'il n'est pas indispensable; sinon, ce sera là une regrettable nécessité; mais, pour ménager les intérêts d'un témoin qui fut publiquement reconnu coupable, faut-il risquer de laisser condamner un prévenu présumé innocent ?

Les choses devraient se passer, dans notre pays, comme elles se passent en Angleterre. L'instruction préparatoire ouverte y fonctionne admirablement. Malgré cette publicité, chez ce peuple, où la crainte du scandale et le souci de la considération individuelle sont pour le moins aussi vifs que chez nous, cette enquête sur les témoins se fait à l'audience même (2), au cours du « contre examen » ou *cross examination*. Nous empruntons sur ce « contre examen » les lignes suivantes au remarquable ouvrage de M. de Franqueville : *Le système judiciaire de la Grande-Bretagne* (tome II, p. 385).

En dehors des témoignages favorables qu'il peut faire entendre,

----

(1) Quand par hasard les antécédents sont connus, on se borne à dispenser, s'il y a lieu, le témoin de la formalité du serment. La déposition est reçue ensuite, à titre de simple renseignement, sans doute, mais elle est reçue tout de même. Combien d'accusés furent ainsi condamnés sur les révélations plus ou moins véridiques du « mouton » ? On use moins aujourd'hui de ces repentis de maisons centrales, espions de cellules qui paient en monnaie de secrets surpris ou inventés quelques faveurs administratives.

(2) L'avocat anglais ne doit point « obtenir un verdict sans le secours de la preuve »; il doit « s'abstenir de rien avancer qui ne soit de nature à être confirmé par une preuve légale ». Mais sous ces réserves il a le droit de tout dire et on le laisse largement user de cette faculté.

l'accusé a un moyen de défense bien autrement puissant, c'est celui du contre-examen *(cross examination)*. Bien maniée par un habile avocat, cette arme est parfois terrible.

« Un procès criminel, dit Stephen, est un combat qui se livre avec des épées, non avec des fleurets, et qui, par conséquent, peut amener des blessures. » C'est au magistrat qu'appartient le rôle du juge du camp et le soin d'empêcher les coups inutiles ou déloyaux Dans l'interrogatoire, le seul point qu'il puisse être appelé à résoudre est celui de savoir si une question est pertinente *(relevant)* ; mais, dans le contre-examen, la difficulté est beaucoup plus grande, car il faut également décider si une preuve est admissible ou non, pour démontrer la pertinence du fait et aussi jusqu'à quel point il est possible de forcer un témoin à répondre aux questions n'ayant aucun rapport avec le procès, mais tendant à démontrer que son témoignage n'est pas digne de créance, ou, en d'autres termes, de l'obliger à faire des aveux pénibles et même dangereux.

Ici, point de règle absolue, c'est aux magistrats d'apprécier la latitude qu'ils peuvent laisser aux avocats et, sous ce rapport, ils sont extrêmement larges. Tandis qu'ils se montrent très stricts dans l'application des lois et usages tendant à restreindre les témoignages qui peuvent incriminer l'accusé, ils permettent souvent de poser aux déposants des questions d'une telle nature que l'on se demande parfois si le témoin n'est pas l'accusé.

On ne ferait point semblable demande en France où rien de tel ne se produit. Ce n'est pas que cette mise sur la sellette du témoin répugne à nos délicatesses ; les témoins à décharge sont parfois soumis à d'aussi rudes épreuves que le *« cross examinated »* en Angleterre ; ce n'est pas non plus que le Code d'instruction criminelle ait privé l'accusé du moyen de défense dont M. de Franqueville a constaté l'efficacité de l'autre côté du détroit. L'article 319 est formel : « *L'accusé ou son conseil peuvent dire contre le témoin tout ce qui pourra être utile à la défense* ». Comme on dit au Palais : il leur appartient.

Le malheur est que, dans la pratique, l'accusé ne peut pas même se procurer le casier judiciaire de ceux qui l'accusent. Si le ministère public a la faculté de connaître et de reprocher les témoins du prévenu, celui-ci, ni son conseil, ne sont à même de profiter de l'article 319. Il faut étudier la théorie de cette disposition dans nos lois, mais on doit aller en admirer le fonctionnement et les heureux effets en Angleterre.

Au retour, on pourra constater les résultats de la désuétude dans laquelle est tombé chez nous le contre-examen.

On relira l'affaire LA RONCIÈRE et la plaidoirie de Chaix d'Est-Ange dont la discrétion à l'égard de Mlle de Morell contribua peut-être à la condamnation de l'accusé.

Dans l'affaire de Choisy (1814), on verra que l'innocence de JULIE JACQUEMIN eût éclaté tout de suite, si l'on se fût plus exactement renseigné sur la moralité et la véracité de Mme de Normont.

En 1845, SANSON n'eût point été condamné au bagne si l'on s'était enquis des antécédents de la fille Lenain, son accusatrice. Cette femme — on le sut plus tard, — avait tenté de tuer son fils et trois ans auparavant elle s'était fait avorter. Tel était l'unique témoin de l'accusation, l'unique cause de la condamnation.

Le 13 juillet 1863, le tribunal de Blaye condamnait à deux mois de prison, malgré les dénégations désespérées du prévenu, le nommé VEUILLE, inculpé d'un vol de 10 fr. au préjudice d'un sieur Jean Bergeon. Le jugement s'appuyait sur les déclarations de quatre témoins, la victime d'abord et les nommés Canon, Célès et Bertrand. La Cour de Bordeaux confirma la décision du tribunal de Blaye (19 août 1863), mais l'arrêt fut cassé et l'affaire renvoyée à Poitiers où l'innocence de Veuille éclata. Bergeon, Canon et Bertrand avaient menti, et la Cour — enfin éclairée, — appréciait ainsi ces témoins dont la parole étayait les décisions antérieures :

Attendu que Bergeon, Canon et Bertrand se livrent habituellement à la débauche, que Bergeon a dévoré sa fortune ;

Qu'il en est de même de Canon qui a déjà joué un rôle peu honorable dans une poursuite pour faux dirigée contre son beau-frère ; que Bertrand a été soupçonné de faux témoignage dans une affaire de meurtre ; que ces trois derniers fréquentaient continuellement le cabaret ou plutôt le bouge de Célès...

Motifs excellents pour ne pas croire à leur déclaration, motifs qui justifièrent, le 5 février 1864, l'acquittement de Veuille et la

---

(1) L'avocat peut ne connaître la liste des témoins cités que vingt-quatre heures avant de plaider (art. 315 *Instr. crim.*). Comment ferait-il sur eux une utile enquête, et par quelle entremise, puisque les règles professionnelles lui interdisent de la faire par lui-même ?

condamnation pour faux témoignage de ses quatre accusateurs.

Si, pendant l'instruction d'abord, et ensuite pendant les premiers débats, les juges avaient recherché les antécédents et la moralité des témoins sur lesquels reposait la prévention, si la défense avait été mise à même d'user des droits que lui confère l'article 319 du Code d'instruction criminelle, la liste des erreurs judiciaires correctionnelles eût été diminuée d'une unité, et Veuillot, innocent, n'eût pas subi six mois de prison.

Les frères BROSSET, en 1880, n'eussent point été condamnés aux travaux forcés si, dès le début de l'instruction ou même à l'audience, on avait révélé que la victime de l'attaque nocturne qu'on leur imputait était un ivrogne endurci. N'eût-il pas été nécessaire d'apprendre aux jurés que le témoin principal du ministère public n'avait distingué les traits de ses agresseurs qu'à travers les fumées de l'alcool.

.·.

Témoins indignes, témoins coupables, ne sont pas les seuls dont le juge prudent se défie. Il faut ranger aussi parmi les suspects, la victime.

« C'est surtout une chose épineuse, dit Mittermaier (*Traité de la preuve*, p. 339), que de déterminer la crédibilité de la partie lésée. Il est certain qu'au moment où le délit vient de lui porter préjudice, le plaignant n'a pu conserver tout son calme, que, dès lors, plus d'une circonstance accessoire a pu lui échapper... On avouera encore que la passion ou l'intérêt qu'on peut avoir à faire déclarer l'accusé coupable sont assez forts souvent pour pousser au mensonge. »

Cet intérêt est parfois tout moral, mais le désir de la condamnation n'en est pas moins certain ; il existe, même chez le plaignant capable de mettre le respect de la vérité au-dessus du légitime besoin de vengeance : un homme de lettres, victime d'une effroyable tentative d'assassinat, a récemment publié en volume « ses impressions d'assassiné ». Il n'a point caché dans ce livre le soulagement que la condamnation et l'exécution de son assassin lui procurèrent.

— Je n'ai de haine contre personne, disait M. le conseiller

Benoit dont Ravachol avait fait sauter l'appartement (1), mais je n'oublierai jamais un attentat qui a failli tuer mon petit-fils.

Explicable, honorable ressentiment ; il ne fait point sortir de la vérité le témoin auquel l'éducation donne assez de philosophie pour dominer sa rancune ; mais pour l'homme inculte qui ne voit dans la justice que la vengeance organisée, quelle redoutable inspiratrice de mensonges !

Quel que soit son niveau social, quelle que soit sa culture intellectuelle, qu'elle se constitue partie civile ou dépose en qualité de témoin, la partie lésée est toujours, en l'affaire, partie intéressée (2).

Une égale suspicion devrait donc rendre le juge aussi sceptique à l'égard des plaignants que des accusés.

Mais, de tout temps, la victime a rencontré le plus extrême crédit auprès du magistrat. Passons vite sur les erreurs anciennes, résultat de cette imprudente confiance du juge. Renvoyons simplement le lecteur aux comptes rendus des affaires GENTIL et VEURIOT, en 1780 ; FIACRE et DUPUY, en 1791 ; DEWILDE et GAY, en 1807. Signalons plus particulièrement le procès de FOUREY (1808) que sa prétendue victime affirmait avoir reconnu *à la lumière du coup de feu tiré sur elle*, et notons en passant l'intéressant rapport de Lefèvre Gineau (3) dont la savante précision rendit un innocent à la liberté ; rappelons la condamnation de LOUARN et BAFFET (1854), reconnus par les victimes du drame de Bannalec et morts au bagne cinq ans avant l'arrestation des vrais coupables.

---

(1) Cour d'assises de la Seine, 26 avril 1892.

(2) Le plaignant qui se porte partie civile ne peut déposer sous la foi du serment. Lorsque la prévention n'a d'autre base que les allégations de la victime, voici comment on procède quotidiennement devant le tribunal correctionnel de la Seine. La victime prête serment, fait sa déposition et au moment de la renvoyer à sa place, le Président lui demande si elle se porte partie civile. Elle répond affirmativement... et la loi paraît respectée, ou du moins le tribunal fait comme si elle l'était, car en réalité, le témoignage, l'unique témoignage disparaît, il ne reste plus de preuve mais seulement l'affirmation d'une personne intéressée, partie au procès, et la dénégation d'une autre personne également intéressée. Voir Cass., 27 mars 1896. *Lois Nouvelles*, 1896. 2. 127.

(3) Lefèvre Gineau, professeur de physique expérimentale au collège de France.

Dans le besoin de ne pas voir impuni le crime dont elles ont souffert, les victimes se laissent parfois aller aux affirmations les plus fausses. C'est ainsi que dans l'affaire CHARPENTIER (1871), le sieur Barbin, sur lequel on avait tiré un coup de feu à deux heures du matin, donnait de son agresseur le signalement suivant : « Il était revêtu d'un long *gilet de couleur foncé* et coiffé d'un chapeau de paille *noir et blanc*. » Or, le vrai coupable, un nommé Bazile, était vêtu d'une *blouse bleu clair* et son chapeau de paille était *tout blanc*. Barbin l'avait vu armé d'un *pistolet* et c'est un coup de *fusil* qu'avait tiré Bazile !

Cependant, sur les seules accusations de Barbin — quoiqu'on eût retrouvé la bourre du fusil (une lettre *adressée à Bazile*), — Charpentier fut condamné à deux années de prison. Il avait depuis longtemps purgé sa peine lorsque Bazile se décida à faire des aveux ; ses déclarations reconnues exactes démontrèrent le peu de valeur du témoignage qui avait servi de base au réquisitoire du ministère public.

PETIT (1873), GUILLABEAU ET PEYRATOUT (1877), la femme GOULAS (1883), BLANDIN (1884), sont autant d'exemples plus récents du peu de foi que méritent les victimes d'un délit, et du trop de crédit qui leur est accordé.

L'affaire LEBET ET CATTIN (1873), l'affaire SAUSSIER (1883), nécessitent quelques observations moins sommaires.

Lebet et Cattin furent condamnés à tort pour violences et injures, sur les dépositions erronées de deux douaniers. N'est-ce pas l'occasion de signaler l'excessive importance qu'attachent les tribunaux à la parole de tous les représentants de l'autorité. Quelle que soit la parcelle infime de pouvoir qu'ils détiennent, même s'ils ne sont point assermentés, fussent-ils simples agents de police, — ne fussent-ils que des inspecteurs de magasin de nouveautés ! — ils seront crus sur parole et le meilleur des avocats plaidera vainement l'acquittement du prévenu (1).

---

(1) Citons un exemple de la valeur des témoignages assermentés. Nous le trouvons dans *Le Droit*, n° du 4 mars 1860.

Un sieur Chéron était assigné devant le tribunal d'Évreux pour avoir chassé dans la propriété d'une dame Corbin. Voici le procès-verbal du garde-chasse Nicolas Dumoulin :

« J'ai vu et entendu chasser une chienne griffonne et dix minutes après, j'ai vu un homme porteur d'un fusil à deux coups avec une carnassière.

Le procès de Saussier pourrait inspirer d'autres réflexions utiles. Ce malheureux bûcheron fut condamné aux travaux forcés pour viol d'une petite paysanne.

Trois ans plus tard, la fille Pichon, la prétendue victime de sa lubricité, était poursuivie pour infanticide ; elle avouait à l'audience qu'elle avait jadis menti en accusant Saussier. C'était volontairement qu'elle s'était donnée à lui. A la suite de ces révélations, une nouvelle instruction pour faux témoignage fut ouverte contre la fille Pichon, qui fut condamnée à dix années de réclusion.

Les affaires de viol sont rares, mais combien est grand, dans ces procès, le danger de condamner des innocents. Les petites paysannes perverses, comme la fille Pichon, ne sont pas les seules

---

Cet homme est arrivé sur moi en courant à environ dix mètres de distance. Je l'ai sommé de s'arrêter au nom de la loi, en lui disant : « M. Chéron, je vous reconnais, vous avez tort de vous sauver ? Il a refusé de répondre et a continué à s'enfuir au plus vite. *Je l'ai reconnu pour être le sieur Chéron fils aîné demeurant à Pulay...* sa chienne continuant à chasser, je m'en suis saisi et j'ai lu sur le collier très lisiblement : « Chéron Isaac, à Pulay.»

A l'audience du 18 février 1860, Dumoulin confirma son procès-verbal.

D. Vous avez reconnu M. Chéron ? — R. J'en suis positivement certain. Il est accouru jusqu'à dix pas de moi, et s'est enfui en m'apercevant. Je l'ai interpellé par son nom et j'ai arrêté sa chienne. — D. Cependant le sieur Chéron invoque un alibi et proteste énergiquement de son innocence. — R. *Je suis sûr de ce que j'avance.* »

La dessus, un incident se produit :

Le substitut déclare qu'il est avisé officieusement que l'auteur du délit serait non pas Chéron, mais un sieur Charles Moulin. Le garde continue à affirmer que c'est Chéron. L'affaire est renvoyée à huitaine. A l'audience du 25 février on entend M. Moulin.

« Moulin. — C'est moi qui ai chassé le 5 janvier dans le bois de Mme Corbin et qui suis venu en courant jusqu'auprès du garde. J'ai pris la fuite en l'apercevant et ses interpellations m'ont fait courir de plus belle. Je regrette de n'avoir pas connu les poursuites dirigées contre M. Chéron, je lui aurais évité ces désagréments. Sa chienne entendant chasser la mienne, était venue se joindre à elle.

Le Président au garde Dumoulin. — Eh bien ! êtes-vous encore certain de votre reconnaissance ! Voilà M. Moulin qui est jeune, brun et de taille moyenne, tandis que M. Chéron est grisonnant et d'une taille élevée ? Sans un hasard providentiel qui a mis sur la trace de votre erreur, un innocent allait être condamné ? — Le témoin baisse la tête et garde le silence.

—(*Le Droit*, 4 mars 1860).

qui commettent facilement une confusion volontaire. Fille de ferme ou d'usine, apprentie, ouvrière ou bourgeoise, toute Elvire abandonnée aime à se croire une Clarisse Harlow. Pourtant, Don Juan n'est pas Lovelace. En droit, comme en morale, séduire et violer sont deux.

..

« *Après chaque déposition, le président demandera au témoin si c'est de l'accusé présent qu'il a entendu parler.*» (Code d'instruction criminelle, article 319.)

Sage précaution ; le législateur a voulu que l'identité du prévenu fût remise en question jusqu'à la dernière minute des témoignages. Les auteurs du Code de 1808 connaissaient la légèreté présomptueuse des témoins. Après des mois écoulés, les moins physionomistes affirment reconnaître un inculpé à peine entrevu.

— C'est bien lui ? interroge le président.

— C'est bien lui, répond le témoin, jetant à peine un regard vers le banc des prévenus, tant il est certain de ce qu'il avance. Encore heureux s'il n'ajoute pas comme cette bonne femme entendue dans l'affaire GAME (1773) : « Moi, après huit ans passés, je reconnaîtrais entre mille un homme que je n'aurais vu qu'un instant.»

Cependant, au moment de la scène dont elle déposait, rien n'attirait spécialement sur le visage du coupable son attention troublée ou distraite. Rien, d'autre part, n'est fugitif comme l'image laissée dans le cerveau par une face humaine une seule fois aperçue. Le peintre n'oserait achever de mémoire un portrait qu'il voudrait ressemblant ; mais une commère dont l'œil inexercé ne sait distinguer ni les lignes ni le caractère d'une figure, n'hésitera pas à donner le signalement d'un accusé ! (1) En pré-

---

(1) Même quand il s'agit de décrire des objets très simples, l'imagination dans certains cas suggère les dépositions les plus étranges. Dans l'affaire de l'explosion de la rue des Bons-Enfants, un témoin avait retracé l'engin explosif : il l'avait entrevu un moment avenue de l'Opéra. A l'entendre, c'était un cylindre de cuivre, avec des tubes et des boulons... En réalité, c'était une marmite à pot-au-feu. (8 nov. 1892, 27 avril 1894).

sence d'un malheureux dont l'allure générale correspondra vaguement aux indications qu'elle a fournies, par amour-propre, pour ne point s'en dédire, elle jurera que c'est bien là le criminel.

Ce n'était pas une croyance, c'était une certitude qu'avait la fille Vasselin lorsqu'elle reconnaissait, dans les cousins de sa maîtresse (le sieur Fourré et ses trois fils), les malfaiteurs qui avaient dévalisé la maison de sa patronne. C'étaient, en réalité, non les Fourré, mais quatre bandits, compagnons de l'émule de Mandrin, du brigand « Fleur d'Epine » (1761).

Non moins certaine en sa reconnaissance, Reine Auvray, la servante du curé Valentin. Dans la nuit du 25 au 26 décembre 1791, des malfaiteurs avaient envahi le presbytère de son maître. Cinq semaines après le délit, Reine Auvray se présentait chez le juge de paix : « J'ai, dit-elle, dépeint plusieurs fois à Virotte, greffier de la municipalité, les individus qui m'ont violentée. Ce portrait le frappe, il soupçonne un particulier, il me le montre deux dimanches de suite au sortir de l'église, je l'envisage et je le reconnais. Ce particulier est Dupuy, je le dénonce. »

On entend Virotte. Il affirme que Reine Auvray, loin de reconnaître Dupuy dès le premier regard, lui a tout d'abord déclaré qu'elle ne pourrait reconnaître son agresseur : elle ne l'avait vu que la nuit, disait-elle, et il avait son chapeau rabattu sur les yeux.

Le témoignage de Virotte ne frappa ni le juge ni les jurés. Dupuy fut condamné à 24 ans de fer.

Il n'était pas coupable. L'agresseur de Reine Auvray, un nommé Provost, se dénonça en proclamant l'innocence des deux hommes condamnés comme étant les malfaiteurs : Dupuy et Fiacre.

La servante du curé était-elle donc de mauvaise foi ? Nullement ; mais dans son cerveau s'était produit un phénomène qui n'est point rare. L'image de l'homme qu'on lui présentait comme *pouvant être* le coupable et celle du véritable criminel s'étaient superposées dans sa mémoire. Elles s'y étaient confondues. La seconde, toutefois, plus récente, plus vive, avait dominé, s'était imprimée de plus en plus nette à mesure que la première, peu à peu, s'effaçait.

Parfois, de cette première image il ne reste plus trace, et lorsque la victime est en présence du coupable, elle hésite à le reconnaître ou s'y refuse. Cette étrange opération de photographie cérébrale explique que dans la plupart des reconnaissances erronées, on ne constate aucune ressemblance entre les deux individus confondus(1). Nous avons parlé déjà de l'affaire Charpentier. Il est d'autres exemples du même fait : KRANTZ, condamné à treize mois de prison, par la cour de Nancy, le 17 novembre 1868, avait été pris par les témoins à charge pour un nommé Malgras. Ce dernier comparut le 29 février suivant devant le tribunal correctionnel de Nancy. Voici le portrait que le rédacteur du journal *le Droit* traçait des deux hommes.

En comparant ces deux individus, nous ne leur trouvons pas la moindre ressemblance. Malgras est beaucoup plus petit que Krantz. Malgras a le nez retroussé, Krantz a le nez tout-à-fait aquilin ; Malgras a sur la joue une excoriation très visible, Krantz n'a rien de pareil.

LEGRAS, condamné en 1834 pour vol de sacs d'argent dans la diligence de Dijon à Gray avait les cheveux noirs, le front bas et couvert, le nez peu saillant, la physionomie sans expression ; Merlin, le vrai coupable, avait les cheveux châtain clair, le nez aquilin, la figure longue et expressive !

Le faux CHAMINADE (1850), ressemblait-il au véritable Chaminade? Nous n'avons là-dessus aucune donnée.

_____

(1) Nous ne voulons pas, en dehors des erreurs consommées, rappeler les méprises sans nombre auxquelles ont donné lieu les reconnaissances erronées. Nous ne pouvons cependant négliger de signaler l'affaire des « Petites noyées de Suresnes ».Deux petites filles étaient retirées de la Seine à St-Cloud et à Suresnes les 1er et 3 avril 1895. On les exposa à la Morgue. Une foule défila devant les deux petits cadavres. Un M. Marpaux les reconnut pour leur avoir donné l'aumône le 8 décembre précédent. Il avait secouru leur mère, une femme Rousseau. Une domestique, Mlle Duval, confirma cette déclaration, elle avait hébergé la mère et les enfants. Trois surveillantes de l'Asile de la rue St-Jacques, reconnurent non seulement les fillettes, mais les vêtements qu'elles portaient, et qui provenaient, disaient-elles, de leur asile. Les tantes mêmes des deux enfants reconnurent et pleurèrent leurs jeunes nièces. *Plus de cinquante témoins* confirmèrent l'identité des cadavres.

Neuf jours après, la police retrouvait la femme Rousseau... Elle tenait à la main ses deux filles, l'une et l'autre en excellente santé : « Il y a entre les deux petites noyées et les deux petites Rousseau une certaine ressemblance, mais bien faible : les enfants de Mme Rousseau sont petites et maigres, les fillettes de la Morgue sont fortes et bien constituées ». (*Petit Journal*, 12 avril 1895). Quant aux vêtements reconnus, ils n'avaient jamais passé par l'Asile de la rue St-Jacques.

Entre Eugel, un escroc condamné le 7 février 1891 à Rouen, et YVAIN, poursuivi et condamné à sa place, en 1890, il existait des traits communs. Mais, chose curieuse, alors que les témoins, lorsqu'il n'existe aucune ressemblance entre les deux individus qui leur sont présentés, s'entêtent ordinairement en leur erreur, dans cette affaire où la confusion était possible, les témoins furent unanimes à reconnaître, lors du second procès, le vrai coupable. « Ils avaient, disaient-ils, hésité en face d'Yvain, un an auparavant, mais ils n'avaient plus l'ombre d'un doute, en présence du nouveau détenu. »

Ils avaient hésité! Quoi, l'inculpé niait, les témoins hésitaient à le reconnaître et le tribunal n'avait pas reculé devant une condamnation? Yvain n'avait pas bénéficié du doute!

Entière et sans excuse fût la responsabilité des juges en cette erreur, comme elle fut entière et inexcusable dans le procès de Krantz. En présence des dépositions formelles des témoins à charge, la Cour repoussa les conclusions de la défense tendant à prouver par l'audition de nouveaux témoins, l'alibi du prévenu.

Il est vrai qu'une fois l'innocence reconnue et le procès révisé, le président reprocha de n'être pas venus, aux témoins que la Cour avait refusé d'entendre. Ce qui prouve, encore une fois, qu'il n'est pas d'erreur judiciaire inévitable. Il est des cas où la découverte de la vérité est difficile, mais le magistrat soucieux des droits de la défense n'appuie ses décisions que sur d'indubitables preuves, après avoir épuisé pour et contre le prévenu tous les moyens d'information. Lorsqu'il est « victime » de la légèreté des témoins, c'est qu'il n'a point suffisamment pesé leur témoignage, ni contrôlé leurs assertions.

Comment, en effet, se produit une reconnaissance? Le témoin est entendu, tout d'abord, non par le juge, mais dans les campagnes, par le maire ou le juge de paix, et dans les grandes villes, par un secrétaire de commissaire de police.

— C'est bien de cet individu que vous voulez parler, interroge à Paris, l'employé du commissariat.

— Oui, Monsieur, répond le témoin. Il me semble bien que c'est lui.

Le commissaire arrive.

— Vous avez reconnu l'inculpé?

— Oui, Monsieur. Je crois bien le reconnaître.

« *Confronté avec l'inculpé, le témoin a déclaré le recon-*
naître, » dicte le commissaire ; le témoin signe sa déposition et
le tout est transmis au parquet.

Le juge d'instruction recommence le même interrogatoire : il
y apporte plus de soin.

— Vous êtes bien certain que c'est lui ? interroge-t-il en montrant le prévenu, introduit entre les deux gardes ou les deux
gendarmes.

— C'est bien lui, réplique le témoin qui, eût-il des doutes,
n'oserait plus revenir sur ce qu'il a dit devant le commissaire
de police, ou plutôt sur ce que lui a fait dire celui-ci.

Que prouvent de telles confrontations ? A quoi servent-elles ?
Quelle force décisive peuvent-elles avoir ?

Ah ! si l'on amenait devant le témoin, cinq ou six personnes,
que dans ce groupe figurât l'accusé, sans distinction de costume ou d'attitude, et si le témoin, du premier regard, le désignait, la reconnaissance pourrait étayer une conviction ; les
risques d'erreur seraient réduits au minimum.

Récemment, le hasard a démontré combien pourrait être
efficace pour contrôler la valeur d'une reconnaissance, le procédé consistant à laisser au témoin le soin de désigner celui
qu'il prétend reconnaître sans qu'on lui impose, pour ainsi dire,
celui qu'il *doit* reconnaître. Nous avons déjà rapporté au sujet
de la *passion publique*, la mésaventure arrivée à ce propriétaire
voisin de Dijon, M. G***, accusé d'avoir assassiné une jeune fille
sur la grande route, à cinq kilomètres de la ville, à dix heures
du matin. Les on-dit, les racontars l'avaient à ce point désigné à
la justice comme étant l'assassin, qu'une instruction avait été
ouverte contre lui. Mais il avait justifié d'un alibi et une ordonnance de non-lieu avait été rendue en sa faveur le 21 juillet
1895. Deux mois plus tard, il était de nouveau inculpé et arrêté
sur des charges nouvelles.

Quelles étaient ces charges ?

Parmi les témoins entendus dès le début de l'information se
trouvait un nommé R***. Il était sur la route près du lieu où la
jeune fille avait été assassinée, presque au moment du crime.
Il avait rencontré alors deux personnes dont il avait donné le

signalement dès sa première déclaration à la gendarmerie, mais il n'avait pas accusé M. G***.

Appelé à déposer de nouveau, il recommença par dire que la rumeur publique dénonçait un garde des environs; puis M. G*** ayant été mis hors de cause et la presse ayant renouvelé ses insinuations contre lui, R***, interrogé pour la cinquième fois, au commencement du mois de septembre, raconta des faits nouveaux d'abord assez vagues.

Le 10 septembre 1895, il déclarait.

« Vers onze heures ou onze heures un quart du matin, je vis sur la route, à cent vingt mètres de moi, un homme qui venait à ma rencontre... Lorsqu'il m'a aperçu, il a relevé le col de son vêtement et lorsqu'il est passé près de moi, il a fait un crochet pour m'éviter ».

Le 28 septembre, R*** donnait des détails précis.

« Depuis le 12 mai, j'avais aperçu ce même homme passer sur la route dans une voiture à laquelle était attelé un cheval gris pommelé. D'autre part, j'ai vu dernièrement que M. G*** avait un cheval gris pommelé et qu'il demeurait à C***, j'ai été de ce côté : je l'ai vu sortir de la propriété... C'était mercredi dernier, 25 septembre. Il m'a semblé reconnaître en lui l'homme que j'avais vu sur la route, vers onze heures et quart, le 12 mai. Aujourd'hui, en venant à la chambre des témoins, je viens de le revoir dans cette salle et je suis bien sûr que c'est lui que j'ai vu le 12 mai, vers onze heures et quart du matin, sur la route. »

M. G*** est inculpé alors une seconde fois. Il est arrêté. On le confronte avec le témoin R*** qui dit en sa présence : « Je l'ai vu, c'est bien lui que j'ai vu. »

Sur cette reconnaissance formelle, M. G*** est renvoyé devant la Chambre des mises en accusation.

Les magistrats composant cette chambre ont un doute sur la valeur des déclarations de R***. Ils ordonnent un complément d'information. R*** est de nouveau interrogé le 12 novembre 1895, et alors se produisit l'étrange scène qui relate le procès-verbal dont nous rapportons la partie essentielle.

« Nous donnons au témoin lecture de sa déposition du 10 septembre.
D. Reconnaissez-vous avoir fait cette déclaration ?
R. Oui.
A ce moment, le témoin se lève avec agitation et désignant une

personne assise près de nous, il s'écrie : « Je le vois, je le devine ! C'est lui ! Ah ! c'est bien lui, je le reconnais ! »

D. Qui reconnaissez-vous ?

R. C'est G···, ses traits, son attitude générale, la coupe de sa figure, tout me le fait reconnaître. Il a seulement la barbe plus longue que ne l'était la mouche que portait G··· jusqu'ici, mais c'est bien lui.

Le témoin examine à nouveau la personne en question, puis : « La personne qui est là ressemble bien à G··· par sa figure, ses traits, sa moustache ; la barbe est plus forte, mais elle a pu pousser ; les cheveux sont différents, car ceux de G··· étaient mêlés de poils blancs, tandis qu'il n'en est rien ici. La ressemblance pour moi est frappante, sauf ces détails : mêmes yeux, mêmes paupières ; c'est en quelque sorte la photographie de l'image que j'ai devant les yeux depuis que j'ai rencontré cet homme. Il peut y avoir deux frères qui se ressemblent, et cela seul peut expliquer une pareille conformité. Je demande si cette personne n'est pas M. G···, qu'on me mette en présence de ce dernier.

D. Vous avez parfois varié dans les détails, mais vous avez dû conserver une impression d'ensemble. En dehors de la barbe et de la couleur des cheveux, persistez-vous à dire que la personne ici présente est celle que vous avez rencontrée ?

R. Oh ! oui, monsieur, sauf la barbe et les cheveux, c'est tout à fait la photographie de l'homme que j'ai rencontré ! Il lui ressemble comme deux gouttes d'eau...

Avant de clôturer, nous demandons au témoin s'il persiste à reconnaître cette personne ?

Après examen attentif, il dit : « Oui, oui, la photographie est toujours là ! » Et il se frappe le front...

« Quand on m'a présenté M. G···, je n'ai pas hésité à le reconnaître. »

D. Votre déclaration est de grande importance. Avez-vous été tout à fait sûr dans votre confrontation que vous ne pouvez pas vous tromper ?

R. Oui, monsieur, j'en suis sûr.

D. Êtes-vous bien certain, maintenant que vous êtes en sa présence ?

R. C'est sa photographie. Si ce n'est pas lui, qu'on l'amène.

Et s'adressant à cette personne :

« C'est vous, n'est-ce pas, M. G··· ? »

(Puis le juge confronte le témoin avec une autre personne. Il déclare que ce n'est pas elle qu'il a vue le 12 mai près du lieu du crime, et le procès-verbal continue.)

Nous faisons entrer G···.

D. Eh bien ! voilà véritablement G···. Et celui, qu'avec un étonnement que j'ai eu peine à dissimuler, vous avez depuis près de deux
heures énergiquement désigné et spontanément appelé du nom de G···
n'est autre que M. l'avocat général B···, chargé de l'affaire G··, par le
procureur général. Persistez-vous encore, maintenant, à dire que
c'est G··· que vous avez rencontré le 12 mai, et que vous en êtes sûr?

R. Oh ! oui, Monsieur, j'en suis sûr !

Le 15 novembre 1895, un arrêt de non-lieu était rendu en faveur de M. G···.

Supposons que la Cour n'ait pas ordonné le complément d'information — on sait combien exceptionnelle est cette mesure —
le témoin R··· n'était plus appelé à déposer que devant la cour
d'assises où il se fut trouvé en face de G··· seul au banc des
accusés. Pas de confusion possible. R··· attestait que G··· était
bien l'homme qu'il avait rencontré près du lieu du crime peu
après le moment où l'assassinat avait été commis. Et G··· aurait
probablement été condamné.

Quelle aurait été la cause de l'erreur judiciaire ? Le témoignage erroné de R··· ? Sans doute ! Mais aussi et surtout, le défaut de perspicacité, de vigilance des magistrats qui, sur la foi
d'un témoin versatile, eussent renvoyé l'accusé devant le jury.

Les risques d'erreurs subsisteraient encore, mais bien dimi-
nuées, si l'on notait dans les procès-verbaux, les hésitations, les
restrictions et si possible, les intonations des témoins. On donnerait ainsi la valeur exacte à la reconnaissance. On permettrait
au témoin de revenir sur ses déclarations ; l'innocent pourrait
accrocher son salut à ces réserves. Mais actuellement, on coupe
les ponts derrière le témoin incertain, et l'on s'étonne de le voir
se noyer dans son erreur en entraînant avec lui ceux qui l'ont
poussé (1).

.. .

Les confusions de physionomies sont fréquentes ; non moins
fréquents sont deux autres phénomènes qui vicient encore les
témoignages : la suggestion et l'hallucination.

---

(1) Il faudrait aussi ne pas tenter des reconnaissances impossibles et ne
pas renouveler l'extraordinaire et macabre confrontation rapportée par un
magistrat, M. E. de Neyremand, conseiller doyen à la cour de Montpellier,

A force de songer au crime dont ils ont été les victimes ou les spectateurs, à force d'en parler, des témoins arrivent à se convaincre des faits les plus inexacts. Une supposition, un soupçon qui leur vient à l'esprit, peu à peu s'y transforme en certitude et, de la meilleure foi du monde, les plus honnêtes gens finissent par attester les pires contre-vérités.

C'était sans doute un très honnête homme, que le percepteur Legris. Deux malfaiteurs l'attaquent par derrière, un matin, au fond d'un bois ; ils l'aveuglent en lui jetant du sable dans les yeux ; ils l'étouffent à moitié et le laissent pour mort, après l'avoir dépouillé de son argent. Le malheureux revient bientôt à lui, se traîne jusqu'aux maisons prochaines : son premier mot est pour avouer qu'il n'a pu voir ses agresseurs et qu'il ne peut fournir aucune indication. Quelques heures se passent. Le maire de la commune procède à son enquête. Il soupçonne un nommé Bourgois (1816) et communique ses soupçons à Legris. — « Cela pourrait bien être lui, réplique le percepteur. »

Les gendarmes arrivent. Legris leur dénonce Bourgois, il n'a pas de doute : Bourgois est l'un de ses agresseurs, et lorsqu'il songe à la scène, désormais, son imagination ne la lui représente plus qu'avec Bourgois, lui lançant du sable dans les yeux (1).

On s'explique encore cette auto-suggestion de la victime poursuivie par le souvenir d'une terrifiante aventure ; mais le phénomène est plus inquiétant lorsqu'il se produit dans l'esprit d'un témoin qui, au moment où il prétend avoir vu ce dont il dépose, ignorait encore que le crime eût eu lieu.

Dans l'affaire Filippi (1843), par exemple, une femme affirmait qu'elle avait vu rôder l'accusé autour de la maison de la victime à l'heure où l'assassinat avait été commis. Or, Filippi —

_____

dans l'*Intermédiaire des chercheurs et des curieux* (1890, p. 820). A propos des erreurs des témoins, il cite un procès d'assassinat : une femme coupée en morceaux. La tête était dans un bocal sur la table des pièces à conviction. Tous les témoins déclaraient reconnaître cette tête coupée comme celle de la victime des accusés. Au cours des débats, un exprès arriva d'un arrondissement voisin. La prétendue victime venait de s'y présenter au parquet du procureur.

(1) Voir dans la deuxième partie l'extrait du *Mémoire justificatif* pour Bourgois.

on l'apprit six ans après sa condamnation — n'était pas sorti de chez lui cet après-midi là.

Nous avons parlé au début de ce chapitre de l'affaire François (1877) et de l'hallucination du principal témoin, il faut rappeler encore la déposition de Pradiès (1887), l'une des victimes de l'assassinat du Petit Condom. Pradiès, tout d'abord, ne pouvait dire le nom de l'Espagnol qui avait tué sa femme : c'était, indiquait-il, un garçon de 30 à 35 ans, blond, marqué de la petite vérole. L'opinion publique se prit à soupçonner Borras qui, âgé de 25 ans, était brun et dont le visage ne portait aucune cicatrice !

On l'amène au lit de Pradiès mourant; le moribond reconnaît en lui l'homme dont il avait donné un signalement tout différent, et quelques heures après, il rend le dernier soupir (1).

---

(1) Nous croyons intéressant de montrer avec quel soin, peut-être excessif, les magistrats anglais se défient de ces dépositions in extremis. Nous empruntons encore ces détails au livre de M. de Franqueville : *Le système judiciaire de la Grande-Bretagne*, tome II, p. 379 à 382.

« Le principe général de la loi sur les preuves est qu'un témoignage fondé
« sur un oui-dire (*hearsay*) ne peut jamais être accepté en justice. La loi
« criminelle y déroge pour les cas d'assassinat ou d'homicide : elle permet
« alors de faire connaître la déposition d'un mourant, mais la jurispru-
« dence restreint cette faculté dans les plus étroites limites, et il est cu-
« rieux de voir comment les magistrats trouvent le moyen d'éluder la loi
« lorsqu'elle est contraire à leurs propres idées.

« Il y a quelques années, un individu assassiné avait été interrogé par
« un magistrat dans les termes suivants : « Pensez-vous que vous êtes en
« danger de mort? — Oui. — Savez-vous que vous allez mourir? — Oui.
« —Vous comprenez bien ce que je dis? —Oui. Le juge déclare « qu'il est
« indispensable qu'il y ait une attente ferme et sans aucun espoir d'une
« mort immédiate, que, si le témoin peut penser qu'il mourra seulement
« le lendemain, son témoignage est inadmissible », et il refusa, en consé-
« quence de laisser connaître la déposition de la victime. Le 25 septembre
« 1888, un individu était traduit devant la Cour centrale criminelle, sous
« la prévention d'avoir tué une femme en pratiquant des manœuvres abor-
« tives. L'accusation s'appuyait principalement sur une déclaration faite
« par la mourante quelques heures avant son décès ; le défenseur s'oppo-
« sait naturellement à ce que l'on admît ce témoignage. Le juge, sir A.
« Charles, dit que « l'admission des déclarations d'un mourant est une
« grande anomalie qui, suivant l'expression du juge Byles, ne peut être
« permise qu'avec un soin scrupuleux, et presque superstitieux, pour cette
« raison que l'accusé n'étant pas présent, personne ne peut contre-exami-
« ner le témoin ». Il refusa, en conséquence, de permettre qu'on donnât

Peut-être, après tout, n'était-ce point là précisément un phénomène de suggestion, mais simplement le mensonge d'un malheureux qui, pour en finir avec les questionnaires et les confrontations, désireux de mourir tranquille, acquiesçait à tout ce qu'on lui disait.

La question du témoignage des enfants, des hystériques et des fous dépasse le cadre de ce recueil (1). Elle est plutôt du domaine

---

« lecture de ce qu'avait dit la mourante et l'accusation dut être aban-
« donnée.

« Mais c'est surtout quand cette règle se combine avec celle qui impose
« silence aux accusés que l'on arrive à des résultats extraordinaires. »

Et M. de Franqueville citant un cas où il y avait eu ce qu'il appelle
« un résultat extraordinaire », c'est-à-dire un acquittement, conclut en disant :

« Dans ces conditions les procès criminels deviennent une véritable
« farce et l'on ne voit pas pourquoi l'on ne se contente pas d'amener de-
« vant les juges un simple mannequin. »

Pour notre part nous préférons semblable farce à la tragédie d'un innocent condamné.

Si les règles de la procédure criminelle anglaise suscitent les railleries
de savants juristes français, les pratiques de nos tribunaux criminels pro-
voquent l'indignation des magistrats anglais. Nous avons entendu un juge
de Londres qualifier les débats de nos cours d'assises de « monstrueux ».
(Voir dans l'affaire la Roncière (1835) l'opinion de Lord Abinger sur nos
procès criminels).

(1) Nous détachons les lignes suivantes d'un intéressant article de M. le
Dr Edgar Bérillon : *Les suggestions criminelles envisagées au point de vue
des faux témoignages suggérés* (Revue de l'Hypnotisme, 1896, IX, p. 70).

« Les faux témoignages constituent, en quelque sorte, la base de notre
instruction judiciaire...

« En déclarant se souvenir de scènes qu'ils racontent comme s'ils en
avaient été témoins, ces sujets agissent comme les aliénés qui, se figurant
avoir commis un acte ou été victimes d'un attentat, racontent le fait avec des
détails extrêmement précis. Il y a quelques jours, à l'asile d'aliénés de
Burgholzi (Zurich), M. le professeur Forel nous faisait assister à une scène
d'hallucination rétroactive intervenant dans le cours d'autres troubles
mentaux, chez un malade de son service. Le malade racontait qu'il avait
été, à l'asile, victime d'actes de violence de la part d'une personne qui ré-
side à une certaine distance, et il le déclarait avec une véhémence et un
accent de sincérité qui pourraient donner à un magistrat instructeur quelque illusion sur la réalité du fait... »

Le Dr Bérillon expose les expériences auxquels il s'est livré sur des sujets
âgés de plus de quinze ans ; il en tire cette conclusion :

« Nous avons constaté, dit-il, que les déclarations aboutissant à la cons-

de la médecine que de la critique judiciaire et nous ne pourrions
que copier ce que d'éminents aliénistes ont écrit, un peu partout,
sur cet intéressant sujet.

Contentons-nous de renvoyer le lecteur aux sources où nous
aurions puisé nous-mêmes, aux classiques études de MM. Mottet
et Brouardel (*Les causes d'erreurs dans les expertises relatives
aux attentats à la pudeur*, par le Dʳ P. Brouardel, Paris, 1883 ;
Les faux témoignages des enfants devant la justice, par le
Dʳ A. Mottet, Paris, 1887).—Voir *passim* dans la *Revue de l'hypnotisme* ; — *Annales d'hygiène et de médecine légale*, 1880,
3ᵉ série, T. IV, article de M. A. Fournier ; — Tardieu, *Etude
sur les attentats aux mœurs* (1878) ; — Astley Cooper (*Surgi-
cal Lectures*, The Lancet, 1824, t. III), cité par le Dʳ Brouardel.

A ceux qui voudront étudier la question dans les annales judiciaires, nous indiquerons l'affaire de la Pivardière (1697) et la
déposition de la fille de l'accusée répétant les cris poussés par la

---

titution d'un faux témoignage pouvaient être expérimentalement obtenues
chez plus de vingt sujets sur cent...

« D'après nos expériences, la suggestibilité, c'est-à-dire l'aptitude à réaliser irrésistiblement la suggestion d'un acte quelconque, est en rapport
direct avec le développement intellectuel...

« La résistance aux suggestions varie aussi selon la valeur des motifs
donnés au sujet comme commentaire à la suggestion. Par exemple, je fais
simplement à un sujet la suggestion de déclarer qu'il a vu telle personne
accomplir un acte criminel. La suggestion ne se réalise pas. Je renouvelle
alors l'expérience en ajoutant que la personne visée a dit du mal de lui
en maintes circonstances. La résistance à la suggestion disparaît de suite,
et il réalise sans hésitation le faux témoignage. »

M. Bérillon termine son étude par cette conclusion :

« Il appartiendra aux magistrats de tenir compte, dans leur interrogatoire
de l'extrême suggestibilité d'un grand nombre d'individus, suggestibilité
encore augmentée sous l'influence de l'intimidation, et de se mettre en garde
contre la possibilité de suggérer à ces témoins les réponses qu'ils auront
à faire. Le magistrat devra interroger le témoin sans lui faire pressentir
sa propre opinion, sans exercer aucune pression sur son esprit.

Le Dʳ Bérillon proposait au congrès d'anthropologie criminelle de Genève d'adopter le vœu suivant :

« *Le Congrès, pour éviter des abus maintes fois signalés et, en particulier
les faux témoignages suggérés qui peuvent résulter de pressions morales
exercées dans le cours des instructions judiciaires sur des personnes douées
d'une grande suggestibilité, émet le vœu que l'instruction secrète soit rem-
placée dans toutes les législations par une instruction contradictoire.* »

victime d'un meurtre imaginaire. Nous leur signalerons aussi l'affaire Verdure, qu'ils trouveront au *Moniteur*, n° 109, de 1789, et n° 33, de 1790. Ils pourront consulter aussi les tomes 156 et 180 des *Causes célèbres, curieuses et intéressantes,* de des Essarts.

Dans notre recueil, ils étudieront l'affaire de LA RONCIÈRE (1835), si instructive à tant de points de vue, l'affaire de PAULINE BEUDOT (1840), et enfin le plus récent procès de la veuve RIOT (1890). Ce dernier montrera encore le fruit qu'on peut tirer de la lecture des vieux procès, puisque en 1890 comme en 1697, on a pu avoir à défendre ou à juger une femme accusée mensongèrement par une enfant de dix ans,

Ils rechercheront dans les journaux politiques (aucun journal judiciaire n'en publia les curieux documents) le compte rendu de l'affaire Birot-Hannezo, en novembre 1895 (1). Ils y verront jusqu'où peut aller dans le mensonge une enfant à qui l'on suggère un témoignage (2).

III

Les Co-inculpés.

Rentrons dans le domaine des erreurs judiciaires. Plusieurs ont eu pour cause les témoignages ou plutôt les accusations d'une catégorie d'aliénés dont la Justice ne se défie point.

Les aliénistes les nomment les psychopathes pseudo-lucides

---

(1) Les lettres écrites par la jeune Hannezo à son père et au juge d'instruction sont de précieux documents. Lues à l'audience par M. le président Couturier, elles n'ont été publiées que dans le journal l'*Intransigeant* du 9 novembre, 1895.

(2) « Lorsqu'il s'agit de l'enfant, il ne faut jamais oublier que sa jeune intelligence est toujours prête à saisir le côté merveilleux des choses ; que les fictions le charment et qu'il objective puissamment ses idées ; qu'il arrive avec une étonnante facilité à donner un corps aux fictions écloses dans son imagination ; que son instinctive curiosité, son besoin de connaître d'une part et, d'autre part, l'influence qu'exerce sur lui l'entourage, le disposent à accepter sans contrôle possible tout ce qui lui vient de ces sources diverses. Bientôt, il ne sait plus ce qui lui appartient en propre, ce qui lui a été suggéré, il est affranchi de tout travail d'analyse et sa mémoire, entrant seule en jeu, lui permet de reproduire sans variante un thème qu'il a retenu ; mais c'est précisément par cette répétition monotone que l'enfant se laisse juger « (*Les faux témoignages des enfants*, D' A. Mottet, p. 18).

persécuteurs et auto-accusateurs. Nous les appellerons les inculpés qui avouent un crime imaginaire et se désignent des complices aussi innocents qu'eux.

Les juges d'instruction, même de nos jours, ne songent pas assez que le monde est plein de fous, plein de psychopathes, si l'on aime mieux (1).

Parce qu'un homme s'accuse spontanément d'un crime et comme à plaisir joue sa tête, est-ce une raison pour le croire, et pour que ses dénonciations fassent foi contre tout, contre tous ?

Les médecins aliénistes ont cent fois répondu que non. Dans leurs congrès, dans leurs ouvrages, ils ont multiplié les vœux tendant « à ce que les autorités compétentes acceptent avec les plus extrêmes réserves les déclarations de ces malades » (2). Mais

---

(1) Le cas est fréquent où les juges condamnent et où le médecin constate ensuite que, d'une façon certaine, le condamné était atteint d'aliénation mentale et par suite irresponsable.

Le premier, le Dr Pactet, alors interne des asiles de la Seine et de l'infirmerie spéciale du Dépôt, a publié une étude et des observations (il y en a trente-cinq détaillées) sur « *les aliénés méconnus et condamnés par les Tribunaux* » (Paris, Steinheil, 1891).

Puis, le 2 février 1895, M. Henry Monod, directeur de l'Assistance publique, a fait, à l'Académie des Sciences morales et politiques, une communication sur *les aliénés recueillis après condamnation dans les Asiles publics et pour lesquels il semble qu'une expertise médicale eût évité la condamnation.*

Cette communication a fait l'objet d'une étude de M. Théophile Roussel et d'observations de MM. Arthur Desjardins et Georges Picot.

Ensuite, M. le juge d'instruction Guillot, membre de l'Académie des Sciences morales et politiques, a présenté à ses collègues un rapport sur la note de M. H. Monod. Des documents que renferme cette note, il résulte que, dans les seuls asiles publics, pendant la période quinquennale de 1886 à 1890, les directeurs ont signalé qu'il existait deux cent soixante et onze aliénés qui, malgré leur irresponsabilité, avaient été condamnés. Et M. le directeur de l'Assistance publique ajoutait que, selon lui, il n'était pas téméraire de supposer que « si les recherches faites dans certains asiles l'eussent été dans tous, le nombre des condamnations prononcées contre les aliénés dans cette période quinquennale eût été de six à sept cents » (*Compte rendu*, par Ch. Vergé [Alph. Picard, éditeur] *des séances et travaux de l'Académie des Sciences morales et politiques*, 1895, 2e semestre, pages 94 et suiv., 116 et suiv.).

(2) Voir le rapport de M. Cullère, au Congrès de médecine mentale de la Rochelle, 2 août 1893, *Annales de psychiatrie et d'hypnologie*, 1893, p. 395 ; — une étude du Dr Pottier : *Les Aliénés persécuteurs* — le *Traité de médecine légale*, de Legrand du Saulle.

ces vœux n'ont pas encore mis complètement en garde les dites autorités contre les « persécuteurs ».

Ecouteront-elles avec plus d'attention les leçons que l'expérience judiciaire leur donne ? L'affaire HOUILLIEZ (1842) leur apprendra que les dénonciations d'inculpés doivent trouver auprès d'elles un très mince crédit, et que les détails nombreux et précis fournis par un accusateur ne sont pas toujours une preuve de sa véracité.

Plus instructive encore est l'affaire de Delalande et Gilles ; la justice, cette fois, eut la bonne fortune de ne point commettre une erreur dont l'origine eût encore été la créance inspirée aux juges par des dénonciations d'inculpés « en aveux ». Le procès n'en a pas moins sa place dans notre recueil.

Voici, copiés *in extenso* les articles parus, au jour le jour, dans la *Gazette des Tribunaux*.

Cette reproduction complète dispensera de tout commentaire.

Dans la *Chronique des départements* (numéro du 23 juin 1844) se trouve la première correspondance relative à « ce crime horrible et mystérieux » :

Un crime horrible et mystérieux préoccupe en ce moment l'arrondissement de Saint-Lô. — Zoë Mabille, jeune fille de dix-neuf ans, aussi sage que belle, demeurait, comme servante depuis quelques mois, chez un riche cultivateur de la commune de Moon, Nicolas Delalande. Cette homme, quoique sur le point de contracter mariage avec une jeune personne de fort bonne famille, avait conçu pour Zoë une passion violente. Plusieurs fois il avait essayé, mais inutilement, de vaincre sa résistance ; elle avait opposé des refus constants et avait fini par le menacer de quitter son service : « Si tu me quittes, avait répondu Delalande, il t'arrivera malheur ». Fatale et sinistre prédiction qui ne devait pas tarder à se réaliser ! Zoë Mabille n'a ni parents ni famille : c'était un enfant de l'hospice. — Il y a trois mois environ, Zoë a cessé tout à coup de paraître dans la commune de Moon et personne n'a connu son départ ; ses amis, ses connaissances n'ont point reçu ses adieux ; personne depuis n'a appris de ses nouvelles.

Aux questions qui leur étaient adressées, Delalande et sa famille répondaient qu'ils ne savaient où elle était allée, mais qu'elle était libre et que cela ne regardait personne. Un point cependant restait inexplicable, c'est qu'elle avait laissé tous ses effets chez son maître, et l'on sait combien les domestiques, ceux de la campagne surtout, tiennent à leur coffre, qui compose d'habitude tout leur pécule et toute leur fortune. — Déjà la rumeur publique faisait entendre de sinistres paroles, lorsqu'une circonstance providentielle a permis de découvrir le sort de cette pauvre jeune fille. Enfant de l'hospice, comme nous l'avons dit, elle avait été mise en nourrice chez de pauvres cultivateurs qui avaient fini par s'attacher à elle et la regarder comme leur enfant : elle avait vécu longtemps chez ses parents adoptifs et son frère de lait avait conçu pour elle un pur et sincère amour qu'ils devaient couronner par un mariage aussitôt qu'il serait libéré du service militaire.

Son frère de lait vient d'arriver au pays en congé de semestre : sa première visite a été pour sa fiancée : grand a été son étonnement de ne pas la rencontrer : il s'informe, il interroge : l'embarras des réponses, les contradictions des récits qui lui sont faits, jettent un affreux soupçon dans son esprit. — L'oncle, le conseiller, l'ami intime de Delalande a été accusé, il y a quinze ans, du meurtre d'un parent ; acquitté sur ce chef, il a expié par dix ans de réclusion le vol qui suivit l'assassinat ; un douloureux pressentiment dit au jeune homme que la disparition de Zoë n'est pas naturelle.

Sur sa plainte, la justice informe, Delalande et Gilles sont arrêtés et mis au secret. *Au bout de huit jours, Gilles devient fou furieux*, il est transféré à l'hospice des aliénés. Delalande demande alors à faire des révélations. — « J'aimais Zoé, dit-il, je ne voulais pas qu'elle me quittât, elle a persisté à s'en aller ; il était neuf heures du soir, je lui ai porté un coup de poing : elle est tombée évanouie ; mon oncle est survenu qui m'a dit : « Ne t'en gêne pas, c'est mon affaire. » Alors il lui a serré la gorge, et nous l'avons enterré encore vivante dans un fossé plein de vase et d'eau. »

Cette déclaration faite avec un épouvantable sang-froid, est-elle l'expression de la vérité ? — Zoë, sans doute, a péri victime d'un crime ; mais par quels moyens ? — Qu'est devenu son cadavre ? — Aujourd'hui, 20 juin, la justice s'est transportée en la commune de Moon, accompagné de Delalande, solidement garrotté ; elle a effectué diverses fouilles sur ces indications : toutes ont été infructueuses et chaque fois que l'inutilité en paraissait évidente il riait et *semblait jeter un ironique défi aux magistrats.* — Delalande et Gilles ont, à l'époque du crime, fait « cuire » un four. Une telle opération exige un feu ardent pendant trois jours. Auraient-ils consumé le corps de leur victime dans l'horrible fournaise ? On se perd en conjectures. *Le crime paraît certain puisqu'il est avoué.* Mais comment a-t-il été commis ? C'est ce que la suite des investigations dirigées par un magistrat habile et plein de zèle ne tardera pas à révéler.

Le deuxième article a été publié à la date du 12 juillet 1844 :

MANCHE (Saint-Lô). — La fille Zoë Mabille dont la disparition subite de chez son maître, le sieur Nicolas Delalande, avait fait planer sur cet homme et sur le sieur Gilles, oncle de celui-ci, l'épouvantable accusation d'assassinat dont nous avons parlé dans la *Gazette des Tribunaux* du 23 juin, a été retrouvée dimanche dernier, bien vivante et pleine de santé, chez sa mère nourrice, dans une commune voisine de Bayeux. Cette nouvelle a été immédiatement portée au parquet de Saint-Lô, devant le chef duquel la jeune fille a dû comparaître hier et donner toutes les explications que la justice a le droit d'en attendre. Très vraisemblablement, à l'heure qu'il est, le sieur Delalande, son maître, est rendu à la liberté. Quant au sieur Gilles, il devra sans doute demeurer à l'hospice des aliénés, où il fut transféré, pour cause de folie furieuse, dès le jour de son arrestation (1).

En présence de ce dénouement aussi heureux qu'inattendu, on se perd en conjectures sur les motifs qui auront pu porter le sieur Delalande à accuser son oncle Gilles d'avoir étouffé Zoë Mabille et de l'avoir ensuite, de concert avec lui-même, Delalande, enterrée encore vivante dans un fossé plein de vase et d'eau.

Nous saurons, très prochainement sans doute, à quoi nous en tenir au sujet de cette étrange déclaration.

Trois jours après, des détails complémentaires sont fournis au journal :

MANCHE (Saint-Lô). — On nous transmet de nouveaux renseignements sur l'événement si singulièrement dénoué, dont l'arrondissement de Saint-Lô a été le théâtre et qui y fait encore en ce moment le sujet de toutes les conversations.

Zoë Mabille n'a point été assassinée : elle n'a été ni brûlée, ni noyée. Comment alors expliquer la conduite et le langage de Nicolas Delalande qui, cinq minutes avant qu'on ne fit apparaître sa prétendue victime, soutenait encore devant le juge d'instruction et les magistrats réunis pour être témoins d'une aussi curieuse confrontation, qu'elle était bien assassinée, qu'il l'avait renversée d'un coup de poing ; qu'elle *soupirait* encore lorsque Gilles lui porta deux coups de pied sur l'estomac, et, la chargeant sur ses épaules, avait dit : « Je t'en f... des jugements », faisant allusion à une querelle où

_____

(1) Ce n'est pas le jour même, mais huit jours après, que cette victime du secret fut transférée à l'hospice. Voir l'article du 20 juin précité.

elle lui aurait, suivant lui, reproché ses antécédents judiciaires ; qu'il l'avait alors jetée dans une mare ; que, comme elle surnageait, il avait été chercher des pesons (des pierres) pour enfoncer le cadavre, et que le lendemain il avait sondé la mare avec une branche et avait reconnu que la victime y était toujours. Cet homme n'est point fou ; il jouit au contraire de la plénitude de sa raison et n'a jamais varié ; *il a toujours donné avec précision les détails d'un assassinat chimérique* qui pouvait faire rouler sa propre tête sur l'échafaud ou le conduire au bagne. *Son père, vieillard respectable, est mort de douleur* pendant l'instruction, emportant dans la tombe la pensée que son fils était un assassin.

Zoë Mabille a raconté ce qui s'était passé. Elle a été effectivement en butte aux tentatives de séduction de Nicolas Delalande ; le jour de son départ *il était ivre comme tous les jours ;* il voulut la retenir et la suivit dans un champ qu'elle traversait en fuyant. Sur son refus de revenir, il lui porta un violent coup de poing qui la renversa presque évanouie. — « Attends, ajouta-t-il, je vais chercher mon couteau pour t'achever ». Cette menace ranima Zoë, qui se traîna comme elle put jusque dans un fossé, et à son retour, Delalande ne la trouva plus et l'ayant cherché vainement, rentra chez lui. Alors elle s'éloigna de la commune de Moon, se présenta chez un cultivateur comme sortant de l'hospice de Bayeux, et y loua ses services en dissimulant qu'elle eût été servante chez Delalande, dans la crainte qu'une telle condition ne l'empêchât de trouver une place. La terreur l'a seule empêchée de donner aucun signe de vie à son ancien maître et d'aller chercher ou même de faire réclamer ses hardes.....

C'est effectivement une visite qu'elle a faite à sa nourrice, et non son séjour chez elle, qui a mis la justice sur la trace de la vérité. Cette nourrice, effrayée d'abord à son aspect, enfin bien convaincue que ce n'était point une apparition, lui a raconté ce qui s'était passé et, le lendemain, toutes deux sont venues se présenter chez le juge d'instruction.

Le bruit de sa résurrection miraculeuse s'était répandu et jamais réception officielle de prince ou de grand seigneur n'attira sur son passage une pareille affluence. Le juge d'instruction, après avoir constaté son identité, l'a fait placer dans une salle voisine du greffe, puis il a fait comparaître Delalande. — « Persistez-vous, lui a-t-il dit, à accuser votre oncle du meurtre de Zoë Mabille? — Oui, M. le juge. — Mais, si je vous la représentais, que diriez-vous? — C'est impossible. » Et il est encore une fois entré dans les détails que nous avons donnés plus haut.

Alors Zoë a été introduite. Nous renonçons à peindre la stupéfaction et la physionomie de Delalande. — « Eh bien ! a dit Zoë, me reconnaissez-vous ? Pourquoi m'avez-vous frappée ? — Dame ! si c'est vous, c'est parce que vous vouliez me quitter ». Il n'a pas été possible de lui arracher aucune autre réponse et il est resté muet et sans explication devant les nombreuses et vives interpellations qui lui ont été adressées.

Cet homme qui était complètement ivre le jour de la fuite de Zoë, a-t-il rêvé dans un horrible cauchemar les détails d'un assassinat intentionnel ? Cette idée d'un sommeil troublé est-elle devenue une sorte de réalité pour son imagination ; et quand, plus tard, il a été arrêté et mis au secret, aura-t-il présenté comme vrais les détails que son délire avait enfantés, ou aurait-il spéculé sur les antécédents de son oncle pour se créer une justification aux dépens de celui-ci ? C'est un problème qui reste encore à résoudre, mais nous pouvons affirmer la vérité de notre récit. Delalande comparaîtra devant le Tribunal de police correctionnelle sous la prévention de coups et blessures.

Gilles, que l'on avait d'abord cru frappé d'aliénation mentale, n'avait éprouvé qu'une fureur momentanée, résultat de la privation subite de tabac et d'eau-de-vie (1) dont, en état de liberté, il faisait une grande consommation. Confronté à son tour avec Zoë Mabille, il n'a donné, en présence de cette preuve vivante de son innocence, aucune marque d'émotion ni de joie. Il a été mis immédiatement en liberté *avec sa femme, sa fille et son berger, que la justice avait cru devoir incarcérer préventivement*. C'était un spectacle attristant et douloureux que de voir ce vieillard, entré fort et vigoureux dans la prison, se traîner avec peine, pâle et courbé, à travers les flots de la foule curieuse et portant aux jambes et aux bras, qu'il montrait tristement, les stigmates de ses fers. Chacun s'écartait avec une compassion douloureuse et plaignait les rigueurs auxquelles est quelquefois obligée de recourir la justice humaine.

Gilles doit, dit-on, former une demande en dommages-intérêts contre son neveu.

Telle est l'issue de ce drame dont les imaginations avaient été vivement émues, et qui est venu de nouveau démontrer la profonde sagesse de cette vieille maxime du droit criminel : « *Primo de corpore delicti constare debet* ».

Le 8 août suivant, Delalande comparaissait devant le tribunal

---

(1) La privation de liberté compliquée du secret pouvait bien aussi y être pour quelque chose !

correctionnel de Saint-Lô. Voici le compte rendu des débats emprunté à la *Gazette des Tribunaux* (1) :

Une foule considérable se pressait à l'audience du tribunal correctionnel qui avait à juger Nicolas Delalande, prévenus de coups portés à la jeune Zoë Mabille, car c'est à ces minces proportions qu'était heureusement descendu le drame mystérieux et lugubre dont nous avons précédemment parlé. L'imagination effrayée de Delalande en avait fait tous les frais, et l'on sait comment, lorsque tout le monde déplorait le sort d'une jeune fille enterrée toute vivante dans la vase d'une mare fangeuse, la nuit, par deux hommes d'une force herculéenne, dont l'un était forçat libéré, cette jeune fille s'était tout à coup représentée, bien portante, faisant ainsi disparaître l'accusation capitale dirigée, par les inconcevables déclarations de Delalande, sur la tête de Pierre Gilles, son oncle, et sur la sienne.

Un grand nombre de témoins ont été entendus dans cette affaire. Zoë Mabille a déposé la première : elle a raconté sa résistance aux tentatives brutales de Delalande sur sa personne, les mauvais traitements qui en furent la suite ; ses terreurs, quand déjà terrassée, elle entendit Delalande chercher son couteau pour la tuer, et sa fuite à travers les champs pendant toute une nuit, jusqu'à ce qu'elle eût été recueillie par de braves gens, à moitié morte de peur et de fatigue. Ces terribles aventures, racontées avec modération et simplicité, ont profondément ému l'auditoire.

Zoë Mabille a dix-sept ans ; elle est petite mais bien faite. Son visage, sans être régulièrement beau, a une expression de candeur et de modestie qui attache et qui intéresse ; ses yeux presque toujours baissés sont noirs et doux ; il y a de la finesse et de la distinction dans ses traits : elle supporte sans embarras les regards d'une immense assistance accourue là surtout pour la contempler, et s'entretient tranquillement avec sa nourrice, bonne vieille femme qui lui est toute dévouée, et qui pleurait d'attendrissement en racontant sa miraculeuse résurrection.

Nicolas Delalande attire aussi tous les regards : c'est un grand garçon de vingt-cinq ans, long de jambes et large d'épaules, un colosse qui figurerait assez bien la personnification de la force brutale et aveugle ; ses traits respirent l'apathie et l'abrutissement : un seul instant, quelque animation s'y révèle, c'est lorsque le jugement a été prononcé. Il a, depuis douze ans, contracté une déplorable habitude d'ivrognerie qui a développé, à un degré effrayant, tous ses mauvais instincts : on l'a vu, un jour, lever une hache sur la

_____

(1) N° du 11 août 1844.

tète de sa mère ! Les témoins se défendent d'avoir les moindres relations avec sa maison.

Un sentiment indéfinissable s'est répandu dans toute l'assemblée lorsqu'on a donné lecture de l'un des interrogatoires de Delalande, dans lequel il racontait toutes les circonstances qui avaient dû accompagner le prétendu crime de Pierre Gilles, achevant Zoë déjà à moitié assommée du coup violent dont il l'avait renversée. Le récit détaillé, *vraisemblable* de la mort de Zoë, fait devant Zoë vivante, avait quelque chose de saisissant et de dramatique. Elle était là, sous tous les yeux, calme, pleine de vie et de fraîcheur, et une voix racontait qu'elle avait été précipitée et enfoncée dans un bourbier, à coup de pierres, malgré sa résistance et ses efforts désespérés ; que le lendemain son cadavre y était encore caché sous les herbes, enseveli dans la vase..... L'image de ce cadavre souillé de boue, putréfié, impressionnait encore péniblement tous les esprits ; et la présence de Zoë Mabille à l'audience ne semblait explicable que par un fait surnaturel. Cette jeune fille a écouté tous les détails de son agonie et de sa mort avec une sorte de recueillement. A la fin de la lecture, un imperceptible sourire s'est cependant épanoui sur ses lèvres et a gagné spontanément tous les auditeurs.

Voici l'interrogatoire subi dans l'instruction par Delalande :

D. Vous avez assisté hier aux recherches qui ont été faites sur votre indication pour retrouver le cadavre de Zoë Mabille et vous savez que ces recherches ont été infructueuses. Pourquoi donc avez-vous dit que ce cadavre était déposé dans une lime au bas de votre herbage ? — R. Je suis bien sûr que son cadavre fut porté en cet endroit par Gilles, ainsi que je l'ai dit ; c'est qu'il l'aura retiré de l'eau.

D. Etiez-vous présent quand il le jeta dans l'eau ? — R. J'étais au bas de l'herbage, à peu de distance de lui, et je le vis jeter le cadavre : je vis encore le cadavre le lendemain matin, et le surlendemain il n'y était plus.

D. A quelle heure le vîtes-vous ? — R. Vers neuf heures du matin.

D. Comment était-il placé ? — R. Il était sur le côté et enfoui dans la vase, couvert par des grandes herbes et des pavés. On n'apercevait pas le corps, mais en sondant avec un bâton, je vis qu'il était dans la position que je viens d'indiquer.

D. A quelle heure y retournâtes-vous le surlendemain ? — R. Vers neuf heures du matin.

D. Quand vous vous aperçûtes que le cadavre n'était plus au même endroit, en parlâtes-vous de suite au nommé Gilles ? — R. Oui, quand il fut revenu du village de la Planche où il était à travailler à un four, je lui demandai ce qu'il avait fait de Mabille que je n'avais pas retrouvée au même endroit, il me dit : « Qu'est-ce que cela te f..... »

D. Dans votre interrogatoire du 10 de ce mois, vous avez dit que vous lui portâtes une *calotte*, qu'elle tomba au coup: était-elle morte? — Non, Monsieur, elle geignait encore lorsqu'il la prit sur son dos pour la porter dans la lime.

D. Il la jeta donc vivante dans l'eau? — R. Il lui porta un coup en arrivant sur le bord de la lime où il la déposa; je ne sais si c'est un coup de pied ou un coup de poing, mais il frappa fort et le coup fut porté sur la tête ou sur la poitrine; j'étais éloigné de lui d'au moins vingt-cinq à trente pas.

D. Puisque vous n'ignoriez pas, lorsque vous avez fait l'aveu de votre crime, que le corps de Zoë Mabille n'était plus dans la lime en question, pourquoi ne l'avez-vous pas déclaré lors de votre interrogatoire, ou même hier, au moment de votre départ sur les lieux? — R. Parce que je n'y avais pas réfléchi.

D. Vous avez dû vous entretenir avec Gilles nécessairement bien des fois de la mort de Zoë Mabille et vous ne devez pas ignorer le lieu où est actuellement son cadavre? — R. Je persiste à dire que je n'en sais rien.

D. Vous nous avez dit que Pierre Gilles s'approcha de vous au moment où vous portâtes une *calotte* à Zoë Mabille: adressa-t-il la parole à cette fille? — R. Oui, Monsieur, il lui dit: « Je vais t'en donner des jugements ». Et il la saisit aussitôt.

D. Que voulait-il dire par ces expressions: « Des jugements »? — R. C'est qu'avant qu'elle sortît de la maison, Gilles lui avait dit qu'elle était « un poussin de haie », voulant par là lui faire un reproche de ce qu'elle était bâtarde. Elle lui dit qu'elle aimait mieux être un poussin de haie que d'avoir subi un jugement comme lui. Il se mit à marronner. Je n'entendis pas ce qu'il disait.

D. Étiez-vous assis près de lui? — R. Oui, Monsieur, j'en étais tout près.

D. Quand vous eûtes porté à Zoë un coup qui la fit tomber et que vous vîtes Gilles la saisir et l'emporter sur son dos, fîtes-vous des efforts pour l'empêcher? — R. Non, Monsieur. Il s'en saisit et courut.

D. Cette manière d'agir vous annonçait qu'il avait de mauvais desseins sur cette malheureuse que vous veniez de maltraiter cruellement; ne fîtes-vous pas au moins quelques démarches, soit pour l'empêcher de la précipiter dans la lime, soit pour l'empêcher de lui porter des coups? — R. Non, Monsieur, je retournai chez moi, sans m'occuper du sort de cette fille.

Le procès-verbal de confrontation continue ainsi:

« Après avoir reçu à l'instant la déposition de Zoë Mabille, qui vient de se présenter devant nous et dont l'identité a été bien reconnue, nous avons fait amener en cette chambre Pierre-Paul Delalande, que nous avons interpellé de nous déclarer s'il reconnaissait Zoë Mabille qui vient d'être mise en sa présence : il a répondu affirmativement. Nous l'avons engagé à nous faire connaître le motif qui l'a porté à passer la déclaration par lui faite dans son interrogatoire du 19 juin dernier, qu'il a renouvelée depuis, et à imputer au nommé Gilles, son oncle, un crime qu'il n'avait point commis.

« Il a répondu qu'il était ivre dans la soirée de la disparition de cette fille, qu'il croyait que le coup qu'il lui avait porté lui avait occasionné la mort ; que c'était une mauvaise pensée auquel il avait cédé en accusant son oncle contre lequel il n'avait aucun sentiment de haine ; que s'il lui avait fait cette imputation, c'est parce qu'il pensait que les mauvais antécédents de ce dernier rendraient vraisemblable sa participation au crime, et qu'il pourrait, par ce moyen, se placer dans une situation plus favorable. »

A l'audience, Delalande convient qu'il était ivre, qu'il n'avait pas gardé d'idées nettes sur le sort de Zoë disparue ; que son arrestation soudaine avait changé en certitude d'assassinat les vagues fantômes dont son imagination était assiégée (1), et qu'il avait eu tort d'accuser son oncle pour se justifier à ses dépens.

Delalande, sur les sévères conclusions du ministère public, a été condamné à six mois de prison, 16 francs d'amende et aux dépens.

Zoë Mabille et Pierre Gilles devaient se porter parties civiles, mais, avant l'audience, Zoë Mabille avait été désintéressée par le paiement de ses gages et la remise de ses effets et Pierre Gilles par le paiement d'une somme de mille francs.

Ainsi s'est terminée cette inexplicable et bizarre affaire, dont les résultats auraient, *nous n'en saurions douter*, *conduit les deux prévenus au bagne ou à l'échafaud*, si Zoë, leur prétendue victime, n'avait pas reparu, tant était puissante la prévention résultant d'une opinion publique, universellement hostile, et les aveux circonstanciés et soutenus de l'un des coupables (2).

---

(1) L'attention des médecins aliénistes a été récemment attirée sur ce qu'on nomme le « somnambulisme alcoolique ». Le professeur Xavier Francotte de Liège a fait une communication sur ce sujet au Congrès international d'anthropologie criminelle à Genève (1896). — A la Société d'hypnologie (séance de décembre 1896), M. le docteur Bérillon a rapporté les hallucinations dont auraient été l'objet deux courriers chargés du transport des lettres de Larroque à Saint-Nicolas de la Balerne (Lot-et-Garonne). A quelques semaines d'intervalle, l'un et l'autre, prétendirent avoir été assaillis par des malfaiteurs. Ils donnaient de ces agressions les détails minutieux. Les enquêtes ont démontré que ces attaques étaient imaginaires.

(2) Coupables qui étaient innocents.

Avant le jugement encore, une opinion déplorablement enracinée dans le village de l'accusé soutenait que Zoë Mabille était une fausse Zoë, une fille achetée par la famille Delalande et dont la ressemblance avec la victime permettait de se servir pour sa justification. M. le Procureur du Roi n'avait assigné de nombreux témoins que pour s'attaquer à ce fatal préjugé, faire bien constater l'identité et faire disparaître jusqu'aux doutes des plus incrédules, et ce n'a pas été sans peine, si même il a complètement réussi.

Qu'ajouter à pareil exemple ? Il doit clore ce chapitre sur les erreurs judiciaires causées par les témoignages. A peine, comme sinistre mot de la fin, peut-on rappeler ensuite la cynique réponse du sieur Gardin, le mari de la femme Doise (1861).

L'innocence de celle-ci reconnue, la revision de son procès ordonnée, on demandait à Gardin pourquoi, au début de l'instruction, il avait porté contre sa femme les accusations les plus graves.

— Tiens, répliqua cet excellent époux, j'étais détenu moi aussi ! J'ai dit tout cela et j'en aurais bien dit davantage pour sortir de prison.

CHAPITRE III

LES EXPERTS.

*La profession d'expert. — Experts en écritures. —
Médecins légistes. — Projets de réformes.*

On ne ménage aux experts ni les railleries ni les critiques. Ils
mériteraient un peu d'indulgence. Entre l'enclume de l'accusation et le marteau de la défense, leur position n'est guère enviable ! On leur reproche d'avoir, pour l'inculpé, les yeux du ministère public. Comment en serait-il autrement ?

La profession d'expert est une profession ; le seul amour de leur art n'anime pas ceux qui l'exercent. Or, quoique les frais et honoraires d'expertise paraissent lourds au justiciable, les vacations sont en réalité des plus médiocres. Pour vivre, l'expert a besoin de succomber sous le poids des expertises.

Et de qui ce nombre dépend-il ? quel est le dispensateur des affaires à examiner ? C'est le juge d'instruction ; c'est lui qui, sur la liste dressée par le président du tribunal, nomme les experts et choisit ceux « sur lesquels il peut compter ». Un expert *sur lequel on peut compter*, c'est, dans les affaires commerciales et financières, par exemple, un auxiliaire, un collaborateur qui prend l'affaire dès son début et la rapporte toute faite : quelques interrogatoires de forme, et le juge peut rendre l'ordonnance ; le procureur n'aura qu'à résumer son rapport. Nous n'en prétendons faire grief à personne, mais l'expert auquel est confié le plus de travaux est celui dont les avis sont le plus fréquemment d'accord avec la prévention. Aux yeux du magistrat, justifier l'inculpation est, de la part de son auxiliaire, une preuve de capacité.

Les experts sont d'ailleurs compétents pour la plupart et tous sont loyaux en leur partialité. Mais ils sont forcés d'expertiser *à charge*, sous peine de ne plus expertiser du tout.

Il semble aux magistrats qu'un expert favorable à la défense ne peut être sincère et le ministère public, à l'audience, n'a pas hésité parfois à déclarer suspectes des conclusions sur lesquelles il ne pouvait s'appuyer.

Dans l'affaire du lieutenant de LA RONCIÈRE, en 1835, le procureur général formula contre les experts en écriture une insinuation de vénalité des plus nettes. Les malheureux ne faisaient cependant que proclamer une évidente vérité. Au reste les calomnies dont ils furent l'objet ne durent point les surprendre : ils avaient lu probablement le réquisitoire du procureur général dans un procès jugé par la Cour d'assises de Bordeaux, le 16 novembre 1809.

Devant les jurés de la Gironde comparaissaient à cette date les trois assassins présumés d'un nommé Léonard Goujon, dont on avait découvert le cadavre dans un lac voisin de Blaye.

Une pièce essentielle avait été soumise à la sagacité de trois experts en écritures. C'était une sorte de testament de mort laissé par la victime et qui contenait cette phrase : « *Je pars pour m'aller noyer.* »

On comprend, sans autre détail sur les faits, l'importance d'un tel document. S'il émanait vraiment de Léonard Goujon, l'accusation s'effondrait dans le doute. Le suicide devenait vraisemblable et, par suite, l'acquittement nécessaire. Si, au contraire, l'écrit était l'œuvre de faussaires, c'était là, contre les accusés, une présomption bien grave.

Au cours de l'instruction, les trois experts avaient conclu à la fausseté du testament.

L'un ne pouvait affirmer que la pièce fût falsifiée, mais « les dates et les signatures étaient positivement d'une autre main que celle de Goujon ». Les deux autres, après un long examen, « par tous les motifs que leur art pouvait indiquer » déclarèrent contrefaites les vingt-et-une lignes du document qui leur était soumis.

Mais, à l'audience, deux sur les trois jurèrent *qu'ils s'étaient trompés*, du tout au tout, dans leur rapport.

Le procureur général ne les épargna point en son réquisitoire :

« Tant que les experts ignorèrent quels étaient les accusés, dit-il, et quelle peine ils avaient encourue, seuls avec leur conscience ils dirent ce qu'ils voyaient.

« Connus maintenant par les accusés et par leurs amis, instruits des conséquences terribles que peut avoir leur déclaration, deux d'entre eux les rétractent, et s'accusent d'ignorance ou d'irréflexion.

« Je sais combien leur art est conjectural. Il y a pourtant des caractères auxquels cet art distingue la différence de la main, et la justice, en matière de faux, n'a guère d'autre guide... C'est après un examen approfondi que l'un avait déclaré fausses les vingt-et-une lignes en entier, et les autres les dates et les signatures. Alors, ils ne connaissaient ni les accusés, ni leurs protecteurs, ni les graves conséquences des déclarations qu'ils allaient faire.

« Aujourd'hui, sur un simple aperçu, sans réflexion, pour ainsi dire sans examen, dans le trouble qu'inspirent une assemblée très nombreuse, la présence des magistrats et plus encore celle des prévenus, ils rétractent ces déclarations et l'on voudrait que nous leur accordassions une confiance entière ! » (1).

Ce fut la dernière fois, sans doute, que les experts en écriture se hasardèrent à se rétracter.

.·.

Pauvres experts en écritures ! Ils sont, furent et seront l'objet de toutes les plaisanteries, de tous les quolibets. On les a nommés des personnages de vaudeville ; on a dit que, comme les augures, ils ne pouvaient se regarder sans rire ; et sans sourire aussi, le public ne peut les écouter. Ils ont une telle foi en leur infaillibilité ; l'hésitation, le doute leur sont tellement étrangers ; ils affectent pour leur contradicteur un tel mépris ; et lorsqu'ils sont pris — comme dans l'affaire de la Boussinière — en flagrant délit d'erreur radicale, ils ont des mines à la fois si résignées et si hautaines, ils se posent avec tant de conviction en martyrs de l'art graphologique, qu'à condition d'oublier leurs victimes, on leur pardonne leur présomption.

Tout le monde, d'ailleurs, est d'accord sur la valeur de leur science, et depuis longtemps.

« La vérification des écritures, disait Daguesseau, n'est qu'un argument, un indice, une présomption vraisemblable, tirée de la res-

---

(1) *Recueil des Causes célèbres*, par Maurice Méjan, t. V, p. 156.

semblance des caractères et sur laquelle rien n'est plus facile, disons
même *rien n'est plus commun que d'être trompé* (1) ».

Ce que disait Daguesseau, il y a deux siècles, la Cour de cassation le répétait le 1er juin 1892 (2).

Un ancien commissaire général de la marine, M. Amédée Bérard, avait laissé toute sa fortune à une de ses cousines, Mme David.

Cette parente allait entrer en possession de l'héritage, quand
une dame Damais, caissière dans un café de Marseille, exhiba à
son tour un testament postérieur au premier et qui l'instituait
légataire universelle.

Mme Damais produisait à l'appui de sa réclamation de nombreuses lettres dans lesquelles M. Bérard, qui s'était occupé d'elle
depuis son enfance, l'appelait « sa fille adorée, sa chère enfant».
Les experts en écriture déclarèrent que le testament produit par
Mme Damais était bien de M. Bérard. Le style était incorrect,
l'orthographe des plus fantaisistes, mais l'authenticité de l'écriture leur paraissait indéniable.

Cependant, et sans tenir aucun compte de ces conclusions, le
tribunal de Toulon, saisi de la contestation, débouta Mme Damais
par un jugement où se trouvait ces attendus :

Attendu que le Tribunal ne doit pas oublier ce qu'une vérification
d'écriture offre d'aléatoire et de conjectural, si conjectural que,
depuis longtemps, on n'en est plus à compter les nombreuses erreurs
dans lesquelles sont tombés les experts les plus honnêtes, réputés
les plus habiles et les plus capables, erreurs si nombreuses que
plusieurs législations étrangères ont été amenées à rejeter ce mode
d'instruction...

Attendu que si, abandonnant le champ des observations purement
graphiques, matérielles ou physiques, on aborde l'examen des écrits
dont il s'agit au point de vue de l'orthographe et du style, on est
obligé de dire qu'ils ne sont pas de M. Bérard, car celui-ci, homme
instruit et lettré, fils d'un commissaire général de la marine, ayant
occupé lui-même dans l'administration de la marine les situations
les plus élevées, apportait dans tous ses écrits sans exception, un
style net, précis, sec même, ennemi des phrases, des inversions et
des redondances.

---

(1) Daguesseau, 2e plaidoyer dans la cause de La Pivardière.
(2) *Gazette du Palais* du 17 juin 1892.

Ce jugement fut déféré à la Cour de cassation qui montra, à l'égard des experts en écriture et de leur art, non moins de scepticisme que le tribunal de Toulon.

« L'avis des experts chargés de la vérification des écritures affirmant la sincérité d'un testament olographe ne fait point obstacle, déclara la Chambre des Requêtes, à ce que les juges puissent encore souverainement décider qu'il n'est pas établi que ce prétendu testament ait été écrit de la main du *de cujus*. »

Mais Daguesseau et la Cour de cassation, se rencontrent vainement à deux siècles d'intervalle.

L'expert en écriture pourrait répéter le mot de M. Thiers : « Je suis un parapluie sur lequel il a beaucoup plu ». — Critiques, moqueries, doctrine, jurisprudence, tout glisse sur la vanité de son art. On dira ce qu'on voudra, cela ne diminuera ni le nombre des graphologues jurés, ni le nombre de leurs vacations.

Faut-il citer ici toutes les méprises dont les calligraphes assermentés furent les héros ? Elles sont, la plupart, trop connues au Palais et ailleurs pour qu'il soit utile de les rappeler. Nous avons noté tout à l'heure l'affaire du testament de M. de La Boussinière. On trouvera dans les journaux judiciaires des 23 et 24 mai 1892, la condamnation du notaire Guyard, auteur du faux testament que les experts proclamèrent des plus sincères ; le tribunal et la Cour d'Angers (9 juin 1890) avaient ratifié l'expertise.

Un mot seulement sur la légendaire anecdote de ce pauvre expert affirmant, à l'audience, qu'une mention mise en marge d'un billet argué de faux portait tous les caractères de la contrefaçon et sur le vu de cette indication marginale concluant sans hésiter à la fausseté de la pièce entière. Or, la mention en marge avait été inscrite par le président qui en avertit l'expert vexé, mais non convaincu.

Moins célèbre, presqu'ignorée croyons-nous, est l'affaire Levillain jugée par le tribunal correctionnel de Versailles en 1862 et dont nous copions le compte rendu dans le journal *Le Droit* (n° du 31 octobre 1862). Le procès est instructif à plus d'un titre.

Dans cette affaire, dit le journal, une erreur judiciaire a été sur le point d'être consommée. Un malheureux, poursuivi pour un faux qu'il n'avait pas commis, a été reconnu innocent au moment où déjà renvoyé et cité en police correctionnelle pour escroquerie à l'aide de

fausse qualité, il allait, suivant toutes les vraisemblances, être atteint
par une condamnation. Si nous reproduisons les détails de cette affaire, ce n'est pas qu'il en ressorte une accusation contre la justice,
loin de là, — les apparences de la culpabilité étaient telles que personne n'eût hésité à soupçonner celui qui était désigné à la vindicte
publique par un étrange concours de circonstances accusatrices, —
mais précisément parce qu'il y a dans les combinaisons trompeuses
du hasard une source d'erreurs effrayantes, il peut être utile, à titre
d'enseignement, de montrer, toutes les fois que l'occasion s'en présente, quels sont les dangers de la faillibilité humaine. On ne saurait
trop insister surtout quand il s'agit de mécomptes de la vérification
d'écriture et des méprises des experts écrivains, toujours si confiants
dans les principes et les règles de ce qu'ils appellent leur science et
qui ne sera jamais que l'art le plus conjectural.

Jacques Levillain et François Levillain sont frères et exercent l'un
et l'autre la profession de blanchisseur, ils habitent en outre la même
maison.

Les deux frères Levillain ont les antécédents les plus honorables.
Un troisième frère qui habitait la Bretagne, étant venu à mourir il
y a une dizaine d'années, laissant deux jeunes filles orphelines et
en bas âge, les Levillain, de Rueil, recueillirent leurs nièces chez
eux. Ils les élevèrent à leurs frais et leur firent apprendre un état qui
leur permet aujourd'hui de subvenir en partie à leurs besoins. Ces
deux jeunes filles possédaient un petit héritage en Bretagne ; les
revenus, longtemps consacrés à des acquêts de diverses dates et des
réparations indispensables, n'avaient jamais été touchés, lorsque vers
la fin de l'année 1801, l'administrateur de ce bien put enfin envoyer
à François Levillain, tuteur des deux mineurs, une somme de 200 fr.,
qu'il a expédiée par un mandat sur la poste au bureau de Rueil.

On verra ultérieurement ce que devint cette lettre. Disons seulement, quant à présent, qu'elle ne parvint pas à son adresse et qu'elle
ne fut pas remise à François Levillain. L'expéditeur, domicilié en
Bretagne, ne recevant pas de nouvelles de l'envoi qu'il avait fait et
voyant le temps s'écouler, écrivit à Levillain. Celui-ci déclara qu'il
n'avait rien reçu et se rendit au bureau de poste pour éclaircir la
difficulté qui se présentait. On se reporta à la date qui était signalée
comme étant celle de l'envoi des fonds, et l'on constata que le 29 décembre dernier, la somme avait été touchée par un individu qui
avait signé le nom de Levillain sur le registre à souche du bureau.
Ce nom était tracé en caractères majuscules français. Levillain écrit
couramment et signe en lettres cursives ; il n'y avait donc aucun
doute, ce ne pouvait être lui qui avait touché les fonds ni donné la
signature frauduleuse. Mais on soupçonna son frère Jacques Levil-

lain et on signala contre lui deux circonstances que, dans l'usage, on appelle trop facilement accablantes, et qui cachent, souvent, sous des apparences séduisantes, les plus dangereuses erreurs.

Jacques Levillain, moins lettré que son frère, ne sait ni lire ni écrire, il signe seulement et il signe en caractères moulés.

Il y a plus, il ne sait pas assembler ses lettres. Il faut qu'on les lui dicte. Et c'est par ce moyen seulement qu'il parvient à tracer les lettres composant son nom.

Or, le mari de la directrice qui avait payé le mandat, déclarait que l'individu qui l'avait touché s'était fait dicter chaque lettre de sa signature. Ainsi, cette habitude de se faire appeler l'une après l'autre les lettres de son nom, habitude si caractéristique et qui paraissait appartenir exclusivement à Jacques Levillain, venait se joindre à cette autre coutume, non moins étrange, de signer en caractères d'imprimerie, et enfin, ces caractères présentèrent, avec les signatures de Jacques Levillain existant dans l'étude du notaire de la localité, l'identité la plus complète.

Les employés supérieurs des postes firent une enquête administrative et arrivèrent à cette conclusion, fortement exprimée dans leurs rapports, que Jacques Levillain devait être coupable.

La justice intervint alors. Une instruction eut lieu. Jacques Levillain fut arrêté le 30 mai, renvoyé en police correctionnelle sous la prévention d'escroquerie, et cité devant le tribunal de Versailles pour être jugé le 24 juin.

Les charges qui s'élevaient contre Jacques Levillain ne laissaient presque aucun espoir à sa défense.

Un expert en écriture, chargé de vérifier les pièces arguées de faux, avait conclu, dans un volumineux rapport, *à l'impossibilité morale la plus absolue que les signatures apposées sur les registres de la poste puissent être d'une autre main que celle du prévenu.*

« En conséquence, disait-il, de l'étude analytique et comparative « que j'ai faite avec la plus scrupuleuse attention des signatures de « comparaison et de remarques, observations et considérations ex-« posées dans ce travail, moi, expert écrivain susnommé et soussi-« gné, déclare faire résulter, ainsi que je l'estime dans toute l'inté-« grité de ma conscience et de mon intime conviction, que la « signature Levillain, apposée au bas de l'acquit du mandat de « 200 fr. 85, provient de la même main qui a signé toutes les pièces « de comparaison qui m'ont été présentées et sur lesquelles se trou-« vent les signatures Levillain. »

Ce rapport, paré de tout le luxe de la science graphique qu'un expert peut déployer, ayant coûté *dix-sept vacations dont dix de jour et sept de nuit*, était signé de M. Hippolyte Loiseau, *professeur de calligraphie et restaurateur de l'Académie d'écriture, fondée par S. M. Louis XV, en 1764.*

A cette grave autorité, il fallait ajouter : la déclaration du facteur, qui affirmait que Jacques Levillain demeurant sur le devant de la rue, c'était à lui qu'il remettait d'habitude les lettres destinées à François Levillain domicilié au fond de la cour ; l'opinion du mari de la buraliste, le sieur Dufour, qui disait : « J'ai la conviction que l'homme qui a ainsi touché les mandats n'est autre que Jacques Levillain, sans cependant pouvoir le reconnaître » ; enfin, l'avis du commissaire de police de Rueil qui, disait-il, était convaincu de la culpabilité de Jacques Levillain, parce que ce dernier ne lui avait fait que des réponses embarrassées et de stériles protestations d'innocence.

Hélas ! oui, elles étaient stériles les protestations d'innocence de ce malheureux ! Elles avaient pourtant quelque chose de sérieux, et *si elles eussent été accueillies avec moins de prévention,* elles auraient pu paraître plus embarrassantes qu'embarrassées.

Jacques Levillain reconnaissait bien la similitude des écritures, mais il faisait remarquer que tous les garçons blanchisseurs étant obligés de marquer le linge en lettres capitales, prennent l'habitude de signer en majuscules, et que beaucoup d'entre eux, ne sachant pas assembler les lettres de leur nom, se les font dicter par des personnes plus lettrées.

Il invoquait, en outre, un alibi. Le 20 décembre était un samedi. Il affirmait que, ce jour-là, il n'avait pu signer dans le bureau de poste de Rueil parce qu'il était forcé de rendre son linge à Charonne.

Enfin, il demandait comment on pouvait l'accuser d'avoir volé ses nièces pour lesquelles il avait fait tant de sacrifices volontaires, alors qu'il était lui-même dans une position aisée, qu'il venait d'acheter quelques pièces de terre et de les payer comptant, qu'il n'éprouvait nul besoin d'argent, et que, s'il en eût éprouvé, son frère fût venu à son aide.

Malgré toutes ces raisons, Jacques Levillain était à la veille de paraître devant le tribunal de police correctionnelle. Sa famille était dans la consternation et, pour comble de malheur, le défenseur sur lequel il comptait pour son salut, Mᵉ Jules Favre, le voisin de campagne de ces braves gens, se trouvait, par suite d'un deuil domestique, éloigné momentanément du barreau.

Le 22 juin, François Levillain étant venu chez un sieur Godefroy, taillandier, où se trouvait un sieur Bellon, maçon, se présenta avec l'apparence d'un profond chagrin. Lorsqu'il fut sorti, Bellon demanda à Godefroy pourquoi Levillain était si triste. — C'est, répondit Godefroy, que son frère est en prison à Versailles et va être jugé pour avoir touché 200 fr. à la poste avec une lettre qui ne lui était pas destinée. — C'est un grand malheur, dit alors Bellon, car je crois bien que ce n'est pas lui qui a touché l'argent ; j'ai vu une lettre avec un mandat de 200 francs entre les mains d'un autre individu qui prétendait avoir trouvé ce papier, et je n'ai jamais cru que Levillain fut coupable. — Mais, s'écria Godefroy, pourquoi n'avez-vous pas parlé plus tôt ? — J'avais peur de me mettre *dans les affaires*. — Eh bien, il est encore temps et il faut prévenir la justice.

La justice fut en effet prévenue. L'individu qui était signalé comme ayant été vu porteur du mandat sur la poste était un nommé Lemaire, homme mal famé et déjà condamné deux fois pour vol. Il était de notoriété publique qu'à l'époque du jour de l'an, il avait fait dans Rueil des dépenses extraordinaires eu égard à son état de détresse, et d'autant plus inexplicables qu'au moment où il se livrait à ces débauches, il cessait complètement de travailler et de gagner des salaires. Cet homme fut arrêté. Après quelques vagues dénégations, il avoua sa culpabilité de la manière la plus complète et reconnut que c'était lui qui avait touché les 200 fr. Jacques Levillain était donc innocent. Cependant, il allait être jugé. Il n'y avait pas un instant à perdre. Avis fut immédiatement transmis au Parquet de Versailles. Levillain fut mis en liberté provisoire sous caution et une instruction minutieuse fut dirigée pour vérifier les assertions de Lemaire et savoir s'il ne se chargeait pas, par connivence, d'un délit commis par un autre. Les résultats de cette instruction furent décisifs. On acquit la certitude la plus entière que Lemaire était bien le véritable coupable, et il fut renvoyé devant le tribunal de police correctionnelle de Versailles. *M. l'expert en écritures, seul, maintint les conclusions de son rapport.*

Voici les dépositions des principaux témoins entendus à l'audience.

Bellon, ouvrier à Rueil. — J'ai rencontré Lemaire dans les derniers jours de décembre 1851, il m'a dit : « Tiens, vois, rien que ça de chance, j'attendais une lettre de ma bonne amie et elle m'envoie pour mes étrennes un bulletin rose. » En même temps, il m'a montré un mandat sur la poste plié en quatre. J'ai pris cette lettre, je l'ai regardée et j'ai vu qu'elle portait le nom de Levillain. J'ai dit à Lemaire : « Mais cette lettre n'est pas pour toi, elle est adressée à Levillain. Va bien vite la lui reporter et tu auras un bon pourboire. » Il a repris la lettre et nous a quitté sans rien dire.

Geaunerat. — J'ai rencontré Lemaire le 31 décembre à Rueil, rue de Nanterre. Il était tout joyeux : il m'a dit qu'il allait se marier, que sa bonne amie était une veuve de quarante ans qui était riche et lui envoyait de l'argent. Il m'a montré un bulletin de la poste, et s'est vanté qu'avec cela il aurait plus de pièces de 20 fr. dans sa poche qu'il n'y avait de sous dans la mienne.

Bougras a vu Lemaire qui lui a parlé de son prochain mariage. Il lui a demandé avec laquelle de ses deux bonnes amies il se mariait, celle de Mantes ou celle des Carrières ? Lemaire lui a répondu : « N'importe avec laquelle, j'ai de l'argent. » Et il a exhibé une lettre contenant un mandat de 200 fr.

Le facteur qui a distribué la lettre déclare n'avoir aucun souvenir de ce qui s'est passé à ce moment.

Le buraliste qui avait cru à la culpabilité de Levillain, se rétracte et croit reconnaître Lemaire.

La femme qui fréquentait Lemaire, entendue par commission rogatoire, avait déclarée dans une déposition dont lecture est donnée à l'audience, que loin d'avoir envoyé de l'argent au prévenu, elle en avait reçu de lui vers le mois de janvier et avait fait avec lui des dépenses assez considérables. C'est ce qui résulte d'ailleurs de l'interrogatoire auquel il est procédé.

D. N'avez-vous pas, vers la fin de décembre dernier, reçu une lettre contenant un mandat sur la poste ? — R. Oui, Monsieur.

D. Cette lettre vous était-elle adressée ? — R. Je ne sais pas lire : le facteur sortait de chez lui, il avait sa boîte suspendue à son cou, il m'a appelé et m'a dit : « J'ai une lettre pour toi ». Je lui ai demandé d'où elle venait, il m'a dit : « De Villers (près Mantes) ». Or, comme une femme avec laquelle j'ai vécu pendant six mois à Rueil, la fille Alphonse-Octavie Oudral, laquelle est vigneronne et demeure à Villers m'avait dit qu'elle m'écrirait et qu'elle m'enverrait quelque chose, j'ai pensé que la lettre était bien pour moi. Je l'ai montrée à diverses personnes. Geaunerat m'a dit : « Farceur, ce n'est pas pour toi, c'est pour Levillain et il faut aller reporter cela chez lui ou à la poste. »

D. Pourquoi n'avez-vous pas suivi ce conseil ? — R. J'étais trop content de ce que ma femme m'avait envoyé de l'argent.

D. Qui était là lorsque vous avez touché le mandat ? — R. Le buraliste et un sergent de grenadiers.

D. Qu'avez-vous fait ? — R. J'ai présenté le mandat et la lettre d'envoi.

D. Avez-vous acquitté le mandat ? — R. Oui, j'ai dit au buraliste que je pouvais signer si l'on me dictait les lettres.

D. Vous ne savez donc écrire qu'en lettres moulées ? — R. Oui, Monsieur.

D. Comment avez-vous appris à écrire ainsi ? — R. Dans mon état de blanchisseur, je suis habitué à marquer le linge de cette manière.

(Lemaire reconnaît la signature apposée sur le mandat pour être la sienne.)

D. Vous avez eu connaissance des poursuites dirigées contre Levillain, de son incarcération, et vous n'avez rien fait pour empêcher l'arrestation de ce malheureux ou pour la faire cesser! — R. Il n'y a que quinze jours que j'ai entendu parler de cette affaire, on disait : Ce pauvre Levillain est inculpé d'avoir escroqué 200 fr. au préjudice de son frère, si ce n'est pas lui c'est bien malheureux. Je n'ai rien répondu et je suis allé me coucher sur le champ.

D. Comment n'avez-vous pas eu la générosité de sauver un innocent ? — R. J'en avais bien envie, mais je n'ai pas osé.

Lemaire est condamné à 6 mois de prison et 50 fr. d'amende.

Le tribunal acquitte Levillain en proclamant son innocence.

Seul, le restaurateur de l'Académie d'écriture continua à croire à la culpabilité de Levillain !

Mais n'insistons pas ; laissons ces malheureux calligraphes en paix. D'autant que la justice est avec eux comme certains malades avec le médecin. Ceux-ci ne croient pas à la médecine, ils la proclament une pure charlatanerie. Mais dès qu'ils éprouvent la moindre souffrance, ils mandent en hâte les docteurs et suivent leurs prescriptions.

La justice ne croit pas à l'expertise en écriture. Mais dans toutes les affaires de faux, elle consulte ces maîtres de la plume, et trop souvent se conforme aux conclusions de ces apôtres du plein et du délié.

. .

Les experts en écritures ne sont pas seuls à donner à rire... à rire au public et à pleurer aux inculpés. Trop persuadés de leur compétence, ceux que le juge appelle à son aide ne veulent jamais avouer que leur sagacité est en défaut. De là des expertises comme celles de cet honorable carrossier, dans l'affaire Castro, en 1854 (1).

Dans les premiers jours du mois de janvier 1854, M. Castro, agent comptable de la Compagnie du chemin de fer de Bordeaux à Bayonne, parcourait la route impériale, entre Dax et St-Vincent-de-Tyrrosse, dans un cabriolet conduit par le voiturier Barbet. Il avait placé, à St-Geours, dans la voiture, une somme de

(1) *Le Droit*, 22 avril 1854.

24.000, francs divisée en trois groupes, dont deux dans la caisse du cabriolet et le dernier sous les pieds des voyageurs.

Arrivés à St-Vincent, M. Castro et son conducteur constatèrent la disparition des 16.000 fr. enfermés dans la caisse qui était effondrée ; il ne leur restait que les 8.000 fr. placés sous leurs pieds. La justice avertie se livra à des recherches, ne recueillit aucun renseignement précis, mais devant la déclaration du carrossier chargé de l'examen de la caisse de la voiture, elle arrêta M. Castro et son conducteur, les accusant d'avoir détourné à leur profit les 16.000 fr. disparus.

De l'expertise, en effet, il résultait que la caisse avait été enfoncée volontairement et pour donner le change : il y avait eu crime et non accident. — La chambre des mises en accusation avait déjà renvoyé Castro et Barbet devant la Cour d'assises des Landes, lorsque les dépenses exagérées d'un nommé Ditcharry, habitant d'une commune voisine de Dax, éveillèrent l'attention, puis les soupçons de la justice. — Ditcharry avait trouvé sur la route les 16.000 fr. perdus par Castro. La caisse du cabriolet s'était brisée toute seule. En dépit du carrossier-expert, il fallut acquitter l'agent comptable.

A titre de réparation, sans doute, le président de la Cour d'assises adressa quelques paroles de consolation aux accusés :

« La Providence, leur dit-il, comme pour nous pénétrer du sentiment de notre faiblesse, comme pour signaler à la justice humaine la nécessité de la plus rigoureuse prudence, permet aux hommes les plus sages de s'égarer dans leurs appréciations. » Peut-être les accusés trouvèrent-ils que l'expert eût bien fait de ne pas user de la permission providentielle...

Cette rigoureuse prudence dont parlait, en 1854, le magistrat de la Cour de Pau, un expert-traducteur en fit preuve, avec raison, au cours de l'affaire Dupas (mars 1896).

On avait chargé cet honorable auxiliaire de la justice d'expliquer les termes conventionnels d'une dépêche adressée à l'accusé Arton en fuite.

Voici quel était le texte du télégramme saisi : « *Above calcium actualise. Recevrez lettre algebra poste restante.* » Le destinataire, arrêté ultérieurement, traduisit ainsi les deux phrases : *Partez de suite Bucharest. Recevrez lettre poste restante.*

Voici comment l'expert interprétait cette cryptographie dans son rapport adressé au juge d'instruction :

Monsieur le Juge,

J'ai lu d'un bout à l'autre, sans oublier un seul mot, le vocabulaire que vous m'avez fait l'honneur de me soumettre, pour y rechercher l'explication de la phrase : *Above*, etc.

Je n'y ai trouvé dans toute son intégrité qu'un seul des termes de cette phrase, celui de « calcium » dont le sens caché serait: *Nous sommes obligés de construire des magasins*. Quant aux autres, *above*, *actualise*, *algebra*, que je n'ai pas trouvés dans le vocabulaire, je ne puis donner que comme hypothétique la signification que j'en obtiens par induction ou rapprochement d'autres mots qui me paraissent être de même formation. *Above*, que l'on pourrait rapprocher de l'anglais, pourrait en conséquence être traduit par: surtout, avant tout; *actualise*, rapproché d'*actuality*, un mot de dictionnaire *par ici* ou *dans le pays*, et *algebra* par *sous peu*. De la sorte, en conservant tel quel le sens des autres mots: *recevrez lettre bureau restant*, on pourrait expliquer la phrase comme suit:

« *Avant tout, nous sommes obligés de construire des magasins dans le pays. Recevrez lettre sous peu bureau restant.* »

Mais cette explication, je ne puis, à défaut d'autres moyens plus sûrs, la donner que comme hypothétique.

Veuillez agréer, etc. (1).

Cette traduction, ne fit point à elle seule aboutir l'enquête ouverte.

Faut-il faire figurer parmi les expertises étranges, celle qui entraîna l'acquittement général des accusés dans l'affaire des Chemins de fer du Sud? Une erreur de 860.000 fr. s'était glissée dans la vérification des comptes. A l'audience, il est vrai, l'expert reconnut avoir pris, sans contrôle, ces chiffres dans le rapport administratif dressé par un inspecteur général des Ponts et Chaussées (2). Cet honorable ingénieur, chargé d'estimer une

---

(1) Voir *Procès célèbres*, par B. Monteux (juin 1896).

(2) « M. le président demande alors à l'expert d'expliquer comment l'erreur de 860.000 fr. a pu se commettre.

D. Où avez-vous pris ce chiffre ? — R. Dans le rapport de M. D... — D. Vous ne l'avez pas contrôlé par vous-même ? — R. Non ».

(*Gazette du Palais*, jeudi 12 sept. 1891, audience du 11, Cour d'assises de la Seine).

ligne de chemin de fer, avait complètement oublié de faire figurer dans ses calculs le coût du ballast et les frais de pose de la voie.

La presse railla l'ingénieur-expert, mais elle l'excusa, disant qu'en ces sortes d'affaires qui frôlent la politique, l'expert intelligent doit omettre tant de choses, qu'il peut bien oublier aussi son arithmétique.

.·.

Les experts les plus redoutables sont ceux dont la compétence paraît offrir le plus de garantie. Expliquons-nous. L'avocat put toujours combattre — parfois victorieusement — les conclusions de MM. Brard et St-Omer. Il n'osa jamais discuter catégoriquement des rapports signés Orfila ou Tardieu. Pourtant, la calligraphie n'avait déjà plus de secrets pour Brard et St-Omer, tandis qu'Orfila ni Tardieu ne purent se vanter de tout savoir en médecine et en chimie.

Quand, à l'autopsie, ils constataient du poison dans les viscères, on s'inclinait..., et cependant!... Est-ce qu'Orfila connut les ptomaïnes ? (1) Tardieu n'apprit l'existence de ces toxiques que par les travaux de Selmi de Bologne et de Arm. Gautier, en 1875. Le grand médecin-légiste était alors parvenu au terme de sa carrière. Quel effroi rétrospectif, quelle tristesse durent le saisir, lorsque la découverte de ces poisons nés de la mort lui révéla combien d'erreurs il avait pu commettre. Prudent jusqu'à l'extrême scrupule, il ne s'était pourtant jamais prononcé qu'à coup — qu'il croyait — sûr. Il avait trouvé du poison ; il pensait avoir touché du doigt le crime. Mais l'empoisonneuse n'était que la Nature surprise en son labeur de décomposition. Tardieu ne s'était pas trompé. Il avait subi les ignorances de la science.

Il en sera toujours ainsi. Si savant soit-il, un savant ne peut savoir que tout ce qui se sait à son époque. Il s'en rend compte et, devant la justice, il emploie volontiers cette formule de haute modestie : « Dans l'état actuel de la science, je crois pouvoir

---

(1) Découverts en 1875. « Jusqu'à cette époque, toute substance alcaloïde toxique extraite d'un cadavre au cours d'une expertise médicale était réputée avoir été introduite criminellement durant la vie ». (Gautier).

affirmer telle ou telle chose ». Mais de cette réserve philosophique nul ne tient compte (1). L'esprit ne se résout pas à considérer comme relatif le savoir d'un Claude Bernard, d'un Vulpian, d'un Wurtz, d'un Trélat ou d'un Berthelot. Parce que leur érudition atteint les extrêmes limites du connu, l'irréflexion de la masse la tient pour absolue. « Voilà ce qui me paraît être la vérité », dit le savant. « Voilà la certitude », traduit la foule ignorante, oublieuse de « l'éternel voyage » de la science.

On avance toujours, on n'arrive jamais.

.·.

La justice, d'ailleurs, n'a point seulement à son service des experts de profession, dont la science représente la somme des connaissances humaines.

La caravane du Progrès a son arrière-garde et ses traînards : médecins de petite ville, pharmaciens de chef-lieu de canton dont la science médico-légale retarde de dix ou vingt années. Le gros de la troupe n'offre guère plus de garantie. Sans doute, au chef-lieu du département, on reçoit les journaux médicaux, on lit les comptes rendus de l'Académie de médecine, on sait peut-être aussi bien qu'ailleurs soigner et guérir; mais la pratique de l'expertise manque. Un grand crime survient, la foule est déchaînée, le juge de paix ou le juge d'instruction nomme un expert chimiste ou un expert médecin. Voilà le nom de l'élu dans tous les journaux de France ! Quelle gloire !... Mais s'il n'allait rien trouver dans les viscères de ce cadavre ? Que dirait toute la ville convaincue de l'empoisonnement ? S'il concluait à la mort par accident ? Que de railleries ! Et puis, plus de procès ; adieu la déposition sensationnelle à la Cour d'assises, dans le grand silence de la salle bondée, les dames tendant l'oreille, les journalistes prenant des notes, adieu... (peut-être, qui sait?) le ruban rouge dont la demande serait appuyée par ces Messieurs du Tribunal ou de la Cour (2).

·

---

(1) La brochure des docteurs Renard et Pennetier : *L'affaire de Malaunay* (Rouen 1896) est intéressante à ce sujet.. Voir affaire Druaux (1887).

(2) Les experts de petite ville ont parfois une étrange façon de comprendre leur devoir en particulier, et le rôle des experts en général. En voici

Certes, rien n'empêchera l'expert de conclure suivant sa conscience et sa science ; malheureusement c'est dans le vertige de la gloire entrevue qu'il procédera aux opérations dont on l'aura chargé.

Et très honnêtement, mais très sottement parfois, les experts soutiendront envers et contre tous, comme dans l'affaire LENON-DEAU (1878), qu'il y a eu empoisonnement par l'acide oxalique... alors que la victime prétendue est morte d'une maladie d'estomac. Ou bien, comme dans l'affaire DRUAUX (1887), ils penseront avoir découvert des ailes de cantharide dans les déjections d'individus asphyxiés par les émanations d'oxyde de carbone provenant d'un four à chaux voisin.

À côté de ces deux exemples d'ignorance et d'impéritie, on pourrait classer — si, l'erreur ayant été reconnue dans les délais d'appel, la Cour n'avait pu réparer l'erreur du tribunal — le jugement rendu le 6 novembre 1868 par le tribunal de Vic (Meurthe) contre Adèle Bernard.

Prévenue de suppression d'enfant, Adèle Bernard fut examinée par un médecin qui constata les traces d'un accouchement récent dont il plaçait la date au 8 octobre.

La jeune femme fut condamnée à six mois de prison.

Le 24 décembre elle mettait au monde un enfant à terme. Elle était enceinte de six mois au moment où l'expert avait conclu à son récent accouchement. Appel fut interjeté par le procureur

---

un exemple caractéristique : Dans l'affaire de l'horloger Vétard (Cour d'assises d'Auxerre, mai 1888), des taches de sang avaient été découvertes sur les vêtements de l'accusé Morand. Deux experts furent nommés afin de rechercher si c'était là du sang humain. L'un était un pharmacien de Joigny, M. X..., l'autre était le très savant professeur au Muséum de Paris, le Dr Pouchet.

Le 31 mars 1888, M. X... écrivait au juge d'instruction la lettre suivante :

« Monsieur, je reçois à l'instant une lettre de M. Pouchet. Je m'empresse « de vous la communiquer. Vous verrez que rien n'empêche d'arriver pour « la session de la Cour d'assises du mois de mai et que M. Pouchet « *réussit* dans la mesure du possible, mais *suffisamment pour pouvoir* « *frapper l'esprit des jurés.* »

Empressons-nous d'ajouter que M. le professeur Pouchet n'avait jamais songé, au cours de son expertise, à *frapper l'esprit des jurés.* Il s'était contenté d'examiner les taches de sang dont il devait déterminer la nature.

général (la défense n'a que dix jours pour en appeler à d'autres juges ; l'accusation a deux mois).

La Cour de Nancy, le 10 janvier 1869, acquitta Adèle Bernard. Si la malheureuse eût été vierge, elle fût à jamais restée convaincue d'avoir supprimé son enfant (1).

Les experts des grandes villes, les officiels se trompent, au reste, comme les autres (2). Sans parler de l'herboriste Moreau — on discute encore sa responsabilité — il faut rappeler le procès de JULIE JACQUEMIN, condamnée à mort en 1814 pour tentative d'empoisonnement sur sa maîtresse, Mme de Normont.

Le verdict une fois prononcé, on s'aperçut que la prétendue victime était une hystérique qui avait simulé un attentat. On analysa une seconde fois la liqueur que Mme de Normont prétendait avoir absorbée. Ce n'était pas du poison ; bien mieux, il fut démontré que Mme de Normont *n'avait pu* en absorber ! Les premiers médecins avaient procédé à leur expertise avec une légèreté trop fréquente.

« Quand on procède à une autopsie, disait à l'audience de la « Cour d'assises de la Seine le Dr Cornil (8 mai 1878), quand la « vie d'un accusé peut en dépendre, il faut y apporter des soins « extrêmes. Dans l'affaire actuelle, je ne puis moins faire que « déclarer que l'autopsie a été faite très légèrement...

« Quand on voit la façon dont se font les expertises, ajoutait-il, on a honte véritablement » (3).

Vaine protestation ! Dix-huit ans plus tard, presque dans les

---

(1) *Gazette des Tribunaux*, n° du 30 janvier 1869.

(2) L'histoire des expertises médico-légales pourrait à elle seule faire l'objet d'un important volume. Nous n'avons pas à l'entreprendre ici. Elle a d'ailleurs été écrite, en partie, par M. Charles Desmaze, dans son *Histoire de la médecine légale en France* (Paris, 1880). On trouvera des indications intéressantes dans la *Relation médico-légale de l'affaire Saison de Marœil, précédée d'un aperçu sur les erreurs médico-légales et judiciaires*, par le Dr E. Germe.

(3) Affaire Danval. « Un pharmacien qui empoisonne sa femme », *Gazette des Tribunaux*, 6, 7, 8, 9, 10 mars 1878. — Devançant une réforme qui n'est encore que projetée, M. le juge d'instruction Guillot, pour la première fois, fit en cette affaire désigner par l'accusé un contre-expert, choisi en dehors de la liste officielle. M. Guillot provoqua pendant l'instruction un débat contradictoire entre les experts qu'il avait nommés et celui qu'avait choisi Danval. Pour trancher les divergences existant entre eux, il eut

mêmes termes, le Dr Brouardel devait, à la Cour d'assises d'Amiens, reprocher à ses collègues de Rouen, savants classés et titrés, l'extrême négligence avec laquelle ils avaient procédé dans l'affaire Druaux (1887).

A l'ignorance et la légèreté s'ajoute aussi ce besoin de paraître perspicace qui affole tous les enquêteurs, plus impatients d'un résultat positif que soucieux de la vérité. Ils ont une idée préconçue et ramènent à elles toutes leurs constatations. Gilliard (1833), le cuisinier accusé de l'assassinat de la femme de chambre de Mme Dupuytren, avait été examiné par des médecins légistes. Ils avaient remarqué sur ses mains des traces d'égratignures ; les vitres d'une bibliothèque avaient été brisées par les assassins de la domestique ; les experts rapprochèrent les mains des pointes du verre cassé ; les cicatrices — du moins ils le constatèrent — correspondaient aux morceaux de la vitre. La charge était accablante et Gilliard fut condamné. Son innocence reconnue démontra la légèreté des experts.

Etaient-ils légers ou ignorants, les experts de l'affaire G***?(1) Leurs qualités nous interdisent de leur appliquer aucune épithète, mais il est certain que leurs expertises furent erronées.

M. G*** était poursuivi pour falsification de substances médicamenteuses. L'inculpé avait mis en vente une poudre désignée sous le nom de *Pepsine pure*, et un *Elixir digestif de pepsine*. La prévention soutenait que ces prétendus médicaments ne contenaient pas de pepsine. M. Roussin, professeur agrégé au Val-de-Grâce avait procédé à une première expertise.

J'ai eu, déclara-t-il à l'audience du tribunal correctionnel de la Seine, j'ai eu à expérimenter trois des échantillons saisis chez M. G***, et j'y ai trouvé uniquement des globules d'amidon mais *pas de pepsine*. Je n'oserais pas affirmer qu'elle soit absolument absente, mais, si elle y figure, c'est en quantité inappréciable et la chimie ne peut la trouver.

---

recours à un *superarbitrium*, et une consultation fut demandée à un membre de l'Académie de médecine (voir *Journal de médecine*, no de juin 1878.)

L'exemple de M. Guillot n'a malheureusement été suivi par ses collègues que dans des cas trop exceptionnels.

(1) *Gazette des Tribunaux*, numéros des 1er, 8 décembre 1864, 16 et 18 février et 3 juin 1865, 7 juin 1866.

A la suite de cette déposition, sur les conclusions du défenseur de M. G***, le tribunal ordonna qu'il fût procédé à une deuxième expertise et adjoignit à M. Roussin, M. Payen, conservateur des Arts et Métiers, et M. Blandouin, docteur en médecine.

Ces trois savants examinèrent les produits mis en vente par le prévenu et confirmèrent en leur rapport l'avis formulé par M. Roussin.

Il est très facile, faisaient-ils observer, de constater par son action spéciale sur le lait et la viande, la présence et la proportion de la pepsine dans une matière ou un liquide quelconque...

Or, ajoutent-ils, dix grammes de la poudre désignée sous les noms de *pepsine pure* et de *pepsine anglaise* qui auraient dû, dans les conditions où nous les avons placés, désagréger et dissoudre jusqu'à 3,000 grammes de viande de veau n'ont pu en attaquer même un gramme, et ne renferment aucune trace appréciable de pepsine véritable.

Il en est de même de l'élixir digestif de pepsine.

Il n'existe pas de pepsine dans la poudre étiquetée *pepsine pure* et *pepsine anglaise*; il n'en existe pas davantage dans l'élixir.

M. G*** fut condamné à huit jours de prison. Il interjeta appel. Devant la Cour, on entendit comme expert M. Lecomte, professeur agrégé honoraire à la Faculté de médecine, pharmacien en chef de la maison municipale de santé. Les conclusions de son rapport furent diamétralement opposées à celles des experts entendus par le tribunal.

Il avait procédé à des expériences physiques. Elles lui révélèrent la présence probable de pepsine dans la poudre saisie.

Il s'était livré ensuite à des expériences chimiques qui avaient démontré péremptoirement l'existence de la pepsine. La poudre G*** désagrégeait la fibrine et produisait la coagulation du lait.

Sur douze échantillons de pepsine pris dans douze des principales pharmacies de Paris, *aucune ne se présente dans de meilleures conditions que la pepsine G***.*

La Cour justement indécise ordonna une quatrième expertise et nomma pour y procéder, le professeur Frémy, M. Miallu et M. Reveil professeur agrégé à l'école de pharmacie.

Ces derniers constatèrent que « la pepsine G''' avait une action digestive satisfaisante. » Ils en déterminèrent exactement l'efficacité et en certifièrent les résultats.

Quatre Hippocrates avaient dit « oui » quatre Galliens dirent « non » : M. G''' fut renvoyé de la poursuite pour falsification et vente de pepsine falsifiée.

. .

Comment éviter de telles contradictions? Comment éviter pareilles erreurs? Le problème est difficile. En attendant qu'on en trouve la solution, on pourrait entourer les expertises de plus de garanties. Il ne faudrait pas grands efforts d'imagination pour trouver un système, sinon bon, du moins meilleur que le système actuel. Il suffirait de copier :

En Allemagne, dans chaque province, il existe un conseil médical (*Medical collegium*) composé d'un chimiste (*Medicinal assessor)* et de plusieurs médecins *(Medicinal Rathe)* qui est appelé à donner son avis sur les rapports médico-légaux ou chimico-légaux remis à la justice, dans le cas où ce rapport est contesté, soit par l'inculpé, soit par le ministère public. Au-dessus de ce premier tribunal scientifique se trouve à Berlin, une juridiction d'un degré supérieur connu sous le nom de députation scientifique (*wissenchaftliche deputation*) et qui se compose d'un magistrat comme directeur, de onze médecins et d'un chimiste.

En Russie, le système est analogue, mais il existe un troisième degré de juridiction, qui siège au ministère de l'intérieur et constitue une sorte de « Cour suprême médico-légale » (1).

Dès 1884, M. Adolphe Guillot dans son savant ouvrage : *Des principes du nouveau code d'instruction criminelle* demandait que nos législateurs s'inspirassent de ces exemples.

Il suffirait, écrivait-il, d'instituer dans chaque faculté de médecine une commission supérieure des expertises. Ce serait devant elles que seraient portés l'examen et le débat des questions scientifiques

---

(1) **Voir** le rapport adressé au ministre de l'instruction publique, par M. Ph. **Lafon** (Imprimerie nationale, 1885) « *De la toxicologie en Allemagne et en Russie.* »

soulevées, soit par le désaccord des experts, soit par les objections de la défense. L'inculpé, interpellé au début de son interrogatoire, déclarerait s'il accepte ou non les constatations et les conclusions de l'expertise; dans le cas où il déclarerait les contester, il serait sursis jusqu'à ce que la commission supérieure eût prononcé, ce serait devant elle qu'il produirait les consultations et que son défenseur discuterait le rapport. La question scientifique serait définitivement tranchée et ne pourrait être reprise à l'audience sous aucun prétexte.

M. Guillot écrivait ces lignes il y a douze ans. En 1896, l'affaire Druaux ramena l'attention sur la question des expertises. On reprit alors les anciens projets. On écrivit de nombreux articles sur une proposition du docteur Ladroit de la Charrière qui demandait « la création au ministère de la justice d'une « commission permanente composée : 1º Du professeur de mé- « decine légale de la Faculté de Paris ; 2º Du président de la « Société de médecine légale ; 3º D'un certain nombre d'experts « (médecins et chimistes) près le tribunal de la Seine ; 4º D'un « certain nombre de magistrats et d'avocats.

« Cette commission eût été chargée d'examiner les expertises « dans toutes les affaires criminelles. Aucun rapport n'eût été « produit par l'accusation sans avoir été approuvé par la haute « commission. »

D'autres propositions encore furent formulées, développées, commentées. L'accord se fit sur la nécessité d'une prompte ré- forme... puis l'affaire Druaux cessa d'être d'actualité. On parla d'autre chose.

La question sera de nouveau discutée à la prochaine erreur médico-légale retentissante.

CHAPITRE IV

L'INSTRUCTION.

*L'accusé et « la Société qui l'accuse ». — Instruction à charge.
— Instruction incomplète. — Antécédents. — L'aveu n'est
qu'une présomption. — Le secret. — La prévention indéfi-
nie.*

Secondé dans ses recherches par des savants, si savants que
jadis il les eût condamnés au bûcher, armé du téléphone, du télégraphe et de l'anthropométrie, le magistrat d'à présent se croit
le serviteur d'une justice proche de la perfection. Il se trompe.
Nos arrières-neveux liront avec stupeur nos traités criminels; ils
s'indigneront à l'étude d'un Code qui autorise et organise l'instruction à huis clos, la mise au secret et la détention préventive
sans terme ni condition ; ils confondront parfois ce Code avec
quelque loi féodale ou barbare ; ils se livreront à des rapproche-
ments : dans le duel judiciaire, penseront-ils, les deux champions,
du moins, portaient des bâtons de même taille, leurs boucliers
ne différaient guère, ils combattaient seul à seul ; aucun n'était
avantagé dans le champ clos ; la loi Gombette, à défaut d'équité
respectait l'égalité.

De notre temps, on commence par incarcérer le prévenu.

La situation de cet innocent présumé ressemble si fort à
celle d'un coupable puni, que, en cas de condamnation, les mois
de prévention sont défalqués de la peine. Parfois cette condamnation est inférieure au temps de détention déjà subi : la justice
alors se trouve en débet, et le justiciable, resté sous les verrous
tant que la présomption d'innocence le couvrait, est remis en liberté dès qu'il est reconnu coupable.

Mais, coupable ou non, il se sera vu, tout d'abord, enfermé, séparé du monde, privé de tout appui : pas de lettres, pas de visites, il est seul, seul contre un adversaire terrible « la Société qui l'accuse ». Le juge, maître de toutes les forces sociales, dirige contre lui gendarmerie, police, experts.

Hébété ou furieux au fond de sa cellule, le prisonnier n'a point de second. Sans doute, il obtiendra l'assistance d'un conseil, mais plus tard, quand il aura perdu plus qu'à moitié l'inégale partie dont sa vie, son honneur, sa liberté tout au moins sont les enjeux.

On ne pardonnera pas à ce siècle d'avoir laissé debout, parmi tant de choses renversées, la porte close des cabinets d'instruction, et quand la procédure préparatoire actuelle sera reléguée dans le musée des horreurs de la législation passée, on se demandera pourquoi l'on attendit, en France, tant d'années pour emprunter à l'Angleterre son système d'information criminelle si logique, si loyal ? (1)

Mais ces temps ne sont point venus et ce n'est pas, malheureusement, de l'histoire ancienne que de montrer à l'œuvre le juge né du Code de 1808.

Contre sa toute-puissance, le prévenu n'a qu'une garantie, qu'un recours : son impartialité. Elle pourrait corriger les vices de la procédure secrète.

_____

(1) La question a été posée déjà par un magistrat, M. Cruppi, avocat général à la Cour de cassation dans une étude sur *la Cour d'assises de la Seine*, parue dans la *Revue des Deux-Mondes* (janvier 1896).

« Il n'est pas d'Anglais dans le monde, écrit M. Cruppi, qui ne soit convaincu qu'il est indispensable pour la Grande-Bretagne de posséder des magistrats d'une indépendance absolue, d'une impartialité visible, d'une capacité notoire, et qu'il est non moins essentiel que l'accusé, depuis la constatation du crime jusqu'au jugement, soit garanti et protégé de toutes manières par l'assistance d'un conseil, par le grand jour d'une enquête toujours publique et contradictoire... Aperçoit-on chez nous quelques tendances analogues qui puissent guider le législateur dans l'œuvre tant de fois reprise et délaissée qui s'impose à l'attention du Parlement ? Peut-être... La protestation contre le secret de l'instruction semble générale et ce serait, à notre avis, marcher d'accord avec le sentiment public que de faire disparaître de notre Code cette pratique surannée, aussi dangereuse pour le juge que pour l'accusé ; cette pratique qui compromet les gouvernements sans servir la société et qui, suivant l'expression du grand jurisconsulte Stephen, « empoisonne la justice à sa source. »

En effet, le magistrat, imbu de son rôle serait à la fois l'accusateur et l'auxiliaire du prévenu.

« Dans le procès par inquisition, ce n'est plus simplement d'une preuve à charge qu'il s'agit. On y voit un magistrat qui a mission du pouvoir social de rechercher *la vérité quelle qu'elle soit*, à charge ou à décharge...... L'inquisition (l'instruction) tout entière, c'est la recherche studieuse et constante de tous les matériaux de nature à mettre le juge à même de prononcer non une condamnation toujours, mais toujours une sentence juste.

Aussi l'inquisiteur ne doit pas prendre la seule culpabilité pour point de mire, mais la vérité... IL RELÈVERA AVEC UN SOIN ÉGAL TOUTES LES CIRCONSTANCES FAVORABLES A L'ACCUSÉ et la certitude eu égard à la culpabilité même ne saurait d'ailleurs être acquise un instant, tant que le plus léger doute sur la réalité des faits en information n'aurait pas été éclairci (1). »

Dans la pratique en est-il bien ainsi ? Le juge se préoccupe-t-il également du *pour* et du *contre* ? Met-il autant de zèle à découvrir les circonstances qui innocentent le prévenu qu'à rechercher les preuves de la culpabilité ?

Il est des juges d'instruction scrupuleusement impartiaux. Nous pourrions en citer un qui n'usait pour ainsi dire jamais de la faculté de priver, au début de l'enquête, l'accusé d'un défenseur ; au fur et à mesure des interrogatoires il mettait le dossier à la disposition de l'avocat; lui-même provoquait les contre-enquêtes... (2).

Un autre fut si loyal en toutes ses instructions qu'on ne vit jamais un accusé se plaindre de lui. Beaucoup, même parmi ceux qu'il amenait aux aveux, même des prévenus politiques, des anarchistes même, rendirent hommage à sa droiture, à sa courtoisie, à son humanité. Devenu Procureur de la République, il eut l'occasion d'éviter à la justice une retentissante erreur et

---

(1) Mittermaïer, *Traité de la preuve*, p. 154.

(2) « Un juge qui écarterait systématiquement le défenseur, qui, interprétant d'une façon étroite le principe du secret de l'instruction, refuserait à l'avocat la communication du dossier, se montrerait aussi imprudent que malavisé, il se priverait d'un des meilleurs moyens d'éviter les erreurs. » *Des principes du nouveau Code d'instruction criminelle* (p. 23), par Adolphe Guillot, juge d'instruction à Paris, (Paris, 1884). M. Guillot est membre de l'Académie des Sciences morales et politiques.

les deux accusées qu'il fit remettre en liberté, après tant d'autres, proclamèrent son impartialité.

Mais que de tels modèles sont peu suivis. Trop rares sont les magistrats dont l'habileté se double de philosophie. La longue expérience des hommes devrait les rendre indulgents, les disposer à voir dans les prévenus de pauvres hères qu'ils préféreraient innocents. Mais non : on dirait que la plupart ne signent qu'à regret des ordonnances de non-lieu. Et si l'affaire, au début, fut retentissante et mit en relief leur personnalité, s'ils ont suivi quelque piste romanesque, leur regret devient un dépit amer. Sans doute, si l'innocence du prévenu est certaine ils la reconnaîtront consciencieusement. Mais avec quelle peine leur conviction se forme dans ce sens. Combien ils sont plus exigeants pour les preuves d'innocence, que pour les présomptions de culpabilité ! Le juge paraît croire que sa raison d'être est de poursuivre et de condamner, que toute ordonnance de non-lieu ou tout jugement d'acquittement est sinon une défaillance de sa part, du moins une anomalie dans son fonctionnement.

Si nous ne nous étions imposé cette règle de n'enregistrer que des preuves indiscutables, combien de faits nous pourrions citer !

Des mots probants, de typiques anecdotes courent les palais de justice ; du stagiaire au bâtonnier, chacun sur ce chapitre possède de démonstratifs souvenirs.

Mais le secret professionnel scelle les bouches les plus disposées à crier que les juges enquêteurs n'apportent pas toujours dans l'accomplissement de leur mission l'impartialité réfléchie et la bienveillante sérénité qui sont les qualités nécessaires de leurs fonctions.

Au reste assez souvent l'audience a fait le jour sur la façon dont s'opère l'enquête à huis clos pour qu'il soit utile de recourir aux indiscrétions : les documents authentiques suffisent.

Et puis, nous n'avons pas à instruire ici le procès des procédés de l'instruction, contentons-nous d'en consigner les résultats.

.·.

De l'examen des erreurs judiciaires on peut tirer cette critique générale : malgré lui, le juge considère l'accusation non comme une hypothèse à vérifier, mais comme un théorème à démontrer. Au bas de l'ordonnance de renvoi, il mettrait volontiers le c. q. f. d. classique.

A *priori*, une hostilité dédaigneuse l'anime contre l'inculpé. On a porté plainte contre cet homme ; il est arrêté. Va-t-il par son innocence donner tort aux gendarmes qui l'appréhendèrent, au procureur qui l'écroua ? Ceux-ci surent bien ce qu'ils firent, et les dénégations du prévenu ne l'empêcheront point d'être démasqué, convaincu.

Dès lors, le juge s'élance sur la piste préparée ; il voit le but, toute charge l'en rapproche, tout argument de défense est un obstacle. Nous avons dit, déjà, quelles étaient, pour l'audition des témoins, les conséquences de ce parti pris.

Rappelons par un piquant exemple la façon dont sont comprises et interprétées les dépositions. Nous l'empruntons à une plaidoirie de Mᵉ Léon Cléry.

Tenez, Messieurs, disait l'avocat, il me revient à la pensée un exemple qui m'est personnel. Ce n'est pas long. Ecoutez.

Il y a plusieurs années, j'étais avocat et je demeurais dans une grande cité qui s'appelle le square d'Orléans, rue Taithout, il y avait là un concierge, père d'une petite fille de neuf ans, et cette petite fille se plaignit d'avoir été victime d'un viol de la part d'un banquier... c'était même un juif. On arrête ce juif et on le conduit à Mazas. Le portier vient me trouver et me dit : « Je suis tout à fait désolé, j'ai interrogé ma fille, mais je ne sais rien en somme, et c'est bien grave. Je ne voudrais pas être soupçonné d'avoir accusé ce locataire dans un intérêt personnel. Je lui repondis : c'est d'un brave homme ce que vous faites là, et quand vous rencontrerez le juge d'instruction, dites-lui que je suis prêt à lui en dire un mot.

M. le juge d'instruction me fait venir, il me demande de mes nouvelles, nous nous mettons à causer, et de temps en temps, il disait à un monsieur en noir (j'ai su plus tard que c'était un greffier) : « Ecrivez ». Cela paraissait l'amuser, moi je le laissais faire.

Quand nous avons eu terminé notre conversation il dit à ce monsieur en noir. — Relisez la déposition du témoin..., on me lit une chose énorme, et le juge d'instruction me dit : « Est-ce que vous voulez signer ? — Je lui réponds : Jamais de la vie. — Pourquoi ? — Parce que je n'ai pas dit cela.

Oh ! il a eu un mot admirable, il m'a dit : — Alors, vous ne voulez pas aller aussi loin que cela ?... — Non, lui ai-je répondu, non seule-

ment je ne veux pas aller aussi loin que cela, mais je ne veux même
pas aller à la moitié et je vous assure que nous ne ferons pas même
deux kilomètres ensemble sur ce chemin là. — Alors, m'a-t-il dit,
nous allons déchirer tout cela et vous dicterez votre déposition au
greffier. — Et j'ai dicté ma déposition au greffier...

Qu'en faut-il conclure? Que ce juge d'instruction n'était pas un
honnête homme? — Il est mort, je l'ai connu, c'était le plus brave et
le plus galant homme du monde. Mais que voulez-vous, c'est professionnel cela... Le juge d'instruction sait bien où il veut conduire
son témoin ou son accusé, il le sait parce qu'il a eu des renseignements que l'accusé n'a pas toujours sur lui-même, et alors il
arrive que les conversations les plus innocentes s'oblitèrent en
faisant le trajet de la pensée du témoin ou de l'accusé dans l'esprit
de M. le juge d'instruction. Vous avez vu quelquefois un bâton plongé
dans un seau d'eau; il a l'air d'être cassé mais il ne l'est pas, c'est
ce qui s'est produit dans le cas qui nous occupe : ma pensée en passant dans l'esprit de M. le juge d'instruction s'était déformée tout
tranquillement (1).

Me Léon Cléry avait raison. Il ne viendra jamais à la pensée
de quelqu'un du monde judiciaire de suspecter l'honnêteté d'un

---

(1) Plaidoirie pour M. Wilson, tribunal de Loches, 9, 10, 11 juillet 1892.
Les grands procès, 1892, p. 448.—Sur le même sujet, en 1835, dans son livre
Devoirs des Présidents de Cours d'assises, M. Gaillard, conseiller honoraire
à la Cour de cassation, s'exprimait en ces termes :

« La déclaration du témoin, quels que soient son âge, son éducation, sa
position sociale, est toujours consignée dans un style correct et fort
épuré ; comme si la grossièreté du langage et les locutions vicieuses du
témoin pouvaient être imputées au juge et porter atteinte à la considération qu'il doit ambitionner.

Il résulte de cet abus, à peu près général, qu'au lieu de trouver dans la
première information la déclaration du témoin, on n'y trouve plus que la
manière dont le premier juge a saisi le sens de cette déclaration, sans
qu'assurément on puisse supposer une intention coupable à ce magistrat.

On ne manque pas, à la vérité, de donner lecture au témoin de sa déclaration ; il a la faculté de faire rectifier les erreurs qui s'y seraient
glissées.

Mais si le témoin est un enfant, un homme du peuple, saura-t-il toujours
la différence de ce qu'il a dit avec ce qu'on lui a fait dire ? Ne croirait-il
pas manquer de respect au juge d'instruction en demandant qu'on fît
quelques changements à ce qui est écrit ? N'est-il pas vrai, d'ailleurs, que
ce qui l'occupe uniquement, c'est le désir de sortir de la chambre d'instruction. »

juge. Mais on peut, tout de même, répéter à propos de la façon dont sont interprétés les témoignages à l'instruction le trop vrai : « *Traductore, traditore* ». Comme les témoins ne s'appellent pas souvent Mᵉ Cléry, il est rare de voir déchirer un procès-verbal, et non moins rare d'entendre un témoin dicter lui-même sa déposition. Aussi comprend-on que le prévenu doute parfois d'une loyauté incontestable mais dont il s'aperçoit trop peu.

.·.

Cette tendance professionnelle du juge à n'écouter que l'accusation, à ne percevoir, à ne voir que ce qui confirme sa conviction entraîne d'autres conséquences. La pire et la plus fréquente est son peu d'empressement à seconder la défense de l'accusé.

Il serait excessif de citer ici, sans restriction, les procès du siècle dernier. Il est certain que le juge n'apporte plus dans ses enquêtes la brutalité des anciens baillis et des conseillers de la Tournelle. Il ne convient pas de faire figurer en ce chapitre les procédés employés contre les MONTBAILLI (1770) et les CAHUZAC (1776) : l'expertise médico-légale du chirurgien Louis n'empêcha point en 1774 la condamnation de BARONET ; un pareil rapport, de nos jours, arrêterait les poursuites... Et cependant, dès que la politique greffe sur un procès sa mauvaise foi constitutionnelle les dates n'importent plus, et quand on lit l'affaire des incendies de Longepierre, on se demande en quel temps vivait PIERRE VAUX. Et l'on constate avec surprise que son procès s'est déroulé il y a moins de cinquante ans.

L'affaire GAME pourrait être contemporaine. La grainetier de Lyon condamné en 1773, avait vainement invoqué un alibi. On ne vérifia point son dire. A quoi bon ? Tous les témoins étaient formels. Leur unanimité ne permettait pas l'hésitation. Il n'y avait pas à s'arrêter au moyen invoqué, inventé par l'accusé.

Tout en répétant que depuis lors les procédés d'instruction se sont améliorés il faut bien reconnaître qu'à la fin de ce siècle, comme au milieu de l'autre, le juge, une fois bien persuadé de la culpabilité d'un prévenu considère comme inutile, oiseux, presque ridicule de continuer ses recherches.

En arithmétique, quand on a terminé l'addition de haut en

bas, on vérifie le total en recommençant l'opération de bas en haut. L' « inquisiteur » pour employer le terme de Mittermaïer, devrait en agir de même. Après avoir instruit les procès contre le prévenu, il devrait l'instruire contre le ministère public. Trop souvent, par malheur, satisfait du résultat obtenu, il estime la contre-épreuve une superfluité.

De là de déconcertantes erreurs que la plus facile des vérifications eût évitées.

RISPAL ET GALLAND furent condamnés aux travaux forcés à perpétuité en 1819, comme coupables du meurtre de Jean Courbon. Un témoin, Claude Peyrache, déclarait les avoir entendus le 8 octobre 1817 — un mois après le crime — s'entretenir de leur forfait. Il rapportait toute une conversation surprise dans une auberge d'Yssingeaux. Couché dans la chambre voisine de celles qu'occupaient les deux accusés il avait pu distinguer, à travers la cloison, quelques paroles. Les phrases que Peyrache répétait ne laissaient aucun doute sur la culpabilité des deux hommes; ils furent renvoyés devant le jury.

Après la condamnation de Rispal et Galland, il fut reconnu: premièrement, que Claude Peyrache était bien allé à Yssingeaux, le 8 octobre, mais le 8 octobre 1818, un an plus tard qu'il ne le prétendait; deuxièmement, que les chambres désignées par Peyrache comme étant celles respectivement occupées par les accusés et par lui étaient séparées non par une cloison, mais par un mur épais. Eussent-ils même parlé à voix haute, Rispal et Galland n'auraient pas été entendus de la chambre voisine.

Le procès fut revisé et les deux malheureux rendus à la liberté après de nouveaux débats. Le président, en prononçant leur acquittement, les engagea « à bénir le ciel qui avait éclairé la justice des hommes ».

Cette justice n'aurait-elle pas pu s'éclairer toute seule?

Constater l'épaisseur d'un mur n'est point, semble-t-il, un de ces travaux inouïs qu'on ne peut mener à bien sans un céleste secours.

L'intervention divine n'était pas indispensable non plus dans l'affaire GILLIARD (1833). Gilliard était accusé d'avoir tué la femme de chambre de Mme Dupuytren. La charge principale relevée contre lui était la disparition d'une des clefs de l'appartement. Cuisinier congédié du célèbre médecin, Gilliard avait, disait-on, emprunté cette clef et s'en était servi pour revenir assassiner la bonne de ses anciens maîtres. L'accusé fut condamné à dix ans de travaux forcés.

En lisant ce procès dans les journaux, une domestique qui avait été engagée dans la maison du médecin quelques jours *après le départ* de Gilliard se rappela qu'elle avait eu en main les deux clefs. Elle en informa la justice : une enquête fut ouverte et l'innocence de Gilliard apparut certaine. Le roi Louis-Philippe envoya trois cents francs à cette victime de la négligence judiciaire. Si le juge d'instruction, en effet, avait cherché la clef perdue avec autant de soin qu'il en eût mis à découvrir une preuve de culpabilité, Gilliard n'eût point été traduit devant la cour d'assises et le Roi n'eût point eu à puiser dans ses économies.

Pourquoi le juge chargé de l'affaire DESVAUX (1842), pourquoi le magistrat qui instruisit le procès de FILIPPI (1848), ne vérifièrent-ils point les alibis invoqués ? Pourquoi ne reconnut-on qu'après la condamnation de LESNIER (1848), l'impossibilité de l'attaque nocturne que lui imputait le témoin Daignaud. Comment n'avait-on pas découvert que ce Daignaud était à la solde du véritable criminel Lespagne ?

Faut-il demander pourquoi la montre volée chez Martin Doise ne fut pas recherchée ? Si le juge d'instruction — avant d'arracher à la femme DOISE des aveux mensongers — s'était efforcé de retrouver cette montre, la vraie piste eût été du même coup rencontrée et l'erreur de 1861 n'eût point permis qu'on doutât à jamais de la loyauté des instructions secrètes.

Il est des exemples moins connus, non moins frappants et plus récents de la prédisposition du juge à ne pas voir, à ignorer d'instinct ce qui tendrait à établir l'innocence de l'inculpé.

Il ne fallait qu'un peu de souci des intérêts de la défense pour se convaincre de la non-culpabilité de LEBET et CATTIN (1873); il suffisait d'appeler à l'instruction les témoins à décharge qui furent entendus lors du second procès.

Dans l'affaire LERONDEAU (1878), la première question était de savoir si la victime avait été empoisonnée. Le juge passa tout de suite à la seconde et se mit à recueillir des charges contre l'accusée. Or, Lerondeau souffrait depuis longtemps d'une maladie d'estomac, il avait été pris de crises violentes en présence de témoins nombreux : son père, son frère avaient eu des accès identiques. Mais le magistrat instructeur, convaincu par d'ignorants experts, trouva complètement inutile de s'arrêter à ces détails, secondaires à ses yeux.

En 1881, FILLOL, accusé du vol d'une lampe à la cathédrale d'Angers, se défend de toute participation à cette soustraction frauduleuse ; il a acheté cette lampe, assure-t-il, à une femme dont il donne le signalement. La police, mise en mouvement par le juge, déclare introuvable la femme indiquée par Fillol. Le juge n'insiste pas, il renvoie le prévenu devant le tribunal correctionnel qui le condamne à un mois de prison. Fillol purge sa peine, il est mis en liberté ; deux ou trois jours après, il rencontre la voleuse. La police avait-elle sérieusement cherché cette femme ? Le juge avait-il mis à la faire découvrir la ténacité qu'il eût apportée, par exemple, à faire arrêter Fillol en fuite ?

Bien légèrement conduite encore fut l'instruction contre la veuve RIOT (1890). Comment les mensonges de Maria Picca n'apparurent-ils pas ? Cette enfant accusait la veuve Riot d'avoir volé un coupon d'étoffe et de l'avoir vendu à un sieur Cametti. La dénonciatrice se plaignait d'avoir été battue par la voleuse. On ne recherche point le sieur Cametti, on ne s'inquiéta pas de faire examiner Maria Picca dont les membres devaient porter des traces de coups. Le juge s'en tint aux accusations d'une enfant et rendit son ordonnance ?

Quel est le motif de tels errements ? On ne sait ; on constate de pareilles lacunes dans des procès où le magistrat instructeur a le plus vif désir de remplir sa mission d'une façon impeccable. Dans l'affaire Dupas, le juge chargé de l'enquête dut, pour cent raisons, s'efforcer d'éviter toute critique. Il savait le retentissement qu'aurait le procès, quels graves intérêts y étaient engagés et quel scandale en devait naître. Peut-on concevoir cependant inadvertance pareille à la sienne !

Rappelons brièvement les faits. Dupas, ancien secrétaire de M. Soinoury, directeur de la Sûreté, avait été envoyé, en 1893, par M. Loubet, à Venise. Sur la place Saint-Marc, il avait eu

avec Arton, le célèbre contumax, un entretien des plus étranges.
Mal récompensé, trouvait-il, du service rendu, il s'était vengé
de la prétendue ou réelle ingratitude de ses chefs, en révélant au
public le rôle qu'il avait joué près d'Arton. Il avait relaté en
détail la mission, plus politique que policière, remplie par lui.
C'était indélicat : était-ce délictueux ? Après plus de deux ans
de réflexion, la justice arrêta Dupas et le poursuivit... pour recel
de malfaiteur.

On l'accusait d'avoir, le 13 janvier 1894, averti l'homme de
confiance d'Arton, M. Royère, que le gouvernement était sur la
trace du perpétuel fugitif. M. Royère avait envoyé à Arton la
dépêche, si fantaisistement traduite par l'expert : *Above calcium*, etc. (1). Ce télégramme avait été saisi. Il était ainsi daté :
13. 1. 12. 55. On avait interprété cette indication de service de la
façon suivante : Treize janvier, midi 55. Et la prévention raison-
nait ainsi : M. Soinoury ayant informé Dupas de l'arrestation
prochaine d'Arton, le 13, vers onze heures du matin, Dupas
avait aussitôt averti Royère ; Royère avait télégraphié, à midi 55.

Et pour confirmer cette déduction, on avait fait venir à grands
frais, de l'autre bout du monde, l'ancien directeur de la Sûreté,
devenu trésorier-payeur général à la Guadeloupe ; on avait rappelé d'Autriche, M. Lozé, ancien préfet de police devenu ambas-
sadeur; on avait entendu des ministres anciens et présents. Mais
on n'avait point pensé à se rendre au bureau du télégraphe où
la dépêche avait été déposée par l'expéditeur, place de la Bourse,
à Paris.

Le simple examen des livres de service par le numéro d'ordre
de la dépêche signée Royère, eût révélé que ce télégramme avait
été expédié, non pas le 13 à *midi* 55, mais dans la nuit du 12 au
13, à *minuit* 55, autrement dit le 13, à une heure moins cinq du
matin !

M. Royère, en effet, avait connu, avant le directeur de la
Sûreté, les projets d'arrestation d'Arton. Par qui ? On n'approfondit pas ce mystère. Mais ce n'était point à coup sûr Dupas
qui lui avait communiqué les intentions gouvernementales,
puisque, d'après la prévention même, le secrétaire de M. Soinoury ne les avait connues qu'à 11 h. du matin — dix heures

_____

(1) Page 109.

après l'envoi du télégramme. On acquitta Dupas. Le tribunal correctionnel de la Seine (1) ne commit point ce jour-là d'erreur judiciaire. Mais quel scandale eût évité la plus aisée des vérifications !

.·.

Trop négligent des moyens de défense, le juge d'instruction attache trop de prix aux présomptions relevées contre le prévenu. Le moindre indice accusateur retient son attention ; la pâleur de l'inculpé, son trouble — provoqué d'ordinaire par de savantes apostrophes ou par des confrontations imprévues — autant d'apparences de culpabilité ! (voir l'affaire d'ANGLADE et le procès de GENTIL et VEUNIOT). A la Morgue, si l'accusé s'émeut devant le cadavre de la victime, si, pour employer la formule plaisante de M. de Neyremand (2), « le mort saisit le vif », ce saisissement sera consigné dans un procès-verbal, et mentionné jusqu'en l'acte d'accusation.

Faute de charges, le juge d'instruction recueille tout ce qui rend l'accusation vraisemblable. Ce ne sont plus des preuves qu'il accumule, ce sont des probabilités, pis que cela : des possibilités.

De là l'importance excessive attachée aux antécédents et aux renseignements de police.

Assurément, la sévérité pour la récidive est légitime ; elle est d'autant plus logique qu'elle a sa contre-partie dans l'indulgence plénière accordée à la première faute. Mais, éléments indispensables dans l'appréciation de la peine, les antécédents ne doivent pas être des preuves (3), ni même des conjectures de

---

(1) Dixième chambre. Voir l'incident dans la *Gazette des Tribunaux,* n°⁵ des 25 et 26 mars 1896.

(2) M. de Neyremand, conseiller honoraire à la Cour de Nîmes. *Intermédiaire des Chercheurs,* XXX, 1894, 2ᵉ série, p. 5.

(3) Voici sur ce point l'opinion de Daguesseau, dans son 51ᵉ plaidoyer : « Tous les crimes, disait-il, ne sont pas unis par une chaîne indissoluble. Ne faisons pas cette injure à l'Humanité de croire qu'un crime soit toujours nécessairement suivi d'un autre crime et qu'on ne puisse jamais arrêter le malheureux progrès de l'iniquité. Il y a des degrés dans le vice comme dans la vertu. Souvent, l'adultère enfante l'assassinat, mais ce qui arrive souvent, n'arrive pas toujours... »

culpabilité ; la récidive ne se présume pas : et si vraiment
« quelque crime toujours précède les grands crimes », cette vérité
douteuse ne devrait être qu'un dernier argument pour lever un
dernier scrupule. Pendant l'information, le casier judiciaire
devrait être la pièce du dossier la moins importante et la moins
probante. Pourtant, ce document est celui que le juge consulte
avant tout autre. Si les antécédents sont mauvais, la conviction
du magistrat est plus qu'à moitié faite et les preuves d'innocence
les plus évidentes ne la changeront qu'avec bien de la peine.
« C'est un repris de justice » ce motif de rigueur se transforme
en charge accablante. Exemple : l'affaire CHARPENTIER, en 1871 :
La culpabilité de Bazile sautait aux yeux, Charpentier n'en fut
pas moins condamné... sur ses condamnations antérieures (1).

Si, par contre, tout un passé de probité plaide en faveur du
prévenu, on lui témoigne plus de bienveillance, sans doute, mais
parfois, comme LECOMTE, en 1828, on le condamne tout de même,
sur les accusations d'une voleuse.

Quel que soit, au reste, l'importance des antécédents, on
doit avouer, qu'en pratique, l'enquête fouille avec trop de mi-
nutie le passé des prévenus.

Dans l'affaire du Pont-Mirabeau (25 août 1896), un président
de Cour d'assises, un des plus modérés et des plus scrupuleux
en ses interrogatoires, rappelait que l'accusé avait été condamné
trois fois. Le détail, relevé dans l'acte d'accusation était exact :
Lourdel, l'accusé, avait été condamné une première fois pour
infraction à la police des gares ; une seconde fois, pour infraction à la loi sur les nourrices ; une troisième fois pour outrages
aux agents ! — Il était accusé d'assassinat !

Fournier, un misérable, peu digne d'intérêt, comparaissait,
pour homicide volontaire et prémédité, le 25 septembre 1896,
devant la Cour d'assises de la Seine. Il avait à son casier un
nombre considérable de condamnations graves et suffisantes pour
établir que le jury se trouvait en présence d'un paresseux et d'un
vicieux. L'instruction ne s'était pas contentée de ces indications
authentiques. Elle avait recherché le livret militaire de l'assassin
et, à l'audience, le président de dire à Fournier :

— Vous êtes sorti du régiment avec un certificat de bonne

_____

(1) Voir également l'affaire Brosset, 1880.

conduite, c'est vrai : mais votre livret matricule porte au *folio* des punitions, un grand nombre de jours de salle de police et de prison ; presque toutes ont le même motif : « S'est fait porter malade et n'a pas été reconnu. » — « A voulu se faire exempter de service, n'étant pas malade », etc... Vous êtes un paresseux...

A quoi bon de telles puérilités ? Risibles quand l'accusé n'est qu'un bandit vulgaire, de pareilles recherches sont désolantes lorsqu'elles peuvent jeter le discrédit sur un innocent (1).

En 1814, une hystérique, Mme de Normont, organisa toute une comédie pour faire croire à la justice qu'elle avait été la victime d'une tentative d'empoisonnement. Me Bellart, le défenseur de JULIE JACQUEMIN (2) accusée de ce crime imaginaire, protestait déjà contre de tels procédés d'instruction.

On ne pouvait trouver contre le mari de Mme de Normont, contre sa tante, contre Julie, contre Bourée, des indices probants, nés de circonstances inhérentes au prétendu empoisonnement. On exerça l'inquisition la plus active sur tout ce qu'ils avaient fait depuis leur berceau ; sur des défectuosités de caractère, sur des querelles pareilles à celles qu'il est si ordinaire de voir dans une intimité de tous les moments s'élever entre tous les meilleurs et les plus paisibles gens du monde, surtout entre les femmes quand elles vivent en commun : sur leurs discours anciens et nouveaux, tels qu'ils avaient circulé

---

(1) En Angleterre, toute allusion aux antécédents est interdite jusqu'après le verdict :

« Sur ce point, les scrupules des juges vont très loin. Dans une affaire jugée à la Cour centrale criminelle, le 11 février 1892, un policeman ayant raconté dans quelles circonstances il avait arrêté l'accusé avait ajouté : « — Ce Kelly est bien connu comme un homme capable de tout. » L'avocat se leva pour se plaindre : « Cette phrase, dit-il, peut nuire à l'accusé dans l'esprit du jury. » Le juge dit que si un policeman se permettait encore une remarque de ce genre, il arrêterait immédiatement l'affaire, renverrait le jury et condamnerait le gouvernement aux frais.

Plus récemment encore, à la même Cour, un agent de police ayant dit : « L'accusé a déjà été condamné », le juge l'arrêta aussitôt en disant que cette observation était très déplacée. Il renvoya le jury, décida que l'accusé serait traduit devant d'autres jurés et ordonna que le commissaire de police fut informé de l'incident (16 septembre 1892). La loi permet cependant aux accusés de faire entendre des témoignages relatifs à leurs anté-cédents (character) comme une atténuation possible de son crime.

(De Franqueville, *Le système judiciaire de la Grande-Bretagne*, t. II, p. 382.)

(2) *Mémoire sur la fable de l'empoisonnement de Choisy*, 2e partie.

et sans doute été altérés de ouï-dire en ouï-dire, espérant trouver
dans l'interprétation légère ou maligne des cent mille actions minutieuses dont se compose une vie humaine, sinon la preuve positive
que les personnes désignées étaient coupables de l'empoisonnement,
du moins, et au gré d'une infernale méchanceté devant qui nulle
faute n'avait trouvé grâce, la preuve morale que ces personnes
n'étaient pas des prodiges de bonté et de vertu, et de faire ainsi plus
facilement arriver jusqu'à elles, d'abord les soupçons dont on voulait
les entacher, puis les erreurs populaires dont on brûlait de les rendre
victimes.

Eh! grand Dieu! où en serions-nous tous, accusés, témoins, défenseurs, jurés et magistrats si, à propos de la première accusation
portée contre nous par un forcené, nous devenions soumis à la nécessité de nous justifier des imperfections d'une vie tout entière! Où
est-il cet être céleste digne de répondre sur tout ce qu'il y a de plus
secret dans ses actions? Quel homme, fût-ce Caton lui-même, aurait
l'orgueil de se proclamer tel. Que deviendrait chacun de nous, enfin,
en présence de l'opinion publique, surtout à l'instant où une grande
prévention le priverait de toute indulgence, si l'on nous forçait à
rendre compte des particularités les plus cachées de notre conduite
et si l'on traduisait en justice toutes les fragilités humaines.

Que deviendrait-on? La question inquiète d'autant plus qu'on
sait mieux la façon dont se recueillent les éléments des « notes
de police ».

.·.

Les antécédents, élément utile pour l'appréciation de la peine
ne doivent donc pas être une présomption de culpabilité. L'aveu
en est une, mais ce n'est qu'une présomption. Le juge l'oublie
sans cesse.. Il y voit la preuve décisive de la culpabilité : les
principes, la doctrine, l'expérience lui font un devoir de se défier
de ce qu'on a nommé un phénomène contre nature (1) et cependant, « telle est la loi sévère de la justice criminelle qu'on croit

_____

(1) Filangieri : *Système de la législation*, ch. 3, p. 179 ; Meyer, *Esprit
origine*, livre 6, ch. XII. «—Tout homme sain d'esprit évite ce qui pourrait
lui porter préjudice et il ne faudrait rien moins qu'une perturbation mentale ou un dégoût profond de la vie pour qu'il allât spontanément s'exposer à un danger » (Mittermaïer).

les accusés, quand ils s'accusent et qu'on ne les croit pas quand ils se justifient » (1).

L'aveu *nu*, dit Mittermaïer (*Traité de la Preuve en matière criminelle*, p. 240) ne forme pas la conviction du juge. Elle ne lui arrive qu'à l'aide de présomptions naturelles, successives, toutes tirées de l'observation quotidienne des lois de la nature humaine et du jeu des physionomies ; ces présomptions acquises, le juge vérifie l'aveu en allant puiser aux sources d'informations existantes ; et enfin il ne le tient pour vrai qu'à une dernière condition : c'est qu'il lui apparaisse que le prévenu a eu *le ferme vouloir de dire* la vérité (2).

Ajoutons cette condition nécessaire : la spontanéité de l'aveu. L'aveu ne doit être ni arraché, ni extorqué, ni même conseillé.

Ce que valaient les confessions des accusés au temps des brodequins et des chevalets, on le sait. Rappelons-le par un exemple bien ancien, par cela même curieux à rapprocher de faits contemporains :

Charondas, dans ses décisions du *Droit français* (réponse I, tome I), raconte que dans l'année 1554, un mari irrité contre sa femme qui vivait trop familièrement avec un ecclésiastique, lui fit des remontrances extrêmement vives. Cette femme, qui n'était pas endurante, lui répondit sur le même ton. La conversation s'échauffa tellement que le mari crut que, suivant les lois de la bonne discipline, il ne pouvait se dispenser de battre sa femme. Il fit pleuvoir sur elle les coups drû et menu comme la grêle. La partie n'étant pas égale, la femme prit la fuite, on ne la vit plus.

Le lendemain, les voisins qui avaient entendu la femme pousser les hauts cris au milieu de la nuit, étant entrés dans la maison, remarquèrent des traces de sang sur le carreau, ils virent un feu flamboyant dans le four. Ces indices leur firent juger, quelques jours après la femme ne paraissant point, que le mari l'avait assommée, et qu'il avait brûlé le corps dans son four. On avertit le juge royal qui fait arrêter ce mari infortuné. On fait une perquisition chez

---

(1) Daguesseau, 1er plaidoyer, dans l'affaire de la Pivardière, p. 457.

(2) « Lepeuple, dit encore Mittermaïer, en ce qui concerne l'aveu, nourrit des opinions tout à fait remarquables ; il n'est jamais mieux convaincu de la culpabilité du prévenu que quand il apprend qu'un aveu complet est émané de lui. On remarque aussi, en France, que les jurés, quand ils ont prononcé le verdict de culpabilité, se sentent la conscience soulagée aussitôt que le prévenu a fait des aveux.»

l'ecclésiastique, on n'y trouve point la femme. L'ecclésiastique interrogé, répond qu'il ne sait où elle est, et, sur ces indices, on condamne le mari à la question. Alors, effrayé de ce supplice, il avoue
un crime qu'il n'avait pas commis et dit qu'il avait tué sa femme et
fait brûler son corps...

Le juge le condamne à mort : il appelle de cette sentence au Parlement, uniquement par complaisance pour ses parents qui ne pouvaient pas croire qu'il fût coupable...

La Cour allait se déterminer à condamner derechef l'accusé à la
question, lorsqu'on représenta la femme. Cette représentation, afin de
se servir du terme de La Bruyère, rafraîchit bien le sang des juges.
On avait trouvé la femme dans une maison où l'ecclésiastique le
tenait secrètement (cité par Gayot de Pitaval, tome III, p. 108).

La torture n'est point autant supprimée qu'on le croit. Quelle
différence, en effet, faut-il établir entre le tourmenteur-juré du
Châtelet qui broyait les os du patient et l'agent de police qui
harcèle le prévenu à peine arrêté et l'exténue de fatigue et de
sommeil ? Une seule : le brodequin et le chevalet étaient des
procédés légaux, avoués. La « cuisine » du policier est une illé-
galité dont on se cache.

Quant au secret, n'est-ce point encore un supplice raffiné ? Il
ne tache pas de sang les mains du bourreau, le chirurgien n'a
point à recoudre des chairs, à panser des plaies ; tout au plus,
de temps en temps, le médecin aliéniste doit-il intervenir pour
envoyer le patient de sa cellule au cabanon (voyez au chapitre
des témoins l'affaire Delalande et Gilles, en 1844). La torture
morale vaut l'autre, si elle n'est pire. Elle est moins brutale ; elle
est plus raffinée. Elle aboutit aux mêmes résultats.

Nous ne raconterons point ici le procès de la femme DOISE. On
en lira le compte rendu à sa date (1861) ; proclamons vite,
d'ailleurs, que de pareils scandales sont rares. C'est d'ordinaire
par des procédés plus doux, plus patelins qu'on s'efforce d'obtenir
l'aveu de l'accusé.

Un incident, relaté dans le *Temps*, du 5 juin 1894, a révélé
quelle pression toute philanthropique amène les prévenus à confesser leur crime. Nous reproduisons *in extenso*, le document,
avec les lettres rectificatives et explicatives publiées par le journal :

Un incident s'est produit hier, écrit le correspondant du *Temps*, à la Cour d'assises de la Seine-Inférieure, où se jugeait le procès de Henri Tesnières, l'auteur du double assassinat d'Hattenville, dont le *Temps* annonçait dans son dernier numéro la condamnation à la peine de mort.

Au cours de son réquisitoire, M. l'avocat général Petitier crut devoir, par un scrupule de conscience, faire allusion à un fait qui s'était produit pendant l'instruction et dont il était question dans le monde du palais depuis quelques jours ; on disait, notamment, que l'avocat de Tesnières, M° Lormier, devait en faire la base de sa défense.

M. l'avocat général lut au jury une pièce du dossier dans laquelle se trouvait le passage suivant :

M. le juge d'instruction, s'adressant à Tesnières : « Une confession de votre faute peut vous attirer des circonstances atténuantes ; réfléchissez, soyez franc. » Et Tesnières fond en larmes en s'écriant : « Puisque la vérité dite par moi peut m'attirer l'indulgence, je veux parler ! » Alors le juge d'instruction reprend la parole et dit à Tesnières : « Eh bien, dans ces conditions, la justice pourra avoir quelque indulgence pour vous. »

Cette lecture faite, l'avocat général s'est efforcé de calmer la conscience des jurés en leur disant qu'ils ne devaient pas se croire liés par le juge d'instruction « qui a eu le tort de faire luire cet espoir aux yeux du prévenu. »

M° Lormier, prenant à son tour la parole, a déclaré que les aveux de Tesnières n'avaient pas été libres. Non-seulement, a-t-il dit, le juge d'instruction a promis, « au nom de la justice, » l'indulgence à Tesnières s'il faisait des aveux, mais encore celui-ci vit un jour venir dans sa cellule M. Lechevallier, maire et député d'Yvetot, qui le supplia d'avouer, lui promettant, s'il le faisait, son influence en cas d'une grâce éventuelle. Ce dernier fait, le défenseur le tenait, disait-il, de son confrère M. Julien Gougeon, député d'Elbeuf.

Se basant là-dessus, M° Lormier demanda au jury d'accorder des circonstances atténuantes à Tesnières, leur déclarant qu'agir autrement serait commettre « une infamie. »

Les jurés n'ont pas cru devoir suivre l'avocat sur ce terrain et ils ont condamné Tesnières à la peine de mort.

A la suite de cet incident, qui avait fait quelque bruit dans le monde judiciaire de Rouen et dont la presse locale s'était emparé, MM. Lechevallier et Gougeon, mis tous deux en cause par l'avocat de Tesnières, adressèrent au *Journal de Rouen* la lettre et le télégramme suivants :

Yvetot, 3 juin.

Monsieur le directeur du *Journal de Rouen*,

Voulez-vous me permettre de rétablir dans leur vérité les faits qui ont provoqué, à l'audience de la Cour d'assises de samedi, l'incident publié dans votre numéro d'hier.

Je ne viens pas, croyez-le bien, plaider en ma faveur les circonstances atténuantes, je suis inspiré par un autre sentiment : c'est de ne pas laisser dénaturer un acte rapporté, à mon grand étonnement, à l'audience, par le défenseur de Tesnières.

Voici ce qui s'est passé :

Comme maire d'Yvetot, je fais partie de la commission de surveillance de la maison d'arrêt d'Yvetot; en cette qualité, je fus invité par M. le sous-préfet, d'après le roulement établi, à prendre le service en mars dernier.

Je me rendis dans le courant de ce mois à la maison d'arrêt et, comme d'habitude, je visitai toutes les cellules. Dans cette visite, comme dans toutes les précédentes, j'adressai aux prisonniers, avec lesquels je me trouvais momentanément en contact, des paroles d'encouragement, ajoutant que j'espérais les voir, à leur sortie, rentrer dans le droit chemin.

Le tour de Tesnières arriva, et pendant trois à quatre minutes je lui adressai la parole en lui faisant ressortir l'énormité de son crime ; j'ajoutai que je n'étais pas magistrat, que je ne le questionnais pas, *mais qu'il me paraissait utile de lui rappeler que, si son forfait pouvait provoquer quelque pitié, ce serait si, en ayant fait l'aveu, il en manifestait un sincère repentir.*

En faisant ainsi, *je faisais mon devoir de membre de la commission de surveillance* et j'estime que je n'outrepassais pas mon droit.

Agréez, etc.

P. Lechevallier, député.

A monsieur le directeur du *Journal de Rouen*.

Paris, 3 juin, 1 h. 45, soir.

Mon excellent confrère, Me Lormier, a cru devoir, dans son plaidoyer pour Tesnières, parler de M. Lechevallier et de moi.

J'ai effectivement dit, dans une conversation purement privée, que l'honorable député d'Yvetot avait exhorté Tesnières à avouer s'il était coupable, afin d'éviter l'arrestation d'un innocent.

Jamais je n'ai dit qu'il ait fait à l'accusé une promesse quelconque. L'attitude de M. Lechevallier a été des plus dignes. J'aurais fait comme lui. Quant au juge d'instruction, il a accompli une action regrettable.

JULIEN GOUJON, député.

Ainsi, tandis que le juge faisait croire à Tesnières que ses aveux lui mériteraient l'indulgence des jurés, un député, membre de la commission de surveillance des prisons, convaincu qu'il restait dans son rôle humanitaire, allait dans sa cellule, engager le détenu à confesser son forfait pour proclamer son repentir.

De tels aveux, obtenus par la douceur, ne sont pas des présomptions beaucoup plus sérieuses que les confessions des suppliciés d'autrefois.

En 1554, on montrait à l'accusé les instruments du questionnaire ; en 1894, on fait luire aux yeux de l'inculpé l'espérance d'une pitié, d'ailleurs problématique. Autrefois, c'était par menace, aujourd'hui, c'est par promesse ; si louable que soit le mobile, cela demeure l'extorsion de l'aveu (1).

.·.

La deuxième partie de ce volume contient le compte rendu de quelques erreurs dues aux procédés d'instruction les plus regrettables. Est-il besoin d'insister ici sur les abus qui sont fort heureusement des exceptions et non des exemples.

Citerons-nous la traduction d'une ligne d'un carnet trouvé sur l'un des accusés dans l'affaire JACQUEMIN (1814). « Jette-le en face de la porte », avait lu le magistrat instructeur désireux de prouver que l'ordre avait été donné de placer devant la maison de Mme de Normont un billet que celle-ci y avait elle-même déposé. Le carnet était un livre d'adresses. La ligne ainsi interprétée était cette innocente indication : *Gillet, en face de la poste.*

Faut-il parler de l'instruction de l'affaire BOURGOIS (1816) ; de l'envoi des gendarmes chez les témoins de l'affaire DEHORS (1835), des interrogatoires à domicile qu'on leur fit subir et des conseils que leur fit donner le procureur général ? Faut-il rap-

----

(1) Sur la valeur des aveux, même spontanés, voir l'affaire Fournier, *Gazette des Tribunaux,* 22 mai 1896.

peler, enfin, toute la correspondance du Procureur impérial de Châlon, dans l'affaire PIERRE VAUX-GALLEMARD (1852-1855).

Ne pourrait-on pas ranger dans cette catégorie de procédés exceptionnels, les arrestations en masse pratiquées dans l'entourage du prévenu ? On procéda ainsi dans l'affaire Delalande et Gilles et dans bien d'autres où le juge garde à sa disposition, la femme, le père ou les enfants de l'accusé.

Nous n'avons pas à traiter ici la question des longues préventions injustifiées ; mais en ce chapitre sur les procédés d'instruction, il nous est permis de copier au *Journal officiel* le passage suivant d'un discours prononcé au Sénat le 13 février 1894 par Ernest Hamel (1).

On a tenté d'établir, disait l'orateur, une grande distinction entre l'erreur judiciaire et le fait d'un acquittement après une détention préventive plus ou moins longue. Je ne fais pas, quant à moi, de différence entre l'erreur judiciaire provenant d'un jugement et l'erreur commise dans l'instruction par le magistrat instructeur, au point de vue de la réparation à accorder...

Messieurs, dans une commune du canton que j'habite, un homme jouissant depuis près de quarante ans d'une réputation irréprochable, de l'estime générale, de la considération universelle, a été accusé par un de ses ennemis d'avoir, dans un jardin, attenté à la pudeur d'une jeune fille d'une quinzaine d'années.

L'accusation se produit par une lettre anonyme adressée au parquet. Immédiatement une instruction est ouverte sur le rapport d'un brigadier de gendarmerie qui ne consulte ni le maire, ni les personnes les plus autorisées de la commune, et s'en tient à la déposition de l'accusateur à qui, par un singulier hasard, il s'adresse tout d'abord.

Sur le rapport du brigadier, le juge d'instruction se transporte dans la commune, et après une enquête sommaire, il ordonne l'arrestation de l'accusé qui n'a été dénoncé que par une lettre anonyme, sans prendre la peine de se renseigner sur la moralité de cet homme, père de quatre enfants et qui est à la tête du plus grand établissement du pays.

Le malheureux est enlevé littéralement, par la gendarmerie, sans avoir pu faire entendre un seul défenseur et conduit à la

(1) Discussion du projet de loi sur la réparation des erreurs judiciaires. *Journal officiel*, Sénat, p. 118.

prison de l'arrondissement, à la stupéfaction de la commune que le magistrat instructeur laisse sous l'impression d'une sorte de terreur.

Quinze jours après, la jeune fille qui aurait été l'objet d'un attentat à la pudeur du fait de cet homme qui, je le répète, jouit d'une réputation intacte depuis quarante ans, cette jeune fille, qu'on veut transformer en victime, malgré elle, est interrogée dans le cabinet du juge d'instruction.

Vous savez, Messieurs, ce que c'est que l'instruction secrète. Le Sénat a voté, il y a une dizaine d'années, une loi ayant pour but de la faire disparaître. Elle aurait dû disparaître depuis longtemps, car cette instruction secrète qu'avait abolie la Révolution, n'est revenue en France que du jour où la liberté en est sortie, et elle est un objet d'horreur pour les pays libres comme l'Angleterre et les Etats-Unis. Vous savez, disais-je, ce que c'est que cette instruction secrète et comment se passent les choses dans le cabinet mystérieux du juge d'instruction.

Ecoutez ce que disait à ce sujet l'illustre Bérenger (de la Drôme) sous la Restauration.

« Des témoins sont appelés; le juge seul les interroge: il consigne encore leurs dépositions par écrit; il provoque leur zèle, il aide leur mémoire, il ne s'informe point si la haine dicte leur témoignage, il recueille tout. »

C'est ce qui est arrivé dans cette affaire. La jeune fille a été interrogée et, malgré une pression formidable de la part du juge, malgré de véritables menaces, elle a nié, avec une énergie au-dessus de son âge, de la façon la plus formelle, avoir été jamais l'objet d'un attentat de la part du prévenu, qui était l'ami de sa famille.

Malgré cela, le juge, le magistrat instructeur — dans sa conscience, je veux bien le croire — n'écoute pas ce cri de la vérité et de l'innocence; il croit aux calomnies du témoin accusateur, c'est-à-dire de l'ennemi acharné du prévenu, de celui qui a ourdi toute cette horrible trame; et, quelques jours après, il soumet la jeune fille à cet outrage qu'on appelle une investigation médicale. Le rapport de l'homme de l'art établit qu'elle était vierge, pure comme l'enfant qui vient de naître, qu'elle n'avait jamais été l'objet d'aucune souillure.

On croyait qu'une ordonnance de non-lieu serait rendue; mais le juge est buté et veut absolument que le malheureux prévenu aille en cour d'assises.

Le conseil municipal de la commune de Longues avait, par une délibération spéciale adressée au magistrat instructeur, attesté la parfaite honorabilité du prévenu et demandé au juge d'instruction de le mettre en liberté sous caution ; le juge demeure inflexible.

L'épouse, la mère viennent à leur tour; elles sont reçues brutalement.

A cette femme qui croit à l'innocence de son mari, qui n'en a jamais douté et qui supplie le magistrat instructeur de vouloir bien accorder à son mari la liberté sous caution, il répond par un mot outrageant et lui déclare que malgré toutes ses démarches son mari ira en cour d'assises.

On espérait tout au moins que le jour de l'audience, après quatre mois de détention préventive — c'était au milieu d'octobre — on pourrait ramener dans la commune le prévenu proclamé innocent par le jury, car l'acquittement ne faisait doute pour personne.

Mais ce jour-là, un incident vint à se produire que semblait avoir prévu l'illustre Bérenger (de la Drôme) dans son beau livre sur l'*Instruction criminelle en France* :

« Pour les crimes ordinaires, disait-il sous la Restauration, il est rare qu'un accusé soit jugé avant le cinquième ou le sixième mois de son arrestation. Mais combien de fois, lorsqu'une cause est appelée devant une cour d'assises, emploie-t-on des prétextes frivoles pour la renvoyer à une autre session?

« Tantôt c'est un témoin qui, quoique indifférent dans l'intérêt de l'accusation, ne s'est pas présenté. D'autres fois, c'est pour un autre motif. »

Le jour de l'audience, il manquait un témoin, un ouvrier nomade, employé par l'accusateur principal et qui ne faisait que répéter son accusation, et le procureur de la République demande la remise de l'affaire à une autre session. L'avocat du prévenu fait observer que la déposition du témoin figure dans l'instruction, qu'il l'accepte telle qu'elle est, qu'il n'est pas nécessaire d'entendre ce témoin. Malgré cela, la cour renvoie l'affaire à une session ultérieure, c'était une sorte de condamnation du malheureux prévenu à trois mois de plus!

Enfin, le 19 janvier dernier, l'accusé comparaît devant la cour d'assises après sept mois de détention préventive, sept mois de torture morale et de torture matérielle, pour lui, pour sa femme, pour ses enfants. Ce jour-là, sous la présidence d'un magistrat digne de ce nom et qui a conduit les débats avec la plus grande impartialité, l'accusation s'est évanouie complètement: il n'en est rien resté, absolument rien. Le jury n'a fait qu'entrer dans la chambre des délibérations et il en est ressorti immédiatement pour déclarer, à l'unanimité, que le prévenu était innocent.

Le malheureux, par la volonté du magistrat instructeur, avait subi sept mois de prévention.

L'acquittement était la première réparation morale qu'il recevait. Il en a eu une autre: en arrivant dans sa commune, une manifestation de plus de quatre cents personnes est venue pour le féliciter d'avoir vu son innocence reconnue.

Mais la réparation matérielle l'a-t-il obtenue?

Voici ce que le lendemain de son acquittement, m'écrivait le maire de sa commune :

« Il a reçu, le lendemain de son arrivée, une ovation enthousiaste. Ces braves et honnêtes gens, ils ont l'honneur sauf pour eux, c'est tout.

« Mais cette malheureuse affaire leur a coûté bien cher. Est-ce qu'il n'y aurait pas une demande de dommages-intérêts à intenter de leur part contre ces ennemis acharnés que, je crois, on peut traiter de faux témoins? Il serait, à mon avis, bien utile que ces individus, qui n'ont pas été punis par la justice, le soient dans leurs finances... »

Tel est, messieurs, le cri de l'opinion publique. C'était ce que demandait autrefois l'illustre Bérenger (de la Drôme) et il le demandait en ces termes pour les malheureux proclamés innocents après une cruelle prévention détentive:

« Cependant ces hommes privés de leur liberté pendant plusieurs mois et même plusieurs années, ces hommes dont l'innocence a pu être proclamée, la loi ne les dédommage pas. On est injuste et cruel à leur égard; on les outrage; on porte atteinte à leur honneur, à leur fortune, et ils ne reçoivent pas de réparation... »

C'est cette réparation que je viens demander pour eux, avec notre honorable collègue M. Bérenger et je vous conjure d'adopter la seconde partie de la proposition de la commission, parce qu'elle est conforme à la justice éternelle. (*Très bien! sur quelques bancs à gauche. — Mouvements divers.*)

Par 173 voix contre 56, le Sénat repoussa la proposition.

.·.

Tôt ou tard achevée, l'instruction va-t-elle se clore par une ordonnance toujours conforme aux volontés du Code Pénal? Non. C'est bien souvent par une violation organisée de la loi qu'elle se termine. Laissons ici la parole à un magistrat, M. Jean

Cruppi. Nous empruntons les lignes suivantes à sa très intéressante étude sur le Jury de la Seine.

Il y a une pratique, devenue dans tous les parquets banale et quotidienne, encouragée par des circulaires ministérielles, et qui porte le nom barbare de *correctionnalisation*. Par l'effet de ce procédé, il arrive que le jury, loin de statuer, comme le veut la loi, sur tous les *crimes*, n'est réellement appelé à se prononcer que sur les infractions que la magistrature veut bien lui déférer. Les parquets étant de moins en moins disposés à reconnaître la compétence des cours d'assises, il se trouve que tous ceux qui raisonnent sur le jury raisonnent sur une institution qui tend en fait à disparaître, lorsqu'elle semble en droit dans sa pleine vigueur...

Mais enfin, dira-t-on, comment font les parquets pour correctionnaliser des faits qualifiés crimes ?...

La réponse est trop simple et trop connue, même de ceux qui sont étrangers à la législation pénale, pour qu'il soit permis d'insister. Donnons cependant un exemple. Un vol est commis par un domestique au préjudice de son maître. Voilà un fait qualifié crime et comme tel, de la compétence de la cour d'assises. Mais pourquoi est-ce un crime ? Parce que le voleur était le domestique du volé. C'est cette circonstance qui aggrave l'acte et constitue sa criminalité. En ce cas, pour réduire ce fait au caractère d'un délit, le soustraire au jury et l'attribuer au tribunal correctionnel, il suffira que le juge d'instruction et le parquet se mettent d'accord pour oublier la circonstance de domesticité. Dès lors, ce vol, réellement commis par un domestique ne sera plus qu'un « vol simple », et la correctionnalisation sera accomplie (1). Le prévenu, sans doute, pourrait encore plaider l'incompétence du tribunal correctionnel, mais les statistiques apprennent que cet incident est rarement soulevé (2). Donc, rien ne fait obstacle au « progrès » de la correctionnalisation... Le système, comme le faisait remarquer le garde des sceaux dans son rapport de 1880, est « entré dans nos mœurs judi-

---

(1) On transforme de même la banqueroute frauduleuse en banqueroute simple, le faux en escroquerie ou abus de confiance, la tentative de meurtre en coups volontaires, etc., etc.

(2) Voici pourquoi : soixante prévenus sur cent comparaissent en police correctionnelle sans défenseur. Ils ignorent si l'infraction commise est un délit ou un crime. D'autre part, la comparution en Cour d'assises représentant une moyenne *de six mois de prévention*, si le délit n'est pas grave, l'inculpé préfère à l'acquittement lointain la condamnation certaine avec la liberté proche.

ciaires !...» Ainsi il y a en France une juridiction qui, en fait et en réalité, rend la justice criminelle, alors que rien, dans les vues du législateur, ne la destinait à ce rôle. Il est clair que cette juridiction déjà compétente dans la matière immense des délits,... tend à devenir dans notre droit pénal la juridiction universelle. (*Revue des Deux-Mondes*, 1er Novembre 1895) (1).

Ainsi les circulaires ministérielles encouragent, les statistiques des gardes des sceaux enregistrent froidement les violations de la loi les plus formelles. La matière, il est vrai, est d'importance médiocre. Il ne s'agit que d'une question d'ordre public !

D'une façon générale, sans vouloir suivre ce ministre révolutionnaire qui en 1878 proposait au Sénat d'organiser l'instruction contradictoire (il s'appelait Dufaure), serait-ce aller trop loin que de demander à la Justice l'exact respect des Codes de Napoléon ?

Les justiciables y gagneraient, la magistrature n'y perdrait pas.

---

(1) La correctionnalisation d'un crime enlève à l'accusé toutes les garanties que le Code prescrit pour l'examen des « affaires qui doivent être soumises au Jury ». Cette suppression de garanties légales ne peut-elle être une cause d'erreurs ?

CHAPITRE V

A L'AUDIENCE.

*Le protecteur. — Conviction par ricochet. — L'interrogatoire.
— Accusation soutenue. — Défense entravée. — La mise en
scène. — Les présidents de Cours d'assises et les erreurs judiciaires. — Le résumé. — Dans la salle des délibérations.*

L'audience est ouverte.

Par les hautes baies vitrées, en face de lui, l'accusé voit un
large morceau de ciel. Au fond de la salle, il aperçoit des hommes qui s'agitent, des femmes qui sourient. Ce grand jour, ce
grouillement de foule lui donnent l'illusion de la rue. Il reprend
contact avec la vie. Ce soir, peut-être, ce sera la liberté.

Il croit alors s'éveiller d'un long cauchemar. Finie la torture
des interrogatoires à huis clos, levées les entraves mises à sa défense : il va pouvoir s'expliquer devant tous. Son avocat est près
de lui qui le soutiendra, qui plaidera. Il se sent fort de n'être
plus seul. La justice lui faisait jusqu'ici l'effet d'une effroyable
tourmenteuse. Elle lui apparaît en ce moment comme une pro-
tectrice. Le président, qui est venu le voir à la prison, lui a
semblé s'intéresser à lui. C'est avec bonté qu'il l'a questionné,
lui demandant s'il avait un avocat et quel était son nom.

Peut-être va-t-il trouver en ce magistrat un auxiliaire, un
appui ? Qu'il soit seulement impartial, qu'il attende pour le
traiter en coupable que les témoins aient déposé, qu'il l'écoute,
qu'il le comprenne et l'accusé gardera du magistrat un souvenir
respectueux, presque reconnaissant.

Cet espoir du prévenu, le Code le réalise. C'est bien un soutien,
un guide que le président devrait être pour la défense.

Dans son livre sur les *Devoirs des Présidents de Cour d'assises*, M. Gaillard, conseiller honoraire à la Cour de cassation, indique l'attitude que la loi impose à ces magistrats et les qualités nécessaires pour exercer leurs fonctions.

Le président de Cour d'assises, écrit M. Gaillard, doit avoir une connaissance profonde du cœur humain, une sensibilité qui le fasse compatir aux maux de ses semblables, lui laissant toutefois assez de fermeté pour rechercher sans trouble les preuves de culpabilité...., une patience, une bonté que rien n'altère...

Il doit parler ce langage paternel qui rassure et encourage les témoins, plus ou moins troublés par la majesté de l'audience, intimidés par la présence de l'accusé, ses injures ou ses menaces...

Il doit faire abnégation de lui-même, ne jamais préparer de discours à l'avance et éviter ces saillies dont le moindre inconvénient serait d'attirer sur lui l'attention des jurés et de les distraire ainsi de l'objet unique de leur recherche : la vérité.

Il doit, en outre, être doué d'une grande douceur, d'une grande urbanité pour prévenir ou apaiser sur le champ toute lutte d'amour-propre, toute discussion amère entre les juges, les jurés, le ministère public, l'avocat et l'accusé.

Il se défend de toute impression qui le porterait à voir un coupable dans chaque accusé. Une telle disposition d'esprit l'entraînerait forcément à peser davantage sur les circonstances à charge, et l'accusé trouverait ainsi un adversaire dans la personne du président que la loi a voulu lui donner pour *protecteur*.

Tel est en effet le titre qui convient au président d'une Cour d'assises envers les accusés ; ce titre sera celui qui le flattera le plus, et tous ses efforts tendront à en remplir les obligations s'il veut empêcher que d'autres que lui ne s'en emparent au détriment de la justice.

N'est-il pas d'ailleurs dans la nature des choses que la position de l'accusé, quel que soit le crime, quelle que soit l'évidence des preuves, inspire de l'intérêt, appelle la protection.

Si le président ne compatit point à son malheur, s'il énumère exclusivement les charges, si c'est toujours froidement et sans aucune sorte d'émotion qu'il adresse à l'accusé les interpellations nécessaires à la manifestation de la vérité, il quitte le rôle de protecteur et dès lors, comme l'a dit M. Portalis (discours de rentrée, 3 novembre 1829), les pouvoirs sont déplacés, les fonctions interverties ; tout est désordre et confusion (1).

_____

(1) Gaillard, *Devoirs des Présidents de Cour d'assises* (1835), p.134-135.

Donc, la doctrine est conforme au vœu de l'accusé. Quelle est la pratique ?

Hélas ! Le dossier de l'affaire a passé par la chambre des mises en accusations où rarement il s'arrête ; il a été renvoyé au président, mais l'inconsciente prévention du premier juge s'est transmise avec la procédure au conseiller chargé de la direction des débats. Elle s'est attachée à chaque page du dossier, elle fait corps avec lui ; elle s'y est incrustée, comme, dans les feuillets des vieux livres, la poussière du temps passé.

Rien n'est changé : l'engrenage de la machine judiciaire a fait un tour de plus, voilà tout. La présomption de culpabilité s'est accrue d'un degré. Jusqu'ici, l'accusé n'avait à combattre que l'agent de police ou le gendarme, les témoins, les experts et le juge d'instruction. Maintenant se dressent en outre contre lui l'ordonnance et l'arrêt de renvoi.

Peut-être l'une et l'autre ne furent-ils rendus qu'avec cette arrière-pensée des magistrats qui les signèrent : « Ce sont là décisions provisoires et révocables ; il y a, selon nous, des *charges suffisantes*. La Cour d'assises dira si nous nous sommes trompés. »

Mais les magistrats de l'audience interprètent le renvoi devant le jury en un sens tout contraire. « Puisque, pensent-ils, ni le juge d'instruction, ni les conseillers de la Chambre des mises en accusation n'ont conclu au non-lieu, c'est qu'ils étaient persuadés de la culpabilité. » Et les conseillers de la Cour attachent aux décisions précédemment prises l'autorité de jugements ; ils ne s'en cachent pas.

Dans l'affaire Aubert (Paris, 27 novembre 1896), le défenseur de l'accusé, Me Henri Robert, avait déposé dès l'ouverture des débats, des conclusions tendant à soumettre son client à un examen mental. Le ministère public s'opposa à cette mesure.

M. le juge d'instruction, dit-il, n'a pas cru devoir l'ordonner ; il n'a rien trouvé qui le justifiât ; la chambre des mises en accusation saisie d'une demande pareille à celle qu'on adresse à la Cour aujourd'hui, a jugé l'examen mental d'Aubert inutile.

Ce que la conscience des magistrats instructeurs leur a dicté, la mienne me le dicte aussi ; aucun fait nouveau n'est survenu qui puisse faire croire à l'irresponsabilité d'Aubert. Je prie la Cour de passer outre aux débats.

La Cour n'ordonna point l'expertise réclamée par la défense. Ni le juge instructeur, ni la Chambre d'accusation n'avaient fait droit à la requête de l'accusé ; pouvait-on, par un arrêt contraire, critiquer leur refus ?

Le ménagement hiérarchique, la courtoisie de collègues à collègues ne guidaient point d'ailleurs les magistrats de la Cour. Ils étaient convaincus, ils subissaient la conviction par ricochet, conviction instantanée, irréfléchie, involontaire et d'autant plus invincible : on est persuadé parce qu'un autre a cru ; on soutient parce qu'un autre a affirmé.

Le Code, en multipliant les juridictions, voulut ménager à l'accusé, d'étape en étape, un champ de défense nouveau. Il éleva pour lui comme une série de forteresses qui lui permissent de prolonger jusqu'au dernier moment sa lutte contre le ministère public. Son innocence n'a triomphé ni devant le juge d'instruction, ni devant la Chambre d'accusation : ces échecs ne comptent pas. Devant d'autres juges, il pourra remporter la victoire. Malheureusement, la prévention du premier magistrat s'est répercutée, de degré en degré, comme un cri de sentinelle renvoyé de bastion en bastion.

．．

Les débats ne s'ouvrent point pour prouver que l'accusé est coupable, mais pour rechercher s'il est coupable (1).

A lire les comptes rendus des procès de Cour d'assises ne croirait-on pas plutôt que l'audience a pour unique but d'arracher à l'accusé, avec l'aveu de son crime, un cri de repentir !

Le président, quels que soient sa modération, son impartialité, son tact, ne peut s'empêcher de faire de cet aveu l'objet de ses efforts. Obtenir un aveu, c'est obtenir un succès (2).

---

(1) Gaillard, *loco citato*.

(2) Empruntons à ce propos les quelques lignes suivantes à l'étude, déjà citée, de M. Jean Cruppi, ancien avocat général à la Cour de Paris, avocat général à la Cour de cassation, et qui occupa avec éclat le siège du ministère public à la Cour d'assises de la Seine. C'est un dialogue entre un stagiaire et un étranger qu'il a amené à la Cour d'assises. Ils parlent du président.

— « Ce magistrat espère de l'avancement ? — Sans doute. — Et qui peut

De là, l'importance chaque jour grandissante donnée à l'interrogatoire de l'accusé. Ce n'est pas parce que le président — à qui l'on a supprimé le résumé — tient à montrer cependant ses qualités inquisitoriales, ce n'est pas pour faire preuve d'esprit de psychologie ou d'éloquence que le magistrat chargé de conduire les débats développe complaisamment cet exposé dialogué des charges de l'accusation ; non, c'est surtout parce qu'il espère se montrer plus habile que le juge enquêteur et parvenir au résultat qu'on n'avait pas atteint avant lui.

Cet interrogatoire, « aucune disposition de la loi ne le prescrit ni ne l'autorise » (1). C'est un simple usage, contre lequel ont en vain protesté depuis cinquante ans les criminalistes libéraux. Le Code n'avait soumis l'accusé à aucun examen personnel : la pratique a fait de cet examen imprévu par la loi le point capital des débats. « C'est, dit M. Cruppi, l'acte le plus caractéristique de la fonction du président... »

Ce juge, fait-il remarquer (2), est un homme consciencieux et laborieux. Il a, bien avant l'audience, lu, relu et compulsé la procédure écrite ; il a pris des notes, il a fait le plan de son interrogatoire, peut-être même a-t-il poussé le zèle jusqu'à le composer en entier. A l'audience, il a ses notes sous les yeux, le dossier à portée de sa main. L'interrogatoire commence, et trop souvent le colloque va devenir un duel.

D'abord, les questions ont une forme nettement interrogative, modérée, prudente. Le président évite de parler en son propre nom : « L'accusation, dit-il, vous reprochera... » Le futur est l'indice de la réserve, de l'impartialité, car, enfin, quand le président ouvre la bouche, l'accusation n'a encore rien dit, n'a produit aucun témoignage, mais elle dira, elle prouvera... et il faut tout de suite que l'accusé réponde, découvre sa pensée, qu'il développe son *système* (3).

---

le porter à de nouveaux honneurs ? — L'opinion du Parquet n'y sera pas indifférente. — L'opinion du Parquet ! Ainsi l'accusateur, après avoir choisi le juge, peut encore servir sa carrière ou lui faire obstacle. Comment le juge alors ne pencherait-il pas du côté de l'accusation ? — Il peut en effet être tenté. » (La Cour d'assises de la Seine, *Revue des Deux Mondes*, mars 1896.)

(1) Faustin-Hélie faisait déjà cette remarque en 1843.

(2) *Revue des Deux-Mondes*, 1896, p. 429.

(3) « Il est d'usage, — disait M. Faucon, conseiller à la Cour impériale « d'Agen, à l'ouverture de la session des assises du Gers en 1864, il est

Son système ! J'ai dit le grand mot, le mot dédaigneux qui maintenant, si l'accusé s'échauffe, se rencontrera à tout bout de phrase sur les lèvres du président : « Oui, j'entends bien, *votre système* consiste à soutenir que... », ou bien : « Je vous en avertis, *votre système* semblera peut-être inacceptable à MM. les jurés. » À ce moment, les formules changent, le ton s'échauffe et s'élève. À cette formule, « l'accusation vous reprochera peut-être », le président a substitué cette autre, plus brève : « L'accusation affirme, elle soutient, elle prouve... » Et bientôt, de l'accusation on n'a cure. Le président parle en son nom ; fiévreusement, il compulse ses notes — le dossier passe de la petite table, qui se trouve à portée de la main, sur son bureau même, — il prend les pièces aux endroits soulignés, il les regarde, il les invoque (oh ! sans les lire, bien entendu), et les jurés voient par bribes et fragments se dérouler sous leurs yeux, à un point de vue accusateur, les événements révélés par l'instruction écrite *qu'ils ne doivent pas connaître*.

— Vous niez cela, accusé, mais une autopsie a prouvé le contraire.

— Quelle autopsie ? L'avocat proteste. Peu importe, la semence est jetée, elle germera dans l'esprit du jury. Aux questions pressantes et sévères succèdent les affirmations : « Vous avez dit, vous avez fait telles choses ! » — « Mais, s'écrie l'avocat, M. le président ne fait allusion qu'aux dépositions défavorables à l'accusé ! » Rien n'y fait ; désormais, l'interrogatoire conserve son allure. Lorsque l'accusé « peut s'asseoir », il paraît confondu : son *système* est réduit en poussière, l'accusation est établie, la défense réfutée ; le verdict pourrait être rendu. Telle est au moins l'opinion du président lui-même qui, de la meilleure foi du monde, est convaincu d'avoir fait son devoir s'il a formé l'opinion du jury avant l'apparition du premier témoin.

« utile, dès le commencement, d'interroger l'accusé. On lui a bien signifié
« l'acte d'accusation, mais le plus souvent il ne sait pas lire. On lui en a
« donné lecture à l'ouverture de l'audience, mais a-t-il pu suivre cette lec-
« ture, troublé qu'il est à ce moment encore par l'appareil qui se déploie
« autour de lui ? Peut-il en saisir et en retenir les détails, inaccoutumé
« qu'il est à écouter et à analyser ? Il est donc loyal que le président lui en
« explique les points principaux et le fasse s'expliquer à son tour sur la
« manière dont il entend se défendre...
« Cet interrogatoire doit-il être une discussion ? Évidemment non. —
« Comment un accusé pourrait-il la soutenir à armes égales contre un
« magistrat habitué de longue date aux discussions et connaissant dans
« tous ses replis la procédure écrite que l'accusé ne connaît pas ! »
Dans ce même discours, M. Fauco. émettait cette opinion : « Il n'y a
pas grands efforts à faire pour être impartial, il suffit d'être honnête. »

Quand le jury commet une erreur, comprend-on, dès lors, quel en est le vrai responsable ?

.·.

Il y a deux sortes de présidents d'assises : ceux qui se croient *impartiaux* et ceux qui se qualifient eux-mêmes d'*énergiques*. Les premiers se contentent de soutenir l'accusation avec plus ou moins de passion ; les autres n'hésitent pas à entraver la défense de l'accusé. Ces derniers sont rares, sans doute, mais ce ne sont pas les plus mal notés.

Pour bien comprendre cette distinction, il faut citer quelques exemples. Prenons-les au hasard, en feuilletant les gazettes judiciaires. Ouvrons le journal *Le Droit*. Jetons les yeux sur les premières lignes du compte rendu de l'audience du 21 février 1877 à la Cour d'assises de la Seine :

— Le 8 septembre, dit le président, un honnête homme a été *tué* dans votre salon, *avec ce pistolet*. Vous *prétendez* qu'il s'est suicidé.

L'accusé, M. Godefroy, est naturellement l'objet des plus mauvais renseignements. Le président affirme qu'il est né des relations adultères de sa mère avec un débauché, révélation peut-être inutile qui ne devait pas être la dernière de ce genre.

— Je suis un homme d'honneur, s'écrie à un moment l'accusé.

M. le président. — Non.

— Je suis un homme d'honneur, je le répète.

— Et je vous répète que non.

Me Nicolet. — Permettez, monsieur le président...

M. le président. — Je dis et je répète avec toute l'autorité de mon caractère, que vous n'êtes pas un homme d'honneur.

Me Nicolet. — Permettez-moi d'insister, M. le président. M. Godefroy n'est qu'un accusé.

M. le président. — *J'ai le droit de tenir ce langage* et je le tiens. D'ailleurs, je ne discute pas en ce moment avec vous, Me Nicolet.

Et le magistrat, pour prouver qu'il a le droit de tenir ce langage, établit, à l'aide d'une correspondance saisie, que l'accusé a été, avant son mariage, l'amant de sa belle-mère, pendant dix ans. La femme et le beau-père de l'accusé étaient présents à l'audience.

Tournons quelques pages. Voici l'affaire LERONDEAU (15-16 janvier 1878). La femme Lerondeau était accusée d'avoir empoisonné son mari ; il fut reconnu plus tard que la prétendue victime était morte d'une perforation d'intestin.

— N'avez-vous pas dit à Lerondeau, interrogea le magistrat : « Si je ne craignais pas la justice, je te f... un coup de fusil ? »

R. — Non, jamais.

D. — Et encore : « Tu crèveras comme un chien, je viendrai à bout de ta peau... » *Et vous en êtes réellement venu à bout.*

R. — Il était plus fort que moi.

D. — Mais le poison dompte les plus vigoureux, et *c'est ce qui est arrivé.*

On avait relevé ce fait que la veille de sa mort, Lerondeau avait bu du bouillon, sa femme avait pris un potage maigre.

— C'est parce que c'était meilleur pour l'estomac que je lui ai laissé le bouillon, expliquait la femme Lerondeau. C'était pour le bien.

M. le Président. — Il ne l'a pas trouvé ainsi, car il a été pris immédiatement de très vives douleurs qui l'ont emporté.

R. — Je ne sais pas, ça n'avait pas d'importance pour moi.

D. — Mais ça en a eu pour lui. C'est ce jour-là qu'il est mort.

Un témoin, en contradiction avec les autres, vient affirmer que Lerondeau n'avait pas eu de vomissements au moment de sa mort.

— Ainsi, expliqua le magistrat, pas d'évacuations, pas de déjections. *Le poison avait déjà perforé les organes...*

Continuons de feuilleter. Arrêtons-nous à la date du 29 juillet 1882. Nous sommes à la cour d'assises des Pyrénées-Orientales où l'on juge le curé empoisonneur de Nohèdes (1). Un vif incident se produit.

—M. Penou, procureur de la République à Prades, entre dans de grands détails sur l'arrestation du curé de Nohèdes, sur sa tentative d'évasion, sur les aveux qu'il a faits en sa présence. Après sa confession aux magistrats, l'accusé sembla respirer plus à l'aise. « Cela m'a fait du bien, s'écria-t-il, de vous avoir tout dit. »

---

(1) A. Bataille, *Causes criminelles et mondaines*, 1882, p. 196.

L'abbé Auriol (l'accusé qui s'était rétracté et se prétendait innocent) ayant contesté certains points de détail, le Président Fontan s'exaspère :

— Alors, les membres du Parquet mentent? dit-il. Vous accusez les magistrats? Vous êtes capable de tout !

Me Noë (vivement). — Je proteste contre vos paroles. Vous venez de manquer à vos devoirs d'impartialité et de respect envers les accusés. (Mouvement).

M. le Président. — Vous vous expliquerez dans votre plaidoirie.

Me Noë. — Je revendique pour la défense le droit de protester contre les paroles qui diminuent les garanties que la loi réserve à l'accusé. L'avocat peut toujours parler au cours des débats.

M. le Président.—Non (Longs mouvements au banc de la défense).

Me Noë (sévèrement). — Monsieur, si le malheur veut que vous m'interrompiez encore par une déclaration pareille, j'abandonnerai la parole, non pas pour un moment, mais pour toujours. Je quitterai la barre avec tous mes confrères et j'emporterai dans les plis de ma toge, intact quoique momentanément vaincu, le droit sacré de la défense.

L'auditoire applaudit Me Noë à outrance.

Et cependant la foule était violemment hostile à l'accusé. Des cris de mort avaient été poussés contre lui.

Revenons à Paris. Voici la bande de Gamahut devant les jurés de la Seine. Ils sont cinq accusés. Le président veut aller vite.

— Le plus âgé d'entre vous a 24 ans, dit-il, et vous êtes tous des récidivistes. *L'un dans l'autre,* vous avez subi trois condamnations.

Le défenseur de Carey (l'un des accusés). — Je proteste contre ce système de répartition. Mon client n'a pas été condamné (1).

L'affaire Borras (1887) serait à reproduire ici tout entière. On la lira dans notre seconde partie. On y verra cette étrange question du président à l'accusé : — Puisque vous n'avez pas commis le crime, qui donc l'a commis ?

On y trouvera le singulier reproche adressé par le procureur de la République à un de ses collègues coupable d'avoir entendu un témoin à décharge après que le juge d'instruction

_____

(1) Cour d'assises de la Seine, 9 mars 1885.

avait rendu son ordonnance de renvoi.— «Rien ne pouvait plus changer l'instruction », déclarait le magistrat qui paraissait oublier que la Chambre des mises en accusation peut toujours ordonner un supplément d'information. Au reste, l'organe du ministère public ajoutait qu'il tenait pour méprisables les dires des témoins à décharge. Et le président affirmait que leurs dépositions étaient faites pour soutenir « le système de défense de la dernière heure » et qu'elles étaient *payées par la famille*. Les défenseurs ayant déposé des conclusions tendant au renvoi de l'affaire pour supplément d'instruction,

— Déposez, leur dit le président! *C'était prévu* dès la première heure!

La Cour rejeta les conclusions de la défense, ce qui permit à la liste des erreurs judiciaires de s'allonger d'un nouveau nom.

En 1890, l'innocence de Borras fut solennellement proclamée à la tribune de la Chambre par M. le garde des sceaux Fallières.

Tandis que l'erreur commise par la cour d'assises de l'Aude était le sujet de toutes les conversations et de toutes les polémiques, on jugeait dans cette même cour d'assises un nommé Berthomieu, accusé de viol et d'assassinat.

Voici la fin de son interrogatoire.

— Une dernière fois, Berthomieu, je vous demande si vous voulez reconnaître votre crime.

R. — Je ne puis pas. Ce n'est pas moi.

D. — Comment expliquez-vous alors les révélations de votre femme?

R. — Je vous dirai plus tard dans quel but elle veut me perdre.

D. — Je vous adjure de faire un retour sur vous-même. Vous avez engagé une lutte inégale contre la vérité, contre le bien... Avouez, Berthomieu, avouez; vous montrerez ainsi qu'il y a encore en vous quelque chose d'humain.

R. — Je ne puis pas.

D. — Tout vous accable et démontre votre culpabilité. Avouez, la justice des hommes sera miséricordieuse, et celle de Dieu vous pardonnera peut-être.

D. — Vous gardez le silence, Berthomieu. Si vous êtes coupable, que le sang de Marie Tabouriech (la victime) retombe sur votre tête.

Et, un moment après, le président ajoute encore:

D. — De tous les faits que je viens de relater il résulte que vous êtes un maître en matière d'assassinat. Voulez-vous enfin entrer dans la voie des aveux ?

R. — Je ne puis pas, parce que je n'ai rien fait.

D. — Il ne suffit pas d'affirmer. *Démontrez que vous n'étiez pas chez vous à l'heure du crime* (1).

Entraîné par sa propre éloquence, M. le président ne se souvenait pas que le fardeau de la preuve incombe à l'accusation, non à l'accusé.

Un autre magistrat oubliait dans son interrogatoire le respect de la chose jugée :

— Vous avez été poursuivi pour escroquerie en Belgique, disait le président à un aventurier, traduit devant la cour d'assises de la Seine, le 13 octobre 1892 : vous avez été acquitté, mais cela ne prouve rien, nous savons par expérience que beaucoup d'acquittés sont coupables (2).

En Belgique cependant, les interrogatoires sont conduits à peu près comme en France, il suffit de parcourir dans la *Gazette du Palais* (12 Janvier 1895) l'interrogatoire de Mᵐᵉ Joinaux, l'empoisonneuse d'Anvers.

Notons-en seulement quelques répliques :

— Je ne suis d'accord, disait l'accusée, avec les experts financiers et chimistes que sur quelques points. J'ai une objection...

_____

(1) Janvier 1890, Cour d'assises de l'Aude, *Gazette des Tribunaux*.

(2) Le 28 mai 1896, à la 11ᵉ chambre du tribunal correctionnel de la Seine, nous avons entendu une réflexion analogue. Un nommé Potowski, pick-pocket russe, comparaissait, inculpé de vol à la tire. L'agent de police déposait :

« J'ai vu tout de suite, dit-il, que j'avais affaire à un professionnel. »

— Un professionnel, interrompt l'avocat, l'inculpé n'a pas un seul jour de prison à son casier judiciaire.

Le président. — Oh, maître, rien ne prouve qu'il n'ait pas été condamné sous un autre nom !....

Le magistrat, un moment auparavant, s'était laissé aller à une réflexion quelque peu hardie :

— M. le président, avait dit l'avocat, mon client comprend à peine le français.

Le président. — Bah ! il a bien répondu à l'instruction sans interprète...

L'avocat. — Il saisit quelques mots de notre langue, mais je puis assurer au tribunal qu'il est incapable de suivre une conversation en français.

Le président. — Il comprendra bien ce que nous aurons à lui dire...

M. le Président. (interrompant) — *Mais vous marchez sur les brisées du ministère public!*

M⁰ Graux, défenseur. — Il faut cependant que ma cliente essaie de se justifier sur certains points de votre interrogatoire.

M. le Président. — Soit! voyons l'objection...

. . . .

— Je prie la Providence de faire la lumière complète, dit ailleurs l'accusée et quelque chose en moi me dit qu'elle la fera. (Sensation).

M. le Président. — La Providence n'a pas les pièces du procès.

. . . .

D. — Vous êtes morphinomane.

R. — Je l'étais devenue depuis un an. On le serait à moins. Je prenais jusqu'à 6 centigrammes de morphine par jour ! J'avais eu tant de soucis !

M. le Président. — Oui, la mort de votre sœur Léonie et de votre oncle (les victimes).

R. — Monsieur, ces morts-là n'ont jamais troublé ma conscience. (Mouvement).

Parfois, leur zèle accusateur amène les magistrats à de regrettables contradictions :

Le 8 novembre 1893, la cour d'assises jugeait une affaire assez vulgaire d'avortement. Une déposition très favorable à l'accusée avait été faite devant le commissaire de police.

— Oh ! dit le président, nous savons comment ces dépositions sont accueillies. Le commissaire de police est absent; c'est le secrétaire qui reçoit les déclarations. Il les rédige après, quand les témoins sont partis et on les fait revenir ensuite pour signer.

M⁰ Demange, défenseur de l'accusée. — Je retiens ce que M. le président vient de déclarer. Cela nous servira dans d'autres circonstances.

L'heure des plaidoiries arriva. M⁰ Demange, au cours de sa discussion, invoqua un interrogatoire de l'accusée devant le juge d'instruction.

L'avocat-général l'interrompit.

Mais, maître, dit-il, lisez donc ce qu'elle a déclaré devant le commissaire de police. Elle a dit le contraire.

— MM. les jurés, répliqua M⁰ Demange, voilà l'impartialité de la Justice. Si un passage de l'enquête devant le commissaire de police est favorable à l'accusé, M. le Président dit qu'il ne faut pas en tenir compte. S'il y a un passage défavorable, il mérite toute créance.

L'avocat-général parut regretter son interruption. Le président fit mine de n'avoir point entendu.

Dans l'intérêt de l'accusation, les magistrats parfois affirment à la légère des faits inexacts.

C'est ainsi que dans le procès Arton, à Versailles, (5 et 6 novembre 1896) le président, à la seconde audience, déclara nettement que *l'accusé avait voulu tromper le jury.* Voici l'incident tel que le rapporte la *Gazette des Tribunaux* (n° du 7 novembre).

...On se souvient qu'à la première audience Arton avait répondu au président, qui lui reprochait d'avoir été condamné à deux ans de prison pour banqueroute et abus de confiance, qu'il avait interjeté appel.

M. le président déclare qu'il a demandé au procureur de la République ce qu'il y avait de vrai dans l'affirmation d'Arton, et qu'il a reçu en réponse une lettre l'informant que l'appel n'avait pas été fait dans les délais légaux.

« Arton, dit M. le président, *vous avez voulu tromper la justice !* »

M° Demange. — Monsieur le président, je proteste avec énergie contre vos paroles. Arton n'a nullement voulu tromper la justice. C'est sur mes conseils qu'il a interjeté appel, et s'il l'a fait au dernier moment, c'est parce que je voulais qu'il restât le plus longtemps possible à Paris ; et je crois que l'appel a été fait à temps. Ce que vous m'apprenez est une révélation ? aussi j'ai l'intention de demander au parquet l'autorisation de citer ici le président de la chambre des appels correctionnels qui a bien voulu fixer, d'accord avec moi, la date de la comparution d'Arton devant cette chambre.

M. le Président. — Il s'agit de savoir si l'appel a été fait régulièrement.

M° Demange. — Cela regarde la chambre des appels qui statuera, mais encore une fois, je proteste contre les paroles que vous avez prononcées, et je ne pense pas que vous mettiez ma bonne foi en doute.

M. le procureur de la République. — Nous n'incriminons pas votre bonne foi, M° Demange : nous croyons en votre parole, *mais pas à celle de votre client.*

Le lendemain, le président dut reconnaître qu'Arton avait dit vrai.

Au début de l'audience, dit la *Gazette*, le président rappelle l'incident qui s'est produit à l'ouverture de l'audience d'hier. Il dit qu'il a demandé télégraphiquement à quelle date Arton avait manifesté l'intention d'interjeter appel.

— Je me plais à reconnaître, dit-il, qu'Arton avait raison et que c'est le 18 et non le 21 juillet qu'il avait demandé à interjeter appel.

Fort bien ; mais si le verdict avait été rendu la veille, les jurés se fussent prononcés avec la conviction que l'accusé et son avocat avaient, sur un point de détail, cherché à *tromper la justice !*

Veut-on comme exemple de l'attitude du président, l'interrogatoire le plus récent que nous puissions citer? Il est du mois de décembre 1896. On jugeait à Dijon, le boucher Pacotte, accusé d'un triple assassinat et d'une tentative d'assassinat commis à Ruffey, dans la nuit du 11 au 12 septembre. Il y avait contre Pacotte de sérieuses présomptions, parmi lesquelles la reconnaissance formelle de l'accusé par l'une de ses victimes qui avait survécu à sa blessure. La culpabilité de Pacotte parut certaine à tous ceux qui suivirent les débats. L'accusé fut condamné à mort.

Mais quel interrogatoire il avait subi ! Nous en empruntons le compte rendu à la « dernière heure » du *Temps* (1).

D. — Toute votre conduite, dans la journée du 11 septembre, semble démontrer la préparation du crime. Qu'avez-vous fait le matin?

R. — Je suis allé à Varroy voir du bétail, et à neuf heures je suis rentré.

D. — Et qu'avez-vous fait ensuite?

R. — J'ai tué un mouton.

D. — Comment les tue-t-on ? Ne les couche-t-on pas sur un tréteau, le cou découvert, de façon à trancher d'un seul coup les artères?

R. — Oui, monsieur.

D. — On se sert pour cela d'un couteau long, effilé. Eh bien, ce jour-là, vous avez vous-même saigné le mouton. *C'était pour vous faire la main, n'est-ce pas?* (Mouvement).

_____

(1) *Le Temps*, 1er décembre 1896.

R. — Mais je ne me rappelle pas avoir saigné! Je sais seulement, que je l'ai dépouillé. C'est ce que je voulais dire en disant que j'avais tué un mouton.

D. — Vous ne vous rappelez pas si vous avez saigné! C'est cependant un détail qui a son importance. Il y a mieux. Vous ne vous êtes pas servi de votre couteau. Vous avez pris celui du boucher André, sans le prévenir, et *il est probable que vous ne lui auriez pas rendu, s'il ne l'avait pas réclamé.* Vous avez même fait semblant de ne pas entendre. Mais André a aperçu le couteau entre vos mains, et vous avez été obligé de le lui rendre. Voilà pour le matin. Dans l'après-midi vous envoyez votre femme et votre enfant chez votre beau-père, à Ruffey. *Vous aviez besoin d'être seul le soir.*

R. — Mais le voyage était décidé depuis longtemps, et c'était vendredi, il n'y a rien à faire à la maison.

Le président arrive au récit de la scène du crime. Il la conte, comme si lui-même y avait assisté :

D. — Dans la nuit, vers dix heures, vous vous êtes présenté chez la veuve Méot et vous lui avez demandé de vous prêter un cheval pour démarrer votre voiture qui était embourbée. Elle se lève aussitôt. Elle sort. Elle éveille Redon, qui couchait au fond de l'écurie : « Lève-toi, lui dit-elle, Alfred demande un cheval! » Et alors, pendant qu'elle était à l'écurie, il se passe une chose épouvantable. Avec une rapidité incroyable, vous accomplissez un double crime. Vous entrez dans la chambre de Félicien et vous frappez le malheureux enfant de deux coups de couteau.

Vous l'égorgez comme on égorge un mouton. D'un seul coup, porté, disent les médecins, avec une véritable rage, vous lui coupez le cou et cela de telle sorte qu'il est presque décapité! (Mouvements). Il était couché sur le côté gauche. Il n'a même pas bougé. On a remarqué, sur le lit qu'occupait parfois Mlle Bauer, la trace d'une main ensanglantée. *Elle est heureuse de n'avoir pas été là ce soir-là!* Vous revenez alors dans la première pièce, où était couchée Anaïs, et vous donnez à la pauvre fille un premier coup de couteau, pareil à celui dont vous aviez frappé Félicien, et qui la tue.

Vos victimes baignaient littéralement dans leur sang.

R. — Je suis boucher, mais je ne suis pas homme à faire cela (1).

M. le procureur général. — *Vous voyez, messieurs les jurés, avec quelle faiblesse il proteste.*

---

(1) Le compte rendu du *Gaulois* (2 décembre), ajoute cette réplique du président : — D. Eh bien! je vous dis que vous êtes le coupable. Je vous accuse : l'assassin c'est vous. — R. Non, non.

R. — Eh ! qu'est-ce que vous voulez que je dise !

D. — Pendant ce temps, Redon, aidé de la veuve Méot, préparait le cheval. Vous êtes allé à l'écurie et vous avez dit à Redon, qui prenait un second palotot : « Ce n'est pas la peine. Il fait assez beau ! » *Vous vouliez simplement éviter qu'il n'eût des vêtements trop épais.*

R. — Mais je ne sais pas de qui vous me parlez !

Le président continue le récit du meurtre de Mme Miot. Il rappelle les constatations :

D. — On marchait, ont dit les témoins, dans un ruisseau de sang.

R. — Je l'ai vu, en effet, avec les gendarmes.

D. — Non. *C'est quand vous veniez de frapper et cela ne vous a pas du tout ému.*

Pacotte est accusé d'avoir tenté d'assassiner Redon. Le président retrace d'une façon toujours dramatique l'agression contre ce dernier.

Eh bien, ajoute-t-il, Redon, depuis ce moment, n'a jamais varié dans ses accusations. *Pourquoi vous accuserait-il si vous n'étiez pas le coupable ?*

R. — C'est de la méchanceté, puisqu'il ne m'a pas vu, puisque j'étais à Dijon !

D. — Tenez ! *votre attitude, quand vous avez été arrêté, vous accuse encore mieux.* On est arrivé chez vous vers deux heures un quart, le matin. On frappe, et vous arrivez presque tout de suite, *comme quelqu'un qui n'a pas dormi.*

R. — Mais on ne peut pourtant pas aller ouvrir une porte en dormant. Je ne suis pas une gourde.

D. — Non. Mais *quand on vient d'être réveillé, on n'en a pas moins un air particulier.* Eh bien, vous, vous répondez aux questions des gendarmes, *sans paraître étonné de leur présence.*

R. — Qu'on me réveille à l'heure qu'on voudra, on verra comment je suis ! J'ai eu tort de pas demander pourquoi on m'arrêtait. Je n'y comprenais rien. Mais, si ça avait été moi, j'aurais dit : « Vous venez me chercher pour telle chose, eh bien, oui ! c'est moi ! »

D. — *Vous auriez pu le dire !* (Sensation). Vous avez toujours gardé *une impassibilité qui montre que vous n'avez pas de cœur.* Vous n'avez pas bronché devant les cadavres. Et *quand on est venu vous annoncer la mort de votre enfant, pas une larme n'est tombée de vos yeux chez le juge d'instruction.*

R. — Ah ! si, monsieur. Bien que je sois dur aux larmes, elles me sont montées aux yeux.

Le procureur général. — *Voici le procès-verbal d'instruction qui constate le calme.*

Le président. — *Mais, si vous n'êtes pas coupable, pourquoi avez-vous tenté de vous évader ?*

R. — Je n'ai pas tenté.

Pacotte aurait pu répondre : « C'était pour éviter un pareil interrogatoire, capable d'entraîner la condamnation du plus parfait innocent. »

Relevons encore cet incident :

Le président. — Huissier, faites passer la photographie des victimes à l'accusé, puis à MM. les jurés.

Pacotte regarde les photographies et ne dit rien.

D. — *C'est là toute l'émotion que vous éprouvez.*

R. — Si c'était moi, j'aurais honte.

D. — *Je vous parle d'émotion. Vous n'en éprouvez aucune en présence de ces photographies de personnes que vous avez connues, tout au moins ?*

R. — Oh ! si, monsieur ! mais que voulez-vous que je dise ? Voilà trois mois que je suis en prison !

Que le président des assises de décembre 1896 était donc loin du modèle tracé, en 1835, par M. Gaillard dans son livre ! Et peut-on donner le nom d'exposé à cette série d'accusations.

Le président d'assises se fait l'auxiliaire de l'accusation, même malgré lui, en dépit de ses sympathies ou de ses convictions. Il croirait manquer à son devoir s'il ne se rangeait point du côté du ministère public. Il semble que ce soit là une nécessité de la fonction.

M. le conseiller Ferrey, le président de l'affaire LA RONCIÈRE (1835), déclarait, après la condamnation du lieutenant, qu' « il aurait mieux aimé se couper la main que de contresigner un pareil verdict ». Par trois fois, il essaya d'obtenir la grâce du condamné. Pourtant, au cours des débats, il avait constamment semblé convaincu de la culpabilité de la Roncière.

L'auteur de l'attentat (1), dit-il à l'accusé, a tenu des propos *qui n'ont pu être tenus que par vous.*

_____

(1) Attentat imaginaire, inventé par une hystérique.

— Je suis étranger à tous ces faits, répliquait La Roncière.

D. — Comment Mlle de Morell (la victime prétendue) aurait-elle pu dire tout cela, si ce n'était pas vous ?

Et le magistrat qui posait pareilles questions était convaincu de l'innocence de l'accusé !

.ᐧ.

Le principe de la libre défense est, nous l'avons dit, rarement violé d'une façon brutale. On trouvera cependant dans ce recueil plusieurs exemples de présidents de Cour d'assises (ou de Cours d'appel) qui ont entravé la défense d'accusés innocents. Empressons-nous d'ajouter, qu'à part l'affaire Borras, dont nous venons de parler et qui est de 1887, ces exemples sont assez anciens.

L'affaire de MARIE GAILLARD est de 1826 ; la Cour n'hésita pas à interdire à l'avocat de l'accusée, poursuivie pour infanticide, de lire une consultation médico-légale qui établissait l'impossibilité matérie'   du crime relevé contre la malheureuse fille : Marie Gaillard fut condamnée ; la Cour de cassation annula l'arrêt ; de nouveaux débats s'ouvrirent et deux médecins cités à la barre vinrent affirmer que la prétendue infanticide n'était point accouchée. Le jury l'acquitta.

En 1835, dans l'affaire DEMORS, le président refusa le renvoi du procès à une autre session. L'avocat était tombé malade la veille des débats. Vingt-quatre heures parurent suffisantes au président pour que le nouveau défenseur prît connaissance d'un dossier que l'accusation avait mis plusieurs mois à élaborer. A l'audience, le magistrat aggrava encore son refus, en accusant de faux témoignages des témoins à décharge, qui n'avaient commis d'autres crimes que celui de dire une vérité favorable à l'accusé.

En 1845, dans l'affaire SANSON, le témoin principal est absent. L'avocat demande qu'on l'envoie chercher en poste ; le procureur du roi lui répond qu'il ignore son adresse ; le défenseur la fournit. La Cour alors refuse de prendre les mesures nécessaires pour faire venir le témoin défaillant.

Il faut que les jurés insistent pour que le témoin soit enfin amené à la barre.

A la suite de sa déposition, le ministère public dut abandonner l'accusation et le président rendit hommage au « zèle et au dévouement » du défenseur qui avait forcé la Justice à se montrer équitable.

Signalons encore ici le procès de PIERRE VAUX (1852) et l'incroyable attitude du président de la Cour d'assises de Saône-et-Loire en cette affaire. La correspondance officielle échangée lors de la deuxième instruction est à lire tout entière. Nous en donnons des extraits dans notre deuxième partie, mais nous nous garderons de citer comme un exemple des tendances fâcheuses de certains magistrats, une affaire où la violation du droit était une consigne donnée de haut. Il fallait s'y soumettre ou se démettre. Or, en ce temps-là, déjà, les temps héroïques étaient passés.

Comme dernier exemple, notons dans l'affaire KRANTZ (1868), le rejet par la Chambre des appels correctionnels des conclusions de la défense tendant à faire entendre des témoins. Ces témoins eussent établi la réalité de l'alibi invoqué par le prévenu. La Cour ne voulut point les admettre à déposer. Pour quelle raison ? Parce que telle est la déplorable procédure suivie devant la juridiction des appels de police correctionnelle. C'est sur les procès-verbaux de greffiers que les juges de deuxième instance statuent. Ils se font une conviction d'après cette analyse informe, incompréhensible et souvent inexacte des débats. Rarement, la Cour fait au prévenu la faveur de consentir à s'éclairer mieux que les juges qui déjà le condamnèrent ; dès lors, à quoi bon une juridiction supérieure, si l'appel ne remet pas en question, avec la sentence, les preuves qui en sont la base ?

* *

Retournons à la Cour d'assises. L'interrogatoire est fini. A la différence de cet interrogatoire, la formalité à laquelle nous assistons maintenant a été prévue par le Code. L'usage n'a fait que la dénaturer.

Dans le cours ou à la suite des dépositions, le président, dit l'article 329, fera représenter à l'accusé toutes les pièces relatives au délit et *pouvant servir à conviction…* ; il les fera aussi représenter aux témoins *s'il y a lieu.*

Mais la représentation des pièces à conviction est devenue l'occasion d'une mise en scène extraordinaire que le législateur n'a point organisée. Sous prétexte de conviction à produire, ce sont des « pièces à impression » qu'on exhibe aux jurés; on étale sous leurs yeux un véritable musée d'horreurs : on déballe dans le prétoire des linges ensanglantés, on fait circuler des photographies épouvantables de plaies béantes ou de cadavres décomposés (1). *S'il y a lieu*, dit l'article 329. Il y a toujours lieu, pour le photographe de Cour d'assises, d'aller à la Morgue prendre « de beaux clichés ». Il y a toujours lieu pour le président de Cour d'assises de faire passer à MM. les jurés ces belles épreuves dont le premier effet est de provoquer chez eux des haut le corps. Le second est de fausser leur verdict, car ces photographies attirent leur attention, non sur la gravité du crime, mais sur la laideur des blessures; non sur les « charges et moyens de défense », mais sur les constatations matérielles, les moins nécessaires parfois.

Souvent, ce sont des débris de cadavres qu'on place sous les yeux du jury. La pièce à conviction devient une pièce anatomique.

— Prenez cet os, disait à l'accusé le président de l'affaire Morand (meurtre d'un horloger de Joigny coupé en morceaux), prenez-le dans vos mains; le connaissez-vous? C'est vous qui l'avez coupé (2).

Et descendu de son siège, devant le banc des jurés auprès duquel il avait fait amener Morand, le magistrat tendait un morceau de fémur à l'accusé.

Celui-ci du reste ne se troublait guère. Prenant l'os scié en deux et le retournant comme il eût fait d'un manche de bêche cassé.

— Je ne connais point ce travail-là, répliquait-il, imperturbable.

Une des exhibitions les plus sensationnelles de ce genre, fut

---

(1) Dans l'affaire Aubert (novembre 1896), l'accusé reconnaissait avoir assommé sa victime d'un coup de hachette sur la tête. Seule, la fracture du crâne était intéressante à considérer. On fit passer aux jurés une série de photographies répugnantes qui ne prouvaient qu'une chose : c'est que le corps était dans un état de décomposition complet quand on l'avait découvert.

(2) Affaire Morand, Cour d'assises de l'Yonne, mai 1888.

celle qui souleva des rumeurs à la Cour d'assises de la Seine le
26 juillet 1894. Meunier, l'auteur de l'attentat du restaurant Véry,
était poursuivi après plus de deux ans de recherches :

Sur la table des pièces à conviction, dès le début de l'audience,
écrit un chroniqueur judiciaire, on avait placé un immense bocal
recouvert d'un voile noir. Les dépositions terminées, sur l'ordre du
président, l'huissier, comme pour une inauguration de statue, arracha le voile et, nageant dans l'alcool, où depuis vingt-sept mois on
la conservait, la jambe de Véry, tordue, déchiquetée, aplatie, effi-
lochée, trouée, apparut atroce, lambeau de chair broyée, lamentable
loque humaine à laquelle un pied hideux pendait encore, rose, pla-
qué de meurtrissures.

De pareils débris sont bons, tout au plus, pour le musée
Tussaud. Pourquoi les placer dans un prétoire? Les détracteurs
de la Justice prétendent que les magistrats, désireux d'obtenir
à tout prix une condamnation, veulent ainsi griser d'horreur le
jury pour lui arracher plus aisément un verdict. A quoi bon
donner à ceux qui parlent ainsi une apparence de raison ?

.·.

Cette attitude militante du président d'assises, explique le peu
d'empressement que mettent d'ordinaire les magistrats à reconnaître l'existence d'une erreur judiciaire.

Ils n'iraient plus aujourd'hui, comme en 1860, dans le second
procès de LOUARN et BAFFET, jusqu'à interdire la publication des
débats où devait éclater l'innocence de deux malheureux envoyés
au bagne en 1854. Ils ne tiendraient plus le langage du président
qui félicitait la femme DOISE (1863) de son heureuse fortune :

« La femme Doise, disait-il, n'a pas à se glorifier. Il est toutefois un succès dont elle peut se féliciter. Au moyen de la condamnation aujourd'hui tombée et de la détention d'une année
qui l'a suivie, elle échappe aux conséquences légales de ses vio·
lences envers son père. »

Non, les magistrats de nos jours ne tiendraient plus pareil
langage... Mais en présence d'une erreur judiciaire, ils n'hésite-
raient pas à s'efforcer encore d'en rejeter la responsabilité sur
autrui. N'a-t-on pas entendu le procureur général dans l'affaire

Druaux (1896) déclarer que, sans la presse, l'erreur n'eût point été commise, et dans le procès Naudin (1896), la Cour de Versailles faisait un grief au condamné de n'avoir point interjeté appel du jugement de condamnation !

*
* *

Les débats sont clos. Depuis 1881 (loi du 19 juin), le résumé est supprimé (1).

« Il a disparu, emporté dans un mouvement d'opinion que le législateur a dû sanctionner. L'institution avait été compromise par des maladresses. Elle a payé la faute des hommes (2) ».

L'institution, en soi, n'était pas mauvaise. Nous en trouvons la preuve dans ce qui se passe en Angleterre, où le résumé d'un président n'est jamais qu'un résumé.

En France, dit M. de Franqueville (*Le système judiciaire de la Grande-Bretagne*, tome II, p. 394), où le résumé des présidents d'assises n'était souvent qu'un nouveau réquisitoire, à peine moins violent que celui du ministère public, on a voulu couper le mal dans la racine, et l'on est allé jusqu'à supprimer entièrement cette formalité : l'on est ainsi tombé de Charybde en Scylla, et le remède est plus fâcheux peut-être que le mal lui-même. En Angleterre, les résumés sont d'admirables modèles d'impartialité, de raison et de bon sens : non pas que le juge se dispense toujours de laisser percer ou même d'indiquer formellement son avis, lorsque cela lui semble nécessaire, mais parce que son attitude pendant les débats, et le soin qu'il a toujours pris de tenir la balance égale entre l'accusation et la défense ne permettent pas de mettre en doute son impartialité absolue. — Dans ce résumé même, on le voit toujours jaloux de signaler ce qui peut être favorable à la défense et d'indiquer les points faibles de l'accusation...

Les résumés sont très longs ; dans les affaires importantes, le magistrat lit toutes les notes qu'il a prises, en commentant le texte, même des paroles prononcées par chaque témoin et la valeur du témoignage. — Sur tous ces points, comme sur les questions de droit, il donne nettement son opinion, mais sur la question même

(1) Voir affaire Marie Bière, *Gazette des Tribunaux*, 8 avril 1880.
(2) M. l'avocat général Reynaud, Cour de cassation, *Discours de rentrée*, 16 octobre 1891, p. 60.

de culpabilité, il est impossible de savoir ce qu'il pense. — Il m'est arrivé plus d'une fois, après avoir entendu un résumé, de demander au juge rentré dans son cabinet, en attendant le verdict, quelle était sa propre opinion et d'être fort surpris en l'entendant affirmer qu'il n'avait pas le moindre doute sur la culpabilité de l'accusé.

Quelle qu'en puisse être l'utilité théorique, la pratique en France avait donné lieu à de tels abus, qu'il a fallu retirer aux présidents d'assises leur résumé. Quand leur enlèvera-t-on la faculté de pénétrer dans la salle des délibérations du jury ? Ce droit que s'arrogent les présidents, la Cour de cassation le leur accorde, mais la loi ne le leur a conféré nulle part (1). Le Code prescrit que « le chef de la gendarmerie fasse garder les issues de la chambre où le jury délibère ». On pourrait croire que c'est afin d'en interdire l'accès à tout le monde : des juristes novices penseraient que c'est dans le but de laisser réellement le verdict se former sous l'impression de la défense qui doit parler la dernière. Erreur. Le président, seul, sans l'avocat, sans l'accusé, peut s'introduire auprès des jurés et, à huis clos, les entretenir du verdict qu'ils ont à rendre.

On sait à quelles accusations, à quelles polémiques cet usage a donné souvent naissance. Il est impossible de se faire l'écho des bruits qui coururent et ne furent point démentis, lors du procès Burdeau-Drumont à la Cour d'assises de la Seine en 1892 et lors de l'affaire Deacon, à Nice. Des promesses d'indulgence faites au jury dans la Chambre des délibérations n'auraient point été tenues par la Cour, le verdict une fois acquis. Nous n'avons pas à rechercher ce qu'il y eut de fondé dans ces accusations ; fautes de preuves, nous voulons les croire calomnieuses. Mais n'est-ce pas trop déjà qu'elles se produisent et que les secrets entretiens du président et des jurés leur donnent quelque vraisemblance.

.·.

Peut-on parler de l'attitude des présidents de nos Cours d'assises, sans jeter encore un regard d'envie sur nos voisins d'Ou-

---

(1) Voir sur ce sujet un article de la *Gazette des Tribunaux*, du 17 juillet 1890.

tre-Manche ! Quels modèles seraient pour nos magistrats les lords-chiefs justiciers. Quelles leçons d'impartialité ils pourraient prendre d'eux !

En Angleterre, dit M. de Franqueville, il n'y a pas d'interrogatoire devant le jury de jugement. Mais il peut y en avoir devant la Cour de juridiction sommaire remplissant les fonctions de chambre d'instruction. L'accusé est libre de répondre ou de ne pas répondre aux questions qui lui sont posées — et il est toujours avisé de son droit par le président qui lui dit textuellement ces paroles contenues dans une loi dite *Jervis act*.

« Ayant entendu les témoignages, désirez-vous dire quelque chose en réponse à l'accusation ? — Vous n'êtes obligé de rien dire, à moins que vous ayez le désir de le faire, mais tout ce que vous direz sera recueilli par écrit, et pourra être produit en témoignage contre vous lors de votre jugement. — Et vous devez aussi savoir que vous n'avez rien à espérer d'aucune promesse ou faveur, ni rien à craindre d'aucune menace qui pourraient vous être faites, pour vous engager à avouer votre culpabilité, mais que tout ce que vous pourrez dire maintenant pourra être produit en témoignage contre vous, lors de votre jugement, malgré toute promesse ou menace... »

Pendant les dépositions des témoins, quel est le rôle du juge ?

On peut le résumer en employant un terme anglais : tenir son esprit ouvert (*keep his mind open*) et écouter. La plupart du temps il ne connaît pas le premier mot de l'affaire, c'est à peine s'il a ouvert le dossier qui lui a été remis peu de temps avant l'audience...

Dans la plupart des cas, le magistrat laisse l'affaire suivre son cours dans le débat, exactement comme s'il s'agissait d'un procès civil. — Il prend très soigneusement note des réponses de chaque témoin, ce qui allonge extrêmement le temps pris par les dépositions, car l'avocat ne peut poser une nouvelle question que lorsque le juge a cessé d'écrire ou lui fait signe de continuer. *S'il prend la parole, c'est pour aider l'accusé qui, n'ayant pas de défenseur, omet de poser au témoin une question utile, ou pour intervenir* entre les témoins et l'avocat, pendant le contre-examen, en décidant si le premier doit répondre ou non à telle question. Quelquefois il doit résoudre un incident, et je ne saurais manquer, à ce propos, de signaler l'extrême politesse des juges, non seulement avec les témoins, mais encore avec les accusés. Aucun d'eux ne prend ces airs de supériorité hautaine qu'affectent la plupart des magistrats français en interpellant la *femme* Durand ou le *sieur* Dupont.

J'assistais, le 8 juillet 1887, à une audience de la Cour d'assises présidée par le lord-chief justicier d'Angleterre, dans le circuit de l'ouest. Arrive comme témoin une vieille femme, absolument sordide et répugnante à voir, vêtue de loques d'une saleté repoussante ; elle était peu intéressante, d'ailleurs, car elle avait joué, dans une affaire de mœurs, un rôle assez suspect. Lord Coleridge ne cessa de l'appeler *Madame* et de lui parler avec le plus grand respect (1).

En France, tout devrait se passer de même. Pour rendre à notre Justice cette impartialité, cette politesse, ce souci des droits de la défense, qui font la beauté de la Justice anglaise, il n'est pas besoin d'une réforme législative. Ce sont nos mœurs judiciaires qu'il faudrait changer.

---

(1) De Franqueville, *Le système judiciaire de la Grande-Bretagne*, tome II, p. 388.

CHAPITRE VI

INÉGALITÉ ENTRE L'ACCUSATION ET LA DÉFENSE.

La vraie cause d'erreur. — A la merci de l'accusation. — Renseignements complémentaires. — L'acte d'accusation et le réquisitoire. — Les récusations.

La passion publique écoutée ; la publicité donnée à l'accusation déterminant un courant d'opinion défavorable à l'accusé maintenu au secret ; les témoins à décharge malmenés, discrédités ; le prévenu prisonnier du juge tout puissant ; autant de manifestations de l'inégalité entre l'accusation et la défense. La pratique, abusant des dispositions du Code ou de son silence, a rendu cette inégalité criante.

L'accusé est à la merci de la justice ; depuis l'instant où le premier soupçon s'élève, jusqu'au moment où le président d'assises en vertu de son pouvoir discrétionnaire, pose — ou ne pose pas — la question subsidiaire résultant des débats.

Quel est le rôle du prévenu pendant tout le cours de l'instruction et de l'examen ? Devant le brigadier de gendarmerie ou devant le commissaire de police, devant le juge d'instruction, devant le jury, que fait-il ? Il répond aux questions qui lui sont adressées. Que l'information dure trois jours, six semaines ou six mois elle se traduit toujours de la même façon pour l'accusé. C'est un perpétuel interrogatoire.

Or, est-il rien de plus choquant en soi, rien de plus inégal que cette discussion entre le prévenu sans défenseur et le juge ?

« Si, comme l'a dit Servan, un homme de sang-froid répondait à
« un juge tranquille, sans idées préconçues et que la sagacité fût
« interrogée par l'adresse, il y aurait quelque égalité dans l'attaque

« et la défense. » Mais, le plus souvent, il y a, d'un côté, des hommes habitués à préciser leurs pensées, de l'autre, des malheureux
qui comprennent à peine le sens des mots qu'ils entendent, qui se
troublent, s'arrêtent, balbutient, uniquement parce qu'ils sont en
présence de personnages dont l'éclatante supériorité intellectuelle et
sociale pèse sur le peu de facultés que la nature leur a départies
et paralyse leurs moyens de défense » (1).

Ces moyens de défense, la justice les marchande en avaricieuse.
Que l'avocat dépose des conclusions afin qu'une mesure soit prise
dans l'intérêt du prévenu ; le ministère public donnera son avis.
Il sera généralement défavorable et toujours décisif. Dans les
procès que nous avons recueillis nous n'avons point trouvé un
seul exemple où la Cour se soit montrée d'une opinion contraire
à l'accusation. Elle a refusé à SANSON (1845) de faire chercher en
poste le témoin dont la déposition devait l'innocenter. Elle a rejeté les conclusions de RISPAL et GALLAND (1819), tendant à ce
qu'il fût procédé à des constatations d'où, plus tard, la vérité
devait jaillir ; elle n'a point consenti à entendre les témoins de
KRANTZ (1868) ; elle a maintenu à l'audience, dans l'affaire PIER-
RE VAUX (1852), Gallemard dont la présence influençait manifestement les témoins ; elle n'a pas voulu renvoyer à une autre session, pour supplément d'information, le procès BORRAS (1887)...
Mais nous ne croyons pas qu'on ait jamais vu le président, quelles que fussent les protestations du défenseur, s'opposer à une
mesure d'information demandée par le ministère public.

.•.

La prépondérance de l'accusation ne se traduit pas seulement
par cette déférence de la Cour aux désirs de l'avocat général.
Dans les plus petits détails elle se manifeste, et le moins clair-
voyant, au cours des débats, doit être frappé du contraste entre
les égards, les attentions réservés au ministère public, et les
froissements, les dédains prodigués à la défense. Dès les premiers mots on a « rappelé au défenseur (on dit *Monsieur l'*avocat

---

(1) Extrait des mémoires de la Société d'émulation, *Une erreur judiciaire*,
par C. Lefebvre (Cambrai), page 26. Voir l'affaire *Maximilien Flament* (1811).

général ; mais on dit *le* défenseur) les prescriptions de l'article 311. »

On a négligé de rappeler à l'accusateur — combien pourtant ce serait utile ! — que le doute doit profiter à l'accusé.

L'observateur le moins perspicace a pu remarquer combien chacun dans sa sphère s'est efforcé de grandir l'accusation. L'architecte a élevé d'un mètre au-dessus du sol le siège du ministère public, tandis que la barre est au-dessous du banc de l'accusé ; le costumier a, de par la loi, revêtu d'hermine et de rouge Monsieur le procureur général ; il n'a donné à l'avocat qu'une robe noire, semblable à celle de l'huissier de service. Ce dernier, pendant la suspension, a forcé le public à rester chapeau bas tant que le représentant de l'accusation est demeuré à l'audience. On n'a pu se couvrir qu'après son départ, lorsqu'il a eu quitté la salle par la même porte que ses collègues de la Cour.

Niaiseries que tout cela, dira-t-on. Sont-ce là des causes d'erreurs judiciaires ? Directement non. Indirectement, peut-être. Ces futilités maintiennent entre la défense et l'accusation un peu de la distance qui jadis, aux Etats-Généraux, séparait le tiers et la noblesse. Les marques extérieures du respect finissent par imposer au jury, avec le respect même, une confiance absolue et l'avocat perd en crédit ce que l'avocat général gagne en importance.

Ces hommages fortifient aussi l'idée que se font les jurés du représentant du ministère public. Ils voient en lui l'homme d'une mission ; l'Organe de la Loi. Fonctionnaire du Gouvernement, il a pour eux quelque chose d'officiel ; ils ne mettent pas en doute ses affirmations. Il parle au nom de la justice : comment avancerait-il des faits non contrôlés ?

Instinctivement, au contraire, les jurés solidarisent l'avocat et son client. « Il est payé pour nous conter cela », pensent-ils durant la plaidoirie, car jamais ils n'admettront cette incontestable vérité : que quatre-vingts affaires d'assises sur cent, sont plaidées d'office, par devoir ou par dévouement.

Comment, d'ailleurs, se fierait-il à cet avocat qu'on a dû rappeler (article 311) au respect des lois, de la décence et de la modération ; auquel, à tout moment, on a coupé la parole (1) ; et

_____

(1) Voir affaire MAXIMILIEN FLAMENT (1811). — Les interruptions des présidents sont pour ainsi dire quotidiennes à la Cour d'assises de la Seine,

qui n'avait pas le droit de poser directement des questions aux
témoins — tant on paraissait craindre l'intempérance de son langage.

L'avocat général, au contraire, est intervenu dans le débat
quand et comme il lui a plu. Personne ne s'est permis de l'interrompre. A chaque incident, le président prenait son avis. Il inter-
pellait aussi l'avocat, mais d'un ton négligent et comme à regret.

D'autre part, au bout de quelques audiences, entre l'avocat
général et les jurés, la glace s'est rompue ; un lien de voisinage
s'est établi. Il s'est produit dans les couloirs des échanges de politesse, des demandes de récusation gracieuse aimablement accueillies, etc... Tout cela n'est rien encore, mais tous ces riens
finissent par être quelque chose. C'est d'atomes que la matière
est faite.

Par contre, dans les grandes villes, le jury ne connaît pas l'a-
vocat qui va plaider. Presque chaque jour, à la barre, il aperçoit
une figure nouvelle, et tout visage inconnu l'inquiète. D'ailleurs,
au banc de la défense, ce ne sont pas toujours des Berryer, des Lachaud ou des Demange qui prennent place. Le barreau a ses conscrits, parfois bien timides, souvent bien téméraires — sans parler de certains qui restent jeunes jusqu'à la fin de leur carrière.

L'avocat d'assises ne doit donc compter que sur son autorité
personnelle ; il faut qu'il s'impose, non seulement à l'attention
des jurés, mais à leur confiance. S'il veut les convaincre, il faut
qu'il les intéresse et les gagne ; il ne lui est pas permis de manquer de talent. La liberté, la vie d'un homme dépendent de sa
présence d'esprit.

. .

Il faut à l'avocat d'autant plus d'activité intellectuelle que sa
plaidoirie sera toujours improvisée en grande partie. C'est le

---

surtout quand l'avocat est un jeune. Ces interruptions sont parfois d'une
déconcertante inutilité. Dans une affaire jugée en mars 1896, le président
n'interrompait-il pas la plaidoirie du défenseur par cette singulière apostrophe :

— Mais, maître, c'est la version de l'accusé que vous racontez-là.

— Monsieur le président, répond l'avocat, je ne crois pas être ici pour
raconter la version de M. l'avocat-général.

plus souvent à la hâte que les affaires d'assises se préparent, les dossiers les plus volumineux ne restant généralement que quelques heures à la disposition de la défense. On verra, dans l'affaire DEHONS (1835), que l'avocat n'avait pu examiner les pièces du procès que deux jours avant l'audience.

Ce n'est que lorsque le président a interrogé l'accusé que le défenseur a le droit de consulter le dossier au greffe (art. 302, Code inst. crim.)... quand ce dossier est au greffe ; car le président, pendant quelques jours, le garde dans son cabinet pour préparer son interrogatoire, puis l'avocat général l'emporte à son tour pour préparer ses réquisitions. Le défenseur, il est vrai, reçoit une copie des pièces de la procédure. Mais elle est parfois inexacte, souvent illisible et tout à fait incomplète. La loi n'exige pas qu'elle contienne autre chose que les procès-verbaux d'arrestation, de constat et de dépositions de témoins. Les lettres et pièces saisies n'y figurent pas ; les plans, photographies, dessins, etc., sans lesquels souvent l'étude de l'affaire est impossible, n'y sont pas reproduits : tant pis si, dans quelque recoin de ce dossier, se cache la pièce justificative de l'innocence.

L'avocat a-t-il eu le temps d'étudier avec soin toute la procédure ? Il faut qu'il compte encore avec les renseignements complémentaires qu'a pu faire prendre le président en vertu de son pouvoir discrétionnaire.

Ces renseignements sont d'ordinaire absolument défavorables à l'accusé.

Au mois de février 1895, un ouvrier serrurier, nommé D***, comparaissait devant la Cour d'assises de la Seine pour attentat à la pudeur.

Un seul témoin contre lui : la victime, une enfant de sept ans. Quelle était la valeur de ses accusations ?

En vertu de mon pouvoir discrétionnaire, dit le président, j'ai fait prendre des renseignements sur la moralité de cette enfant auprès des religieuses de l'Ecole dont elle suit la classe (et s'adressant à l'avocat) : Vous avez vu sans doute dans le dossier, maître, que l'instruction ayant été faite pendant les vacances, l'Ecole était fermée et qu'on n'avait pu avoir de renseignements à cet endroit. Voici le rapport que j'ai reçu de M. le commissaire de police du quartier.

Ce rapport indiquait que les maîtresses de la prétendue victime étaient très satisfaites de sa conduite à l'école. L'enfant était incapable d'aucune mauvaise pensée, douce, pieuse, etc.

L'avocat général tira dans le réquisitoire son argument principal de cette note de police. Elle prouvait qu'on devait avoir foi dans les déclarations de cette petite fille sage et véridique.

Au dossier, cependant, se trouvait, à la cote 26, un rapport de police signé du sous-chef de la sûreté.

C'était celui qui avait été rédigé « pendant les vacances » quand l'école des Sœurs était fermée. Il contenait les indications suivantes :

Le père, atteint d'aliénation mentale, ne se livre à aucun travail.

Aux adresses indiquées, on dit que la jeune Fernande, âgée de 7 ans, va régulièrement à l'école, mais on n'a pas pu savoir depuis quelle date ni quelle était sa conduite.

La jeune Fernande est représentée comme étant d'un naturel vicieux. Elle est orgueilleuse, veut parler de tout, prend des airs de petite femme et a des réponses étonnantes de la part d'une enfant de son âge. Sa façon de faire, ses vices ne sont pas toujours réprimés ainsi qu'il conviendrait, car lorsque sa mère travaille elle est livrée à elle-même, car ce n'est pas son père, qui est inconscient, qui peut lui donner des conseils nécessaires. On dit sa mère et sa sœur très honnêtes, mais comme elles sont obligées de travailler en dehors, leur surveillance est pour ainsi dire nulle.

A ce rapport, ni l'avocat-général, ni le président n'avaient fait allusion. L'avocat n'eut qu'à le révéler au jury pour que l'acquittement fût prononcé.

La délibération ne dura guère. Les jurés, froissés d'apprendre qu'on avait pendant tout le débat omis de leur montrer pareille pièce, rendirent un verdict négatif. Le président, l'avocat général leur avaient assuré qu'ils pouvaient avoir confiance en la parole de la petite Fernande. Et c'était la fille d'un fou, une enfant vicieuse et mal surveillée.

De pareils incidents troublent profondément le jury (1). Les bra-

---

(1) La défense ne peut pas toujours remonter le courant déterminé par les renseignements jetés dans le débat à la dernière heure. Un magistrat, M. E. de Neyremand citait cet exemple dans l'*Intermédiaire des chercheurs* (1891, p. 142).

« Un ancien militaire, jouissant d'une excellente réputation comparais-

ves gens qui en font partie arrivent d'ordinaire à la Cour d'assises très déterminés à la répression. Ils ont pour le crime et les criminels une aversion qui ne va pas sans un peu de crainte. Ils se préparent à servir sans faiblesse les intérêts sociaux. Ils défendront le peuple des honnêtes gens contre l'armée des malfaiteurs.

« saut devant le jury sous l'accusation de coups suivis de mort, un de « ces crimes pour lesquels les jurés ont des trésors d'indulgence. Les dé- « bats avaient établi que l'accusé avait agi à peu près en état de légitime « défense : l'acquittement était assuré. Soudain la production d'une note « de police vint changer la face des choses; elle apprenait ceci: un jour « l'accusé, qui faisait alors son temps de service militaire, avait rencontré « un couple de chiens étroitement unis : d'un coup de sabre il avait opéré « la séparation de corps. Les bons jurés, révoltés par cette vivisection, « oublièrent les productions du débat, déclarèrent l'accusé coupable et lui « refusèrent même le bénéfice des circonstances atténuantes.

« Un juge aussi impressionnable n'est-il pas un peu inquiétant ? »

Etrange conclusion ! Ce qui est inquiétant c'est de voir communiquer aux jurés de pareilles notes de police, puisqu'elles créent en dehors de l'affaire une impression que la défense ne peut combattre.

Les avocats généraux semblent avoir du goût pour ces « horribles détails ». Ils aiment à en émailler leurs réquisitoires, non pour fortifier leurs conclusions, mais pour donner du relief à leurs harangues.

Le 1ᵉʳ décembre 1896 à la cour d'assises de Dijon, comparaissait un nommé Pacotte « le Troppman Bourguignon » comme on l'appela dans les journaux. C'était une effroyable brute contre laquelle le ministère public avait les plus graves présomptions. Le magistrat, cependant, crut nécessaire de donner aux jurés ce trait répugnant :

« Un jour le boucher dijonnais (Pacotte) voit entrer dans sa boutique une servante qui vient lui commander des côtelettes. Un tout petit chien y a pénétré en même temps qu'elle et a dérobé un morceau de mouton, qu'il croque à belle dents.

— Est-ce à vous, ce petit chien, mademoiselle ? » interroge Pacotte.

Et, sur la réponse négative de la jeune bonne, il saisit le pauvre animal lui tranche le cou avec son coutelas et jette les deux tronçons du cadavre dans le panier à déchets qui se trouve sous son étal. Le fait a été affirmé par deux témoins, dont le ministère public lit les dépositions au milieu des cris d'horreur de l'auditoire, et Pacotte nie — parce qu'il nie tout, toujours et quand même — il faut convenir que ses dénégations valent un aveu: — Si c'était vrai, dit-il en affectant de rire, je ne me serais pas amusé à me défendre de l'avoir fait. Pour un chien ! ce n'en vaut vraiment pas la peine ! » (Compte rendu de M. A. Bataille, *Figaro* du 2 décembre).

Ces moyens d'accusation sont-ils dignes de la justice ? Même contre un « Troppmann » a-t-elle le droit de s'en servir. Impressionner et convaincre ne devraient pas être synonymes.

Ils seront fermes ; ils écouteront le ministère public qui sera leur guide.

Tout au plus, s'il y a lieu, se borneront-ils à atténuer, parfois, leurs verdicts ; car l'énergie n'exclut pas la pitié.

Aussi leur déception, leur dépit sont grands, lorsqu'ils voient apparaître la vérité du côté de la défense, lorsqu'ils s'aperçoivent que, pour obtenir d'eux une condamnation qu'ils étaient tout disposés à prononcer, l'avocat général a usé d'habiletés. Ils le croyaient l'organe de la loi, l'impartial porte-parole de la justice ; et ce n'était qu'un plaideur passionné, uniquement soucieux du gain de son procès, comme si la Vérité n'avait point été en cause.

.·.

Mais les jurés ne sont pas toujours disposés à de tels revirements. Il faut une sorte d'entraînement philosophique, un assouplissement particulier de l'esprit pour ne point s'en tenir à la première conviction faite et ne point s'y entêter.

Lorsqu'il croit avoir compris l'affaire, souvent, le jury ne suit plus le débat qu'avec indifférence et lassitude. Son attention est ailleurs. Il n'a plus qu'un désir, voir s'achever des débats qui lui semblent désormais sans objet, puisque son opinion est arrêtée.

Quelle est donc le point de départ de cette opinion ? Quel est le document dont l'interrogatoire n'est que le développement dialogué et dont le réquisitoire ne sera qu'une amplification plus ou moins brillante ? C'est *l'acte d'accusation !*

Nous n'en voulons rien dire personnellement. Contentonsnous d'indiquer ce qu'en ont écrit deux avocats généraux, l'un en 1873, l'autre en 1896. Le premier, M. Ogier du Rocher, intitulait son discours de rentrée à la Cour d'appel de Rennes : *Des actes d'accusation et de leur suppression* (1). Nous y relevons ce passage (p. 17).

L'ami de Berryer, lord Brougham, soutient dans des lettres demeurées célèbres, que notre acte d'accusation est sans terme correspondant dans leur procédure. D'autres, avec moins de courtoisie,

---

(1) 4 novembre 1873, *Des actes d'accusation et de leur suppression*, Rennes, A. Leroy, imprimeur. — M. Bonneville de Marsangy préconisait déjà cette suppression en 1864.

sont allés jusqu'à dire que c'était un emprunt inintelligent, nuisible
à la fois à la procédure écrite et au débat oral, enfin un véritable
plaidoyer qui, *in limine litis*, et sans réplique possible de l'accusé,
n'est bon qu'à prévenir et à influencer le jury.

L'amertume et l'ironie de ces allusions, que je rappelle, sans m'y
associer, n'est certes pas de nature à leur mériter vos suffrages.

Il suffit d'ailleurs qu'elles proviennent de l'étranger pour ne pas
offrir le caractère d'impartialité et de désintéressement qui, seul,
peut convaincre ; nous reconnaissons au moins, en restant modérés
sans cesser d'être sincères, que, considéré au point de vue historique,
*notre acte d'accusation est devenu, par suite de la vicissitude des
temps, un pur anachronisme.*

Moins protectionniste, M. l'avocat général Cruppi dans son
étude sur la Cour d'assises de la Seine, compare nos actes d'accusation au *bill d'indictment* de l'Angleterre et regrette qu'ils
n'aient point la brièveté impartiale du document anglais. Ce bill
est d'ordinaire conçu en ces termes : « Le prisonnier à la barre
est accusé d'avoir tué volontairement X...; il plaide non coupable. Il vous appartient de voir s'il est coupable ou non. »

La formule est parfois d'une prudence extrême. On a cité déjà
cet exemple qui fera peut-être sourire, mais que nous ne pouvons
nous empêcher d'admirer, quand nous le comparons.

Un homme était accusé de l'assassinat de sa maîtresse. On
l'avait arrêté au moment où il emportait dans une voiture le cadavre coupé en morceaux. L'*indictment* portait ces simples mots :
« Wamwright est accusé d'avoir été trouvé en possession du cadavre d'une femme qu'on suppose avoir été assassinée. »

Ce respect excessif de la présomption d'innocence n'empêcha
pas Wamwright, dont la culpabilité était certaine, d'être pendu
haut et court.

...En France, qu'est l'acte d'accusation ? que devrait-il être ?

Que devrait-il être aux termes de la loi, demande M. Cruppi ? (1) Un
écrit servant à désigner clairement le prévenu et à exposer la nature
du crime avec les circonstances qui peuvent aggraver ou diminuer
la peine (2). Tout conseille donc de réduire cet acte aux proportions
les plus élémentaires, mais la pratique suit une marche tout oppo-

---

(1) *Revue des Deux Mondes*, 1896, p. 135.
(2) Article 241, Code d'Instruction criminelle.

sée : *C'est un sommaire que la loi voulait, c'est un roman qu'on y a substitué.* Il fallait au jury une analyse de quelques lignes, impartiale et limpide : c'est un long réquisitoire que le greffier lui lira...

Le premier acte de cette procédure avant que quiconque ait ouvert la bouche est un long réquisitoire qui dispose les faits au point de vue de l'accusation et *risque, avant que la défense ait été entendue,* de produire une impression définitive...

...Qu'on veuille bien songer que lorsqu'un amant a tué sa maîtresse, par exemple, le récit de ce fait criminel qui résulte d'abord des procès-verbaux, des constatations, de tous les témoignages, est repris, dans son ensemble, et avec une forme littéraire, une première fois par le juge d'instruction, une seconde fois par le substitut du procureur de la République dans son réquisitoire définitif, une troisième fois par le juge dans son ordonnance, une quatrième fois par la Chambre des mises en accusation dans l'exposé qui précède l'arrêt, une cinquième fois par le procureur général dans son acte d'accusation. C'est beaucoup. »

Le jour où la réforme du Code d'instruction criminelle serait enfin terminée par les Chambres, l'acte d'accusation, condamné depuis cinquante ans, disparaîtrait. S'il rencontrait des défenseurs, les partisans de sa suppression n'auraient qu'à lire à la tribune quelques-uns de ces morceaux de littérature judiciaire, ceux, surtout, qui ont abouti à des erreurs. Ils les rapprocheraient des actes d'accusation rédigés dans les mêmes affaires lors du procès en révision. Il n'est pas de comparaison plus piquante, plus irritante, et l'orateur qui s'y livrerait, passerait à peu de frais pour un puissant ironiste.

Qu'il prenne d'abord l'acte d'accusation dressé dans les affaires où le crime fut imaginaire, comme dans les procès de PAULINE BEUDOT (1840), de JULIE JACQUEMIN (1814) ou du lieutenant de LA RONCIÈRE (1835).

Qu'il montre le procureur général contre-signant les mensonges d'hystériques ou de monomanes persécutés, faisant siennes leurs affirmations erronées ou calomnieuses ; qu'il lise l'acte d'accusation dressé contre PIERRE VAUX en 1852 ; qu'il souligne toutes les affirmations de Gallemard, reprises, développées par l'accusation et qu'il donne ensuite lecture du portrait que traçait de ce même Gallemard, trois ans plus tard, un autre réquisitoire.

Au dire du procureur général, les charges qui pèsent sur l'innocent sont *accablantes*, les explications de l'accusé sont *inadmissibles* ; il est vrai que parfois ces charges sont de pure invention, inventées non, sans doute, par les magistrats, mais par des témoins dont ils n'ont pas vérifié les dires ou par des experts dont il eût fallu contrôler les assertions. Exemples : l'affaire LOUARN et BAFFET, en 1852, l'affaire LERONDEAU, en 1878. De l'acte d'accusation dressé dans ce dernier procès, détachons cette conclusion qui ressemble à tant d'autres.

Les différentes circonstances relatées ci-dessus ne permettent pas de douter que l'accusée, malgré ses dénégations, n'a pas reculé devant un crime pour assouvir la haine farouche que, depuis bien des années, elle nourrissait contre son mari.

Lerondeau était mort d'une maladie d'estomac !

Parfois, ce n'est plus d'hallucinations de fou, de mensonges d'hystérique ou d'erreurs d'experts, c'est de rêves d'ivrogne que le ministère public se fait l'écho, comme dans le procès des frères BROSSET en 1880. « Leurs dénégations ne sauraient prévaloir, disait l'acte d'accusation, contre la reconnaissance formelle du sieur Trubert. »

Formelle était, en effet, la reconnaissance du sieur Trubert ; si formelle que cet alcoolique continua à reconnaître les frères Brosset pour ses agresseurs alors que leur innocence était proclamée par les vrais coupables.

Le temps n'a point rendu les procureurs généraux plus prudents en leurs réquisitoires écrits. Jamais ils n'y laissent percer un doute. En 1880 comme en 1808, c'est toujours la certitude qui s'y affirme, sans réserve.

En résumé, peut-on lire dans l'acte d'accusation dressé en 1887 contre la femme DRUAUX, toutes les circonstances mises en lumière par l'information, en même temps que l'expertise médico-légale et les données de la science toxicologique, permettent *d'affirmer la réalité* d'un double empoisonnement, dont la femme Druaux *peut et doit* être considérée comme l'auteur.

L'auteur... c'était un four à chaux voisin. L'oxyde de carbone qui s'en échappait avait empoisonné les prétendues victimes de l'accusée.

Le jour où s'accomplira la réforme du Code d'instruction criminelle, l'acte d'accusation aura vécu. On le supprimera comme on a supprimé déjà le résumé du président, et pour le même motif : l'abus qu'on en a fait.

.•.

Souvent les débats anéantissent les charges relevées par l'acte d'accusation. Que fait alors l'avocat général au moment de requérir ? Va-t-il déclarer qu'il abandonne l'accusation, que la preuve juridique ne lui paraît pas rapportée, que, s'il était juré, dans le doute, il rendrait un verdict négatif.

Avocat général a-t-il jamais tenu pareil langage ? C'est possible ; il eût alors été une exception que nous ne connaissons point. La plupart des magistrats se gardent de parler ainsi. Ils penseraient commettre une inconvenance professionnelle. Ils évitent pourtant de parler contre leur conscience. Mais, en pareil cas, s'ils renoncent à soutenir sérieusement l'accusation, ils ne renoncent pas à prononcer un réquisitoire. Ils rappellent les constatations faites, ils esquissent un portrait de l'accusé, énumèrent les motifs qui ont amené M. le juge d'instruction à rendre une ordonnance de renvoi ; ils résument les charges, comme s'ils allaient réclamer une peine et terminent par une de ces formules vagues dont le sens exact échappe nécessairement aux profanes.

— Vous verrez, messieurs les jurés, s'il vous est possible de rendre cet homme à la liberté. Je m'en remets à votre sagesse.

Ou bien :

— Je ne conclus pas, messieurs les jurés, vous avez entendu déjà les explications de l'accusé ; vous allez écouter son éloquent défenseur. Votre conscience saura vous dicter votre devoir ; elle vous dira jusqu'où vous devez pousser la clémence.

Un jour, à la sortie de la Cour d'assises, nous rencontrions l'avocat général qui occupait le siège du ministère public depuis le début de la session.

— Je suis désolé, nous dit-il ; les jurés viennent de rendre, dans une affaire de vol qualifié, un verdict qui me trouble. Ma conviction n'était pas faite.

— Vous aviez abandonné l'accusation ?

— Certainement, mais *ils ne m'ont pas compris !*

Si le magistrat avait tenu aux jurés ce langage : « Messieurs les jurés, les débats auxquels nous venons d'assister ont changé la physionomie de cette affaire. Je ne prends pas la responsabilité de vous demander une condamnation contre l'accusé. Je n'oserais affirmer qu'il est coupable et la justice veut qu'il bénéficie du doute. Acquittez-le. »

Si l'avocat général avait ainsi parlé, il eût été compris. Il aurait quitté l'audience l'esprit libre, avec la conscience du devoir accompli.

Mais ce langage catégorique n'a jamais été celui du ministère public dans les affaires où la prévention s'est effondrée à l'audience.

L'avocat général s'est toujours cru obligé de rester dans le vague.

A la cour d'assises de la Seine, le 11 novembre 1896, nous fûmes témoins d'un incident bien significatif.

On jugeait l'affaire du Pont-Mirabeau (24 août et 10-11 novembre 1896). Un des accusés, François Loutrel, avait été renvoyé devant le jury sur les seules accusations de son prétendu complice, André Loutrel, son neveu. Le procès vint une première fois à l'audience du 24 août 1896. André Loutrel, pris d'une crise de nerfs, se plaignit *d'être forcé de s'accuser et d'accuser son oncle*. L'affaire fut renvoyée à une autre session et André Loutrel soumis à un examen médical.

Les aliénistes conclurent à l'imbécillité d'André Loutrel. « Il ne faut tenir compte ni de ses aveux, ni de ses dénégations, déclaraient-ils dans leur rapport. C'est des charges relevées par l'accusation que doit résulter la preuve de l'innocence ou de la culpabilité. »

Il n'y avait, contre François Loutrel, aucune charge sérieuse en dehors des accusations, rétractées par deux fois, de son neveu. Le ministère public ne renonça cependant pas à requérir contre lui. L'avocat général rappela que les renseignements fournis sur son compte étaient mauvais : il était paresseux, violent, querelleur, il ne payait pas son terme, etc.

Jusqu'au 24 août, date de sa première comparution, il y avait. ajouta-t-il, les accusations catégoriques et précises de son co-accusé; mais les médecins nous ayant formellement déclaré qu'il ne fallait faire état ni des affirmations ni des dénégations d'André Loutrel, le jury verra s'il trouve dans la cause, en dehors des circonstances que j'ai rappelées, les éléments suffisants pour prononcer une condamnation.

Mᵉ Paris, défenseur de François Loutrel, au début de sa plaidoirie, posa alors à l'avocat général cette question :

M. l'avocat général aurait-il l'obligeance de m'expliquer ses paroles. Dans l'acte d'accusation, il relève contre les deux accusés les articles 296 et 302. Conclut-il encore à la peine de mort contre les deux ? Accorde-t-il à celui que je défends les circonstances atténuantes ? Abandonne-t-il l'accusation ?

L'avocat général se leva et parut fort embarrassé.

Je croyais avoir été suffisamment clair, répliqua-t-il... et ne pensais rien avoir à ajouter. L'accusation appartient maintenant au jury. Il est le maître, il statuera. J'ai déclaré qu'en dehors des allégations, désormais douteuses, de André Loutrel et des circonstances que j'ai relevées, je n'avais point de faits décisifs à avancer contre François Loutrel. Je m'en tiens à ce que j'ai dit. Je n'ai point à abandonner l'accusation. *Juridiquement, l'abandon d'accusation n'existe pas.*

Ainsi, mis en demeure de donner une réponse nette, de dire son avis, de proclamer sa conviction, l'avocat général refusait de se prononcer: « Je n'ai point à abandonner l'accusation! » C'est-à-dire que le représentant de la Société n'a pas à reconnaître à l'audience l'absence de preuves contre un accusé; les intérêts dont il est chargé lui font un devoir d'obtenir une condamnation : il ne se croit pas le droit de réclamer un acquittement ; si cet acquittement s'impose, il se désintéresse du débat ! Pourtant, (c'est Labruyère qui l'a dit), « un innocent condamné est l'affaire de tous les honnêtes gens. »

.·.

De toutes les causes d'infériorité de la défense, il nous reste à signaler la plus grave, la moins connue.

Elle ne fut pas dans l'intention du législateur qui, sur ce

point voulut favoriser l'accusé. L'article 401 du Code d'instruction criminelle est, en effet, ainsi conçu :

L'accusé et le procureur général pourront exercer un nombre égal de récusations et cependant, si les jurés sont en nombre impair, les accusés pourront exercer une récusation de plus que le procureur général.

Excellent principe, admirable privilège ! Il est fâcheux que l'article 395 retire en fait à l'accusé la faculté que l'article 401 lui accorde. C'est, en effet, la veille de sa comparution seulement, que la liste du jury est notifiée à l'accusé. Comment du fond de sa cellule, en vingt-quatre heures, prendrait-il des renseignements sur ses juges? Il a le droit de les choisir, il lui est impossible de les distinguer.

Le procureur général, au contraire, a toute facilité pour s'informer des tendances, des opinions des jurés. Il les récuse en connaissance de cause ; il a ou peut avoir dans son dossier le signalement moral de chacun.

Un hasard a mis entre nos mains une copie des renseignements de police fournis sur les jurés, dans une importante affaire politique, à laquelle la finance n'était pas étrangère.

En évitant toute indiscrétion, et, uniquement, à titre de preuve de l'infériorité de la défense, nous croyons pouvoir publier ces rapports de police. Nous supprimons bien entendu, les noms et nous modifions les adresses. Le document reste encore malgré cela, suffisamment caractéristique. Le voici.

I. — Le sieur *A*, graveur, est établi à cette adresse... depuis 5 ans. Fils d'un mécanicien de la Compagnie de ***, il est né dans le quartier. Il était autrefois libre-penseur et intransigeant, mais ses opinions paraissent s'être modifiées depuis environ trois ans, époque à laquelle il s'est mis à fréquenter les églises. Il est aujourd'hui catholique et va régulièrement à la messe chaque dimanche. Faisait partie autrefois du comité républicain-radical du quartier de ***. Actuellement conservateur déclaré. Le sieur *A* est marié, père de trois enfants. Il n'a pas de fortune ; son industrie est prospère. Il occupe cinq ouvriers. *Ne paraît pas disposé à la bienveillance envers les inculpés de l'affaire de... dans laquelle cependant il n'a pas perdu d'argent.*

II. — Le sieur *B*, propriétaire à.., habite depuis 15 ans, rue... Ancien papetier, il s'est enrichi dans ce commerce et possède une fortune évaluée à 120,000 francs. Il est marié et père de trois enfants. Âgé de 55 ans, le sieur *B.* ne s'occupe pas de politique. Il est républicain modéré et lecteur assidu du *Petit Journal. Serait porté à l'indulgence en faveur des inculpés.*

III. — Le sieur *C,* demeure 4 rue .. où il exploite avec son fils une très importante boutique d'horlogerie. Il est âgé de 58 ans, veuf et possède une très belle fortune. Il jouit dans le quartier qu'il habite depuis près de vingt ans, d'une certaine considération commerciale. On le dit professer des idées opportunistes. *Ne s'est jamais fait connaître en ce qui concerne l'affaire.*

IV. — Monsieur *D,* âgé de 45 ans, demeure depuis six mois, avenue... où il occupe un appartement de 2,000 francs de loyer. Il est marié avec enfants. Il remplit les fonctions de directeur de la Banque de... en même temps qu'il est administrateur de la société des... Son train de maison comprend plusieurs domestiques. Ses opinions politiques ne sont pas connues.

V. — Monsieur *E,* demeure... où il occupe un appartement de 3,000 francs environ. Il se donne comme négociant, mais on ne sait préciser la nature de ses affaires, de même qu'on ne lui connaît pas de bureaux en ville pouvant servir à son industrie. Fortune personnelle inconnue ; cependant il occupe des domestiques. *N'est pas hostile au gouvernement.*

VI. — Le sieur *F.* demeure rue... depuis 7 ou 8 ans. Il exerce la profession d'ingénieur. Il est âgé de 62 à 65 ans. Marié, il a un fils médecin. Sa situation de fortune est assez belle, car il est propriétaire de deux à trois immeubles, etc..., etc. On le donne comme un républicain modéré opportuniste. Ne parle jamais des affaires de...

VII. — Le sieur *G,* balancier, fait énormément d'affaires... Ne lit que le *Petit Journal,* mais serait plutôt hostile à ···: sans opinion définie : peut-être socialiste, de nuance très claire.

VIII. — Le sieur *H,* demeure etc., etc. Intransigeant militant *peu disposé à l'indulgence.*

IX. — Le sieur *I,* demeure etc.. (même nature de renseignements sur la famille et la fortune). Il fait partie du bureau de bienfaisance de son arrondissement... Républicain très modéré (a été boulangiste) *est animé d'intentions peu bienveillantes pour tous ceux qui ont trempé dans l'affaire.*

X. — Le sieur *K,* est conseiller municipal de sa commune. Il est républicain radical. Il n'a pas perdu d'argent dans l'affaire de... *Serait disposé à l'indulgence envers les inculpés.* Est d'un caractère conciliant et doux.

XI. — Le sieur *L,* est connu dans le quartier pour manifester des idées hostiles au gouvernement (on le dit bonapartiste). *Paraît décidé à sévir.*

XII.—Le sieur *M,* est propriétaire de la maison qu'il habite. Sa fortune s'élève à 100,000 francs environ. Il n'a pas d'enfants. Conseiller municipal de la commune de... le sieur *M,* est républicain, nuance gauche républicaine. M. *M.* n'a pas perdu d'argent dans l'affaire. D'un caractère très doux, M. *M.* se range toujours du côté de la majorité. Manque de décision. A un défaut de prononciation qui l'empêche de parler beaucoup...

Inutile d'en citer davantage. En voilà assez pour démontrer quelle est en matière de récusations comme en tant d'autres, l'infériorité de la défense. Le ministère public connaît, quand il le veut, le passé, la fortune, la famille, le caractère des jurés dont le nom sort de l'urne. Il a fait scruter leur conscience.

L'accusé pour tout renseignement apprend la veille de l'audience, leur nom, leur âge, leur profession et leur adresse. Il ne sait sur eux rien de plus. Pendant le tirage au sort du jury, il est vis-à-vis de l'avocat général dans la situation d'un aveugle qui discuterait couleurs avec un peintre.

．
．．

La lecture des erreurs judiciaires soulève d'autres problèmes, suggère d'autres réflexions (1). Nous n'avons pas la prétention d'avoir tout dit. Nous avons voulu montrer seulement qu'il n'était pas d'erreur *fatale.*

Dans chacun des procès recueillis en ce volume, nous avons pu dégager la cause de la méprise. Plus de sang-froid, plus de patience, de prudence ou d'impartialité; une plus exacte application de la loi, un plus grand souci des droits de la défense, le respect trop oublié de ses privilèges, eussent évité tant de condamnations injustes.

En recherchant l'origine de ces erreurs, nous avons été bien

---

(1) Les psychologues y trouveront, croyons-nous, matière à d'intéressantes remarques, les romanciers y puiseront de dramatiques scenarios. L'admirable dévoûment des femmes pour leurs maris condamnés (voir Fabry, Maximilien Flament, etc.) et la générosité des vrais coupables se dénonçant pour sauver les innocents ne seront pas parmi les moins curieuses observations que les lecteurs pourront tirer de ces documents.

près de découvrir le mal dont souffre la Justice criminelle actuelle. Du haut en bas de l'échelle judiciaire la pratique a tué le principe ; on a perdu de vue l'esprit de la loi pénale et certaines circulaires ministérielles ont conseillé aux chefs des parquets de tourner les textes les plus formels (1).

A quoi bon, dès lors, les réformes, à quoi bon des lois nouvelles? L'effort du législateur se brisera contre l'inertie d'un garde des sceaux. On mettra le code rénové en harmonie avec les errements anciens et les prévenus penseront qu'il n'y a rien de changé à leur sort, qu'il n'y a qu'un texte de plus.

C'est aux magistrats eux-mêmes qu'il appartient de rajeunir la Justice. Le code d'instruction criminelle n'est point mauvais. Il peut être en leurs mains un instrument d'équité ; il suffit qu'ils aient sans cesse, avec la crainte de l'erreur, la volonté efficace de tenir la balance égale entre l'accusation et l'accusé.

Qu'ils veillent sur eux-mêmes : Μέμνησο ἄνθρωπος ὤν, disait l'esclave à Philippe. — « Souviens-toi qu'il est des condamnés innocents » devraient se répéter les juges d'instruction, les juges correctionnels et les présidents de cour d'assises.

Jadis à Venise (2), un boulanger fut condamné au dernier supplice comme meurtrier d'un noble vénitien. Le malheureux était innocent. Quand l'erreur fut reconnue, le Sénat s'empressa de réhabiliter la mémoire du boulanger ; une messe fut fondée à perpétuité pour le repos de son âme ; une lampe fut suspendue toujours allumée dans une église proche du Palais, et dans la salle des audiences, en lettres rouges sur le mur furent écrits ces mots : *Ricordate vi del povero fornaro* (Souvenez-vous du pauvre boulanger). Depuis lors, chaque fois que le tribunal criminel se levait pour délibérer, un huissier répétait à voix haute la formule inscrite au mur : *Ricordate vi del povero fornaro* (3).

---

(1) Voir chapitre IV, p. 142, la citation de M. Cruppi sur la correctionnalisation.

(2) Voir un article signé Bertin dans *le Droit* des 27-28 février 1840.

(3) « A Rouen, dans la cathédrale, une longue épitaphe est consacrée à « trois jeunes gens de Rouen, injustement condamnés à mort pour un « prétendu assassinat, en 1624. L'arrêt qui proclama leur innocence, or-« donna la translation de leurs restes dans la cathédrale, devant la cha-« pelle des Innocents, et la célébration à perpétuité d'une messe par se-

Nous ne demandons pas la résurrection de cette mise en scène. Mais pourquoi n'inscrirait-on pas dans les prétoires au-dessus du banc de l'accusé, les noms des victimes de la Justice ?

— Votre système est inadmissible, s'écrierait parfois encore le président, en réponse aux explications d'un accusé.

Mais, en levant les yeux, il verrait au mur, un tableau commémoratif où, liste jamais close, ces noms seraient gravés :

FABRY. — ROSE CORNU. — RISPAL ET GALLAND. — LECOMTE. — ROSSI. — LEGRAS. — GANCEL. — PAULINE BEUDOT. — HOUILLIEZ. — LESNIER. — RENOSI. — FEMME DOISE. — LEBAIL. — FEMME DRUAUX. — YVAIN. — FOULON. — VUILLEMENOT. — NAUDIN.... ETC., ETC.

L'accusé a devant lui le Christ dont l'image lui doit enseigner la résignation aux arrêts de Justice ; pourquoi les juges n'auraient-ils point en face d'eux un symbole qui leur rappellerait sans cesse leur faillibilité ?

« maine avec un *obit*, tous les ans, pour le repos de leurs âmes. » L'*Intermédiaire des chercheurs et des curieux*, tome XIII, 1889, p. 523.

DEUXIÈME PARTIE

ERREURS JUDICIAIRES ANTÉRIEURES AU XIXᵉ SIÈCLE

—

BELLANGER

(1599)

En l'an 1599, sous le règne du Béarnais, un nommé Jean Prost demeurant à Paris, à l'auberge des époux Bellanger, disparut de son domicile. Sa mère, après avoir attendu vainement son retour pendant de longues semaines, porta plainte au lieutenant criminel ; elle accusait les aubergistes du meurtre de son fils (1).

Les premières constatations du juge parurent confirmer la dénonciation de la dame Prost.

Les Bellanger avaient eu le tort de s'approprier une partie des hardes et tout l'argent laissé par Prost dans la chambre ; ces effets retrouvés chez eux, en donnant au crime un mobile, semblèrent la démonstration de leur culpabilité.

En vain, prétendirent-ils avoir gardé ces objets pour se payer de ce qui leur était dû par leur hôte, leurs protestations n'ébranlèrent pas la conviction des juges : les Bellanger avaient assassiné Jean Prost pour s'emparer de ses effets.

---

(1) Gayot de Pitaval, *Causes célèbres et intéressantes*, tome I, p. 493. — *Actions notables et plaidoyez de messyre Louis Servin*, Paris 1640, L. III, § 99.

L'attitude des accusés, au début de l'instruction, fut relevée contre eux comme une charge décisive.

—N'avaient-ils pas soutenu à plusieurs reprises qu'ils n'étaient pas même entrés dans la chambre de Prost depuis sa disparition, alors que leur enfant déclarait qu'à trois reprises ils avaient forcé la porte de cette pièce et qu'ils y avaient pris de l'argent ?

La servante fut comprise dans les poursuites. Ses maîtres, disait-on, lui avait promis sa part dans le produit du vol et l'on en concluait qu'elle avait aidé à l'assassinat ou tout au moins qu'elle en avait eu connaissance.

Bellanger fut condamné à la question ordinaire et extraordinaire.

Pour sa femme et la domestique, on se contenta de les « présenter » à la question. La torture n'arracha pas d'aveux à l'accusé, et il fut sursis à statuer définitivement jusqu'à ce qu'une nouvelle preuve de culpabilité fut apportée.

Ce fut une preuve d'innocence que le hasard fournit, à quelque temps de là.

Deux individus arrêtés et poursuivis pour vol furent, en effet, convaincus d'être les véritables auteurs de la mort de Jean Prost. Ils furent condamnés à mort et l'un d'eux au pied de l'échafaud, avoua sa culpabilité dans le crime reproché aux hôteliers.

La justice alors, n'accordait pas de réparation à ses victimes.

Il a fallu trois siècles et quatre révolutions pour obtenir cette réforme.

Mais jadis comme aujourd'hui, ceux qui avaient eu le plus à souffrir de la justice gardaient encore confiance en elle.

Bellanger, estropié par les chevalets de la question, s'adressa au Parlement de Paris pour qu'il proclamât son innocence. Il demanda en outre des dommages-intérêts à la mère de Prost dont les accusations calomnieuses avaient eu pour lui et les siens de si déplorables conséquences.

Le procès fit grand bruit dans le royaume et les chroniqueurs rapportent que le bon roi Henri IV siégea en personne parmi les juges qui en connurent.

L'avocat général Servin dans ses conclusions, exprima l'avis que si l'innocence des époux Bellanger devait être proclamée, il ne pouvait leur être alloué aucun dommage-intérêt, parce que,

dit-il, si l'accusé avait souffert de la question (1), il devait se
l'imputer à lui-même ; il s'était perdu par ses réponses, et avait
éprouvé la vérité de cet oracle de l'Écriture : la mort et la vie sont
au pouvoir de la langue (*mors et vita in manu linguæ*, Proverb.
C. 18, v. 21). — L'avocat général prétendit prouver encore qu'il
était dangereux de croire, mais qu'il était encore plus dangereux de ne pas croire. Il finit en disant qu'il n'était pas juste
que l'accusé demandât des dommages-intérêts pour des pour-

---

(1) *Question ordinaire et extraordinaire : à l'eau et aux brodequins.*

Il y en a deux sortes qui s'exécutent dans l'étendue du parlement de
Paris. Dans d'autres parlements il s'en donne de plusieurs sortes, comme
les mèches allumées entre les doigts ; des poids aux pieds, élevés en l'air
par les bras derrière le dos, espèce d'estrapade, etc.

A l'eau. — La plus ou moins grande quantité d'eau qu'on fait avaler
fait la différence de la question ordinaire à l'extraordinaire.

Quand on a lu à l'accusé sa condamnation, on le fait asseoir sur une espèce de tabouret de pierre ; on lui attache les poignets à deux anneaux de
fer distants l'un de l'autre, derrière son dos, puis les deux pieds à deux
autres anneaux qui tiennent à un autre mur devant lui : on tend toutes
les cordes avec force, et lorsque le corps du criminel commence à ne plus
pouvoir s'étendre, on lui passe un tréteau sous les reins, ensuite on tend
encore les cordes, jusqu'à ce que le corps soit bien en extension. Le questionnaire, homme destiné par sa charge à cet ouvrage, tient d'une main
une corne de bœuf creuse, et de l'autre il verse de l'eau dans la corne, et
en fait avaler au criminel quatre pintes pour la question ordinaire, et huit
pintes pour l'extraordinaire. Un chirurgien tient le pouls du patient, et
fait arrêter pour un instant, suivant qu'il le sent faiblir : pendant ces intervalles, on interroge le patient, pour venir à révélation de ses complices,
ou autrement.

Les brodequins. — Se donnent plus rarement que l'eau, parce qu'ils peuvent estropier le patient : on ne donne guère cette question qu'à ceux
auxquels il n'y a rien à risquer, attendu qu'ils sont condamnés sans ré-
mission, et pour tâcher encore d'en tirer quelques éclaircissements. On
fait asseoir le patient, on lui attache les bras, on lui fait tenir les jambes
à plomb ; puis on lui place, le long des deux côtés de chaque jambe, deux
planches, une en dedans, et une en dehors ; on les serre contre la jambe
en les liant sous le genou et au-dessus de la cheville du pied, ensuite
ayant placé les jambes près l'une de l'autre, on les lie toutes les deux ensemble avec de pareilles cordes placées aux mêmes lieux ; alors on frappe
des coins de bois dans les deux planches d'en dedans entre les genoux,
et par en bas entre les deux pieds, ces coins serrent les planches de chaque jambe, de façon à faire craquer les os. La question ordinaire est de
quatre coins, l'extraordinaire est de huit.

(Garsault, *Faits des Causes Célèbres*, 1752).

suites que la mère de Prost n'avait point faites par un esprit de calomnie, et qu'il devait « recevoir cet accident comme une épreuve du ciel ».

Le Parlement adopta l'opinion de Servin et un arrêt du 17 janvier 1600 ordonna la mise en liberté des époux Bellanger dont l'innocence était reconnue, mais il leur refusa la réparation pécuniaire qu'ils réclamaient contre leur accusatrice.

D'ANGLADE

(1687)

Le comte et la comtesse de Montgommery demeuraient à la fin du XVIIIe siècle, au premier étage d'une maison de la place Royale.

Le second étage était habité par une famille de petite noblesse, les d'Anglade, qui, sans mener un train aussi princier que leurs voisins, vivaient du moins largement, en gentilshommes, sinon en grands seigneurs (1).

Des relations amicales s'étaient établies entre les d'Anglade et le Montgommery, relations assez intimes pour qu'au mois de septembre 1687 le comte et la comtesse invitassent d'Anglade et sa femme à venir passer quelques jours avec eux dans leur terre de Villebousin. Les d'Anglade, après avoir d'abord accepté, déclinèrent l'invitation.

Les Montgommery partirent, sans leurs voisins, le 22 septembre, un lundi, annonçant qu'ils ne reviendraient que le jeudi suivant. Ils emmenèrent avec eux leur aumônier, l'abbé Gagnard et leurs domestiques, ne laissant à Paris qu'une femme de chambre de la comtesse, un petit laquais et quatre filles ouvrières en broderie.

Le mercredi soir, veille du jour auquel ils avaient fixé leur retour, les Montgommery rentrèrent à l'improviste, place Royale. A l'heure du souper, les d'Anglade vinrent les saluer et tout na-

---

(1) Gayot de Pitaval, *Causes Célèbres*, T. I, p. 415.

turellement leur exprimèrent leur surprise de les voir sitôt revenus.

Le lendemain, le comte de Montgommery s'apercevait qu'un vol important avait été commis chez lui pendant son absence ; on avait forcé dans son appartement un coffre de campagne dans lequel avaient été pris seize sacs de mille livres en argent, onze mille cinq cents livres en pièces d'or de deux pistoles, cent louis d'or neufs au cordon et un collier de perles d'une valeur de quatre mille livres. Le comte porta plainte auprès du lieutenant criminel du Châtelet. Une enquête fut ouverte immédiatement et les magistrats se rendirent en hâte Place Royale. Ils n'y constatèrent aucune trace d'effraction : le vol avait été évidemment commis par un habitant de la maison. On résolut de fouiller tous les appartements de l'immeuble et la perquisition commença par le logement des d'Anglade. Sur la demande même de ceux-ci, on examina toutes les pièces, tous les meubles, on bouleversa les lits ; on ne trouva rien.

Tout à coup, au moment où le lieutenant criminel se dirigeait vers le grenier, la dame d'Anglade, qui était enceinte, faillit se trouver mal. Cette syncope éveilla l'attention soupçonneuse des gens de justice et du comte de Montgommery et leurs soupçons se changèrent en conviction lorsqu'on eut, dans ce grenier, découvert au fond d'un vieux coffre plein de linge et de vêtements un rouleau de soixante-dix louis au cordon enveloppés dans un papier sur lequel figurait la généalogie du comte. Ces pièces d'or portaient la même date que celles qu'on avait dérobées ; elles provenaient évidemment du vol. M. de Montgommery se portant alors partie contre les d'Anglade, requit leur interrogatoire et leur arrestation.

Ceux-ci manifestèrent, on le comprend, la plus grande émotion et leur trouble fut interprété comme une présomption nouvelle de leur culpabilité.

Cependant, tout de suite, Mme d'Anglade rappela un incident qui s'était produit lors du retour à l'improviste des Montgommery : les domestiques du comte avaient exprimé leur étonnement de trouver ouverte la porte d'une salle où couchaient l'aumônier, le page et le valet de chambre, porte qui avait été fermée à clef lors de leur départ. Elle pria le lieutenant criminel de continuer la perquisition par cette pièce. On fit droit à sa demande ; on se livra à des recherches ; elles amenèrent la découverte de cinq sacs de mille livres et d'un sac où il manquait deux cent dix-neuf livres dix-neuf sols. Les investigations sur place s'arrêtèrent là ; on ne pénétra même pas dans les autres chambres des domestiques du comte, celui-ci ayant déclaré hautement qu'il se portait garant de tous ses gens.

Les d'Anglade furent arrêtés, envoyés, le mari au Châtelet et la femme au Fort-Levêque où ils furent l'un et l'autre mis au secret absolu.

L'instruction se poursuivit. Le lieutenant criminel rendit d'abord un jugement sur la compétence ordonnant qu'en raison du caractère du vol commis avec effraction le jugement serait rendu sans appel. Des témoins furent entendus. C'étaient des parents du comte et de la comtesse de Montgommery et les gens de leur maison, parmi lesquels l'aumônier, l'abbé Gagnard.

Tous s'acharnèrent contre d'Anglade, le représentant comme un malhonnête homme : il avait déjà commis des vols ou tout au moins on l'avait soupçonné d'en avoir commis, ce qui était presque la même chose !

Un témoin déclara que dans une maison où l'accusé avait habité, de la vaisselle d'argent avait disparu ; c'était lui qui avait dû la dérober. Un autre prétendit qu'on l'avait surpris un jour volant une pièce de ruban ; un troisième assura qu'il était un joueur de probité plus que douteuse.

Enfin une charge plus grave parut établie : au moment où les Montgommery étaient rentrés de la campagne, d'Anglade avait été aperçu à la porte de la salle où une partie de l'argent volé avait été plus tard découverte.

Le 25 octobre 1687, le grand Conseil cassa le jugement de compétence rendu par le lieutenant criminel et ordonna que le procès serait jugé à charge d'appel au Parlement.

Mais d'Anglade, qui avait pu constater depuis le début de l'affaire la partialité du lieutenant criminel, interjeta appel de la procédure et prit ce magistrat à partie. Le Parlement rejeta la demande de d'Anglade et le procès sur l'accusation de vol suivit son cours.

Par une sentence du 19 janvier 1688, d'Anglade fut condamné à la question ordinaire et extraordinaire. Sur l'appel, le Parlement maintint cette condamnation en y ajoutant que même si la question n'arrachait pas d'aveu à l'accusé, celui-ci pourrait néanmoins être condamné sur les autres preuves.

D'Anglade, subit le supplice, sans cesser de proclamer son innocence et celle de sa femme.

Ces protestations n'empêchèrent pas que le 16 février 1688 fût rendu un arrêt qui « pour réparation des cas résultant du procès, condamne d'Anglade à être mené et conduit aux galères du Roi pour y servir comme forçat le dit seigneur Roi l'espace de neuf ans (1), bannit la de Saint-Martin (la dame d'Anglade) pour neuf ans de la ville, prévôté et vicomté de Paris... la condamnant en outre en vingt livres d'amende envers le Roi, elle et d'Anglade en 3.000 livres de réparation et 25.673 livres de restitution envers le sieur de Montgommery ensemble et à restituer le collier de perles, sinon payer la somme de 4,000 livres, le tout solidairement... »

D'Anglade, d'une complexion délicate, brisé par la torture, fut jeté dans le cachot le plus malsain de la tour de Montgommery où il resta longtemps sans assistance et sans soins, puis il fut conduit au château de la Tournelle et attaché à la chaîne des galériens. Il y tomba plus gravement malade encore, et c'est presque mourant qu'il dut se rendre à Marseille dans le convoi des forçats. A peine arrivé au bagne, il succomba, protestant toujours de son innocence.

D'Anglade était mort depuis peu de temps et sa malheureuse femme sortie de Fort-Levêque venait de quitter Paris pour obéir

---

(1) Les galères : « On transfère en une prison particulière les condamnés, jusqu'à ce qu'il s'en trouve assez pour former la chaîne, c'est-à-dire pour partir tous ensemble ; alors on leur passe à chacun un anneau de fer au col d'où pend une chaîne, au bout de laquelle est un autre anneau qu'on attache au pied ; vers le milieu de cette chaîne il y en a une autre qui y tient, et un anneau au bout qu'on attache au poignet opposé ; celle-ci est assez longue pour laisser la liberté du bras. Une chaîne commune attache à cette chaîne tous les galériens, depuis le premier jusqu'au dernier ; et tous marchent à pied, conduits par des gardes jusqu'au lieu de leur supplice, où chacun est derechef enchaîné sur les bancs de la galère, pour y ramer lorsqu'elle est en mer. ».

Les femmes ne sont jamais condamnées à ce supplice.

(Garsault, *Faits des Causes Célèbres*, 1752).

à l'arrêt de bannissement (1), lorsque la rumeur publique fut éveillée par des lettres anonymes.

Le signataire y déclarait que les d'Anglade étaient innocents et que les véritables auteurs du vol étaient un domestique du comte de Montgommery appelé Belestre (de son vrai nom : Vincent) et l'aumônier, l'abbé Gagnard.

Une enquête fut ouverte : on apprit que Vincent avait dans sa jeunesse commis un assassinat : étant soldat, il avait tué son sergent et déserté. Après avoir erré longtemps, misérable, il était venu au Mans où il avait fait la connaissance de l'abbé Gagnard. Celui-ci était le fils du geôlier de la prison du Mans ; il avait dissipé un petit patrimoine et n'avait échappé à la misère qu'en entrant au service du comte de Montgommery. Gagnard et Belestre après le vol reproché à d'Anglade avaient quitté leur place et s'étaient livrés à de grandes dépenses. Depuis lors ils avaient disparu, et c'est le hasard qui les fit tomber entre les mains de la justice. Malgré les efforts des Montgommery pour empêcher un nouveau procès, un décret d'information fut rendu contre le domestique et l'abbé. Des témoins furent retrouvés et leurs dépositions établirent la culpabilité des deux nouveaux accusés.

Belestre s'était, à maintes reprises, vanté de son habileté à fabriquer des fausses clefs et il avait raconté comment, l'abbé Gagnard lui ayant fourni les empreintes des serrures de l'appartement des Montgommery, il avait pu utiliser son savoir-faire pour pénétrer chez le comte et y dérober une grosse somme. D'ailleurs on avait vu entre les mains de l'ancien domestique le collier de perles volé et des pièces d'or en grande quantité, de la même frappe que celles qui avaient disparu.

Belestre et Gagnard furent condamnés à mort. Avant l'exécu-

---

(1) Le bannissement est un ordre de la justice de sortir dans les vingt quatre heures de la ville et prévôté, et de n'y pouvoir revenir qu'au bout de plus ou moins d'années, suivant l'arrêt ; quelquefois il est à perpétuité. On bannit aussi à perpétuité aux îles Sainte-Marguerite, ou ailleurs, pour des crimes qui pouvaient mériter la mort. Alors le coupable est mort civilement, et tous ses biens sont confisqués au Roi.

Si celui qui est banni à temps ne tient pas son ban, et qu'il soit rattrapé, il encourt une peine plus sévère à la volonté du juge, par exemple, les galères pour un homme, et les hôpitaux pour une femme.

(Garsault, *Faits des Causes Célèbres*, 1752).

tion de cette sentence, ils furent soumis à la question. L'abbé avoua le vol. Son complice ne confessa son crime qu'au moment de mourir. Ils furent pendus tous les deux.

La fille de d'Anglade intenta alors un procès pour obtenir la réhabilitation de la mémoire de son père et de sa mère, décédée elle aussi peu de mois auparavant.

Elle réclamait en même temps aux Montgommery la restitution de toutes les sommes qu'ils avaient touchées en vertu de l'arrêt de condamnation.

Le comte se défendit énergiquement contre cette demande. Il soutint que la culpabilité de Belestre et de Gagnard ne prouvait pas l'innocence des d'Anglade, que ceux-ci avaient pu être les complices des premiers. Il invoqua les charges qui avaient entraîné la première condamnation, « l'émotion » de d'Anglade lorsqu'il l'avait vu revenir à l'improviste de la maison de campagne, la syncope de la dame d'Anglade au moment de la perquisition, la prière même de cette dernière qui « pour détourner les soupçons » avait demandé qu'on opérât des recherches dans la salle où couchaient l'abbé et le domestique, etc.

Mais il apparut que tous ces faits avaient reçu de la part des premiers juges une fausse appréciation, et le 16 juin 1693 (plus de cinq ans après la condamnation des innocents), le Parlement rendit un arrêt réhabilitant la mémoire des époux d'Anglade et condamnant les Montgommery à restituer à leur fille toutes les sommes qu'ils avaient touchées en réalisant à leur profit, ainsi qu'ils y avaient été autorisés, la fortune de d'Anglade et de sa femme.

LEBRUN

(1689)

Bien qu'elle eût dépassé la soixantaine, Madame Mazel avait gardé l'amour du bruit et du monde. Veuve et riche, elle recevait beaucoup, ayant par elle-même et par ses deux fils, René de Savonnières, conseiller au Parlement, et Georges de Lignières, trésorier-payeur à Paris, des relations hautes et nombreuses.

Aussi, possédait-elle dans son hôtel de la rue des Maçons-Sorbonne un personnel important. A la tête de cette domesticité se trouvait un nommé Lebrun, qui depuis vingt-neuf ans remplissait chez elle les fonctions d'intendant et avait sous ses ordres deux femmes de chambre, une cuisinière, un cocher et deux laquais (1).

Dans la maison demeurait encore un certain abbé Poulard, moine défroqué, recueilli par la vieille dame.

> Ce gueux qui, quand il vint, n'avait pas de souliers,
> Et dont l'habit entier valait bien six deniers,

comme l'autre, en était arrivé jusqu'à faire le maître, régentant tout le monde et gouvernant les gens et la maîtresse. Bien qu'il eût son appartement dans l'hôtel, il couchait souvent en ville et ne prenait même pas la peine de dissimuler ses escapades.

Lebrun, lui, avait son domicile au dehors et ne restait à l'hôtel que les nuits de réception.

Le 27 novembre 1689, Lebrun était allé vers 5 h. 1/2 du soir souper chez lui, puis il était retourné rue des Maçons-Sorbonne prendre pour le lendemain les ordres de sa maîtresse. Madame Mazel, suivant son habitude, avait dîné en tête à tête avec l'abbé Poulard. Le repas achevé, celui-ci avait annoncé son intention de sortir, laissant entendre qu'il ne rentrerait peut-être pas. La vieille dame se mit au lit vers onze heures après avoir congédié sa femme de chambre, et fit venir Lebrun pour s'entretenir avec lui d'une réception qu'elle donnait le lendemain.

Dix minutes plus tard, Lebrun descendait à la cuisine et s'assoupissait devant le feu pendant une heure environ. Avant de partir, il faisait une ronde dans l'hôtel et voyait avec surprise la porte cochère entr'ouverte. Il la refermait et partait chez lui se coucher.

Le lendemain matin, en revenant prendre son service, Lebrun trouva le personnel de la maison très inquiet. Mme Mazel n'avait point encore sonné pour appeler ses femmes et ce retard insolite faisait redouter quelque malheur.

Gagné par l'inquiétude de tous, Lebrun alla prévenir M. de

---

(1) Gayot de Pitaval, *Causes Célèbres*, Tome III, p. 367.

Savonnières qui arriva aussitôt, fit ouvrir la porte de la chambre et trouva sa mère morte, le haut du corps criblé de coups de couteau.

Le lieutenant criminel, aussitôt mandé, se rendit sur les lieux pour procéder aux constatations et aux interrogatoires.

Lebrun raconta tout de suite comment il avait la veille trouvé la porte ouverte au milieu de la nuit, et mit tout son zèle à seconder dans ses recherches le magistrat instructeur.

Nulle trace d'effraction ne fut relevée ; la clef du coffre-fort était à sa place habituelle dans une armoire. La serrure était intacte. Le coffre-fort contenait encore des sacs d'argent et des bijoux. Le vol ne paraissait donc pas être le mobile du crime. Par contre, la préméditation était évidente : le meurtrier prévoyant avait été jusqu'à nouer les deux cordons de sonnettes aux tringles du lit pour empêcher tout appel.

Au milieu des draps en désordre, on découvrit une serviette au chiffre de la maison, nouée en forme de bonnet, et un fragment de cravate en dentelle. Enfin, entre les doigts crispés de la victime se trouvait une touffe de cheveux arrachés sans doute à l'assassin.

Lebrun avait quitté le dernier Mme Mazel. Ce détail frappa le lieutenant criminel. L'intendant, au reste, s'était montré, selon lui, trop ému du meurtre de sa maîtresse, trop empressé à lui fournir des renseignements. Cette histoire de la porte cochère n'était certainement qu'une fable inventée pour égarer les recherches de la justice.

Enfin, le vol, n'était pas, aux yeux du magistrat, le mobile du crime. Or, précisément, M. de Savonnières lui avait fait connaître que sa mère laissait par testament 6.000 livres à son vieux domestique. Plus de doute : Lebrun, légataire trop pressé, avait voulu hâter la fin de sa bienfaitrice. Dernière preuve : les circonstances du crime démontraient que Mme Mazel avait été assassinée par un individu au courant des êtres de la maison ; et Lebrun était seul à posséder un passe-partout ; les domestiques n'avaient qu'une clef de la petite porte de l'hôtel.

Lebrun fut arrêté.

A bien y réfléchir cependant, que de choses le lieutenant criminel eût pu trouver à sa décharge ! Il y avait d'abord ce mouchoir noué en forme de bonnet et qui n'allait pas à la tête de l'accusé ; cette cravate en dentelle que personne ne lui avait connue ; ces cheveux restés dans la main de la victime et qui n'étaient pas de la couleur de ceux de l'accusé. Ce n'est pas tout : on avait découvert au grenier une chemise ensanglantée qui fut reconnue pour avoir appartenue à un nommé Berry, ancien domestique de la maison, chassé pour avoir commis un vol de 1.500 livres. Aucun compte de cette découverte ne fut tenu. On avait ramassé dans un escalier dérobé une corde à nœuds, oubliée par le malfaiteur. On ne se demanda pas de quelle utilité elle eût pu être à Lebrun qui avait libre accès dans les appartements.

Du reste, si le juge par paresse d'esprit ne s'était pas arrêté à la première hypothèse que le hasard lui avait suggérée, il aurait remarqué que la mort de Mme Mazel ne profitait pas au seul Lebrun. Il aurait pu chercher du côté de l'abbé Poulard qui voulait faire épouser sa sœur à M. de Lignières et qui s'était heurté à l'opposition absolue de la vieille dame quand il lui avait parlé de ce projet.

Il aurait songé que la bru de la victime, Mme René de Savonnières avait été internée dans un couvent à la demande de Mme Mazel, indignée de son inconduite.

La jeune femme s'était enfuie du cloître et se tenait alors cachée chez des amis. Mais on connaissait ce propos qu'elle avait laissé échapper peu de temps avant le crime : « Dans trois mois, je serai libre. »

L'enquête ne suivit aucune de ces pistes, et le vieux domestique traduit devant le tribunal du Châtelet à la requête des frères Savonnières, fut condamné, le 18 janvier 1690, au supplice de la roue, après avoir été soumis à la question ordinaire et extraordinaire. En outre, il devait donner aux Savonnières 800 livres de réparation. Le legs en sa faveur fut annulé et les dépens restèrent à sa charge.

Lebrun fit appel de ce jugement par devant la Tournelle. Il eut pour rapporteur un M. Lenain qui avait rempli les mêmes fonctions deux ans auparavant dans le procès d'Anglade. Ce magistrat conclut à la culpabilité de Lebrun, comme il avait conclu à la culpabilité des d'Anglade, et Lebrun fut de nouveau condamné à la torture. Au milieu d'atroces douleurs, il persista dans ses dénégations avec une telle énergie qu'un doute enfin naquit dans l'esprit de ses bourreaux, de ses juges, et le 27 janvier, un plus ample informé pendant un an fut ordonné. Sa femme, arrêtée en même temps que lui, fut remise en liberté et autorisée à l'aller voir dans son cachot. Il était temps ! Le pauvre homme n'embrassa sa femme que pour lui dire adieu. La question ne lui avait pas arraché d'aveux, mais elle l'avait tué. Il mourut au mois de mars 1690 protestant toujours de son innocence.

On eut alors l'idée de rechercher Berry, l'ancien domestique congédié de Mme Mazel, celui dont on avait trouvé, après le meurtre, une chemise ensanglantée cachée dans le grenier.

C'était bien lui l'assassin. Arrêté, il ne tarda pas à avouer son crime : mais il indiqua d'abord comme complices Lebrun et Mme de Savonnières. Condamné à mort, avant d'aller au supplice, il reconnut qu'il était seul l'auteur du crime.

Connaissant parfaitement la maison, il s'y était introduit furtivement le mercredi soir, était resté caché au grenier jusqu'au dimanche, avait profité du moment où Mme Mazel était à la messe pour se glisser sous son lit et y avait attendu la nuit. Dès que Lebrun avait quitté la vieille dame, Berry s'était jeté sur elle et l'avait poignardée.

Il avait volé ensuite une somme de 6.000 livres ; puis, à pas de loup il était sorti, était monté au grenier où il avait jeté la chemise ensanglantée, était redescendu sans éveiller l'attention de personne. Il avait trouvé la porte cochère ouverte, il était parti sans avoir eu besoin de faire usage de la corde à nœuds qu'il avait apportée et qu'il laissa sur place.

Berry avait un complice : l'abbé Poulard. On ne le poursuivit pas devant les tribunaux criminels, mais il fut arrêté et livré aux autorités religieuses « pour éviter le scandale ».

Malgré l'innocence indiscutable de Lebrun, sa femme resta sept mois encore sous le coup du plus ample informé. Les Savonnières usaient de toutes leur influence pour empêcher la malheureuse de demander, à son tour, des dommages-intérêts contre eux ainsi que la validité du legs de 6.000 livres.

Ce ne fut que le 30 mars 1694 que le Parlement rendit un arrêt réhabilitant la mémoire de Lebrun, acquittant sa femme, rétablissant le legs de Mme Mazel à son vieux serviteur et déclarant son emprisonnement « injurieux, tortionnaire et déraisonnable. »

GOUBERT DES FERRIÈRES

(1699)

De Garsault dans ses *Causes célèbres* raconte que « Charles Goubert des Ferrières, gentilhomme d'ancienne noblesse, fut cornette, ensuite capitaine de cavalerie, puis garde de la manche du Roy, pendant cinq ou six ans. Il était seigneur des Ferrières, de la paroisse de St-Chéron et de celle de Villeneuve. Il avait un fils Claude et deux filles Geneviève et Catherine (1).

« Quoique ce gentilhomme fût souvent l'arbitre des différends du point d'honneur entre les autres gentilshommes, il n'avait pas d'ailleurs une trop bonne conduite.

« Son fils et Geneviève sa fille aînée furent accusés de passion incestueuse. La fille se sauva, le fils fut arrêté. Il avait été accusé par le sieur Bourret, procureur du Roi de la maréchaussée, d'avoir enlevée sa cousine germaine, d'en avoir eu des enfants, d'avoir engrossé sa sœur, d'avoir supprimé des enfants, et de plusieurs vols faits dans le pays. »

Le père aussi fut accusé de vol, mais il fut élargi avec un plus ample informé pendant trois mois.

« A l'égard du fils il fut condamné aux galères perpétuelles. Il demanda au Conseil que sa peine fut commuée et il obtint le bannissement perpétuel. Il entra dans le service, mais, pendant la paix, il fut arrêté pour n'avoir pas gardé son ban, et il fut

---

(1) Les condamnations dont furent frappés Charles et Claude Goubert de Ferrières ne sont pas le résultat d'une erreur involontaire ; mais ce procès est l'un des rares exemples, sinon le seul, de peines prononcées contre des juges prévaricateurs. Il valait, à ce titre, d'être noté dans ce recueil où ceux qui jugent apparaissent d'ordinaire irresponsables de leurs imprudences et de leurs fautes. Voir *Faits des Causes célèbres et intéressantes, augmentés de quelques causes*, par Garsault, Amsterdam, 1752. — Jugement souverain du 27 mars 1699, extrait des *registres des Requestes* ordinaires de l'Hotel du Roy.

pendu (1) le 10 septembre 1698, ensuite exposé à la porte de son père, attaché à un arbre.

« Comme, dans la sentence contre le fils, il avait été condamné à une amende de 1.000 livres, faute de paiement la justice fit saisir la terre de St-Chéron. Le père n'étant point tenu des dettes du fils appela de cette saisie au Parlement. »

On reprit alors, sur de nouvelles charges, le procès déjà intenté contre lui. Il se rendit alors appelant de nouveau, et prit à partie le procureur du Roi et le greffier, et par la suite le prévôt de l'assesseur.

Malgré cet appel, il fut décrété d'accusation et arrêté dans son château, « d'où il fut traîné en prison avec la dernière inhumanité et mis au cachot : il était âgé de 81 ans ».

L'auteur de cet exposé nous renseigne sur les causes de tant de rigueur :

« Ce qui animait les juges de la maréchaussée à se défaire du gentilhomme, était que, ses terres étant à leur bienséance, ils comptaient s'en rendre adjudicataires ».

On devine quel fut, entre les mains de ces magistrats, le sort du garde de la manche du Roy. Ses moyens de défense furent vains, ses exceptions rejetées ; on alla jusqu'à ne pas lui donner connaissance d'arrêts rendus contre lui.

----

(1) Le criminel qu'on va pendre à trois cordes au col ; scavoir les deux tortouses qui sont des cordes grosses comme le petit doigt, ayant chacune un nœud coulant, et le jet, autre corde qui ne sert qu'à jeter le patient hors de l'échelle.

On fait monter le criminel dans la charette de l'exécuteur. Il est assis sur une planche de traverse le dos tourné au cheval, le confesseur à côté de lui ; l'exécuteur derrière. Arrivé à la potence où est appuyée et liée une échelle, le bourreau monte le premier à reculons, et aide au moyen de cordes, le criminel à monter de même. Le confesseur monte ensuite du bon sens ; pendant qu'il exhorte le patient, l'exécuteur attache les tortouses au bras de la potence ; et, lorsque le confesseur commence à descendre, le bourreau d'un coup de genou, aidé du jet, fait quitter l'échelle au patient, qui se trouve suspendu en l'air : les nœuds coulants des tortouses lui serre le col ; alors, l'exécuteur se tenant des mains au bras de la potence monte sur les mains du patient, et à force de coups de genoux dans l'estomac et de secousses, il termine le supplice par la mort.

(Garsault, *Faits des Causes célèbres*, 1752).

« On usa, nous dit l'ancien chroniqueur judiciaire, d'une extrême diligence pour le jugement, de peur qu'il ne vint des ordres de Paris de surseoir. Ce gentilhomme fut donc jugé tout de suite à être pendu sur la place du marché pour vol et autres cas mentionnés au procès, ce qui fut exécuté et avec la dernière barbarie.

« Catherine de Goubert, sa fille cadette, demoiselle très sage, et ayant toujours vécu sans reproche, se pourvut au conseil d'Etat, demandant des juges devant lesquels elle pût justifier la mémoire de son père et prendre à partie les juges de Mantes, Sa Majesté étant suppliée de statuer à ce qu'il lui plairait contre les dits officiers de la maréchaussée, pour la peine de leur prévarication évidente. Le Roi frappé de ce placet, ordonna d'examiner cette affaire. »

L'examen fut rapide. Quelques jours après, le rapport de MM. Courtin, de Ribière, Fourcy et de Harlay, chargés par le chancelier d'instruire sommairement à nouveau le procès, était déposé, et sur le champ « un huissier de la chaîne » allait arrêter à Mantes les cinq juges qui avaient condamné Goubert, le procureur du roi et jusqu'au greffier. Ils furent amenés à Versailles.

« Une heure après le chancelier les manda, les traita au plus mal, principalement le procureur du Roi auquel il dit qu'il était un fripon, un prévaricateur ».

Le roi ordonna que le procès fût revisé, et après une instruction complète, le 1er septembre 1699, intervint un arrêt définitif qui déclarait les juges de Mantes atteints et convaincus de prévarication. Voici le dispositif de l'arrêt.

« En conséquence sont les sieurs Manoury, Letourner et Bourret (le procureur) bannis pour 5 ans de la ville baillage et ressort du présidial de Mantes ; le maire de Nesmont, Petit et Motet admonestés (1); Daret (le greffier) banni à perpétuité du royaume ; Roblastre

---

(1) *Admonesté.* — Ceci est la moindre des peines : c'est une simple réprimande du juge ; elle ne note point d'infamie, elle s'emploie pour quelque négligence qui aura fait péricliter ou retarder une affaire, etc. Voici ce qui se passe : L'accusé est amené dans la chambre, derrière le barreau où il se tient debout ; alors le juge principal lui dit (l'audience tenant) à haute voix :« La cour vous admoneste et vous fait grâce : Soyez plus circonspect à l'avenir ; retirez-vous, vous entendrez le reste de notre arrêt. »

(Garsault, *Faits des Causes célèbres*).

exempt et Bouttlier archer, bannis pour 5 ans du ressort du présidial, ordonne en outre qu'il sera incessamment restitué à St-Chéron les meubles par eux enlevés, sinon payé 200 liv. à la succession, condamne solidairement tous les juges ci-dessus à 20.000 liv. de réparation civile, en tous dépens, et à fonder à perpétuité, le jour que le sieur Goubert des Ferrières a été exécuté, un service solennel, avec une messe haute, à diacre et sous-diacre, dans l'Eglise Notre-Dame de Mantes, pour le repos de l'âme du défunt et que sur un des principaux piliers de la dite église, il sera écrit sur un marbre blanc la date de cette fondation et sa cause ».

Sans doute c'était là une réparation, mais la peine du bannissement appliqué aux juges prévaricateurs qui avaient fait pendre un bon gentilhomme n'apparaît pas comme le dernier mot de la sévérité.

LE CHEVALIER DE LANSONNIÈRE

(17..)

Lorsque les méprises de la justice eurent pour effet, non seulement l'incarcération d'innocents mais leur supplice afin d'obtenir des aveux, il n'est pas excessif de donner à ces méprises le nom d'erreurs judiciaires. Aussi l'affaire du chevalier de Lansonnière et de ses amis a-t-elle sa place dans ce martyrologe des siècles passés. On ne trouve du reste aucun détail sur ce procès. Il n'est que cité brièvement dans le répertoire du jurisconsulte Guyot, qui contient également les procès de Bellanger, des d'Anglade, de Lebrun. Cet ouvrage énumère encore d'autres erreurs ; mais, il ne donne que les noms de ces innocents injustement condamnés (comme Me Fournier, notaire à Brionne, et l'abbé Vielle, vicaire à Bonnétable) sans indiquer aucune des circonstances dans lesquelles les erreurs ont été commises.

Voici ce qu'il conte sur le chevalier de Lansonnière.

« Le chevalier de Lansonnière, d'une ancienne famille du Poitou alliée à celle des comtes d'Armagnac, avait eu des démêlés très vifs avec le prieur de la Motte-Marcilly : ces démêlés avaient dégénéré en un procès, lorsque le prieur fut trouvé assassiné avec son domestique au milieu des flammes qui consumaient sa maison.

Le cri public accuse le chevalier de Lansonnière qui, craignant les effets trop funestes de cette prévention, quitte ses foyers, vend tous ses biens dont profite un oncle avare, et s'enfuit. Ceux de ses amis qui s'étaient trouvés la nuit de l'assassinat au château de la Motte sont poursuivis comme coupables et comme ses complices. Après une instruction qui dure quatre ans, on rend un jugement interlocutoire qui ordonne qu'ils seront appliqués à la question ordinaire et extraordinaire ; après avoir subi ces épreuves cruelles qu'ils supportent sans compromettre les droits de la vérité, ils n'obtiennent leur élargissement qu'en restant dans les liens d'un plus ample informé indéfini. Après avoir traîné une vie errante et malheureuse, le chevalier de Lansonnière s'enferme dans le couvent des cordeliers d'Angoulême où il prononce ses vœux. Ce ne fut que neuf ans après sa profession que le nommé Barcau, qui fut exécuté à Tours, déclara à l'instant où il allait expirer que lui seul avait commis le crime qu'on avait attribué au ressentiment et à la vengeance du chevalier de Lansonnière.

Qu'on l'eût arraché de sa retraite, qu'aux indices qui étaient déjà contre lui, les douleurs de la question lui eussent arraché un faux aveu, il périssait lui et ses malheureux amis » (Guyot, *Répertoire universel et raisonné de jurisprudence, Réparation civile*, p. 208).

La fuite n'est donc pas toujours une preuve de culpabilité, mais c'est encore la plus sage mesure que puisse prendre un innocent lorsqu'il voit l'opinion publique déchaînée contre lui.

MARTIN

(17..)

Martin(1) était un honnête agriculteur, un bon père de famille « d'auprès de Bar en Lorraine. » Une nuit, tandis qu'il dormait profondément auprès de sa femme et de ses sept enfants, un meurtre et un vol furent commis non loin de sa maison. Le mal-

---

(1) Peut-être aurions-nous dû laisser en dehors de ces récits le procès, la condamnation et le supplice de Martin. A l'appui de cette erreur nous

faiteur pour accomplir son crime avait endossé un habit qu'il avait volé à Martin. Ce fut celui-ci qu'on accusa. « Son habit déposa contre lui ». Les juges considérèrent cet indice comme une certitude.

On confronte, raconte Voltaire (1), l'accusé avec un passant qui a été témoin de l'assassinat. *Je le ne reconnais pas*, dit le passant, *ce n'est pas là le meurtrier que j'ai vu ; l'habit est semblable, mais le visage est différent.*

— *Ah Dieu soit loué*, s'écrie le bon vieillard, *ce témoin ne m'a pas reconnu.*

Sur ces paroles, le juge s'imagina que le vieillard, plein de l'idée de son crime, a voulu dire, je l'ai commis, on ne m'a pas reconnu, me voilà sauvé. Mais il est clair que ce vieillard, plein de son innocence, voulait dire : *ce témoin a reconnu que je ne suis pas coupable, il a reconnu que mon visage n'est pas celui du meurtrier.* Cette étrange logique d'un bailli, et des présomptions encore plus fausses, déterminent la sentence précipitée de ce juge et de ses assesseurs. Il ne leur tombe pas dans l'esprit d'interroger la femme, les enfants, les voisins, de chercher si l'argent volé se trouve dans la maison, d'examiner la vie de l'accusé, de confronter la pureté de ses mœurs avec le crime.

Martin fut condamné à être roué. Il déféra la sentence à la grande chambre de la Tournelle qui « trop occupée alors, signa sans examen : *Bien jugée* ».

Martin subit le supplice de la roue (2). Jusqu'à son dernier

---

n'avons aucun document judiciaire ; nous en ignorons même les dates exactes ?

Mais dans ses études sur *la Politique et la Législation*, Voltaire, à deux reprises, raconte la triste aventure de ce malheureux. Il précise les circonstances dans lesquelles a été commise l'iniquité qu'il dénonce. Cela nous a semblé suffisant pour donner dans ces pages une place à l'histoire de celui dont le défenseur de Calas, de Sirven et de Montbailli a réhabilité la mémoire.

(1) Voltaire, *La méprise d'Arras, Politique et Législation*, t. II, p. 357. — Voir aussi Voltaire, *Dictionnaire philosophique*, au mot *Certain*, p. 433.

(2) *Rouer ou Rompre*. — Tous les arrêts qui condamnent les criminels à être rompus disent toujours qu'ils seront rompus vifs, mais, le plus souvent, les juges mettent un *retentum* au bas qui dit, ou qu'ils endureront seulement un ou deux coups vifs, ou qu'ils seront étranglés au bout de plus ou moins d'heures...

souffle il atteste son innocence. Il expire, ses biens sont confisqués. Sa femme et ses enfants s'enfuient en Autriche... Peu de
temps après, le véritable auteur du crime est arrêté pour d'autres
méfaits. A son tour il est condamné au même supplice et, sur la
roue, il avoue que lui seul a commis l'assassinat et le vol pour
lesquels Martin a souffert la torture et la mort.

« Une fatalité singulière, raconte Voltaire en terminant son récit,
fait que je suis instruit de cette catastrophe. J'en écris à un de mes
neveux, conseiller au Parlement de Paris. Ce jeune homme, vertueux
et sensible, trouve après bien des recherches la minute de l'arrêt de
la Tournelle égarée dans la poudre d'un greffe. On promet de réparer ce malheur ; les temps ne l'ont pas permis ; sa famille reste dis-
persée et mendiante dans le pays étranger avec d'autres familles que
la misère a chassées de leur patrie ».

On dresse un échafaud sur le milieu duquel est attachée à plat une
croix de St-André faite avec deux solives en croix oblique. On a espacé
dans chacune des quatre branches. deux entailles ou coches à environ un
pied l'une de l'autre. Le criminel déshabillé et nu en chemise est étendu
sur cette croix le visage tourné vers le ciel ; on l'attache à la croix avec
des cordes à toutes les jointures, c'est-à-dire aux épaules, aux coudes, aux
poignets, au haut des cuisses, aux genoux et aux coudepieds ; on lui met
la tête sur une pierre.

En cet état le bourreau armé d'une barre de fer quarrée, large d'un pouce
et demi et arrondie, avec un bouton à la poignée, en donne un coup violent entre chaque ligature, vis-à-vis de chaque coche ; et, comme les os
dans ces endroits portent à faux, ils sont indubitablement cassés. On finit
par deux ou trois coups sur l'estomac...

A un coin de l'échafaud est placée horizontalement sur un pivot, une
petite roue de carrosse dont on a scié le moyeu en dehors. Aussitôt que
l'expédition (sic) est faite, on détache le supplicié ; on lui plie les cuisses
en dessous, de façon que les talons touchent au derrière de la tête, on le
met dans cette situation sur la petite roue. On le lie aux jantes et on le
laisse ainsi exposé au public plus ou moins longtemps.

Quelquefois on l'expose sur un grand chemin, où on le laisse, sans plus
y songer.

                         (Garsault, *Faits des Causes célèbres*, 1752).

HIRTZEL-LÉVY

(1754)

Dans le courant du mois de décembre 1754, la veuve du prévôt de Hauzen porta plainte devant le bailli de Ribaupierre. Elle exposait « qu'après différents excès et violences exercées sur sa personne et sur celle de sa servante, le 9 décembre 1754, entre dix et onze heures du soir, on lui avait volé environ 3.000 livres en argent et divers effets » (1).

Elle désignait comme auteurs du vol les nommés Hirtzel Lévy, Ménéhek Lévy et Moïse Lang, demeurant à Ribauviller.

Un décret de prise de corps contre les accusés fut aussitôt rendu par le bailli de Ribaupierre.

Il ne pouvait refuser cette complaisance à la femme du prévôt de Hauzen. Les deux hommes étaient liés d'une étroite amitié ; leurs relations étaient si familières que pendant l'instruction le bailli n'hésita pas à se faire héberger par le fils de la plaignante.

Le 10 décembre, on arrêtait Ménéhek Lévy et Moïse Lang à Hauzen.

Quant à Hirtzel Lévy, il était parti dès le 8 pour assister à un enterrement au village de Scirentz.

C'est là qu'il apprit ce qui se passait.

Le décret de prise de corps avait été signifié à son domicile, et, après constatation de son absence, on avait saisi ses biens. Rien n'était plus facile pour Hirtzel, coupable ou non, que de passer la frontière d'Allemagne, distante de douze lieues, et de se soustraire ainsi aux poursuites.

Mais, confiant en son innocence, Hirtzel retourna en hâte dans le village de Vedelsheim où il habitait. Il y arriva le 15 et alla tout de suite se présenter au prévôt de l'endroit. Celui-ci n'ayant point reçu l'ordre d'arrestation, envoya Hirtzel Lévy se faire incarcérer ailleurs. Le malheureux se rendit à Hauzen où il se constitua prisonnier.

---

(1) Des Essarts, *Causes célèbres et intéressantes*, Tome LI, p. 3 à 82.

Le bailli de Ribaupierre s'y trouvait précisément ; il procéda tout de suite à l'interrogatoire d'Hirtzel Lévy.

L'accusé invoqua un alibi qu'il croyait sans réplique : il était à Seirentz le jour de l'attentat. Il donna de son temps, l'emploi le plus minutieusement détaillé et insista pour que ses dires fussent contrôlés.

Dans les mémoires qu'ils rédigèrent après sa condamnation pour démontrer l'innocence de leur père, les enfants d'Hirtzel Lévy signalèrent le fait suivant.

Le beau-frère d'Hirtzel Lévy chez lequel il avait été à Seirentz du 9 au 14 décembre et qui avait par conséquent une certitude physique de la fausseté de l'accusation, avait engagé l'écuyer du seigneur de l'endroit en sa qualité de témoin de l'alibi à écrire une lettre au procureur du bailliage de Ribaupierre en faveur d'Hirtzel.

Les enfants d'Hirtzel Lévy firent encore observer, qu'avant la plainte, il y avait eu deux procès-verbaux dressés le même jour, l'un par un cavalier, l'autre par le brigadier de la maréchaussée.

Dans le premier procès-verbal, l'accusatrice avait nommé expressément Hirtzel Lévy, Ménéhek Lévy et Moïse Lang pour être les auteurs de l'attentat. La servante avait, de son côté, déclaré dans ce procès-verbal qu'elle n'avait pu reconnaître que Hirtzel Lévy.

Le second procès-verbal était tout différent ; ce n'était plus par affirmation, c'était par conjectures et présomptions que l'on chargeait les trois juifs. L'accusatrice y déclarait simplement « qu'elle croyait que les auteurs ne pouvaient être autres que Hirtzel, Ménéhek Lévy et Moïse Lang, parce que la veille, ils étaient venus chez elle pour l'achat d'une vache. »

Voilà à quoi se réduisait la base de l'accusation.

Cette étrange variation de la plaignante témoignait de ses incertitudes et de la légèreté avec laquelle elle avait dénoncé ces malheureux.

A la confrontation, en présence des accusés, elle fut bien plus hésitante encore ; à un moment, elle fut même sur le point de déclarer qu'elle était hors d'état de soutenir plus longtemps l'identité entre ceux qui l'avaient attaquée et volée et ceux qu'on avait arrêtés.

Le bailli qui s'aperçut de son hésitation lui fit comprendre qu'elle ne pouvait plus se rétracter sans s'exposer à payer les frais du procès et encourir des dommages-intérêts considérables envers les accusés.

La veuve du prévôt, épouvantée de cette perspective, renouvela alors son accusation formelle.

La servante ne chargea que Hirtzel, et dans les confrontations avec Ménéhek Lévy et Moïse Lang, elle ne les accusa point ; aucun autre témoin ne déposa contre eux ; ils n'en furent pas moins frappés avec Hirtzel Lévy par le jugement que le bailli rendit le 23 décembre 1754. Tous trois furent condamnés à être rompus vifs, après avoir été préalablement soumis à la question.

On leur avait associé un quatrième juif nommé Gubefmar, mais, comme il n'y avait contre lui aucune espèce d'indice, on ordonna qu'il resterait en prison pendant un mois que durerait un plus ample informé.

Sur l'appel au Conseil de Colmar, Hirtzel Lévy invoqua encore son alibi comme preuve péremptoire de son innocence. Ce fut en vain.

Cependant, l'alibi avait été reconnu exact !

Un conseiller de Colmar, envoyé à Basle, avait fait en passant à Seirentz, et *par pure curiosité de magistrat*, une rapide enquête auprès des personnes dont l'accusé avait réclamé le témoignage. La présence de Hirtzel Lévy à Seirentz au jour et à l'heure du vol, ne faisait pas de doute. Tout le village en témoignait. Le conseiller fit part au Conseil de Colmar du résultat de ses recherches officieuses. On ne tint pas compte de cet avis. La condamnation fut maintenue.

L'exécution fut particulièrement atroce. Le bourreau, par un raffinement de cruauté, « inspiré, dit des Essarts, par la haine populaire qu'inspire la nation juive », fit diminuer d'un pied la circonférence de la roue afin que la tête du malheureux débordât de la jante. Hirtzel mourut en protestant de son innocence.

Les enfants de Ménéhek Lévy et Moïse Lang, dont l'exécution avait été remise par la Cour de Nancy jusqu'après le supplice de Hirtzel Lévy, adressèrent une supplique au Roi.

Des lettres patentes autorisèrent le Parlement de Metz à réviser le procès criminel jugé par les arrêts du Conseil de Colmar, du 30 décembre 1754, et, le 26 juillet 1755, intervint un arrêt par lequel la Cour, entérinant les lettres de révision, reçut Abraham

Hirtzel Lévy et sa sœur, Hanna, femme Hirtzel Brunswich, et les enfants du supplicié innocent, appelants de la sentence rendue par le bailli de Ribaupierre.

Sur articulation de faits justificatifs, on nomma un conseiller pour se transporter sur les lieux et y entendre les témoins à l'aide desquels le curateur à la mémoire d'Hirtzel Lévy et les autres accusés proposaient d'établir leur innocence.

L'information faite par le commissaire fournit la preuve complète des faits articulés. Aussi, le 24 septembre 1755, la mémoire de l'innocent fut-elle réhabilitée, et la liberté rendue à ses deux prétendus complices.

Voici le dispositif de l'arrêt définitif du parlement de Metz :

« Notre dite Cour faisant droit sur l'appel interjeté par les dits Abraham Hirtzel Lévy et consorts, enfants dudit Hirtzel Lévy, et par les dits Ménéhek Lévy et Moïse Lang, ayant aucunement égard à leur demande, dit qu'il a été mal jugé par la sentence du bailli de Ribaupierre du 23 décembre dernier, bien appelé ; émendant, en conséquence, des preuves des faits justificatifs faites en exécution de l'arrêt du 26 juillet dernier, a renvoyé les dits Ménéhek Lévy et Moïse Lang de l'accusation contre eux formée, les a déchargés des condamnations prononcées contre eux, ordonné que les prisons leur seront ouvertes et en ce qui concerne le dit défunt Hirtzel Lévy, a déclaré sa mémoire purgée de l'accusation intentée contre lui, et icelui, réputé mort dans son état entier ; en conséquence, ordonne que les héritiers resteront dans la possession des biens de la succession ; ordonne que son corps sera remis à sa famille, que les écrous des dits accusés seront rayés et biffés sur les registres des prisons, et que mention sera faite du présent arrêt, tant sur les dits registres qu'en marge de la dite sentence du bailli de la Ribaupierre ; sauf aux dits Ménéhek Lévy et consorts, enfants de Hirtzel Lévy, de se pourvoir pour leurs dépens, dommages-intérêts, ainsi et contre qui ils aviseront bon être ; leur a permis de faire imprimer et afficher le présent arrêt partout où besoin sera.

« Donné en notre dite Cour de Parlement, chambre de la Tournelle, à Metz, le 24ᵉ jour de septembre de l'an de grâce 1755. »

La chronique ne dit point si la famille d'Hirtzel Lévy poursuivit les magistrats dont l'insouciante légèreté avait été la cause de la torture et de la mort de l'innocent. Ses enfants estimèrent peut-être qu'ils devaient se considérer comme satisfaits de n'avoir pas subi le même sort que leur père.

JACQUES RENARD

(1761)

A quelques lieues de Nogent-le-Rotrou, le curé du village de Chapelle-Guillaume fut assassiné dans le courant de l'année 1761.

A la requête du procureur fiscal de la baronnie de Monmirail au Perche-Gonet une information fut ouverte. Elle aboutit rapidement à l'arrestation d'un nommé Jacques Renard et de plusieurs de ses amis (1).

Trois témoignages fournissaient des charges contre eux. L'un était celui de la servante du curé. Elle habitait avec lui et lorsque les assassins avaient pénétré dans la maison, ils s'étaient jetés d'abord sur elle, lui avaient bandé les yeux avec un mouchoir et l'avaient attachée sur son lit, les mains liées. Si elle n'avait pu voir les traits des malfaiteurs, elle avait reconnu, prétendit-elle, l'un d'eux à sa voix. C'était, assura-t-elle, Jacques Renard. La seconde déposition était celle d'une couturière. Elle déclarait reconnaître des chemises saisies sur l'accusé ou à son domicile comme étant identiques à celles qu'elle avait faites pour le curé, même toile, même dentelle aux poignets. Enfin un troisième témoin rapporta qu'il avait rencontré, depuis le crime, Jacques Renard et de ses amis, près d'un bois, causant entre eux et se disant que *le sang bouillonnait à gros bouillons.*

Les accusés niaient absolument leur culpabilité, ils reconnaissaient avoir tenu le propos, mais affirmaient qu'il n'avait aucun trait au crime. C'était une phrase banale d'une conversation toute innocente.

Des charges matérielles fortifiaient les témoignages. Comme il avait plu au moment de l'assassinat, les pas des malfaiteurs avaient laissé des traces sur le sol. Or ces pas présentaient le

---

(1) Guyot, *Répertoire de jurisprudence* au mot : *Réparation civile.*

même écartement que ceux de Renard, et les empreintes concordaient absolument avec celles que produisaient ses chaussures. Enfin les traces allaient de la maison du curé à la demeure de Renard, au delà de laquelle on n'en trouvait plus.

L'instruction aboutit à un jugement condamnant Renard et ses co-accusés à être rompus vifs. Ils interjetèrent appel de cette sentence, affirmant toujours qu'ils étaient innocents. La Cour infirma le jugement, en raison d'une nullité de procédure et renvoya l'affaire devant le lieutenant général de Saint-Calais, M. de la Tabaise. Celui-ci fit une seconde information qui donna les mêmes résultats que la première et aboutit à la même condamnation.

Un nouvel appel fut interjeté. Mais aucun vice de forme, aucun moyen de nullité ne se trouvaient cette fois dans la procédure. La sentence devait donc infailliblement être confirmée et les condamnés soumis au supplice lorsqu'un événement imprévu les sauva.

On allait exécuter à Orléans des criminels convaincus d'attentats sans rapport avec celui qui avait entraîné la condamnation de Renard et de ses co-accusés, lorsque la veille du supplice ils avouèrent être les assassins et les seuls assassins du curé de Chapelle-Guillaume.

Jacques Renard fut donc remis en liberté ainsi que ses soi-disant complices.

Leur innocence ne fut plus contestée.

Comme le fait remarquer Guyot dans son répertoire, « la nullité commise par le premier juge fut la cause du salut de ces malheureux, et si tant de circonstances qui s'étaient réunies pour les faire condamner devaient être regardées comme l'effet d'une inconcevable fatalité ; de l'autre, cette nullité qu'avait commise le juge de Monmirail était une destinée heureuse pour préserver l'innocence. Ce juge est un des plus instruits qui puissent être préposés pour rendre la justice : le seigneur de la baronnie qui savait apprécier son mérite ne voulut pas qu'il payât les frais de cette procédure et les paya lui-même. Sans cette nullité qui retarda le jugement, ces infortunés périssaient ! »

FOURRÉ

(1761)

En 1761, une bande de brigands dont le chef répondait au joli nom de Fleur d'Epine, désolait les environs de Rouen. Vols, incendies, assassinats se multipliaient dans la contrée où régnait une véritable terreur.

Le 13 octobre dans la nuit, ils envahissaient la maison d'une vieille femme, la veuve Fourré, qui habitait seule avec sa servante, une fille Vasselin (1).

Suivant leur coutume, les compagnons de Fleur d'Epine pénétraient masqués chez la veuve Fourré, la ligottaient ainsi que sa domestique, les menaçant l'une et l'autre de mort au moindre appel, au moindre cri.

Après avoir fouillé tous les meubles et s'être emparés de tout ce qui pouvait avoir la moindre valeur, ils s'enfuyaient, laissant la vie sauve à leurs victimes.

Le lendemain, la veuve Fourré porta plainte, et, après quelques hésitations, finit par dénoncer quatre de ses parents, un sieur Fourré et ses trois fils avec lesquels elle ne vivait pas en très bonne intelligence. Elle déclarait *qu'elle croyait bien* que c'étaient eux les auteurs du vol et de l'attentat.

La servante, la fille Vasselin, fut plus affirmative que sa maîtresse. Elle n'avait pas que des soupçons, elle avait *une certitude*. Elle avait parfaitement reconnu les malfaiteurs à leurs voix, à leurs allures ; c'étaient bien les Fourré.

Arrêtés, ceux-ci protestèrent contre l'accusation dont ils étaient l'objet ; ils affirmèrent que dans la nuit du 13 octobre ils étaient restés chez eux ; ils citaient des témoins. Personne ne les avait vus dehors ce soir là.

---

(1) *Recueil des Causes célèbres*, 1808, rédigé par Maurice Méjan. — Choix des *Causes célèbres* les plus intéressantes ou recueil des événements les plus tragiques, Paris, Librairie Universelle, 1840, t. IV, p. 106.

Une perquisition opérée dans leur maison ne fit découvrir rien de suspect.

N'importe ! les témoignages des victimes étaient pour la justice des charges suffisantes, et les affirmations de la fille Vasselin étaient assez formelles pour ne laisser place à aucun doute. Fourré et ses trois fils furent mis en jugement. Malgré les efforts de Me Hervieu, leur défenseur et de l'abbé Massif qui s'intéressa à leur sort, ils furent tous déclarés coupables. Le plus jeune des enfants à cause de son âge ne fut frappé que de la peine du fouet.

Le père Fourré et son second fils furent condamnés aux galères perpétuelles.

Le fils aîné fut soumis à la question, après quoi on décida qu'il serait rompu vif et roué.

Ni le fouet, ni de longs mois d'emprisonnement, ni la torture ne leur arrachèrent d'aveux. Tous, jeunes et vieux, nièrent énergiquement et jusqu'au bout avoir commis le crime.

Le fils aîné fut exécuté ; le père et le second fils attendaient en prison le jour du départ pour le bagne, lorsqu'un hasard vint sauver ces malheureux.

Le père Fourré se lamentait tout haut dans sa cellule, prononçant au milieu de ses sanglots le nom de son fils qui venait de mourir sur la roue, lorsque tout à coup du cachot voisin une voix lui répondit.

Cette voix était celle d'un des hommes de la bande de Fleur-d'Épine qui venait d'être capturée tout entière.

Elle révélait au père désolé les noms des véritables auteurs du crime expié par les Fourré, et le brigand s'effarait à la pensée de l'horrible injustice commise.

Me Hervieu qui n'avait point abandonné les Fourré après leur condamnation, porta le fait à la connaissance des juges et sut s'associer un magistrat. M. Simon de Montigny, pour obtenir qu'on n'exécutât pas la sentence contre les deux condamnés aux galères.

Un sursis fut accordé ; on voulut bien ne point leur infliger la marque et ne pas les expédier au bagne ; mais bien que leur innocence ne fut plus contestée, il fallut encore *quatre ans* avant qu'elle fût judiciairement reconnue !

En attendant cette reconnaissance, le père Fourré mourut dans son cachot.

Un arrêt en date du 4 novembre 1765 proclama enfin la réhabilitation des Fourré.

La fille Vasselin convaincue de faux témoignage fut bannie de la province, condamnée à faire amende honorable et à payer cinquante livres destinées à faire dire des prières pour les âmes des Fourré père et fils.

MONTBAILLI

(1770)

En 1770, vivaient ensemble à Saint-Omer une veuve Montbailli, son fils et la jeune femme de celui-ci (1). Ils jouissaient d'une certaine aisance grâce à une concession de la Ferme générale qui leur permettait de faire le commerce du tabac. On n'avait à dire que du bien des jeunes époux qui travaillaient de leur mieux pour l'heureuse exploitation de la concession et entouraient de soins la vieille mère. Celle-ci, au contraire, n'avait pas une excellente réputation. Elle s'adonnait à la boisson et ne s'occupait en rien des affaires, se déchargeant même sur sa belle-fille de tous les soins du ménage. Son intempérance n'était pas sans lui avoir attiré de justes observations de la part de ses enfants qui la surveillaient, inquiets des conséquences que les excès alcooliques pourraient avoir pour son tempérament sanguin.

La veuve s'était irritée de ces affectueuses remontrances et pour se livrer sans contrainte à son détestable penchant, elle avait résolu de demeurer seule. Afin d'éloigner ses enfants, elle chercha à leur rendre la vie intolérable auprès d'elle. Ce moyen réussit dans une certaine mesure. Sa belle-fille ne put résister aux mauvais procédés dont elle fut l'objet et se réfugia chez ses parents. Son mari, partagé entre ses devoirs de fils et son amour

---

(1) VOLTAIRE. — La méprise d'Arras (Politique et Législation, tome II, p. 360. — Fragment sur le procès criminel de Montbailli, (second mémoire) même ouvrage, tome II, p. 371). — Des Essarts, Causes Célèbres, année 1773, tome I, p. 13.

pour sa femme, n'ayant pu réussir par ses prières à ramener celle-ci chez sa mère, l'y contraignit par une décision de justice.

La reprise de la vie commune allait à l'encontre des désirs de la veuve Montbailli qui, pour se débarrasser une bonne fois de ses enfants, employa, elle aussi, la voie judiciaire.

Le 6 juillet 1770, elle fit faire à son fils une sommation d'avoir à quitter la maison le lendemain. C'était son droit ; mais le fils, profondément ému du procédé et justement inquiet de l'avenir, employa toute sa tendresse et sa raison à faire revenir sa mère sur sa détermination.

Ses prières, ses supplications n'aboutirent qu'à différer de vingt-quatre heures la décision.

Cependant, ce soir-là, la veuve consentit à passer une heure avec son fils et sa belle-fille. C'était là, semblait-il, une sorte de préliminaire de réconciliation et le jeune ménage lui en témoigna toute sa joie, lorsqu'elle quitta ses enfants pour se retirer dans sa chambre.

Le lendemain 7 juillet 1770, l'heure matinale à laquelle la veuve avait l'habitude de se lever se passa sans qu'on la vit apparaître ni qu'on l'entendit remuer. Etonné, son fils pénétra chez elle. A peine entré, il appela à l'aide. Des voisins accoururent. Ils trouvèrent Montbailli à genoux auprès de sa mère étendue sur le sol. La vieille femme était morte. La figure était bouffie et congestionnée. Du sang s'était échappé de ses narines et une blessure assez profonde se voyait au-dessus de l'œil droit. Pour tous, la veuve avait succombé à une attaque d'apoplexie ; elle était tombée, et dans sa chute, s'était fait la plaie qu'elle portait à la figure contre l'angle d'un coffre auprès duquel elle s'était affaissée. On chercha à consoler le fils dont la douleur était telle qu'il s'était évanoui près du cadavre de sa mère et qu'il fallut le saigner pour qu'il revînt à lui.

« Tout se passe selon l'usage. Le corps est enseveli dans une bière au temps prescrit ; on commence un inventaire, tout est en règle et en paix.

« Quelques femmes du peuple, dans l'oisiveté de leurs conversations, raisonnent au hasard sur cette mort. Elles se ressouviennent qu'il y eut un peu de mésintelligence entre les enfants et la mère quelque temps auparavant. Une de ces femmes remarque qu'on avait vu quelques gouttes de sang sur un des bas de Montbailli. C'était

un peu de sang qui avait jailli lorsqu'on le saignait. La légèreté maligne d'une de ces femmes la porte à soupçonner que c'est le sang de
la mère.

« Bientôt, une autre conjecture que Montbailli et la femme l'ont
assassinée pour hériter d'elle. D'autres, qui savent que la défunte
n'a point laissé de biens, disent que ses enfants l'ont tuée par vengeance. Enfin, ils l'ont tuée. Ce crime, dès le lendemain, passe pour
certain parmi la populace à laquelle il faut toujours des événements
extraordinaires et atroces pour occuper des âmes désœuvrées » (1).

L'accusation devint si bruyante que les juges se crurent obligés
d'intervenir. Une instruction fut ouverte et les Montbailli jetés en
prison. Contre eux, nulle apparence de preuve, nul indice.

Les accusés avaient, d'ailleurs, le meilleur argument de défense.
Quel mobile les aurait poussés à commettre le crime ? La mort
de leur mère leur faisait perdre la source de leurs revenus, puisqu'elle seule était la bénéficiaire de la vente du tabac dont la
concession était viagère.

Un plus ample informé d'un an fut prononcé. C'est-à-dire que
leur culpabilité n'étant pas établie, les Montbailli devaient subir
une année de prison préventive pour qu'ils restassent sous la main
de justice, si une preuve venait à être recueillie.

Ce procédé d'instruction, exorbitant par lui-même, était monstrueux employé vis-à-vis des Montbailli. Il parut cependant insuffisant ou plutôt inutile au magistrat faisant fonction de procureur
du roi au conseil d'Artois, tribunal souverain de la province. Il
en appela *a minima* (2) de la décision des juges de Saint-Omer.
Le 9 novembre 1770, le tribunal, sans procéder à un supplément
d'information, sans entendre de témoins, infirma la sentence or-

_____

(1) VOLTAIRE. — Fragment sur le procès criminel de Montbailli.

(2) « Appeler *a minima*, dit Voltaire, c'est demander que celui qui a été
condamné à une peine en subisse une plus cruelle. C'est présenter requête
contre la plus belle des vertus : la clémence. Cette jurisprudence d'antro-
pophages était inconnue des Romains. Il était permis d'appeler *à César*
pour mitiger une peine, mais non pour l'aggraver. Une telle horreur ne
fut inventée que dans nos temps de barbarie. Les procureurs de cent petits
souverains pauvres et avides, imaginèrent d'abord de faire prononcer en
dernière instance des amendes plus fortes que dans les premières : et
bientôt après ils requirent que les supplices fussent plus cruels pour avoir
un prétexte d'exiger des amendes plus fortes. »

VOLTAIRE. — Fragment sur le procès criminel de Montbailli.

donnant le plus ample informé, déclara les accusés convaincus du crime d'assassinat, condamna Montbailli à la question ordinaire et extraordinaire, à la peine des parricides, à être rompu, à être jeté vif dans les flammes, et sa femme à être brûlée (1).

Cette dernière étant enceinte, il fallut attendre sa délivrance pour lui faire subir le supplice Mais Montbailli fut exécuté le 19 novembre 1770.

Le bourreau lui coupa d'abord la main droite (2). « *On ferait bien de la couper*, dit-il, *si elle avait commis un parricide.* » Il accepta la mort comme une expiation de ses fautes, attestant Dieu qu'il était incapable du crime dont on l'accusait. Deux moines qui l'exhortaient et qui semblaient plutôt des sergents que des consolateurs, le pressaient, dans les intervalles des coups de barre, d'avouer son crime. Il leur dit : « *Pourquoi vous obstinez-vous à me presser de mentir ? Prenez-vous devant Dieu ce crime sur vous ? Laissez-moi mourir innocent.* »

Tous les assistants pleuraient et éclataient en sanglots. Ce même peuple qui avait poursuivi sa mort, l'appelait le saint, le martyr. Plusieurs recueillirent ses cendres (Voltaire).

---

(1) « Quand les juges n'ont point vu le crime, quand l'accusé n'a point été saisi en flagrant délit, qu'il n'y a point de témoins oculaires, que les déposants peuvent être ennemis de l'accusé, il est démontré qu'alors le prévenu ne peut être jugé que sur des probabilités. S'il y a vingt probabilités contre lui, ce qui est excessivement rare, et une seule en sa faveur de même force que chacune des vingt, il y a du moins un contre vingt qu'il n'est pas coupable. Dans ce cas il est évident que des juges ne doivent pas jouer à vingt contre un le sang innocent. Mais si avec une seule probabilité favorable l'accusé nie jusqu'au dernier moment, ces deux probabilités, fortifiées l'une par l'autre, équivalent aux vingt qui le chargent. En ce dernier cas, condamner un homme, ce n'est pas le juger, c'est l'assassiner au hasard. Or dans le procès Montbailli il y avait beaucoup plus d'apparence de l'innocence que du crime. » VOLTAIRE. *La méprise d'Arras.*

(2) *Poing coupé.* — Le patient à genoux, on lui fait mettre la main à plat sur un billot haut d'un pied, ou environ, et d'un coup de hachette ou couperet le bourreau lui fait sauter la main, et lui met tout de suite le moignon dans un sac rempli de son, qu'il lie à cause du sang.

Brûlé. — Le criminel est déshabillé et on lui met une chemise soufrée : on le fait entrer et monter sur les rangs de fagots de bois qui sont au bas du poteau. Là, tournant le dos audit poteau on lui attache au poteau le col avec une corde, le milieu du corps avec une chaine de fer et les pieds avec une corde ; ensuite on finit la construction du bûcher en bouchant avec bois, fagots et paille l'endroit par lequel il est entré, de façon qu'on

Cependant, la femme Montbailli allait, elle aussi, être brûlée vive. Ses couches étant prochaines, ses parents obtinrent du chancelier un sursis. Treize avocats signèrent en sa faveur un mémoire démontrant son innocence ainsi que celle de son mari. Le célèbre professeur Louis, secrétaire perpétuel de l'Académie royale de chirurgie, rédigea une consultation affirmant que la mort de la mère de Montbailli ne pouvait être attribuée à un crime. Voltaire, enfin, publia deux factums contre la sentence du conseil d'Artois. Le Ministre de la justice ordonna la révision de la procédure, et, le 8 avril 1772, un arrêt reconnut l'erreur des juges, réhabilita la mémoire de Montbailli et proclama l'innocence de sa veuve.

GAME

(1773)

Arrêté à Lyon en flagrant délit de vol avec effraction, Pierre Barrat avait eu l'incroyable bonne fortune de sortir sain et sauf des prisons de la sénéchaussée.

L'information ouverte contre lui n'avait point été suivie par le juge, on ne sait pourquoi, et il avait été remis en liberté.

Cette heureuse chance n'avait point corrigé Barrat qui reprit immédiatement son existence de bandit Il alla s'installer à Mâcon où il loua une boutique de *clinquailler* destinée à servir de dépôt aux marchandises soustraites. Chaque semaine il partait à Lyon pour approvisionner son fonds à l'aide d'escroqueries et de vols. Voici comment il procédait (1).

Vêtu « d'une veste de ratine grise frisée » tenue ordinaire des domestiques lyonnais, il se rendait chez les commerçants de la

---

ne le voit plus ; alors on met le feu, de toutes parts. (Garsault, *Faits des causes célèbres*). Le bourreau, plus humain que la loi, aussitôt le feu mis, avait d'ordinaire la charité de percer le cœur du patient d'un coup de son tisonnier de fer.

(1) Des Essarts, *Causes célèbres curieuses et intéressantes*, T. LXXVIII, p. 46.

ville et se faisait livrer des marchandises pour le compte de ses maîtres supposés. Il leur présentait pour leur donner confiance, des cartes, des billets, dans lesquels étaient faites des commandes signées du nom de ses prétendus patrons.

Il escroqua ainsi une dame Barmont en lui présentant une lettre signée « de Bailly ».

Il avait jadis été le domestique d'un marchand drapier nommé Chay : il se servit de son nom pour obtenir d'une dame Chollet la remise de six paires de bas et de deux paires de « mites » qu'il avait promis à la marchande de lui solder au retour d'une autre commission qu'il allait faire. Les instants, les heures, la journée se passèrent, le soir vint, le prétendu domestique de M. Chay n'avait pas reparu.

Justement inquiète, la marchande envoya chez le drapier son commis Gilbert.

M. Chay répondit qu'il ne comprenait rien à la réclamation de Mme Chollet : la carte n'était point de son écriture et son nom d'ailleurs s'orthographiait « Chaix » et non pas « Chay ». Mme Chollet avait été victime d'un filou. Gilbert dépeignit au marchand, avec l'imprécision habituelle aux témoins, l'individu qui s'était présenté la veille chez sa patronne ; il était entre deux âges ni très gros, ni trop maigre, il avait la barbe et les cheveux noirs.

Chaix, à ce vague signalement, reconnut sans hésiter un nommé Game qui avait été autrefois à son service — Barrat, nous l'avons dit, avait également servi chez Chaix sous le nom de « La Jeunesse ».

La barbe et les cheveux noirs ! c'était lui, c'était bien Game ! et sur la simple indication fournie par Gilbert, tout de suite, la croyance du drapier se changea en certitude. Il commença aussitôt une enquête : il se rendit chez la femme Chollet en compagnie de deux autres victimes de Barrat, Mme Bergerat, charcutière et Mme Zacharie, marchande de cordes. A toutes il désigna Game comme le voleur qui les avait escroquées.

Game, l'ancien domestique soupçonné, était depuis quelque temps établi grainetier, rue Lainerie à Lyon. Les trois femmes Chollet, Zacharie et Bergerat, accompagnées du commis Gilbert allèrent à sa boutique sous prétexte de marchander des graines, mais en réalité pour considérer de près celui que Chaix leur dénonçait. Ainsi elles seraient fixées. L'une de ces braves com-

mères assurait qu'elle avait le talent de reconnaître entre mille,
et fût-ce après huit années, un homme qu'elle n'aurait vu qu'une
minute. L'affaire de Game était claire.

De leur propre aveu cependant, le grainetier ne manifesta aucun trouble à leur vue. Il reçut de son mieux et le plus naturellement du monde ces dangereux clients. Mais les trois femmes ne
virent que du cynisme en son amabilité et elles revinrent chez
elles avec la conviction qu'il était bien leur voleur.

Personne cependant n'osa formuler une plainte contre Game
et les choses en seraient peut être restées là, sans un incident qui
devait décider de la liberté et de la vie du grainetier. La femme
Zacharie s'étant trouvée face à face avec lui sur le Pont de Saône
le 25 octobre 1772, lui raconta le vol de cordes dont elle avait été
victime et ne lui cacha pas qu'on le soupçonnait d'en être l'auteur. Elle l'invita même à venir chez elle afin de se justifier vis
à vis d'autres dupes.

Game, sans se départir de son calme, suivit la femme Zacharie,
et les victimes de Barrat furent convoquées. Devant ce tribunal
de commères, Game vainement protesta de son innocence ; on
sourit, on haussa les épaules. Seul le sieur Chollet émit un doute :
« S'il est venu à la convocation, disait-il à sa femme, c'est qu'il
n'est pas coupable ». Mais les autres ne virent en sa démarche
qu'une nouvelle preuve d'audace. Chaix, plus convaincu que jamais, pressa le malheureux d'avouer et devant ses dénégations
réitérées, tenta de le confondre par la comparaison de son écriture avec celles des lettres de commandes. On envoya le commis
Gilbert et un nommé Saunier examiner les livres de commerce
du grainetier. Il n'y avait entre les deux écritures aucune ressemblance. « C'était le jour et la nuit », devait-on reconnaître plus
tard. Mais les deux experts improvisés n'en déclarèrent pas
moins à leur retour que les deux écritures étaient identiques. Cependant on laissa partir encore Game en lui disant « qu'on exa-
minerait cela une autre fois ».

Game rentra chez lui affolé et raconta ce qui lui arrivait à sa
femme. Celle-ci, sûre de l'innocence de son mari, mais prise d'inquiétude, alla demander conseil à une dame Julien qui l'adressa
à M. Levêque, procureur de la sénéchaussée. Celui-ci promit de
rédiger une plainte en diffamation ; mais lorsqu'il la déposa on

lui assura que « Game était un coquin, et que cela ne lui ferait pas honneur de prendre sa défense ».

Sur ces entrefaites, Barrat qui continuait le cours de ses escroqueries, détourna quarante livres de bougies à un nommé Marou. Marou alla conter sa mésaventure à Chaix qui, une fois de plus, n'hésita pas à nommer Game. L'autre voulut en avoir le cœur net et se rendit rue Lainerie au domicile du grainetier ; mais là, il n'entra même pas dans sa boutique et en passant devant la porte du marchand de grains, il aperçut sa barbe et ses cheveux noirs. Cela lui suffit. Sa conviction fut faite ! C'était bien son escroc !

Le lendemain il alla le trouver à un lavoir où Game avait accompagné sa femme et lui réclama le prix des bougies volées. Game naturellement refusa d'en rien payer... s'emporta... On le fit arrêter, et, quand Game fut enfermé au poste des Cordeliers, Marou courut avertir Chaix.

Cette arrestation, c'était pour le dénonciateur de Game comme une première victoire personnelle. Aussi, abusant de sa qualité de capitaine bourgeois d'un autre quartier, fit-il transférer Game au corps de garde du Change, au milieu des huées de la foule.

Immédiatement le sieur Pierret, conseiller de la sénéchaussée, ordonna une perquisition au domicile de Game.

L'huissier Privat qui en fut chargé, après de minutieuses recherches, dut constater « qu'il ne s'était exactement rien trouvé au domicile du prévenu, que des marchandises de son commerce. »

N'importe ! le 27 novembre 1772, le conseiller Perret fit subir à Game le premier interrogatoire. L'inculpé invoqua les certificats excellents de ses anciens maîtres. Ils furent joints au dossier ainsi que le procès verbal de perquisition, sans qu'on tînt plus compte de l'un que des autres.

Le 8 mars 1773, le procureur du roi donna ses conclusions définitives contre Game, et le 11 mars, le grainetier s'entendait condamner à neuf ans de galères. Il devait être flétri des lettres « Gal... » et exposé pendant trois jours au carcan (1).

---

(1) *Le carcan.* — Le condamné est conduit à pied les deux mains liées en devant, et attachées au cul de la charrette de l'exécuteur des hautes œuvres, ou les deux mains liées par derrière, conduit par ledit exécuteur jusqu'à un poteau planté dans la place publique ; à ce poteau est attachée une

On n'eut pas le temps d'exécuter la sentence. Le 13 mai Game mourait à l'Hôtel-Dieu d'une maladie contractée dans son cachot. Il n'était arrêté que depuis quatre mois; jamais la justice n'avait marché d'un pas si rapide.

Sa mort attira l'attention sur son procès et sur les négligences qui avaient entraîné sa condamnation. On n'avait tenu aucun compte ni des antécédents de l'accusé, ni d'une liste de témoins qu'il avait dressée et dans laquelle figurait un sieur Nizier Balloy, ancien patron de Barrat. Nulle valeur n'avait été accordée à la déclaration d'un sieur Chappes, chirurgien, propriétaire de la boutique de Game.

— Si c'est entre 7 et 8 heures que vous avez été volé, avait dit le chirurgien à Marou, il n'est pas possible que Game soit le coupable, car à cette heure là, il était dans son magasin et je ne l'ai pas perdu de vue.

Devant l'entêtement de Marou, Chappes avait comparé l'écriture du bail signé par Game avec l'écriture des commandes, il y avait dissemblance complète.

Enfin, il n'était pas venu à l'idée du juge d'ordonner un rapport d'experts. Cette garantie, du reste médiocre, avait même été refusée à la défense. Ce n'est que quelques jours avant la mort du malheureux Game, le 7 mai 1773, que l'avocat du roi au Conseil supérieur, entrevoyant la possibilité d'une erreur, avait, en l'absence du procureur du roi, donné ses conclusions par écrit, tendant au renvoi pur et simple des fins de l'accusation.

---

chaîne, au bout de laquelle pend un collier de fer de trois doigts de large, ayant une charnière pour l'ouvrir. On fait entrer le col nu du patient dans ce collier, qu'ensuite on ferme avec un cadenas, quelquefois il a un écriteau devant et derrière, où est écrit son délit, comme : banqueroutier, usurier, etc. Il reste en cet état, aux termes de son arrêt, plus ou moins d'heures, un ou plusieurs jours, et, comme le bannissement s'ensuit ordinairement, on met à côté de lui une chaise de paille, son chapeau renversé dessus, et chacun des regardant de bonne volonté y va mettre plus ou moins d'aumônes, pour l'aider à faire son voyage.

Flétri ou marqué. — Le patient a les épaules nues. L'exécuteur ayant fait rougir dans un réchaud, un fer, au bout duquel est la marque indiquée, soit la fleur de lys, ou une lettre désignée, appuie un instant cette marque rougie sur une ou sur les deux épaules, suivant l'arrêt ; elle y reste toujours imprimée.

(Garsault, *Faits des Causes célèbres*, 1752).

Le conseiller Clérico de Janzé, rapporteur, avait partagé l'avis de l'avocat du roi et trouvé *que l'innocence de Game était suffisamment prouvée par la procédure même sur laquelle il avait été condamné.*

De son côté, dès le lendemain de la mort de son mari, la veuve Game interjeta, en son nom, appel de la sentence de la sénéchaussée, et elle demanda des dommages-intérêts contre Chaix, Marou, les femmes Chollet, Zacharie, Bergeret et contre le commis Gilbert. La réhabilitation n'allait pas être aussi rapidement obtenue que la condamnation ; loin de là ! (1). — Le 26 février 1774, le conseil supérieur, sur les conclusions conformes de l'avocat du roi, ordonna un délibéré qui dura un mois. Les premiers juges qui avaient condamné Game, mirent à profit ce délai, pour intriguer auprès des membres du conseil supérieur, et obtenir d'eux un arrêt qui ne les désavouât pas catégoriquement. Ils en arrivèrent à leurs fins.

Sur la déclaration du sieur Nizier Ballet, qui avait formellement reconnu dans le signalement de l'escroc et dans son écriture son ancien valet Barrat, une nouvelle information avait été ouverte. Le conseil supérieur, par jugement du 19 mars 1774, donna acte à l'avocat du roi de la plainte contre Barrat, mais dit qu'il y aurait sursis à faire droit sur l'appel de la veuve Game, jusqu'après le jugement de Barrat.

C'était le renvoi sans délai et la veuve Game dut un moment désespérer de jamais parvenir à réhabiliter la mémoire de son mari, quand un événement imprévu vint à son secours.

Barrat fut enfin arrêté. Sur décret du 28 juin 1778, il fut déclaré coupable d'escroqueries commises de septembre à octobre 1772. Il fut condamné au carcan pendant trois mois consécutifs, avec l'écriteau « Escroc, faussaire, » à la marque et aux galères perpétuelles.

Mais la réhabilitation de la mémoire de Game n'était pas

_____

(1) Il ne faut pas trop s'étonner de la lenteur des instructions criminelles d'autrefois. En 1895, à Bourges, le marquis de Nayve fut acquitté après vingt-deux mois de prévention. Au mois de mars 1896, Tremblié fut condamné à mort par la cour d'assises de Douai après dix-huit mois d'attente. Le 28 mars 1896, la neuvième chambre du tribunal correctionnel de la Seine acquittait un nommé Wing, banquier américain, détenu depuis dix mois pour escroquerie !

proche encore. En attendant son envoi aux galères, Barrat, dans la prison de Lyon, fut sollicité par ceux que visait la demande de dommages-intérêts, Chaix et consorts.

Ceux-ci, par l'intermédiaire d'un nommé Rozer, greffier de la geôle, réussirent à faire croire à Barrat que sa peine pourrait être aggravée, s'il était seul coupable, qu'il avait donc intérêt à déclarer que Game était son complice. Ils arrivèrent à lui arracher une déclaration écrite en ce sens, la colportèrent un peu partout, prêts à l'opposer à la demande de la veuve de Game, dont la juste revendication se trouva ainsi de nouveau compromise.

Mais Barrat se croyant désormais tranquille dans sa prison en attendant son transfert aux galères, eut l'originale idée de fabriquer de la fausse monnaie dans son cachot même. Il fut découvert et condamné à être pendu par jugement présidial en dernier ressort du 29 mars 1779.

La veuve Game, sans perdre courage, avait dénoncé les influences qui avaient agi sur Barrat pour arriver à désigner Game comme son complice.

Les ecclésiastiques chargés d'assister Barrat à ses derniers moments furent prévenus et ils réussirent à lui faire écrire un testament de mort dans lequel il avouait tous ses méfaits. Il allait même jusqu'à y détailler l'emploi de marchandises qu'il avait volées à l'aide de fausses clefs.

Il ajoutait que s'il avait accusé Game, c'était d'après les instigations de Rozer, intermédiaire de Chaix et des autres.

« Par arrêt rendu au Parlement de Paris le 20 mai 1779, la sentence du 11 mars 1773 qui avait condamné Game à la marque et aux galères fut mise à néant. Sa mémoire fut déchargée des plaintes et accusations contre lui prononcées. En conséquence, il fut ordonné que ses écrous seraient rayés et biffés de tous registres où ils pouvaient avoir été inscrits, et que mention serait faite de l'arrêt en marge, tous greffiers contraints par corps quoi faisant déchargés, sauf à la veuve Game à se pourvoir pour raison de ses dommages-intérêts, contre et ainsi qu'elle aviserait avec permission de faire imprimer et afficher l'arrêt partout où bon lui semblerait. »

Le procès de Game avait duré quatre mois. Depuis le jour où le conseiller Clérico de Janzé avait proclamé l'innocence de Game il s'était écoulé six ans.

BARONET

(1774)

Bien qu'écrite dans les registres des sentences du bailliage de Reims et dans le recueil des arrêts du Parlement de Paris, l'histoire de Rémy Baronet rappelle l'aventure de Pierre Schlemihl, l'homme qui avait vendu son ombre, et celle aussi du héros d'Hoffmann, l'amant de Giuletta qui avait perdu son reflet.

Baronet, lui, fut dépouillé de son *moi*, comme Sosie par Mercure, atteint et convaincu de n'être pas lui-même et, sous le nom d'un autre, condamné aux galères comme usurpateur d'un nom qui était le sien (1).

Né le 8 mai 1717, à St-Hilaire-le-Petit, diocèse de Reims, fils de Jean Baronet, laboureur et de Jeanne Chappedoye, Rémy Baronet avait quitté son village à l'âge de vingt-cinq ans. Son père était mort, sa mère s'était remariée, rien ne le retenait plus à St-Hilaire. Il alla se placer comme domestique dans les environs de Reims et, pendant de longues années, il y eut la vie paisiblement animale que menaient ordinairement les serviteurs campagnards d'autrefois; il était sans souci des siens et les siens ne s'occupaient pas plus de lui qu'il ne s'inquiétait d'eux.

En son absence, sa mère était morte et sa sœur germaine, Françoise Baronet, veuve Lamord, s'était fait envoyer en possession de la part d'héritage qui revenait à Rémy dans la succession de leur mère commune.

En 1767, un de ses beaux-frères, Rémy Aubert, mari d'une de ses sœurs utérines, vint l'informer de cette mort, et de cette usurpation, et offrit de lui acheter, moyennant 500 livres, tous ses droits successoraux qu'il se chargeait de faire valoir. Baronet accepta la proposition avec enthousiasme et le contrat de cession fut passé par devant notaire le 6 mai 1764. L'acte aussitôt fut signifié à la veuve Lamord.

---

(1) Des Essarts, *Causes célèbres, curieuses et intéressantes* de toutes les cours souveraines du Royaume, T. LXXXVI, p. 3.

On devine l'accueil qu'elle fit à l'exploit qui lui apportait des nouvelles de son frère. Les femmes n'admettent pas que les événements dérangent leurs projets : et quand ces projets sont des calculs d'héritière menacée d'éviction, il n'est rien dont elles soient incapables pour triompher de l'obstacle imprévu. Son frère revenait ? C'était impossible, puisqu'elle s'était fait envoyer en possession de la part lui revenant dans la succession de leur mère. Elle voulait le considérer comme mort. Aussi, à ses yeux, celui qui avait signé le contrat qu'on lui signifiait ne pouvait être qu'un imposteur ; il avait usurpé le nom de son frère, mais ce n'était pas Rémy Baronet.

Celui-ci crut que pour démontrer son existence, il suffirait de se présenter. Le dimanche 17 juin, il se rendit donc à St-Hilaire où, matin et soir, dans l'église de son village natal, il assista aux offices et nombre d'habitants, malgré le temps écoulé, le reconnurent. Six d'entre eux, qu'il avait jadis plus particulièrement fréquentés, n'hésitèrent pas à le suivre chez le notaire royal de la paroisse et, par acte authentique, attestèrent son identité.

Sur le vu de ce certificat de vie, le juge de St-Hilaire valida sans difficulté le contrat de cession passé entre les deux beaux-frères le 6 mai précédent et, infirmant la sentence qui avait déclaré Baronet absent, il ordonna la restitution à celui-ci de sa part d'héritage.

La veuve Lamord jura que « cela ne se passerait pas ainsi : elle ne se laisserait pas reprendre un bien qu'elle avait convoité et qu'elle possédait depuis trop longtemps pour ne pas s'en considérer comme la propriétaire.» Voici ce qu'elle machina de complicité avec « un sieur Roland, curé de la paroisse d'Avaux-le-Château, allié à son mari, et avec lequel elle avait toujours entretenu des relations » (1).

Un vieux vigneron de ce village, le père Babilot, avait un fils, Guillaume, disparu depuis nombre d'années. Le curé Roland obtint de lui et de cinq ou six autres de ses paroissiens qu'ils se prêtassent à la comédie suivante.

Ils se réunirent au presbytère d'Avaux, où, sous un prétexte quelconque, on attira Rémy Baronet. Celui-ci avait à peine franchi la porte que Babilot se jetait à son cou. —Mon fils ! s'écriait-il.

_____

(1) Des Essarts, T. LXXXVI, p. 11.

— Qui? moi? votre fils? répondait Baronet ahuri. Je ne vous ai jamais vu, je ne vous connais pas. — Allons donc, reprenait le vigneron que le curé avait circonvenu au point qu'il se croyait vraiment en présence de son fils, la preuve que vous êtes Guillaume Babilot, c'est que vous devez avoir à la cuisse une tache de vinaigre qui provient d'une *désirance* de votre mère.

Baronet, à ces mots, éclate de rire et sans plus de façon il défait sa culotte et montre aux assistants ses cuisses dont la peau n'est marquée d'aucun signe, d'aucune *envie*... Cette preuve décisive ne décourage pas le curé. Il lance dans le village ses six paroissiens avec mission de répéter, de maison en maison, que le père Babilot a retrouvé son fils Guillaume, qu'il vient de le revoir et de le reconnaître au presbytère en présence de M. le Curé. Lui-même vient bientôt confirmer la nouvelle. Quant à l'incident de la tache de vinaigre, on n'en parle pas. La tache a disparu, voilà tout... Ainsi se créent, s'altèrent, se transforment selon les besoins des uns ou des autres, les rumeurs et la notoriété publiques.

Ce n'étaient là que les préliminaires de la campagne entreprise par la veuve Lamord pour dépouiller définitivement son frère. Le bruit de la rencontre au presbytère une fois répandu, elle porte plainte contre Baronet, et articule que « Guillaume Babilot, fils de François Babilot, de retour après une longue absence, a pris faussement le nom de Rémy Baronet pour tenter de lui extorquer sa part d'héritage en cédant ses prétendus droits successifs à son beau-frère Aubert (Rémy). »

Et sur cette plainte les juges du bailliage de Reims, rendent la sentence suivante :

« Après qu'il a été posé en fait par Françoise Baronet, veuve Lamord, que Rémy Baronet n'est pas Rémy Baronet, fils de Jean Baronet et de Jeanne Chappedoye, mais qu'il est au contraire, Guillaume Babilot, fils de François Babilot et de Nicole Fosper, *et qu'il ne ressemble à Rémy Baronet ni par âge, ni par taille et les traits du visage* ce qui a été denié par le dit Baronet, qui a soutenu, au contraire, qu'il est Rémy Baronet et non Guillaume Babilot, nous avons appointé les parties à faire preuve de leurs faits ».

Des chirurgiens furent nommés pour visiter Baronet. Ils constatèrent qu'il n'a sur les cuisses « aucune tache naturelle. » C'était

décisif, péremptoire, puisque Babilot père avait indiqué cette
tache comme le signe particulier qui devait faire reconnaître son
fils. Mais dans la balance des juges rémois, la déposition du
curé d'Avaux-le-Château l'emporta. Le prêtre vint conter qu'il
avait assisté à la reconnaissance du père et que le vieillard avait
eu, en retrouvant son fils, des accents qui ne trompent point. Il
amenait avec lui vingt-sept de ses paroissiens qui juraient reconnaître Guillaume Babilot dans l'adversaire de la veuve Lamord.

Les officiers du bailliage de Reims écoutèrent l'ecclésiastique
et le 18 mars 1769 ils annulèrent l'acte de vente du 6 mai 1764,
condamnèrent Rémy Aubert, le cessionnaire, à 300 livres de dommages-intérêts, firent défense à Baronet de ne plus à l'avenir
prendre ce nom « sous les peines de droit » et, sur les conclusions du ministère public, ils le décrétèrent de prise de corps.

L'enquête fut menée contre Baronet avec une prévention extrême : on n'observa même pas les formes d'ordinaire respectées
de ceux qui violent le plus audacieusement la justice.

« Au lieu notamment de faire venir les témoins on trans-
féra l'accusé des prisons de Reims au village de St-Hilaire, qui
en est éloigné de six lieues, chargé de fers aux pieds et aux
mains, escorté de six cavaliers de maréchaussée portant leurs fu-
sils surmontés de bayonnettes ; il fut conduit en cet état de maison en maison, pendant toute la durée du procès-verbal de confrontation » (1).

Baronet demanda qu'on entendît les personnes qui l'avaient
reconnu à son retour à St-Hilaire et parmi eux le curé, le notaire
du village, des fermiers chez lesquels il avait servi de domestique, avec lesquels il avait d'anciens souvenirs communs. Il réclama l'audition d'un cabaretier d'Avaux-le-Château, le sieur Lami
et de sa femme auxquels son prétendu père, François Babilot,
avait avoué que Baronet n'était point son fils et devant lesquels
le vigneron avait offert de donner l'attestation écrite de son erreur. On ne fit venir aucun de ces témoins.

L'accusé s'adressa au Procureur Général à Paris, qui donna
des ordres pour qu'on fît droit à la requête légitime de Baronet.
Le procureur du bailliage de Reims parut s'incliner devant l'or-

(1) Des Essarts, T. LXXXVI, p. 20.

dre de son chef et fit procéder à un supplément d'information.
Six nouveaux témoins furent cités : mais au lieu d'appeler ceux
réclamés par la défense, on assigna des habitants d'Avaux-le-
Château, tout dévoués à la veuve Lamord et désignés par elle.
Ils ne firent que confirmer la fable inventée par le curé Roland.

Le 29 octobre 1773, le bailliage de Reims rendit sa sentence
définitive. Elle n'était pas, on le devine, en contradiction avec
la première rendue en cette affaire. Les magistrats ne se déjugent
point volontiers. Baronet fut condamné « sous le nom de Guillaume Babilot, à faire amende honorable (1), nud en chemise,
ayant la corde au col et dans la main une torche de cire ardente
du poids de deux livres..., ayant écriteau devant et derrière
portant ces mots : !*faussaire, spoliateur de succession sous un
nom supposé*, et ensuite flétri et marqué, conduit aux galères
pour y servir à perpétuité. »

Un jugement du 14 janvier 1774, rendu sur l'appel interjeté
par Baronet, confirma la sentence des premiers juges.

« Le jour marqué pour l'exécution arrive, rapporte Des Essarts
dans ses *Causes célèbres* de 1782; il est livré au bourreau. Nud en
chemise, la corde au col, on le traîne au milieu du peuple que la
curiosité rassemble devant le tribunal où il est condamné à faire
amende honorable. Là, on le contraint de déclarer que *faussement
et malicieusement il a quitté son nom de Babilot pour prendre celui
de Baronet et d'en demander pardon à Dieu, au Roi et à la Justice.* »
Son âme indignée se révolte contre ces derniers mots. Le sentiment
de son innocence se réveille au milieu des horreurs qui l'environ-
nent. Il refuse de demander pardon à la justice. Alors l'exécuteur,
soit qu'il eût reçu des ordres, ou de son propre mouvement, redouble
de férocité et *lui enfonce la marque brûlante jusque sur l'os.* »

Après ce commencement « d'expiation », portant l'ineffaçable
empreinte de l'erreur dont il était victime, Baronet fut conduit

---

(1) *Amende honorable.* — Se fait par le criminel, en allant au supplice.
On le conduit d'abord devant la porte de la principale église du lieu, où
l'ayant fait mettre à genoux, nu tête, et la corde au col, s'il doit être
pendu, on lui met à la main une torche, ou gros flambeau du poids de
deux livres, et on lui ordonne d'avouer son crime devant Dieu, et de lui
en demander pardon, ainsi qu'au Roi et à la justice. Il y a des cas où il y
a encore un écriteau attaché devant et derrière avec le nom de son crime.
(Garsault, *Faits des Causes célèbres*, 1752).

à Paris pour rejoindre la chaîne des galériens. On l'enferma à
la Tour St-Bernard, où le malheureux renonça sans doute à tout
espoir de salut.

Il est des hasards qui font sourire quand ils sont un moyen
de dénoûment pour le romancier à bout d'imagination. Ce fut
une de ces invraisemblables rencontres qui sauva Baronet.

Guillaume Babilot, l'absent dont on avait pris la personnalité
pour en revêtir le frère de la veuve Lamord, et qui avait été flétri par le jugement frappant Baronet, Guillaume Babilot avait
une sœur nommée Laurence, domestique à Paris.

Le concierge de la Tour St-Bernard la connaissait. Il eut l'idée
de la confronter avec son prisonnier.

— Je ne connais point cet homme-ci, dit-elle. Il n'a aucune
ressemblance avec mon frère, il est beaucoup plus âgé (*Baronet
avait en effet quatorze ans de plus*) ; mon frère n'était pas bossu
il était au *contraire bien fait*. Je ne puis que plaindre cet
homme-ci, on a condamné un innocent, et la condamnation n'a
pas le sens commun.

Elle disait vrai, la sœur de Babilot, mais cette condamnation,
absurde ou justifiée, avait l'autorité de la chose jugée... Baronet
partit aux galères.

Cependant, le concierge de la Tour St-Bernard avait raconté
la confrontation dont il avait été le témoin. L'affaire s'étant
ébruitée, le curé de St-Hilaire, l'abbé Mangeot, dont on n'avait
pas voulu recevoir le témoignage et qui était au courant de tout
le complot mené contre un innocent, joignit ses démarches à
celles du concierge de la prison ; des magistrats parisiens s'inté-
ressèrent au sort de Baronet, et le 22 avril 1776, un arrêt de révision fut rendu qui chargeait le Parlement de Paris de procéder
à une enquête nouvelle.

Enquête facile. Pour faire éclater la vérité il suffisait d'entendre les témoins vainement indiqués par le condamné au cours
de la première information, et de comparer au vague des dépositions reçues à Reims, la précision des détails fournis par les
témoins à décharge ; il suffisait d'écouter Baronet donner sur son
village et sur ses habitants des renseignements que Guillaume
Babilot n'eût jamais pu fournir ; il suffisait de l'entendre décrire
les logis de ses amis d'autrefois, en indiquant les changements
survenus depuis tant d'années : là c'était une barrière déplacée,

ici une porte murée ; à ceux qui le reconnaissaient, il rappelait de menus incidents du passé, un coup de pied de cheval reçu à telle époque, un pré fauché à telle date et dans telles circonstances...

Était-il, d'ailleurs, besoin de tant de dépositions et de vérifications ? Guillaume Babilot avait été soldat et Rémy Baronet, un peu voûté sinon bossu, boitait de la jambe droite. En fallait-il davantage ?

Le Parlement l'estima. Il voulut que l'innocence de Baronet fût scientifiquement établie et il confia au célèbre chirurgien Louis le soin de faire un rapport détaillé sur l'identité du condamné.

Ce rapport, déposé le 30 avril 1778, vieux de cent vingt ans, semble écrit d'hier. C'est une merveille de clarté où sous la simplicité du style on devine la puissance du savoir. Il n'y a que les vrais savants qui sachent parler de science dans la langue de tout le monde. Ce n'est pas le lieu de reproduire ici (1) ce mémoire et c'est une digression déjà que de signaler la curieuse dissertation du chirurgien sur les taches indélébiles appelées *désirances* ou plus communément *envies*, et sa protestation toute moderne contre les rebouteurs et la confiance aveugle qu'ils inspirent au public des campagnes.

Voici quelles étaient les conclusions du rapport :

1° Babilot, au dire de son père, portait à la cuisse une tache de vinaigre. Le condamné n'en avait point de trace.

2° Babilot ne boitait pas. L'homme examiné par le chirurgien avait la jambe droite plus courte que l'autre et le pied droit un peu tourné.

3° Babilot n'était point contrefait. Le galérien de Reims était voûté, presque bossu.

Par un arrêt du Parlement de Paris, rendu le 26 août 1778, Rémy Baronet fut déchargé des plaintes et accusations portées contre lui. Son nom lui fut rendu et celui de Babilot effacé des registres d'écrous.

_____

(1) Voir Des Essarts, *Causes célèbres*, T. LXXXVI, p. 125 des extraits de ce rapport.

CAHUZAC

(1776)

Dans une petite maison de la rue Malcousinat, à Toulouse, vivaient en 1776, avec sa femme et une servante appelée Marguerite Sans, un nommé Belloc, ancien marchand de cette ville, retiré des affaires.

Belloc était continuellement malade; aussi, sa femme et la servante couchaient-elles dans une pièce voisine de la chambre où il reposait tout seul. Elles étaient de la sorte à même de lui donner des soins à toute heure.

— Dans la nuit du 24 au 25 janvier 1776, vers trois heures du matin, Belloc entendit remuer dans une partie inoccupée de l'appartement (1). Il appela la servante qui se leva ainsi que la dame Belloc, effrayées par le bruit qu'elles avaient également entendu. Elles allumèrent immédiatement une chandelle et un grand feu. Un instant après, la porte de leur chambre fut secouée avec violence puis enfoncée, et un individu qui cherchait à dissimuler sa figure, armé d'un gros bâton terminé par une sorte de hachette, s'élança dans la pièce en s'écriant : « Je veux vous tuer tous! ». La servante fut la première qu'il attaqua et qu'il chercha à frapper, et, Belloc s'étant jeté hors de son lit pour protéger les deux femmes, le malfaiteur se précipita sur lui et le roua de coups. Cependant la domestique put sortir de la chambre, courir à la porte d'entrée et appeler au secours. Ses cris attirèrent presqu'aussitôt une patrouille bourgeoise et des voisins éveillés par le bruit. Mais le criminel s'était enfui et le commandant de la patrouille ne put que s'emparer, comme pièces à conviction, des objets laissés par l'agresseur, un chapeau, un bâton et un sac en toile grise à raies noires, renfermant une paire de gants fourrés. Il reçut les premières déclara-

---

(1) Des Essarts, *Causes célèbres, curieuses et intéressantes de toutes les cours du Royaume*, T. LVIII, p. 151.

tions du ménage Belloc et de la fille Sans. Leurs récits furent identiques. L'homme qui les avait assaillis leur était absolument inconnu; ils n'avaient pu voir ses traits par suite des précautions que l'individu avait prises.

Dès le lendemain, le Procureur du Roi adressa une plainte aux Capitouls (magistrats municipaux de la ville de Toulouse) contre l'auteur de l'agression dont les Belloc avaient été victimes et qu'il désigna comme étant un sieur Cahuzac.

Celui-ci, domicilié avec sa famille à Toulouse, exerçait la profession de maçon et jouissait de l'estime de tous, autant à cause de son excellente conduite que de la douceur de son caractère et de sa probité. Comment pouvait-il être accusé d'avoir voulu tuer les Belloc? Ceux-ci, tout d'abord, avaient affirmé qu'ils ignoraient absolument quel était le criminel, mais, revenant sur leurs premiers dires, ils avaient quelques heures plus tard, déclaré qu'ils avaient reconnu le malfaiteur à sa voix et à sa taille; c'était le nommé Pierre Cahuzac, maçon, qui avait travaillé dans leur appartement environ un an auparavant.

La bonne confirma la déclaration de ses maîtres. Cahuzac fut arrêté.

Ses moyens de défense furent simples. Comme les Belloc affirmaient qu'ils avaient fermé au verrou la porte d'entrée de leur appartement à six heures du soir, et qu'il n'y avait aucune trace d'effraction, il fallait nécessairement que l'auteur de l'agression eût pénétré dans l'appartement avant six heures et s'y fût caché jusqu'au moment où il avait tenté de commettre son crime. Or, Cahuzac n'était pas sorti de chez lui depuis la veille à midi jusqu'au lendemain matin. Il invoqua le témoignage de tous les locataires de la maison où il habitait et notamment des nommés Brousse, cordonnier, et Cassaigne, charpentier.

Ceux-ci ne furent même pas interrogés par le juge! L'enquête, bientôt terminée, consista uniquement à recueillir les dépositions des victimes. Entendues à plusieurs reprises, elles affirmèrent plus énergiquement chaque fois que c'était bien Cahuzac qui avait tenté de les assassiner.

Ils avaient commencé par dire qu'ils n'avaient pu reconnaître le malfaiteur, puis, qu'ils l'avaient reconnu *à la taille* et à la *voix*; le sieur Belloc finit par attester « que le voleur était le nommé Pierre Cahuzac, ainsi qu'il l'avait reconnu *à la voix, à la taille et à la figure* », et il ajouta que « sans doute, il s'était introduit et, caché dans l'appartement dont il connaissait les aîtres, ayant travaillé à différentes reprises dans la maison, environ deux ans auparavant. »

Cahuzac fut condamné à mort par les Capitouls le 9 février 1776 et, cette sentence ayant été confirmée par un arrêt du 15 février suivant, il fut pendu le jour même.

Jusque sous la potence, et la corde au cou, il ne cessa de protester contre la condamnation dont il était l'objet. Le bourreau ayant, suivant l'usage, demandé aux assistants de prier pour le patient. « Dites donc pour l'innocent! » s'écria Cahuzac. Ce furent ses dernières paroles.

Six mois plus tard, on arrête un nommé Michel Robert, qui avait assassiné une dame d'Aubuisson. A l'instruction, non seulement il reconnaît être l'auteur du crime dont il était accusé, mais il déclare que c'est lui qui a commis l'attentat pour lequel Cahuzac a été mis à mort. Il s'était introduit chez les Belloc dans la journée et jusqu'au moment de l'agression, il s'était tenu caché dans l'appartement dont il connaissait la disposition, ayant été fréquemment chez les Belloc avec son maître, M. Costes, procureur, qui était de leurs amis.

Ses victimes s'employèrent activement à tâcher de prouver que cet aveu était une imposture.

Dans les confrontations qui eurent lieu entre eux et Michel Robert, ils cherchèrent à établir d'abord que ce ne pouvait être lui qui avait pénétré chez eux, ensuite que s'il avait vraiment participé à l'agression, Cahuzac était son complice. Michel Robert persista jusque dans le « *procès-verbal de mort* » à déclarer qu'il était le coupable et le seul coupable. La sincérité de ses aveux ne pouvait du reste être sérieusement contestée, car il énuméra et dépeignit même les objets qu'il avait abandonnés chez les Belloc en se sauvant, le chapeau, le bâton et le sac en toile grise avec des raies noires renfermant une paire de gants fourrés.

La veuve de Cahuzac sollicita alors la réhabilitation de la mémoire de son mari.

La procédure préliminaire aboutit à un jugement du *Tribunal des requêtes de l'hôtel* déclarant qu'il y avait lieu à la révision du procès du malheureux maçon. Le Parlement de Toulouse, saisi par des lettres patentes du Roi, ordonna, avant de statuer, la preuve des faits qui tendaient à établir l'alibi invoqué par Cahuzac lors de l'instruction dirigée contre lui. Les témoins qu'il avait demandé qu'on interrogeât, les sieurs Brousse et Cassaigne, furent enfin entendus, et ils démontrèrent, sans discussion possible, l'innocence de celui que la justice avait fait pendre.

Aussi, au mois d'août 1779, un arrêt fut-il rendu réhabilitant la mémoire de Cahuzac et autorisant sa veuve à poursuivre, contre les Belloc, la réparation pécuniaire des infortunes qu'ils avaient causées.

Ce dernier procès aboutit à la condamnation des trop légers accusateurs qui durent payer 6.000 livres de dommages-intérêts à la veuve de Cahuzac et à ses enfants.

GENTIL ET VEURIOT

(1780)

Nicolas Maret, « Frère Jean » comme on l'appelait dans le pays, habitait depuis plus de vingt ans l'Ermitage St-Michel, près d'Aignay-le-Duc, une petite ville de Bourgogne, à cinq lieues de Châtillon-sur-Seine.

Il y vivait du produit de ses quêtes et gagnait en outre quelque argent à faire de la peinture et de l'horlogerie ; il dépensait peu, recevait beaucoup et passait pour avoir un pécule des plus respectables (1).

Dans la soirée du 5 au 6 décembre 1780, il était couché dans l'alcôve de sa cuisine et dormait du sommeil du juste, quand sa porte fut enfoncée par des voleurs qui se jetèrent sur lui, le ligotèrent, lui rabattirent son capuchon sur les yeux et le sommèrent enfin de leur révéler le lieu où il serrait son argent. Frère Jean refusa d'abord de répondre, mais en manière d'argument, ses agresseurs lui mirent un couteau sur la gorge et

---

(1) Des Essarts, *Causes célèbres, curieuses,* etc., T. CLI, p. 1.

comme, aveuglé par son capuchon, il n'y pouvait voir, ils lui firent tâter un fusil dont la Balle lui était destinée s'il s'entêtait à ne point leur fournir les renseignements nécessaires.

Frère Jean pensa que les magots se reconstituent, tandis qu'on ne meurt qu'une fois : en soupirant, il avoua donc à ses visiteurs importuns que sa cachette était dans le mur du jardin. Les voleurs allèrent vérifier l'exactitude de son dire, trouvèrent dans un creux du mur une boite de fer blanc contenant neuf louis et demi d'or, prirent en outre dans la maison une montre en argent, un pain de sucre et deux bouteilles de liqueur puis se disposèrent à partir.

Mais afin de prouver à l'Ermite qu'ils n'étaient point méchants et n'en voulaient qu'à sa cassette, ils le prévinrent qu'ils allaient pendre sa robe à un arbre devant la maison.

L'alarme ainsi serait donnée et l'on viendrait à son secours dès qu'ils seraient eux-mêmes en sûreté.

Frère Jean, malgré cette bienveillante attention des malfaiteurs, resta dans son alcôve plusieurs heures, ligoté et encapuchonné. Enfin quelqu'un entra. C'était un jeune homme de la ville, Jean-Baptiste Gentil, qui venait, sans se douter de rien, chercher l'ermite pour le prier d'assister sa mère mourante.

Frère Jean était un vieil ami de la famille Gentil. Il avait été convenu avec le jeune homme que si l'état de sa mère, alors très malade, s'aggravait, il viendrait aussitôt en avertir l'ermite.

Ce soir-là, Jean-Baptiste Gentil, voyant la fin de sa mère approcher, était allé chercher d'abord ses sœurs dont l'une était mariée à un nommé Antoine Loignon, et son frère Claude Gentil. Ce dernier était couché quand Jean-Baptiste arriva. A la triste nouvelle qu'on lui apportait, il sauta au bas de son lit, se vêtit à peine et courut au chevet de la mourante.

En passant à l'ermitage, Jean-Baptiste avait aperçu de la lumière, il s'était souvenu de la promesse de frère Jean et il était entré.

Il le trouva dans le piteux état qu'on sait, le délia et s'efforça de le rassurer.

L'ermite lui conta son aventure, sans nommer personne tout d'abord et en recommandant le silence à son jeune ami.

Au bout d'un instant, Frère Jean affirma que malgré les précautions prises par ses agresseurs, il en avait reconnu trois.

— J'en ai reconnu trois à leurs voix, dit-il, c'étaient « Veuriot, Chaumont et votre frère Claude. »

Jean Baptiste se récria, haussa les épaules.

— Qui ça? mon frère? que me dites-vous là? Mais avant de monter ici, je suis allé l'éveiller, il était dans son lit... Et Veuriot?... Il ne le voit pas : ils sont brouillés et il n'y a pas quinze jours que mon frère a porté plainte contre lui au Procureur du Roi !

Cette protestation immédiate jointe à d'autres bonnes raisons ne put ébranler la conviction de Frère Jean. Toutefois, il promit à Jean-Baptiste qu'il ne dénoncerait pas son frère Claude, à la condition que de son côté le jeune homme ne dirait pas que l'ermite savait le nom de ses voleurs. Il avait peur d'être assassiné par eux s'ils apprenaient que l'unique témoin de leur forfait les avait reconnus.

Jean-Baptiste retourna près des siens et leur rapporta l'attentat commis à l'ermitage : mais il s'abstint de répéter les noms prononcés par la victime.

Claude Gentil, très calme, manifesta le désir d'aller témoigner au Frère Jean la part qu'il prenait à sa mésaventure.

Les deux frères, accompagnés de Loignon, leur beau-frère, se rendirent à l'ermitage. Il était vide. Le Frère Jean s'était réfugié à Beaunotte chez le vicaire auquel il raconta son infortune dans tous les détails. Il le pria d'inviter à dîner le curé d'Aignay afin de le consulter sur le parti qu'il devait prendre.

Le curé se rendit à l'invitation ; mais il s'était fait accompagner par le Procureur du Roi.

Après le repas, ce magistrat et Frère Jean allèrent ensemble à l'ermitage et on procéda aux constatations.

On trouva dans le jardin un fusil que le sieur Caillard, qui faisait les fonctions de greffier, reconnut pour le sien. On le lui avait volé quelques jours auparavant dans une barraque dont la serrure avait été forcée.

Dès le lendemain, on informa et cinq jours· après, le 12 décembre 1780, Claude Gentil, Guillaume Veuriot et un de leurs voisins, Claude Pajot, étaient décrétés de prise de corps.

Après interrogatoire, le prévôt d'Aignay-le-Duc renvoya au bailliage de Châtillon toute la procédure criminelle qu'il avait instruite en y joignant les pièces à conviction.

A Châtillon il fut alors ordonné qu'une information serait ouverte par ampliation contre les accusés.

L'enquête relevait, contre Claude Gentil un propos qu'il avait tenu le lendemain du crime : « Ce n'est pas grand mal, avait-il dit, si frère Jean a été volé...» Et il aurait ajouté : « Quand même ce serait moi l'auteur, je suis d'une trop grosse famille pour être inquiété. » On avait remarqué qu'en prononçant ces mots, Claude approchait ses mains du feu, et que ses mains tremblaient.

Le tronc d'arbre avec lequel la porte avait été enfoncée pouvait lui appartenir, car il semblait avoir servi à lever les meules de moulin, et Claude était meunier. Enfin on avait trouvé dans sa poche un cierge qui devait provenir de la chapelle de l'ermitage.

A toutes ces présomptions, les réponses étaient faciles : le propos tenu en l'air, le matin du 6 décembre, n'était qu'une parole sans portée et si les mains de l'accusé tremblaient quand il les approchait du feu, c'est qu'il avait passé la nuit au chevet de sa mère agonisante, et qu'il grelottait de froid et de sommeil.

Pourquoi aurait-il tué l'ermite ? On avait dit qu'il lui en voulait. Sa rancune n'était pas sérieuse. Son seul grief contre frère Jean était le peu de générosité dont l'ermite avait fait preuve à son égard un jour de St-Michel.

Enfin quoi d'étonnant à ce qu'on eût trouvé un bout de cierge dans sa poche ? Claude Gentil était marguillier de sa paroisse.

Mais on l'avait entendu dans la nuit du crime ouvrir et fermer sa porte deux fois entre dix heures et minuit, et il avait, ce soir là, fait coucher sa famille plus tôt que d'habitude.

Après le vol, on avait remarqué qu'il se cachait dès qu'il entendait venir quelqu'un chez lui.

En outre son fils cadet avait désigné comme suspects du vol trois individus autres que les accusés ; on en avait conclu qu'il voulait écarter les soupçons qui pesaient sur son père. Et c'était tout.

Contre Claude Pajot, les bases de l'accusation étaient encore plus faibles ; le fait le plus grave qu'on lui reprochait était, outre les hésitations dans ses réponses, d'avoir dit après confrontation cette phrase à double sens : « Le frère Jean ne m'a pas reconnu comme les autres. »

C'est sur ces insignifiantes présomptions que le 7 décembre 1781, le bailliage de Châtillon rendit un jugement définitif condamnant Guillaume Veuriot à être pendu, après avoir été soumis à la question ordinaire et extraordinaire.

On remettait le jugement des autres accusés après l'exécution de Veuriot.

Les condamnés interjetèrent appel. On n'entendit pas de témoins nouveaux ; les réponses des accusés furent les mêmes ; ils protestèrent de leur innocence avec la même énergie.

Mais sans aucune espèce de motif, par un revirement incompréhensible, le jugement du Parlement de Dijon fut tout le contraire de celui du bailliage de Châtillon.

Claude Gentil fut condamné à être pendu, tandis que Veuriot était envoyé, non plus à la potence, mais aux galères perpétuelles.

Cet arrêt rendu le 8 mars 1782 ordonnait pour Claude Pajot et Antoine Loignon, un *plus ample informé indéfini* et mettait hors de cause Jean-Baptiste Gentil.

Claude Gentil ne cessa de protester de son innocence au milieu des plus cruelles tortures. « Je n'y étais pas, s'écriait-il ; mon Dieu, les martyrs n'ont pas tant souffert et je n'ai point fait le mal ! »

Avant d'expirer, son dernier mot fut encore : « Je suis innocent. »

Quelque temps après, Veuriot mourut d'épuisement aux galères, n'ayant cessé de répéter lui aussi qu'il était victime d'une erreur.

La justice allait bientôt reconnaître qu'elle s'était lourdement trompée et que Claude Gentil et Veuriot étaient morts innocents.

Voici comment la vérité se découvrit :

En ce temps-là, comme aujourd'hui, les comptes rendus des causes célèbres étaient la lecture favorite du public. Des colporteurs allaient, de ville en ville, vendant le portrait des criminels avec leur biographie et le texte du jugement qui les avait condamnés.

Une nièce de Jean-Baptiste Gentil acheta un jour une brochure où était relaté le procès de trois voleurs condamnés à Montargis.

Les faits relevés à la charge de ce trio étaient identiques à ceux qui avaient été imputés à ses oncles. Elle prévint Jean-Baptiste Gentil et lui envoya le texte des jugements qu'elle avait acheté.

Le 2 avril 1783 une de ces décisions avait déclaré les nommés Jacques Périssol, Charles Noël, Larue et trois autres complices, convaincus d'avoir « enfoncé d'un coup de bûche la porte d'un ermitage situé entre Châtillon-sur-Seine et Saint-Seine, et, étant entrés dans le dit ermitage, d'avoir lié les mains et les pieds de l'ermite à qui ils avaient volé neuf louis et demi en or et plusieurs effets. »

Jacques Périssol, Charles Noël, Larue et leurs complices avaient été condamnés à Montargis pour le crime imputé à Gentil et à Veuriot, crime déjà jugé à Châtillon-sur-Seine.

Un autre jugement en date du 14 juin déclarait « la nommée Marguerite Roussel suspecte de complicité d'un vol commis avec effraction et violence par Charles Noël Larue, Jacques Périssol, Etienne Royer et Blandy chez un ermite demeurant sur une montagne entre Châtillon-sur-Seine et Saint-Seine. »

Jean-Baptiste Gentil se mit en campagne pour obtenir la réhabilitation de son malheureux frère et sa propre justification.

Périssol et Marguerite Roussel avaient été condamnés à être pendus ; mais il restait encore en prison leur complice, Charles Noël Larue.

Interrogé, Larue donna sur l'attentat d'Aignay-le-Duc jusqu'aux plus petits détails, établissant d'une façon irréfutable l'innocence de Gentil et de ses prétendus complices.

Par suite, le Conseil du roi admit la requête en révision et il fut ordonné le 18 décembre 1786 que cette révision serait faite par le Parlement de Dijon.

On fit venir de Montargis Charles-Noël Larue. Son interrogatoire dura trois jours, les 21, 22, 23 juillet. Il répéta ses déclarations premières. « Je sais, disait-il, que j'y vais de ma tête ; mais je veux aider à réhabiliter des innocents et à sauver les autres accusés. »

Le 25 juillet on le confronta avec le frère Jean qui s'obstina à dire que Larue était un imposteur, et que les vrais coupables étaient ceux qu'il avait désignés.

Larue indigné s'écria : « Je suis un scélérat, mais vous l'êtes mille fois plus que moi de persister dans une erreur qui a fait la base d'une condamnation injuste. »

Comme épreuve décisive, on mena Larue à l'ermitage où différents changements avaient été opérés. Là, il retraça la disposition des lieux tels qu'ils étaient lors de l'attentat.

Il n'y avait plus à douter.

Le 18 août 1787, la Cour déclara coupables Etienne Royer dit Blandy et Charles-Noël Larue, de l'attentat d'Aignay, condamna les deux premiers à être pendus, en recommandant toutefois Larue à la clémence du roi.

Elle prononçait en outre l'arrêt de réhabilitation suivant :

« Ayant égard aux lettres de révision du 23 février dernier, régistrées à la Cour le 27 juin suivant et faisant droit sur les conclusions prises par Claude Gentil et Guillaume Veuriot dans sa requête du présent mois, ensemble sur celles prises par Claude Pajot, Antoine Loignon et Jean-Baptiste Gentil dans la requête du même jour, a déchargé et décharge la mémoire de Claude Gentil et celle de Guillaume Veuriot des condamnations contre eux prononcées par les arrêts de 8 et 19 mars 1782.

« A renvoyé et renvoie Claude Pajot, Antoine Loignon et Jean-Baptiste Gentil de l'accusation contre eux intentée. »

Cet arrêt leur réservait toutes actions contre leurs dénonciateurs.

VICTOIRE SALMON

(1781)

Le procès de Victoire Salmon (1) fut certainement un de ceux qui, quelques années avant la Révolution, eurent le plus de retentissement, non seulement dans le monde judiciaire, mais aussi dans toutes les classes de la société.

---

(1) Des Essarts, *Causes célèbres, curieuses*, etc., T. CXLIV, p. 73. — Fournel, *Consultation pour Marie-Françoise-Victoire Salmon*, appelante de la sentence du bailliage de Caen du 18 avril 1782 qui l'a condamnée à être brûlée vive, préalablement appliquée à la question ordinaire.

Cinq années d'instruction, pendant lesquelles la malheureuse accusée resta au secret le plus absolu ; les préparatifs de la torture et de la mort deux fois commandés et deux fois suspendus le jour même où le bourreau allait remplir ses fonctions ; finalement, la proclamation de l'innocence de celle que par une sentence sans appel la justice avait déclarée coupable ; tous ces motifs justifient l'intérêt que la foule prit à cette affaire.

Victoire Salmon était fille d'un journalier de la paroisse de Méautis, en Basse-Normandie. Tout enfant elle avait perdu sa mère, et elle avait été dès l'âge de quinze ans engagée comme domestique.

Elle avait vingt ans à peine, lorsque le 1er août 1781 elle arriva à Caen pour chercher une place. Elle en trouva une aussitôt dans la famille Huet-Duparc.

C'était un lourd ménage que celui des Duparc. Il se composait de M. et Mme Paisant de Beaulieu, parents de Mme Huet-Duparc, de celle-ci et de son mari, de deux fils, l'un de vingt-et-un ans, l'autre de onze ans, et d'une fille de dix-sept ans.

En quinze jours, cinq domestiques avaient successivement renoncé à servir un si grand nombre de maîtres. La jeune Salmon, pleine de bonne volonté, accepta l'emploi vacant et elle commença immédiatement son service.

Mme Huet-Duparc la mit au courant de la besogne. A la fois fille de ménage et cuisinière, Victoire devait accompagner la grand'mère à la messe tous les matins, et veiller sur le grand'père, un vieillard de quatre-vingt-huit ans.

Mme Duparc lui recommanda de soigner spécialement la bouillie du père Paisant, sans jamais y mettre de sel.

Dès le lendemain de son entrée en place, le samedi 1er août, Victoire profita d'un instant de répit dans son service, pour aller faire quelques emplettes chez une mercière, la dame Lefèvre. Elle voulait compléter son modeste trousseau qui ne se composait que de quatre chemises, trois jupes, des souliers, des bonnets, une camisole et *trois paires de poches*, comme on en portait alors, séparées des vêtements et simplement pendues à la taille. Quarante-huit livres formaient toute sa fortune.

Le dimanche 5 août, Victoire fit un peu de toilette ; elle mit des poches neuves faites avec de l'étoffe qu'elle avait achetée la veille, et suspendit celles dont elle se servait tous les jours au dossier d'une chaise, dans le petit cabinet où elle couchait au rez-de-chaussée, près de la salle à manger.

Le lundi, contrairement à ce qui avait eu lieu les autres jours, ce ne fut pas la jeune Salmon qui prit le lait chez le laitier. Celui-ci était absent lorsqu'elle vint chercher sa provision habituelle; il l'apporta lui-même un peu plus tard. Victoire préparait alors la soupe du père Paisant sous les yeux de la dame Duparc, de sa fille et de son jeune fils.

La bouillie prête, la dame Duparc demanda à la servante si elle y avait mis du sel. Elle lui répondit négativement, rappelant que sa maîtresse le lui avait défendu. Celle-ci prit alors la soupe, la saupoudra de sel et la servit aussitôt au vieillard.

Victoire rapporta ensuite le poêlon dans lequel avait été la bouillie, et se disposait à le laver avec d'autre vaisselle, quand on l'envoya faire des courses au dehors.

Lorsqu'elle rentra, elle trouva tout le monde s'empressant autour du père Paisant qui, quelque temps après avoir mangé sa soupe, avait été pris de malaises subits. Victoire, comme les autres personnes de la maison, passa la journée à soigner le malade.

On n'appela point le médecin; mais seulement un garçon apothicaire pour poser des vésicatoires.

Malgré ce traitement, le vieillard expira vers les cinq heures et demie du soir, « sans avoir reçu le viatique », et au milieu d'affreuses souffrances.

Ce fut Victoire Salmon qui veilla le corps toute la nuit, avec une garde qu'on avait fait venir. Aussi le lendemain la jeune servante tombait-elle de fatigue, et ce furent la dame Duparc et sa fille qui préparèrent le déjeuner pour la table des maîtres, ainsi que pour la garde et la fille Salmon.

Celle-ci vaquait, dans la maison, lorsque sa maîtresse se mit à la gourmander de son manque de soins et d'économie, parce qu'elle gardait les poches neuves qu'elle avait mises le dimanche. Bien que l'observation fût étrange au milieu des tristes préoccupations du moment, Victoire alla remettre les poches qu'elle avait accrochées le dimanche au dossier d'une chaise dans l'office.

Puis le sieur Duparc, qui était absent depuis quelques jours et que son fils était allé chercher aussitôt après la mort du sieur Paisant, étant arrivé, ce fut Victoire qui s'occupa de son cheval, le mit à l'écurie pendant que la dame Duparc et sa fille commençaient à servir le repas des maîtres. Ils étaient sept personnes à table, la veuve Paisant de Beaulieu, le sieur Duparc, son jeune fils, une dame Beauguillot, parente de la famille et son fils, enfin la dame Duparc et sa fille.

Aussitôt la soupe mangée, le jeune Duparc se plaignit de sentir quelque chose qui craquait sous la dent. Victoire, qui venait d'arriver dans la salle à manger à ce moment pour faire le service de la table, n'eut pas le temps de voir ce qui pouvait s'être trouvé dans la soupe ; la dame Duparc la renvoya immédiatement à la cuisine, en disant cependant que l'enfant avait raison, qu'elle avait fait la même remarque que lui.

On resta deux heures à table. Tout-à-coup, le jeune Duparc dit qu'il se sentait malade, et sa mère s'écria : « Ah, nous sommes tous empoisonnés, on sent ici l'odeur d'*arsenic brûlé*. » Aussitôt, tous les convives déclarèrent qu'ils éprouvaient des malaises et qu'évidemment les appréhensions de la dame Duparc étaient fondées. On courut chercher l'apothicaire et rapidement tous les voisins apprirent l'événement. Chacun rapprocha les faits qui se passaient de la mort si rapide du père Paisant ; et l'opinion hautement exprimée fut qu'une personne avait voulu empoisonner toute la famille Duparc après avoir causé la mort du vieillard.

L'auteur du crime fut immédiatement désigné : c'était la fille Salmon. Du reste, l'attitude de la malheureuse pouvait donner prise aux soupçons.

Accablée de fatigue par une nuit passée au chevet du mort, elle ne put supporter sans défaillir les menaces que l'on proférait contre elle. On dut la coucher.

Un médecin, nommé Hébert, fut appelé.

Tout en prodiguant ses soins à Victoire, il fouilla dans ses poches et trouva des miettes de pain mélangées à des grains blancs et luisants qu'un autre médecin, nommé Dubreuil, emporta, pour en faire l'analyse.

Survint alors un certain Friley, avocat au bailliage de Caen, qui s'empressa d'aller dénoncer Victoire au procureur du Roi.

Celui-ci, sans autre information, donna l'ordre au commissaire

Bercel d'enfermer Victoire Salmon et de la mettre au secret.

Le procureur du Roi, Revel de Bretteville, était parent d'une famille Dumesnil chez laquelle Victoire avait servi ; il connaissait l'inculpée, et la jeune fille était en droit de s'attendre à trouver auprès de lui sinon une protection, du moins une bienveillance qui n'était pas incompatible avec les intérêts de la justice.

Tout au contraire, ce fut avec une sévérité excessive que ce procureur tenta d'étouffer les protestations de la malheureuse domestique.

Victoire avait autrefois refusé les avances de ce magistrat, et en honnête fille elle avait quitté les Dumesnil pour échapper à ses sollicitations. M. Revel de Bretteville n'avait point oublié l'échec qu'il avait essuyé auprès d'elle.

Le 8 août 1781, le procureur du Roi ordonna l'autopsie du cadavre du père Paisant, et il résulta de l'expertise que le vieillard avait été empoisonné.

Le même jour, M. Revel de Bretteville fit procéder par le lieutenant criminel à une enquête chez le sieur Huet-Duparc, pour « y recevoir sa déposition et celle des personnes actuellement malades chez lui. »

Ces interrogatoires ne tendaient qu'à établir les circonstances détaillées de la mort du vieux Paisant ; mais les soi-disant empoisonnés, qui semblaient se porter fort bien, car ils ne s'étaient même pas alités et ne présentaient aucun symptôme d'intoxication, ne parlèrent dans leurs dépositions que de l'attentat dont ils se prétendaient victimes eux-mêmes. Or, l'ordonnance d'information n'y faisait même pas allusion.

Avant d'être écrouée, la fille Salmon fut fouillée, on découvrit dans son corsage une clef qu'elle dit être celle du buffet du salon. Il se trouva que cette clef ouvrait aussi une armoire contiguë à l'appartement d'une dame Précorbin, absolument inconnue de Victoire ; dans cette armoire on saisit des effets appartenant à l'inculpée ainsi que des objets appartenant aux Duparc... si bien qu'à l'accusation d'empoisonnement vint s'ajouter celle de vol.

Le 17 avril 1782, le procureur du roi Revel déposait ses conclusions afin que Victoire Salmon fût « duement *atteinte et con-*

vaincue d'avoir, le 6 août 1781, empoisonné le sieur Paisant ; *convaincue* d'avoir voulu le lendemain tenter de faire périr de la même façon les membres de la famille Duparc et leurs convives ; *convaincue* d'avoir volé antérieurement chez les Dumesnil différents effets. » Lors de l'enquête, ces derniers, parents et amis du procureur du Roi, avaient mis sur le compte de Victoire un vol, dont un autre fut dans la suite reconnu coupable).

Enfin, la domestique était soupçonnée d'avoir volé un morceau de toile chez la mercière Lefèvre. Cette femme, qui avait vendu différents objets à Victoire le lendemain de son entrée chez les Duparc et qui avait été réglée comptant, entraînée par l'opinion publique, avait imputé à l'accusée la disparition d'une pièce d'étoffe sans valeur !

En conséquence, le procureur du Roi requit que « fût la dite Salmon condamnée à faire amende honorable, en chemise, la corde au cou, puis après l'application de la question, brûlée vive sur la place du marché St-Sauveur. »

Le 18 avril la sentence fut conforme aux conclusions du procureur.

Victoire Salmon, sur son appel, fut transférée à Rouen où elle attendit l'arrêt du Parlement jusqu'au 17 mai 1782.

A cette date, sur les conclusions de M. Revel de Brouaire, substitut, frère du procureur du Roi, la sentence première fut confirmée, et l'accusée fut ramenée à Caen pour y subir sa peine.

Le jour de l'exécution était fixé, le lieu destiné au supplice était préparé, lorsque les pleurs, les gémissements, les protestations d'innocence de la malheureuse attirèrent l'attention de trois prêtres venus pour visiter des prisonniers.

Il n'y avait pas de temps à perdre. Après l'avoir aidée de leurs exhortations, ils lui promirent leur concours et se rendirent auprès d'un avocat au Parlement de Rouen, Me Lecauchois qui, après bien des hésitations, se décida à prendre en main cette cause désespérée.

La seule chose qui pouvait sauver Victoire était de se dire enceinte, pour obtenir un sursis à l'exécution. Elle consentit à faire cette déclaration, et le supplice fut remis à deux mois.

Me Lecauchois eut alors le temps de découvrir des vices de

forme dans l'instruction, et de recueillir des renseignements qui permettaient de croire à l'innocence de la fille Salmon.

Dans une requête au Roi, il dévoila la légèreté et la précipitation avec lesquelles avait été conduit le procès, et, tout en préparant ainsi les moyens d'une demande en révision, il sauvait une seconde fois Victoire du bûcher, car le délai accordé expirait le 29 juillet 1782.

Le 28 juillet, le procureur du Roi à Caen recevait l'ordre de ne pas faire procéder à l'exécution.

Me Lecauchois s'adjoignit alors Me Turpin, avocat aux conseils, et tous deux obtinrent le 22 février 1783 l'apport de la procédure secrète au greffe du Conseil du Roi.

Après un examen de quinze mois, les maîtres des requêtes furent d'avis que le procès devait être révisé ; mais ce ne fut que le 14 avril 1784 que le Parlement de Rouen reçut des lettres patentes lui confiant la tâche de procéder à cette révision.

Le Procureur Général, s'adressant à ceux-là même qui avaient une première fois confirmé la sentence du bailliage de Caen, dénonça au Parlement la procédure suivie contre la fille Salmon comme « un ensemble de négligences, de contradictions et d'infidélités qui nécessitait le ministère public d'entrer dans l'examen de la conduite des personnes qui avaient réuni dans ce procès les rôles de plaintifs et de témoins, de dénonciateurs contradictoires entre eux dans leurs dépositions, ou de faux témoins, de dépositaires infidèles et de prévaricateurs dans leur état. »

Le 22 mars 1785, après une discussion des plus vives, les magistrats statuèrent dans les termes suivants :

« La Cour, vu les conclusions du Procureur général et le rapport du sieur Letort d'Anneville, conseiller à la Cour, faisant droit sur les lettres de révision, ensemble sur l'appel, a mis et met l'appellation et ce dont est appel au néant ; corrigeant et reformant, a ordonné et ordonne qu'il sera plus amplement informé contre Marie-Françoise-Victoire Salmon, pendant lequel temps elle gardera prison ; au surplus ordonne que la requête imprimée, ensemble le supplément à icelle fournis par la dite Salmon seront supprimés comme calomnieux et injurieux aux juges du bailliage de Caen et à plusieurs citoyens de la même ville. »

Par le plus ample informé, Victoire Salmon avait la vie sauve, mais depuis quatre ans que durait l'instruction, la peine de la pauvre fille semblait devoir être une détention perpétuelle.

Aussi adressa-t-elle une nouvelle supplique au Roi qui, par arrêt rendu en son Conseil, cassa la sentence du Parlement de Rouen et renvoya la cause devant le Parlement de Paris pour être jugée à nouveau.

Cette fois ce fut Me Fournel qui continua à Paris l'œuvre entreprise par Me Lecauchois, à Rouen.

Pour la défense de Victoire Salmon, il releva un à un tous les vices de procédure, il énuméra toutes les fautes commises par le Procureur du Roi et le Lieutenant criminel de Caen.

Il démontra que les pièces à conviction n'avaient pas été recueillies comme les ordonnances criminelles exigeaient qu'elles le fussent; que l'arsenic trouvé dans les poches de l'accusée pouvait y avoir été mis à son insu et par la personne même qui en avait jeté dans les aliments du père Paisant.

Il prouva que les dépositions de la famille Duparc étaient sans valeur juridique et pouvaient avoir pour but de détourner sur la servante l'accusation qui peut-être aurait été légitimement dirigée contre d'autres.

Il fit remarquer que l'aîné des fils Duparc n'avait pas reparu depuis qu'il était allé chercher son père après la mort du sieur Paisant de Beaulieu.

Cette disparition n'éveillait-elle pas bien naturellement des soupçons ?

Sans affirmer catégoriquement que c'était dans la famille Duparc qu'il fallait chercher le véritable auteur de l'empoisonnement commis, Me Fournel établit que ce ne pouvait être en tout cas la fille Salmon qui fût la coupable. Il n'invoqua pas seulement en faveur de la jeune servante le manque de preuves qui aurait laissé subsister un doute sur son innocence : il démontra qu'elle ne pouvait être l'auteur ni des empoisonnements ni des vols pour lesquels elle avait été condamnée, et il demanda qu'elle fût autorisée à poursuivre ses dénonciateurs ainsi qu'à prendre à partie les magistrats prévaricateurs du bailliage de Caen.

Le 23 mai 1786, en la Tournelle du Parlement de Paris fut

rendu l'arrêt par lequel était proclamée l'innocence de Victoire Salmon (1).

« La Cour, porte l'arrêt, faisant droit sur l'appel interjeté par Marie-Françoise-Victoire Salmon de la sentence du bailliage de Caen du 18

---

(1) Il faut rapprocher de l'affaire Salmon, l'histoire de Catherine Estinès. Tombée entre les mains de magistrats criminels qui, pour servir la vengeance d'un prêtre libertin, la condamnèrent au bûcher. Catherine Estinès fut acquittée par arrêt du Parlement de Toulouse. Le procureur et le substitut qui avaient requis contre elle (c'étaient le père et le fils) furent, par même arrêt, frappés de 10 ans de galères et le juge Barre qui avait prononcé la sentence fut, ainsi que son greffier, condamné à 10 ans de bannissement et au paiement de 4000 francs de dommages-intérêts à l'accusée.

Catherine Estinès était la fille cadette d'un habitant de Cazaux, dans les Landes, Barthelemy Estinès « cabaretier, boucher, marchand de tabac et grainetier ».

Veuf à cinquante ans, ce commerçant aux multiples négoces se remaria au bout de six mois avec une toute jeune fille, Dominiquette Fontan.

Catherine accueillit mal la nouvelle venue. Les filles ne peuvent comprendre que les pères donnent à une autre, la place de la mère dont elles sont en deuil. Catherine, par ses larmes, fit à Dominiquette Fontan un perpétuel reproche de sa présence au logis.

La jeune belle-mère fut naturellement irritée du mauvais accueil que lui faisait l'orpheline. Elle y répondit par de mauvais procédés. Ce fut entre les deux femmes tout de suite une guerre déclarée. Le cabaretier adorait sa fille et cherchait à la consoler à force de tendresse. Ces démonstrations d'amour paternel exaspérèrent la haine de Dominiquette qui jura la perte de sa belle-fille.

La jeune femme eut bientôt contre Catherine deux alliés : d'abord le curé de la paroisse, l'abbé Latour, qui « pour ébranler la vertu de Catherine, en vint un jour à des tentatives si alarmantes que la jeune fille eut besoin de toute sa force pour lui échapper... » le second allié de Dominiquette fut une paysanne du village, Jeanne Minotte, à qui le curé, pour se venger de cette résistance, persuada que son mari la trompait avec la belle-fille de Dominiquette.

Comment cette dernière eût-elle pu résister aux efforts combinés d'une belle-mère offensée, d'un prêtre éconduit et d'une femme jalouse ? Calomniée par ce dangereux trio, elle fut bientôt chassée de chez son père, publiquement expulsée de l'église un jour de fête, par l'abbé Latour qui du haut de la chaire l'anathémisa avant son sermon.

Estinès mourut. Catherine fut accusée de l'avoir empoisonné. Le prêtre la dénonça personnellement au substitut — un de ses amis intimes, — guida toute la scandaleuse information ouverte contre elle et menée en violation de toutes les prescriptions de l'ordonnance de 1670 et la fit condamner au bûcher, avec le poing coupé, par sentence du 25 mai 1785. Nous

avril 1782, met l'appellation et la sentence au néant ; émendant, décharge la dite dame Marie-Françoise-Victoire Salmon de toutes les plaintes et accusations contre elles intentées à la requête du substitut du Procureur général du Roi au dit bailliage de Caen ; en conséquence ordonne que ses écrous seront rayés et biffés de tous registres où ils ont été inscrits et que mention sera faite du présent arrêt en marge d'iceux ; à ce faire tous greffiers dépositaires des dits registres contraints par corps, quoi faisant déchargés ; sauf à la dite Salmon à se pourvoir contre ses dénonciateurs ainsi qu'il appartiendra ; — sur la demande en prise à partie, ensemble sur le surplus des demandes fins et conclusions de la dite Salmon, la met hors de cour, ordonne qu'à la requête du Procureur général du Roi le présent arrêt sera imprimé et affiché tant à Rouen, à Caen, en la paroisse de Méautis que dans la ville, faubourgs et banlieue de Paris et partout où besoin sera... »

Victoire Salmon fut donc enfin remise en liberté. Elle avait passé cinq années en prison, au secret, et par deux fois elle était arrivée à la veille du jour où elle devait être torturée, puis brûlée vive.

Pendant le procès à Caen, puis à Rouen, la foule avait à plusieurs reprises réclamé le supplice de la malheureuse servante. A peine l'arrêt déclarant qu'elle n'était pas coupable fut-il rendu, que l'opinion publique fut brusquement retournée.

Des Essarts, dans ses *Causes célèbres*, raconte que « la nouvelle de son innocence reconnue enfin et consacrée par le Parlement de Paris excita un transport général ; les applaudissements les plus éclatants et les louanges de cet auguste tribunal, aussi sévère contre les coupables que favorable aux innocents, se firent entendre dans toute la ville ; une simple servante de village devint le sujet attendrissant de toutes les conversations, et les cris de joie retentirent dans toutes les provinces. »

---

avons dit comment le Parlement de Toulouse avait réformé cette injuste condamnation. Il n'existait contre Catherine Estinès que les affirmations sans preuve de Dominiquette Fontan et du curé Latour. Toutes les autres charges contenues dans l'information résultaient des dépositions tronquées, falsifiées, ou imaginaires (Voir *Recueil des Causes célèbres*, par M. Méjan. Paris, 1813).

JOURDAN

(1782)

C'était un triste sire que Jean Vial, le boulanger de la ville de Vence (1) ; ivrogne, joueur et débauché, il fermait volontiers les yeux pour ne point voir la conduite de Jeanne-Marie Carlon, sa femme, jolie et joyeuse personne, qui, à quelques autres défauts, joignait la coquetterie et le désordre. Trois galants la fréquentaient assidûment, Gaspard Mars, un boulanger, Jacques Bazalgeste, un beau gas sans sou ni maille et Honoré Jourdan (2), maçon et entrepreneur d'ouvrages publics, locataire principal de la maison dont Vial lui sous-louait la boutique, honnête sujet du roi, estimé, riche, heureux et exerçant les fonctions de procureur juridictionnel de Vence (3).

Dans les premiers jours de février 1753, Jean Vial disparut. Pendant quelques jours, et sur de faux renseignements fournis par sa femme, on le rechercha vainement.

Le 9 mars suivant, on retrouvait son cadavre dans une citerne située à quelque distance de la ville. Jourdan, en sa qualité de procureur juridictionnel, requit le juge de procéder aux constatations et l'accompagna sur les lieux.

L'enquête ouverte fit porter les soupçons des juges sur les amants de la femme du mort, et Jourdan, malgré ses antécédents, sa situation, sa probité, fut soupçonné comme les autres.

On l'avertit de la piste suivie par le juge enquêteur ; il prit peur, s'enfuit à Gatières (ville sarde), pour y attendre « l'évènement de la procédure instruite contre lui. »

Tous les témoignages de l'information furent à sa décharge ; tous les renseignements recueillis sur son compte l'innocentèrent. Rien ne pouvait lui faire désirer la mort de Vial, mari

---

(1) Aujourd'hui chef-lieu de canton des Alpes-Maritimes.

(2) *Causes célèbres*, etc., par Des Essarts, t. XCIX, p. 111. *Choix des causes les plus intéressantes*, par Méjan (1840). T. II, p. 189.

(3) Sorte d'avoué de la commune.

complaisant qui se contentait de lui emprunter de l'argent et de ne pas le lui rendre. Les circonstances même du crime prouvaient qu'il n'avait pas pu y prendre part. Enfin, après quelques jours de détention, Marie-Jeanne Vial avouait qu'elle avait fait assassiner son mari par Gaspard Mars et Bazalgeste ; et ce dernier — Mars avait pris la fuite, — faisait de complets aveux. Tous deux s'accordaient à déclarer que Jourdan était resté absolument étranger au crime.

Les juges de Vence, en présence de ces déclarations, en l'absence de toute charge sérieuse, mirent unanimement hors de cause le procureur juridictionnel par sentence du 2 mai 1753.

Par le même arrêt, Jeanne-Marie Carlon, Jacques Bazalgeste et Gaspard Mars étaient condamnés au dernier supplice.

Mais le parlement, par arrêt du 29 mai, réforma la sentence des premiers juges en ce qui concernait Jourdan, et malgré les déclarations répétées de Bazalgeste et de sa maîtresse, « sur les *indices* résultant de la procédure », les juges condamnèrent le contumax à la peine de mort. L'arrêt fut exécuté en effigie le 1ᵉʳ juin suivant.

Jourdan resta pendant plus de vingt ans sous le coup de cette condamnation. Mais son fils, qui l'avait suivi dans son exil, le décida, en 1782, à rentrer en France et à faire réviser l'arrêt rendu contre lui. Son innocence fut aisément établie, et le 29 mai, le Parlement de Provence déchargeait le vieillard de « l'accusation intentée contre lui » vingt-neuf ans plus tôt.

BRADIER, SIMARE ET LARDOISE

(1786)

Le 30 janvier 1783, Charles Thomassin (soixante ans), laboureur et Marguerite La Ruelle (quarante-cinq ans), sa femme, domiciliés à Vinet, près Troyes en Champagne, envoyaient leur fils chercher la maréchaussée d'Arcy. En route Thomassin fils rencontrait un brigadier et un cavalier qu'il ramenait chez ses parents. Les deux époux étaient encore couchés. Il était midi.

Les Thomassin racontèrent que la nuit précédente trois inconnus avaient pénétré chez eux par effraction, les avaient à moitié assommés, puis liés, puis frappés de coups de couteau et qu'enfin ils les avaient dévalisés.

Cent vingt livres, tout le linge de la femme, une croix d'or, une croix d'argent, voilà ce qu'avaient emporté les malfaiteurs dont les victimes donnaient les signalements suivants :

« L'un d'eux était vêtu d'un *habit gris*, cheveux noirs, visage plat, parole brusque. Le second, d'une taille médiocre, cheveux blonds, était vêtu d'une *veste blanche*. Le troisième était vêtu d'une *veste rouge*. »

Le brigadier et le cavalier de la maréchaussée commencent aussitôt leur enquête. De quelle façon ? En constatant les effractions ? Point.

En requérant un chirurgien pour examiner les blessures ? Non.

En relevant eux-mêmes les traces de violence ? Pas davantage.

Font-ils au moins un état des lieux du crime ? Nullement. Et cependant, l'ordonnance de 1670, réglant la procédure criminelle, exigeait toutes ces précautions.

En quoi consista donc l'enquête de la maréchaussée ? Voici le rapport du brigadier (1) :

« Ils suivent des pas qu'ils reconnaissent dans la boue depuis le domicile des Thomassin (il était 1 heure après-midi, le crime était de la nuit). Ces pas les conduisent à deux lieues à travers champs ; mais parvenus à un tertre, toute trace disparaissait. Cette circonstance les porte à aller à Libaudière (à 3 heures de là) où étant, sur un des trois signalements, ils sont portés à croire qu'un des voleurs est Charles Bradier, dit Malboroug, homme suspect et sans état au dit lieu. »

Bradier, domicilié à Libaudière, était marchand de chevaux et bestiaux. Il avait six enfants ! Les notes de la maréchaussée ne sont-elles pas les ancêtres directs des renseignements de police de notre siècle ?

_____

(1) *Mémoires.*. 1° Moyens de droit pour Bradier, Simare, Lardoise, condamnés à la roue. Paris, imprimerie Ph. Denys-Pierre, 1786 ; 2° mémoire justificatif pour trois hommes condamnés à la roue (même imprimerie). — Berryer, *Leçons d'éloquence judiciaire*, p. 310. — Saint-Edme, *Répertoire général des causes célèbres*, T. I, p. 339.

Les deux soldats, en leur sagesse, décrètent l'arrestation de Bradier qu'ils supposent dans un village voisin, à Salon.

A Salon ils s'informent d'abord auprès des syndics s'il n'y a pas dans le lieu des gens suspects. Il n'y a, leur dit-on, personne de suspect à Salon ! Seulement la veille, après midi, « quatre particuliers assez mal vêtus, portant une figure sinistre », ont passé la journée chez le nommé Dubois, à boire et à manger.

— Plus de doute : ce sont nos hommes, se disent les deux enquêteurs.

« Nous étant mis à la poursuite des dits particuliers, continue le rapport, avons appris qu'un d'eux était chez le nommé Royer, laboureur, où nous avons trouvé l'un d'eux. Il se nomme Lardoise, c'est un mendiant, sans passe-port, ni certificat, nous l'avons soupçonné des dits vols. »

Pourquoi ce soupçon ? Sur quel indice ? On l'ignore. Lardoise, contre qui on ne releva qu'une charge, la possession d'une veste rouge, n'en est pas moins envoyé dans la prison d'Arcy où ses co-suspects viennent bientôt le rejoindre.

Contre eux, aucun témoin, aucune preuve.

Les Thomassin varient sans cesse dans leurs dépositions contradictoires. Lardoise invoque un alibi. Qu'importe tout cela ? Lardoise possède une veste rouge. Cela suffit.

On déclare le cas royal. (La plupart des délits alors étaient déclarés *cas royaux*, c'est-à-dire criminels. Aujourd'hui, on correctionnalise les crimes. Autres temps, autres abus.) Les trois accusés sont renvoyés devant le bailliage de Chaumont. Détenus, ils attendent leur jugement pendant *vingt-neuf mois*.

On ne les avait point oubliés ; mais il y avait nécessité de faire avant le jugement un constat sur les lieux du vol et le procureur du roi avait déclaré « qu'il y avait lieu d'attendre que d'autres affaires exigeassent sa présence et celle de l'assesseur criminel dans les environs du lieu du délit où ils pourraient être dans le cas de faire un verbal d'effraction. »

L'occasion de passer par Vinet se présenta enfin, et le 11 août 1785, sans que les accusés eussent été même confrontés avec les

Thomassin, une sentence du bailliage condamnait les trois hommes aux *galères perpétuelles*.

Là-dessus, *appel a minima* du procureur du Roi, et le 20 octobre suivant, par arrêt du Parlement, condamnation à la roue de Lardoise, Simare et Bradier.

Comment le sort de ces trois malheureux parvint-il à intéresser le président du Parlement de Bordeaux, J.-B. Mercier Dupaty ? Peu importe. (1)

Ce qui est certain c'est que ce magistrat entreprit de démontrer l'innocence des prétendus agresseurs des Thomassin. Il se donna tout entier à cette tâche et écrivit en leur faveur, avec l'éloquence de la conviction, un mémoire justificatif dont certains passages sont d'une réelle beauté et forment comme un hardi prélude aux harangues révolutionnaires (2).

« La condamnation, dit Dupaty, a été prononcée au mépris des formes prescrites par l'ordonnance, sans même que les corps du délit fussent constatés ; la condamnation a été prononcée sans preuve, contre la preuve de l'innocence avec une partialité manifeste. »

Et après une discussion serrée des faits, Dupaty relevait vingt-trois cas de nullité dont un seul devait suffire à la cassation de l'arrêt du Parlement.

---

(1) Nous trouvons sur un exemplaire du vieux mémoire de Dupaty que nous avons entre les mains, cette note manuscrite et d'une encre pâlie : « *Journal de Bouillon*, 1° 15ᵐᵉ d'avril 1786. Arrêt rendu par la Chambre des vacations, peine aggravée. Avis différent d'un des juges. Il en fait part à M. Dupaty, président de Bordeaux qui obtient un sursis (à l'exécution) fait ensuite publier le mémoire. Dénoncé le 7 mars au Parlement qui nomme des commissaires pour en rendre compte à la Cour. »

(2) Citons comme exemple cet intéressant passage de la péroraison ; l'auteur du mémoire se plaint que les accusés n'aient point eu d'avocats : « S'ils n'avaient point été pauvres, comme les riches ils auraient eu des conseils, comme les riches ils auraient fait appel, comme les riches ils auraient connu le secret des procédures où ils l'auraient acheté dans les greffes, ils auraient présenté des requêtes, publié des mémoires. Enfin croirat-on que les juges de Chaumont eussent enseveli pendant trente mois dans leurs cachots trois hommes riches ?

Quoi donc ? les pauvres, les misérables et, comme dit l'orgueil, la lie de la nation (vingt millions d'hommes) seraient-ils réduits à l'avenir à n'apprendre qu'ils ont un roi que par les vexations des traitants ; des magistrats, qu'à la vue des échafauds et un Dieu qu'après leur mort ! ».

Quel fut le sort du mémoire justificatif présenté au Roi au nom des condamnés ?

Voici le texte d'un arrêt du Parlement en date du 11 août 1786 :

« Vu l'imprimé in-4° intitulé Mémoire justificatif etc. etc., commençant par ces mots : « Le 11 août 1785 » et finissant par ceux-ci : « Et sont innocents comme eux. Vous êtes Roi, etc. etc.»

« La Cour ordonne que les dits Mémoires et consultation imprimés seront lacérés et brûlés en la Cour du Palais, au pied d'iceluy par l'exécuteur de la Haute justice, comme contenant un exposé faux des faits et un extrait infidèle de la procédure, des textes de lois aussi faussement rapportés que faussement appliqués, calomnieux dans tous leurs reproches, hasardés contre les tribunaux, injurieux aux magistrats, tendant à dénaturer les principes les plus sacrés, destructifs de toute confiance dans la législation et dans les magistrats qui en sont les gardiens et les dépositaires, tendant à soulever les peuples contre les ordonnances du royaume et comme attentatoires à l'autorité et à la Majesté Royale.

« Enjoint à tous ceux qui en ont des exemplaires de les rapporter au g... e de la Cour pour y être supprimés : fait très expresses défenses et inhibitions à tous libraires, imprimeurs, d'imprimer, de vendre et débiter les dits Mémoire et Consultation et à tous colporteurs, distributeurs et autres de les colporter et distribuer sous peine de punition exemplaire... etc. etc.

Et ensuite est inscrite l'attestation que voici :

« Et le vendredi 18 août 1786 les dits Mémoire et Consultation imprimés énoncés en l'arrêt ci-dessus ont été lacérés et brûlés par l'exécuteur de la Haute-justice au pied du grand escalier du Palais en présence de moi François-Louis Dufranc, écuyer, l'un des greffiers de la grand'chambre, assisté de deux huissiers de la Cour. Signé : Dufranc. »

Dupaty répondit à cet arrêt ; et sa réplique est pleine de chaleur et d'audace.

Au réquisitoire dirigé contre son plaidoyer, il oppose un réquisitoire contre l'Ordonnance Royale elle-même et les abus criants quotidiennement commis par les tribunaux répressifs.

Ses efforts furent enfin couronnés de succès. Le 30 juillet 1787, sur le rapport du maître des requêtes Blondel, un arrêt du conseil du Roi rendu à l'unanimité, cassa l'arrêt du Parlement et renvoya les accusés au bailliage de Rouen.

Le 6 novembre, ce tribunal rendit un jugement définitif qui déclarait nuls divers actes de la procédure prévôtale et ceux de la procédure du bailliage de Chaumont, déchargeait Lardoise, Simare et Bradier de l'accusation, et ordonnait leur élargissement.

Un nouvel incident retint les accusés en prison. Un arrêté du Parlement avait enjoint au procureur général de se porter appelant du jugement à intervenir *quel qu'il fût* et de s'assurer de la personne des accusés.

Ce ne fut que le 18 décembre 1787 que l'arrêt définitif ordonna la mise en liberté de Bradier, Simare et Lardoise.

Ils étaient détenus depuis cinq ans, moins un mois.

FIACRE ET DUPUY

(1791)

Une décision de cassation annulée, le fait n'est pas banal. Il est vrai qu'il date du 6 pluviôse an II, une époque à laquelle on brisait bien autre chose que des arrêts de Cour. Il faut dire encore que c'est dans l'intérêt de deux innocents, Fiacre et Dupuy, que les Conventionnels prononcèrent cette annulation.

Fiacre et Dupuy avaient été arrêtés et condamnés dans les circonstances suivantes (1) :

Dans la nuit du 25 au 26 décembre 1791, des malfaiteurs envahirent le presbytère de Bouchand (Allier). Le curé Valentin était couché. Sa servante, Reine Auvray, réveillée par le bruit, se réfugie sous le lit de son maître tandis que les voleurs (au nombre de cinq), pénètrent dans la chambre, bâillonnent et ligottent le prêtre épouvanté, tirent Reine Auvray de sa cachette et la forcent, le couteau sur la gorge, à leur ouvrir armoires et tiroirs. Ils pillent la maison entière et emportent tous les objets

---

(1) *La Gazette des Tribunaux*, par Duret, T. X, p. 200.

de valeur, sans parler de 90 livres en or et d'une somme importante d'assignats. Ils s'enfuient enfin après avoir enfermé dans un cabinet la servante qu'ils avaient contrainte à leur servir de guide à travers le logis.

Pendant une heure le curé reste sur son lit, sans pouvoir faire un mouvement, ni pousser un cri.

Enfin, il parvient à appeler sa servante qui saute par la fenêtre du réduit où elle est enfermée, accourt auprès de son maître, et le détache.

Valentin se lève aussitôt et s'en va porter plainte à la maison commune. On ouvre une enquête et, cinq jours plus tard, le prêtre est entendu par le juge de paix. Il complète alors sa déposition première.

« Il ajoute que sa domestique lui a déclaré qu'elle n'avait pu reconnaître les deux particuliers qui s'étaient emparé d'elle ; mais que, si elle les voyait, elle les reconnaîtrait infailliblement, quoiqu'ils se fussent noirci la figure. Valentin ajoute encore que, pour lui, le seul qu'il ait distingué est Fiacre, connu sous le nom de *Le Merle*. Il le dénonce comme auteur et fauteur du vol.

« Le juge de paix décerne contre Fiacre un mandat d'amener. Il l'interroge ; il le présente à Valentin. Cet ecclésiastique affirme qu'il le reconnaît.

« Cinq semaines après le délit, Reine Auvray se présente à son tour chez le juge de paix. J'ai, dit-elle, dépeint plusieurs fois à Virotte greffier de la municipalité, les deux individus qui m'ont violentée. Ce portrait le frappe, il soupçonne un particulier, et me le montre deux dimanches de suite, au sortir de l'église ; *je l'envisage et je le reconnais*. Ce particulier est Dupuy. Je le dénonce. »

Sur cette affirmation on lance un mandat d'amener contre Dupuy qui, absent de chez lui au moment où les gendarmes s'y présentent, dès son retour se rend chez l'officier de police qui l'arrête.

A l'instruction, on entend Virotte, le greffier, dont les suppositions avaient amené la reconnaissance formelle de Dupuy par la domestique de Valentin.

Il affirme qu'elle n'a pas, comme elle le soutient, reconnu Dupuy deux dimanches de suite. La première fois que Virotte le lui a montré, elle a dit, au contraire, qu'elle ne pouvait le reconnaître parce que la nuit du vol elle ne l'avait pas bien vu, le voleur ayant son chapeau baissé sur les yeux.

Cependant Reine Auvray se montre si affirmative en sa reconnaissance rétrospective, que les deux hommes sont renvoyés devant le jury et qu'ils sont condamnés, le 16 juin 1791, à vingt-quatre années de fer.

L'arrêt était à peine prononcé que l'un des véritables auteurs du crime, nommé Provost, va trouver le greffier Virotte : « Aidez-moi, lui dit-il, à me soulager dans mes peines. Je suis un de ceux qui ont volé votre curé ; j'ai empêché de le tuer, ainsi que sa gouvernante. Les deux particuliers actuellement en prison n'étaient point avec nous. Il est bien malheureux qu'ils subissent des peines que nous seuls méritons. Nous étions six : moi, Fougarnaux, Cathelas, Gaudron, Buffel et Favier. »

Provost détaille les faits, il les circonstancie. Effractions, menaces, violences, vols, rien ne lui échappe. Le juge de paix est prévenu ; il arrête Provost et bientôt après Gaudron et Favier. Tous trois, devant le juge enquêteur, répètent que Fiacre et Dupuy sont innocents ; qu'eux seuls avec Fougarnaux et Cathelas ont fait le coup. Devant le jury, ils renouvellent l'aveu de leur responsabilité et leurs attestations de l'innocence de Fiacre et de Dupuy. Le tribunal criminel les condamne à leur tour à vingt-quatre années de fer.

Les deux décisions étaient contradictoires, mais cette contrariété n'était point absolue. De ce que trois autres accusés avaient été reconnus auteurs du vol, il ne s'ensuivait pas nécessairement que Fiacre et Dupuy fussent innocents et si un ensemble de faits d'abord mal appréciés, joint aux déclarations de Provost et de ses complices, ne laissaient plus de doute sur l'erreur dont avaient été victimes les deux premiers condamnés, il n'en était pas moins certain que cette erreur ne rentrait pas dans les cas prévus par la loi du 15 mai 1792 sur la révision.

Le Tribunal de Cassation dut rejeter le pourvoi.

Mais Fiacre et Dupuy ne se découragèrent pas, ils envoyèrent une pétition à la Convention nationale.

« La lettre de la loi enchaîne le ministère des juges, y écrivait leur défenseur Riffault; les législateurs en pèseront le sens, en sonderont l'esprit. »

Pons, rapporteur du comité de législation, conclut à l'annulation de l'arrêt. La contrariété des deux jugements ne paraissait pas *absolue* comme l'exigeait la loi.

« Mais, ajoutait-il en son rapport, en même temps que sur ce point votre rapporteur se montre contraire au vœu des pétitionnaires, il se félicite de pouvoir vous disposer à la cassation, qui, sans porter atteinte aux principes, produira le même effet pour eux. »

Et Pons réclamait l'annulation de l'arrêt parce qu'il avait été rendu en violation de l'article 14 de la loi sur le jury, article exigeant que le procès-verbal de constat du délit fût joint à l'acte d'accusation.

La Convention adopta le rapport.

Fiacre et Dupuy furent renvoyés devant le tribunal criminel de Nevers.

ERREURS JUDICIAIRES DU XIXᵉ SIÈCLE

I

PROCÈS REVISÉS

—

ELLEMBERGH

(1806)

Les actes de bon plaisir sont rarement dictés par une pensée de Justice, et ce n'est pas souvent par équité que les tout-puissants violent la loi. A titre d'exception le décret du 20 décembre 1813 que nous rapportons est à enregistrer ; il contient des formules d'un autoritarisme inquiétant et l'on est tout surpris de voir aboutir à la réparation d'une erreur judiciaire un exposé de motifs où « la nécessité de suppléer aux insuffisances de la loi » précède « l'ordre » donné à la Cour suprême de casser des arrêts de justice ! (1).

Voici le texte du décret :

NAPOLÉON EMPEREUR,

« Au premier président, aux président et conseillers de notre Cour de cassation, faisons savoir ce qui suit :

Notre grand Juge, ministre de la justice nous a exposé qu'un arrêt de la Cour de justice criminelle du département de la Dyle, (2)

---

(1) Dalloz, *Répertoire général*. Cassation. Chapitre XIV, p. 364.
(2) Département français de 1794 à 1814, formé par une partie de la Belgique.

en date du 18 juillet 1806 a condamné à seize années de fers Gérard Garçon, pour le crime de vol sur une grande route et le nommé Sébastien Ellembergh pour complicité dans ledit crime. Gérard Garçon ayant été ensuite accusé du crime de garottage dans le département des Deux-Nèthes (1), a été extrait du bagne et traduit devant la cour d'assises, ainsi que Sébastien Ellembergh, prévenu de complicité avec lui dans ce nouveau crime ; il est résulté de la procédure faite contre ces deux individus que d'une part, Gérard Garçon a été condamné le 18 juillet 1808 à la peine de mort, et que, de l'autre, non seulement Ellembergh a été reconnu étranger au crime de garottage, mais que même, on a acquis de fortes présomptions qu'il n'avait point eu de part au vol sur une grande route pour lequel il avait été condamné ; les lumières acquises à cet égard par les magistrats dans le cours de la procédure ont été corroborées par la déclaration de Gérard Garçon à l'exécution duquel il avait été sursis pour causes valables ; Gérard Garçon ayant aussi indiqué un autre individu comme complice de son crime, cet individu a été amené devant la Cour de Bruxelles ; mais malgré la conviction de sa culpabilité acquise par les juges au moyen de l'instruction, il a été impossible de le mettre en accusation, l'action publique étant prescrite à raison du laps de temps écoulé, aux termes de l'article 637, Code d'instr. crim.

D'après cet exposé notre grand juge a conclu dans notre conseil privé, tenu le 11 de ce mois, à ce qu'il nous plaise d'accorder des lettres de grâce à Sébastien Ellembergh, sur lequel rapport ayant entendu ceux qui composent ledit conseil, nous avons pensé que le moyen indiqué ne satisfaisait pas entièrement à l'égard du dit Ellembergh aux droits de la justice, attendu les fortes présomptions acquises sur son innocence ; cependant l'individu reconnu coupable étant couvert de la prescription, il est impossible de prononcer contre lui un arrêt qui, se trouvant inconciliable avec celui d'Ellembergh, donnerait ouverture à vous faire dénoncer les deux jugements par notre procureur général, conformément à l'article 443 Code d'inst. crim. à l'effet d'annuler l'un et l'autre afin d'envoyer les deux condamnés devant une autre cour pour une nouvelle instruction.

Les autres moyens indiqués par le Code étant évidemment inapplicables et l'état actuel de la législation laissant sans recours l'innocent condamné dans le cas dont il s'agit, *nous avons jugé nécessaire de suppléer à cette insuffisance de la loi* par une disposition

_____

(1) Département français de 1794 à 1814, formé par une partie de la Belgique.

rapprochée de ce qu'elle a déterminé pour des faits analogues.

A ces causes, *nous voulons et ordonnons* que l'arrêt rendu le 18 juillet 1806 par la Cour de justice criminelle du département de la Dyle contre Sébastien Ellembergh soit, ainsi que la procédure qui y a donné lieu, et celle qui a motivé l'arrêt rendu par la cour d'Anvers le 18 juillet 1808, soumis à votre examen, en sections réunies, sous la présidence de notre grand Juge, ministre de la justice, afin qu'entrant dans l'examen des faits, indépendamment de la régularité et des vices de forme, et sans avoir égard à l'arrêt de confirmation précédemment rendu par vous, ledit arrêt de la cour de Dyle soit cassé et annulé, s'il y a lieu, dans l'intérêt d'Ellembergh, et que le dit individu soit absous et mis en liberté ; comme aussi, dans le cas où l'innocence dudit Ellembergh ne paraîtrait pas suffisamment résulter de la procédure *nous vous autorisons* à le renvoyer devant la Cour d'assises pour le faire juger de nouveau, sur les faits qui ont donné lieu à sa condamnation.

Mandons et ordonnons que les présentes lettres de *revision gracieuse*, scellées du sceau de l'empire, visées par notre cousin le prince Archi-chancelier, vous soient présentées par notre procureur général, en audience publique, et transcrites de suite sur vos registres, à sa réquisition.

Donné à Paris le 20 déc. 1813.

NAPOLÉON.

La Cour de cassation en son audience solennelle du 8 janvier 1814, sous la présidence de M. Molé, transcrivit et enregistra ces *lettres de revision gracieuse* conformément à « l'ordre et au vouloir de Sa Majesté ».

JEAN FABRY

(1815)

La condamnation de Fabry ne procéda pas, à proprement parler, d'une erreur judiciaire ; les juges en le frappant savaient qu'ils condamnaient un innocent ; mais le nom de ce malheureux doit figurer dans notre martyrologe. Victime d'une abominable vengeance, il fut condamné à six ans de galères pour avoir

— comme c'était le devoir de son emploi — dénoncé les malversation de concussionnaires qui, à l'aide de faux et de vols, obtinrent contre lui poursuite et jugement.

Au reste la portée de ce procès dépasse le cadre de cet ouvrage et nous renvoyons aux sources où nous l'avons puisé (1) ceux qui sont curieux d'étudier la puissance des Bureaux et de leurs chefs.

Jean Fabry, ancien administrateur de la marine, et officier payeur au 141ᵉ de ligne, fut nommé le 23 septembre 1813 lieutenant et quartier-maître du Dépôt général des conscrits réfractaires à Strasbourg. Le nouveau trésorier entra en exercice le 1ᵉʳ novembre suivant.

Il trouva les finances et la comptabilité du Dépôt dans un état déplorable. Celui qui remplissait avant lui les fonctions dont il venait d'être investi, le sous-lieutenant Desprat, n'était qu'un complaisant, sinon un complice, de ceux qui pillaient, à Strasbourg, les deniers de l'État ; chargé de vérifier les comptes du dépôt, il couvrait de sa signature tous les vols commis journellement aux dépens du trésor.

La première fois que Fabry se rendit aux casernes où les réfractaires étaient détenus, il constata que les feuilles de prêt préparées par le capitaine, portaient comme présents trois à quatre cents hommes qui n'existaient pas, et dont le Conseil d'administration du Dépôt touchait à son profit la solde, les vivres, le chauffage, l'habillement, etc.

Fabry fit part de cette découverte au colonel Lanier, commandant du Dépôt, puis aux sous-inspecteurs aux revues, puis à l'inspecteur nommé Schiélé. A tous les degrés de la hiérarchie, le naïf honnête homme fut brutalement éconduit.

---

(1) *Pétition* à MM. les membres de la Chambre des Pairs, janvier 1822. *Mémoire pour M. Jean Fabry*, ancien quartier-maître du Dépôt général des conscrits réfractaires, chevalier de l'ordre de la Légion d'honneur, contre MM. Schiélé, ex-inspecteur aux revues, le général Desbureaux, Prévost, ancien chef de la 1ʳᵉ division au ministère de la guerre,... et contre leurs nombreux complices.—Voir aussi une ordonnance du roi du 12 mai 1819 et la lettre du ministre de la guerre, marquis de la Tour-Maubourg, à M. Sirey, avocat aux Conseils du Roi et à la Cour de Cassation, en date du 22 septembre 1820.

— Ne faites donc pas de zèle, lui dirent ses chefs : cela ne pourra vous attirer que des désagréments.

Et, assez clairement, ils l'invitèrent à suivre leur exemple.

Fabry pour toute réponse annonça son intention d'aviser le ministre. Les coupables épouvantés et furieux jurèrent alors la perte du trop scrupuleux quartier-maître.

Voici ce qu'ils imaginèrent.

Ils commencèrent par le menacer s'il ne voulait pas dissimuler leurs malversations passées, de l'accuser d'en être l'auteur. A cet effet, le colonel lui réclama le payement des dépenses d'octobre déjà réglées par Fabry à son entrée en fonctions.

Cette réclamation n'effraya pas le quartier-maître. Pour répondre aux accusations de ses chefs, il possédait ses pièces comptables, et pour prouver leurs crimes, il avait leur comptabilité et leur correspondance. Cela, les supérieurs de Fabry le savaient, ils n'ignoraient pas que le quartier-maître fût bien armé contre eux. Aussi résolurent-ils de le dépouiller des documents qui, en établissant l'emploi régulier des fonds du Dépôt depuis le commencement de sa gestion, démontraient les dilapidations commises avant son arrivée à Strasbourg.

A une réunion du Conseil d'administration, ils provoquèrent une scène de violence, voulurent arracher des mains du quartier-maître ses pièces comptables, et comme Fabry défendait ses livres, ils le mirent aux arrêts de rigueur pour insubordination. En même temps ils rédigèrent un procès-verbal dans lequel ils imputaient au malheureux jeune homme « d'avoir refusé de verser en caisse une somme de 10.352 fr. 30 c. et d'avoir refusé de remettre à ses supérieurs ses livres de comptabilité. »

Fabry de son côté adressa une plainte au Ministre, mais l'inspecteur Schiélé, chef de cette véritable association de malfaiteurs, tenta de gagner de vitesse son dangereux subordonné. Le 12 décembre 1813, il ordonnait l'emprisonnement du quartier-maître et faisait le lendemain tout placer sous scellés chez lui. Le 15 décembre, sous prétexte de lever ces scellés, en l'absence du prisonnier et malgré les protestations de Mme Fabry, il mettait l'appartement au pillage, forçait les serrures, crevait des malles à coups de hache, enfonçait des portes, faisait main-basse sur toutes les écritures du Dépôt, enlevait les pièces justificatives de Fabry et emportait enfin une somme de 9.960 fr. indûment détenue, prétendait-il, par le quartier-maître qu'il avait fait arrêter trois jours auparavant.

Ces abus de pouvoir, ces actes de brigandage eussent été vite réprimés si Schiélé n'avait pu s'assurer la complicité du chef de la première division au Ministère de la guerre, le nommé Prévost. Ce dernier mis au courant de l'affaire, allait pour sauver les fraudeurs du Dépôt de Strasbourg, paralyser pendant des années la défense de Fabry. Interceptant ses plaintes, supprimant des dossiers les pièces qui établissaient son innocence et la régularité de sa gestion, n'hésitant pas à usurper les pouvoirs du bureau de justice militaire que l'affaire concernait, enfin, compromis désormais par tant de complaisances, il allait pour se sauver lui-même jusqu'à résister aux ordres des ministres, jusqu'à dénaturer et falsifier des actes de procédure !

Dès le 26 décembre 1813, il rédige d'office un rapport au Ministre, ou plutôt, il dresse sous la dictée de Schiélé un véritable acte d'accusation contre Fabry « coupable de malversations » et retient en même temps, dans son bureau, la plainte du quartier-maître au ministre de la guerre.

Vainement Mme Fabry se multiplie pour faire tirer son mari des griffes de ces misérables. A force de persévérance, elle arrive à obtenir une audience du comte Dupont, ministre de la guerre, qui ordonne la mise en liberté du quartier-maître. Prévost s'arrange de manière à ce que cet ordre ne soit pas exécuté. Mme Fabry, sans se décourager, recommence ses démarches. Elle est reçue par le maréchal Soult qui a remplacé le comte Dupont. Le maréchal écoute la jeune femme avec bienveillance et, après examen de l'affaire, ordonne des poursuites contre Schiélé. Mais Prévost toujours à l'affût détourne l'ordre du ministre. Mme Fabry adresse alors un second mémoire au maréchal. Prévost intercepte ce mémoire et y pique une note engageant le secrétaire du maréchal à en ajourner la remise au ministre... Et l'affaire contre Fabry suit son cours.

Le temps passe. Les ministres changent encore. L'empire s'écroule. Mais le chef de la première division au ministère de la guerre n'a pas quitté son poste et le 23 janvier 1815, il fait signer l'ordre de mise en jugement de Fabry.

A l'information, on n'entendit comme témoins que les accusateurs du quartier-maître ; le capitaine rapporteur refusa même de consigner les réponses de l'accusé qui dut les faire signifier par « le ministère de Zeller huissier, à la date du 7 avril 1815 (1). »

On répondit à cette signification par la mise au secret du « requérant » auquel on refusa communication des pièces de la procédure.

Le 27 avril, Fabry récusait le procureur impérial près le Conseil de guerre, M. Leclerc Grandchamps, créature de l'inspecteur Schiélé. Celui-ci répondait à cette récusation en faisant fabriquer par un faussaire condamné une lettre datée de Strasbourg (p. 119 du mémoire) et adressée en double au Procureur et au capitaine rapporteur.

Cette lettre signé du nom de *Baron Dore, commissaire des guerres de la 2e division au ministère de la marine*, affirmait que Fabry « *se disant officier de marine* » avait été chassé « d'un emploi qu'il occupait dans un port », que, ancien mouchard du gouvernement, il avait été signalé comme « suspect et dangereux pour la société. »

Le 2 juin 1815, sans avoir égard aux questions préjudicielles soulevées par Fabry ni à ses moyens de défense sur le fond, le Conseil le condamna à la majorité de cinq voix sur sept à la peine de *cinq ans de travaux forcés*, au *paiement de 10.843 fr.* « par lui détourné » et à *la dégradation*.

« A l'audience (2), pour tirer d'embarras les faux témoins, le président se contentait de leur demander s'ils persistaient dans leurs premières déclarations devant le rapporteur et tous répondaient que *oui*.

« Dans la délibération, trois des juges avaient voté en faveur de M. Fabry ; ce qui, aux termes de l'article 31 de la loi du 13 brumaire an V, suffisait pour l'acquittement.

« En voyant ce premier résultat, le Procureur impérial Leclerc Grandchamps était entré en fureur et mettant la main sur la garde de son épée, il en menaçait M. Embaux l'un des trois juges qui avaient prononcé le renvoi. M. Embaux sans se laisser intimider par la rage du procureur, répondit de sang froid : « *Rien ne peut me faire agir contre ma conscience.* (Le fait fut

(1) *Mémoire*, p. 117.
(2) *Mémoire*, p. 126-127.

rapporté à Mme Fabry le soir même du jugement, par MM. Embaux et Pommageot, juges).

« Mais il n'en fut pas de même du fourrier Frierdic qui avait d'abord voté pour le renvoi ; quand le procureur impérial recueillit de nouveau les voix, il se rétracta et se prononça pour la condamnation. »

Le conseil de revision tout dévoué à Schiélé confirma le 5 juin la décision rendue trois jours auparavant.

Immédiatement, le procureur impérial donna des ordres pour que la sentence fût exécutée. Fabry fut extrait de la prison militaire, on lui mit les fers aux mains, on le conduisit au dépôt des galériens en attendant le départ pour le bagne...

« Coupable du crime de probité (1) et confondu avec les plus vils scélérats, dit en son style un peu pompeux, le *mémoire pour Jean Fabry*, le malheureux quartier-maître s'abandonnait entièrement à la divine Providence, lorsque tout-à-coup M. le général Sémélé, commandant supérieur de Strasbourg, ordonna un sursis à l'exécution du jugement.

« Ce général s'était fait spontanément rendre compte de l'affaire, et il écrivit lui-même au Ministre qu'il avait ordonné le sursis parce que suivant ses propres termes, c'était une *iniquité des plus grandes*. »

Prévost, Schiélé et les autres inspecteurs aux revues qui, par un esprit de corps malentendu, s'étaient solidarisés avec les fraudeurs, ne laissèrent pas échapper leur proie sans résistance. La réhabilitation de Fabry, c'était pour eux le déshonneur, pis sans doute. Mais les efforts désespérés qu'ils tentèrent furent vains.

Le 24 août 1816, le duc de Feltre, ministre de la guerre, écrivait au garde des sceaux pour lui signaler les irrégularités de la procédure suivie contre Fabry, et le 31 janvier 1817 le Roi rendait en son Conseil d'Etat une première ordonnance annulant toutes les décisions des ministres des finances et de la guerre, tendant à établir le quartier-maître reliquataire de 10.843 fr. 69 c. et réservant « tous ses droits et actions contre les auteurs des crimes dont il avait porté plainte. »

Les adversaires de Fabry ne désarmèrent pas encore. Bien que l'ordre eût été donné de transférer la victime de Schiélé dans une

---

(1) *Mémoire*, p. 139.

maison de santé et de l'y traiter « comme officier malheureux » on le retint encore pendant des mois « dans une salle de soldats condamnés, rongés de vermine et de maladies honteuses. »

En même temps, un inspecteur aux revues, Tabarié, sous-sécrétaire d'Etat au ministère de la guerre, essayait d'entraver l'exécution de l'ordonnance royale et de sauver encore Schiélé et ses complices.

Il n'y parvint pas. Le 12 mai 1819, une deuxième ordonnance du roi chargeait le garde des sceaux de dénoncer à la Cour de cassation les jugements du Conseil de guerre et du Conseil de revision, et autorisait Fabry à poursuivre Schiélé, Bérenger, Prévost, et autres, devant les tribunaux compétents.

L'arrêt de cassation fut rendu le 15 juillet suivant, et le 30 septembre, le 1er Conseil de guerre prononçait l'acquittement et ordonnait la mise en liberté de Fabry. Il était détenu depuis soixante-huit mois.

Le malheureux, dès le 20 mai 1819, avait porté plainte contre les faussaires dont il avait été la victime. Ordre avait été donné d'ouvrir une instruction qui resta, croyons-nous, sans résultat. Une pétition, en effet, fut adressée aux membres de la Chambre des Pairs et de la Chambre des députés des départements afin de leur signaler la lenteur extrême de cette instruction ; la pétition fut renvoyée au ministre (janvier 1822).

Cette requête signée de Mme Fabry contenait ce passage : « Forcé de chercher l'existence loin de France, mon mari m'a confié le soin de son honneur et la réparation de notre fortune ; je n'ai rien négligé, mais, depuis trente et un mois, je ne puis rien obtenir. Jusqu'à quand verra-t-on confirmer cet axiome malheureusement si connu en France, que la Justice n'arrête que les coupables de peu d'importance et que, quant aux grands criminels, ils n'ont rien à craindre de la Justice ? »

Le 17 juillet 1821, Fabry avait été décoré de la légion d'honneur et le ministre lui adressait un certificat attestant que cette croix lui était accordée « comme une réparation des malheurs auxquels il avait été exposé, par suite des accusations graves dont il avait été honorablement acquitté. »

PAULINE CORNU

(1818)

La Cour de Cassation (chambre criminelle) rendit le 22 mai 1819, l'arrêt suivant : (1)

La Cour.

Vu le réquisitoire du Procureur général en la dite Cour, en date du 17 octobre 1819, présenté d'après l'ordre du garde des sceaux, contenu dans sa lettre du 22 avril précédent, tendant à ce que, conformément à l'article 443 du Code d'Inst. Crim. la Cour casse et annule deux arrêts de la cour d'assises de la Seine-Inférieure, le premier arrêt rendu contradictoirement le 22 août 1818, qui a condamné Rose-Pauline Cornu à la peine de mort, comme convaincue d'avoir pris part au vol commis du 10 au 11 juin 1817 chez le sieur Grenier, de la commune de Mesnil-St-Germain près Dieppe, avec les cinq circonstances aggravantes mentionnées en l'art. 381 du code pénal ; le second arrêt rendu par contumace le 13 mars 1819 qui a condamné Flore-Anastasie Cornu, sœur de la dite Rose-Pauline Cornu également à la peine de mort, comme coupable d'avoir participé au même vol ;

Attendu que le premier arrêt du 22 août 1818 a été rendu sur la déclaration du Jury, portant que Rose-Pauline Cornu est coupable du vol susmentionné et que, par le second arrêt du 13 mars 1819, il a été déclaré que, lorsque ledit vol a été commis, il n'y avait parmi les individus qui ont pris part au vol qu'une seule femme et que cette femme était Flore-Anastasie Cornu ;

Considérant que les faits ainsi respectivement déclarés constants dans les deux affaires, sont inconciliables, et qu'en tenant pour vrais les faits déclarés par le dernier arrêt du 13 mars 1819, ils fourniraient la preuve de l'innocence de Rose Pauline Cornu...

La Cour casse et annule les deux arrêts...

_____

(1) Dalloz, *Jurisprudence générale*, au mot : *Cassation*, p. 368.

RISPAL ET GALLAND

(1819)

Le 10 septembre 1817, vers 5 heures du matin, près d'Yssingeaux, dans la Haute-Loire, un homme était trouvé mort dans un fossé de deux pieds de profondeur (1).

Le cadavre fut reconnu pour celui d'un nommé Jean Courbon, un petit rentier des environs, dont la réputation n'était point mauvaise, et qui n'avait d'autre défaut que son intempérance. La veille encore, il avait passé la soirée à boire, dans une auberge des environs.

Courbon était tombé la tête la première et son cadavre gisait contre le revers du fossé, les pieds en haut, le poids du corps portant sur la nuque.

On retrouva sur lui son argent et des effets de commerce.

Le médecin appelé à constater le décès et à faire l'autopsie, le juge de paix chargé de l'enquête première, furent d'accord pour conclure que la mort avait été causée par une attaque d'apoplexie, conséquence des libations auxquelles Courbon s'était livré la veille. Il était d'une très forte corpulence et d'un tempérament sanguin : le décès n'avait donc rien que de fort naturel.

Les procès-verbaux et les rapports attribuèrent la mort à un accident et Courbon fut inhumé. Mais, vingt-quatre heures à peine après les obsèques, un bruit commença à circuler, bientôt grandissant.

Un accident, la mort de Courbon ? Ce pourrait bien être autre chose, disait-on, en hochant la tête... — Un crime ?... — Pourquoi pas ! Et il ne fallut pas longtemps pour que les possibilités se transformassent en probabilités, puis en certitudes. L'opinion publique fut bientôt formelle. Courbon avait été assassiné !

---

(1) *Choix des Causes célèbres les plus intéressantes, ou Recueil des événements les plus tragiques... depuis le commencement de la Monarchie jusqu'à nos jours*, Paris, à la librairie universelle, 1840. T. V, p. 123.

Malgré le procès-verbal d'autopsie constatant que le cadavre ne présentait aucune trace de violence, *on* disait que sur le cou et la poitrine existaient des ecchymoses et qu'il y avait rupture des vertèbres cervicales. Enfin *on* désigna les assassins. C'étaient trois beaux-frères, les nommés Galland, Rispal et Tavernier, avec lesquels on avait vu Courbon boire dans la soirée qui avait précédé sa mort.

Quel était le mobile de l'assassinat? *On* ne pouvait préciser; mais *on* parlait d'une certaine animosité existant entre les trois hommes et leur victime...

L'accusation éclata bientôt si bruyante, si violente que l'autorité s'en émut et, malgré le rapport du médecin et le procès-verbal du juge de paix, une instruction fut ouverte contre Tavernier, Rispal et Galland. Les deux premiers furent arrêtés le 3 octobre 1817. Galland, absent de chez lui ce jour-là, ayant appris l'arrestation de ses deux beaux-frères et les recherches dont il était l'objet, vint se constituer prisonnier de lui-même, le lendemain 4 octobre.

Comme il n'y avait contre Tavernier, Rispal et Galland non-seulement aucune preuve, mais même aucun indice de culpabilité, ils furent remis en liberté, le 8 octobre.

Cette mesure de justice ne faisait pas l'affaire de l'opinion. *On* protesta, *on* cria au scandale. Il n'y avait eu aucun fait précis articulé à l'appui de l'accusation ; avec le temps, *on* en formula.

Des mois s'étaient passés, lorsqu'en 1818, *on* raconta qu'une femme Anne Colombette — qui habitait à une heure environ de l'endroit où le corps de Courbon avait été découvert — déclarait que Galland, en passant près de chez elle le 3 septembre 1817 au moment où l'on retrouvait le cadavre, lui avait annoncé la mort du malheureux! Comment la connaissait-il, s'il n'était pas l'un des assassins? — Un sieur Lardon répétait à qui voulait l'entendre l'accusation lancée par la femme Colombette.

Quelque temps plus tard, un certain Claude Peyrache fournit une autre charge. Le 8 octobre, le jour où les trois beaux-frères avaient été remis en liberté, il était à Yssingeaux et il avait couché dans la même auberge qu'eux, dans une chambre voisine de celle qu'ils occupaient; il n'existait entre les deux pièces qu'une simple cloison et il avait entendu, parfaitement entendu, les propos échangés entre eux. « Nous avons tort », avait dit l'un ; et Galland avait répliqué : « Tais-toi, baveux, tu nous feras remettre en prison. » Le troisième avait alors ajouté à voix basse : « Si vous m'aviez cru, nous ne serions pas dans l'embarras où nous sommes ; vous ne l'auriez pas tué : j'en suis fâché. » « Point de regrets, avait interrompu Galland, qui est mort est mort ». « Nous avons été trop vite, avait repris l'un des deux autres. Nous avons trop enfoncé le mouchoir, ce qui a fait enfler le cou et ce qui a éveillé les soupçons. »

C'était là une charge grave, accablante. On aurait dû se demander pourquoi Claude Peyrache avait attendu près d'une année pour révéler cette conversation entendue au travers de la muraille le 8 octobre 1817. La Justice ne se posa pas la question. Elle préféra donner satisfaction à l'opinion publique. Aussi pour la seconde fois, Galland, Rispal et Tavernier furent arrêtés et, cette fois, traduits devant la cour d'assises de la Haute-Loire.

Peyrache, cité comme témoin, rapporta la conversation qu'il disait avoir entendue. Il ajouta même de nouveaux détails et, comme l'aubergiste et ses servantes affirmaient ne l'avoir pas vu à la date qu'il indiquait, il produisit une quittance des frais qu'il avait payés à un avoué d'Yssingeaux, ce jour là, 8 octobre, ce qui lui permettait, disait-il, d'être sûr de la date.

L'avoué déclara qu'il avait bien vu en effet Peyrache dans son étude à Yssingeaux le jour où avait été signée la quittance de frais représentée ; mais il ajoutait qu'il ne se rappelait pas l'époque précise du paiement.

Les défenseurs des accusés n'hésitèrent pas à soutenir que Lardon et Peyrache étaient de faux témoins. Ils réclamèrent leur arrestation, et demandèrent qu'on vérifiât à l'auberge d'Yssingeaux si les lieux permettaient que Peyrache eût pu entendre la conversation qu'il prétendait avoir surprise. La Cour rejeta leurs conclusions.

Après six jours de débats, le 9 mars 1819, Galland et Rispal furent condamnés aux travaux forcés à perpétuité comme coupables de meurtre, et Tavernier à un an de prison comme complice.

L'arrêt fut exécuté. Galland et Rispal, après avoir été flétris, furent transportés au bagne de Toulon.

Mais les femmes des deux forçats ne désespérèrent pas de démontrer l'innocence de leurs maris. Elles déposèrent une plainte en faux témoignage contre Lardon et Peyrache et elles eurent la bonne fortune que le garde des sceaux voulut bien requérir une information.

Les magistrats firent d'abord procéder à des expériences pour constater : 1° si Galland avait pu, comme le prétendait Lardon, annoncer à Anne Colombette, la mort de Courbon, au moment où on découvrait le cadavre de celui-ci, et à une heure de distance de l'endroit où le corps était trouvé. — 2° Si la disposition des lieux dans l'auberge avait permis à Peyrache d'entendre la conversation qu'il disait avoir surprise entre les trois beaux-frères.

Ces expériences, si elles n'établirent pas manifestement le faux témoignage de Lardon, démontrèrent jusqu'à l'évidence celui de Peyrache.

Entre la pièce où se seraient trouvés Galland, Rispal et Tavernier pendant qu'ils auraient tenu les propos que Peyrache leur attribuait, et la chambre où ce dernier prétendait être couché, il y avait, non pas une simple cloison comme il le soutenait, mais un mur de deux pieds d'épaisseur à travers lequel il était impossible d'entendre des paroles même échangées à voix haute. En outre, la disposition intérieure de l'auberge n'était pas conforme à la description qu'en avait faite Peyrache. Enfin il parut certain que celui-ci n'était même pas venu à Yssingeaux au jour dit : le 8 octobre 1817.

Peyrache renvoyé devant la cour d'assises de Riom y comparut le 23 mai 1821 sous l'accusation de faux témoignage. A l'audience avaient été amenés, extraits du bagne, Galland et Rispal qui étaient assistés de leur défenseur Me Montellin, avoué au Puy. Les femmes des deux forçats se portèrent parties civiles.

Des témoins nombreux démentirent les assertions de Peyrache. Le patron de l'auberge et sa servante déclarèrent catégoriquement que le 8 octobre 1817, ils n'avaient pas vu l'accusé. Bien mieux ; un nommé Deschomet affirma que, ce jour-là, il avait occupé la chambre dans laquelle Peyrache soutenait avoir couché.

Il fut confirmé que les lieux n'étaient pas disposés comme les avait décrits Peyrache : il n'était matériellement pas possible que la conversation qu'auraient tenue Galland, Rispal et Tavernier eût été entendue par lui.

On demanda alors à Peyrache de préciser quelques détails de

son séjour à Yssingeaux le 8 octobre 1817. Il répéta qu'il était venu ce jour là pour payer des frais à son avoué, M° Labatie, et il exhiba encore la quittance de cet officier ministériel.

Cette quittance, produite jusqu'alors comme une preuve irréfragable de la présence de Peyrache à Yssingeaux, le 8 octobre 1817, fut reconnue par M° Labatie cité, lui aussi, comme témoin à ce nouveau procès ; c'était bien celle qui avait été mise sous les yeux de la cour d'assises du Puy, au mois de mars 1819, lors du procès contre Galland, Rispal et Tavernier.

La pièce fut examinée de nouveau ; elle fut représentée aux jurés, à l'avocat de Peyrache et enfin à la partie civile. A ce moment, l'avocat des condamnés parties civiles fit remarquer que la quittance portait la date non pas du 8 octobre 1817, mais du 8 octobre 1818 ! Cette pièce qui jusque-là avait été considérée comme démontrant la véracité de Peyrache, devenait la manifestation de son mensonge. — C'était, disait-il, le jour où il avait reçu cette quittance qu'il avait couché à Yssingeaux, dans l'auberge où Galland, Rispal et Tavernier, libérés du jour même, avaient tenu les propos qu'il rapportait ; or la mise en liberté était du 8 octobre 1817 et la quittance lui avait été délivrée un an plus tard, jour pour jour, le 8 octobre 1818.

Le faux témoignage était certain. A l'unanimité, Peyrache fut déclaré coupable et il fut condamné aux travaux forcés à perpétuité le 27 mai 1821.

La Cour de Cassation, le 9 août 1821, par application de l'article 445 du Code d'instruction criminelle annula l'arrêt de la Cour d'assises du Puy du 9 mars 1819 qui avait condamné Rispal et Galland, et ordonna que ces derniers seraient jugés par la Cour d'assises siégeant à Montbrison.

De nouveaux débats eurent lieu. Ils durèrent huit jours. Le 5 décembre 1821, Rispal et Galland furent acquittés.

Il n'est peut-être pas sans intérêt de citer, à titre de document, un passage de l'allocution, qu'après le prononcé du verdict, le Président de la Cour d'assises, M. Reyre, conseiller à la Cour royale de Lyon, adressa aux deux acquittés.

« La Société, leur dit-il, à qui vous fûtes si cruellement arrachés, va vous recueillir, avec tout l'intérêt que peut être digne d'inspirer l'innocence trop longtemps méconnue.

« En rentrant dans son sein, abjurez, étouffez, s'il se peut par intérêt pour votre repos, les ressentiments que d'amers souvenirs pourraient nourrir ou éveiller dans votre cœur. *Ne songez qu'à bénir le Ciel* de ce qu'il a appelé à votre secours des défenseurs si nobles, si généreux et *de ce qu'il a éclairé la justice des hommes.*

« Dans ce jour va commencer pour vous en quelque sorte une vie nouvelle et l'horrible épreuve que vous avez subie s'est trop longtemps prolongée pour que votre ruine n'en ait pas été inévitable.

« Mais il vous est permis d'élever vos yeux, vos espérances vers d'augustes mains qui ne laissent presque pas passer un jour sans sécher quelques larmes, sans répandre quelques bienfaits sur le malheur. »

A de telles exhortations, ces pauvres gens qui avaient subi plus de deux années de bagne, qui avaient dû se croire perdus et déshonorés pour la vie, auraient bien pu répondre : « Eh ! Monsieur le Président, il ne tenait qu'à la Justice et à vos collègues qui composaient la Cour lors du premier procès, d'être éclairés plus tôt. Si on avait accédé à la demande de notre avocat, on eût tout de suite constaté que le témoin Peyrache n'avait pas pu entendre les propos qu'il nous prêtait ; son mensonge eût été immédiatement dévoilé et nous n'aurions pas été condamnés. Si nous avons été aux galères pendant deux ans, avec la perspective presque certaine d'y rester toute notre vie, la faute en est à la Justice, et si notre innocence a été reconnue, nous ne dirons pas que c'est malgré votre volonté, mais c'est bien, à coup sûr, malgré votre indifférence. Nous ne demandons pas mieux que de bénir le Ciel, comme vous nous y conviez ; nous le bénirons de n'avoir pas permis à la justice humaine de nous faire plus de mal. »

La femme de Galland, épuisée par les épreuves qu'elle avait traversées, mourut neuf jours après la proclamation de l'innocence de son mari.

Une souscription publique fut ouverte en faveur de Rispal et de Galland et le roi Louis XVIII accorda à la femme de Rispal une pension de 300 francs : mais leur petite fortune avait disparu, et leur tranquillité perdue, leurs santés s'étaient compromises, la femme de Galland était morte et deux années de leur vie s'étaient passées au bagne.

AUMAGE

(1827)

La Cour de cassation, admit le 24 juin 1830, le pourvoi en revision de Louis Aumage, condamné pour vol qualifié le 3 mai
1827 par la Cour d'assises de Grenoble (1). Les recueils judiciaires ne contiennent aucun détail sur les circonstances de l'erreur constatée par la Cour de cassation.

Nous n'avons découvert ni mémoire justificatif, ni compte
rendu des débats.

Voici seulement ce qui résulte de l'arrêt de la Cour suprême.

Le 3 mai 1827, Louis Aumage et Jean Mielle comparaissaient
devant la Cour d'assises de la Drôme ; ils étaient accusés « d'avoir
le 10 janvier 1827, entre six et sept heures du soir, en la commune
de Plaisiens et dans le chemin public de Buis à la ville de Sault,
volé : 1° à J. Beynet, percepteur des contributions à Brantes, une
somme de 36 fr. ; 2° à J.-B. Tiran, propriétaire, de la commune
de St-Léger, une somme de 20 fr. ; 3° à Joseph Tiran, dit Lamure,
de la commune de Brantes, une somme de 27 fr., et d'avoir
commis ces vols étant porteurs d'armes apparentes, et à l'aide de
violences et de menaces. »

Mielle fut acquitté, Aumage condamné à une peine que l'arrêt
n'indique pas.

Le 1er mai 1830, le jury de Vaucluse déclarait coupables Jean-
Baptiste et Martin Lyssartel, « d'avoir : 1° soustrait frauduleusement une somme de 36 fr. au préjudice du sieur Beynet, le dix
janvier 1827, sur le chemin du Buis à Sault et au quartier dit de
Foulombe, la nuit, étant porteurs d'armes apparentes, à l'aide
de violences et de menaces ; 2° d'avoir soustrait frauduleusement une somme de 47 fr. au préjudice des sieurs J.-B. Tiran et
Joseph Tiran, sur le chemin public du Buis à Sault, avec les
mêmes circonstances aggravantes. »

---

(1) Dalloz, *Répertoire général*, au mot : *Cassation*, chapitre XIV, page 369.

Comme du rapprochement des deux arrêts, il résultait que « les vols dont s'agit, avec les circonstances aggravantes qui les ont accompagnés ont été commis contre les mêmes personnes, par *deux* individus seulement, le même jour, dans le même lieu, à la même heure de nuit, le 10 janvier 1827, que cependant, *trois* ont été déclarés coupables et, par suite, condamnés ; d'où il suit qu'en supposant que les vrais coupables soient sous la main de la justice, les deux arrêts ne peuvent se concilier et sont la preuve de l'innocence de l'un des trois condamnés », la Cour cassa les deux arrêts inconciliables et renvoya Aumage, Jean-Baptiste et Martin Lyssartel devant la Cour d'assises du Gard.

LECOMTE

(1828)

Le 5 juillet 1828, dans le département de l'Eure, un vol avec effraction, était commis à l'aide d'escalade, au préjudice d'une veuve Vivien (1).

Dans la même maison habitaient les époux Lecomte, la femme Mallet et la femme Allard.

Les soupçons se portèrent sur Lecomte, bien que la vie de ce vieux soldat retraité n'eût donné lieu jusque-là à aucun reproche.

Quelles étaient les charges qui pesèrent sur lui ? Aucun document ne permet de le dire. Il est certain cependant que les dépositions de la femme Mallet lui furent défavorables.

Lecomte fut accusé et traduit devant la Cour d'assises de l'Eure qui le condamna à sept ans de travaux forcés le 18 novembre 1828.

Peu de temps après la femme Mallet fut poursuivie pour escroquerie et faux en écritures privées ; elle fut condamnée, par la même Cour d'assises, le 29 mai 1829, à sept ans de réclusion.

Certaines circonstances de ce procès apportèrent dans l'esprit

---

(1) *Gazette des Tribunaux*, 22 janvier, 25 mars 1831.

des magistrats la conviction que cette femme avait menti l'année
précédente en accusant Lecomte. Et, si elle n'avait pas dit la vérité, n'était-il pas probable, ou tout au moins possible, qu'elle
fût l'auteur du crime dont elle avait chargé un innocent! Une
instruction nouvelle fut ouverte ; la femme Mallet fut poursuivie
pour faux témoignage et accusée du vol dont la veuve Voisin
avait été victime. Reconnue coupable, elle fut condamnée pour
ces deux crimes à huit ans de travaux forcés, le 11 décembre 1830.

Ce dernier arrêt et celui du 18 novembre 1828 étaient contradictoires. Ils furent cassés tous deux. Lecomte et la femme Mallet
furent renvoyés devant la Cour d'assises de la Seine-Inférieure.

Le 22 mars 1831, Lecomte était acquitté après dix-huit mois
de détention, et la condamnation prononcée contre la femme
Mallet était maintenue.

Aucune réparation ne fut accordée au malheureux Lecomte.
Pour toute compensation il reçut une centaine de francs, produit
d'une collecte faite par le jury qui prononça son acquittement.

LEROUX

(1829)

A l'audience de la Cour de cassation (Chambre criminelle),
le 20 janvier 1831, le président donne la parole à M. Dupin
aîné, procureur général, qui expose les faits suivants :

« Un vol d'argent fut commis, dans la nuit du 19 avril 1829,
chez un sieur Godin, propriétaire à Cuigny ; le nommé Leroux,
journalier, fut traduit à raison de ce fait devant la Cour d'assises du département de l'Oise qui, par arrêt du 31 août 1829,
écarta les circonstances aggravantes et condamna l'accusé à
quatre ans d'emprisonnement.

Cependant des soupçons s'élevèrent contre la nommée Célestine Azelle qui avait servi chez le sieur Godin.

---

(1) Dalloz, *Rép. gén.*, au mot : *Cassation*, p. 369. — *Bulletin de la Cour de
cassation*, 1831, n° 9. — *Gazette de Tribunaux*, 22 janvier 1831.

Elle avoua qu'elle avait commis le vol. Traduite devant la même Cour d'assises, le 15 décembre 1830, elle fut condamnée à cinq ans de prison. La question avait été posée aux jurés en ces termes : Célestine Azelle est-elle coupable d'avoir *conjointement avec une autre personne* soustrait frauduleusement une somme d'argent ? (1)

Le jury en écartant toutes les circonstances a donc, implicitement décidé que Célestine Azelle avait commis *seule* le vol qui avait déjà motivé la condamnation de Leroux. Il en résulte que les deux arrêts sont inconciliables et qu'il y a lieu de leur appliquer la disposition de l'art. 444 du Code d'Inst. Crim. »

La Cour a rendu l'arrêt suivant :

« Attendu que l'arrêt du 31 août 1829 condamnant Leroux à quatre ans de prison, comme auteur du vol commis le 19 avril 1829 chez le sieur Godin, est inconciliable avec l'arrêt du 15 décembre 1830, condamnant Azelle comme seule auteur du même vol à cinq ans d'emprisonnement, et que des deux arrêts résulterait la preuve de l'innocence de l'un des condamnés ; vu l'art. 443, etc., casse et renvoie les deux accusés devant la Cour d'assises de la Seine. »

ROSSI

(1833)

Le Bulletin des arrêts de la Cour de cassation rendus en matière criminelle (1835, Tome XL, p. 33), rapporte le réquisitoire et l'arrêt suivants :

Le procureur général près la Cour de cassation expose qu'il est chargé par M. le garde des sceaux, ministre de la justice, de dénon-

---

(1) Il est vraisemblable que la question n'a pas été posée dans les termes indiqués au *Répertoire général* de Dalloz. Il a dû y avoir deux questions au moins soumises au jury : 1° la femme Azelle est-elle coupable d'avoir soustrait... 2° la dite soustraction a-t-elle été soumise conjointement avec une autre personne ? — Le jury répondit affirmativement à la première et négativement à la seconde.

cer à la Cour, conformément à l'art. 443 du Code d'inst. crim., deux
arrêts de la Cour d'assises de la Corse, en date, l'un du 16 décembre 1833, et l'autre du 18 novembre 1834, par lesquels les nommés Charles Rossi et Ignace Giuli ont été condamnés comme auteurs du même crime.

Le 21 juillet 1833, les deux partis qui divisent la commune de
Bastelica, en vinrent aux prises et se tirèrent respectivement des
coups de fusil. Une femme Minicani ayant été chargée par le nommé
Bolelli d'aller lui chercher son fusil à son domicile revenait avec cette
arme, lorsqu'elle fut rencontrée par un groupe d'individus du parti
contraire à celui de Bolelli, qui la sommèrent de retourner en arrière. Comme elle continuait sa marche, le nommé Rossi qui faisait
partie du groupe s'avança vers elle et lui intima l'ordre de déposer
l'arme qu'elle tenait à la main. Au même instant elle fut atteinte à
la poitrine d'un coup de feu et elle désigna presque aussitôt Charles
Rossi comme auteur de sa blessure, qui entraîna une incapacité de
travail pendant plus de vingt jours. Par suite de cette déclaration
dans laquelle la femme Minicani persista durant tout le cours de
l'instruction, Rossi a été condamné à cinq ans de réclusion par arrêt
de la Cour, en date du 16 décembre 1833.

Mais à peine cette condamnation avait-elle été prononcée que
Rossi porta plainte contre Ignace Giuli, signalé par lui comme le
véritable auteur du coup de feu qui avait blessé la femme Minicani,
et il produisit de nombreux témoins qui, tous, proclamèrent de concert avec les témoins indiqués par Giuli lui-même, l'innocence de
Ch. Rossi et déclarèrent, les uns avoir vu Giuli tirer sur la femme
Minicani, les autres avoir recueilli de sa bouche même l'aveu de sa
culpabilité.

En conséquence, Ignace Giuli fut à son tour mis en accusation,
et malgré la persistance de la femme Minicani à accuser Rossi, il
fut condamné le 18 novembre dernier par la Cour d'assises de la
Corse à deux ans de prison comme coupable seulement de blessures
involontaires.

Cet arrêt, et celui du 16 décembre 1833, rendu contre Rossi, sont
inconciliables. Il y a donc lieu à revision... Signé : Dupin.

La Cour à la date du 23 janvier 1835 rendit l'arrêt suivant :

Attendu qu'il résulte des actes précités que les deux accusés Rossi
et Giuli ont été traduits aux assises de la Corse, pour avoir le 22
juillet 1833 tenté de donner la mort à Marie-Antoinette Minicani,
au moyen d'un coup de fusil et qu'ils ont été condamnés pour avoir

ainsi fait des blessures à ladite Minicani ; que ce coup de fusil ne peut être à la fois le fait de deux accusés ; d'où il suit que les deux arrêts les condamnant pour ce fait ne peuvent se concilier.

Par ces motifs, casse et annule les deux arrêts..., et renvoie les deux condamnés Charles Rossi et Ignace Giuli devant la Cour d'assises des Bouches-du-Rhône.

LEGRAS

(1834)

Le 14 septembre 1833, la diligence de Dijon à Gray emportait sur le sommet de la voiture, dans les bagages, dix sacs contenant chacun mille francs (1).

A l'arrivée à Gray, quatre de ces sacs avaient disparu.

Le conducteur se rappela que, au nombre des voyageurs, se trouvaient quatre jeunes gens dont trois étaient montés sur l'impériale dès le départ, tandis qu'un quatrième n'était venu s'asseoir à côté d'eux qu'après avoir occupé tout d'abord une place à l'intérieur ; il avait semblé quitter sa première place à regret et seulement sur les instances des personnes qui se trouvaient sur la partie supérieure de la diligence. Ce quatrième individu avait retenu sa place au bureau sous le nom de Merlin.

Au cours de la route, les quatre voyageurs étaient descendus de voiture, sous prétexte de gravir à pied une côte longue et rapide. Arrivé au sommet, le conducteur les avait attendus en vain. Ils n'avaient pas reparu et la diligence avait dû continuer son chemin sans eux. Il n'y avait pas de doute : le vol avait été commis par ces quatre jeunes gens. Une enquête fut ouverte et plusieurs arrestations furent opérées.

Parmi les personnes arrêtées, un des voyageurs de la diligence reconnut celui des quatre jeunes gens qui s'était d'abord installé dans l'intérieur, celui qui avait retenu sa place sous le

---

(1) *Gazette des Tribunaux*, 25 août 1836.— L'*Observateur des Tribunaux*, par Roch. T. XI, p. 274.

nom de Merlin. L'individu ainsi reconnu déclara qu'on se trompait, qu'il s'appelait Louis Legras, qu'il n'avait jamais pris le nom de *Merlin* et qu'il n'était pas monté dans la diligence de Dijon à Gray, le 18 septembre. On le garda cependant sous les verrous.

Peu de temps après, on arrêtait à Lyon, comme impliqués dans cette même affaire, deux individus nommés Sablon et Bouvier. Ils avouèrent, ajoutant qu'ils avaient deux complices, les nommés Chollet et *Merlin* ; mais, mis en présence de celui dont la justice s'était emparé et auquel elle voulait appliquer ce nom de *Merlin*, ils déclarèrent que Louis Legras n'était pas des leurs et qu'ils ne le connaissaient pas.

La Justice ne put réussir à s'emparer de Chollet. Et, malgré les affirmations de Sablon et Bouvier qui, tout en s'avouant coupables, déclaraient leur co-accusé innocent, Louis Legras fut traduit, avec eux, devant la Cour d'assises.

A l'audience, Legras fut formellement reconnu par deux des voyageurs et par le conducteur de la diligence pour un de ceux qui avaient été sur l'impériale et qui étaient descendus sous prétexte de gravir la côte à pied.

D'autres circonstances constituaient contre Legras des charges complémentaires. Quelques jours avant le vol on l'avait vu à Châlons dans une auberge en compagnie de Sablon et de Bouvier, et il avait été rencontré à Dijon, le jour même où le vol avait été commis. Aussi, ses co-accusés eurent beau affirmer qu'ils ne le connaissaient pas, il eut beau protester de son innocence et soutenir qu'il n'avait jamais pris le nom de Merlin, Louis Legras fut condamné aux travaux forcés sous ce nom de *Merlin*, avec Sablon et Bouvier, par la cour d'assises de la Côte-d'Or, le 20 février 1834.

En 1836, un vol sans grande importance quant à la valeur de l'objet soustrait, mais exécuté avec une habileté et une audace inouïes, fut commis à la foire de Beaucaire. L'auteur fut arrêté et condamné à quinze mois de prison. C'était un nommé Claude-Charles, dit *Merlin*. Ce surnom de *Merlin*, la façon dont le vol avait été opéré, et divers autres détails firent supposer aux magistrats dont les souvenirs avaient été éveillés, que ce pouvait bien être Claude-Charles et non Legras qui fût l'un des auteurs du

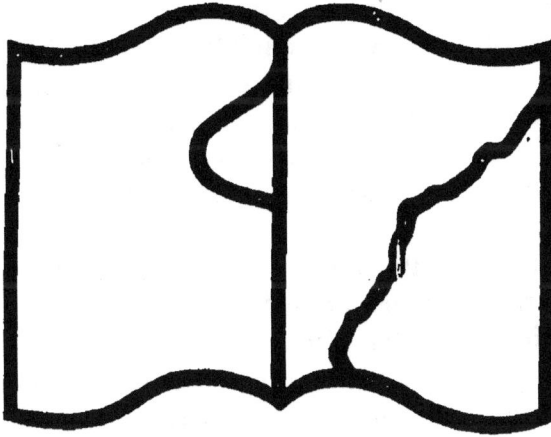

Texte détérioré — reliure défectueuse
NF Z 43-120-11

VALABLE POUR TOUT OU PARTIE DU
DOCUMENT REPRODUIT

vol de la diligence de Gray. Claude-Charles, interrogé à ce sujet, nia énergiquement. Mais Bouvier et Sablon avec lesquels on le confronta, le reconnurent expressément et déclarèrent que c'était bien lui le « Merlin » qui avait été leur complice.

A la suite d'une nouvelle instruction, Claude-Charles, dit *Merlin* fut condamné pour le vol du 18 septembre 1833 à six ans de travaux forcés et à l'exposition. Il reconnut alors qu'il était bien en effet l'un des voleurs et que c'était lui qui, sous le nom de *Merlin*, avait retenu une place dans la diligence.

Les deux arrêts condamnant sous ce même nom de *Merlin*, Louis Legras, le 20 février 1834, et Claude-Charles, le 1er mars 1836, étant inconciliables, furent cassés et les deux accusés renvoyés devant la cour d'assises de la Haute-Marne pour être jugés à nouveau.

A l'audience de cette cour, le 25 août 1836, Louis Legras et Claude Charles comparurent côte à côte.

Il est curieux de noter l'étonnement qu'éprouvèrent les assistants à constater le peu de ressemblance de ces deux hommes qu'on avait cependant pris l'un pour l'autre.

La Gazette des Tribunaux du 25 août 1834 en fait foi :

« Le public paraît particulièrement s'attacher à rechercher la ressemblance qui a motivé l'erreur des témoins et cet examen la rend véritablement inconcevable. Les deux accusés sont, il est vrai, à peu de chose près de la même taille ; mais les cheveux de Louis Legras sont très noirs, ceux de Claude-Charles sont châtain clair ; le premier a d'épais favoris également noirs, le second n'en porte pas, et quoiqu'il paraisse certain qu'il les a fait couper depuis le vol, il est évident que ceux qu'ils portaient alors ne devaient pas ressembler à ceux de Legras ; Claude-Charles a de plus le nez aquilin : sa figure longue est assez remarquable, tandis que Legras a le front bas et couvert, le nez peu saillant et une physionomie sans expression. »

Les témoins entendus furent, d'une part ceux qui avaient déposé contre Legras, en 1834, d'autre part ceux qui avaient déposé contre Claude-Charles en mars 1836. Les premiers déclarèrent qu'en raison des deux années écoulées depuis le vol de la diligence ils ne pouvaient plus rien affirmer quant à la reconnaissance de Legras ou de Claude-Charles. Un seul maintint ses déclarations antérieures. Les autres confirmèrent les aveux de Claude-Charles qui reconnut être le *Merlin* de la diligence de Dijon.

Aucun doute n'était plus possible.

Claude-Charles fut condamné à cinq ans de réclusion. Louis Legras fut acquitté. Il avait passé deux années au bagne.

GANCEL

(1838)

Le sieur Hamon, adjudicataire des fosses d'aisance de Rouen portait plainte, le 10 février 1838, contre un nommé Gancel, l'un de ses ouvriers (1). Il l'accusait de lui avoir dérobé une paire de draps, et, le vol ayant été commis la nuit dans une écurie dépendant d'une maison habitée, constituait un crime passible des travaux forcés. Deux domestiques d'Hamon, Bouvrie et Villery, cités comme témoins, déclarèrent, le premier, « que Gancel, renvoyé du service de Hamon, était venu dans la nuit du 4 au 5 février, coucher avec Villery, et *qu'il l'avait vu se lever pendant la nuit et emporter un paquet;* » le second: « que Gancel s'était levé vers cinq heures du matin, et *qu'il l'avait vu* prendre une paire de draps neufs déposés sur un lit et l'emporter. »

Gancel protesta contre ces accusations. Sans nier qu'il eût à l'écurie dans la nuit du 4 au 5 février, il affirma énergiquement n'avoir rien dérobé. Comment s'expliquaient alors la plainte et les dépositions des témoins? Gancel soutint qu'il était victime d'un complot ourdi contre lui par Hamon dans un but de vengeance. L'accusé avait, affirmait-il, refusé à son ancien patron de faire un faux témoignage que l'adjudicaire des fosses

(1) *Bulletin de la Cour de cassation*, 1839, n° 283, p. 436. *Gazette des Tribunaux*, 28 novembre 1839.

avait sollicité de lui en faveur d'une dame Bridou, en instance de séparation de corps. De là, sa rancune et sa plainte calomnieuse.

A l'appui de cette allégation l'accusé n'apportait aucune preuve. Le jury n'ajouta pas foi à ses déclarations et le 8 mai 1838, la Cour d'assises de la Seine-Inférieure condamna Gancel à deux ans de prison.

Il subissait sa peine depuis peu de temps, lorsque le procès en séparation de corps de la dame Bridou aboutit, après enquête, à un jugement lui donnant gain de cause.

Mais le mari portait aussitôt plainte en faux témoignage contre sa femme, contre les sieurs Hamon père et fils et contre plusieurs ouvriers de l'adjudicataire en raison de dépositions mensongères faites au cours de l'enquête en séparation de corps.

Poursuivis devant le tribunal correctionnel, Hamon père, Hamon fils et la femme Bridou furent condamnés pour subornation de témoins ; Bouvrie, Villery et un troisième ouvrier de Hamon, nommé Colin, furent condamnés pour faux témoignages.

On se rappela alors le motif qu'avait allégué Gancel pour expliquer l'accusation de vol portée contre lui par Hamon. Une instruction fut ouverte afin de vérifier la sincérité des déclarations de Hamon, de Bouvrie et de Villery, au cours du procès de Gancel. Il fut établi que ce malheureux n'avait même pas couché à Rouen la nuit où il aurait commis le vol ; Bouvrie et Villery, dans leurs dépositions mensongères, n'avaient fait qu'obéir aux injonctions de Hamon père, désireux de se venger de son ancien domestique.

Hamon, Bouvrie et Villery furent renvoyés devant la cour d'assises de la Seine-Inférieure pour faux témoignages contre Gancel. Bouvrie fut acquitté, mais Hamon père et Villery furent condamnés, le 1er juillet 1839, chacun à trois ans de prison.

L'arrêt rendu contre Gancel fut alors déféré à la Cour de cassation qui, le 29 août 1839, l'annula et renvoya la cause devant la cour d'assises de la Seine.

Gancel comparut devant le jury parisien, le 27 novembre 1839.

Il fut acquitté sans débat, et au moment de sa mise en liberté, il reçut le produit d'une collecte faite en sa faveur par le jury.

PAULINE BEUDOT

(1840)

Dans la vieille rue du Vieux-Colombier, depuis de longues années, habitaient au n° 19, dans deux appartements voisins, les Barker (le frère et la sœur), et les Charey (le mari docteur en médecine, sa femme et un neveu, le jeune Alfred Charey, dont le docteur dirigeait l'éducation).

Entre les deux familles il existait mieux que des liens de cordial voisinage : une sérieuse amitié unissait ces cinq personnes, qui se rendaient quotidiennement visite et dont les domestiques comme les maîtres étaient sans cesse les uns chez les autres.

Au mois de mars 1840, M. Barker prit à son service une jeune bonne âgée de quatorze ans, nommée Pauline Beudot (1).

A peine celle-ci était-elle entrée dans la maison que l'on s'aperçut de nombreux vols commis au préjudice de la famille Charey, de M. Barker, et d'une autre locataire. Des vêtements, des bijoux, des pièces d'argenterie et certaines sommes d'argent disparaissaient.

On ne savait quel pouvait être l'auteur de ces soustractions frauduleuses, et l'on se perdait en conjectures, lorsqu'Alfred Charey révéla qu'il voyait la jeune Pauline monter souvent, sans motif apparent, dans une petite pièce située dans les combles, se_____chambre de débarras au ménage Barker et de garde-la bonne. Les soupçons se portèrent sur la jeune fille et ___quisition fut opérée dans la pièce désignée par le neveu ___cteur Charey.

___rouva dans les effets de la domestique plusieurs des objets ___robés et Pauline Beudot malgré ses protestations d'innocence, fut arrêtée et traduite en justice.

Pendant l'instruction et à l'audience, Alfred Charey vint à plu-

(1) *Gazette des Tribunaux*, 26-27 juillet 1841.— *L'Observateur des Tribunaux*, par Roch. Nouvelle série, T. V, n° 2.

sieurs reprises renouveler, sous la foi du serment, ses accusations contre la jeune fille qui répondit en donnant ouvertement à entendre que son accusateur pouvait bien être le véritable auteur des larcins.

La famille Charey et, avec elle, les magistrats repoussèrent indignés ces allégations de la domestique. Le jeune homme n'était-il pas un garçon honnête, bien élevé et accomplissant ses devoirs religieux avec une ponctualité exemplaire?

On passa outre : Pauline Beudot fut, à cause de son jeune âge, acquittée comme ayant agi sans discernement, mais condamnée à rester pendant trois ans dans une maison de correction.

Cependant, après le jugement, les vols se reproduisirent.

Alfred Charey prétendit alors que la jeune bonne devait faire partie d'une bande de voleurs qui continuaient leurs méfaits sur les indications que la fille Beudot leur avaient données, et sans doute aussi avec la complicité d'une autre domestique de la maison, Françoise Girey. Celle-ci fut renvoyée.

Mais les vols ne cessèrent point. Les époux Charey, M. Barker et sa sœur ne savaient que supposer, lorsque des faits nouveaux vinrent changer leur inquiétude en affolement.

Alfred Charey déclara un jour qu'il avait surpris des individus en train de commettre un vol chez Mlle Barker, qu'ils s'étaient enfuis, mais que depuis lors, ils le poursuivaient en tous lieux le menaçant de le tuer.

Souvent le jeune homme rentrait les yeux hagards, les vêtements en désordre, paraissant en proie à la plus vive émotion ; il racontait alors qu'il avait été l'objet de nouvelles menaces de la part de ces misérables ; ils lui avaient mis un pistolet ou un poignard sous la gorge pour le contraindre à devenir leur auxiliaire dans les méfaits qu'ils complotaient.

Le 9 juillet 1840, le jeune Alfred disparut et resta trois jours absent. Quand il revint, il était accompagné d'une femme Chamouleau qui déclara que, l'avant-veille, son mari avait rencontré Alfred Charey aux prises avec trois brigands en train de l'assassiner. Le jeune homme était tombé sans connaissance. Ramené chez les Chamouleau, sans avoir repris ses sens, il avait été ensuite, contait la femme, en proie à un délire violent.

L'état d'Alfred Charey pouvait faire croire à la réalité de ce récit dramatique. Il portait des traces de violences et des plaies, légères

à vrai dire, mais concordant avec des coupures faites à ses vêtements. Le jeune homme paraissait encore sous le coup d'une
terreur voisine de la folie, il était pris de crises nerveuses qui se
manifestaient par des spasmes, des extases et des accès de fureur.
Au cours de ces accès il parlait sans cesse de l'attaque dont il
avait été victime, des assassins qui l'avaient entraîné dans un
souterrain, etc...

Lorsqu'il sembla remis, il fut envoyé à la campagne, où il
recouvra un calme complet. Mais à peine rentré à Paris, en janvier 1841, il fut ressaisi de troubles nerveux. Le 16 février, une
nouvelle aventure vint terrifier ses parents. Il était chez lui,
lorsque son oncle et sa tante furent attirés par ses cris. Ils le trouvèrent éperdu, défaillant : une boîte ouverte et renfermant des
pistolets était renversée à terre près de lui.

C'était, dit-il, une caisse qu'il avait reçue et qui renfermait
une sorte de machine infernale. Au moment où il l'avait ouverte
des allumettes chimiques qu'elle contenaient avaient pris feu et
c'était un hasard qu'une explosion ne se fût pas produite.

Cette fois la famille dénonça cette tentative criminelle aux autorités. Le commissaire de police ouvrit une enquête.

On devine quel en fut le résultat. Il fut bientôt établi que tous
les attentats dont Alfred Charey prétendait avoir été victime, n'a-
vaient jamais existé que dans son imagination.

L'histoire de la tentative d'assassinat à laquelle il n'aurait
échappé que grâce à l'intervention opportune des Chamouleau
fut reconnue absolument fausse. La femme dut avouer que le
récit fait par elle aux époux Charey était mensonger : elle n'a-
vait conté cette fable que sur les instances du jeune homme et
d'une fille publique avec laquelle il avait passé trois jours. La
fille confirma la déclaration de la femme Chamouleau et l'on
arriva à savoir que l'argent dépensé avec elle par Alfred Charey
provenait de la vente ou de l'engagement au Mont-de-Piété des
objets soustraits à M. Barker.

Le jeune homme qui ne voulut pas avouer ses mensonges, reconnut cependant, en un moment de sincérité, que c'était lui qui
avait commis les vols pour lesquels Pauline Beudot avait été
condamnée, mais il rétracta ensuite ses aveux.

Il n'en fut pas moins poursuivi pour faux témoignage et pour
vol. Il comparut devant la Cour d'assises de la Seine, le 26 juil-

let 1841. Dans le cours des débats, Alfred Charey fut incapable d'avouer ou de nier qu'il eût accusé calomnieusement Pauline Beudot.

Aux questions du président, lui rappelant les conditions dans lesquelles il avait déposé contre la jeune fille :

« Tous ces faits sont couverts pour moi d'un voile ténébreux, répondit-il. Tout ce que je puis dire, c'est que j'ai prêté serment de bonne foi. »

Et lorsqu'on l'interrogea sur les attentats dont il prétendait avoir été victime, il maintint que ces attentats avaient bien eu lieu, qu'il ne les avait pas inventés, en tout cas, il croyait à leur réalité, mais ses idées étaient confuses.

Ce n'est qu'après le réquisitoire et la plaidoirie que Charey avoua ses mensonges.

« Maintenant que tout est terminé, déclara-t-il, je comprends l'horreur de ma position. Oui, messieurs les jurés, je suis un malheureux, un grand coupable. Ce sont les liaisons fatales qui m'ont perdu ; j'ai volé, j'ai fait un faux témoignage, j'ai presque perdu Pauline Beudot. Aujourd'hui qu'elle est réhabilitée, qu'elle soit heureuse, car elle est innocente. Dans son cachot, où elle était plongée par ma faute, elle a goûté le calme et moi la souffrance a toujours été mon partage. Combien n'ai-je pas souffert sous les verroux et au milieu des êtres pervers ! Je ne vous demande pas de me plaindre, messieurs les jurés, moi qui ai joué avec la religion et l'honneur ; mais plaignez ma famille. Elle est si honorable ! »

Alfred Charey fut condamné à cinq ans de prison.

Une question se posa tout naturellement à l'occasion de cette affaire, et à la suite des débats qui aboutirent à la condamnation d'Alfred Charey pour faux témoignage. N'était-ce pas un inconscient ayant obéi aux impulsions de l'auto-suggestion ? Des médecins avaient été chargés d'examiner son état de santé. Ils déposèrent devant la Cour d'assises, et leurs conclusions furent loin d'être formelles en ce qui concernait la réalité ou la simulation des attaques nerveuses auxquelles était sujet l'accusé.

Il n'est pas sans intérêt de reproduire ici les déclarations de ces médecins experts. D'après les constatations qu'ils ont rapportés, il serait sans doute possible, avec les éléments d'appréciation nouveaux fournis par la science actuelle, de dire aujourd'hui si Alfred Charey était responsable ou non de ses mensonges. Si c'était réellement un malade, une seconde erreur judiciaire aurait été commise, le jour où le jury condamna l'acaccusateur de Pauline Beudot à cinq ans de prison. Condamner un irresponsable, c'est encore commettre une injustice.

Voici les dépositions des médecins experts telles qu'elles sont relatées dans les comptes rendus de l'époque (1).

M. le docteur *Beyle* :

Je connais l'accusé depuis quatre ou cinq ans. Dans le mois de juillet 1840, je fus appelé par son oncle pour lui donner mes soins ; il était triste et sombre ; il ne sortait de cet état d'accablement que pour tomber dans des crises nerveuses. Alors il parlait beaucoup et signalait des voleurs comme acharnés après lui ; ces crises passées il revenait à son état ordinaire : il était fort raisonnable. Je ne fus témoin que d'une seule de ces attaques. Je conseillai à son oncle de l'envoyer chez ses parents, ce qui fut fait. Il revint depuis à Paris, et eut encore cinq ou six attaques ; je crus devoir alors engager M. Charey à le placer dans la maison du Dr Belhomme. Là, il eut de nouvelles attaques, je fus témoin de l'une d'elles ; cette attaque dura environ un quart d'heure : la pupille des yeux était dilatée ; il avait les mains froides ; son bras gauche était insensible ; car M. Belhomme ayant fortement pincé le bras, Charey ne fit aucun mouvement. L'ensemble des symptômes remarqués m'a fait penser qu'il n'y avait pas simulation. Je puis me tromper, mais je ne le crois pas. C'étaient des crises extatiques dont l'effet est d'apporter un trouble momentané dans les facultés intellectuelles. Les actes désordonnés de Charey, la dilatation de la pupille, le froid glacial des mains, l'insensibilité du bras gauche, me font croire à la réalité des attaques.

M. le docteur *Leuret*, médecin en chef de Bicêtre :

J'ai été chargé concurremment avec M. Ollivier (d'Angers), par le juge d'instruction, d'examiner le sieur Charey et de rendre compte de son état. La première fois que je le vis, il paraissait triste, sombre, sa figure était hébétée. A mes questions il répondait lentement, mais d'une manière exacte et raisonnable. Je lui parlai des vols commis au préjudice de son oncle. Alors ses réponses eurent moins

---

(1) *Gazette des Tribunaux*, 26-27 juillet 1841. — L'*Observateur des Tribunaux*, par Roch. Nouvelle série, T. V, n° 2.

de précision ; il me donnait d'ailleurs des explications dont je ne pouvais apprécier la valeur puisque je ne connaissais pas les détails de ces vols. Cependant ce qu'il me dit à cet égard me parut assez raisonnable et je ne pus en induire une aliénation mentale. La figure du sieur Charey me laissait toutefois quelque doute ; je lui tâtai le pouls et l'examinai très attentivement. Je remarquai alors un sourire moqueur sur les lèvres de cet individu. Je l'interrogeai de nouveau et ses réponses furent parfaitement nettes et lucides. Je me transportai une seconde fois près de l'accusé ; j'eus une très longue conférence avec lui, et rien ne put me révéler dans ses explications la trace d'une aliénation mentale.

M. le Dr Belhomme m'a dit que pendant l'une des crises du sieur Charey dont il avait été témoin, l'accusé avait les yeux insensibles et la pupille très dilatée ; il n'est pas rare de voir des personnes qui se laissent toucher le blanc des yeux sans sourciller. Quant à la dilatation des pupilles, elle peut être considérée comme un symptôme grave, et semblerait indiquer la sincérité de la crise ; mais l'accusé nous a fait connaître que pendant qu'il était chez M. le docteur Belhomme il avait pris une poudre verte qu'il nous a dit lui-même être de la belladone. Or cette poudre a pour résultat de dilater singulièrement la pupille.

M. Belhomme auquel j'ai demandé s'il avait donné de la belladone à l'accusé, m'a dit que non. M. Belhomme nous a dit que pour s'assurer de l'état d'insensibilité que paraissait manifester Charey il lui a fortement pincé le bras et que celui-ci n'a fait aucun mouvement et n'a paru ressentir aucune douleur. En admettant, que la crise ait été simulée on comprend parfaitement que l'accusé n'ait manifesté aucune émotion. On voit souvent des individus qui ont assez de courage, d'empire sur eux-mêmes pour se laisser torturer sans mot dire. Ainsi les faits que M. Belhomme a remarqués peuvent être le résultat d'une crise naturelle et n'excluent pas non plus la simulation.

Le Président ayant posé au médecin expert la question suivante : « Il a été parlé aussi des hallucinations de l'accusé ; ces hallucinations en les supposant réelles, seraient-elles un indice de folie ? » M. le docteur Leuret répondit : « L'hallucination est un signe de folie ; elle est fort rare aujourd'hui. Nous connaissons les extatiques plutôt par l'histoire que par la pratique. Cependant il y en a encore quelques exemples. »

M. le Dr Ollivier (d'Angers), donna sur l'état de l'accusé la même opinion que les autres médecins experts.

M. le Dr Belhomme fournit, en dernier lieu, des renseignements plus détaillés sur les crises de Charey.

M. Beyle, accompagné de la tante de l'accusé, dit-il, est venu
me trouver en me disant que le neveu de cette dame était dans un
état d'exaltation extrême. M. Beyle étant un docteur qui s'occupe
d'aliénation mentale, je lui demandai une note sur l'état de Charey
et le soir même Charey entra dans mon établissement. Je l'observai
avec beaucoup d'attention. Son état physique était peu développé :
il avait dix-huit ans et il ne paraissait en avoir que quinze ou seize
au plus.

Il est demeuré quelques jours sans voir personne.

Il était resté calme, parfaitement tranquille ; je me demandais s'il
y avait réellement quelque chose d'extraordinaire chez lui comme
on me l'avait dit, lorsque je reçus la visite du Dr Beyle ; alors il survint un changement dans l'état de Charey que je ne pus définir ;
enfin, il se manifesta un accès. Je fis venir le domestique qui le sur-
veillait et je l'interrogeai.

Il me dit que Charey avait eu un moment d'exaltation extrême
dans lequel le malade parlait de voleurs, de poignard ; je le jugeai
en proie à des hallucinations.

Un autre accès se manifesta, je voulus en saisir les périodes, je fis
venir Charey, je l'interrogeai : ses réponses furent claires. Enfin ne
voyant pas se reproduire les phénomènes que l'on m'avait indiqués,
je pensais à provoquer un accès devant M. Beyle. J'ai dit au jeune
homme : « Les voleurs dont vous parliez sont arrêtés, mais ils vous
accusent comme complice. » Alors Charey entra dans des convulsions : il renversa des meubles, on l'entraîna dans le jardin où il
lutta avec les domestiques et puis il tomba dans le délire ; il parlait
d'assassins, d'individus qui l'entouraient et qui voulaient le tuer, il
parlait encore de poignard ; j'eus alors l'idée de le pincer, il n'é-
prouva aucune sensibilité. J'avais pincé fortement le bras gauche,
je voulus faire la même expérience sur le bras droit : mais aussitôt
Charey entra dans des convulsions ; alors une nouvelle lutte eut
lieu avec les domestiques. M. Beyle examina Charey, il constata la
dilatation des pupilles ; j'avais déjà remarqué qu'il avait une mauvaise vue. On remarqua encore le refroidissement des extrémités ;
puis le jeune homme devint calme et se promena dans le jardin. Le
jour même un mandat d'amener fut lancé contre lui par le juge
d'instruction et depuis je ne l'ai pas revu.

Ces accès pouvaient être simulés, mais il serait bien difficile pour
ne pas dire impossible de simuler une pareille insensibilité, car je

l'ai torturé, et c'est surtout sur cela que je me fonde. Je crois qu'il n'est pas possible, comme on l'a dit, de voir des personnes insensibles à la piqûre d'aiguille, si ce n'est dans l'état d'épilepsie ou de somnambulisme.

La dilatation des pupilles m'a paru plus grande dans la crise. Quant à la belladone qu'aurait prise l'accusé suivant ses déclarations, jamais je ne lui en ai donné, et il me paraît impossible qu'il s'en soit procuré d'une façon quelconque.

M. le Dr Beyle déclara ensuite qu'à la date du 15 juillet 1840 il avait ordonné à Charey une potion calmante dans laquelle entraient seulement 15 gouttes de belladone. Pareille potion lui avait été administrée vingt jours avant son entrée chez M. Belhomme.

Enfin un sieur *Lucart* qui avait été co-détenu de Charey à Sainte-Pélagie, fit la déclaration suivante :

« L'accusé était calme, il n'avait pas de crise d'exaltation ; quand il voulait faire du bruit dans les chambres, comme il en faisait quelquefois dans la cour, les prisonniers lui disaient qu'on lui ferait bien passer ses moments d'exaltation avec de l'eau, et il se taisait. »

Charey avait-il bien mérité ses cinq ans de prison ?

DIDIER

(1841)

Le 30 décembre 1842, le Procureur Général près la Cour de cassation, M. de Bastard exposait ainsi (bien laconiquement) l'affaire Didier (1) :

« Un nommé Didier était porté comme soldat sur le registre matricule du 12e régiment. Un seul homme manque à l'appel, c'est Didier.

« Mais voilà qu'après avoir déclaré un Didier coupable de désertion, un second jugement déclare un second Didier coupable du même fait. Ainsi, voilà deux Didier pour un ; deux déserteurs

_____

(1) Dalloz, *Jur. gén.*, au mot *Cassation*, chapitre XIV, p. 367.

là où matériellement, il n'y en a qu'un seul. L'erreur est palpable, mathématique, évidente. »

La Cour rendit l'arrêt suivant :

Attendu que le jugement rendu le 13 juillet 1841, par le 2e Conseil de guerre permanent de la 7e division militaire et qui condamne, pour fait de désertion à l'intérieur à cinq ans de travaux publics, un individu se disant Jean Pierre Didier, fusilier au 12e rég. de ligne, est inconciliable avec le jugement rendu le 18 octobre 1841, par le 2e Conseil de guerre permanent de la 1re division et qui condamne, pour le même fait de désertion, un autre individu se disant aussi Jean Pierre Didier fusilier au 12e de ligne ; et que de ces deux jugements résulte nécessairement la preuve de l'innocence de l'un des condamnés quant audit fait de désertion ; que dès lors il devient indispensable de prononcer, en conformité de l'article 443, l'annulation de ces deux jugements, et de renvoyer les deux condamnés devant un autre conseil de guerre qui statuera sur les deux ordres d'informer et sur la double prévention.

Aucun recueil, aucun journal ne donne le compte rendu de ce procès des deux condamnés.

CRÉPIN

(1841)

La Cour de cassation (chambre criminelle) dans son audience du 1er septembre 1843 a rendu l'arrêt suivant : (1)

La Cour,

Attendu que deux individus du nom de Crépin ont été condamnés pour désertion à l'intérieur du service du 73e régiment de ligne, à la date du 2 juin 1841, avec détournement d'effets militaires ;

Attendu qu'il s'agissait d'un seul et unique délit de désertion.

Que la condamnation prononcée le 12 novembre 1841 par le 1er Conseil de guerre de la 13e division militaire séant à Rennes, à 5

_____

(1) Dalloz, *Rép. gén.*, au mot *Cassation*, p. 367. — *Gazette des Tribunaux*, 23 décembre 1843.

ans de travaux publics, contre *Jules-Philippe* Crépin, reconnu coupable de ce délit est inconciliable avec le second jugement rendu par le 2ᵉ Conseil de guerre de la même division, séant à Brest, le 19 juin 1843, qui a déclaré *Jules-Philippe-Pacifique* Crépin, ayant les mêmes résidence, profession, âge, origine et filiation que le précédent condamné coupable, du même délit de désertion et qui ne l'a affranchi de la peine de ce même délit militaire que parce que le coupable avait postérieurement encouru une condamnation plus grave.

Attendu qu'il y a dès à présent preuve acquise de l'erreur qui a présidé à l'une ou à l'autre de ces décisions et qu'il y a lieu de procéder à un nouveau jugement d'identité entre les deux juridictions dont il s'agit.

Par ces motifs, la Cour cassa les deux jugements et renvoya les deux Sosies devant un nouveau conseil de guerre.

ALCARAZ

(1841)

Quatre coupables : cinq condamnés ! L'erreur est indiscutable. Elle fut commise par la Cour Royale d'Alger jugeant criminellement en 1841 et remplaçant la juridiction de la Cour d'assises non encore instituée dans la colonie (1).

Les cinq condamnés s'appelaient Thomas Lopez, François Alcaraz, Jean Salamanque, Joseph Verra et Joseph Garcia. Tous furent accusés d'avoir, le 14 avril 1841, commis un vol à Alger sur la personne d'un sieur Victor Lemard.

Les quatre premiers furent d'abord seuls inculpés, poursuivis et condamnés par arrêt du 14 août 1841 de la Cour Royale d'Alger à huit ans de travaux forcés chacun. Salamanque et Verra ayant été jugés alors par contumace, un arrêt contradictoire du 25 septembre suivant maintint la peine qui leur avait été infligée.

Au début de l'enquête, le juge d'instruction avait soupçonné un autre individu, Joseph Garcia, d'être l'un des auteurs du crime.

---

(1) *Bulletin de la Cour de cassation*, année 1844, nᵒ 81, p. 132.

Garcia avait été arrêté puis, faute de charges suffisantes, il avait été relâché.

Mais postérieurement à la condamnation de Lopez, Alcaraz et Salamanque, le ministère public reçut des renseignements qui établissaient contre Garcia des preuves nouvelles de culpabilité. Une seconde instruction fut ouverte et Garcia arrêté de nouveau, reconnut avoir participé au vol avec Lopez, Salamanque et Verra, mais il affirma qu'Alcaraz était innocent.

La Cour d'Alger le condamna le 27 novembre 1841 à huit ans de travaux forcés pour tentative de vol commise *avec trois autres* personnes.

Or, quatre accusés avaient été condamnés déjà comme auteurs de ce même crime. Les arrêts du 14 août et 25 septembre d'une part et celui du 27 novembre 1841 d'autre part se contredisaient.

Les juges affirmaient qu'il n'y avait que quatre coupables et il y avait cinq condamnés !

L'un d'eux était innocent ; mais lequel ? Garcia maintenait que c'était Alcaraz, et les données de l'instruction confirmaient ses déclarations : Alcaraz et lui n'avaient pu ensemble prendre part au crime.

La Cour de cassation saisie d'une demande en revision sur l'ordre du garde des sceaux, constata le 8 avril 1842 l'inconciliabilité des arrêts qui lui étaient soumis, les annula et renvoya les cinq accusés, coupables et innocent, devant la Cour d'assises des Bouches-du-Rhône.

DESVAUX

(1842)

Dans la nuit du 12 au 13 mai 1842, on vola sa vache à Gauthier, un paysan du village de Camembert, dans le département de l'Orne (1). La bête fut retrouvée au bout de quelques jours, en la possession d'un sieur Lefebvre. Celui-ci l'avait achetée —

(1) *Gazette des Tribunaux*, 30 octobre 1844, 8 juillet 1845, 28 novembre, 20 décembre 1868. — Dalloz, *Bulletin périodique*, 1869, 1, 386.

il l'affirmait — le 16 mai, vers quatre heures et demie du matin, sur la route de Gacé à Vimoutiers, au bas de la butte du Mesnil-Gastel à un homme... un homme qu'il ne désigna pas d'abord d'une façon précise, mais qu'il déclara dans la suite être un nommé Germain Desvaux, tisserand à Guerquerolles.

Desvaux, malgré ses dénégations énergiques, malgré l'alibi qu'il invoqua et que le magistrat instructeur ne trouva pas suffisant, fut traduit devant le tribunal correctionnel d'Argentan, le 4 octobre 1842. Les juges estimèrent qu'il y avait au moins un doute en sa faveur et ils l'acquittèrent.

Mais, sur les démarches de Lefebvre qui donna au Procureur du Roi les noms de deux nouveaux témoins à charge, le ministère public interjeta appel du jugement rendu en faveur de Desvaux. Ce fut le tribunal correctionnel du chef-lieu siégeant à Alençon qui se trouva saisi de cet appel en raison des règles de compétence criminelle existant alors (1).

Devant les seconds juges, Lefebvre persista dans son affirmation et Desvaux dans ses protestations. On entendit alors les nouveaux témoins qu'avait indiqués Lefebvre, les sieurs Guyon et Lebugle. Tous deux déclarèrent avoir vu Desvaux vendant et livrant à Lefebvre la vache volée. Ils donnèrent des indications minutieuses sur le lieu et l'heure du marché auquel ils avaient assisté. Lebugle déposa en termes précis, qui concordaient exactement avec les dires de Lefebvre.

« Le 16 mai 1842, dit-il, je me rendais à la foire de Gacé où j'allais vendre une chèvre. Le long du chemin de Vimoutiers à Gacé, je la fis pâturer dans un pré sur la gauche. J'entendis alors passer deux hommes sur la route, ils venaient d'un petit chemin. Ils s'ar-

---

(1) Le code d'instruction criminelle et la loi du 20 avril 1810 ne conféraient aux cours impériales que la connaissance des appels des jugements rendus soit par tous les tribunaux dans le département de leur siège, soit par les tribunaux placés au chef-lieu des départements compris dans leur ressort. Mais l'appel des jugements rendus par les autres tribunaux était jugé par le tribunal du chef-lieu.

C'est en raison des difficultés des communications au commencement du siècle qu'avait été admise cette exception unique au principe d'ordre hiérarchique établi entre les Tribunaux et les Cours. — La loi du 13 juin 1856 l'a fait disparaître.

rêtèrent près d'une masure et comptèrent le prix de la vache, et même l'un d'eux mit un genou en terre pour compter l'argent. Ces deux hommes étaient Lefebvre et Desvaux, j'en suis certain. »

Sur ces témoignages, Desvaux fut condamné à treize mois de prison, le 3o novembre 1842. Il subit intégralement sa peine en ne cessant de répéter qu'il n'était pas coupable.

Un an environ après ce procès, dans une localité voisine de Camembert, un meurtre était commis sur la personne d'un riche propriétaire nommé Bellœuvre.

L'instruction, dès le début, établit que l'auteur du crime était Lefebvre, dont la réputation jusque-là n'était point mauvaise et qui passait même pour jouir d'une certaine aisance. Il fut arrêté et la Justice découvrit qu'il était à bout de ressources depuis quelque temps et que, pour se procurer de l'argent, il avait eu recours à des expédients dont plusieurs constituaient des délits ou des crimes. Il avait commis des escroqueries, des faux, des vols et enfin le meurtre qui avait amené son arrestation.

Lefebvre comparut avec un complice devant la cour d'assises de l'Orne sous l'accusation d'assassinat, de vol et de faux. Il avoua et fut condamné, le 27 octobre 1845, à vingt ans de travaux forcés.

Mais au cours des débats, Lefebvre interrogé sur les faits qui avaient amené la condamnation de Desvaux dut reconnaître qu'il avait menti. Ce n'était pas Desvaux qui lui avait vendu la vache volée. Si Lebugle et Guyon avaient raconté qu'ils assistaient à cette vente c'est que Lefebvre leur avait dicté leurs déclarations et les avait payés pour déposer devant le tribunal, suivant ses instructions.

Lefebvre, Lebugle et Guyon furent poursuivis pour faux témoignages et jugés par la cour d'assises de l'Orne.

L'information et les débats démontrèrent que Guyon n'avait pu assister, au pied de la butte du Mesnil-Gastel, à la vente de la vache, car à l'heure indiquée par lui, il était occupé à tisser de la toile à plus de quatre kilomètres de là. Il fut d'autre part établi que Desvaux n'avait pu, à la même heure, se trouver à l'endroit où Lefebvre, Lebugle et Guyon prétendaient qu'il avait vendu et livré à Lefebvre la vache volée, car, une heure plus tard, il avait été vu chez lui, occupé à enfoncer un piquet près d'une barrière ;

or il fallait plus de deux heures pour parcourir le trajet de la butte du Mesnil-Gastel à son domicile.

Lefebvre reconnut au reste de nouveau qu'il n'avait pas acheté à Desvaux la vache volée, et qu'il avait dicté à Lebugle et Guyon leurs fausses dépositions. Lebugle nia son faux témoignage. Mais Guyon avoua le sien ; il avait reçu cinquante francs pour prix de son mensonge. Il invoqua pour excuse sa grande misère.

Lefebvre, Lebugle et Guyon étaient accusés en même temps d'avoir mis en circulation de faux billets de commerce.

Ils furent condamnés le 4 juillet 1845 : Lefebvre à 15 ans de de travaux forcés, Guyon à 10 ans de la même peine, Lebugle à 10 ans de réclusion.

L'innocence de Desvaux se trouva donc établie dès le mois de juillet 1845. Mais pour pouvoir la faire constater judiciairement Desvaux dut attendre plus de vingt ans. Ce n'est en effet que la loi du 29 juin 1867 qui autorisa la revision des jugements rendus par les tribunaux correctionnels. Jusque là, il n'y avait que les arrêts rendus en matière criminelle qui fussent susceptibles d'être revisés.

En 1867, sur la requête de Desvaux et les instructions du garde des sceaux, le procureur général Delangle requit la cassation du jugement du tribunal correctionnel d'Alençon du 30 novembre 1842 qui avait consommé l'erreur judiciaire.

L'avocat général Bedarrides qui prit la parole pour soutenir cette demande, révéla les efforts faits par les magistrats qui avaient concouru à la condamnation de Desvaux, afin d'effacer autant qu'il leur était possible les effets de cette iniquité.

L'un d'eux M. Faudin, le substitut qui avait soutenu la prévention contre l'innocent, avait en gardant l'anonyme fait des sacrifices pécuniaires considérables, pour lui venir venir en aide.

Le 27 novembre 1868, la Cour de cassation cassa le jugement de condamnation déclara qu'il serait considéré comme nul et non avenu, ordonna l'affichage de l'arrêt dans les communes d'Argentan et d'Alençon.

La Cour de cassation ne put, en raison du long temps écoulé, de la prescription acquise, renvoyer Desvaux pour être jugé à nouveau par un autre tribunal que celui qui l'avait condamné.

Elle dut elle-même, exceptionnellement, proclamer l'innocence de Desvaux et reconnaître l'erreur judiciaire commise.

HOUILLIEZ

(1842)

A trois kilomètres environ de Saint-Omer (Pas-de-Calais), se trouve le hameau de Salperwick. Dans l'église de cette commune un vol fut commis, le 17 août 1842, et découvert au moment de la première messe, vers 5 heures du matin, par le nommé Houilliez (Louis-Joseph-Honoré), instituteur et sacristain (1).

Trois troncs placés dans l'église avaient été fracturés, deux étaient vides, le troisième avait été descellé et avait disparu. Houilliez prévint le curé, le maire, les habitants. Une enquête fut aussitôt ouverte.

On commença par examiner comment le crime avait pu être commis et par quel moyen le malfaiteur avait pénétré dans l'église. Aucune trace d'escalade ou d'effraction ne fut constatée.

Le chassis mobile d'une fenêtre placée près de la chaire avait bien été laissé entrouvert pendant la nuit, mais le voleur n'était certainement pas passé par là, puisque, le long du mur qu'il aurait dû escalader les herbes au-dessous de cette fenêtre, comme du reste tout autour de l'église, n'étaient pas foulées. Il n'y avait pas non plus trace de passage sur la muraille, ni à l'extérieur ni à l'intérieur. Sur le chassis de la fenêtre, en dehors, se trouvaient des fientes d'hirondelle et des plumes légères que le moindre contact aurait détachées. Le même chassis, en dedans, était couvert d'une mince poussière encore striée de fines raies laissées par le balai en bois de bouleau dont on se servait d'habitude pour enlever de la fenêtre les toiles d'araignée.

Le voleur avait-il pu rester caché dans l'église depuis la veille, et son méfait accompli, sortir au moment où l'on avait rouvert les portes ? Cette hypothèse fut reconnue impossible. Le tronc qui avait été enlevé ne fut pas retrouvé dans l'église, et il était certain que l'auteur du vol n'avait pu, sans être aperçu, s'es-

---

(1) *Gazette des Tribunaux*, 12 janvier, 3-4 juin 1844.

quiver en emportant ce tronc assez volumineux au moment même
où la foule arrivait pour entendre la messe.

Une seule supposition paraissait fondée. Le malfaiteur était
entré dans l'église à l'aide d'une fausse clef ; et ce devait être
quelqu'un connaissant bien les lieux, car l'unique porte de la
sacristie où se trouvait un des troncs fracturés, faisait tellement
corps avec la boiserie du chœur qu'il était impossible qu'une
personne étrangère au pays eût pu la découvrir pendant la nuit.
Enfin, le tronc de la sacristie qui avait été vidé était placé de
telle façon qu'il fallait savoir exactement où il était pour le
trouver sans lumière.

Le malfaiteur s'était donc introduit par l'une des portes après
la fermeture ; ce fut du moins la conviction générale, et l'on se
mit dès lors à suspecter ceux qui avaient les clefs de l'église. Ils
étaient quatre. Trois d'entre eux ne pouvaient être coupables : c'é-
taient le curé et deux vieilles filles. Le quatrième était le sacristain, précisément ce Houilliez qui le premier avait dénoncé le vol.

Faute d'une autre piste, les soupçons se portèrent sur lui. Il
n'était pas riche... Depuis qu'il était dans le pays, c'est-à-dire
depuis neuf ans, plusieurs vols avaient été commis dans les églises
des environs... Bref, la clameur publique désigna bientôt Houilliez comme le coupable. On trouva vite des charges à l'appui de
cette accusation.

Deux ou trois jours avant le vol il avait été question, en présence d'Houilliez, de vider les troncs et de mettre les aumônes
à l'abri d'une soustraction. L'annonce de cette précaution bonne
à prendre lui avait sans doute donné l'idée de la prévenir. De
plus, on avait entendu Houilliez, dans les derniers temps, se
plaindre de ce que le curé le privait du bénéfice de la location
des chaises, en rétablissant un ancien usage, celui de lire les
prières et de dire la messe rapidement, de telle façon qu'on pût
rester tout le temps du service, debout, sans fatigue.

Évidemment, Houilliez avait voulu, en s'appropriant l'argent
de l'église, se venger du curé et compenser une perte dont il le
rendait responsable. C'en était assez pour que la Justice consi-
dérât comme tout-à-fait sérieux les soupçons qu'exprimaient
hautement les habitants de Salperwick. Bientôt, du reste, certains propos tenus par un nommé François Hylse, devinrent des
présomptions graves contre le sacristain.

Alors qu'on faisait une perquisition chez Houilliez et qu'un des assistants, le berger Sénéchal, interpellant Hylse, lui disait :

« Eh bien! François, j'espère qu'on fait une visite soignée chez le clerc!

« Tais-toi, interrompit vivement Hylse, c'est lui qui a fait le fait! »

Deux jours après, ce même individu, étant en compagnie d'un sieur Vivier, et passant devant l'église s'écria : — « Malheureuse église! Que je me suis laissé entraîner avec un malheureux comme ça! — Que veux-tu dire? lui demanda aussitôt Vivier. Serais-tu l'auteur du vol commis dans l'église? — Je ne veux rien dire aujourd'hui, répondit Hylse, je dirai tout demain. »

Le lendemain, différentes personnes ayant eu connaissance de ces propos entraînèrent Hylse chez un cabaretier nommé Elbood. Là, après l'avoir fait boire, on le pressa de questions. Hylse alors déclara que les auteurs du vol commis dans l'église, le 17 août précédent, étaient Houilliez et lui. Et voici les détails qu'il donna sur la façon dont le vol avait été commis.

« Houilliez, dit-il, m'a d'abord demandé de venir, pendant la neuvaine qui commençait, l'aider pour le service de l'église, me promettant de me donner cinquante centimes par jour, plus la nourriture. J'ai accepté. Pendant que j'étais occupé avec lui, il m'a fait part du préjudice que lui causait la façon de procéder du curé et du projet qu'il avait de se venger en prenant l'argent que renfermaient les troncs de l'église. Il m'a proposé de l'aider. J'ai d'abord refusé. Mais le 19 août, à deux heures du matin, il est venu me chercher, en m'appelant par un coup de sifflet.

« Je me suis levé et j'ai été rejoindre Houilliez dans un champ de blé voisin, celui qui appartient à M. Plateau. Il m'a dit alors que le moment était venu de mettre à exécution son projet. Je ne voulais pas, craignant la suite. Mais il m'a dit qu'il n'y avait pas de danger et que nous ne serions pas plus pris cette fois que les autres où nous avions dérobé des volailles et quelques menus objets dans les fermes. Arrivés dans le jardin d'Houilliez, contre le cimetière, il a pris près d'une encoignure son panier qui contenait des outils et la clef de l'église. Après être entré, Houilliez m'a laissé au milieu de la nef en me disant de faire le guet. Puis il a disparu du côté de la sacristie. Peu de temps après il est revenu portant dans son tablier de l'argent qu'il a versé doucement dans le panier qu'il m'avait laissé après en avoir retiré un ciseau de charpentier.

« Muni de cet outil, il a forcé dans l'église même le tronc dit « de l'église » et a pris l'argent. Il a voulu en faire autant pour celui dit « des Pauvres », mais n'ayant pu y parvenir, il l'a détaché de la muraille et l'a mis sous son bras. Puis, nous sommes sortis et nous avons été dans une pâture en face du cimetière. Houilliez a réussi à faire au tronc une ouverture assez large pour en sortir le contenu. Il m'a dit alors; « Garde le panier, attends « moi un instant. Je vais jeter le tronc dans le fossé. Puis nous « partagerons l'argent. » Et il est parti.

« Resté seul, j'ai entendu du bruit, j'ai eu peur d'être découvert et je me suis sauvé chez moi, laissant là le panier et ce qu'il renfermait. Je ne sais rien de plus. »

C'étaient là des précisions. Le même jour, des enfants en jouant sur la lisière d'un pré, découvrirent, dans un fossé, le tronc qui avait disparu de l'église. Il fut porté à la mairie.

Aussitôt que le juge d'instruction eut été avisé des déclarations de Hylse, il ordonna son arrestation, l'interrogea et le confronta avec Houilliez. Hylse répéta au juge ce qu'il avait raconté dans le cabaret et renouvela son récit devant le sacristain, malgré les dénégations de celui-ci et ses protestations d'innocence. Il lui dit même : « Voyons Houilliez! Pourquoi mentirais-je ? Vous savez bien que je ne vous en veux pas, que je n'ai aucun motif de vous en vouloir et que je ne fais que rendre hommage à la vérité. »

La culpabilité de Houilliez semble dès lors certaine. Rien, paraît-il, dans l'instruction, ne vint contredire les aveux accusateurs de Hylse.

Houilliez et Hylse comparurent devant la cour d'assises du Pas-de-Calais, le 30 novembre 1842.

A l'audience, aucun fait nouveau ne se produisit. Houilliez protesta qu'il n'était pas l'auteur du vol et termina sa défense en se recommandant à l'indulgence des jurés.

Les deux accusés furent déclarés coupables; Hylse bénéficia seul des circonstances atténuantes.

Il fut condamné à deux ans de prison et Houilliez à cinq ans de travaux forcés. L'ancien sacristain fut envoyé à Toulon pour subir sa peine.

Les vols commis dans les églises de la contrée et que l'on attribuait à Houilliez, ne cessèrent cependant pas après son emprisonnement et sa condamnation. Chaque semaine était marquée d'un méfait nouveau. C'était tantôt le produit des aumônes, tantôt des vêtements sacerdotaux ou des ornements sacrés qui disparaissaient. La police était impuissante à découvrir le ou les coupables.

Enfin, on s'empara d'un nommé Constant Macrez, accusé de vols commis dans les églises de l'arrondissement d'Hazebrouck. Il avoua immédiatement qu'il était bien l'auteur des crimes qu'on lui imputait, et s'accusa en outre d'une quantité d'autres vols et notamment de celui commis le 17 août 1842 dans l'église de Salperwick.

Le juge d'instruction d'Hazebrouck ignorait le procès qui avait abouti à la condamnation de Houilliez et de Hylse. Il demanda au Parquet de Saint-Omer, les procès-verbaux relatifs au vol de Salperwick, en indiquant le motif pour lequel ces pièces lui étaient nécessaires, c'est-à-dire l'instruction qu'il dirigeait contre un prévenu qui avouait être l'auteur du vol. On lui répondit qu'il était impossible que Macrez eût accompli le crime dont il s'accusait, une instruction antérieure et des débats en cour d'assises ayant établi d'une façon évidente la culpabilité de deux individus qui avaient été condamnés pour ce méfait.

Mais Macrez, à qui le renseignement fut communiqué, n'en persista que plus énergiquement à affirmer que le vol dans l'église de Salperwick était bien son œuvre. Il donna des détails si précis, des indications si exactes sur la façon dont il avait procédé, que les magistrats de Saint-Omer se sentirent alarmés. La chambre du conseil du tribunal d'Hazebrouck (1) trouva assez de charges contre Macrez pour retenir contre lui la prévention de ce vol malgré la condamnation de Houilliez et de Hylse.

Les conséquences de cette situation parurent si graves que la chambre des mises en accusation de la cour de Douai ordonna un complément d'instruction. Le juge de Saint-Omer en fut chargé par délégation.

_____

(1) Jusqu'en 1856 c'était en chambre du conseil qu'était rendue l'ordonnance de renvoi ou de non lieu. Le juge d'instruction était dessaisi dès qu'il avait communiqué son dossier au Parquet.

Ce magistrat employa consciencieusement tous les moyens propres à établir la vérité. Il commença par interroger longuement et minutieusement Macrez sur les conditions dans lesquelles il aurait commis le vol. L'inculpé lui fit un récit des plus circonstanciés et pas un des détails qu'il donna ne fut en contradiction avec les constatations faites lors de la première instruction. Il déclara être entré dans l'église en escaladant une fenêtre, il avait trouvé à tâtons la porte de la sacristie, puis les troncs qu'il avait fracturés. Il indiqua celui qu'il n'avait pu vider sur place et qu'il avait enlevé, il désigna l'endroit où il en avait jeté les débris.

Cependant, de ces détails, il pouvait avoir eu connaissance par des propos recueillis ou par les débats devant la cour d'assises, le 30 novembre 1842. Le juge voulut s'assurer s'il était possible qu'il eût agi comme il le disait et résolut de faire exécuter sur les lieux par Macrez, le simulacre du vol tel qu'il prétendait l'avoir commis. On procéda donc à « la reconstitution du crime ». Tout d'abord, hors la présence de l'accusé, le juge avec des témoins, ceux qui avaient participé à la première instruction, constatèrent l'état des murs de l'église, de la fenêtre, de la porte de la sacristie qui furent toutes deux laissées entrouvertes, comme elles étaient dans la nuit du 16 au 17 août 1842. Puis on disposa à la place le même tronc qui avait été enlevé par le malfaiteur. On remit en un mot les choses dans l'état où elles devaient être au moment où le crime allait être commis.

Voici alors la scène qui se produisit, au milieu de l'émotion des assistants dans l'esprit desquels, petit à petit, la lumière se faisait, apportant avec elle la vérité sur le crime pour lequel Houilliez était au bagne depuis plusieurs mois.

Macrez, coiffé d'un bonnet et vêtu d'une blouse qu'il enroula autour de son corps, se dirigea sans hésiter vers la fenêtre qu'il avait indiquée comme celle qu'il avait escaladée. Puis à une certaine distance du mur, il posa son pied sur une pierre, s'élança, s'accrocha à la fenêtre, se dressa, poussa avec sa tête le chassis mobile et, déjà le haut du corps dans l'église, il dit : « Messieurs, j'aperçois sur le chassis une aiguille, elle m'appartient probablement car je suis tailleur d'habits de mon état et j'ai toujours des aiguilles sur moi. »

D'un coup de reins alors il se souleva tout entier et, se retournant brusquement, il se trouva à l'intérieur sans que ses jambes ou ses pieds eussent touché l'appui de la fenêtre. Il gagna ensuite l'escalier de la chaire et n'eut plus qu'à en descendre les degrés pour arriver sur le sol de l'église.

« Maintenant, messieurs, dit alors Macrez, je vais suivre le même chemin que j'ai pris le 17 août et faire comme si je n'y voyais pas. »

Il contourna d'abord la chaire, suivit la muraille, arriva à une balustrade qu'il longea jusqu'à l'ouverture donnant sur le chœur, pénétra dans le chœur, longea de nouveau la balustrade, puis suivit le mur garni de boiseries en tâtant avec les mains jusqu'à la porte de la sacristie ; cette porte, entr'ouverte, céda sous la pression. Macrez s'arrêta alors.

« Messieurs, dit-il, je vais maintenant vous décrire cette sacristie. Vous savez que je ne puis pas voir le tronc d'ici ; je vais entrer, tourner à droite, et dans un enfoncement, sous le socle d'une colonne en pierre, je vais trouver un tronc d'une grande profondeur, dont l'entrée est étroite, car j'ai eu beaucoup de peine à y introduire le bras avec ma blouse jusqu'au fond. Cette nuit je me suis même rappelé une circonstance que je vais vous dire, M. le juge d'instruction, et qui est peut-être pour vous importante, c'est que j'ai laissé dans ce tronc deux sous ! »

Le fait était exact ; le desservant se souvint qu'on avait effectivement retrouvé deux sous dans le tronc fracturé. Macrez entra alors dans la sacristie, montra comment il avait ouvert le tronc. Puis il retourna dans l'église, et toujours suivant la muraille, pour se guider, comme s'il n'y voyait pas, il arriva, après le bénitier, à un premier tronc, celui dit « de l'église » qu'il ne se rappela pas avoir vidé. Rencontrant ensuite le tronc dit « des Pauvres » celui qui avait été enlevé, mais qu'on avait reposé au même endroit pour la circonstance, Macrez expliqua de quelle façon il avait d'abord cherché à en forcer la serrure ; mais comme il n'y était pas parvenu, il l'avait arraché du mur avec son ciseau. Macrez, ensuite, prit le tronc sous son bras, se dirigea de nouveau vers l'escalier de la chaire, monta trois ou quatre marches, plaça le tronc sur le rebord de la fenêtre, puis ressortit par l'ouverture du chassis mobile, de la même manière qu'il était entré.

Le juge d'instruction lui dit alors d'aller à l'endroit où il avait jeté le tronc le 16 août. Macrez se dirigea du côté du fossé où on l'avait retrouvé, s'arrêta sur le bord :

— C'est ici, dit-il, que j'ai vidé le tronc ; c'est ici que je l'ai jeté et enfoncé dans les broussailles d'un coup de pied. On a dû retrouver à cette place quelques éclats de bois. Quant au tronc, on a dû le découvrir à un pied d'un côté ou de l'autre de ce point-ci.

Tous ces faits étaient absolument exacts, et concordaient entièrement avec les constatations.

Cette répétition simulée du vol, une fois faite, il paraissait impossible que Macrez mentît. Il fallait cependant voir si son passage dans l'église, et sa double escalade n'avaient pas laissé de traces. Puisqu'on n'en avait pas trouvé le 17 avril, il ne devait pas y en avoir davantage cette fois, si Macrez disait vrai. On n'en découvrit aucune. Pas d'éraflures sur la muraille, pas de marques sur le châssis, et cependant, ce jour-là, il y avait de la boue, tandis que le jour du vol il n'y en avait pas. Peut-être un peu de poussière avait-elle disparu du rebord de la fenêtre à l'intérieur, et une ou deux plumes d'hirondelle étaient-elles tombées à l'extérieur.

Macrez avait certainement commis le vol. Mais avait-il agi seul, ou bien Houilliez et Hylse étaient-ils ses complices ? La question se posait naturellement, puisque Hylse s'était déclaré coupable. Pourquoi se serait-il accusé et aurait-il accusé Houilliez s'ils n'étaient pour rien, ni l'un ni l'autre, dans la perpétration du vol.

Hylse, extrait de la prison de Loos fut interrogé. Il maintint ses affirmations avec la plus grande énergie. « Comment voulez-vous que j'aie menti, ajouta-t-il ? Je n'ai aucun motif d'en vouloir à Houilliez et il faudrait que j'eusse été fou pour avoir fait une déclaration mensongère qui nous compromettait tous deux, alors que nos familles ont tant besoin de nos bras et de notre secours. Non je n'ai pas menti, et, prêt à mourir sur l'échafaud, je dirais toujours la même chose parce que c'est la vérité. »

Le juge multiplia et varia ses questions, cherchant à faire naître une contradiction. Ce fut en vain. Mais Hylse étant tombé gravement malade, eut au cours d'un de ses interrogatoires, une syncope subite. Alors, dans un moment d'inconscience, il laissa échapper ces mots: « J'ai menti jusqu'ici ». Lorsqu'il revint à

lui, le magistrat eut soin de ne pas lui faire connaître ce qu'il
avait avoué à son insu, mais le pressa avec la plus grande instance de dire la vérité. Il ne lui dissimula pas que son état de
santé était grave, que sa vie était en danger, qu'il devait craindre
de mourir, la conscience chargée d'un horrible mensonge.

Hylse alors s'écria : « Eh bien, Houilliez et moi, nous sommes
aussi innocents que l'enfant qui vient de naître. » Et comme on
lui demandait pourquoi il s'était accusé faussement et avait prétendu qu'Houilliez était coupable : « C'est à la sollicitation du
cabaretier Elbood, dit-il, et parce qu'on m'a grisé, que j'ai fait
une fausse déclaration : si je ne me suis pas rétracté plus tard,
c'est que je craignais une peine plus forte. »

Cependant le juge lui fit remarquer qu'il avait parlé de sa
culpabilité et de celle d'Houilliez avant d'avoir été interrogé
chez le cabaretier, qu'il avait, en effet, dit auparavant au berger
Sénéchal, qui lui parlait de la perquisition chez Houilliez. —
« Tais-toi, ne dis rien, c'est lui qui a fait le fait » et à la même
époque en passant devant l'église : « Malheureuse église ! Que je
me suis laissé entraîner avec un malheureux comme cela. »

Hylse ne répondit pas à ces objections et on ne sut jamais à
quel sentiment il avait obéi en s'accusant et en accusant Houilliez. Il mourut bientôt sans vouloir ou pouvoir donner le mot
de l'énigme. Il se contenta à ses derniers moments, et après
s'être confessé, de faire appeler le juge d'instruction et de lui
répéter : « Houilliez et moi, nous sommes aussi innocents que
l'enfant qui vient de naître. » Puis il perdit connaissance et mourut peu après.

Macrez, poursuivi pour le vol commis dans l'église de Salperwick le 17 août 1842, fut condamné le 14 novembre 1843 par
la cour d'assises de Douai, à cinq ans de réclusion.

Sur le pourvoi en revision, les deux arrêts condamnant l'un
Houilliez, l'autre Macrez, pour le même fait, furent cassés et les
deux accusés renvoyés, pour être jugés de nouveau, devant le
jury d'un autre département.

Ils comparurent tous deux devant la Cour d'assises de la
Somme le 21 avril 1844. Macrez renouvela ses aveux, et les détails qu'il donna et que l'auteur du vol seul pouvait connaître
entraînèrent la conviction du jury. Il fut établi qu'Houilliez n'a-
vait pu être le complice de Macrez. L'avocat général ne soutint

même pas l'accusation contre lui. Macrez fut condamné et Houilliez acquitté.

Il y avait vingt mois que le malheureux sacristain avait été
arrêté ; il était au bagne depuis un an et demi. Lorsqu'il fut mis
en liberté, il trouva sa femme et ses enfants dans la plus profonde misère. Une souscription faite en sa faveur produisit quelques centaines de francs.

Plus tard, il fut nommé instituteur du village de Nord-Leulin-
ghen et le journal du Pas-de-Calais qui annonça cette nomination déclara qu'il avait fallu au Conseil Municipal de cette commune un certain courage pour prendre cette décision « car on
sait, disait-il, quels sont les funestes préjugés qui ont encore
tant d'empire. »

FILIPPI

(1843)

Le 5 novembre 1841 la femme Milani était trouvée morte dans
sa chambre.

La femme Milani tenait à Bastia une auberge fréquentée par
des colporteurs et des contrebandiers Lucquois et Calabrais.
« La Parigina » comme l'appelaient ses hôtes et ses voisins, avait
soixante ans. Rude au travail, économe jusqu'à l'avarice, elle tenait elle-même la maison, tandis que Milani travaillait au dehors
comme homme de peine, ne rentrant que le soir, et rapportant
au logis un maigre salaire qui suffisait au ménage.

Les bénéfices de l'auberge allaient, intacts, grossir un pécule
que les époux enfermaient au fond d'un coffre, dans la chambre
à coucher.

C'est dans cette chambre que la femme Milani avait été assassinée le 5 novembre 1841. Des locataires, en rentrant à l'heure du
dîner, l'avaient trouvée morte, étendue à terre au pied du lit, une
clef à la main. Elle avait été étranglée. Le coffre où elle cachait

_____

(1) _Gazette des Tribunaux_, 12 mai 1843, 21 janvier et 3 juin 1849. _Le Droit_,
17 mai 1849.

ses économies avait été brisé, l'argent avait disparu ainsi que du linge et des effets.

Les soupçons se portèrent d'abord sur son mari. Des voisins, en effet, rapportèrent que le matin, avant d'aller à son travail, il avait eu une querelle avec sa femme qu'il avait menacée de l'étrangler. Le soir, lorsqu'il était revenu, quand on lui avait annoncé la mort de sa femme, il s'était écrié : « Ils l'ont donc étranglée ! » Or ces mots, il les avait prononcés avant d'avoir vu le cadavre, alors que personne ne savait comment le crime avait été commis ni même s'il y avait eu crime. On arrêta Milani, mais il établit un indiscutable alibi, et fut remis en liberté.

La Justice suivit alors une autre piste.

Un nommé Filippi, un voisin et un familier de l'auberge, avait tenu lui aussi des propos qui parurent suspects. Le crime devait avoir été commis vers quatre heures de l'après-midi et Filippi prétendait, dit-on, avoir vu la Parigina vers cinq heures du soir. N'y avait-il pas là de sa part une intention d'égarer la justice ? On l'interrogea. Il nia le propos et ses dénégations parurent une nouvelle charge contre lui.

Une femme Peretti déclara l'avoir vu rôder autour de la maison au moment où les locataires de l'auberge, en rentrant chez les Milani, avaient trouvé la femme assassinée.

Filippi déclara qu'il n'était pas venu près de l'auberge à cette heure-là.

On lui demanda l'emploi exact de son temps dans cette journée du 5 novembre. Il ne put établir avec précision un alibi à l'heure du crime.

On prit des renseignements sur sa moralité : ils furent déplorables. Marié et père de famille, il avait abandonné femme et enfant pour suivre une maîtresse.

Sa conduite dès lors avait été des plus mauvaises et, ne travaillant plus, roulant de plus en plus bas, il en était arrivé à vivre aux crochets des filles publiques. Il était pour le moment dans la plus abjecte des misères et ses antécédents portaient les magistrats à trouver vraisemblable de sa part un assassinat, ayant le vol pour mobile.

Qu'on joigne à cela les paroles qu'on lui prêtait, sa présence aux environs de l'auberge à l'heure du crime. Quel magistrat aurait tenu compte de ses dénégations ? Filippi fut renvoyé en

Cour d'assises. Il comparut devant le jury de la Corse le 26 mars 1843.

Les débats furent des plus mouvementés. Filippi protesta de son innocence avec une bruyante indignation. Il pouvait avoir quitté sa femme, avoir mal vécu, sans être un assassin pour cela. Quant aux témoins, ils mentaient ou se trompaient absolument.

Son avocat soutint sa cause avec une louable vigueur. Sa plaidoirie fut marquée de nombreux incidents, si vifs, qu'à un moment il quitta la barre et l'audience.

Le jury déclara Filippi coupable d'assassinat et de vol. Des circonstances atténuantes lui furent cependant accordées.

Ce verdict jeta l'accusé dans une violente colère. Il se mit à crier, à sangloter, prenant à partie témoins et jurés.

« Condamner un innocent sans preuve s'écria-t-il, à l'aveuglette (nel bujo). Oh ! quelle infamie ! quelle injustice ! Condamner un innocent ! Ombre de la Parigina ! pourquoi ne sors-tu pas de ta tombe pour confondre mes accusateurs. Oh ! quel malheur ! Grand Dieu ! Grand Dieu ! venez à mon secours et faites proclamer mon innocence ! »

Un avocat lui conseilla de se calmer.

— Ne vous désolez pas ainsi, lui dit-il. Vous avez des circonstances atténuantes : ce n'est pas la peine capitale.

Filippi se tut aussitôt et sa figure, malgré lui, prit une expression radieuse.

De cette joie apparente, les assistants conclurent que, décidément, c'était bien le coupable.

Le public ne réfléchissait pas qu'il est bien des gens qui tiennent à la vie par dessus tout. Même innocents ils préfèrent le bagne à la mort. « Plutôt souffrir que mourir ; c'est la devise des hommes. »

Filippi fut condamné aux travaux forcés à perpétuité, à l'exposition et à 2.000 fr. de dommages-intérêts envers Milani.

Pendant qu'on le ramenait en prison, Filippi renouvela ses déclarations d'innocence et, durant l'exposition publique, il ne cessa de prendre le Ciel à témoin qu'il n'avait pas commis le crime qu'on lui imputait. « Il y a un Dieu, disait-il, les hommes m'ont injustement condamné : à Lui seul, je laisse le soin de faire reconnaître mon innocence.»

Au bagne il affirma continuellement, avec la même énergie, qu'il n'était pas coupable.

Ces protestations produisirent d'abord une certaine émotion dans le pays. On en parla quelque peu... Puis le silence se fit et tout le monde oublia bientôt « l'assassin » de la Parigina.

Deux ans s'étaient écoulés, lorsque le Procureur général de Bastia reçut une note de la Cour criminelle de Lucques (Italie). On lui annonçait qu'au cours d'un important procès criminel instruit contre des bandits, pour vol, pillage et meurtre en Toscane, en Romagne et dans le duché de Lucques, plusieurs des accusés avaient reconnu être les auteurs de l'assassinat de la femme Milani.

C'étaient les nommés : Bartholoméï, François et Philippe Francesconi. Depuis lors, le premier avait été condamné à mort et exécuté pour des crimes commis en Italie. Les deux autres avaient été absous en récompense de leurs dénonciations qui avaient amené l'arrestation de la bande.

Aussitôt averti de l'erreur dont Filippi était la victime, le Gouvernement gracia ce malheureux et le remit en liberté. Il était depuis trois ans au bagne de Toulon.

Une nouvelle instruction fut ouverte et des poursuites furent dirigées contre les auteurs survivants de la mort de la Parigina.

Accusés d'un nouveau crime commis à Rome, ils étaient justement sous la main de la justice italienne. Ils furent livrés aux autorités françaises et comparurent le 26 novembre 1848 devant la Cour d'assises de la Corse qui les condamna, l'un aux travaux forcés à perpétuité, l'autre à vingt ans de la même peine.

Les deux arrêts, celui du 27 mars 1843 et celui du 26 novembre 1848 qui, pour le même fait, avaient condamné Filippi et les deux Francesconi, sans qu'il y eût de complicité possible entre le premier et les deux autres, se contredisaient. Ils furent déférés à la Cour suprême qui les cassa tous deux et renvoya les trois accusés devant la Cour d'assises du Var pour être jugés à nouveau.

Parmi les témoins, il en est un qu'on fut stupéfait de n'avoir pas vu comparaître lors du procès de 1843.

L'instruction avait été faite et les débats publics s'étaient déroulés à Bastia où le crime avait été commis. On savait à quelle heure la victime avait été assassinée. Si donc il y avait parmi les habitants de la ville quelqu'un qui pût établir un alibi certain en faveur de Filippi, il semblait qu'il eût forcément dû se présenter, ou être découvert par la justice.

Or ce témoin existait. C'était une fabricante de cigares de Bastia, la dame Marie Stratte.

Le 5 novembre 1841, de quatre à cinq heures, au jour et à l'heure du crime, elle avait vu Filippi, fumant tranquillement chez elle, dans son magasin. Elle en déposa devant la Cour de Draguignan en 1849.

Cette déclaration si simple faite en 1843 devant la Cour de Bastia, aurait évité six ans de bagne au malheureux.

Son innocence se trouva donc établie par une nouvelle preuve.

Philippe Francesconi fut condamné aux travaux forcés à perpétuité et François son frère à vingt ans de la même peine. Filippi fût acquitté. Mais les six années passées en prison ou au bagne l'avaient complètement déprimé physiquement et intellectuellement.

Ceux qui se rappelaient l'énergie de ses protestations, lorsqu'en 1843, il s'était entendu condamner, se demandaient si l'horreur de la méprise dont il avait été victime n'eût pas été moindre en cas de condamnation capitale. Le souvenir d'une exécution eût été, pour les responsables de cette erreur, moins poignant que le spectacle de ce fantôme vivant, de cette véritable loque humaine.

LESNIER

(1848)

Dans la nuit du 15 ou 16 novembre 1847, les habitants du Fieu (bourg du canton de Coutras), apercevaient une grande lueur dans la direction du Petit-Massé, un hameau voisin (1).

On courut vers le lieu de l'incendie. C'était la masure du père Gay, qui était en flammes. On enfonça la porte ; on entra.

---

(1) *Gazette des Tribunaux*, 16-17-19-22 mars, 13 avril, 8-15-28-29-30 juin, 1er-25 juillet 1855.

.Le vieux était assis devant sa table, la tête tombée dans son assiette, comme s'il avait été frappé d'apoplexie pendant son repas. Il était mort.

Rien au premier aspect ne fit croire qu'un crime eût été commis. Mais les constatations faites par le juge de paix dans la journée du 16, établirent que le vieillard avait été assassiné et que son meurtrier avait voulu, en incendiant la masure, donner le change à la justice.

Voici quels indices amenaient le juge à cette conclusion :

Les assiettes trouvées sur les genoux du cadavre ou à terre, près de lui, étaient salies de vieille date. La plaie que l'on avait cru tout d'abord provenir d'une chute causée par une attaque d'apoplexie, ne correspondait pas aux taches de sang qui existaient sur le bonnet retrouvé à quelques pas du corps. Il n'y avait cependant pas trace de lutte.

Le père Gay avait dû être assommé d'un coup porté à la nuque avec un instrument tranchant et contondant, comme un marteau.

On remarqua en outre des taches sanglantes à divers endroits, et, principalement sur le bois de lit, l'empreinte rouge d'une main.

Or, les mains de la victime n'étaient pas tachées de sang.

Enfin l'incendie n'avait pas une cause accidentelle : dans le foyer les cendres étaient froides, lorsque les premiers habitants arrivés sur les lieux avaient éteint les flammes.

Le vieux Gay ne possédant aucun pécule, on se perdait en conjectures sur le mobile du crime, lorsque quelqu'un se rappela que le vieillard avait vendu son bien à l'instituteur communal, le fils Lesnier, moyennant une rente viagère de six francs soixante-quinze par mois.

Aussitôt la rumeur publique désigna aux soupçons de la justice la famille Lesnier comme la seule qui eût intérêt à la disparition du vieillard. Alors, comme toujours, les accusations d'abord vagues, incertaines, impersonnelles, prirent corps.

Lesnier fils avait reçu une éducation assez soignée. A vingt ans il avait été nommé instituteur au Fieu. Ayant obtenu deux primes d'encouragement, il avait conçu le projet de devenir propriétaire de la masure du père Gay, pour en faire plus tard une école.

Lesnier vivait avec son père, sa mère et sa sœur. La gêne était grande, le père ayant perdu tout son bien dans de mauvaises affaires.

Les cancans et les calomnies allèrent si bien grandissant qu'une enquête fut ouverte contre la famille Lesnier.

On scruta la vie privée de l'instituteur. On découvrit qu'il avait des dettes, et qu'il entretenait des relations avec une femme Lespagne chassée par son mari, à cause de son inconduite notoire.

Le jeune homme était endetté, il avait une maîtresse, pourquoi, se dit-on, ne serait-il pas incendiaire ? Et dès lors, la culpabilité d'un des Lesnier, sinon des deux, parut fort possible.

La possibilité se transforma bientôt, aux yeux des magistrats, en probabilité.

Le curé de la paroisse, Joseph Delmas, fit des déclarations qui, en raison du caractère de leur auteur, furent considérées comme des plus graves. Le curé dépeignit Lesnier fils comme un être sans cœur, exploitant le père Gay, et ne remplissant pas vis à vis de lui ses engagements. Il lui reprocha également son inexactitude à rembourser les prêts qu'on lui consentait. « La sœur de Lesnier, dit le curé, taxait elle-même son frère d'homme dangereux.» Enfin, il ajouta, qu'au moment où l'on s'était aperçu de l'incendie, et lorsqu'on avait découvert le crime, l'attitude de l'instituteur lui avait paru des plus étranges.

Le juge d'instruction hésitait cependant encore à inculper Lesnier, lorsqu'il se produisit un incident grave qui parut constituer contre ce dernier une charge décisive.

Le dimanche 21 novembre, cinq jours après l'assassinat de Gay, un individu du nom de Daignaud, se réfugia chez des habitants du Fieu, les époux Tourlay, en racontant qu'il venait d'être attaqué par deux malfaiteurs auxquels il n'avait pu échapper qu'en portant à l'un d'eux un violent coup dans le côté. Celui-là, il l'avait reconnu, c'était Lesnier fils. Daignaud répéta sa déclaration devant le maire M. Sarrazin.

Si les Lesnier étaient tombés assez bas pour s'en prendre à un malheureux, à un pauvre diable comme Daignaud, ils étaient bien capables d'avoir assassiné Gay.

On les arrêta.

Le 6 décembre une perquisition opérée chez Lesnier père amena la découverte d'un gilet de laine souillé de taches suspectes que le prévenu attribua vainement soit à du purin, soit au sang d'un de ses bestiaux récemment blessé.

Sur le bouton de la porte de Lesnier fils, on releva une tache de sang, mais elle pouvait avoir été faite par le boucher qui, les jours de marché, adossait son étal à cette porte.

Deux barriques de vin furent trouvées chez les Lesnier, mais un nommé Barbaron, tonnelier, qui fournissait le père Gay, ne les reconnut pas pour les avoir vues chez celui-ci. Il fit la même déclaration pour deux tonneaux, l'un à moitié vide et l'autre plein de vin nouveau, qui étaient dans le chai de Lesnier fils.

Bien que les magistrats crussent à la culpabilité de ceux qu'ils avaient arrêtés, l'accusation ne reposait encore que sur des suppositions. Il n'y avait pas à leurs yeux de preuves directes qui permissent un renvoi en Cour d'assises, et le bruit courut qu'une ordonnance de non lieu allait être rendue.

C'est alors que les dépositions de la femme Lespagne, la maîtresse de Lesnier fils, vinrent créer contre lui ce que les magistrats considérèrent comme une certitude de culpabilité.

Le 28 décembre, un mois entier après le crime, elle alla trouver le maire, et lui fit les déclarations suivantes :

« Elle avait, dit-elle en substance, été séduite par Lesnier; c'est lui qui l'avait contrainte de quitter son mari... A l'époque de la mort tragique du père Gay, Lesnier lui avait fait des cadeaux, en lui recommandant le silence, dans le cas où elle serait appelée à dire ce qu'elle pouvait savoir de l'incendie du Petit-Massé.»

Le 4 janvier 1848, elle aggravait encore la déposition qu'elle avait faite au maire. Il lui était revenu à la mémoire, disait-elle, des propos que Lesnier lui avait tenus avant le crime. « Le père Gay, lui avait dit son amant, ne serait plus en vie dans huit jours, et elle pourrait alors venir habiter avec lui au Petit-Massé qu'il ferait reconstruire.» Antérieurement à l'incendie, alors que Gay se disposait à aller à l'hôpital de Bordeaux, elle avait manifesté l'intention de proposer au vieillard sa quittance, en échange de vin, des pains qu'il lui devait. « Garde-t-en bien, lui aurait dit Lesnier, son vin ne restera pas longtemps où il est, mais je t'en réserverai. » Une autre fois, il lui aurait dit encore : « Oh ! le père Gay n'est pas bien vigoureux : un bon coup de marteau l'aura vite abattu ! »

Dans une nouvelle déposition la femme Lespagne ajouta que le lendemain du crime elle avait remarqué du sang sur les sabots du fils Lesnier, et qu'après l'attaque dont Daignaud avait été victime, il s'était plaint d'une douleur dans le côté. (On se souvient que Daignaud affirmait, précisément, avoir porté un violent coup dans le côté d'un de ses agresseurs).

Enfin elle termina la série de ses déclarations en révélant que, comme elle faisait allusion à l'indifférence qu'aurait témoignée Lesnier fils sur le lieu du crime, près de la maison en flammes : « Bah ! aurait-il répondu, mon père et moi nous n'avions pas besoin de nous approcher, nous l'avions assez *bouliqué !* »

Les témoignages de Daignaud et de la femme Lespagne amenèrent, le 20 juin 1840, le père et le fils Lesnier sur le banc de la Cour d'assises.

À l'audience, d'autres dépositions, moins importantes, vinrent confirmer les témoignages déjà recueillis, en dépeignant les accusés comme des gens dangereux, hypocrites et vindicatifs.

Un témoin les avait vus voler des légumes et du bois dans une propriété voisine.

Un autre reprochait à Lesnier père d'avoir voulu insinuer que Lespagne était l'auteur de l'assassinat, alors que l'opinion publique le proclamait incapable d'un tel crime.

Celui-ci exprimait son étonnement de ce que Lesnier, dont le sommeil était habituellement léger, avait mis si peu d'empressement à répondre aux appels de secours lors de l'incendie.

Celui-là affirma qu'à tout propos, bien avant le crime, Lesnier parlait de la mort prochaine du père Gay.

Puis un témoin rapporta que Lesnier fils qui, en sa qualité de secrétaire de la mairie, avait dû rédiger l'acte de décès de Gay, avait mentionné sur cet acte que la mort avait eu lieu à onze heures.

Comme on s'étonnait qu'il fît cette indication précise, il s'était troublé et avait répondu qu'il mettait l'heure que tout le monde supposait être celle du crime.

Le maire, M. Sarrazin, dépeignit la misère des accusés et énuméra les nombreuses dettes qui les avaient poussés, d'expédients en expédients, jusqu'à l'assassinat et à l'incendie.

Un témoin assura que Lesnier fils l'avait prié de ne pas parler des taches de sang qu'on lui disait avoir été trouvées chez Gay.

Tout, en un mot, depuis sa crainte visible d'être poursuivi après le crime, depuis ses propos comme celui-ci : « Quand même j'aurais tué un homme, j'appartiens au Gouvernement qui me protégerait, » jusqu'aux empreintes de pas relevées autour de la maison du Petit-Massé et qui correspondaient à son pied, tout accablait l'instituteur.

Contre tant de charges la défense devait être impuissante. Elle n'en fut pas moins énergiquement soutenue par Mᵉ Gergerès, avocat des Lesnier.

Il chercha à démontrer que le passé des accusés n'était pas tel que les témoins, le curé et le maire principalement, l'avaient dépeint.

Les plaintes qu'on affirmait avoir entendu la victime exhaler contre Lesnier, n'étaient que la conséquence du caractère aigri du vieillard.

Les témoins ? Le défenseur ne dissimula pas l'opinion qu'il en avait. C'étaient les ennemis des accusés et leurs affirmations respiraient trop la partialité et la haine pour que l'on pût y ajouter foi.

Puis Mᵉ Gergerès s'empara fort judicieusement de dépositions établissant que les Lesnier ne pouvaient être les auteurs de l'attaque dont Daignaud se prétendait victime, puisque, à l'heure précise où cette agression aurait eu lieu, les accusés soupaient chez des amis, les Catherineau.

L'instruction, en effet, avait dû recueillir les témoignages qui justifiaient cet alibi, mais elle les avait laissés dans l'ombre, et le réquisitoire les avait dédaigneusement écartés comme suspects !

Enfin, l'avocat s'attaqua ouvertement à la femme Lespagne. Son immoralité ne rendait-elle pas son témoignage sans valeur ?

Ses déclarations tardives et l'incohérence de sa mémoire, qui ne s'était réveillée que lentement et comme par à-coup, ne devaient-elles pas faire croire que l'imagination était la base même de ses accusations. Et M⁰ Gergerès releva dans ses dépositions plusieurs contradictions, plusieurs affirmations démenties par d'autres témoins.

Lesnier père fut acquitté.

Lesnier fils fut condamné aux travaux forcés à perpétuité. Encore, s'en fallut-il d'une voix qu'il ne fût condamné à mort.

« Ton père te reste », dit simplement le vieux Lesnier à son fils, au moment où on emmenait celui-ci de l'audience. Son père lui restait, en effet, et avec lui, une espérance de salut.

Pendant que son fils subissait sa peine au bagne de Rochefort, Lesnier père recueillit silencieusement tous les renseignements capables, à un moment donné, par leur valeur et leur nombre, d'établir la possibilité d'une erreur et pouvant amener ensuite la révision du procès.

M⁰ Gergerès, convaincu dès le début, de l'innocence des accusés, le secourut dans cette lourde tâche.

Six ans se passèrent sans que leurs efforts aboutissent à un résultat.

En 1854, Lesnier demanda son transfert à la Guyane.

Son père découragé, voulut tenter une dernière démarche.

Celle-là enfin réussit. Le temps avait secondé cette fois le malheureux vieillard.

Les magistrats de Libourne qui avaient dirigé l'instruction contre les Lesnier avaient été, peu à peu, dispersés dans d'autres tribunaux. Un nouveau procureur impérial, jeune et d'une ardeur consciencieuse, M. Charandeau, se laissa convaincre que Lesnier fils pouvait être innocent.

Par une nouvelle enquête menée rapidement, par des interrogatoires inattendus, M. Charandeau surprit les témoins qui se contredirent.

Un nommé Milon établit, d'une façon indéniable, l'alibi des Lesnier au moment de l'attaque de Daignaud : comme l'avait assuré leur avocat, Lesnier père soupait alors avec sa femme et son fils chez les Catherineau.

Daignaud fut pris en flagrant délit de mensonge ; depuis l'époque du procès, il avait oublié la leçon qu'il avait apprise.

Un nommé Gautry rapporta que peu de temps avant l'audience de la Cour d'assises, Daignaud, qu'il avait interpellé, lui avait répondu : « Oh ! je sais bien ce que j'ai à dire ; je ne me tromperai pas ; je dirai toujours la même chose. » Confronté avec ce témoin, Daignaud dut avouer qu'il avait sur la demande de Pierre Lespagne et sur quittance d'une somme de quinze francs, inventé contre les Lesnier l'agression dont il s'était prétendu la victime.

Quant à la femme Lespagne, après avoir rejeté la faute sur le curé Delmas, mort depuis le procès, et sur le maire Sarrazin, qui disait-elle, lui avait suggéré ses dépositions, elle finit par avouer également que c'était sur les seules instances de son mari qu'elle avait fait ses déclarations mensongères.

Celui-ci avait repris sa femme après la condamnation ; comme condition de son pardon, il lui avait imposé d'abord les faux témoignages qu'elle avait commis contre Lesnier.

Interrogé à son tour, Pierre Lespagne tenta de nier des propos compromettants que la conviction de son impunité lui avait fait tenir depuis le procès.

Mais le témoignage de la mère d'un certain Mallefille, mort quelque temps auparavant, devint pour lui une charge accablante. Cette femme déposa que son fils lui avait avoué *in extremis* qu'il savait que c'était Lespagne qui avait tué Gay.

En outre Lespagne se troubla à la vue de plusieurs marteaux retrouvés chez les parents de sa femme, et cette simple exclamation le trahit : « Ce n'est pas avec un marteau que je l'ai tué. »

L'innocence de Lesnier était donc un fait établi.

Il est inutile d'entrer dans les détails des nouveaux débats judiciaires. Pierre Lespagne avoua enfin avoir tué Gay, mais sans préméditation, au cours d'une discussion, alors qu'il allait chercher du vin chez lui. Dans une déclaration écrite, il persista à suivre ce système. Il avait rudoyé Gay et le vieillard avait succombé des suites d'une chute malheureuse.

Est-ce à ce moyen de défense qu'il dut les circonstances atténuantes ? Toujours est-il que le 12 mars 1855, il ne fut condamné qu'à vingt ans de travaux forcés.

Daignaud et la femme Lespagne, convaincus de faux témoignages, furent frappés de la même peine.

Lesnier avait quitté le bagne, mais il dut attendre dans la prison de Libourne que le second procès l'innocentât publiquement et complètement; il ne fut définitivement mis hors de cause que le 25 juin 1855. L'arrêt contre Lesnier ayant été rendu sur des témoignages jugés faux postérieurement et les deux condamnations prononcées l'une contre Lesnier, l'autre contre Lespagne, étant inconciliables, la Cour de cassation dut annuler les deux arrêts et renvoyer devant la Cour d'assises de la Haute-Garonne, la double accusation portée contre Lesnier fils et Lespagne.

Cette fois Lespagne fut condamné aux travaux forcés à perpétuité et Lesnier fut acquitté.

A titre de réparation l'Empereur donna 2.000 fr. à Lesnier. On le nomma commissaire de surveillance au chemin de fer du Midi, aux appointements de 4.000 fr., en même temps que l'on donnait au père un bureau de tabac.

Mais les souffrances physiques et plus encore la torture morale qu'avait subies Lesnier fils pendant sept années passées au bagne, avaient miné sa santé. Il mourut à Carcassonne, le 22 décembre 1858, à peine âgé de trente-cinq ans.

LACROIX

(1849)

Le 10 mai 1850, le procureur général Dupin déférait à la Cour de cassation (1), deux jugements rendus par le 2º conseil de guerre de la 6º division militaire, le premier, du 28 juin 1849, condamnant un sergent-major du 19º régiment d'infanterie légère, Louis-Edmond Lacroix, à quatre mois de prison, pour abus de confiance, l'autre, du 16 mars 1850, condamnant pour

---

(1) *Bulletin de la Cour de cassation*, 1850, nº 152, p. 225.

le même fait un chasseur du même régiment à cinq années de prison.

Le procureur général exposait ainsi dans quelles circonstances étaient intervenues ces deux décisions contradictoires :

Plusieurs paquets de cartouches dont Lacroix était détenteur en sa qualité de sergent-major d'une compagnie, n'ayant pu être représentés par lui, il prétendit que ces cartouches lui avaient été volées ; mais n'ayant pu prouver cette allégation, il fut poursuivi devant le Conseil de guerre pour détournement d'objets qui lui avaient été confiés et condamné, par le jugement précité, à quatre mois de prison.

Après avoir subi sa peine, l'ex-sergent-major Lacroix, voulant établir son innocence, se livra lui-même à des recherches pour découvrir le coupable et il parvint à faire mettre sous la main de la justice, comme auteur du vol desdites cartouches, le chasseur Beaulié, son homme de confiance. Une information eut lieu contre ce dernier et, à la suite de cette information, intervint un jugement du Conseil de guerre qui le condamna à cinq ans de prison.

Ces deux jugements sont évidemment inconciliables.

En effet, il ne résulte pas desdits jugements qu'il y ait eu deux coupables ; il résulte au contraire explicitement du dernier jugement, par lequel Beaulié a été condamné, qu'il est *le seul* auteur de la soustraction frauduleuse de ces quarante paquets de cartouches.

Le Conseil de guerre a même été plus loin. Après avoir prononcé la condamnation de Beaulié à cinq ans de prison il ajoute :

« Attendu qu'il est ressorti des débats que le chasseur Beaulié, du 19e léger, était seul auteur de la soustraction des quatre cents cartouches de munition commise dans le deuxième trimestre de 1849 au préjudice de Lacroix (Louis-Edmond) son sergent-major, lequel a été accusé d'avoir détourné ces cartouches et a été condamné à quatre mois de prison, le 28 juin, même année.

« *Attendu que la dernière condamnation établit l'innocence du sieur Lacroix, et qu'il y a lieu de le décharger de la mention de la peine qu'il a subie et des conséquences de son jugement.*

« Le deuxième Conseil de guerre ordonne que le présent sera inscrit au bas de ce jugement ainsi que celui prononcé ce jourd'hui contre Beaulié Pierre, chasseur au 19e léger, pour servir au sieur Lacroix, ainsi qu'il avisera. »

La Cour de cassation cassa les deux jugements ; dans une disposition spéciale, elle annula la mention plus militaire que juridique par laquelle le Conseil de guerre avait, lui-même, rétracté sa première sentence.

Dans sa hâte de réparer l'injustice, le 2° Conseil de guerre avait, en effet, commis un louable mais incontestable abus de pouvoir.

RABOTIN dit CHAMINADE

(1850)

On lit dans le *Bulletin des arrêts de la Cour de cassation* rendus en matière criminelle (année 1851, n° 155, p. 247) :

Le Procureur général près la Cour de cassation expose qu'il est chargé par M. le garde des sceaux, de dénoncer à la Cour deux jugements rendus par le 2° Conseil de guerre permanent de la 7° division militaire, siégeant à Marseille, les 27 novembre 1850 et 21 février 1851, dans les circonstances suivantes :

— Le 19 septembre dernier, un individu fut arrêté par la gendarmerie de Duerne (Rhône) ; il déclara se nommer Chaminade (Pierre), fils de Jean et de Léonarde Charles, être né à Château-l'Evêque (Dordogne), exercer la profession de tailleur de pierres et être déserteur du 22° léger, où il servait en qualité de remplaçant d'un jeune soldat de la classe de 1847 ; il déclara, en outre, avoir abandonné son drapeau le 4 mars 1849, et avoir emporté, en désertant, skako, ceinturon, capote et pantalon de drap.

Tous ces détails se rapportant à un déserteur du 22° léger, l'individu arrêté fut dirigé sur ce corps où il a été reconnu par divers témoins, notamment par deux caporaux, dont l'un du même département et d'un village voisin de Château-l'Evêque, était parti en même temps que lui pour rejoindre son corps et avait fait plusieurs étapes avec lui.

Une plainte en désertion fut dressée, en conséquence, contre lui, une information eut lieu et, à la suite de cette information, le 2° Conseil de guerre de la 7° division militaire le condamna, à l'unanimité, à la peine de 5 ans de boulet.

Le condamné allait être envoyé en Algérie, pour y subir sa peine dans les ateliers publics, lorsque le commissaire du gouvernement au Conseil de guerre de Marseille reçut l'avis que la gendarmerie venait d'amener au 22e léger un autre individu, arrêté le 26 juillet 1850, par la brigade de Marmande (Lot-et-Garonne), et que cet individu déclarait aussi se nommer Chaminade (Pierre), et être déserteur de son corps dans les mêmes circonstances que le premier.

Il fut procédé à une information, et il en résulta que les témoins qui avaient reconnu le premier Chaminade, avaient été induits en erreur ; il fut procédé de nouveau à l'interrogatoire du condamné et il fut établi, tant par des témoins que par son aveu, qu'il s'appelait Gabriel Rabotin.

Quant au véritable Chaminade, il comparut devant le 2e Conseil de guerre de la 7e division et, *après de minutieuses confrontations*, il fut condamné, le 21 février 1851, à cinq ans de boulet pour désertion.

Les deux jugements étant inconciliables, le procureur général requit l'application de l'article 443 du Code d'Instruction criminelle.

La Cour rendit l'arrêt suivant :

LA COUR : Ouï M. le Conseiller Faustin Hélie et M. l'Avocat général Plougoulm en ses conclusions,

Vu la requête, etc.,

Attendu qu'il résulte de ces deux jugements la preuve que l'un ou l'autre est entaché d'erreur,

Casse et annule,

Et renvoie devant le Conseil de guerre de Montpellier.

LESCOURS

(1851)

« Grâce aux garanties que notre législation pénale stipule en faveur des accusés, la condamnation d'un innocent est, aujourd'hui, chose presque impossible. »

Ainsi débute, dans la *Gazette des Tribunaux* du 29 octobre 1851, le récit de l'erreur dont fut victime Jean-Marie Lescours.

Le procureur général Dupin, à l'audience de la Cour suprême, le 21 août 1851, exposait l'affaire en ces termes (1) :

Dans la nuit du 27 au 28 octobre 1850, un vol d'argent fut commis avec effraction, dans les magasins du sieur Levallon, à Plougasnou, arrondissement de Morlaix.

Le nommé Jean-Marie Lescours fut soupçonné d'être l'auteur de ce vol, et il fut, à raison de ce fait, traduit devant la Cour d'assises du Finistère qui, par arrêt du 18 janvier 1851, le condamna à vingt ans de travaux forcés.

Depuis, comme avant sa condamnation, Lescours n'a cessé de protester de son innocence.

La principale charge que l'accusation releva contre lui et qui entraîna sa condamnation, résultait de cette circonstance qu'un couteau oublié par le voleur dans le magasin où le vol avait été commis, était reconnu par plusieurs témoins pour être le couteau de Lescours. Lescours niait bien, il est vrai, que ce couteau lui appartînt, tout en reconnaissant qu'il ressemblait au sien ; mais, par une sorte de fatalité, Lescours avait perdu son couteau quelques jours auparavant et ne pouvait ainsi le représenter à la justice pour établir que le couteau n'était pas le sien.

Cette charge, qui paraissait capitale, jointe à diverses présomptions, entraîna sa condamnation.

Parmi les charges secondaires figurait la déposition d'un témoin, un voisin de l'accusé, qui affirmait l'avoir entendu, la nuit du vol, vers minuit, sortir de chez lui et se diriger vers les magasins de Levallon.

Parmi les présomptions figurait aussi peut-être cette circonstance que Lescours était un forçat libéré. Sa condamnation ancienne avait sans doute créé le premier soupçon et sollicité la conviction des magistrats.

Lescours était condamné depuis trois mois, et nul ne faisait plus attention à ses protestations d'innocence, lorsque trois habitants de Plougasnou déclarèrent au maire qu'ils étaient certains que Jean-Marie Lescours, n'était pas le coupable. L'auteur du vol était un maréchal-ferrant, Jean-Marie Le Bris. Il leur avait avoué sa culpabilité, et le secret dont ils étaient les dépositaires, pesait à leur conscience : ils voulaient s'en décharger en aidant à la réhabilitation d'un innocent.

---

(1) *Bulletin de la Cour de cassation*, T. LVI, n° 342, p. 540.

Une instruction eut lieu, poursuit M. Dupin, Le Bris essaya vainement d'établir un alibi, d'expliquer les dépenses faites par lui après le vol. Ses allégations furent complètement démenties. Le couteau qu'on avait cru appartenir à Lescours fut reconnu de la manière la plus positive pour être celui de Le Bris. Le Bris, enfin, vaincu par l'évidence, finit par avouer qu'il était l'auteur du vol et que Lescours était innocent. Devant la Cour d'assises du Finistère, il a persisté dans son aveu et il a été condamné, le 11 juillet dernier, tant pour *ce vol* que pour émission de fausse monnaie à dix ans de réclusion.

La Cour de cassation, reconnut l'inconciliabilité des arrêts du 18 janvier, condamnant Jean-Marie Lescours et du 11 juillet, condamnant Le Bris pour un même vol commis par une seule personne ; elle annula les deux décisions et renvoya les deux hommes devant la Cour d'assises des Côtes-du-Nord. Ils y comparurent le 25 octobre 1851.

Il n'est resté, écrit le correspondant de la *Gazette des Tribunaux* (1), aucun doute sur le point de savoir auquel des deux accusés appartenait le couteau trouvé sous le comptoir du magasin de Levallon. Quatre témoins ont déclaré qu'ils avaient eu longtemps ce couteau en leur possession et qu'ils l'avaient vu ensuite aux mains de l'accusé Le Bris, qui l'a reconnu pour lui appartenir et a toujours maintenu qu'il avait seul commis le vol.

Le Bris fut condamné à cinq années de réclusion. Lescours fut acquitté et, de plus, « on lui accorda pour s'en retourner dans sa commune, un passe-port avec secours de route. »

La générosité put paraître médiocre à Lescours qui, sans doute, eut pour compagnons de voyage, les témoins qui, lors de son premier procès, avaient assuré que le couteau trouvé chez Levallon lui appartenait.

A ceux-là, comme à lui, la justice avait payé leur déplacement !

---

(1) *Gazette des Tribunaux*, 29 octobre 1851.

PAGÈS

(1853)

Deux cultivateurs, François Barthe et Joseph Jérémie, du village d'Ambre, dans le Tarn, revenaient de Lavaur chez eux, le 10 septembre 1852, vers neuf heures et demie du soir. Ils arrivaient près du hameau de la Nauze (commune de Labastide-Saint-Georges), quand un homme armé d'un bâton les assaillit. Jérémie fut renversé d'un coup qui lui brisa le bras. Il se releva et s'enfuit, tandis que Barthe, la figure en sang, les épaules meurtries de coups, se sauvait à son tour et se réfugiait chez un sieur Taurines à la Nauze (1).

Le soir même, Barthe déposa une plainte et désigna comme l'auteur probable de l'agression, un nommé Jean Pagès, surnommé Xavier, charpentier à Lavaur.

Au crime dont Pagès était accusé on trouva aussitôt un mobile, la vengeance. Barthe avait porté quelque temps auparavant une plainte pour vol contre la femme Pagès.

On découvrit contre lui des preuves matérielles : sur le gilet que portait Pagès le soir de l'agression, on releva des traces de sang. Pagès soutint d'abord que ces taches devaient provenir d'excréments de volailles ; mais on ne s'arrêta pas à cette explication trop facile.

Pagès prétendit encore qu'il était rentré ce soir là à son domicile à sept heures, qu'il n'en était ressorti que le lendemain, et que personne n'était venu chez lui pendant la nuit. Cette affirmation fut démentie par une voisine. Vers neuf heures et demie ou dix heures du soir, elle avait entendu ouvrir la porte de Pagès et monter dans son escalier.

Pagès fut traduit devant la Cour d'assises du Tarn, le 23 décembre 1853 (l'incapacité de travail de Jérémie ayant duré plus de vingt jours). Il persista à affirmer qu'il était chez lui à l'heure

---

(1) *Gazette des Tribunaux*, n⁰ˢ des 15 septembre, 10 novembre, 24 et 25 décembre 1855. — Dalloz, Recueil Périodique, 1856, 1, 4.

où Barthe et Jérémie avaient été attaqués. Quant aux taches de sang constatées sur son gilet, il avait cru, dit-il, que c'était du sang de poule ; mais il s'en rappelait à présent la provenance. Peu de mois auparavant, il travaillait chez une personne dont il cita le nom, Mme de Lavernière ; un maçon ayant été victime d'un accident, il avait aidé à le transporter tout ensanglanté dans une ferme voisine où le malheureux était mort. Ce devait être pendant le transport du blessé, dont la tête reposait sur sa poitrine, que son gilet avait été maculé de sang.

L'accusation ne vit dans cette explication qu'un moyen de défense de la dernière heure et jugea superflu de la contrôler.

D'ailleurs, disait le ministère public, cela fût-il vrai, il resterait toujours contre Pagès la déposition de Barthe qui l'avait reconnu comme étant son agresseur.

Pagès fut déclaré coupable et condamné à une année d'emprisonnement.

Il subit entièrement sa peine. Il n'était pas encore sorti de prison, que déjà, dans le pays, le bruit se répandit qu'il pouvait bien être innocent. On se répétait des propos tenus par les témoins à charge qui ne se cachaient pas, qui se vantaient même d'avoir fait à l'audience de fausses dépositions.

Barthe déclarait qu'il n'était pas aussi certain qu'il l'avait dit que ce fût Pagès qui l'eût frappé. Il l'avait nommé dès le premier moment, sans doute, mais comme un de ceux qu'il soupçonnait, non point comme le coupable reconnu. Ce pouvait être lui, mais cela pouvait bien en être un autre !

Il ajoutait que depuis la condamnation de Pagès, il avait eu la certitude de son innocence. Il avait, en effet, entendu l'un des témoins à charge, Escoute, dire à Aussal autre témoin de l'accusation. : « C'est bien joli, nous avons reçu 45 francs, 15 francs chacun, tu as presque tué Barthe, tu as estropié Jérémie, nous pouvons être contents » et Aussal avait répondu : « Tais toi, il ne faut pas le dire ».

Le parquet eut connaissance de ces propos. Une enquête fut ouverte ; elle établit les faits suivants :

Le soir du 10 septembre 1853, un gendarme nommé Aris avait croisé Barthe et Jérémie revenant de Lavaur. Barthe, qui était pris de vin, l'avait injurié ; le gendarme l'avait arrêté puis relâché sur les prières de Jérémie. Un instant après, continuant son chemin, ce gendarme avait rencontré l'adjoint de Labastide, le sieur Garrigue auquel il avait raconté sa discussion avec Barthe dont il ne savait pas le nom. Au même moment étaient survenus deux amis de l'adjoint, Jean Aussal et Joseph Escoute : « Je sais quel est l'homme qui vous a insulté, dit Garrigue, c'est Barthe ! Il est connu pour un voleur de poules, et ma foi, il mériterait une râclée ». Et il avait ajouté, en s'adressant à l'un des nouveaux arrivants : « Tiens, va la lui donner, Aussal ». Aussal avait saisi l'occasion de faire un mauvais coup, et aussitôt le conseil reçu, il s'était mis en devoir de le suivre.

Il avait pris pour se déguiser la casquette et la blouse de son compagnon Joseph Escoute, et s'était élancé à travers champs pour gagner un endroit par où Barthe devait forcément passer. Ce dernier n'avait pas tardé à arriver en compagnie de Jérémie et Aussal les avait brutalement frappés.

Quand Garrigue avait reçu la première déclaration de Barthe, un mot de lui aurait suffi pour empêcher qu'on n'accusât Pagès désigné par Barthe comme l'auteur possible de l'agression. Mais dénoncer Aussal c'était se compromettre. C'était révéler qu'il avait excité les coupables à se jeter sur la victime. Il se tut et combina avec Aussal et Escoute, les déclarations qu'ils feraient pour égarer les soupçons sur Pagès.

Des poursuites furent exercées contre les trois complices, pour faux témoignage et contre Aussal seul, pour les coups et blessures portés à Barthe et à Jérémie.

Escoute fit immédiatement des aveux complets ; Aussal attendit l'audience pour reconnaître sa culpabilité.

Garrigue seul ne cessa de dire qu'il n'était pour rien dans les coups portés à Barthe, qu'il n'avait donné aucun conseil à Aussal. Il prétendit même qu'il ne connaissait pas ses co-accusés.

Les dénégations de Garrigue étaient inutiles, en présence des aveux d'Aussal et d'Escoute et de la déclaration du gendarme Aris, qui confirma l'exactitude du récit des deux autres accusés.

Il parut étrange qu'au cours de l'instruction contre Pagès, Aris n'eût fait connaître ni sa rencontre avec Barthe, ni sa conversation avec Garrigue, Aussal et Escoute, ni les propos de l'adjoint, ni le conseil donné à Aussal et trop bien suivi par celui-ci ! Il savait bien que Pagès n'était pas celui que Garrigue avait incité à frapper Barthe, puisque l'adjoint l'avait appelé par son nom en lui disant : « Aussal ! va lui donner une raclée ».

Pourquoi le gendarme ne fit-il aucune déclaration, soit à son chef, soit au magistrat instructeur ?

Personne n'en sut, ou plutôt, n'en avoua jamais rien : on se contenta de dire que c'était par suite d'une circonstance des plus regrettables, qu'Aris n'avait pas été entendu comme témoin lors du premier procès.

Quant à Barthe, il reconnut avoir agi légèrement, en accusant Pagès ; mais il déclara qu'il avait été induit en erreur par des coïncidences fatales ; il fit remarquer que la nuit était noire lorsqu'il avait été attaqué, que Pagès et Aussal étaient de la même taille, qu'Aussal lorsqu'il l'avait frappé était coiffé d'une casquette, tandis qu'il portait habituellement un chapeau, qu'enfin ses soupçons s'étaient tout naturellement dirigés sur Pagès, parce qu'ayant porté une plainte contre la femme de ce dernier, elle l'avait menacé de la vengeance de son mari.

Il aurait pu ajouter que, dès le premier moment, il avait exprimé ses soupçons, soit contre Pagès, *soit contre Aussal*, et que Garrigue avait eu soin dans le procès-verbal qu'il avait dressé comme adjoint, de ne mentionner que Pagès. Plus tard, il n'avait pas osé paraître indécis et parler d'Aussal.

Garrigue, Aussal et Escoute furent jugés par la Cour d'assises du Tarn, les 8 et 9 septembre 1855. Aussal que le ministère public avait jugé digne d'être cité comme témoin à charge contre Pagès, lors du premier procès, fut représenté, dans l'acte d'accusation, comme « un misérable repris de justice, dangereux et ne méritant aucune créance. »

Les accusés furent condamnés : Aussal pour faux témoignage, et pour coups et blessures, à sept ans de travaux forcés, Garrigue et Escoute, pour faux témoignage, le premier à cinq ans de travaux forcés, le second à deux ans de prison.

La Cour accorda à Pagès 3.000 francs de dommages-intérêts.

Cet arrêt en ce qui concerne la condamnation d'Aussal pour coups et blessures, et l'arrêt du 23 décembre 1853 prononcé pour la même cause contre Pagès, furent cassés le 9 novembre 1855 pour être revisés par la Cour d'assises de Lot-et-Garonne devant laquelle les deux accusés comparurent le 18 décembre suivant. Pagès qui avait subi la peine de un an d'emprisonnement pro-

noncée contre lui, fut acquitté et les sept années de travaux forcés auxquels Aussal avait été condamné par la Cour d'assises
du Tarn, furent maintenus par le nouvel arrêt.

Aucun fait nouveau ne fut révélé. Le président, lorsqu'il prononça l'acquittement de Pagès donna à celui-ci l'assurance « qu'en
quittant le banc des accusés sur lequel il n'aurait jamais dû s'asseoir, il reparaîtrait réhabilité dans la société. »

Pagès dut vraiment s'estimer bien heureux !

LOUARN et BAFFET

(1854)

Dans la nuit du 17 au 18 janvier 1854 (1), une apparition
étrange, une apparition de conte fantastique vint interrompre le
sommeil des époux Guigourès — deux vieux, très avares, qu'on
supposait très riches et qui habitaient avec une jeune servante
une maison des environs de Bannalec (Finistère).

Deux individus au visage noirci, — le bas de la figure masqué
par un mouchoir blanc, des chemises blanches passées sur leurs
vêtements — venaient d'enfoncer la porte de leur chambre et se
tenaient devant leur lit. L'un portait une chandelle allumée,
l'autre était armé d'un fusil et d'un pistolet.

Aux cris de terreur poussés par les vieillards, ces fantômes
tragi-comiques se jettent sur eux, les somment de leur dire où se
trouve leur argent. Les époux Guigourès, pour toute réponse,
appellent à l'aide ; les malfaiteurs les frappent.

La femme est jetée au bas du lit et piétinée. Son mari reçoit
un coup qui lui fend la lèvre, il est saisi à la gorge, on l'é-
trangle à demi. L'un des bandits le bourre de coups de pieds
dans les reins, l'autre appuie son fusil sur sa poitrine, le menaçant de faire feu et de brûler ensuite la maison s'il ne lui remet
pas immédiatement son argent.

---

(1) *Gazette des Tribunaux*, 30 octobre 1859 ; 22 et 25 février, 22 avril 1860.
— *Le Droit*, 3 juillet 1869.

— Tuez moi ! vous ne saurez rien, répondait Guigourès, héroïque en son avarice.

On le lâcha et celui des malfaiteurs qui paraissait le plus âgé, après avoir visité les meubles et brisé tout ce qui tombait sous sa main, finit par forcer une armoire dans laquelle il prit différents papiers et deux mille francs environ.

Guigourès était parvenu à se rapprocher de la porte ; il avait tenté de s'enfuir pour chercher du secours, mais il s'était heurté à un troisième individu qui faisait le guet et qui l'avait rejeté dans la maison.

Enfin des voisins réveillés par le bruit accoururent et les malfaiteurs s'enfuirent.

La justice commença le lendemain son enquête. On retrouva des traces de pas se dirigeant vers le village de Bannalec et les soupçons se portèrent sur deux habitants de ce village, Louarn et Baffet, dont la réputation était mauvaise. Une perquisition faite à leur domicile amena de compromettantes découvertes.

On retrouva, en effet, une chemise, un mouchoir et un lange semblables à ceux que portaient les voleurs. Les objets étaient humides, souillés de sang et de boue.

Baffet et Louarn furent mis en présence des époux Guigourès et de leur servante. Ceux-ci déclarèrent qu'ils étaient de la même taille, de la même tournure, du même âge que les voleurs ; ils avaient la même barbe et les mêmes vêtements. La servante alla même jusqu'à affirmer qu'elle les reconnaissait au son de leur voix.

Un médecin appelé à examiner les accusés retrouva dans la barbe et sur le front de Louarn, ainsi que derrière les oreilles de Baffet des marques noires qu'il assura ne pouvoir être que des taches de suie ou de poussière de charbon appliquée avec un corps gras, et qu'un lavage récent n'avait pu faire disparaître.

« Interrogés sur ces circonstances accablantes, dit l'acte d'accusation qui fut dressé contre eux, ils ne purent donner que des explications inadmissibles. L'instruction a aussi démontré que les accusés étaient dans la misère. Baffet était menacé d'une saisie. Le 17, vers six heures du soir, Louarn avait proposé à un de ses compagnons d'aller avec lui commettre un vol où il y avait du blé et de l'argent ».

Traduits devant la Cour d'assises du Finistère le 1er avril 1854, les accusés furent encore reconnus à la voix et à la taille par leurs victimes.

Malgré leurs dénégations, ils furent condamnés aux travaux forcés, Louarn à perpétuité, et Baffet pendant vingt années.

Les condamnés ne subirent pas longtemps leur peine : ils moururent tous deux quelques mois après l'arrêt, Louarn à la Guyanne et Baffet au bagne de Brest.

Ils étaient morts depuis plus de cinq ans, lorsqu'un incident qui parut d'abord peu important, vint démontrer leur innocence.

Au mois d'avril 1859, l'autorité fut appelée à intervenir pour mettre fin aux brutalités et aux menaces dont était victime la veuve Singuin, meunière au moulin de Saint-Cado.

Un nommé Claude Millour, soldat de l'artillerie de marine à Lorient, en congé à Bannalec dont il était originaire, s'était rendu à plusieurs reprises au moulin de Saint-Cado. Là, il avait réclamé à la veuve Singuin 390 fr. dont il se prétendait créancier. Renvoyé une première fois, il était revenu et avait fait une telle scène à la meunière, que celle-ci avait dû appeler au secours. Des voisins avaient chassé Millour qui était parti en menaçant de tuer la veuve Singuin et d'incendier son moulin.

Pour mettre fin au scandale, on se contenta de faire reconduire Millour à son régiment.

Cette mesure parut d'abord suffisante. On supposait que les querelles qui s'étaient produites avaient leur origine dans des relations qui avaient existé jadis entre la meunière et l'artilleur. Celui-ci, en effet, avant de s'engager comme soldat, avait été pendant trois ans domestique de la veuve Singuin. Il était devenu son amant et trois enfants étaient nés de leur union.

Mais des propos d'abord vagues, puis plus précis éveillèrent l'attention de la justice. On racontait dans le pays que Millour devait être un des auteurs du crime commis en 1854, sur les époux Guigourès. On répétait des confidences qu'il aurait faites alors à une de ses sœurs. Une enquête fut ouverte, une instruction judiciaire fut ordonnée. Les victimes avaient déclaré qu'elles avaient eu affaire à trois malfaiteurs. Or, il n'y avait eu que deux accusés. Millour n'était-il pas le complice qu'on n'avait pu retrouver ? C'est ce qu'on pensa au début de la nouvelle procédure. Seulement, on découvrit rapidement que si Millour était bien un

de ceux qui avaient assailli chez eux les Guigourès et leur bonne,
les autres n'étaient pas Louarn et Baffet. Millour avoua son
crime et dénonça ses complices. C'étaient les nommés Jambon et
Ollivier. On les arrêta ; ils firent eux aussi des aveux et dénon-
cèrent la meunière de Saint-Cado, la veuve Singuin, comme l'instigatrice du vol.

Elle les avait réunis, au moulin, les avait grisés, leur avait
noirci la figure et les avait revêtus de chemises blanches pour
qu'ils ne pussent pas être reconnus.

Millour, Jambon, Ollivier et la veuve Singuin furent traduits
devant la Cour d'assises du Finistère, le 21 janvier 1860. Sur
leurs aveux, ils furent déclarés coupables et condamnés à des
peines variant entre quinze ans de travaux forcés et les travaux
forcés à perpétuité.

L'opinion publique justement émue espérait à cette époque que
la publication des débats de ce second procès déchargerait la mémoire des innocents morts aux galères.

C'était là une pensée qu'avait eue le ministère public lui-même
puisque l'acte d'accusation contenait le passage suivant :

« Les véritables coupables sont aujourd'hui sous la main de la justice. Ils attendent le châtiment qu'ils ont si justement mérité. La
mort de Louarn et de Baffet ne rend plus possible la réparation de
l'erreur judiciaire dont ils ont été victimes ; *mais les débats de cette
affaire et le nouveau verdict du jury seront pour leur mémoire une
éclatante et solennelle réhabilitation* ».

Il ne put en être ainsi, de par la volonté de la Cour, présidée
par M. le conseiller Androuin. Elle rendit, en effet, au début de
l'audience, un arrêt interdisant aux journaux la reproduction des
débats.

Les condamnés Millour, Jambon et la veuve Singuin, se
pourvurent en Cassation contre l'arrêt du 21 janvier 1860 ; la
Cour suprême rejeta leur pourvoi, mais elle ne voulut pas empêcher par une nouvelle interdiction de publication la juste proclamation d'innocence due aux victimes de l'erreur de 1854.

Le compte rendu de l'audience de la Cour de cassation tel qu'il
se trouve dans la *Gazette des Tribunaux*, ne laisse aucun
doute sur l'intention des magistrats qui tinrent à manifester
hautement « quelle tristesse devaient ressentir tous ceux qui

collaborent à l'œuvre de la justice en voyant quelle iniquité avait été commise le jour de la condamnation de Louarn et de Baffet. »

M. l'avocat général Martinet, termina ainsi ses conclusions : « Personne ne déplore plus que nous la lamentable erreur judiciaire dont ont été victimes les deux malheureux dont on vous a entretenus, dont sont encore victimes aujourd'hui leurs familles ».

Le cas de Louarn et Baffet n'était pas de ceux qui permettaient alors la revision de leur procès et la réhabilitation légale de leur mémoire.

Mais la loi du 29 juin 1867, en modifiant sur ce point les dispositions du Code d'instruction criminelle, rendit possible une décision judiciaire reconnaissant officiellement l'innocence des condamnés.

En 1869, la Cour de cassation fut saisie d'une demande de revision.

Dans l'exposé des faits, le conseiller rapporteur établit dans quelles conditions les véritables coupables avaient commis le crime.

C'était la veuve Singuin, la meunière, en procès avec Guigourès, qui, pour rentrer en possession de pièces compromettantes, avait soudoyé Millour, Jambon et Ollivier pour commettre le vol.

Le crime accompli, les coupables étaient revenus au moulin de la veuve Singuin et lui avaient remis les papiers qu'elle leur avait fait soustraire. Quant à l'argent, il avait été partagé entre les quatre complices.

La Cour de cassation, au mois de juin 1869, annula la condamnation prononcée contre Louarn et Baffet, déclara que ces deux condamnés étaient innocents. Elle ordonna l'affichage de son arrêt de réhabilitation dans la ville de Quimper, et dans la commune de Bannalec.

Il y avait quatorze ans que les victimes de l'erreur des juges étaient morts forçats, l'un à la Guyane, l'autre au bagne de Brest.

MOHAMED BEN MAHMAR, MAKLOUF dit MOUCHI
et BEN DOUCK BEN GUIGUI

(1858)

L'erreur commise le 8 septembre 1858, par le deuxième Conseil de guerre d'Oran, contient-elle des détails assez caractéristiques pour qu'il soit nécessaire d'imposer au lecteur la peine d'un véritable et indispensable travail ?

Car c'en est un, et réellement pénible, que de suivre un procès entre indigènes algériens, le chaos de lettres des noms patronymiques produisant une véritable lassitude.

En tout cas, à titre de document, dans le désir d'être aussi complets que possible, nous enregistrons cette erreur, résultat d'un faux témoignage et conséquence aussi d'une enquête légèrement, sinon partialement conduite. Voici dans quelle circonstance cette erreur est intervenue (1) :

Il s'agissait de savoir si un revendeur de blé, le nommé El Arbi ben M'Cherrack ben Mecki, s'était associé avec un autre indigène, Hadj Mustapha ben Bachir, dans le but de mettre ses biens à l'abri de ses créanciers, parmi lesquels figuraient Ben Douck ben Guigui et Maklouf Terdjmann, deux marchands de blé.

Trois juifs indigènes, les nommés Ben Aouda ben Zian, Abderrhaman ben Zitourni et Ahmed ben Legmann, affirmaient l'existence de cette société fictive, et ils se rendirent, sur la demande de Ben Douck ben Guigui et de Maklouf, devant le cadi pour attester qu'ils avaient connaissance de cette association.

Acte de leurs déclarations fut dressé par le back-adel Mohamed ben Mahmar (2) et contresigné par l'adel et le cadi. Il était conçu en ces termes :

---

(1) *Bulletin des arrêts de la Cour de cassation*, 1860, n° 264, p. 447.

(2) Le back-adel est le sous-greffier du Cadi.

« Louange à Dieu unique !

« Devant le cadi Mohamed ben Abdallah, assisté d'Ould sidi Ahmed ben sidi Zahard, adel,

« Ont comparu :

« Ben Aouda ben Zian, Ben Abderrhaman et Ahmed ben Lezman lesquels déclarent d'après la demande à eux faite qu'El Hadj Mustapha ben Bachir est associé, depuis l'année dernière, et jusqu'à ce jour, avec El Arbi ben M'Cherrack ben Mecki pour des acquisitions et des ventes de cotonnades.

« Déclaration reçue le dimanche de ramadan 1273 (23 mai 1853).

« Signé : le serviteur de Dieu Mohamed ben Mahmar back adel.

« Louange à Dieu unique ! ».

Hadj Mustapha, dès qu'il connut cet acte qui faisait de lui l'associé d'un insolvable, protesta contre l'exactitude des déclarations des trois indigènes entendus par le cadi. Il alla plus loin ; il dénonça comme entaché de faux l'acte même qui constatait ces déclarations.

Une enquête fut ouverte. Chose étrange, les trois indigènes qui avaient, dans l'acte, affirmé l'existence de la société, cédant on ne sait à quelle crainte ou à quelle promesse, affirmèrent qu'ils n'avaient jamais fait pareille attestation et que l'acte était faux !

Poursuivis comme faussaires, Mohamed ben Mahmar et les deux marchands de blé à la requête desquels il avait rédigé l'acte argué de faux, furent condamnés par le deuxième Conseil de guerre d'Oran, le premier à cinq ans de réclusion et cent francs d'amende, les deux autres à dix ans de travaux forcés et trois cents francs d'amende.

Pourquoi est-ce seulement une fois la condamnation devenue définitive (elle avait été cassée une première fois) qu'on s'inquiéta de procéder à une information sérieuse ? Nous l'ignorons. Toujours est-il qu'à la suite du rejet du second pourvoi en cassation formé par les condamnés, on s'avisa de « vérifier si réellement les trois indigènes désignés dans la plainte avaient, par des témoignages mensongers, trompé la religion de la justice militaire (1). *De nombreux témoins vinrent déclarer avoir vu les trois israélites affirmant l'existence d'une société*

_____

(1) Réquisitoire du Procureur général Dupin.

commerciale entre El Arbi et El Hadj Mustapha devant le tribunal musulman présidé par le cadi assisté de l'adel ».

Ils furent tous trois traduits en cour d'assises, pour faux témoignages commis devant le 2e Conseil de guerre d'Oran, au préjudice de Mohamed, Maklouf et ben Guigui.

La Cour d'assises d'Oran les condamna à deux ans de prison, le 7 août 1860.

Le 30 novembre suivant, la Cour suprême annula le jugement du Conseil de guerre et renvoya le back-adel et les deux marchands de blé devant la Cour d'assises d'Oran qui les acquitta.

BOU MÉDINE BEN SADDEK

(1860)

Extrait de la *Gazette des Tribunaux* du 12-13 août 1861,
(*Cour d'assises de Mostaganem — 22 juillet 1861.*)

Dans la nuit du 22 au 23 décembre 1859 des malfaiteurs s'introduisaient dans la demeure du meunier Hadj Mohamed ben Selka, à Tlemcen, y fracturaient un coffre et s'emparaient de bijoux, d'argent et d'effets pour une valeur totale de 4.000 francs.

Les soupçons du meunier et de sa femme s'étaient portés sur leur gendre Djelloul ben Zian, qui avait habité avec eux et qui, à leurs yeux, paraissait seul assez bien connaître les êtres de la maison pour y commettre le vol dont ils avaient été victimes.

Une perquisition minutieuse avait été faite infructueusement au domicile de Djelloul. Il s'affligeait profondément d'un pareil soupçon et avait pris à cœur de s'en laver complètement en arrivant à la découverte des auteurs du crime.

Pour cela, il avait organisé, avec le concours de plusieurs de ses coreligionnaires, une surveillance sur plusieurs marchés des tribus environnantes, notamment sur le marché des Beni Snous, où un de ses amis, Mohamed ben Sabor, marchand à Tlemcen, avait aussi une boutique.

Cette espèce de police privée avait pour objet de rechercher et de surprendre la mise en vente de tout ou partie des objets volés.

Cette habile manœuvre réussit, non seulement pour Djelloul, l'innocent soupçonné, mais encore, plus tard, pour le malheureux Bou Médine ben Saddek, l'innocent condamné.

Près de trois mois s'étaient écoulés, lorsqu'un nommé Ali bou Aza fut trouvé détenteur, au marché des Beni Snous, de deux turbans qui avaient fait partie des objets volés.

Mis en état d'arrestation, il commença par protester de son innocence ; mais bientôt, cédant à l'évidence des charges, il s'avoua coupable et dénonça comme ses complices, son coreligionnaire Bou Médine ben Saddek et la nommée Orkeia ben el Hadj Mohamed, femme de ce dernier.

Déjà la même dénonciation avait été portée contre eux par Fathma ben si Amar, femme dudit Ali bou Aza. Elle avait déclaré devant le commissaire de police et répéta devant le juge de Tlemcen, que les objets avaient été partagés en sa présence, entre son mari, Bou Médine ben Saddek et la nommée Orkeia, femme de ce dernier. Elle avait déclaré aussi que la pensée première du vol avait été conçue par ceux-ci et qu'en se décidant à concourir à sa perpétration, Ali bou Aza n'avait fait que céder à leurs suggestions.

Les trois inculpés furent renvoyés devant la Cour d'assises de l'arrondissement d'Oran, où, le 3 août 1860, ils comparurent. Fathma ben si Amar fut entendue comme témoin. Elle renouvela sous la foi du serment, les déclarations qu'elle avait faites dans le cours de l'information, déclarant de nouveau que son mari avait été entraîné à commettre le vol par ses deux co-accusés, et qu'elle avait assisté au partage du produit de ce vol entre ceux-ci et Ali bou Aza.

A la suite de cette déposition, Bou Médine fut déclaré coupable et condamné à six ans de réclusion. La même peine fut prononcée contre Ali bou Aza ; Orkeia fut acquittée.

Quelque temps après l'arrêt du 3 août, la police de Tlemcen fut prévenue par le frère de Bou Médine qu'une partie des objets provenant du vol avait été déposée chez une prêteuse sur gages par Fathma ben si Amar. L'exactitude de ce renseignement ayant été constatée, Fathma fut arrêtée et conduite devant le commissaire de police. Elle avoua le recel dont elle était accusée et reconnut qu'elle avait menti à la justice en déclarant que Bou Médine avait concouru au partage des objets volés...

Le 1er avril 1861, Fathma ben si Amar comparut devant la Cour d'assises d'Oran sous l'accusation de : 1° Recel de tout ou partie des objets volés, le 22 novembre 1859, chez Selka ; 2° Faux témoignage contre Bou Médine.

Elle fut déclarée coupable sur l'un et l'autre chef et condamnée à deux ans de prison. »

La Cour de cassation, saisie de ces deux arrêts inconciliables, les annula et renvoya les accusés devant la Cour d'assises de Mostaganem.

La peine de deux ans de prison fut maintenue contre Fathma ben si Amar ; Bou Médine fut acquitté.

Il était détenu depuis seize mois, et à sa sortie de prison, l'établissement de boulangerie qu'il dirigeait avant son incarcération était fermé. La justice le rendait à la liberté, complètement ruiné.

RENOSI

(1861)

La période électorale était ouverte pour la nomination d'un conseiller général, dans le canton de Piro, en Corse.

La lutte était ce que sont en Corse les luttes électorales : une guerre civile.

Le 13 juin 1861, vers neuf heures du soir, M. Patricius de Corti, avocat à Bastia, accompagné de plusieurs de ses amis, MM. Filippi, Blasi et Chiaramonti, sortait d'une maison du hameau de Renoso, lorsqu'un groupe d'une dizaine de jeunes gens leur barra le passage (1).

C'était une bande de leurs adversaires politiques qui venait les provoquer.

M. de Corti et les siens avançant quand même, des pierres leur furent lancées.

Bientôt, M. de Corti, atteint à la tête, tombait blessé, tandis que M. Filippi, un bâton levé, se jetait sur le groupe des assaillants.

Une mêlée générale s'ensuivit, soudain arrêtée par un coup de pistolet et par la chute de Filippi qui roulait mort sur le sol. Une balle l'avait frappé à la tête.

Les agresseurs s'enfuirent.

_____

(1) *Le Droit*, 1er et 2 décembre 1862. — *Gazette des Tribunaux*, 1er février et 27 mars 1863.

Dès le début de l'instruction, ouverte le lendemain, Blasi, un des amis de la victime, déclara qu'il avait vu l'auteur du coup de pistolet, c'était un nommé Renosi qu'il connaissait. Patricius de Corti, de son côté, assura qu'il avait pu voir quel était le meurtrier ; il ne savait pas son nom, mais il donna un signalement qui correspondait à celui de Renosi.

Des poursuites furent dirigées contre ce dernier, et bien qu'il protestât de son innocence, aucune preuve à sa décharge n'ayant été produite, il fut traduit devant la Cour d'assises sous l'accusation de meurtre. En même temps, un cousin de Renosi, un nommé Simoni, qui avait participé à l'agression dont Patricius de Corti et ses amis avaient été victimes, fut renvoyé sous la prévention de coups et blessures, devant le Tribunal de police correctionnelle qui le condamna à vingt jours de prison.

Devant la Cour d'assises, Renosi affirma énergiquement qu'il n'était pas l'auteur du meurtre de Filippi, mais, soit ignorance, soit scrupule, il ne dénonça pas celui qui avait tiré le coup de pistolet.

Les deux témoins qui avaient accusé Renosi dès le début de l'instruction furent encore plus affirmatifs à l'audience. De Corti qui n'avait pas encore été confronté avec Renosi — celui-ci avait pris la fuite et ne s'était constitué prisonnier que la veille du procès — s'écria en dévisageant l'accusé : « Oh ! je le reconnais bien ! C'est lui qui a fait feu sur Filippi ! » Et l'autre témoin, Blasi, déclara nettement qu'il avait reconnu Renosi au moment même où celui-ci pressait la détente du pistolet.

Malgré les déclarations si affirmatives des deux accusateurs, l'opinion publique s'attendait, paraît-il, à un acquittement, et personne ne se présenta pour contredire les témoignages de Patricius de Corti et de Blasi.

Mais, contrairement aux prévisions, Renosi fut condamné à vingt ans de travaux forcés, par arrêt du 18 novembre 1861, et envoyé au bagne de Toulon.

Il y était depuis quelques mois déjà, lorsqu'il fit parvenir au procureur général de Bastia, un mémoire dans lequel il déclarait qu'il ne pouvait pas se résigner plus longtemps à subir une peine infamante pour un crime qu'il n'avait pas commis, et il dénonçait comme le vrai coupable son cousin Simoni. Une enquête officieuse fut ouverte par le Parquet. Elle révéla tout de suite que, depuis la condamnation de Renosi, Simoni était l'objet de la répulsion générale dans le pays, et que chacun lui témoignait son mépris d'avoir abusé du dévouement de son cousin ; on le traitait de lâche pour ne s'être pas dénoncé après la condamnation de Renosi. La culpabilité de Simoni ne faisait de doute pour personne.

Une instruction fut ouverte. Ceux qui, lors du procès contre Renosi, n'avaient pas parlé, convaincus de l'acquittement, se décidèrent à faire connaître ce qu'ils savaient et à fournir les preuves péremptoires de l'innocence de Renosi. Deux témoins de la scène au cours de laquelle le meurtre avait été commis, déclarèrent qu'ils avaient vu Simoni faire feu sur Filippi ; d'autres rapportèrent que Simoni, un instant après le crime, était venu les trouver leur demandant de la poudre et des balles pour recharger le pistolet qu'il tenait à la main ; et à l'un d'entre eux il avait avoué que c'était lui qui avait tiré sur Filippi.

Alors que Renosi était accusé du meurtre, une femme Antoinette Marianni ayant engagé Simoni à se constituer prisonnier pour empêcher la condamnation d'un innocent, Simoni lui avait répondu : « Lorsqu'on a la chemise sale, on ne se livre pas à la justice. Je sais ce qui peut m'en revenir. Je ne pense pas m'en retirer à moins de dix ans. »

Enfin, après l'arrêt du 18 novembre 1861, Simoni s'était écrié : « Rousseau (Renosi) est innocent ! C'est moi qui ai tué Filippi : je verrai ce que j'aurai à faire. »

Simoni fut, à son tour, traduit devant la Cour d'assises pour le meurtre du 13 juin 1861. Blasi et de Corti maintinrent que c'était bien Renosi qui était le coupable.

Mais le doute n'était pas permis. Le procureur général lui-même reconnut l'erreur commise et proclama la nécessité de la revision du procès.

« Le législateur, dit-il, au cours de son réquisitoire, n'a pas entendu ériger en dogme l'infaillibilité judiciaire, car il n'y a que la justice de Dieu qui ne se trompe pas : il n'a donc attribué à la chose jugée que l'autorité d'une présomption de vérité absolue. Mais en même temps, il ne pouvait souffrir dans sa sagesse que la présomption dominât la vérité qui vient de se révéler d'une manière éclatante et, dans les cas, heureusement rares de nos jours, où des faits nouveaux viennent à se produire et à donner la conviction qu'une erreur judiciaire a été commise, il a ouvert la voie de la revision, voie de salut et de réparation, dans laquelle nous sommes heureux d'entrer aujourd'hui parce qu'en assurant la punition du vrai coupable, elle permettra de briser bientôt les fers d'un innocent. »

Simoni fut condamné à vingt ans de travaux forcés, le 26 novembre 1862, par la Cour d'assises de la Corse.

Renosi avait été condamné à la même peine, le 18 novembre 1861.

Ces deux arrêts étant contradictoires furent déférés à la cour suprême par le procureur général Dupin et furent cassés pour être revisés (1).

Renosi et Simoni comparurent devant le jury du Gard au mois de mars 1863.

A l'audience, Patricius de Corti et Blasi répétèrent ce qu'ils avaient déjà par deux fois affirmé devant la Cour d'assises de la Corse ; pour eux, le véritable auteur de la mort de Filippi, c'était Renosi. Bien que le président leur fît remarquer qu'ils devaient certainement se tromper, ils persistèrent dans leur affirmation.

De Corti déclara qu'il n'avait même pas vu Simoni lors de l'agression. Blasi reconnut cependant que Simoni était sur les lieux, et il avoua qu'il n'avait pas vu Renosi tirer. S'il accusait celui-ci, dit-il, c'est qu'au moment où Filippi était tombé, il avait vu Renosi tenant à la main un pistolet dans la position d'un homme qui a fait feu ou qui va faire feu ; de plus, Patricius

_____

(1) Pour tenter d'expliquer la condamnation de Renosi innocent et rejeter la responsabilité de l'erreur commise sur d'autres que les magistrats à qui elle devait être imputée, le Procureur général Dupin dans son réquisitoire devant la Cour de cassation lors du pourvoi en revision des deux arrêts inconciliables s'exprima ainsi : «...La plupart des témoins étant parents des deux cousins (Renosi et Simoni), se concertèrent pour ne pas éclairer la justice et sauver ainsi Simoni, car ils ne mettaient pas en doute l'acquittement de Renosi. *Les défenseurs eux-mêmes avaient, du reste, contribué à les confirmer dans cette erreur, car ils ne cherchèrent pas, comme cela se fait habituellement en Corse, dans le cas de meurtre à la suite d'une rixe, à réclamer la position de questions accessoires pour amoindrir l'accusation* ».

de Corti lui avait donné, un instant après le meurtre, le signalement de celui qui avait tiré le coup de pistolet, et c'était le signalement de Renosi et non de Simoni.

Un témoin, portant le même nom que l'un des accusés, Renosi (Jean-Baptiste), donna sur la scène qui précéda le meurtre, quelques détails ne concordant pas entièrement avec ceux rapportés jusque-là.

Ainsi ce n'aurait pas été de Corti qui, atteint d'une pierre, serait tombé en criant : « Je suis mort », mais un de ses agresseurs, un sieur Pancrazzi, frappé d'un coup de bâton par Filippi ; et Simoni se serait écrié aussitôt : « Si tu meurs, tu ne mourras pas seul ». C'est alors que Simoni aurait tiré le coup de pistolet qui avait tué Filippi.

Le président ayant demandé au témoin Renosi pourquoi il n'avait pas rapporté ces faits pendant l'instruction : « Il est vrai, répondit celui-ci, que je n'ai pas été aussi explicite qu'aujourd'hui, mais alors *j'étais entendu à titre de renseignement* ; aujourd'hui j'ai prêté serment, je suis obligé de dire la vérité. Je persiste à soutenir avoir vu Simoni faire feu. »

Un autre témoin, nommé Borchetti, rapporta également que c'était le nommé Pancrazzi qui, frappé par Filippi, avait crié en tombant : « Je suis mort », ce qui avait amené cette exclamation de Simoni : « Si tu meurs, tu ne mourras pas seul », et en même temps Simoni avait fait feu sur Filippi.

Au sieur Borghetti, le président fit aussi remarquer qu'à l'instruction il n'avait pas fourni les détails qu'il donnait à l'audience et lui en demanda la raison.

— Si je n'ai pas parlé alors, répondit le témoin, c'est que je croyais à l'acquittement de Renosi, mais du moment que j'ai vu sa condamnation, j'ai cru de mon devoir de dire la vérité...

Par arrêt du 23 mars 1863, la Cour d'assises du Gard, condamna Simoni à sept ans de travaux forcés. Renosi fut acquitté. Il avait passé seize mois au bagne !

FEMME DOISE (ÉPOUSE GARDIN)

(1861)

Le dimanche 20 janvier 1861, le parquet d'Hazebrouck était averti que le jour même, à deux heures de l'après-midi, un paysan, Martin Doise avait été trouvé assassiné dans sa demeure (1).

Doise, âgé de soixante-cinq ans, habitait une maisonnette isolée dépendant du village de St-Jean-Cappel. Il était veuf et avait plusieurs enfants avec lesquels il vivait en médiocre intelligence.

La mort devait remonter à plusieurs jours. Elle avait été causée par de nombreux coups portés à la tête avec une pioche qu'on avait retrouvée dans la maison du crime appuyée contre une chaise et tachée de sang.

La découverte du cadavre avait été faite par la fille et par le gendre de Martin Doise, la femme Rosalie Doise et son mari le sieur Gardin.

Les magistrats qui firent les premières constatations furent immédiatement convaincus que le mobile du crime n'était pas le vol.

Aucun désordre n'existait dans la maison. Rien ne paraissait avoir disparu, si ce n'est une grosse montre en argent.

La clameur publique désigna aussitôt comme les auteurs du crime les époux Gardin.

Ils furent arrêtés et l'instruction se poursuivit contre eux, comme étant les seuls qui avaient pu assassiner le vieillard.

Les témoins furent nombreux, même parmi les proches parents des accusés, pour affirmer le sentiment de haine qu'aurait, à maintes reprises, manifestée Rosalie Doise contre son père, et pour attester les craintes qu'auraient inspirées à celui-ci les procédés de sa fille à son égard.

Rose Doise fut mise au secret dans une cellule qui ne recevait

---

(1) *Gazette des Tribunaux*, 12 octobre, 17, 18, 19, 20 novembre 1862. — *Le Droit*, 13-14 octobre 17, 18, 19, 20 novembre 1862.

le jour et l'air que par une très étroite ouverture. Elle y resta deux mois, protestant de son innocence et réclamant à grands cris qu'on recherchât la montre qui avait disparu de chez son père, disant qu'en la retrouvant on découvrirait la trace de l'assassin. On procéda à cette recherche sans grand empressement, et sans succès. Aussi le magistrat instructeur fut-il plus que jamais convaincu que c'était l'accusée elle-même qui avait dérobé la montre et l'avait cachée.

La femme Doise, cependant, suppliait qu'on la retirât de la cellule malsaine où elle était détenue. Elle était enceinte, elle invoqua son état de santé pour qu'on la traitât avec moins de cruauté. Mais ses prières furent vaines et elles le demeurèrent jusqu'au jour où l'accusée finit par déclarer qu'en effet c'était bien elle qui avait frappé son père. Elle avait eu avec lui, avouait-elle, une vive discussion, il avait voulu lui donner des coups de pioche, elle l'avait désarmé, et en le frappant avec cet outil, elle l'avait renversé, puis elle était retournée chez elle en emportant la montre.

En récompense de cet aveu, elle demanda avec instance qu'on ne la tînt plus au secret, qu'on la mît dans une pièce saine et aérée, non pour elle, mais pour l'enfant qu'elle allait mettre au monde.

Le juge ne fit pas droit tout de suite à ses supplications ; ce magistrat exigeait qu'auparavant elle indiquât où elle avait caché la montre. L'accusée ne put satisfaire à ce désir du juge qui se résigna cependant à tirer la malheureuse du cachot où il l'avait tenue pendant des semaines ; il lui permit même de voir ses parents et son avocat.

Mais elle avait trop longtemps souffert. Elle accoucha un mois avant terme d'un enfant qui mourut au bout de quelques jours.

Aussitôt après les aveux de l'accusée, l'instruction avait été close. Tandis qu'une ordonnance de non lieu avait été rendue en faveur de son mari, la femme Doise avait été renvoyée devant la Cour d'assises du Nord.

Elle y comparut le 13 avril 1861.

Dès les premiers mots de son interrogatoire elle rétracta complètement ses aveux. Elle affirma, elle jura, qu'elle n'était pour rien dans la mort de son père. Et comme on lui demandait pourquoi elle avait avoué ce crime si elle ne l'avait pas commis : « C'était, répondit-elle, pour ne pas rentrer dans le *trou noir* (elle désignait ainsi le cachot où on l'avait maintenue au secret). On m'avait dit que si je reconnaissais avoir tué mon père, on me mettrait dans une autre pièce de la prison. Et j'ai dit tout ce qu'on a voulu pour l'enfant que j'allais mettre au monde ; mais ce n'est pas vrai, je ne suis pour rien dans la mort de mon père. Qu'on me condamne tant qu'on voudra. Par la lumière de Dieu la vérité se découvrira ».

On devine si le président fit ressortir l'invraisemblance d'un pareil système et la puérilité d'une telle rétractation.

Les sœurs, les frères de Rosalie Doise, son mari lui-même furent entendus comme témoins.

Ils rapportèrent des propos de haine, des menaces que l'accusée aurait proférés contre son père, des scènes de violence qu'elle lui aurait faites. Ils affirmèrent que Martin Doise avait manifesté ses craintes d'être assassiné par sa fille Rosalie. Celle-ci protesta tantôt avec indignation, tantôt en pleurant contre les propos qu'on lui prêtait, contre les violences qu'on lui attribuait.

Mais le jury ajouta foi aux aveux que l'accusée avait faits à la fin de l'instruction. Impressionnés par les arguments de l'accusation, par les dépositions des témoins, et bien qu'il n'y eût aucune preuve certaine et matérielle de culpabilité, les jurés rendirent contre la femme Doise un verdict affirmatif mitigé de circonstances atténuantes.

Elle fut condamnée aux travaux forcés à perpétuité.

En entendant l'arrêt de la Cour, la femme Doise s'écria avec des plaintes déchirantes : « Et plus tard, si on retrouve les coupables, que fera-t-on de la pauvre innocente ? »

Cependant elle ne se pourvut pas en cassation.

Comme le dit plus tard son avocat :

« Elle s'inclina devant l'arrêt qui la condamnait ; elle comprit en voyant le déchaînement de l'opinion, l'animosité des témoins qui semblaient moins apporter leurs témoignages à la justice que réclamer une sanglante expiation, elle comprit que ce n'était plus dans la justice des hommes qu'elle devait placer son espoir ».

Et la femme Doise subit sa peine.

L'année suivante, un journalier nommé Vanhalwyn et plusieurs autres individus étaient poursuivis pour assassinat et vols. La femme de Vanhalwyn entendue comme témoin déposa de faits qui éveillèrent l'attention de la justice ; on se souvint des protestations d'innocence de la femme Doise.

Des recherches furent faites ; elles établirent vite que les meurtriers de Martin Doise étaient Vanhalwyn et un autre belge nommé Verhamme. Celui-ci avoua immédiatement le crime et raconta dans quelles conditions il avait été commis.

C'était Vanhalwyn qui en avait eu l'idée. Il avait entraîné Verhamme chez Martin Doise pour le voler. Tous deux s'étaient présentés au vieillard en lui disant qu'ils étaient des fraudeurs poursuivis par les douaniers, et, malgré le refus de Doise, ils étaient entrés.

Vanhalwyn avait alors saisi la pioche qui était contre le mur et en avait porté un coup sur la tête de Doise. Celui-ci assis près du feu était tombé aussitôt.

Vanhalwyn avait fouillé ensuite dans une des poches de sa victime, en avait retiré quelques clefs et, après avoir donné sur la tête du vieillard encore trois ou quatre coups de talon, il avait ouvert et fouillé un des coffres qui se trouvaient dans la pièce.

Aidé de Verhamme, il s'était emparé de trois petites bourses et d'une montre en argent.

Avant de partir, croyant que Doise vivait encore, il lui avait de nouveau frappé à la tête d'un coup de talon si violent, que le crâne rebondit sur le pavé.

Puis les deux criminels étaient retournés chez Vanhalwyn pour partager le produit du vol qui s'élevait à trois francs environ, en pièces de billon, et le lendemain ils étaient allés vendre la montre à Ypres, en Belgique.

L'horloger qui la leur avait achetée fut retrouvé.

La justice dut reconnaître qu'elle s'était trompée lorsqu'elle avait déclaré que le vol n'était pas le mobile du crime ; l'examen des lieux avait été mal fait.

Vanhalwyn et Verhamme furent traduits devant la Cour d'assises du Nord et condamnés le 16 août 1862 pour l'assassinat de Martin Doise, le premier à la peine de mort, le second aux travaux forcés à perpétuité.

Il fut établi que ces deux individus ne connaissaient pas Rosalie Doise. L'arrêt qui avait été rendu contre celle-ci le 13 août

1861 et celui qui avait frappé Vanhalwyn et Verhamme étaient donc inconciliables.

Le 9 octobre 1862, la Cour suprême cassa les deux arrêts contradictoires et renvoya Rosalie Doise, Vanhalwyn et Verhamme devant la Cour d'assises de la Somme pour y être jugés à nouveau sur l'accusation de l'assassinat de Martin Doise.

Le 17 novembre 1862, tous trois comparurent devant le jury à Amiens.

Vanhalwyn et Verhamme avouèrent leur culpabilité. Il n'y avait pour ainsi dire pas de discussion à leur égard. Mais la femme Doise avait-elle eu une part dans la perpétration du crime ? Au commencement des débats, le Ministère public, usant par extraordinaire du droit que lui accorde la loi, de faire un exposé des faits sur lesquels est fondée l'accusation, déclara qu'il ne reconnaissait pas comme un fait acquis et certain l'innocence de celle qui avait été la première condamnée ; au contraire, il relevait contre elles de lourdes charges. Il alla jusqu'à dire que les arrêts intervenus ne lui paraissaient pas inconciliables, et que c'était par suite d'une susceptibilité bien délicate que la Cour de cassation les avait cassés.

Malgré les aveux de Vanhalwyn et de Verhamme, il subsistait toujours, selon le procureur général, contre la femme Doise, comme présomptions de sa complicité, l'intérêt qu'elle avait à ce que son père mourût, « les violences par lesquelles cette fille dénaturée semblait avoir prélude au parricide » et « les aveux vainement rétractés et qui ne s'expliquaient pas s'ils n'étaient pas l'expression de la vérité ».

Ce fut sur ces charges que le président fit porter l'interrogatoire de l'accusée.

Pour expliquer comment, quoique innocente, elle avait à un moment de l'instruction avoué sa culpabilité, elle répéta en les précisant les raisons qu'elle avait données lors des premiers débats.

Le juge d'instruction l'avait menacée de la maintenir au secret et dans le trou noir où elle était enfermée ; et le commis greffier lui disait toujours :

« Dites que vous êtes coupable et que vous avez caché la montre et vous sortirez ».

Alors, enceinte, voulant sauver son enfant..., elle avait dit tout ce qu'on avait voulu. Elle ajouta :

« J'espérais toujours qu'on découvrirait que ce n'était pas moi. Tous les soirs, je demandais aux employés de la prison si on n'avait rien trouvé ».

Les accusés Vanhalwyn et Verhamme affirmèrent qu'ils ne connaissaient même pas de vue leur co-accusée et « qu'elle était aussi innocente que son enfant mort à un mois ».

La femme Doise avait toujours nié énergiquement les menaces qu'on prétendait lui avoir entendu proférer contre son père, les actes de violence qu'on affirmait lui avoir vu commettre.

Les témoins qui avaient déposé à ce sujet lors du premier procès furent entendus à nouveau.

Ils furent moins affirmatifs cette fois. Plusieurs déclarèrent ne plus se rappeler ce qu'ils avaient dit.

Gardin, le mari, qui, inculpé d'abord dans l'instruction, avait porté contre sa femme de graves accusations, se rétracta complètement. « J'ai dit tout cela, déclara-t-il, et j'en aurais dit bien d'autres pour sortir de prison ».

Le gardien chef de la maison d'arrêt où la femme Doise avait été détenue préven*ment, au secret pendant plusieurs mois, dans une cellule presque sans jour et sans air, dut reconnaître que l'autorité administrative avait fait modifier l'état de cette pièce à cause de son insalubrité, et que l'accusée avait tellement souffert du régime auquel on l'avait soumise, que sa raison en avait été altérée et qu'elle avait voulu se suicider.

Dans son réquisitoire, le procureur général avoua que l'acquittement de la femme Doise était inévitable. Il abandonna l'accusation à son égard ; il reconnut qu'il n'existait pas contre elle de preuve de culpabilité, mais il s'exprima sur son compte en termes vraiment étranges :

« Proclamerai-je son innocence ! dit-il et dois-je déplorer une fatale erreur judiciaire ? Non. Je ferais en allant jusque-là une injure aux magistrats, au jury et à la justice toute entière, une injure immeritée.

« En écoutant les témoignages produits à cette audience, n'avons-nous pas vu sans cesse dans la pensée, dans les propos, dans les actes de cette femme, la préméditation, la gestation du parricide si je puis m'exprimer ainsi ! Aux yeux de Dieu qui lit dans les cœurs, elle était parricide ».

Puis faisant une supposition contraire aux aveux des deux assassins et que rien dans les débats ne justifiait, le ministère public s'adressant à la femme Doise, lui dit :

« Avez-vous par l'appât du butin que les bruits répandus sur l'avarice et la richesse de votre père rendaient vraisemblable, poussé ces deux hommes, Vanhalwyn et Verhamme au meurtre du vieillard ? Vous qui ne vouliez que la maison, leur avez-vous donné le reste ? »...

Et le procureur général terminait son réquisitoire par ces mots :

« J'ai des doutes, je m'arrête et je conseille au jury de s'abstenir ; mais quant à la certitude de votre innocence ; je le dis hautement, je ne l'ai pas et ne veux pas la proclamer. Je suis sûr d'être approuvé par le jury lorsque je formule ma pensée en disant : je renonce à soutenir l'accusation contre vous, mais je ne vous réhabilite pas. »

Ces paroles étaient inexplicables alors que les témoignages, les déclarations des coupables, les constatations matérielles démontraient que la femme Doise n'avait été, n'avait pu être pour rien dans le crime.

La même année, un autre procureur général, celui de Bastia, requérant contre le véritable auteur d'un crime pour lequel un innocent avait été condamné (1) disait :

« La justice, suivant l'expression d'un orateur dans une de nos dernières assemblées législatives, ne nous apparaît jamais plus grande, plus noble, plus respectée que lorsqu'après avoir tout fait pour éviter l'erreur, elle fait tout aussi pour la réparer. »

Le procureur général d'Amiens ne comprenait pas, paraît-il, de la même façon que celui de Bastia le devoir du ministère public. Il était de ceux qui pensent que les défaillances de la Justice ne doivent pas être reconnues par ceux qui se nomment ses serviteurs (2).

_____

(1) Procès de Renosi-Simoni (1861), voir plus loin.

(2) Dans l'affaire Louarn et Baffet (voir p. 334), les magistrats avaient interdit la reproduction des débats, lors de la comparution des vrais coupables. Pareille mesure ne tendait à rien moins qu'à empêcher la réhabilitation de la mémoire de deux innocents condamnés.

De tels exemples ne permettent-ils pas de supposer que les pouvoirs publics n'ont pas toujours mis leurs efforts à faire éclater des erreurs dont

Le défenseur de Rosalie Doise, M° Lambert de Beaulieu, qui l'avait déjà assistée lorsqu'elle avait comparu, pour la première fois devant le jury, exprima son étonnement du langage tenu par le ministère public :

« M. le procureur général, dit-il, reconnaît qu'il n'y a contre la femme Gardin aucune charge qui permette une condamnation. Cependant il dit qu'il n'a pas assez d'indignation, assez de flétrissure pour la conduite de celle qu'il appelle une fille impie, dénaturée, parricide de cœur et d'intention. Je ne veux pas d'un pareil acquittement, d'un acquittement faute de preuves. Celle que je défends a droit à une réparation. Il faut qu'elle sorte d'ici la tête haute. »

A la fin des débats, rien ne restait à la charge de la femme Doise que ses aveux au cours de l'instruction, mais les raisons qu'elle avait données pour expliquer comment elle s'était reconnue coupable d'un crime qu'elle n'avait pas commis, pouvaient n'avoir pas suffisamment convaincu le jury. Aussi M° Lambert de Beaulieu insista-t-il surtout, dans sa plaidoirie, sur la torture morale et physique qu'on avait fait subir à cette malheureuse pour la forcer à avouer. Après avoir dépeint le véritable cloaque où elle avait été tenue au secret pendant deux mois, souffrant du froid, de la fatigue causée par sa grossesse, sans un banc pour s'asseoir, sans air, sans lumière, il s'écria :

« Eh bien ! représentez-vous cette femme au tempérament nerveux et impressionnable, enceinte de quatre mois quand on l'a ensevelie dans ce tombeau ; voyez-la plongée, sous le poids d'une accusation terrible, dans les ténèbres empestés de ce cachot, toujours seule et toujours dans la nuit. Elle ne sort que pour comparaître seule, dans le silence et l'isolement du cabinet du magistrat instructeur. De la société, elle ne connaît plus que la personne qui lui apporte ses aliments et qu'on avait mise là pour la presser d'avouer, que les gardiens qui viennent la chercher, que le magistrat qui l'interroge, chez lequel elle voit une conviction arrêtée de sa culpabilité, dans lequel elle trouve non un juge, mais un accusateur.

---

ils avaient le pressentiment ou la preuve ? Affirmerait-on qu'aucun innocent n'est mort sur l'échafaud ou au bagne, victime de la crainte du scandale qu'aurait provoqué la divulgation de son innocence ? Dans l'affaire Saussier (1854), le garde des sceaux donna l'ordre au procureur général de ne pas engager la procédure en revision, Saussier étant mort et la famille ne réclamant pas la réhabilitation de sa mémoire.

Et à la suite de ces interrogatoires multiples, — il y en a dix longs — brisée de fatigue et d'émotion, elle retourne à cet affreux cachot où elle souffre, où elle a froid, où elle a peur, où elle se débat dans les terreurs épouvantables auxquelles la prédispose son état de grossesse. Dites-le moi n'est-ce pas, que pendant les premières semaines elle pourra résister; mais si le supplice (car c'en est un) se prolonge (il a duré deux mois) la souffrance deviendra intolérable et qu'elle pourra se dire : mieux vaut l'échafaud; au moins je sauverai l'enfant que je porte dans mon sein. »

Cette éloquente peinture du supplice infligé à la malheureuse femme pendant l'instruction, ce réquisitoire, assurément modéré dans la forme contre les procédés employés par la justice pour arriver à remplacer les preuves de culpabilité par un aveu qui n'était qu'un mensonge imposé, amena une réplique du ministère public. Le procureur général voulut défendre le juge d'instruction contre les reproches mérités que contenait la plaidoirie de l'avocat; il tenta de légitimer la mesure que le magistrat instructeur avait prise pour isoler l'accusée, il chercha à justifier *le secret*.

Qu'on juge de la valeur de ses arguments! Il affirma que l'accusée n'avait été mise au secret que pour l'isoler de son mari inculpé comme elle; que du reste, son exaltation était extrême et manifeste avant son entrée dans la prison. Et, comme si l'interdiction de communiquer avec qui que ce soit était, non une mesure d'instruction, mais un châtiment que le juge instructeur pourrait infliger à un accusé qu'il considère comme particulièrement coupable, le procureur général prononça ces étonnantes paroles :

« Le secret ! mais tout magistrat ayant le sentiment de son devoir, ordonne une pareille mesure en présence d'une préméditation flagrante de parricide, des violences qui y préludent, surtout lorsque la clameur publique atteste cette préméditation, atteste ces violences. »

Et voulant répondre au défenseur de la femme Doise, qui avait remercié la Providence d'avoir fait découvrir l'erreur des juges, le ministère public eut encore cette singulière répartie :

« Vous avez fait intervenir la justice de Dieu dans ces débats, dans ce dénouement sauveur qui rendra la femme Gardin à la liberté. Je ne trouve pas que cette invocation soit malséante; mais si vous voyez la main de Dieu dans l'innocence reconnue aujourd'hui, ne pouvons-nous la voir dans l'épreuve qu'a subie cette femme poursuivie par la clameur publique, flétrie par un arrêt infamant ! »

Frappant exemple de la passion auquel peut céder un magistrat ! Le procureur général avait abandonné l'accusation contre la femme Doise, il avait confessé que sa culpabilité n'était pas établie ; et, loin de manifester un regret de l'erreur commise, il ne voulait y voir qu'une épreuve justement méritée !

Vanhalwyn fut condamné à mort et Verhamme aux travaux forcés à perpétuité.

Rosalie Doise déclarée non coupable par le jury fut acquittée.

La prison avait compromis sa santé ; elle était réduite à la misère ; son enfant était mort.

On la remit en liberté.

BAL SOLLIER

(1868)

L'étrange procès de Bal Sollier (1), a pour prologue un drame d'amour.

Le jour de la fête patronale d'Oullins (dans l'Isère), en 1868, un jeune homme et une jeune fille du pays, après une journée joyeuse et une nuit de bal, à l'aurore, s'en allaient au bord du Rhône et, la main dans la main, se précipitaient dans le fleuve....

Le jeune homme, avant de se jeter à l'eau, avait posé sur la digue sa casquette, son paletot, sa montre d'or, ainsi qu'une lettre dans laquelle les deux désespérés adressaient à leurs familles un dernier adieu.

Quelques instants plus tard, des soldats trouvaient ces objets sur la rive ; pressés de rentrer à la caserne, ils appelaient deux paysans occupés à leur champ, non loin de là, et leur faisaient part de leur découverte. L'un d'eux, Bal Sollier se chargeait de la

(1) *Gazette des Tribunaux*, 21 et 25 février ; 18 avril 1868 ; *Bulletin de la Cour de cassation* : 1868, LXXIII, n° 47, p. 69.

garde des effets trouvés, tandis que l'autre, Beck, courait à Oullins porter la nouvelle du double suicide.

Beck resta absent à peu près une heure. A son retour, il aperçut Bal Sollier piochant sa terre ; mais les vêtements avaient disparu ainsi que la montre et la lettre. Bal, affirma qu'il n'avait point quitté son champ et que, sur la digue, une seule femme était passée ; à coup sûr, elle n'avait rien emporté : il ne l'avait pas quittée des yeux.

Comment alors expliquer cette disparition ? Le vent ne s'était pas élevé depuis le matin, et d'ailleurs le vent n'eût pas emporté la montre.

Le commissaire de police d'Oullins, arrivé sur les lieux, fut mis par Beck au courant de ce qui s'était produit. Tous les curieux accourus se joignirent au magistrat pour fouiller les buissons et les rochers voisins. Recherche vaine ! il ne restait rien de ce qu'avaient laissé les deux amoureux, avant de se jeter à l'eau.

Le commissaire de police interpella Bal Sollier. Il lui reprocha vivement de s'être constitué le gardien d'un dépôt et de l'avoir ainsi laissé violer, en admettant qu'il ne l'eût pas violé lui-même. Sa négligence donnait prise à tous les soupçons.

En même temps, le magistrat de police exprimait son regret de la disparition de la lettre des deux suicidés. Sans valeur pour celui qui s'était emparé de leurs effets, elle était pour la famille une relique précieuse et pour la Justice un document des plus utiles.

Sur ces regrets vivement exprimés et après avoir formulé ces reproches, le commissaire se retira, suivi de tous ceux qui étaient accourus avec lui. Bal Sollier seul restait près de la digue, à son champ qu'il labourait toujours.

Deux heures plus tard, au même endroit, sous une pierre, un passant retrouvait la lettre disparue et la portait à la mairie d'Oullins.

On sourit de la naïveté de Bal Sollier. Cette lettre minutieusement et vainement cherchée le matin et qu'on retrouvait ainsi soigneusement remise à sa place, c'était certainement le paysan qui l'avait prise le matin et remise après les observations du commissaire. Quel autre que lui, d'ailleurs, aurait pu la déplacer ? Bal seul était resté, toute la journée, près de la digue ; il avouait que nul n'y était passé, sauf une femme dont il avait observé tous les mouvements. L'opinion le désigna comme le voleur et « la rumeur publique » fut consignée dans le procès-verbal de la gendarmerie.

Ce n'était qu'un bruit encore. Il suffit à affoler Bal Sollier qui pour détourner les soupçons recourut à un expédient indélicat et maladroit. Il dénonça Beck comme étant l'auteur du vol. Naturellement, il ne put soutenir longtemps son accusation. Beck était parti pour Oullins dès l'arrivée des soldats, c'est-à-dire dès la découverte du suicide. Depuis lors, il n'était pas resté seul un instant près de la digue ! La dénonciation n'était pas sérieuse ; Bal dut en convenir et s'aperçut qu'il avait par sa maladresse fortifié les présomptions qui l'accusaient.

Poursuivi pour vol, devant le tribunal correctionnel de Lyon, il ne put que protester de son innocence avec un accent de sincérité telle, que le tribunal, par trois fois, renvoya son jugement et entendit de nouveaux témoins.

Mais la prévention ne se trouva point ébranlée et Bal Sollier fut condamné à trois mois de prison.

Il interjeta appel et produisit devant la Cour impériale de Lyon, un nouveau témoin, M. Roussilloux père, qui était passé sur la digue d'Oullins, dans la matinée du suicide : le témoin avait rencontré sur cette digue, à mille mètres environ du champ de Bal Sollier, un homme, une femme et une petite fille, qui paraissaient venir du lieu d'où les objets déposés avaient disparu. Malheureusement Roussilloux ne connaissait pas ces trois personnes, et Bal Sollier ne les avaient même pas aperçues. Faute de précision le renseignement parut sans valeur et le jugement du tribunal fut confirmé.

Bal Sollier ne désespéra point encore.

« Il faudra bien, disait-il, que tôt ou tard les objets des morts paraissent, et alors ils me justifieront. — J'irai jusqu'au bout pour laver mon honneur, ajoutait-il. Plaie d'argent n'est pas mortelle. »

Ce fut Mme Bal Sollier qui parvint à découvrir les vrais coupables et à faire ainsi réhabiliter son mari. Elle s'était mise à la tâche avec une admirable énergie et elle fit preuve d'une étonnante opiniâtreté.

Elle s'adressa d'abord à Roussilloux et obtint de lui, chose difficile et rare, un signalement clair, exact et détaillé des trois personnes rencontrées sur la digue d'Oullins.

Un détail lui fournit une piste : toutes trois portaient des sacs et n'étaient pas du pays. Roussilloux les avaient aperçues diverses fois parcourant les îles du Rhône et ramassant des herbes sèches. Mme Bal Sollier en conclut que c'était probablement des herboristes de Lyon, et pensa que les droguistes de cette ville pourraient fournir leur adresse.

Bravement elle part pour Lyon accompagné de Roussilloux, et les voilà colportant, avec une infatigable persévérance, chez les herboristes et les droguistes de la ville le signalement des personnes désignées. Enfin — après combien d'inutiles démarches ! — une herboriste de la Guillotière crut reconnaître, dans le portrait qu'on lui traçait des inconnus, un marchand de chiendent de son quartier, un nommé Prévost qui vivait en compagnie d'une femme et d'une petite fille.

Mme Bal Sollier et Roussilloux coururent chez Prévost sous prétexte d'acheter des plantes médicinales.

Et l'on devine la joie de Mme Bal Sollier quand son compagnon d'enquête lui fit signe qu'ils étaient bien en présence du couple rencontré sur la digue du Rhône.

Les deux herboristes ne tardèrent pas d'ailleurs à avouer le vol. Ils furent traduits devant le tribunal correctionnel de Lyon, le 19 décembre 1867, et condamnés chacun à trois mois de prison.

Les décisions inconciliables qui avaient frappé Bal Sollier, Prévost et sa complice, la femme Arnaud, furent annulées par la Cour suprême le 20 février 1868, et l'affaire fut renvoyée devant le tribunal de Grenoble.

C'était la première application de la loi de 1867 sur la revision et, à l'audience, le substitut salua « avec reconnaissance, la promulgation d'une loi due à l'initiative du gouvernement impérial.... » Il fit également l'éloge « du modeste ouvrier (Bal Sollier), qui n'avait pas cessé d'espérer dans la Justice et qui avait combattu l'erreur avec des forces puisées dans la passion de l'honneur ».

Bal Sollier fut acquitté.

Une condamnation à un mois de prison frappa Prévost et la femme Arnaud.

KRANTZ

(1868)

(Audience du 19 février)

Tribunal correctionnel de Nancy.

La tendance de certains magistrats à rejeter sur les témoins et même sur la victime de l'erreur, la responsabilité de la décision erronée, se manifeste d'une façon brutale dans le compte rendu de l'affaire Krantz, que nous empruntons au journal *Le Droit.*

Le 23 octobre 1868, Jean Krantz comparaissait devant le tribunal correctionnel de Nancy (1), sous prévention d'infraction à un arrêté d'expulsion, de rébellion et enfin de coups portés le 28 septembre, vers 8 heures du soir, à Léty, à la dame Laurent et au sieur Jean Rehfuss.

Krantz protestait de toute son énergie contre cette première prévention ; mais il était reconnu de la façon la plus expresse et la plus formelle par Léty, par la dame Laurent et par le sieur Laurent. En présence de cette triple reconnaissance des plus affirmatives, le tribunal condamna Krantz à dix mois de prison et à deux ans de surveillance. Krantz fit appel et devant la Cour *il demanda à prouver par témoins son alibi ;* mais la Cour à son audience, du 17 novembre 1868, *repoussa ces conclusions* et confirma le jugement en élevant la peine à treize mois de prison. Krantz fut, en conséquence, envoyé dans une maison centrale.

Depuis cette condamnation, le père de Krantz recueillait des renseignements qui, non seulement démontraient l'innocence de son fils par un alibi certain et parfaitement prouvé, mais qui, de plus, faisaient connaître le vrai coupable, ou plutôt les vrais coupables. En effet, d'après les dires des témoins qui avaient accusé Krantz des coups graves portés dans la soirée du 27 septembre, trois hommes et

(1) *Le Droit,* 22-23 février ; 12 octobre 1869. — *Gazette des Tribunaux,* 24 avril 1869. — *Bulletin de la Cour de cassation,* T. LXXIV, n° 93, p. 151.

une femme étaient entrés ensemble dans l'auberge de la dame Laurent.

Les deux hommes autres que Krantz et la femme, n'avaient pas été retrouvés lors du jugement rendu le 17 novembre. Krantz père découvrit et fit savoir à M. le procureur impérial que les trois individus qui étaient entrés, le 28 septembre au soir, dans le cabaret Laurent, à Médreville, se nommaient Malgras, Champagny et Aloph ; et qu'une femme nommé Elisabeth Ory les accompagnaient.

Une instruction fut ouverte ; elle mit en pleine lumière l'innocence de Krantz sur le fait de Médreville. Krantz fut aussitôt gracié mais non pas mis en liberté à cause de l'arrêté d'expulsion (comme étranger) qui pèse sur lui. Aujourd'hui Malgras, Champagny et Aloph comparaissent comme prévenus et Krantz comme témoin. Malgras est celui que trois témoins ont cru être Krantz. *En comparant ces deux individus nous ne leur trouvons pas la moindre ressemblance ;* Malgras est beaucoup plus petit que Krantz ; Malgras a le nez retroussé, tandis que Krantz a le nez tout à fait aquilin ; Malgras a sur la joue une excoriation très visible ; Krantz n'a absolument rien de pareil sur la joue.

On frémit en pensant que des témoins peuvent se tromper à ce point, et induire la justice en erreur par des reconnaissances aussi légèrement affirmées (1).

Jean Krantz est naturellement le premier témoin entendu.

M. le président à Krantz. — Le 17 novembre dernier, vous avez été condamné à treize mois de prison pour rébellion d'abord, mais ensuite et surtout pour coups à Rehfuss et autres. Vous avez été gracié le 11 janvier ?

R. — Oui, monsieur, mais je suis encore détenu comme étranger de naissance à raison d'un arrêté d'expulsion.

Krantz justifie de l'emploi de son temps au moment du délit de coups pour lequel il avait été condamné ; il établit n'être pas sorti de son domicile dans la soirée du 28 septembre 1868 où le délit a été commis.

M. le président. — *Si vous aviez justifié devant nous de cet alibi le 17 novembre, vous n'auriez pas été condamné* (2). Vous étiez reconnu par plusieurs témoins, le tribunal a *dû* vous condamner.

____

(1) On frémit, aussi, en pensant que la justice écoute avec une telle complaisance les témoins à charge et que la Cour refuse d'entendre les témoins à décharge.

(2) Par quelle dérogation aux principes Krantz aurait-il dû faire la preuve de son innocence !

Vve Delahaye, tailleuse, rue des Artisans, 23. — Je demeure dans une chambre toute voisine de celle de Jean Krantz. Le lundi 28 septembre, il est rentré se coucher vers six heures du soir et ne s'est pas relevé jusqu'au lendemain matin. Il ne peut sortir sans que je l'entende.

M. le président. — Comment n'avez-vous pas éclairé la justice pour empêcher la condamnation du 17 novembre ? (1)

Le témoin. — J'ai dit aux parents de Krantz ce que je savais à cet égard.

Diemer. — Le dimanche 27 septembre, je suis allé au bal avec Krantz jusqu'à six heures du matin. Le lundi 28 nous nous sommes levés à midi, nous nous sommes promenés jusqu'à six heures du soir; il est rentré chez lui à six heures du soir et n'est pas ressorti jusqu'à sept heures moins le quart, heure à laquelle je suis parti.

Léty. — J'étais garçon au service des époux Laurent, à Médreville, près Nancy. Le lundi 28 septembre, vers huit heures du soir, j'ai vu un monsieur, M. Krantz, qui vomissait sous la table ; il y avait dans le cabaret trois hommes et une femme. C'est l'un des trois hommes qui vomissait. Mme Laurent lui a dit de sortir. Il a répondu par des injures à Mme Laurent et m'a donné un soufflet (on rit).

M. le président. — Il n'y a rien de risible ici. Si les témoins et les vrais coupables avaient eu du courage, un malheureux ne serait pas allé dans une maison centrale (2).

Le témoin. — M. Laurent a été frappé par les trois hommes. Celui qui avait vomi sous la table a porté à Rehfuss un violent coup de poing sur l'œil.

M. le président faisant approcher à la barre Krantz et Malgras. — Regardez les attentivement, quel est celui qui a vomi et frappé ?

Léty. — J'ai toujours cru que c'était Krantz. Maintenant je suis forcé de croire que c'est Malgras, puisqu'il a avoué, devant M. le juge d'instruction que c'était lui. Cependant mon idée est toujours

----

(1) Le témoin aurait pu répondre : Parce que les conclusions de la défense qui réclamaient mon audition ont été rejetées. Voici au reste le texte des *conclusions rejetées par la Cour* le 17 novembre 1868. « Plaise à la « Cour, sur le chef de coups et blessures volontaires, renvoyer Krantz des « poursuites, subsidiairement *l'autoriser à prouver par témoins* que le 28 « septembre à l'heure indiquée au procès-verbal, il se trouvait à Nancy et « par conséquent n'a pu prendre part à Médreville à la rixe au sujet de « laquelle il a été poursuivi ».

(2) Le malheureux ne serait pas allé non plus dans une maison centrale si les conclusions de la défense n'avaient pas été rejetées par la Cour.

que c'est Krantz. *Il n'y avait qu'une chandelle pour éclairer toute la salle.*

Femme Laurent, débitante à Médreville. — Trois hommes et une femme sont entrés chez moi le 28 septembre au soir pour consommer. L'un d'eux a vomi sous la table. Je le lui ai reproché. Il m'a injuriée. Léty étant entré, on a voulu tomber sur lui. Je me suis interposée. Mon mari est survenu. Tous trois sont tombés sur mon mari. J'ai appelé au secours Jean Rehfuss qui en a tiré deux de dessus mon mari. J'ai reçu un coup de poing sur l'œil; j'ai toujours cru que c'était Krantz. Maintenant je ne sais pas si je m'étais trompée, oui ou non, j'étais très bouleversée, *la salle était mal éclairée.*

Mise en présence de Krantz et de Malgras, la femme Laurent dit: « C'est l'un ou l'autre, c'est l'un des deux; je ne puis affirmer lequel des deux. »

Laurent, débitant et menuisier. — Le 28 septembre étant à la cuisine, voisine du débit, j'entrai dans la salle et reçus immédiatement un bon coup de poing de Champagny. Ils sont tombés à trois sur moi. Jean Rehfuss en a retiré deux de dessus moi et m'a laissé aux prises avec Champagny. Ma femme a appelé au secours, et les trois individus se sont sauvés sans payer. J'ai d'abord cru que c'était Krantz, et je l'ai toujours dit. Je ne reconnais pas Aloph.

Mis en présence de Krantz et Malgras, Laurent dit : « C'est un de ces deux là qui se trouvait chez moi. J'ai pu me tromper. Ils se ressemblent : la salle était mal éclairée. »

Elisabeth *Ory*, brodeuse à Nancy. — Le 28 septembre au soir je suis allée chez la femme Laurent avec Champagny, Aloph et Malgras; Krantz n'y était pas, je l'affirme.

Malgras s'est couché et a vomi. Mme Laurent lui a dit: « Vous devriez sortir pour faire vos saletés. » Malgras qui était en ribotte a mis le poing sous le nez à Mme Laurent. Il y a eu lutte : Malgras a eu sa blouse tout arrachée.

C'est Champagny ou Malgras qui a donné un coup de poing sur l'œil à Rehfuss, je ne puis dire avec certitude lequel.

Aloph s'est interposé pour séparer mais n'a pas frappé.

Je n'ai pas su qu'on jugeait Krantz pour le délit commis par d'autres, ni qu'il fût enfermé. Je n'ai su cela que lorsque j'ai reçu une feuille pour comparaître devant M. le juge d'instruction.

Joseph *Thiery*. — Aloph m'a dit: « Je n'ai pas frappé, je n'ai fait que le tenir pendant qu'il frappait. » Il a ajouté: « Le jeune homme de la rue des Artisans (Krantz) qui est arrêté n'y était pas ; il n'est pour rien dans cette scène. » C'est à la suite de ce propos que M. le procureur impérial a été averti que Krantz n'était pas coupable.

Jean *Rehfuss*. — Le lundi, 28 septembre, à 8 heures du soir, j'étais chez Laurent, dans la cuisine. Mme Laurent a crié au secours : trois hommes étaient sur Laurent ; voulant les séparer, je reçus de suite sur l'œil un coup qui a profondément altéré ma vision. J'ai été huit jours au lit.

M. le président. — Le docteur a constaté que votre œil était à moitié perdu.

Interrogatoire des prévenus.

Malgras, soldat à Châlons, de Vandeuvre, déjà condamné à quinze jours de prison pour outrage public à la pudeur. — « Le 28 septembre, je suis allé chez Laurent, à Médreville, avec Champagny et Aloph : Krantz n'était pas avec nous. J'ai vomi ; Mme Laurent m'a insulté. J'étais ivre, je ne me rappelle pas avoir porté un coup à Léty ou à la femme Laurent. Je sais bien que j'ai donné quelques coups de poing, je ne sais à qui. Je n'ai pas su au régiment qu'un individu innocent avait été arrêté à ma place et condamné pour les délits dont j'étais l'auteur. Je n'ai su son arrestation que quand la police m'a interrogé à Châlons. »

Champagny, soldat à Brest, avoue les faits. — Krantz n'était pas avec nous, ajoute-t-il.

Aloph, maçon à Villes-lès-Nancy, fait une réponse identique.

M. Tulpain, substitut du procureur impérial. — Ce qui a jeté de l'obscurité sur cette affaire, c'est que Krantz a été arrêté pour une autre cause que le délit de Médreville, pour infraction à un arrêté d'expulsion et pour rébellion envers la police au moment de son arrestation.

Quant au délit de Médreville, il a été victime d'une fatale ressemblance ; la Cour l'a condamné sur les dires très affirmatifs des témoins(1), à treize mois de prison et deux ans de surveillance. Il a été gracié au bout de trois mois ; ces trois mois qu'il a subis me paraissent pouvoir être considérés comme la répression légitime des deux délits d'infraction à un arrêté d'expulsion et de rébellion envers la police.

M. le substitut discute ensuite la part respective de Malgras et de Champagny dans la scène du 28 septembre...

Après plaidoiries des défenseurs, Aloph fut acquitté, Malgras

---

(1) Sans avoir voulu entendre les témoins à décharge.

condamné à huit mois de prison et Champagny à deux mois de la même peine.

Dans son jugement le tribunal énonçait formellement que Malgras, Champagny et Aloph étaient allés *seuls* chez les époux Laurent à Médreville, et que Krantz n'y était point entré dans la soirée du 28 septembre. Aussi la revision ne fit-elle point difficulté et Krantz, Aloph, Malgras et Champagny furent, par arrêt de la Cour suprême du 23 avril 1869, renvoyés devant le tribunal correctionnel de Metz, pour y être jugés à nouveau.

Les débats furent alors sans intérêt. Nous ne voyons à relever dans le compte rendu du *Droit* (11-12 octobre 1869, n° 242), que ce détail singulier :

« *Conformément aux habitudes du tribunal de Metz, les témoins reprennent leur place dans la salle après l'appel de leurs noms.* Mais M. Courtois prie le tribunal de les faire sortir pour les entendre séparément. L'organe du ministère public ne fait aucune objection, et M. le Président fait retirer les témoins de l'auditoire. Ils ne rentrent que suivant l'ordre de l'assignation et déposent séparément.»

Etranges habitudes, en violation flagrante avec le texte même de la loi.

Ce n'est pas seulement à Metz, et il y a trente ans bientôt que les prescriptions du Code d'instruction criminelle ont été systématiquement transgressées. De nos jours encore il est bien des Cours et des Tribunaux où des coutumes les plus irrégulières se sont implantées.

Devant le Tribunal correctionnel de la Seine même, pendant l'interrogatoire du prévenu, le premier témoin est toujours à la barre, il entend les explications de l'inculpé en réponse aux demandes du président, et ce témoin peut, sciemment ou inconsciemment, plier sa déposition aux besoins de l'accusation et de son ressentiment.

Krantz, après plaidoirie de Mᵉ Courtois, son défenseur, fut acquitté, Malgras fut condamné à trois mois et Champagny à vingt jours de prison.

CHARPENTIER

(1871)

Le 13 mars 1876, devant la Cour d'assises de la Loire-Inférieure comparaissait un cultivateur de Donges, Pierre Bazile,
âgé de trente ans. Voici, d'après l'acte d'accusation, ce qui l'amenait au banc des accusés (1).

Dans la nuit du 26 au 27 octobre 1871, vers deux heures et demie
du matin, le sieur Barbin, cultivateur à la Sensée, commune de Donges, se trouvait dans son verger attenant à son habitation lorsqu'il
aperçut à quelques pas, sur la route nationale de Saint-Nazaire à Savenay, un individu qui se dirigeait du côté du hameau du Gage. La
nuit était calme et il faisait un beau clair de lune qui permettait de
distinguer les objets environnants. Barbin reconnut cet individu
pour être le nommé Charpentier, tisserand au hameau du Gage. Il
l'interpella en lui demandant de l'attendre, mais il n'eut pas de réponse. Ce silence lui parut suspect. Depuis quelque temps, de nombreuses soustractions se commettaient dans la commune de Donges,
et la rumeur publique les imputait à Charpentier, déjà plusieurs fois
condamné pour vol et placé sous la surveillance de la haute police.
Barbin supposant qu'il venait de commettre quelque nouveau méfait, résolut de le rejoindre ; ses soupçons s'accrurent en voyant cet
individu presqu'aussitôt quitter la route, prendre un chemin de traverse conduisant dans la direction opposée au hameau du Gage, puis
se mettre à courir à toutes jambes.
Il ne doute plus que Charpentier ne vienne de commettre un nouveau crime, et ôtant ses sabots pour mieux courir lui-même, il
s'élance à sa poursuite. Il gagnait du terrain et allait l'atteindre,
quand tout à coup, à un détour du chemin, l'individu poursuivi s'arrêta brusquement, se tourna de son côté et fit feu sur lui avec une
arme que Barbin crut être un pistolet ; puis, profitant du saisissement
que causa à ce dernier cette attaque subite, le malfaiteur prit de nouveau la fuite et disparut dans la campagne.
Barbin avait essuyé ce coup de feu à dix mètres environ ; il n'avait

---

(1) *Le Droit*, 19 et 20 février 1877.

pas été atteint, mais il avait entendu le sifflement des plombs dont l'arme était chargée. Tout ému il alla frapper à la porte d'un cultivateur du voisinage, le sieur Beaumal, en lui demandant de lui prêter main-forte et d'aller arrêter Charpentier, mais celui-ci s'y refusa et Barbin rentra chez lui.

Personne n'avait été témoin de la scène. Le sieur Bonner seul qui habitait à quelque distance de là avait entendu la détonation du coup de feu : toutefois, Barbin était si affirmatif dans son récit, il accusait Charpentier avec une telle énergie que le doute ne parut pas possible. La gendarmerie en se transportant sur les lieux, dans la journée du 28, constata qu'à une distance d'environ douze pas derrière la place qu'occupait Barbin au moment où l'on avait tiré sur lui et dans sa direction la terre avait été labourée par des plombs qui en avaient effleuré la surface et on retrouva même en la fouillant un grain de plomb n° 3 ou 4. Quant au pistolet il fut recherché inutilement : on pensa que l'auteur de l'attentat s'en était dessaisi et l'avait caché avant de rentrer chez lui.

Une seule circonstance ne fut point complètement expliquée ; les débris de la bourre avaient été trouvés ; c'étaient des fragments d'une lettre qu'un homme d'affaires de Savenay, le sieur Barteau, avait adressée le 22 avril précédent à un sieur Bazile, cultivateur à Donges, au sujet d'un procès que ce dernier intentait alors à Barbin. Ce fait attira l'attention du magistrat instructeur; Bazile fut interrogé ; une perquisition fut faite à son domicile; mais on n'y trouva qu'un fusil à un coup, qui ne pouvait être l'arme dont s'était servi le meurtrier, puisque Barbin affirmait avoir vu un pistolet.

Bazile déclara d'ailleurs qu'il ignorait comment cette lettre qu'il reconnaissait lui avoir été adressée, était sortie de sa possession ; il affirma n'être point sorti de chez lui dans la nuit du 26 au 27 octobre, et comme il fut établi par l'information que Charpentier avait l'habitude de ramasser tous les papiers qu'il trouvait, on en conclut qu'il s'était aussi approprié la lettre de Bazile.

L'instruction terminée, Charpentier fut traduit, le 12 décembre 1881 devant la Cour d'assises de la Loire-Inférieure sous l'accusation de la tentative de meurtre. A l'audience, Barbin renouvela ses affirmations avec autant d'assurance qu'au cours de l'information.

Bazile, de son côté, entendu comme témoin, soutint qu'il n'avait pu se rappeler ce qu'il avait fait de la lettre qui avait servi de bourre, et le président des assises ayant posé comme résultant des débats, une question subsidiaire de violences et voies de fait, Charpentier, malgré ses protestations d'innocence, fut condamné à deux ans de prison. Il ne se pourvut pas en cassation et, à l'expiration de sa peine, revint habiter Donges.

Il y avait deux ans qu'il était de retour et on ne pensait plus à la poursuite dont il avait été l'objet, quand le 3 novembre dernier, à la suite d'une querelle qu'ils avaient eue ensemble, Bazile qui était pris de boisson, reprocha à Barbin d'avoir, en accusant Charpentier, fait condamner un innocent ; il ajouta : « Ce n'est pas lui qui a tiré sur toi, c'est moi ; » puis il alla chez Charpentier et lui fit le même aveu.

Le bruit de cette révélation se répandit bientôt dans le pays, la gendarmerie en fut informée et Bazile, questionné, n'hésita pas à reconnaître, devant les agents de la force publique, qu'il était l'auteur de la tentative de meurtre commise sur Barbin en 1871, appuyant cet aveu des détails les plus circonstanciés.

C'était lui que Barbin avait vu de son verger, sur la route de Savenay à Saint-Nazaire, à deux heures du matin. Dormant mal cette nuit-là, il avait eu la pensée de profiter du clair de lune pour chasser à l'affût, et, ne voulant pas être reconnu il avait évité de répondre à Barbin lorsque ce dernier lui avait adressé la parole. Se voyant poursuivi il s'était jeté dans un chemin de traverse qui conduit à la propriété de Lambinais et s'était mis à courir. Enfin, comme Barbin s'acharnait à sa poursuite et était sur le point de l'atteindre, craignant qu'il ne se livrât sur lui à des violences, parce qu'ils avaient eu récemment un procès ensemble, il s'était arrêté brusquement au détour du chemin du bois de la Noue et avait fait feu sur lui avec le fusil dont il était armé.

« Je me retournais avec l'intention de le tuer, dit-il ; je savais que dans ce lieu, s'il avait pu me saisir, il m'aurait fait un mauvais parti, mais, réflexion faite, je me contentai de tirer de son côté, sans chercher à l'atteindre. »

Ces aveux faits spontanément à la gendarmerie ont été renouvelés depuis devant M. le juge d'instruction. Toutefois, Bazile a prétendu, au cours de l'information, contrairement aux attestations de la gendarmerie qu'il n'avait pas dit qu'il s'était retourné avec l'intention de tuer Barbin, qu'il n'avait jamais eu, même un instant, cette pensée.

Il reconnaît qu'il a tiré dans sa direction mais il déclare qu'il a visé à un pied environ à gauche de sa personne, à la hauteur de la poitrine, de façon à ne pas l'atteindre. On peut douter que sur ce point il dise toute la vérité. La frayeur que lui inspirait Barbin, la précipitation avec laquelle il s'est retourné et a fait feu sur lui, la direction des plombs dont Barbin a entendu le sifflement, les traces qu'ils ont laissées sur la terre, à dix pas derrière lui, tout semble démontrer que l'inculpé a cédé à la pensée criminelle de se défaire d'un adversaire qu'il regardait comme dangereux.

Bazile reconnaît également qu'il a trompé la justice lorsqu'au cours de l'information dirigée contre Charpentier, il a soutenu n'être pas sorti de chez lui dans la nuit du 24 au 27 octobre, et que le 12 décembre 1871, devant la Cour d'assises, déposant comme témoin sous la foi du serment, il a fait une déclaration contraire à la vérité, lorsqu'il a affirmé qu'il ne savait pas ce qu'il avait fait de la lettre de l'homme d'affaires de Savenay dont les fragments avaient été trouvés sur le lieu du crime. Il se rappelait parfaitement alors, que la moitié de cette lettre lui avait servi à charger le coup tiré sur Barbin et, qu'avec l'autre moitié, il avait rechargé son fusil dans la même nuit en rentrant chez lui, ne voulant pas qu'on trouvât son arme déchargée en cas de perquisition, et prenant ses précautions pour se défendre autant que possible contre l'accusation qu'il s'attendait à voir porter contre lui ; il avoue que s'il a déclaré le contraire aux assises, c'est sciemment et pour détourner tout soupçon de sa personne, et il ajoute que si, au mois de novembre dernier, dans un moment d'irritation contre Barbin, il avait révélé ce qu'il avait fait, c'est qu'il pensait que la justice ne pouvait plus l'atteindre.

Malgré les aveux formels de Bazile, Barbin prétend encore que c'est Charpentier qui a tiré sur lui. Il persiste à soutenir que son meurtrier était vêtu d'un long gilet de couleur foncée comme en porte habituellement Charpentier ; qu'il avait un chapeau de paille noir et blanc, et qu'il avait fait feu avec un pistolet.

Bazile soutient avec la même énergie qu'il était vêtu d'une blouse bleu clair, qu'il avait un chapeau de paille blanc, et qu'il a tiré sur Barbin avec un fusil d'un coup, et l'on ne peut douter de la sincérité de cet accusé qui aurait tout intérêt à ne pas s'exposer par ses aveux à une condamnation.

Il est manifeste que la justice, trompée en 1871 par les affirmations de Barbin et les fausses déclarations de Bazile, a frappé un innocent et que le seul coupable est Bazile.

En conséquence, Pierre-Marie Bazile est accusé d'avoir :

1° A Donges, le 27 octobre 1871, commis une tentative d'homicide volontaire sur la personne de Pierre Barbin, laquelle tentative, manifestée par un commencement d'exécution, n'a manqué son effet que par des circonstances indépendantes de la volonté de son auteur.

2° A Nantes, le 12 décembre 1871, devant la Cour d'assises de la Loire-Inférieure, fait en matière criminelle un faux témoignage contre l'accusé Pierre Charpentier, crimes prévus et réprimés par les art. 295, 304, 2 et 361 C. pén.

Tels étaient les faits. Les débats ne présentèrent qu'un médiocre intérêt. Il faut signaler cependant l'entêtement incroyable de Barbin qui n'en voulut pas démordre : c'était bien Charpentier qui avait tiré sur lui un coup de pistolet dans la nuit du 26 au 27 octobre 1871.

« *Je l'ai parfaitement reconnu*, affirma-t-il, il avait un gilet foncé et un chapeau blanc et noir. Au mois de novembre 1875, j'ai rencontré Bazile chez Beaumal et je lui ai demandé d'oublier les discussions que nous avons eues, il m'a répondu : « Tu as fait mettre Charpentier aux galères pour deux ans, tu as dit qu'il t'avait tiré un coup de pistolet, ce n'était pas lui, c'était moi. Jamais je ne te pardonnerai cela. »

Il m'a pris par le gilet et me l'a déchiré. *Bazile aujourd'hui veut me faire passer pour un faux témoin.*

Le malheureux Charpentier vint rappeler qu'en 1871 il avait vainement affirmé la vérité qu'on paraissait découvrir, cinq ans après l'avoir condamné.

— Je n'ai qu'à répéter, ajouta-t-il, que la nuit où le coup de feu a été tiré, j'étais chez moi : rentré à 10 heures du soir, je ne suis sorti qu'à 5 heures du matin.

Cette déclaration, il n'était pas seul à la faire et déjà en 1871 — l'acte d'accusation qu'on vient de lire omet ce détail — son alibi avait été sérieusement établi. Son absence fut démontrée péremptoirement, une fois encore :

Sa femme vint affirmer que Charpentier était, en effet, rentré le soir du coup de feu chez lui à 10 heures et qu'il n'était sorti qu'à 5 heures du matin. Une femme, Marie Ravenau, se rappela que le 26 octobre 1871, Charpentier avait passé la soirée dans sa maison et qu'il était sorti vers 10 heures, pour rentrer chez lui.

Après réquisitoire, plaidoirie et résumé, quatre questions furent posées au jury :

1° Bazile était-il coupable d'avoir dans la nuit du 26 octobre 1871 tiré sur Barbin ?

2° Avait-il tiré dans l'intention de lui donner la mort ?

3° La tentative d'homicide n'avait-elle manqué son effet que par des circonstances indépendantes de la volonté de Bazile ?

4° Bazile était-il coupable de faux témoignage ?

Le jury répondit affirmativement sur la première question, négativement sur les trois autres.

Bazile n'était donc reconnu coupable que d'un délit, d'un délit vieux de 5 ans, et, par conséquent, couvert par la prescription.

La Cour ne le condamna qu'aux dépens, le déclarant absous de la peine portée par la loi.

Le 23 novembre suivant, la Cour de cassation annula comme inconciliables les deux arrêts rendus contre Charpentier en 1871 et contre Bazile en 1876 : tous deux furent renvoyés devant la Cour d'assises de Maine-et-Loire, le 5 février 1877.

Bazile y renouvela ses aveux, Charpentier maintint ses dénégations. Il n'avait été condamné, en réalité, que sur ses antécédents (six ans de réclusion en 1857 et deux ans de prison pour vol quelques années après, avec surveillance de la haute police).

Quant à Barbin, rien n'ébranla sa conviction. A Angers, comme à Nantes, il persista à soutenir que l'auteur de l'agression était Charpentier, qu'il l'avait parfaitement reconnu, d'abord au moment où il passait devant son verger et ensuite quand il avait tiré sur lui. Charpentier avait ce soir-là une veste foncée et un chapeau blanc et noir. Il avait pris sous ses vêtements non un fusil mais un pistolet et il avait fait feu. Barbin était parfaitement certain, disait-il, que ce n'était pas Bazile qui avait tiré sur lui : il le connaissait très bien et il l'aurait tout aussi bien reconnu. Il fut impossible de faire admettre à Barbin qu'il s'était trompé !

Le brigadier de gendarmerie qui commandait en 1871 la brigade de Montoue et qui avait procédé à l'enquête reconnut qu'on n'avait pas trouvé d'armes à feu chez Charpentier ; la bourre ramassée sur le lieu du crime était bien un morceau de lettre adressée à Bazile ; il avait fait une perquisition au domicile de celui-ci et avait trouvé un fusil qui paraissait avoir été tiré depuis peu de jours. Mais, comme Bazile, quoique braconnier, jouissait d'une réputation excellente, comme il prétendit avoir perdu la lettre utilisée comme bourre, on pensa qu'elle avait pu être trouvée par Charpentier et que celui-ci avait pu s'en servir pour charger le pistolet dont il avait fait usage, — lequel pistolet était d'ailleurs un fusil !

Le jury rapporta un verdict négatif en ce qui concernait Charpentier, affirmatif, mais sur la question de coups et blessures volontaires seulement, à l'égard de Bazile.

L'acquittement de Charpentier fut aussitôt prononcé.

Quant à Bazile, le fait déclaré constant par le jury ne constituant plus qu'un délit qui se trouvait prescrit, il fut, cette fois encore, absous et condamné seulement aux dépens.

PETIT

(1873)

Dans la soirée du 27 octobre 1872, à Précy-sous-Dondin, des vieillards, les époux Guillemin, voyaient brusquement entrer chez eux deux individus armés de pieux (1).

L'un des malfaiteurs se jetait sur eux, les renversait, leur portait de nombreux coups et s'en allait enfin, en brisant la fenêtre de la maison.

Le même soir, presqu'à la même heure, deux inconnus cassaient à coups de pierres les carreaux de la fenêtre d'une autre maison de Précy. La propriétaire, une dame Chevallier, sortait au bruit, courait après les deux hommes, en arrêtait un et lui faisait payer les vitres brisées. L'autre, cependant, s'enfuyait, malgré les appels de son compagnon qui vainement lui criait : « Oh! Bonnin! »

Une enquête fut ouverte. Elle établit que deux individus, Petit et Trouillet, avaient passé la soirée du 27 octobre à Précy. On les avaient vus dans la commune jusqu'à dix heures du soir. A tout hasard, on les soupçonna, on les inculpa.

La femme Guillemin confrontée avec eux déclara formellement reconnaître Petit pour l'un des individus qui avaient fait irruption dans son logis. La dame Chevallier et son mari « tout en étant moins affirmatifs, déclarèrent que l'identité de costume était complète ».

Une ordonnance de non lieu fut rendu en faveur de Trouillet, Mais Petit, renvoyé devant le tribunal de Charolles, fut condamné à un mois de prison et 25 fr. d'amende pour violences et bris de clôture.

Petit n'interjeta pas appel et subit sa peine. Mais une fois libre,

(1) *Gazette des Tribunaux*, 17 mai 1874. Dalloz, *Recueil périodique*, 1875, 1, 186, *Bulletin de la Cour de cassation*, 1874, p. 238.

il entreprit de faire éclater la vérité que la justice n'avait pas su découvrir.

« Oh Bonnin ! » avait crié l'individu arrêté par la dame Chevallier. Petit se mit à la recherche de « Bonnin », le retrouva et lui fit avouer quel était le coupable. Son compagnon dans la soirée du 27 octobre était un nommé Rouet.

Bientôt, dit, dans son rapport à la Cour de cassation, le procureur général Renouard, il fut établi que Bonnin et Rouet s'étaient rendus à Précy le même jour que Petit et Trouillet, qu'ils y avaient fait, à l'insu les uns des autres, un séjour d'une même durée ; qu'ils étaient vêtus de la même manière et, qu'enfin, c'était par suite d'une erreur que les méfaits des uns avaient été mis à la charge des autres. Non seulement Bonnin avouait sa participation au délit, mais un sieur Reboux avait reçu de Rouet, un aveu explicite. Enfin, la femme Guillemin, *seule affirmative* vis-à-vis de Petit lors de la première poursuite, reportait avec énergie cette affirmation sur Rouet que, de leur côté, les époux Chevallier déclaraient positivement reconnaître.

Bonnin simple compagnon du délinquant, non complice du délit, ne fut pas poursuivi.

Rouet fut condamné le 14 mars 1874, par le Tribunal de Charolles à un mois de prison et 50 fr. d'amende pour violences et bris de clôture.

Par arrêt du 14 mai 1874, la Cour de cassation déclara que les jugements rendus contre Petit et contre Rouet étaient inconciliables, que Claude Petit n'était pas coupable et que, comme celui-ci avait subi la peine prononcée contre lui et ne pouvait pour cette raison être jugé à nouveau, il y avait lieu d'annuler purement et simplement le jugement du Tribunal correctionnel de Charolles du 18 janvier 1873. L'innocence du sieur Petit fut donc judiciairement reconnue et l'arrêt qui le proclamait fut affiché à Précy-sous-Dondin qu'il habitait et dans les communes avoisinantes.

LEBET ET CATTIN

(1873)

On lit dans le *Bulletin des Arrêts* de la Cour de cassation (1874, p. 434) :

Le 24 septembre 1873, vers 2 heures du matin, le sous-brigadier des douanes Berçot et le préposé Ardiet, en embuscade sur les bords du Doubs, dans la commune de Grand-Combe-des-Bois (Doubs), virent une embarcation montée par des contrebandiers s'éloigner de la rive suisse. Ils se couchèrent à plat ventre pour mieux se dissimuler et, dès que la barque eût touché la rive française, Berçot s'élança sur la chaîne pour amarrer le bateau et visiter ensuite, avec son compagnon, les ballots qui le remplissaient ; mais un des contrevenants le frappa violemment sur la tête avec une rame, pour lui faire lâcher prise et la barque regagna la Suisse, pendant qu'un de ceux qui la montaient proférait contre les agents les injures les plus grossières.

Quoique étourdi par la violence du choc, et malgré l'obscurité, Berçot avait cru reconnaître dans son agresseur le sieur Lebet, contrebandier dangereux, et dans l'insulteur un nommé Cattin. Le préposé Ardiet avait fait les mêmes remarques. Ces deux individus furent traduits devant le tribunal correctionnel de Montbéliard, sous l'inculpation de voies de fait et d'outrages envers des préposés des douanes et condamnés le 13 octobre 1873, *grâce aux dépositions nettes et précises des agents* (1) : Lebet à *deux mois* de prison et 16 fr. d'amende, et Cattin à dix jours, et tous deux, sur l'intervention de la douane, à 500 fr. d'amende pour opposition à l'exercice des fonctions des préposés.

Sur l'appel des deux condamnés qui protestaient de leur innocence

---

(1) Bien que les procès-verbaux des agents des douanes ne fassent foi que des faits matériels qu'ils constatent, il est certain que les tribunaux ont en ces fonctionnaires, comme en toute personne assermentée, une confiance particulière. Même les agents de police (qui, eux, ne sont pas assermentés, mais dont les procès-verbaux servent de point de départ à de nombreuses préventions) jouissent d'un crédit spécial auprès des magistrats.

et sur l'appel *a minima* du ministère public, la Cour de Besançon, le 26 novembre 1873, éleva la peine prononcée contre Lebet à *quinze mois* de prison, maintint celle prononcée contre Cattin, ainsi que l'amende à laquelle ils avaient été condamnés tous deux.

Peu après, ces deux individus qui avaient à cœur de faire reconnaître leur innocence, signalèrent formellement les nommés Ligier (Ulysse) et Pillot (Victor), comme coupables du double délit et de la contravention qui avaient amené leur propre condamnation.

Une enquête fut ouverte et en présence des *nombreuses* dépositions de témoins affirmant, les uns que Ligier et Pillot étaient les vrais coupables, les autres que *Lebet et Cattin n'étaient pas sur les lieux de la scène, le 24 septembre, au moment fixé par les agents* (1), en présence surtout des aveux formels de Ligier et de Pillot, on ne put conserver *aucun doute* sur l'erreur commise par le Tribunal et par la Cour, et, à la date du 23 juin 1874, le Tribunal correctionnel de Montbéliard condamnait Ligier à deux mois de prison et 16 fr. d'amende et Pillot à dix jours pour voies de fait et outrages envers les préposés Berçot et Ardiet.

Dans ces circonstances, il y a certainement lieu à la revision du procès en ce qui touche Lebet et Cattin, condamnés pour les mêmes faits que ceux qui ont motivé la condamnation de Ligier et de Pillot. L'une des deux décisions est évidemment le résultat d'une erreur et ne peut, par conséquent, conserver son effet, alors surtout que l'innocence de Lebet et de Cattin est formellement constatée par le jugement du 23 juin.

Heureusement, ces deux derniers individus n'ont pas été mis en demeure de se constituer prisonniers et la douane, comme le ministère public, a sursis à l'exécution de l'arrêt qui les a frappés.

La Cour, faisant droit aux conclusions de l'avocat général, cassa comme inconciliables l'arrêt de Besançon, du 16 novembre 1873 et le jugement de Montbéliard, du 23 juin 1874, renvoya les quatre prévenus devant le Tribunal correctionnel de Dijon (2), qui les jugea le 12 novembre 1874. Lebet et Cattin furent relaxés comme étant restés absolument étrangers aux voies de fait et aux outrages dont avaient été l'objet les agents de la douane. Ligier fut condamné à deux mois et Pillot à dix jours de prison.

---

(1) Pourquoi n'avait-on pas écouté ces témoins la première fois ?
(2) *Archives du Tribunal correctionnel de Dijon.*

GHIO

(1875)

Trois jeunes gens, Lemarchand, Beaumont et Ghio, comparaissaient le 7 juin 1875 devant la Cour d'assises de la Seine, sous l'accusation de vol qualifié, commis le 19 novembre 1874, au préjudice d'un sieur Grivolet.

Le vol avait été accompli par trois individus. Les deux premiers accusés avouaient y avoir participé, mais ils déclaraient ne pas connaître Ghio et ne pouvoir ou ne vouloir dénoncer le véritable coupable. Ghio, de son côté, protestait énergiquement de son innocence. Le verdict, cependant, fut affirmatif pour tous les trois.

Beaumont et Ghio furent condamnés à huit ans de travaux forcés, Lemarchand, à six ans de réclusion.

Les condamnés étaient encore au dépôt de la Roquette, lorsqu'arriva dans cette prison pour y subir une peine de 13 mois d'emprisonnement, un jeune homme de 17 ans, un parisien, Jean Victor Morel.

Lemarchand et Beaumont reconnurent aussitôt dans le nouveau venu leur véritable complice, celui dont Ghio tenait la place.

Appelés devant le directeur de la prison et ensuite devant le commissaire de police, ils renouvelèrent leurs déclarations avec une rare énergie.

Il fallut bien les croire, car, désolé de l'injustice commise, Morel, joignait ses aveux à leurs témoignages. Et comme on ne se pressait pas de remettre Ghio en liberté, voici la lettre que Morel adressait le 13 juillet au juge d'instruction.

« Je vous écris ces quelques mots pour vous dire que je viens d'apprendre par un de mes complices qu'un individu venait d'être condamné à ma place, à huit ans de travaux forcés et vingt ans de surveillance dans l'affaire Lemarchand et Beaumont ; c'est pourquoi je

---

(1) *Gazette des Tribunaux*, 6 nov. 1875. *Bulletin de la Cour de cassation*, 1875, p. 710.

vous écris à cette seule fin que vous me mettiez devant mes complices et vous verrez que c'est moi qui ai commis le fait avec eux, car c'est malheureux qu'un individu soit condamné à huit ans de travaux forcés innocemment.

Je vous prie de vous occuper de mon affaire le plus tôt qu'il vous sera possible.

Je suis, en attendant, etc. ..   Signé : MOREL.

Jean Morel comparut, le 6 novembre suivant, devant le jury. Il renouvela ses aveux, ses complices répétèrent leurs déclarations antérieures qui étaient confirmées par des constatations matérielles.

Quant à Ghio, toujours détenu — il y avait *cinq mois* que son innocence, proclamée depuis le premier jour par ses co-accusés, était établie par les aveux de Morel, — Ghio vêtu du costume de la prison vint à la barre, crier une fois de plus qu'il n'était pas coupable. Il fit observer que pour trois voleurs accusés, la justice tenait quatre hommes sous les verrous.

C'était vraiment plus que l'équité n'en demandait.

Jean-Victor Morel fut condamné à sept ans de réclusion et les deux arrêts inconciliables qui frappaient pour le même fait Ghio et lui, furent cassés le 24 décembre 1875.

Les deux hommes furent renvoyés devant la Cour d'assises de Versailles où Ghio fut acquitté et Morel condamné à cinq ans de prison.

Magistrats et jurés — touchés sans doute, du zèle qu'il avait, à ses risques et périls, montré pour réparer l'injustice — signèrent un recours en grâce en sa faveur.

FEMME SAVARY

(1877)

Mlle Coquidé, domestique à Arras, en montant à sa chambre, le 2 avril 1877, vers onze et quart du matin, s'aperçut qu'on lui avait volé sa montre (1).

La soustraction ne pouvait remonter qu'à quelques heures, la

---

(1) *Gazette des Tribunaux*, 14-15 janvier 1878. — *Bulletin de la Cour de cassation*, 1877, p. 511.

domestique ayant vu sa montre, le jour même, avant de descendre à son ouvrage, à la place habituelle, sur une table près du lit.

Les soupçons de Mlle Coquidé se portèrent aussitôt sur une femme Savary qui était venue lui rendre visite dans sa cuisine.

Elle ne l'avait pas vue, sans doute, monter à sa chambre, mais, forcée de s'absenter quelques instants, elle l'avait laissée seule dans la maison pendant une dizaine de minutes. La visiteuse avait évidemment mis ce temps à profit pour commettre la soustraction dont la demoiselle Coquidé était victime.

Ce qui confirmait les soupçons de cette dernière, c'est que, la veille même, la femme Savary était venue la voir ; elle l'avait emmenée dans sa chambre et toutes deux avaient regardé la montre. Mlle Coquidé avait manifesté l'intention de faire graver son nom sur la cuvette ; la femme Savary le lui avait déconseillé, lui disant qu'elle enlèverait ainsi de la valeur à sa montre.

En dehors de la femme Savary, la domestique ne voyait d'ailleurs personne qui eût pu se rendre coupable du larcin. Il n'était venu, ce matin-là, à la maison, que sa sœur, Dina Coquidé, qu'accompagnait son fiancé, Joseph Bonnel. Il n'y avait pas à les soupçonner. Donc seule la femme Savary pouvait avoir commis le vol.

Ce fut l'opinion du Tribunal d'Arras qui, dans l'audience du 29 avril 1877, répondit aux protestations d'innocence, aux dénégations, aux larmes de l'inculpée par la lecture de son casier judiciaire. Par jugement du même tribunal, la femme Savary avait été condamnée pour vol. Quelle importance pouvait-on attacher à ses dires ? Entre ses affirmations et les déclarations du témoin, il n'y avait pas à hésiter. Le tribunal condamna la prévenue à un mois de prison. La Cour d'appel de Douai confirma ce jugement le 29 mai suivant. Ecrouée le 1er juin, la femme Savary subit sa peine.

Trois mois se passèrent. Dina Coquidé avait épousé son fiancé, Joseph Bonnel. La lune de miel avait été des plus courtes et, dans le nouveau ménage, les discussions étaient devenues si vives que la gendarmerie avait dû intervenir.

Dina Coquidé avait porté plainte contre son mari pour coups et violences, et au cours de l'enquête ouverte, elle accusa son mari d'être l'auteur du vol de la montre.

Au cours de la visite que les fiancés avaient faite à Mlle Coquidé le 2 avril précédent, Bonnel avait fait semblant de s'endormir tandis que Dina Coquidé allait faire un tour de jardin avec sa sœur. Il était, pendant leur absence, monté à la chambre de sa future belle-sœur et avait soustrait la montre.

Interrogé, Bonnel reconnut que l'accusation portée contre lui par sa femme était exacte et il remit aux gendarmes la montre de la demoiselle Coquidé.

Traduit devant le Tribunal d'Arras, il fut condamné à un an de prison, le 20 octobre suivant.

Les deux décisions qui avaient frappé le véritable voleur et la femme Savary, furent annulées, comme inconciliables, par arrêt de la Cour de cassation, en date du 20 décembre 1877.

FEMME FRANÇOIS

(1877)

Le 4 octobre 1877 (1), à Ste-Marie-en-Chaux (Haute-Saône), un vol était commis chez une dame Thiébaut. Sa chaîne et sa montre qu'elle avait laissées au dressoir de sa chambre à coucher, au moment de sortir, à son retour, avaient disparu.

Une marchande ambulante, vendeuse de mercerie et de bibelots, avait ce jour là traversé le village.

Les soupçons se portèrent sur cette nomade. Des témoignages et des présomptions multiples vinrent, après coup, la désigner comme la voleuse.

Le beau-père de Mme Thiébaut, — un vieillard que ses infirmités retenaient alité dans la chambre voisine de celle où les objets avaient été soustraits, — déclara qu'il avait aperçu dans cette pièce, par les rideaux entr'ouverts, une femme dont le signalement correspondait à celui de la colporteuse, de son nom, Marie-Thérèse Choley, femme François.

---

(1) *Bulletin de la Cour de cassation*, 1878, p. 187.

Le vieillard était seul à affirmer la présence de la marchande chez la dame Thiébaut. Mais de nombreuses personnes attestèrent qu'elles l'avaient vu rôder *autour* de la maison.

La femme François fut rejointe quelques heures après le vol. Le garde-champêtre aussitôt perquisitionna dans sa voiture sans y trouver les objets volés.

On avait, pendant ce temps, fait des recherches dans la chambre où le vol avait été commis et l'on avait trouvé une de ces petites boîtes en carton comme en emploient les colporteurs pour les articles de mercerie.

Le garde-champêtre déclara qu'il en avait aperçu de pareilles dans la voiture de l'inculpée.

On perquisitionna de nouveau, on fouilla sa pacotille, on n'y trouva pas de boîtes en carton. Cela fut une charge de plus contre la malheureuse. Si elle les avait fait disparaître, c'est qu'elle les savait compromettantes !

Avec ce système de raisonnement, on avait plus de présomptions qu'il n'en fallait pour traduire la femme François en police correctionnelle.

Elle comparut devant le Tribunal de Lure, le 6 novembre 1877.

Vainement elle y protesta de son innocence, jurant non seulement qu'elle n'avait pas mis les pieds chez Mme Thiébaut, ni devant sa porte, mais qu'elle n'était pas même allée dans la partie du village habitée par sa prétendue victime.

Elle fut condamnée à huit jours de prison, n'interjeta pas appel et subit sa peine.

Le 9 janvier 1878, la gendarmerie de Luxueil retrouvait chez un sieur Lebas, entrepreneur, la montre de la femme Thiébaut.

Lebas expliqua qu'il l'avait achetée neuf francs, le 4 octobre, vers deux heures après-midi, à un jeune homme qui lui avait dit l'avoir gagnée à la fête du pays.

Le marché avait été passé en présence d'un témoin qui fut entendu et qui confirma ce récit.

Lebas donna un signalement assez précis de celui qui lui avait vendu les objets volés et l'on retrouva facilement l'individu. C'était un nommé Petit Etienne-Nestor, dit Joseph, âgé de moins de

16 ans, déjà poursuivi pour vol et que le Tribunal de Lure avait, le 20 octobre 1877, envoyé jusqu'à dix-huit ans dans une maison de correction. Ce jeune homme mis en présence de Lebas et de l'ouvrier témoin de la vente, dut reconnaître qu'il était bien l'auteur du vol commis, le 4 octobre 1877, à Ste-Marie-en-Chaux, dans une maison dont il ne connaissait pas les habitants.

Il y était entré pour demander à boire, n'avait rencontré personne et, ayant pénétré jusque dans la chambre à coucher, il avait aperçu une montre avec sa chaîne, placée sur un dressoir ; il s'en était emparé et s'était enfui.

Amené à Ste-Marie-en-Chaux, Petit conduisit immédiatement les gendarmes à la maison de la femme Thiébaut. Aucun doute n'était plus possible ; Petit était bien le voleur.

Le 29 janvier 1878, le Tribunal de Lure le reconnut coupable, mais déclara qu'il avait agi sans discernement, et, après l'avoir acquitté, maintint la décision antérieure qui l'envoyait dans une maison de correction.

Aucun lien de complicité ne pouvait exister entre Etienne-Nestor Petit et la femme François, née Cholley.

Les instructions qui avaient précédé les deux condamnations et l'enquête minutieuse faite ensuite, le démontrèrent.

Les deux jugements, l'un du 6 novembre 1877, l'autre du 29 janvier 1878, condamnant ces deux personnes pour un délit qui n'avait qu'un auteur, furent déférés à la Cour de cassation, qui les annula tous deux par arrêt du 18 avril 1878.

Marie-Thérèse Cholley, femme François, et Petit Etienne-Nestor dit Joseph furent renvoyés devant le Tribunal correctionnel de Vesoul pour y être jugés à nouveau.

Les débats sur ce renvoi eurent lieu le 6 juin 1878. La femme François fut acquittée, son innocence étant déclarée certaine ; et le Tribunal ordonna l'envoi de Petit dans une maison de correction jusqu'à l'âge de dix-huit ans.

GUILLABEAU et PEYRATOUT

(1877)

Dans une auberge de la commune de Bujaleuf, près de Limoges, le 28 février 1877 (1), une querelle éclatait entre des jeunes gens du pays et un sieur Serres, qu'accompagnait son fils.

La discussion fut des plus vives et se termina par le départ des jeunes gens, qui prirent, pour quitter Bujaleuf, la route d'Eymoutiers. Serres et son fils demeurés encore quelque temps dans l'auberge, suivirent le même chemin. La nuit commençait à tomber lorsqu'ils rejoignirent quelques-uns des individus avec lesquels ils s'étaient disputés. La querelle recommença et dégénéra en rixe.

Les deux hommes eurent le dessous. Le père fut blessé, le fils jeté à terre. Meurtris et étourdis, ils regagnèrent le village et portèrent plainte à la gendarmerie.

On les conduisit, pour leur faire donner des soins, dans une auberge voisine. Là ils rencontrèrent deux jeunes gens avec lesquels ils s'étaient querellés à Bujaleuf dans la journée, les nommés Guillabeau et Peyratout, et affirmèrent qu'ils les reconnaissaient comme leurs agresseurs de la route d'Eymoutiers et comme faisant partie de la bande de ceux qui les avaient battus.

Une poursuite pour coups et blessures fut intentée contre Guillabeau et Peyratout, et bien qu'ils affirmassent n'avoir participé en rien à la rixe du soir, ils furent condamnés chacun à six jours d'emprisonnement par jugement du tribunal correctionnel de Limoges, le 9 avril 1877.

Ils n'interjetèrent pas appel de cette décision ; mais, après avoir subi leur peine, ils se mirent à la recherche des véritables auteurs des violences dont les Serres avaient été victimes.

Leurs recherches durèrent plus de deux ans.

---

(1) *Gazette des Tribunaux*, 27 octobre 1881. — *Bulletin de la Cour de cassation*, 1881, p. 250.

Enfin, le 11 février 1880, ils fournissaient au Parquet des renseignements suffisants pour qu'une nouvelle instruction fût ouverte. Il était temps, car quelques jours plus tard la prescription eût été acquise.

De cette instruction et des débats qui se déroulèrent devant le Tribunal correctionnel de Limoges, le 20 août 1880, il résulta la preuve que les agresseurs des Serres n'étaient pas Guillabeau et Peyratout, mais des nommés Réminiéras et Leroussaud.

Guillabeau et Peyratout n'étaient même pas sur les lieux où s'était produite la rixe.

Réminiéras et Leroussaud avouèrent du reste avoir frappé Serres père et fils, mais ils affirmèrent que ceux-ci les avaient provoqués et leur avaient porté les premiers coups.

Le 20 août 1880, le Tribunal condamna Réminiéras et Leroussaud à 16 francs d'amende pour le délit de coups et blessures volontaires sur les sieurs Serres, et ces derniers, chacun à 50 francs d'amende pour les violences qu'ils avaient exercées contre les premiers.

Le Ministère public interjeta appel *a minima* de la condamnation prononcée contre les Serres ; mais la Cour de Limoges confirma, le 4 novembre 1880, la décision du Tribunal.

Le jugement du 9 avril 1877, qui avait frappé Guillabeau et Peyratout, et celui du 20 août 1880, qui avait condamné pour le même fait Reminiéras et Leroussaud, bien qu'il fût certain qu'il n'y eût que deux personnes ayant frappé Serres père et fils, étant contradictoires, furent déférés à la Cour de cassation.

Le 3 juin 1881, un arrêt annula ces deux jugements et renvoya Guillabeau et Peyratout, Réminiéras et Leroussaud, devant le Tribunal correctionnel de Tulle.

Là, le 8 août 1881, Réminiéras et Leroussaud furent seuls condamnés à 16 francs d'amende par défaut ; et les juges, en acquittant Guillabeau et Peyratout, proclamèrent expressément leur innocence.

LES FRÈRES BROSSET

(1880)

On ne peut mieux se faire une idée de l'impassibilité gardée par la Justice, à la vue de ses erreurs, qu'en lisant dans la *Gazette des tribunaux* ou dans *Le Droit*, les comptes rendus de deux procès : le premier dirigé contre les innocents, le second contre les vrais coupables. Sans apprécier, sans se permettre un commentaire ou une épithète, par la sécheresse même de leur récit, par la reproduction aride de l'acte d'accusation, les journaux de droit rendent plus saisissants les démentis que se donne le ministère public avec la plus parfaite aisance.

Dans l'affaire des Brosset (1), que nous empruntons *in extenso* aux journaux judiciaires, nous nous sommes contentés d'imprimer quelques mots en italique. Cela suffit.

Le premier compte rendu est extrait du *Droit* (n° du 26 août 1880). Nous copions :

COUR D'ASSISES DE LA SEINE.

Audience du 25 août.

Attaque nocturne. — Vol à l'aide de violences.

Trois individus à mine patibulaire, comparaissent devant le jury. Ils sont frères et se nomment :

1° Mathias Brosset, 23 ans, couvreur;
2° François Brosset, 22 ans, même profession;
3° Louis Brosset, 17 ans, ouvrier en jouets.

Tous trois demeurant à Paris, passage Montenegro, 11.

Ils sont accusés d'avoir, pendant la nuit du 19 au 20 juin dernier, attaqué et dépouillé un passant.

L'acte d'accusation expose ainsi les faits :

Dans la nuit du 19 au 20 juin, vers minuit et demi, le sieur Trubert rentrait à son domicile, rue des Près, 48, lorsqu'arrivé au lieu

---

(1) *Le Droit*, 26 août 1880. — *Gazette des Tribunaux*, 31 mars et 30 août 1882.

dit la Patte d'Oie, il fut assailli par trois individus qui lui étaient complètement inconnus.

Le premier assaillant lança au sieur Trubert un coup de poing en pleine figure, le renversa, sauta sur lui en appuyant ses genoux sur la poitrine et lui ferma la bouche avec la main, pour l'empêcher de crier. Pendant ce temps, le second fouillait dans ses poches et lui enlevait une somme de 45 fr.; le troisième faisait le guet à quelques pas de la scène.

Le sieur Trubert a *parfaitement vu* (1) ses trois agresseurs et a remarqué que celui qui l'avait terrassé était vêtu d'un pantalon de velours et d'une veste en toile bleue ; que celui qui l'avait fouillé portait un pantalon et une veste de toile bleue usée ; que le troisième enfin, celui qui faisait le guet, avait une blouse noire.

Aux signalements donnés par le sieur Trubert, *un témoin reconnut, sans hésiter*, les frères Brosset qu'il avait vus dans la soirée du crime portant les vêtements décrits par la victime.

Arrêtés et mis en présence du sieur Trubert, *ce dernier a déclaré, de la manière la plus énergique, les reconnaître.* Mathias Brosset l'a frappé et terrassé ; François Brosset l'a fouillé et volé ; Louis Brosset a fait le guet.

Au moment de son arrestation le premier des accusés était porteur d'une somme d'argent dont il n'a pu justifier la provenance. Le second était couvert d'une veste et d'un pantalon neufs achetés le lendemain du crime.

Les trois accusés nient leur culpabilité, *mais leurs dénégations ne sauraient prévaloir contre la reconnaissance formelle du sieur Trubert* (2).

Tous trois sont des repris de justice. L'aîné Mathias, a été condamné quatre fois pour filouterie, escroquerie et vagabondage, à des peines variant de deux à six mois de prison. François Brosset a subi également pour filouterie et vols quatre condamnations, dont l'une à quinze mois d'emprisonnement. Quant à Louis Brosset, poursuivi pour vol, alors qu'il avait moins de seize ans, il a été envoyé dans une maison de correction jusqu'à ce qu'il eût atteint sa dix-septième année.

En conséquence, les sus-nommés sont accusés d'avoir, etc.

Interrogés par M. le président, les accusés persistent dans leurs dénégations.

_____

(1—2) « Il était en état complet d'ivresse » (acte d'accusation du deuxième procès).

On entend les témoins dont les déclarations sont fidèlement résumées dans l'acte ci-dessus.

M. l'avocat général Maillard, soutient l'accusation.

Me Charbonnel présente la défense.

M. le président résume les débats.

Le jury rapporte un verdict négatif au regard de Louis Brosset, et affirmatif au regard des deux autres accusés.

En conséquence, M. le président prononce l'acquittement de Louis Brosset, et la Cour condamne Mathias Brosset à six ans de travaux forcés et à cinq ans de surveillance, et François Brosset à sept ans de travaux forcés et cinq ans de surveillance.

Deux ans plus tard, le 30 mars 1882, les vrais coupables comparaissent devant la Cour d'assises de la Seine, car dans l'intervalle, un *incident* (l'euphémisme est de la *Gazette des Tribunaux*), un incident s'est produit. On s'est aperçu que les deux forçats étaient innocents.

Les vrais coupables se nommaient Lauzeret, Meuley et Altendorf. Voici, d'après la *Gazette des Tribunaux* du 31 mars 1883, le résumé des débats de ce second procès :

Les accusés ont déjà été condamnés.

Interrogés par M. le président, Lauzeret explique ainsi les faits :

Il rentrait avec ses deux compagnons, dans la soirée du 19 juin, lorsqu'il a été accosté par Trubert qui les a interpellés et avec lequel ils sont entrés tous trois chez un marchand de vin.

Après avoir « pris un verre », on est sorti et Trubert, se trouvant *en état complet d'ivresse*, a laissé tomber son porte-monnaie qui contenait 45 fr., Lauzeret l'a ramassé et a partagé la somme avec ses deux camarades.

Ces derniers, Meuley et Altendorf, confirment absolument les déclarations de Lauzeret.

Trubert a été cité comme témoin. Il s'avance vers la barre d'un pas mal assuré et son teint fortement coloré semble indiquer que sa mésaventure ne l'a point rendu plus sobre.

M. le président (au témoin). — Vous avez été, dans la soirée du 19 juin 1880, victime d'une agression. On vous a dévalisé. Vous avez tout d'abord cru reconnaître pour les auteurs du fait trois jeunes gens, les frères Brosset, qui ont été déférés à la Cour d'assises au mois d'août 1880 et dont deux ont été condamnés. *Vous vous étiez évidemment trompé* (1). Les véritables auteurs de l'agression sont là. Les reconnaissez-vous ?

Le témoin. — Mais non, ce n'est pas ceux là ; c'est les autres qui m'ont barbotté mes 45 fr. !

M. le président. — Mais puisqu'ils se reconnaissent eux-mêmes coupables.

Le témoin (se tournant vers le premier accusé). — Mais non, mon fils !.. Je te dis que ce n'est pas toi. D'abord je ne te reconnais pas.

On entend comme témoin l'un des frères Brosset, celui qui a été acquitté au mois d'août 1880 et qui a fini par découvrir et faire arrêter Lauzeret ainsi que ses deux compagnons.

M. l'avocat général Calary soutient l'accusation.

Me Fliche présente la défense de Lauzeret.

Me Bogelot celle de Meuley et Me de Wenzel celle d'Altendorf.

Le jury rapporte de la chambre de ses délibérations un verdict affirmatif sur la question principale seule.

En raison des circonstances atténuantes, la Cour condamne Lauzeret, Meuley et Altendorf à treize mois d'emprisonnement.

Les innocents avaient été condamnés à cinq et six ans de bagne !

.·.

L'arrêt qui avait frappé les Brosset, et celui qui avait condamné les véritables coupables furent déférés à la Cour suprême. Ces décisions furent cassées le 7 juillet 1882, et l'affaire fut jugée à nouveau par le jury de la Seine-Inférieure, le 28 août 1882. Voici l'exposé de la *Gazette des Tribunaux* (n° du 30 août 1882) :

COUR D'ASSISES DE LA SEINE-INFÉRIEURE.

Audience du 28 août 1882.

Attaque nocturne. — Une erreur judiciaire. — Arrêts inconciliables. — Renvoi devant une autre Cour.

La *Gazette des Tribunaux* du 31 mars dernier a publié le compte rendu des débats auxquels cette affaire a déjà donné lieu devant la Cour d'assises de la Seine. On se souvient de l'*incident* qui eut lieu : les véritables auteurs du crime firent des aveux qui constataient l'innocence des frères Brosset, condamnés précédemment l'un à sept ans, l'autre à six ans de travaux forcés.

Aujourd'hui les innocents et les coupables comparaissent devant

---

(1) « Leurs dénégations ne sauraient prévaloir contre la reconnaissance formelle du sieur Trubert » (acte d'accusation du premier procès).

la Cour d'assises de la Seine-Inférieure devant laquelle la Cour de cassation a renvoyé l'affaire.

Ils sont au nombre de cinq :

1º Mathias Brosset, né à Paris, le 25 mars 1857.

2º François Brosset, né à Paris, le 1er avril 1858.

3º Jean-Baptiste Lauzeret, né à Paris, le 21 mars 1856, terrassier.

4º Jean-Louis-Jules Meuley, né à Chissey-en-Morvan, le 18 novembre 1856, garçon marchand de vin.

5º Jacob Altendorf, né aux Prés-St-Gervais (Seine), le 10 juillet 1861, terrassier.

Voici le résumé des faits tel qu'il résulte de l'acte d'accusation :

« Dans la nuit du 19 au 20 juin 1880, vers minuit et demi, le sieur Trubert, ouvrier mécanicien, porteur de sa paye rentrait à son domicile, rue des Près, nº 48, à Belleville.

Il était en état d'ivresse (1). Arrivé au lieu dit la Patte d'Oie, il fut assailli par trois individus qui lui étaient inconnus. Le premier le renversa d'un coup de poing au visage et le maintint à terre en lui appuyant le genou sur la poitrine et en lui fermant la bouche avec la main pour étouffer ses cris; pendant ce temps, le second enlevait à Trubert une somme de 45 fr.; le troisième faisait le guet à quelques pas.

Le lendemain le sieur Trubert racontait ces faits dans un cabaret voisin. Un sieur Lenglet, présent à ce récit, *crut reconnaître* (2), au signalement très précis donné par la victime, les frères Brosset qu'il avait rencontrés rue des Près, dans la soirée du 19 juin, vers 10 heures 1/2 ; il leur attribua cette agression ; et les retrouvant le lendemain dans un bal, il leur demanda s'ils n'avaient pas attaqué un passant la veille au soir. L'un des frères lui fit des réponses contradictoires, mais nia tout et soutint qu'à minuit ses frères et lui étaient couchés et que leur père pourrait l'établir (3).

A l'instigation de Lenglet, Trubert porta plainte ; les frères Brosset furent arrêtés et confrontés avec lui ; il déclara de la façon la plus énergique, les reconnaître. Au moment de l'arrestation, l'un des accusés était porteur d'une somme assez importante dont il ne put faire connaître la provenance ; le second était vêtu d'une veste et d'un pantalon neuf achetés le lendemain du crime. Dans ces circonstances, les anciens antécédents des inculpés, tous les trois repris de justice, et surtout la déclaration formelle de la victime, sem-

---

(1) « Le sieur Trubert *a parfaitement vu...* » (acte d'accusation de 1880).

(2) « Reconnut sans hésiter » (acte d'accusation de 1880).

(3) Détail omis dans l'acte d'accusation de 1880.

blaient constituer à leur charge une présomption de culpabilité contre laquelle leurs protestations d'innocence et le témoignage de leur père parurent insuffisants (1). Ils furent renvoyés devant la Cour d'assises de la Seine.

A l'audience, le sieur Trubert persista à les reconnaître. Par arrêt en date du 25 août 1880, deux des accusés furent condamnés ; Mathias à six ans et François Brosset à sept ans de travaux forcés pour vol d'une somme d'argent commis au préjudice du sieur Trubert, dans la nuit du 19 au 20 juin 1880, par plusieurs personnes et à l'aide de violences. Leur frère Louis fut acquitté. Les deux condamnés *ne formèrent pas de pourvoi*, mais ils persévérèrent dans les protestations d'innocence qu'ils avaient toujours faites.

En exécution de cet arrêt, les condamnés furent détenus d'abord à Mazas ; ils y retrouvèrent un détenu qui avait habité longtemps leur quartier, le nommé Hemeury, condamné lui-même pour vol à une peine d'emprisonnement et lui racontèrent les faits qui avaient motivé leur condamnation, en affirmant leur innocence. Le même jour Hemeury lia conversation avec un autre détenu, le nommé Meuley, également condamné pour vol. Meuley lui raconta qu'il avait dans la nuit du 19 au 20 juin 1880, conjointement avec les nommés Lauzeret et Altendorf, commis un vol qualifié dans les conditions identiques à celles qui avaient entraîné la condamnation des frères Brosset ; Hemeury cependant garda le silence jusqu'à l'expiration de sa peine, survenue au mois de décembre 1880. Il alla trouver Louis Brosset et lui fit part des révélations de Meuley. Louis Brosset parvint à retrouver le nommé Lauzeret, l'un des auteurs du crime ; il le fit arrêter le 21 septembre 1881, tandis que les nommés Meuley et Altendorf subissaient des peines prononcées contre eux pour d'autres causes. Une nouvelle information fut ouverte.

Devant le juge d'instruction, Meuley, Altendorf et Lauzeret ont reconnu leur culpabilité. Ils essayèrent toutefois de l'atténuer en prétendant que dans la nuit du 19 au 20 juin, Trubert étant complètement ivre les avait insultés ; une rixe s'était engagée ; pendant la lutte le porte-monnaie de Trubert serait tombé. Ils reconnaissent l'avoir ramassé. Mais, d'après eux, il contenait 20 fr. seulement et non 45 fr., comme le prétend la victime. L'argent dépensé, quelle qu'en soit l'importance, a été dépensé en commun.

Trubert de son côté, persista dans ses déclarations en ce qui touche les violences dont il a été l'objet et qui ont été constatées par les témoins.

_____

(1) «Ne sauraient prévaloir» (acte d'accusation de 1880).

En présence de ces faits, une décision *gracieuse* de M. le Président de la République, en date du 26 décembre 1881, accorda aux frères Brosset remise du restant de leur peine. Meuley, Lauzeret et Altendorf renvoyés devant la Cour d'assises de la Seine, ont été, par arrêt du 30 mars 1882, condamnés à treize mois de prison chacun, pour vol d'une somme d'argent commis au préjudice du sieur Trubert, dans la nuit du 19 au 20 juin 1880. »

Les frères Brosset sont défendus par Me Charbonnel du barreau de Paris, Lauzeret, Meuley et Altendorf, par Me Niellon.

Le jury rapporte un verdict négatif, en ce qui concerne Mathias Brosset et François Brosset, affirmatif en ce qui concerne les trois autres accusés.

En conséquence la Cour condamne Lauzeret à six ans de travaux forcés et dix ans de surveillance ; Meuley à sept ans de travaux forcés et dix ans de surveillance ; Altendorf à cinq ans de travaux forcés et cinq ans de surveillance.

Les frères Brosset furent acquittés. Ils étaient restés dix-huit mois en prison.

FILLOL

(1881)

Le 28 décembre 1880, une femme se trouve un moment seule dans la cathédrale du Mans. Elle monte sur une chaise, s'empare d'une lampe placée dans la nef, la cache dans son tablier et sort (1).

A l'église, on s'aperçoit du vol, on prévient le commissaire de police. Une enquête est ouverte et l'on apprend qu'un chiffonnier, nommé Fillol, a été vu cherchant à vendre une lampe.

Fillol est facilement retrouvé. Interrogé, il reconnaît, en effet, avoir eu entre les mains une lampe qu'il affirme avoir achetée à un homme, dit-il d'abord, à une femme, déclare-t-il ensuite, moyennant soixante-dix centimes ; il a revendu cette lampe 1 fr. 50 à un sieur Escoublac, cordonnier.

---

(1) *Gazette des Tribunaux*, 2 juin 1881. — *Bulletin de la Cour de cassation*, 1881, n° 116, p. 200.

La lampe qui valait environ dix francs fut retrouvée entre les mains de ce dernier et reconnue comme étant celle de la cathédrale.

Fillol fut arrêté. On rechercha la femme qu'il avait signalée comme sa vendeuse; on ne la retrouva pas et Fillol fut traduit seul en police correctionnelle. Il soutint énergiquement devant les juges qu'il n'était ni l'auteur, ni le complice du délit qu'on lui reprochait. Mais les présomptions contre lui étaient graves et nombreuses.

D'abord, il avait une mauvaise réputation. Ensuite, il avait été déjà condamné, pour recel, à huit jours de prison. Ses explications, d'autre part, avaient été embarrassées et contradictoires, et, de l'aveu de sa femme elle-même, Fillol, le 28 décembre, était sans argent. Tout semblait donc démontrer qu'il était le voleur et que la femme dont il parlait n'avait jamais existé.

Fillol fut condamné, le 4 janvier 1881, à un mois de prison par le tribunal correctionnel du Mans. Il n'interjeta pas appel et subit immédiatement sa peine.

Il venait d'être libéré, lorsque le 21 février 1881, il amena devant le commissaire la femme qui lui avait vendu la lampe et que la police n'avait pas su retrouver : il l'avait rencontrée par hasard et l'avait forcée à le suivre. Elle se nommait Marie-Philomène Allaiton, elle avait été quatre fois condamnée pour vol, abus de confiance et escroquerie. Agée de trente-neuf ans, vivant séparée de son mari, elle avait la plus mauvaise réputation sous tous les rapports.

La femme Allaiton avoua d'ailleurs être l'unique auteur du vol. Elle ne connaissait pas Fillol avant le moment où elle lui avait vendu la lampe.

Le procureur de la république du Mans requit une information, afin d'arriver à découvrir s'il n'y avait vraiment entre Fillol et cette femme aucune entente, aucun lien de culpabilité.

La complète innocence de Fillol fut démontrée. Il avait eu seulement le tort d'acheter, à une personne qu'il ne connaissait pas, un objet d'une origine suspecte. Le tribunal du Mans condamna, le 3 mars 1881, la femme Allaiton à six mois de prison, comme seule coupable du vol pour lequel Fillol avait été condamné le 4 janvier précédent.

La Cour de cassation, le 5 mai 1881, annula les deux jugements comme inconciliables, et ce fut devant le tribunal correctionnel d'Angers que furent renvoyés, pour y être jugés à nouveau, Fillol et la femme Allaiton. Le tribunal, le 11 juin 1881, condamna la femme Allaiton comme seule auteur du vol, mais déclara, en même temps, Fillol coupable de recel et le frappa d'une amende.

Le procureur général interjeta appel de la condamnation prononcée contre Fillol, et, celui-ci fut définitivement acquitté par arrêt de la Cour d'Angers, le 18 juillet 1881 (1).

BOURIQUET

(1881)

Voici comment le procureur général près la Cour de cassation exposait, à l'audience du 1er juillet 1882, l'erreur dont François Bouriquet fut victime (2) :

« Le sieur Bouriquet François, cultivateur à Meilhard (Corrèze), fut traduit devant le tribunal correctionnel de Tulle, le 20 juin 1881, sous l'inculpation d'avoir, dans la nuit du 15 au 16 mars 1881, mutilé un certain nombre d'arbres dépendant d'une propriété sise à Meilhard et appartenant au nommé Longechaud. La religion du tribunal fut surprise par la fausse déclaration d'un sieur Chassagne, cultivateur à la Croisille (Haute-Vienne), qui affirma, sous la foi du serment, avoir vu Bouriquet au moment où il accomplissait l'acte qui lui était reproché. Bouriquet fut, malgré ses protestations d'innocence, condamné à dix-huit jours de prison. Il interjeta appel de cette décision, et la Cour de Limoges, par arrêt du 16 juillet 1881, réduisit à six jours, la durée de la peine prononcée contre lui.

Cet arrêt venait à peine d'être prononcé que le bruit d'un faux témoignage se répandit dans le public et parvint à la connaissance du parquet. Une instruction fut ouverte contre Chassagne, Longechaud et Virolle, et il fut établi que Longechaud, voulant se venger de Bou-

_____

(1) Greffe de la Cour d'appel d'Angers.

(2) *Gazette des Tribunaux*, 2 sept. 1882. — *Bulletin de la Cour de Cassation*, 1882, p. 274.

riquet avec qui il était en procès, avait, aidé par Virolle, suborné Chassagne en lui promettant une certaine somme d'argent (1).

Chassagne avoua lui-même le faux témoignage qui lui était reproché.

Renvoyés tous les trois devant la Cour d'assises de la Corrèze, ils furent, par arrêt du 14 décembre 1882, condamnés, Chassagne à un an de prison, Longechaud et Virolle à cinq ans de la même peine. »

La Cour, cassa l'arrêt de la Cour de Limoges et renvoya Bouriquet devant la Cour d'appel de Bordeaux.

La *Gazette des Tribunaux* rend compte en ces quelques mots de l'audience de la Chambre des appels de police correctionnelle où comparut Bouriquet :

De débats, il ne pouvait y en avoir ; toutes les sympathies se portaient vers ce paysan corrézien qui a répondu avec des larmes aux questions de M. le président.

Sur les conclusions conformes de M. l'avocat général Labroquère, la Cour a rendu un arrêt par lequel elle proclame l'innocence de Bouriquet, réforme le jugement du tribunal de Tulle qui l'avait frappé de 18 jours de prison.

Tous ceux qui étaient à l'audience serrent avec effusion la main de ce pauvre diable qui a eu tant à souffrir et qui ne doit qu'à sa persévérance d'avoir pu faire reconnaître par la justice son innocence.

FEMME GOULAS

(1883)

Une femme vole un lapin, dans la nuit du 28 au 29 mai 1883, chez une veuve Sébastien à Meaux. Quelle est cette femme ? La veuve Sébastien affirme que c'est la femme Goulas (2). Celle-ci soutient qu'elle n'a pris aucune part dans le larcin, ni comme auteur, ni comme complice ; mais la victime du vol affirmant qu'elle l'a vue et reconnue, la femme Goulas, poursuivie devant le tribunal correctionnel de Meaux, est, par jugement du 15 juin 1883,

---

(1) Il lui avait promis trente francs ! *Gazette des Tribunaux*, 2 sept. 1882.
(2) *Bulletin de la Cour de cassation*, 1883, n° 242, p. 405.

condamnée, en dépit de ses dénégations, à huit jours de prison. Elle n'interjette pas appel et subit sa peine.

Le 29 juillet suivant, un nommé Antreau Louis, déjà condamné trois fois, dont deux fois pour vol, raconte que la personne qui avait dérobé le lapin chez la veuve Sébastien n'était point la femme Goulas, mais la fille Coudert avec laquelle il vivait en concubinage. La nuit même où celle-ci avait pris le lapin, elle l'avait apporté chez lui, ils en avaient mangé une partie et vendu le reste.

La fille Coudert, qui avait déjà subi neuf condamnations, reconnut sa culpabilité, et une enquête démontra la véracité de ses aveux.

La veuve Sébastien qui prétendait avoir vu la femme Goulas commettre le vol, était-elle de mauvaise foi, ou n'avait-elle agi que par légèreté ? On ne peut le savoir. Ce qui est certain, c'est que, contrairement à ses affirmations réitérées, elle n'avait pu voir la femme Goulas perpétrant un délit que seule la fille Coudert avait commis.

Le 14 septembre 1883, le tribunal correctionnel de Meaux condamna pour le vol du lapin la fille Coudert à trois mois de prison, et Antreau, comme son complice, à deux mois de la même peine.

Comme il était certain que le vol n'avait été commis que par une seule femme et que deux se trouvaient condamnées pour le même fait par deux jugements différents, ces décisions judiciaires étaient certainement contradictoires.

La Cour de cassation, saisie sur l'ordre du garde des sceaux, annula comme inconciliables les jugements du 15 juin et du 15 septembre 1883. L'arrêt de la Cour suprême rendu le 8 novembre 1883, ordonna que la femme Goulas, la fille Coudert et Antreau comparaîtraient devant le tribunal correctionnel de Melun pour être jugés à nouveau. Le 23 décembre 1883, ce tribunal acquitta la femme Goulas et condamna la fille Coudert et Antreau, la première à trois mois, et le second à deux mois d'emprisonnement (1).

_____

(1) Greffe du Tribunal correctionnel de Melun.

SAUSSIER [1]

(1883)

Le 24 août 1883 comparut devant la Cour d'assises de Loir-et-Cher, Eugène Saussier, bûcheron à Huisseau-sur-Cosson (arrondissement de Blois). Marié, père de famille, il était poursuivi pour viol [2].

Les débats, présidés par M. le conseiller Touche, eurent lieu à huis clos. Le seul témoin à charge entendu était la victime — ou prétendue telle — une fille Marie-Adèle Pichon, âgée de quinze ans. Elle soutenait que Saussier avait abusé d'elle, le 10 juin précédent, dans les bois de Chambord.

Malgré les véhémentes protestations de l'accusé, malgré la réputation déplorable de la jeune fille, Saussier fut déclaré coupable sans circonstances atténuantes et condamné à quinze ans de travaux forcés.

En entendant la peine prononcée contre lui, Saussier se livra à des manifestations violentes de douleur et d'indignation ; il se frappait la tête contre la barre d'appui du banc des accusés et se roulait à terre en poussant des cris de colère et de désespoir.

Les gendarmes durent l'emporter, tandis que sa mère et sa femme, qui se trouvaient dans l'assistance, faisaient entendre des sanglots déchirants. Saussier fut envoyé à la Nouvelle-Calédonie.

Trois ans après, le 18 mars 1886, devant la même Cour d'assises de Loir-et-Cher, la fille Pichon comparaissait, non plus comme

---

(1) L'erreur judiciaire dont Saussier a été victime n'a été proclamée judiciairement, ni par un arrêt de cassation ordonnant la revision de son procès, ni en conséquence par un nouveau verdict du jury. Le récit de cette erreur n'en est pas moins à sa place ici, puisqu'une décision judiciaire la constate en condamnant pour faux témoignage le seul témoin sur la déposition duquel Saussier a été déclaré coupable. La revision de l'arrêt qui l'a frappé n'eût pu être refusée si elle avait été demandée comme elle eût dû l'être.

(2) « L'Avenir du Loir-et-Cher » 26 août 1883, 30 avril, 8 août 1886. — Gazette des Tribunaux, 21 mai, 2 juin 1886.

témoin, mais comme accusée. Elle avait, le 25 avril précédent, tué son enfant âgé de quatre mois et demi.

Après avoir vainement tenté de l'étrangler, elle lui avait écrasé le corps sur une meule à aiguiser, tandis qu'avec sa main elle l'étouffait. Elle avouait son crime.

Le président des assises était, cette fois encore, M. le conseiller Touche, qui avait dirigé les débats de l'affaire Saussier, trois ans auparavant.

Il se souvint que la fille Pichon avait été l'unique témoin de l'accusation dans le procès du bûcheron et se dit qu'une femme, capable d'assassiner son enfant avec une telle cruauté, avait bien pu mentir à la justice. Il l'interrogea : Saussier avait été son amant, mais lui avait-il fait violence ?

« Non, répondit-elle, j'avais déjà eu des relations avec cet homme, et le jour où j'ai prétendu qu'il m'avait violée, j'avais été avec lui de mon plein gré : si j'ai résisté un moment, c'était sans énergie. »

« Votre accusation, lui dit alors le président, a eu pour résultat de faire condamner Saussier à quinze ans de travaux forcés. Vous avez donc menti ? »

« Oui, Monsieur, répéta l'accusée ».

Marie Pichon fut condamnée pour infanticide à quinze années de travaux forcés.

Une instruction fut ensuite ouverte et suivie contre elle pour faux témoignage. Renvoyée devant la Cour d'assises de Loir-et-Cher, elle fut, en raison de cette nouvelle accusation, condamnée à dix ans de réclusion, le 5 août 1886.

Cette constatation judiciaire de la fausseté des dépositions de la fille Pichon lors du procès de Saussier permettait la rvésion de l'arrêt de condamnation du malheureux.

Le 26 août 1886, le garde des sceaux donna l'ordre au procureur général à la Cour de cassation d'introduire une demande afin de revision du procès de Saussier. Mais, avant même la rédaction d'un réquisitoire en ce sens, le gouvernement recevait la nouvelle que Saussier était mort à Nouméa, le 6 mai 1886.

Le ministre de la justice, M. Demôle, avisa alors le procureur général qu'*il ne devait plus donner suite aux prescriptions de sa lettre du 26 août précédent, estimant qu'il était inutile, en raison du décès de Saussier, de faire prononcer la revision de l'arrêt qui l'avait condamné à tort.*

Juridiquement, Saussier est donc resté coupable. Ses enfants, ignorant leurs droits, n'ont pas poursuivi la réhabilitation légale de la mémoire de leur père.

Dans le seul intérêt de la justice, le garde des sceaux n'eût-il pas été bien inspiré en n'arrêtant pas le cours du procès en revision? Il n'aurait pas ainsi paru profiter de la mort d'un innocent pour dissimuler l'erreur commise.

BLANDIN

(1884)

Dans la nuit du 18 au 19 mars 1884, un passant, M. Métais, était assailli rue Cambronne, par trois individus qui lui volaient sa chaîne et sa montre (1).

Le lendemain, la police arrêtait deux jeunes gens, les nommés Ratazzi et Blandin, qui, formellement reconnus par Métais, comme étant deux de ses agresseurs, furent condamnés, le 24 mai 1884, Blandin à treize mois et Ratazzi à quinze mois de prison. Par défaut, un troisième inculpé, le nommé Ciret, fut condamné à deux ans de la même peine.

Malgré ses protestations d'innocence, Blandin condamné en première instance, vit, le 30 juin suivant, confirmer par la Cour le jugement du tribunal.

Son père, convaincu que le jeune homme était victime d'une erreur se livra à une véritable instruction nouvelle.

Il obtint un premier résultat : il retrouva et fit arrêter Ciret le prévenu défaillant — dont la peine fut maintenue par jugement du 17 juillet 1884.

Il continua ses recherches et, au bout de six mois, parvint à dé-

---

(1) *Gazette des Tribunaux*, nᵒˢ des 31 juillet, 26, 30 août et 23 septembre 1885. — Dalloz, *Recueil périodique*, 1886, 1, 388. — Greffe de la Cour d'appel d'Amiens.

couvrir le véritable complice de Ciret et de Ratazzi, un nommé Anne, qui fit des aveux complets.

Blandin fut grâcié le 19 janvier 1885, et Anne condamné le 26 mars, à huit mois de prison, par la onzième chambre correctionnelle. Le procureur général fit appel de cette décision qui fut confirmée le 8 juin suivant. La Cour de cassation fut saisie par le garde des sceaux des deux arrêts inconciliables des 30 juin 1884 et 8 juin 1885, condamnant pour le même délit Blandin et Anne.

Le 13 août, la Cour suprême annula les deux arrêts et renvoya l'affaire devant la Cour d'Amiens, qui, le 19 décembre 1885, reconnut la complète innocence de Blandin, l'acquitta, et condamna Ratazzi à quinze mois de prison, Ciret à deux ans et Anne à huit mois de la même peine.

LEBAIL

(1885)

Les propriétaires de l'Hôtel de France et d'Angleterre à Quimperlé, constatèrent le 28 mars 1885, dans la matinée, la disparition d'un coffret Louis XIII, en cuir jaune, contenant, outre des papiers de famille, un porte-cartes en ivoire, un chapelet monté en argent et divers autres objets.

D'après les renseignements recueillis auprès du personnel de l'hôtel, ce coffret était encore à sa place habituelle pendant la journée et dans la soirée du 27 ; ce n'était que le 28, à la première heure, qu'on avait dû le dérober.

Un habitant de Carhaix, François Lebail, était justement arrivé le 27, vers dix heures du soir, à l'hôtel d'Angleterre. Il y amenait un voyageur dans la voiture du sieur Leguern, maître d'hôtel à Carhaix. Lebail s'était couché et était reparti le lendemain 28, vers six heures du matin.

La gendarmerie de Carhaix, chargée de faire une enquête, inter-

---

(1) *Bulletin de la Cour de cassation*, 1886, p. 25. — Greffe du Tribunal correctionnel de Quimper.

rogea un nommé Goacolon, garçon d'écurie chez Leguern. Celui-ci déclara qu'il avait aidé Lebail lors de son retour de Quimperlé, le 28 mars, vers deux heures, à dételer les chevaux et qu'il avait vu, déposé sur la banquette de la voiture, un coffret jaune correspondant tout à fait à la description du coffret soustrait aux propriétaires de l'Hôtel de France et d'Angleterre. Ses chevaux dételés, Lebail avait emporté ce coffret chez lui. Goacolon renouvela devant le juge d'instruction sa déclaration, et Lebail fut traduit devant le tribunal correctionnel de Quimperlé. Il y comparut à l'audience du 12 mai et fit entendre deux témoins à décharge. L'un affirma qu'il était monté dans la voiture conduite par Lebail, entre Quimperlé et Carhaix, qu'il l'avait visitée avec soin, pour rechercher un sac d'avoine et qu'il n'avait pas aperçu le coffret. Le second avait vu Lebail au moment où, à son retour de Quimperlé, il sortait de chez Leguern et rentrait chez lui. Le témoin attesta qu'à ce moment, Lebail ne portait ni coffret ni paquet d'aucune sorte.

Malgré ces affirmations contradictoires, Lebail fut condamné à quinze jours d'emprisonnement. Il n'interjeta pas appel et subit sa peine.

Au mois de juin de la même année, le procureur de la république de Quimperlé reçut une lettre d'un nommé Pierre Madec, repris de justice, détenu à la maison centrale de Fontevrault. Cet individu se déclarait coupable du vol du coffret soustrait à l'Hôtel de France et d'Angleterre à Quimperlé.

Une nouvelle instruction fut ouverte et il fut établi que l'aveu de Madec était véridique : il était bien l'auteur de la soustraction et, de plus, il fut démontré que *le vol avait été commis le 26 mars* et non le 27. Madec avait été aperçu en effet, *le 26 mars* nanti des objets volés ; il en avait vendu quelques-uns à vil prix, avant de quitter Quimperlé pour Bannalec, où, le lendemain 27, il avait commis un nouveau vol.

Ainsi des témoins honorables, désintéressés, avaient affirmé que le coffret n'avait pu être volé que le 28 mars au matin. Ils l'avaient vu, disaient-ils, à sa place habituelle dans la journée et dans la soirée du 27. Et le coffret avait été volé le 26 ?

Un autre témoin affirmait avoir vu Lebail emporter chez lui un coffret identique à celui soustrait, et jamais Lebail n'avait eu ce coffret entre les mains !

Madec fut condamné le 11 août 1885 par le tribunal correctionnel de Quimperlé à un an d'emprisonnement, comme auteur du vol pour lequel Lebail avait été frappé par le même tribunal, trois mois auparavant, d'une peine qu'il avait subie.

A la même audience Goacolon, dont la déposition avait été la cause de la condamnation de Lebail, comparut sous l'inculpation de faux témoignage. Il fut acquitté par les juges qu'il avait induits en erreur ; mais, sur l'appel du ministère public, la Cour le condamna le 12 septembre 1885, à trois mois d'emprisonnement.

L'innocence de Lebail était certaine et il y avait lieu, pour un double motif, à la revision de son procès, d'abord, par suite de la contradiction entre le jugement qui l'avait frappé et celui qui avait déclaré Madec le vrai coupable ; puis, en raison de la condamnation pour faux témoignage du seul témoin dont la déposition avait formé la conviction des juges sur la prétendue culpabilité de Lebail.

La Cour de cassation annula, par arrêt du 14 janvier 1886, les deux jugements inconciliables et renvoya Lebail et Madec devant le tribunal correctionnel de Quimper qui les jugea à nouveau le 10 février 1887. L'innocence de Lebail fut expréssément reconnue. Il fut acquitté, et Pierre Madec fut condamné à un an d'emprisonnement.

DELABARRE

(1886)

Condamner un innocent par défaut, c'est encore commettre une erreur.

Quand la justice rectifie le jugement erroné dès que la victime de sa méprise se présente, le mal n'est pas grand puisque nul n'en a souffert.

Il suffit donc de signaler (1) la condamnation à deux ans de pri-

---

(1) *Bulletin de la Cour de cassation*, 1893, n° 137, p. 203.

son prononcée, le 24 septembre 1886, contre un ouvrier ferblantier, Louis Delabarre, accusé d'avoir, à Héricy (Seine-et-Marne), volé à son aubergiste, un sieur Girard, sa chaîne et sa montre.

Le jour même du vol, de grand matin, il avait quitté l'auberge, inopinément, sans prendre son « petit verre » quotidien. On ne l'avait plus revu. Son absence, son casier judiciaire chargé, furent des présomptions suffisantes pour entraîner sa condamnation.

En novembre 1886, on retrouvait la chaîne et la montre de Girard entre les mains d'une demoiselle Kuhn, qui déclarait les avoir achetées à un ouvrier maçon, nommé Dufour.

Interrogé, ce dernier avoua qu'il était l'auteur du vol pour lequel Delabarre avait été condamné par défaut. Traduit devant le Tribunal correctionnel de Melun, Dufour fut frappé de quatre mois de prison, le 1er décembre 1886.

En novembre 1892, Delabarre était arrêté à Versailles pour injures aux agents. Il protesta aussitôt contre la condamnation à deux ans de prison pour vol inscrite à son casier judiciaire. On écouta ses protestations ; la Cour de cassation fut saisie d'un pourvoi en revision et annula, purement et simplement, la décision erronée du 24 septembre 1886.

FEMME DRUAUX

(1887)

L'affaire Druaux ! On en parle encore un peu, quelquefois, après en avoir beaucoup et bruyamment parlé. Depuis quelques mois, tous les procédés de l'instruction criminelle ont été discutés à son propos. On a remué des idées, réclamé des réformes ; mais l'émotion produite par cette erreur ne durera pas longtemps ! Bientôt l'aventure de la malheureuse condamnée de Rouen (1) s'ou-

---

(1) *Gazette des Tribunaux*, 15 novembre 1887, 20 octobre 1896.

bliera comme presque toutes celles des victimes de la faillibilité judiciaire.

Qui se rappelle aujourd'hui, par exemple, le nom de la femme Lerondeau, jugée à Versailles, en 1878? Qui se souviendra de la femme Druaux au bout de quelques années ? Les deux affaires ont, cependant, de nombreuses analogies. Dans l'une et l'autre, les experts ne furent ni assez minutieux dans leurs recherches, ni assez réservés dans leurs avis, mais surtout les magistrats n'accomplirent pas tout leur devoir. Juges d'instruction, procureurs, présidents des Cours d'assises de Versailles ou de Rouen, tous ont manqué de soin, les premiers : en omettant de rechercher si dans la famille du mort, il n'y avait pas un mal héréditaire auquel Lerondeau avait pu succomber, ce que démontrèrent de nouveaux débats ; les seconds, en n'avisant pas les experts de l'existence d'un four à chaux, dont les émanations avaient pu causer la mort des prétendues victimes de la femme Druaux. Dans cette dernière affaire, les experts, très malmenés, se plaignirent qu'on eût mal interprété leurs rapports dont on négligea complètement les réserves. Ils n'eurent point tout à fait tort.

Voici comment en 1887, la *Gazette des Tribunaux* rendait compte des premiers débats de « l'affaire de Malaunay ».

COUR D'ASSISES DE LA SEINE-INFÉRIEURE

Audience du 14 novembre 1887.

Double empoisonnement. — Une femme ayant empoisonné son mari et son frère.

Ce double crime est imputé à une jeune femme de vingt-neuf ans, qui déclare se nommer Pauline-Adèle Delacroix, veuve de Séraphin Druaux. Elle était débitante à Malaunay. Elle est accusée d'avoir, le même jour, empoisonné son mari, âgé de trente-cinq ans, et son frère, jeune homme de dix-huit ans, qui tous deux ont été trouvés morts à son domicile.

Le fait de la mort simultanée de ces deux hommes par l'ingestion d'une substance toxique est indiscutable, mais la particularité de cette affaire est que ni l'autopsie, ni les analyses chimiques et les expériences physiologiques auxquelles il a été procédé, n'ont pu parvenir à retrouver le poison qui a donné la mort. La femme Druaux proteste de son innocence.

Les faits sont ainsi relatés par l'acte d'accusation :

« Le sieur Druaux, alors domestique de ferme dans l'arrondissement d'Yvetot, avait fait, il y a quelques années, la connaissance de la nommée Pauline Delacroix, fille de mœurs dissolues et d'instincts pervers (1).

« Après avoir entretenu avec cette fille des relations intimes et lui avoir laissé prendre sur sa volonté un empire qu'elle a toujours conservé, il *crut devoir* régulariser par un mariage sa situation.

« Cette union ne fut pas heureuse. La femme Druaux s'abandonna tout entière à ses penchants, se livra à l'ivrognerie et à la débauche. Le mariage, même profané, lui devint un joug ; elle fit à son mari des scènes multipliées d'injures et de violences, s'oublia jusqu'à le frapper et lui cassa un jour une bouteille sur la figure.

« De pareils faits, devenus bientôt notoires, avaient obligé plusieurs fois les époux Druaux de changer de place et de résidence, lorsque, dans le cours de l'année 1886, cédant comme toujours aux instances de sa femme, le sieur Druaux vint demeurer à Malaunay. Là, il entra comme employé dans un établissement de margarine, la femme ouvrit un débit de boissons. Malheureusement, tandis que le mari se faisait remarquer par la douceur de son caractère, son amour du travail et la régularité de sa conduite, la femme Druaux, incorrigible, s'abandonnait aux mêmes écarts que par le passé.

« Un frère de cette femme, Gaston Delacroix, était venu se fixer aussi à Malaunay. Il partageait la demeure et les travaux de son beau-frère. Mais s'il vivait en parfaite harmonie avec ce dernier, il avait tout à souffrir de la part de sa propre sœur. Témoin involontaire des débordements de la femme Druaux, il ne pouvait, malgré son jeune âge, s'empêcher de lui faire des reproches, et celle-ci s'en montrait impatiente et profondément irritée. Dans les premiers jours d'avril, elle avait souffleté son frère, avait jeté ses vêtements à la porte et lui avait interdit de rentrer chez elle ; elle voulait être libre. Gaston Delacroix ne tint pas compte de cette défense. Les événements s'aggravèrent bientôt.

« Le 6 avril, Druaux, revenant de son travail, surprit sa femme en flagrant délit d'adultère ; il la chassa et porta plainte à la gendarmerie. La femme Druaux se trouva ainsi, tout à coup, sans ressources et sans domicile.

_____

(1) Ne voulant pas tronquer l'acte d'accusation dressé en 1887, nous sommes obligés d'en reproduire les appréciations diffamatoires. La réhabilitation de Mme Druaux fait apparaître de façon saisissante l'inutile excès des épithètes prodiguées aux accusés par les actes d'accusation.

« Elle erra dans les bois pendant la journée du 7, et le soir elle vint demander à son mari de la reprendre.

« Druaux eut la faiblesse d'y consentir. Toutefois il imposa à sa femme cette condition que le débit de boissons serait fermé, et il congédia lui-même les fournisseurs.

« Dès ce moment, Druaux ne retourna plus à son travail.

« La maison fut close ; les époux, pendant les journées des 8 et 9 avril, furent à peine aperçus par intervalles par les voisins, et le dimanche 10, quand on put pénétrer dans la maison, on y trouva deux cadavres, celui du mari et celui du frère de la femme Druaux.

« Ces deux hommes, plein de force et de jeunesse, avaient été en même temps saisis d'un même mal et avaient tous deux en même temps succombé. Leur mort remontait à plusieurs heures.

« Dans le lieu où ils ont si soudainement péri, la femme Druaux était restée seule en leur compagnie. *Elle n'avait pas cherché secours quand elle les avait vus affreusement malades et mourants.*

« Connaissant leur mort, elle a révélé tardivement celle de son mari *dans des circonstances trop bizarres pour n'être pas suspectes ;* elle a feint d'ignorer complètement celle de son frère.

« L'opinion publique n'a point hésité à accuser la femme Druaux, et elle a soupçonné tout de suite, en présence de ces faits, un double empoisonnement.

« *Il ne semble pas, en effet, possible d'admettre l'existence d'un suicide ou d'un accident.*

« L'attitude prise par l'inculpée, le silence gardé par elle après l'événement, son impuissance à répondre à des demandes précises d'explications, *résistaient absolument à de semblables hypothèses, déjà étranges en elles-mêmes.*

« Il incombait cependant à la justice de trouver la cause véritable de la mort.

« Un médecin fut commis sans aucun retard pour procéder à l'examen des corps des deux victimes ; ni dans les organes de celui de Druaux, ni dans les organes de celui de Delacroix, il ne découvrit de lésions propres à des maladies diverses pouvant expliquer le décès.

« Il trouva, au contraire, dans les deux cadavres, des lésions d'une nature et d'une gravité particulières permettant d'affirmer que le mari et le frère de la femme Druaux sont mort empoisonnés.

« Les deux corps présentaient d'ailleurs tous deux les mêmes lésions anatomiques, et ces lésions avaient d'autant plus de signification et d'importance qu'elles ne pouvaient, comme il arrive parfois au cas d'exhumation, être confondues avec celles qu'engendre la décomposition avancée des corps ou leur séjour plus ou moins prolongé dans la tombe.

« L'expertise chimique devait aboutir à cette conclusion: que chez Druaux comme chez Delacroix la mort était due à l'ingestion d'un poison irritant, corrosif, de la nature des poisons qui déterminent nécessairement des lésions semblables à celles qu'a dû relever l'autopsie.

« Les experts, *sans pouvoir représenter le poison ni le désigner autrement que par ses effets*, en ont constaté les traces, également certaines et identiques, dans les organes des deux cadavres soumis à leur examen.

« *En résumé, toutes les circonstances mises en lumière par l'information, en même temps que l'expertise médico-légale et les données de la science toxicologique, permettent d'affirmer la réalité d'un double empoisonnement dont la femme Druaux PEUT ET DOIT être considérée comme l'auteur* ».

L'accusée est interrogée.

D. — Votre moralité a toujours été mauvaise ; vous avez eu deux enfants avant votre mariage. Votre caractère était violent avec vos frères et sœurs, vous vous livriez également à des excès vis-à-vis de votre mari. Indépendamment de votre inconduite, vous lui jetiez tantôt vos sabots, tantôt des bouteilles à la tête.

R. — Je l'avais épousé pour mon malheur ; il me trompait avec une fille.

D. — C'était un homme très doux et très bon ouvrier. Vous, dans le pays, on vous appelait : *le Nerf du Diable*. Vous fréquentiez un sorcier nommé Leborgne, marchand de poisson, qui avait la réputation de faire mourir les bestiaux et de faire avorter les filles.

R. — Je ne faisais que lui acheter du poisson.

D. — Vous avez acheté un débit à Malaunay *pour satisfaire plus facilement vos instincts d'ivrognerie et de débauche*. Un jour, peu de temps avant Pâques, vous faites monter dans votre chambre un nommé Poyer. Votre petite fille de huit ans, vint vous avertir que votre mari arrivait. C'est votre enfant qui faisait le guet. (Sensation). Poyer se sauva par la fenêtre, laissant sa ceinture et sa casquette. Alors votre mari vous mit à la porte, porta contre vous plainte en adultère, et fit faire des insertions pour dire qu'il ne payerait pas vos dettes. Qu'avez-vous fait alors ?

R. — N'ayant pu trouver asile, je suis revenue à la maison ; mon mari m'a laissée entrer, après m'avoir donnée un « pétard » dans la figure.

D. — Pendant trois jours, votre mari ne se rend pas à son travail, à l'usine de margarine, où il était employé ; il était donc malade ?

R. — Malade d'avoir trop bu.

D. — Il n'avait pas d'habitudes d'ivresse. Le dimanche de Pâques, à quatre heures de l'après-midi, on le trouve mort dans son lit, près de vous. Votre jeune frère qui habitait avec vous et avait plus d'affection pour votre mari que pour vous, est également trouvé mort au rez-de-chaussée, étendu tout habillé près de la porte de la cuisine.

« La mort remontait à plusieurs heures, pour tous les deux. Vous étiez enfermée seule avec eux dans la maison, et on vous trouve en état d'ivresse. Que s'était-il passé ?

R. — Mon mari se plaignait depuis longtemps de maux de tête ; la nuit de samedi à dimanche, il s'est relevé à quatre heures du matin et est descendu boire ; à sept heures, je lui ai donné encore du café, et nous nous sommes recouchés, ce n'est que dans l'après-midi que je me suis aperçue en me réveillant, qu'il était mort.

D. — Vous êtes restée ainsi toute la journée sans donner l'éveil, sans appeler au secours. A trois heures, quelqu'un frappe à vos volets pour rechercher sa casquette qu'il avait oubliée ; vous lui répondez : « M.... ». Puis un peu plus tard vous dites d'aller dire à votre frère que votre mari était mort. Quand le témoin revient, vous ouvrez la porte et vous dites : « Tiens, mon frère est *bas* aussi ». On vous dit : « Il est mort ». Vous dites : « Non, il est saoûl » et vous ajoutez : « C'est la frayeur de la mort de mon mari ». Ensuite vous dites, chose absurde, qu'il s'est empoisonné avec de la gazéoline ; qu'il aimait à en boire. En effet, on retrouve une lampe à ses côtés. Quant à votre mari, vous dites : « Il a voulu m'empoisonner, il se sera empoisonné lui-même. » Enfin, tous deux étaient bien portants, et ils sont morts empoisonnés, près de vous, qu'avez-vous à dire ?

R. — Pour moi, je ne sais rien.

D. — Un jour, vous avez dit: « Mon mari ne fera pas de vieux os ». Est-ce vrai ? (1).

R. — Non.

D. — Quinze jours avant, votre mari ayant été indisposé, vous dites encore : « Il faut bien mourir. Sa place sera bientôt prise ».

R. — Je n'ai pas *récité* ces propos là.

D. — Enfin, vous avez dit que le sorcier Leborgne vous avait prédit qu'il y aurait un décès chez vous dans l'année et que la justice y mettrait les scellés. Il a dit aussi avoir parié avec vous, quarante sous

---

(1) Voir un propos identique prêté à la femme Lerondeau (1878, Cour d'assises de Versailles).

contre quarante francs, que votre mari ne ferait pas ses treize jours, et qu'il gagnerait son pari. Cet homme a été arrêté et soupçonné de vous avoir fourni du poison, *mais on a dû le relâcher faute de preuves suffisantes.*

Des témoins sont entendus et relatent les faits ci-dessus, les propos suspects tenus par l'accusée et son attitude étrange au moment où le double crime a été découvert.

Docteur Lesauvage, à Monville. — Quinze jours avant le crime il a été appelé chez Druaux par des voisins. Le mari était évanoui : il a cherché vainement à le faire revenir avec de l'ammoniaque. Le lendemain Druaux était rétabli, il ne se souvenait de rien, il disait avoir été pris d'engourdissement après avoir bu son café. La femme Druaux était ivre, il ne put en tirer une parole.

Le jour de Pâques, vers six heures du soir, il vit Druaux et Delacroix après leur décès ; la mort remontait à dix heures environ. Il est impossible, comme l'a prétendu la femme, que le décès n'ait eu lieu que vers midi.

Docteur Ancelin, à Monville. — Un mois avant le crime, a donné des soins à Druaux qui avait éprouvé un embarras gastrique n'ayant aucune espèce de gravité ; il paraissait d'une bonne santé.

Docteur Cerné, à Rouen. — A fait l'autopsie de Druaux et de Delacroix. Tous deux présentaient des lésions analogues dans l'estomac et l'intestin, ne provenant pas de l'indigestion de substances caustiques. Chez Druaux, il y avait une congestion très intense de la plupart des organes, le cerveau, les reins ; elle était moindre chez Delacroix. Le siège de ces lésions était principalement dans l'estomac chez Druaux, et dans l'intestin chez Delacroix. Cette différence s'explique parce que l'estomac de Druaux était vide ; Delacroix, au contraire, avait mangé ; on retrouva dans l'estomac de la viande, des végétaux, notamment des pommes de terre.

Tous deux sont morts d'une affection de même nature, affection certainement provoquée et non pas spontanée. Il y a eu nécessairement intoxication par un poison, *mais l'autopsie n'a pu en fournir la preuve.*

Docteur Pennetier, à Rouen. — A procédé à l'analyse chimique des organes de Druaux et de Delacroix, principalement l'estomac, les reins, le foie, l'intestin. Ces organes étaient fortement congestionnés et avaient été le siège d'une gastro-entérite suraiguë à laquelle les deux victimes avaient succombé. *L'analyse n'a donné aucune trace de poisons minéraux, ni d'acides, ni d'alcaloïdes cristallisables qui eussent certainement laissé des traces.* Certains poisons, tels que la nicotine, la cicutine, les moules, ont été encore successivement écartés. Il ne reste que la possibilité de l'empoisonnement par certains végétaux tels que la gratiole, mais cette plante ne pousse pas au mois d'avril, ou les euphorbes, qui poussent communément dans nos pays et dont la graine a pu être conservée.

Il reste encore la possibilité d'un poison animal, la cantharidine provenant d'un insecte coléoptère, la cantharide :

« *Dans une des déjections recueillies chez Druaux*, nous avons trouvé, à l'aide du microscope, un petit fragment *en tout semblable à celui provenant d'une cantharide*, mais nous ne pouvons rien affirmer, n'ayant pas retrouvé le poison, ce qui se comprendrait dans l'hypothèse de l'empoisonnement par la cantharide, étant donné qu'une quantité de quelques dixièmes de milligrammes peut occasionner la mort ».

Renard, professeur de chimie à l'Ecole des sciences, confirme la précédente déposition : les deux victimes ont succombé à un même poison, mais ce *poison n'a pas été retrouvé et ne peut être que la cantharide ou quelque poison végétal comme les euphorbiacées.* Les expériences physiologiques n'ont produit aucun résultat ; les viscères et déjections des victimes ont été donnés à des rats et autres animaux, qui les ont absorbés sans éprouver des désordres dans leurs organes.

Interrogés par le président, les deux experts affirment que les victimes ont dû éprouver des douleurs énormes dans l'estomac et l'abdomen.

La femme Druaux persiste à soutenir que son mari est mort près d'elle sans qu'elle s'en aperçoive.

Les experts considèrent que cela est absolument impossible.

M. l'avocat général prononce son réquisitoire.

La défense est présentée par M⁰ *Goujon.*

Le verdict du jury est affirmatif avec circonstances atténuantes, et la femme Druaux est condamnée aux travaux forcés à perpétuité.

La femme Druaux fut envoyée dans la maison centrale de Clermont pour y subir sa peine.

Son auberge fut immédiatement louée par des jeunes gens, les époux Gauthier.

Dès les premiers jours de leur installation, ceux-ci ressentirent des malaises analogues à ceux dont s'étaient souvent plaints avant leur mort Druaux et Delacroix. Mme Gauthier éprouvait fréquemment des étourdissements et des vertiges, et, plus d'une fois, les voisins l'avaient ramassée à terre, froide et sans connaissance.

Un jour du mois de mai 1888, on trouva la jeune femme morte dans sa cuisine. Elle présentait les mêmes symptômes d'empoisonnement que les prétendues victimes de la femme Druaux.

D'autres circonstances attirèrent l'attention, M. Gauthier faisait le commerce du poisson : la marchandise qu'il apportait chez lui se décomposait comme par enchantement. De plus, des ouvriers de la fabrique, venus au cabaret pour boire, tombèrent évanouis dans la cour.

En 1889, de nouveaux locataires, les époux Dubeaux, prirent possession du cabaret. Le mari et la femme furent bientôt en proie aux plus incompréhensibles souffrances.

Un jour, Mme Dubeaux tomba à terre sans avoir le temps d'articuler un son. Presque en même temps, on ramassait son mari la face bleuie par la congestion.

On songea alors — il était temps — que peut-être le voisinage du four à chaux n'était pas étranger à tous ces accidents.

On prit une résolution radicale : on l'éteignit.

A partir de ce moment, rien d'anormal ne se produisit plus et le cabaret ne fut plus funeste à ses locataires.

L'empoisonneur, c'était le four. On avait mis trois ans à s'en apercevoir.

L'hypothèse de l'innocence de la femme Druaux fut alors lancée dans la presse.

La supposition rencontra d'abord des sceptiques. N'avait-on pas trouvé des fragments d'ailes de cantharide dans les déjections de ses victimes ?

Cependant, trois nouveaux experts furent commis, MM. Brouardel, Descouts et Ogier, auxquels on adjoignit un ingénieur-architecte de Rouen. Ils démontrèrent sans peine que les victimes de la maison Druaux avaient été intoxiquées par des émanations d'oxyde de carbone provenant du four à chaux contigu au cabaret.

Le mur séparatif avait de nombreuses lézardes par où le gaz délétère pénétrait dans l'immeuble « comme par des cheminées ».

Une courte inspection des lieux, le simple examen spectroscopique des globules du sang des victimes auraient permis aux premiers experts d'éviter la lourde erreur dans laquelle ils étaient tombés.

La femme Druaux fut grâciée aussitôt. Elle était détenue depuis huit ans.

En vertu de la nouvelle loi sur les erreurs judiciaires, la Cour de cassation, dans son audience du 26 juin 1896, annula l'arrêt de la Cour d'assises de Rouen et l'affaire fut portée devant le jury de la Somme.

Est-il besoin de dire que les nouveaux débats furent la justification absolue de la malheureuse ? Les vrais accusés de ce second procès furent les experts.

On ne put leur faire reconnaître leur erreur et les magistrats, avec une cruauté, peut-être excessive, leur reprochèrent leur légèreté, leur ignorance. La justice négligeait de faire en même temps son *mea culpa* et ne se souvenait pas qu'elle avait réclamé le dernier supplice contre cette « empoisonneuse » alors que les experts « n'avaient pu représenter le poison, ni le désignerautrement que par ses effets ». (Voir plus haut l'acte d'accusation).

Le docteur Cerné, tout en restant convaincu que Druaux avait succombé à un empoisonnement criminel, dut reconnaître qu'il ne s'était pas inquiété du voisinage du four.

Comment, s'écria le président, vous ne vous êtes pas préoccupé du four à chaux ; vous ne vous êtes pas demandé si l'état d'hébètement de la femme Druaux, que les voisins attribuaient à l'ivresse, ne provenait pas de quelque intoxication accidentelle ? Vous deviez cependant connaître les effets de l'oxyde de carbone ! Il y a plus ! Le juge d'instruction vous a remis deux petits flacons : l'un contenait du sang de Druaux, l'autre du sang de Delacroix. Vous ne les avez même pas ouverts. L'analyse la plus élémentaire vous aurait permis, sans doute, de trouver ce que vous cherchiez vainement dans les viscères : le prétendu poison, l'oxyde de carbone dont ce sang était saturé ! Déjà, à plusieurs reprises, Druaux avait eu des étourdissements, des syncopes. Cela ne vous a pas préoccupé ? (1).

Le docteur. — J'ai attribué ces accidents à des tentatives d'empoisonnement manquées.

L'avocat général. — Et vous avez mis six semaines à rédiger votre rapport ! Et le juge d'instruction vous a remis des pièces du dossier qui constataient l'existence du four à chaux ! (2) Voilà dans

---

(1) Sages réflexions ! Que ne les avait-on faites en 1887?
(2) Point contesté par les experts (voir plus loin).

quelles conditions vous avez conclu à la culpabilité d'une femme qui pouvait encourir la peine capitale.

« Pardon, aurait dû répondre l'expert. J'ai constaté simplement, à tort c'est vrai, mais j'ai constaté simplement qu'il y avait du poison dans les viscères. C'est vous qui avez conclu à la culpabilité et découvert le « sorcier » qui avait vendu le poison ».

Je persiste à croire, se contenta de répondre le Dr Cerné, que certaines lésions de l'intestin et de l'estomac, constatées sur Druaux et sur son beau-frère, ne peuvent s'expliquer que par le poison.

Le Docteur Pennetier n'avait, pas plus que son confrère, changé d'opinion depuis 1887.

— Les lésions que nous avons remarquées, dit-il, sont inconciliables avec une intoxication par l'oxyde de carbone. Nous avons conclu à un empoisonnement par l'euphorbe ou par la cantharide. Nous avions cru trouver dans les viscères un fragment d'aile de cantharide. La disparition de toute trace de poison ne nous avait pas surpris : la cantharidine tue à dose infinitésimale et ne laisse aucun vestige ; au surplus, nous n'avons livré à l'appréciation du jury que des hypothèses ! (1)

Il avait raison le Docteur Pennetier : l'acte d'accusation de 1887 montre que les experts avaient fait des réserves et que leurs hypothèses étaient devenues, comme toujours, des affirmations formelles sous la plume du procureur général.

Le président. — Ainsi, vous avouez que vous avez été dans l'impossibilité de découvrir aucune trace de poison ? Comment n'avez-vous pas demandé au juge d'instruction communication des dépositions, des interrogatoires, de la procédure ? L'existence du four à chaux vous avait été révélée, la maison même s'appelait la Maison du Four-à-chaux. Ce nom seul aurait dû vous frapper.

— Je n'ai rien demandé au juge d'instruction, j'aurais craint d'être indiscret !

_____

(1) Nous empruntons ces citations aux journaux quotidiens. Les journaux de droit ne donnèrent du procès qu'un résumé vraiment trop succinct.

M. Renard, troisième expert, est entendu à son tour. Il est encore plus affirmatif que ses collègues de Rouen :

— Le poison, assure-t-il, n'était certainement ni un poison minéral ni un poison organique, mais les lésions constatées ne s'expliquaient cependant que par le poison. Le sang n'avait pas du tout la couleur vermeille qui caractérise les intoxications de l'oxyde de carbone.

L'avocat général. — Et vous n'avez pas songé à analyser chimiquement ce sang ! Vous ne trouviez rien, c'était une raison de plus pour faire une expertise complète. Votre commission rogatoire vous prescrivait l'analyse du sang. Vous avez manqué à votre mandat, je suis obligé de vous le dire. Vous avez fait condamner une femme aux travaux forcés à perpétuité ; vous pouviez la faire condamner à mort sur un rapport insuffisant.

Est-ce bien l'expert seul qui avait fait condamner ?

Après le procès, dans la brochure que nous analysons plus loin, les docteurs Renard et Pennetier déclarèrent qu'ils n'étaient pour rien dans l'erreur et qu'elle était entièrement imputable aux magistrats.

Les nouveaux experts, entendus à la Cour d'assises de la Somme, après le docteur Renard, laissèrent à leurs confrères la plus large part de responsabilité dans l'erreur commise à Rouen.

J'ai la conviction intime, profonde, déclara le doyen de la Faculté de médecine, M. Brouardel, que Druaux et le jeune Delacroix sont morts accidentellement de l'intoxication par le charbon, comme Mme Gauthier qui a succédé aux Druaux, dans la maison. Chaque année, sur les fours à plâtre de la banlieue parisienne où ils viennent chercher un peu de chaleur, une cinquantaine de pauvres diables sont asphyxiés de la même façon. *Si les experts de Rouen avaient pensé à faire l'analyse du sang des victimes, dix minutes leur eussent suffi pour découvrir le mystère dont ils cherchaient vainement la clé.* Quant aux taches intérieures qui leur semblaient inconciliables avec l'hypothèse d'une intoxication par l'oxyde de carbone, j'en demande bien pardon à mes collègues, mais de nombreux auteurs les ont décrite dans les empoisonnements par le charbon et je les ai constatées moi-même dans de nombreuses expériences. Je les ai même fait photographier et les voici !...

La cause était entendue. L'avocat général, dans son réquisitoire, proclama l'innocence de l'accusée. Il rejeta sur les experts et sur la passion publique, la responsabilité de l'erreur commise.

Les erreurs judiciaires tiennent à la fatalité, assura l'organe du ministère public. On en rend responsable les magistrats ; c'est injuste.

Tantôt c'est un témoin qui, malgré son serment, ne dit pas la vérité, et tantôt ce sont des experts inexpérimentés, négligents ; tantôt c'est l'opinion publique elle-même qui se passionne à faux.

M. l'avocat général n'avait sans doute souvenance ni du procès de la femme Doise, ni de l'affaire Borras, ni de tant d'autres, contenus en ce recueil. C'est plus spécialement à la Presse que le ministère public imputa la cause de l'erreur dont la femme Druaux avait été victime. Il lut quelques articles consacrés à l'affaire par les journaux locaux, en 1887 ; on y appelait la veuve Druaux « la misérable, l'empoisonneuse, la mégère qui sue le vice et le crime. »

— Ces articles étaient l'écho de l'opinion publique égarée, dit l'orateur. La foule réclamait la malheureuse pour l'écharper...

Et la justice avait cédé à la pression de la foule.

La veuve Druaux fut acquittée et obtint, en vertu de la loi du 8 juin 1895, une somme de 40.000 francs à titre d'indemnité.

Post-scriptum. — Au mois de décembre 1896, les docteurs Renard et Pennetier ont fait paraître une intéressante brochure où ils s'efforcent de justifier leur erreur (l'*Affaire de Malaunay*. Rouen, imprimerie Léon Brière).

Il nous paraît nécessaire d'en citer certains passages :

Les experts n'avaient point eu, paraît-il, le temps d'achever leur besogne :

« Ils en étaient là de leurs recherches, lorsqu'ils reçurent du juge d'instruction qui les avait commis, une lettre leur demandant de « lui faire tenir, ce jour (28 avril, quinze jours seulement après la remise de la commission rogatoire), pour quatre heures, sous pli cacheté, les renseignements qu'ils savent ». Ils répondent qu'ils n'ont encore obtenu que des résultats négatifs, qu'ils ne sont pas en état de se prononcer, et l'instruction leur tait encore l'existence d'un four à chaux dans le voisinage de la maison, la possibilité, par conséquent, d'une mort accidentelle.

« Mis sur une nouvelle piste, les experts se livrent à la recherche de la cantharidine ; ils font même des expériences physiologiques leur permettant de mettre à profit la propriété vésicante de la cantharide (dans l'hypothèse où la quantité absorbée eût été suffisante pour cela). Mais ils n'obtiennent encore aucun résultat.

« Dans ces conditions, ils retournent au Parquet les viscères réservés, suivant la coutume, pour le cas d'une contre-expertise, et ils y joignent leur rapport concluant :

« 1º Que la nature et la similitude des lésions anatomopathologiques constatées chez les deux victimes, démontrent l'existence d'un empoisonnement : l'hypothèse d'une gastro-entérite spontanée ne pouvant être admise dans les conditions dans lesquelles les deux morts se sont produites ;

« 2º Que les pièces à conviction (viscères ou liquides) qui nous ont été remises ne renfermaient aucun principe toxique à dose appréciable, soit aux investigations chimiques, soit aux expériences physiologiques ;

« 3º Que l'analyse des viscères et de leur contenu ayant permis d'éliminer, d'une façon positive, les poisons métalliques ainsi que les alcaloïdes, il ne reste, comme ayant pu déterminer les lésions constatées, que les végétaux corrosifs et *la cantharide dont l'analyse, cependant, n'a pu révéler l'existence ;*

« 4º Enfin, que la présence d'un fragment de coléoptère, avec des caractères que l'on retrouve dans la poudre de cantharides, rendrait plus probable l'empoisonnement par cet insecte vésicant ; mais que, vu l'absence de toute vésication obtenue dans les expériences physiologiques, vu l'absence de tout symptôme d'empoisonnement présenté par les animaux en expérience, vu également la très faible quantité de tégument d'insecte rencontrée sous le microscope, et la possibilité, par hypothèse, de l'existence de caractères semblables sur un autre coléoptère que la cantharide, *nous ne pouvons être plus affirmatifs.* »

— En recevant ce rapport *absolument négatif,* le juge d'instruction va-t-il faire connaître aux experts les témoignages qu'il a recueillis au cours de son instruction ; va-t-il suppléer à leur ignorance des lieux en leur révélant l'existence du four dont il ne leur a pas encore parlé (pour ne pas les influencer, sans doute) ? Il va tout au moins leur faire savoir que l'une des victimes a présenté quinze jours avant sa mort, des symptômes d'asphyxie..., qu'elle « avait l'air empoisonné ! »

Non ! le rapport est reçu, mis au dossier, et ils n'entendent plus parler de l'affaire avant les assises.

A l'audience, parle-t-on aux experts du four à chaux ? Non.

La défense, qui tient en mains l'acquittement de sa cliente, va les interroger sur ce fait important ?

Eh bien, non ! La chose peut paraître incroyable, elle n'en est pas moins vraie. Ni le Président, ni l'Avocat général, ni le défenseur n'en soufflent mot, et pas un seul des douze jurés ne songe à éclaircir ce point. Le compte rendu des débats en fait foi.

L'Avocat général prononce son réquisitoire. Il rejette la double hypothèse d'un suicide ou d'un accident, et, s'appuyant sur l'interrogatoire de l'accusée et sur l'ensemble des témoignages, il conclut à la culpabilité, « *même indépendamment des rapports des experts.* »

Le défenseur plaide à son tour. Parle-t-il enfin aux jurés de ce four à chaux sur lequel, imbu d'autres préoccupations, il n'a songé à poser aucune question aux experts ? Les journaux ne le disent pas. S'il l'a fait, cela n'a pas porté ; car un verdict de culpabilité est rapporté dans la salle des délibérations, et la prévenue est condamnée aux travaux forcés à perpétuité.

« Chose extraordinaire, — dit, avec raison, M. Brouardel, — condamnée aux travaux forcés à perpétuité, alors que les experts n'ont pas pu dire quel était le poison dont elle s'était servie.... *L'accusée marquait mal, comme on dit, voilà pourquoi elle a été condamnée.* » (*Annales d'hygiène et de médecine légale*, 1894, p. 469).

Les experts, en somme, rejettent la faute de l'erreur sur le juge d'instruction et sur l'avocat général. Les magistrats ont, de leur côté, fait des experts les boucs émissaires de l'injustice commise.

La vérité c'est que tous ceux qui avaient collaboré au procès, eurent une part de responsabilité. Peut-être, au lieu de dresser le réquisitoire contre le voisin, chacun eût-il dû plutôt « entrer dans la voie des aveux. »

PIOT

(1890)

Par un temps de neige, à la fin du mois de janvier 1890, dans le village de St-Léger, arrondissement de Melle, un homme chassait sans permis. Etait-ce le sieur Gamain, cultivateur de la localité, ou bien son domestique, un nommé Bailly ? (1) Une lettre anonyme dénonça le premier au parquet de Melle. L'enquête à laquelle procéda la gendarmerie parut établir que l'auteur du délit était le domestique. Mais une nouvelle lettre anonyme affirma que c'était bien le maître qui était le coupable. Gamain et Bailly comparurent tous deux devant le tribunal correctionnel le 28 février et soutinrent : Gamain, qu'il n'avait pas chassé, et Bailly, que c'était lui qui avait commis le délit.

Il fut démontré à l'audience que le dénonciateur, l'auteur des lettres anonymes, était un nommé Piot, ancien valet de Gamain qui l'avait congédié deux mois auparavant. Le ministère public abandonna la prévention vis-à-vis du cultivateur, et Bailly seul fut condamné à 25 fr. d'amende.

Si l'idée d'une erreur judiciaire, avait pu venir à l'esprit, c'eût été assurément avec la conviction que le tribunal l'avait évitée en écartant les affirmations de Piot et en acquittant Gamain.

Or, au contraire, un jugement erroné avait été prononcé et la véritable erreur judiciaire (la condamnation d'un innocent), allait être commise et le fut, en effet.

Gamain, non content d'être acquitté, déposa contre Piot une plainte en dénonciation calomnieuse.

La fausseté de la dénonciation résultait de l'acquittement de Gamain, et, quant à la mauvaise foi du dénonciateur, Gamain affirmait que Piot n'avait pu, contrairement à ce qu'il avait prétendu, assister au fait de chasse pour lequel il l'avait dénoncé.

Gamain et Bailly entendus comme témoins dans ce second procès, affirmèrent de nouveau : le cultivateur, qu'il n'avait pas chassé ; et son domestique, qu'il était le seul coupable.

Piot fut condamné le 13 juin 1890 par le tribunal correctionnel de Melle à trois mois d'emprisonnement pour dénonciation calomnieuse.

Il n'interjeta pas appel de cette décision ; mais au moment de subir sa peine, il demanda un sursis et se fit fort de prouver que Gamain et Bailly avaient commis de faux témoignages et que ses premières dénonciations étaient bien exactes.

Après la condamnation de Piot, Gamain et Bailly n'avaient

_____

(1) *Bulletin de la Cour de cassation,* 1891, p. 74.

pu s'empêcher de se vanter du succès de leurs affirmations mensongères.

Une information fut ouverte. Gamain et Bailly durent avouer qu'ils avaient chassé tous les deux et tous deux fait de faux témoignages contre Piot. Pour ce dernier délit, ils furent, par jugement du 31 octobre 1890, condamnés : Gamain à trois mois d'emprisonnement et Bailly à un mois de la même peine.

Il résultait de cette condamnation que la dénonciation portée par Piot contre Gamain n'était pas calomnieuse puisqu'elle avait révélé un fait vrai, et que, par suite, le jugement prononcé contre Piot constituait une erreur judiciaire.

Aussi, par arrêt du 20 février 1891, la Cour de cassation annula-t-elle le jugement du tribunal de Melle du 13 juin 1890, qui avait condamné Piot à trois mois d'emprisonnement pour dénonciation calomnieuse et renvoya la cause et le prévenu devant le tribunal correctionnel de Niort, pour qu'il fût statué à nouveau. Le 6 avril 1891, Piot fut définitivement acquitté.

YVAIN

(1890)

On lit dans la *Gazette des Tribunaux*, du 14 mai 1891 :

Au commencement de l'année dernière, le parquet de la Seine poursuivait, en police correctionnelle, un individu nommé Yvain, sous la prévention d'escroquerie (1). Il semblait bien établi que cet individu s'était présenté devant plusieurs témoins comme mandataire d'une maison Testor, rue de Berlin. La maison Testor, disait-il, recherchait des hommes pour distribuer des prospectus. Il s'aboucha donc avec quatre individus auxquels il demanda 3 fr. 50 pour leur procurer une plaque de facteur libre, délivrée par la Préfecture de police. Bien entendu aucun des témoins ne reçut la plaque et, quand ils se présentèrent à la maison Testor, ils constatèrent qu'elle n'existait que dans l'imagination de l'escroc qui les avait joués.

---

(1) *Bulletin de la Cour de cassation*, 1891, p. 128. *Gazette des Tribunaux*, 28 mars et 14 mai 1891.

On poursuivit donc Yvain, que les témoins semblaient reconnaître, et il fut condamné par le tribunal de la Seine, puis par la Cour d'appel, à quatre mois de prison, malgré ses énergiques dénégations depuis le commencement de la procédure et à l'audience.

Il allait être appelé à exécuter sa peine, quand on mit la main sur un nommé Engel, qui ressemblait à Yvain d'une si étrange façon que les yeux les plus clairvoyants pouvaient s'y tromper.

Les témoins de l'affaire Testor, rappelés à l'instruction n'hésitèrent pas à déclarer que le vrai coupable était Engel, et que, *s'ils avaient pu hésiter* en face d'Yvain, ils n'avaient plus l'ombre d'un doute en face d'Engel.

Engel, d'ailleurs, faisait des aveux complets. Il comparut donc à son tour, devant le tribunal de la Seine, et fut condamné à trois mois de prison.

Ces deux jugements se contredisant, la Cour de cassation les cassa et renvoya les causes à Rouen.

Elles ont été jugées hier en présence des témoins venus de Paris.

Tous ont réitéré leurs dernières affirmations. Pour eux Engel était bien l'escroc qui leur avait proposé les plaques de commissionnaire; Yvain, à son tour, a protesté de nouveau de son innocence.

En conséquence le tribunal a acquitté Yvain, et condamné Engel à trois mois de prison.

VEUVE RIOT

(1890)

Marie Picca (14 ans), était employée comme ouvrière chez la dame Deluy, couturière à Aix, en Provence. Dans les derniers mois de l'année 1890, cette jeune fille déclarait à sa maîtresse qu'elle avait surpris dans la maison une vieille femme, la veuve Riot, au moment où elle venait de voler un coupon de drap appartenant à Mme Deluy; elle l'avait vue ensuite vendre ce coupon pour deux francs à un homme qu'elle avait entendu nommer : M. Cometti (1).

_____

(1) *Bulletin de la Cour de cassation*, 1891, n° 118, p. 201.

Elle avait apostrophé, disait-elle, la veuve Riot et lui avait adressé des reproches.

Celle-ci lui avait alors porté des coups et jeté du poivre dans les yeux.

La dame Deluy, après avoir constaté qu'en effet, un coupon de drap avait disparu de ses magasins, accompagnée de Marie Picca, alla porter plainte au commissaire de police.

Sur les déclarations formelles et précises de la jeune fille, la veuve Riot fut traduite en police correctionnelle devant le tribunal d'Aix, et condamnée, malgré ses énergiques dénégations, le 18 décembre 1890, à un mois d'emprisonnement pour vol et pour coups et blessures.

La veuve Riot n'interjeta pas appel du jugement qui la frappait et subit sa peine.

Quatre mois après environ, la dame Deluy s'aperçut d'un abus de confiance commis à son préjudice par Marie Picca. Une perquisition fut faite au domicile de celle-ci et on y découvrit le coupon d'étoffe qu'elle avait accusé la veuve Riot d'avoir volé.

Marie Picca dut avouer. C'était elle qui avait commis le vol du coupon et, pour détourner les soupçons elle avait dénoncé la veuve Riot et imaginé tous les détails de l'agression qu'elle avait racontée.

La fille Picca poursuivie à son tour, sous l'inculpation de vol, de dénonciation calomnieuse et d'abus de confiance, fut condamnée, le 12 mars 1891, à quatre mois de prison par le tribunal correctionnel d'Aix.

Ces deux décisions : celle du 18 décembre 1890, et celle du 12 mars 1891, condamnant pour le même délit et comme auteur unique, le premier, la veuve Riot, le second, la fille Marie Picca, furent annulées par un arrêt de la Cour de cassation, le 15 mai 1891.

Ce fut devant le tribunal correctionnel de Marseille que comparurent, après le renvoi de la Cour de cassation, la veuve Riot et Marie Picca.

La première fut acquittée et la seconde condamnée à quatre mois de prison, par jugement en date du 18 juin 1891.

NEVEU

(1891)

Le 22 août 1894, le garde des sceaux chargeait le procureur général près la Cour de cassation de déférer à la Chambre criminelle, deux jugements du Tribunal correctionnel de Mamers, rendus les 10 juin 1891 et 18 juillet 1894, dans les circonstances que le ministre exposait ainsi : (1)

Le 20 mai 1891, vers onze heures du soir, le garde particulier Dagonneau, embusqué dans la forêt de Pessagne, vit quatre braconniers se diriger vers une biche prise au collet ; l'un d'eux se détacha du groupe, se dirigea vers lui et, l'apercevant, lui asséna sur la tête un violent coup de bâton qui l'étendit à terre.

Dagonneau n'a cessé d'affirmer devant la gendarmerie, au cours de l'instruction et à l'audience que, au clair de la lune, il avait reconnu Neveu pour son agresseur. Son affirmation parut d'autant plus vraisemblable que, depuis longtemps, Neveu passait pour être un braconnier. Aussi ce dernier fut-il condamné, malgré ses dénégations, par le tribunal de Mamers, le 10 juin 1891, à deux mois d'emprisonnement, pour violences, voies de fait et délit de chasse.

Quinze mois après environ, un nommé Leroux (Adolphe-Louis-Pierre), bûcheron à La Fresnay, croyant que la prescription lui était acquise, déclara à plusieurs reprises qu'il était le seul auteur des voies de fait exercées sur le garde Dagonneau, dans la nuit du 20 mai, et que Neveu était innocent.

Arrêté, Leroux fit des aveux complets et, amené dans la forêt, il indiqua nettement le bouleau auquel avait été attaché le collet dans lequel la biche avait été prise.

Le Tribunal de Mamers avait condamné Leroux à deux mois de prison.

La Cour cassa les deux jugements qui lui étaient soumis et renvoya Neveu et Leroux devant le Tribunal correctionnel du Mans qui acquitta Neveu.

---

(1) *Bulletin de la Cour de cassation*, 1894, n° 274, p. 426.

FOULON

(1892)

On lit dans le journal *Le Droit* (1) :

Le 8 mai 1892, Mlle Dupont, cuisinière, prenait une voiture pour se faire conduire rue St-Philippe du Roule. Sa visite terminée, s'apercevant qu'elle avait oubliée sa jaquette dans la voiture, elle se mit en devoir de rechercher le cocher, dont elle n'avait pas le numéro.

Le hasard fit que, au bout de quinze pas, elle crut le reconnaître en la personne de Louis Foulon, cocher, qui passait conduisant une voiture à vide.

— C'est vous qui m'avez conduite tout à l'heure, lui dit-elle.

— Non, répondit-il.

— Mais si ; je vous reconnais.

Bref, sur l'insistance de la Dlle Dupont et devant l'attroupement de la foule qui commençait à s'amasser, Foulon impatienté, s'écria :

— Eh bien, oui ! là : c'est moi.

Et fouettant son cheval, il voulut partir au galop.

Mais la foule l'entourait et la plaignante, confirmée dans ses soupçons, lui demanda son numéro. Foulon le lui remit sans plus de difficulté. Malheureusement Foulon s'y prit si maladroitement que le numéro lui resta dans la main et que Mlle Dupont n'eût dans la sienne que le reste du papier.

Le cocher Foulon fut poursuivi pour vol. A l'audience, en présence de la reconnaissance formelle, renouvelée par Mlle Dupont, en présence des déclarations de deux témoins, dont l'un affirmait avoir entendu Foulon dire à la plaignante: « Oui, c'est moi qui vous ai conduite » ; et dont l'autre affirmait l'avoir vu fouetter son cheval pour échapper à la foule, le cocher Foulon s'entendit condamner à un mois de prison.

Cette peine, le condamné la subit entièrement. Mais aussitôt sorti de prison, il entreprit d'établir son innocence.

Par bonheur, retrouvant un de ses camarades, le cocher Juglair,

---

(1) *Le Droit*, 1er juin 1893. — *Bulletin de la Cour de Cassation*, 1893, no 334.

il apprit que, le 8 mai, cet homme avait trouvé dans sa voiture une jaquette oubliée et l'avait déposée à la Préfecture (1).

Informée du fait, Mlle Dupont alla reconnaître son vêtement.

Il y a donc eu, dans cette affaire, une erreur judiciaire et c'est pour arriver à la revision du procès que le ministère public poursuivait Mlle Dupont pour faux témoignage. Écoutons ses explications.

— J'ai, dit-elle, toujours cru reconnaître le cocher Foulon. D'ailleurs, pourquoi m'a-t-il insultée quand je l'ai interpellé sur le point de savoir si c'était lui qui m'avait conduite ? Et puis, pourquoi a-t-il déchiré son bulletin quand je lui ai réclamée ?

— Vous plaidez là les circonstances atténuantes, mademoiselle, interrompt M. le Président. Vous expliquez les raisons qui ont inspiré vos plaintes et dicté votre déposition à l'audience où Foulon a été condamné. Mais le fait de la condamnation imméritée n'en est pas moins là. Or, cette condamnation, c'est votre attitude imprudente qui l'a provoquée (2).

A ces explications sommaires de l'inculpée d'aujourd'hui, succèdent les dépositions de deux témoins.

D'abord, M. Louis Guilbert, employé à l'arsenal de Puteaux, déclare qu'il a entendu M. Foulon répondre à Mlle Dupont : « Oui, c'est moi qui vous ai conduite ».

Le témoin ajoute qu'il a vu le cocher donner son bulletin de façon si malencontreuse qu'il en a gardé le numéro dans sa main.

— Il m'a même menacé d'un coup de fouet, ajoute le témoin.

Après lui, M. Carrière secrétaire de la Chambre syndicale raconte qu'un jour M. Foulon est venu tout attristé, lui raconter qu'il venait de faire un mois de prison pour un vol dont on l'avait faussement accusé.

— M. Foulon a ajouté, poursuit le témoin, qu'il avait écrit à la Préfecture, pour savoir si, par hasard, on ne lui aurait pas, le 8 mai, déposé une jaquette et que, sur la réponse affirmative, il avait demandé le nom et l'adresse du déposant, nom et adresse qu'on lui avait donnés (3).

---

(1) Ainsi, l'enquête contre Foulon avait été faite avec une telle légèreté, qu'on n'avait pas même envoyé du Palais de Justice à la Préfecture un agent chargé de voir si, par hasard, la jaquette ne se trouvait pas au bureau des objets perdus.

(2) N'est-ce pas à la Justice à être prudente, quand le témoin est une brave cuisinière qui a le droit de n'être point habile à discerner la vérité.

(3) Comment, encore une fois, le juge d'instruction, avant de rendre son

Ému par ce récit, le témoin a fait les démarches pour retrouver Mlle Dupont et la mettre en présence de sa jaquette. Il eut la satisfaction de réussir.

— Savez vous, demande M. le président au témoin, savez vous que Foulon avait eu le tort de répondre à la plaignante : « Eh bien oui, c'est moi qui vous ai conduite ? »

— Il m'a rapporté ce propos, répond le témoin ; mais que voulezvous, il n'a pas su se défendre : il manque un peu d'intelligence.

Voilà dans quelles circonstances le ministère public poursuit Mlle Dupont.

M. le substitut Seligman estime que Foulon est la victime d'une erreur judiciaire.

Cette affaire, déclare-t-il, *nous apprend une fois de plus, avec quelle réserve il faut accueillir les reconnaissances des témoins.* Ajoutons cependant que l'attitude du cocher fut telle qu'elle pouvait, sinon justifier, du moins expliquer les soupçons conçus et, par suite, la condamnation malheureusement prononcée.

M. le substitut démontre que sous l'empire de la loi du 29 juin 1867, une condamnation pour faux témoignage contre Mlle Dupont est nécessaire, afin d'aboutir à la revision du jugement du 8 mai 1892.

En l'espèce, dit-il, la légèreté dans les déclarations de la plaignante paraît constituer la mauvaise foi constitutive du délit.

Interrogée par M. le président sur ce qu'elle peut dire pour sa défense, Mlle Dupont se borne à répondre :

— « Pour moi, c'est lui : je ne veux pas dire le contraire de ma pensée : je ne le dirai pas ».

Le Tribunal condamna Mlle Dupont à 1 fr. d'amende et 1 fr. de dommages-intérêts envers Foulon qui s'était porté partie civile.

La Cour de cassation par arrêt du 1er décembre 1893, annula le jugement du 18 mai 1892 et renvoya le cocher Foulon devant le Tribunal correctionnel de Versailles qui l'acquitta.

---

ordonnance, comment le tribunal, avant de condamner, ne s'étaient-ils pas livrés à cette enquête si simple ?

CAUVIN

(1892)

Dans tous les procès où la Cour de cassation a annulé une première condamnation et ordonné la revision par de nouveaux juges, le défenseur de l'accusé a plaidé « non coupable », et la décision finale a été la proclamation de l'innocence. On ne trouve que deux exceptions à cette règle : l'affaire Métreau en 1857 et l'affaire Cauvin en 1892.

Métreau est le seul accusé qui, sa condamnation annulée, et son procès revisé, ait été condamné de nouveau (1).

Cauvin est le seul dont le défenseur n'ait point plaidé l'innocence certaine devant le jury appelé à statuer sur la revision ordonnée par la Cour de cassation. Me Decori, avocat de Cauvin, soutint seulement que l'accusation n'apportait pas la preuve de culpabilité et que par suite l'acquittement s'imposait.

De sorte que, dans cette affaire, la réparation de l'erreur judiciaire a consisté, non dans l'affirmation d'une innocence, mais dans la constatation d'un doute.

De Métreau, il n'y a pas à s'occuper ici, puisque chargés de dire si c'était à tort ou à raison qu'il avait été une première fois déclaré coupable, les juges loin de le reconnaître innocent, l'ont condamné à nouveau.

Mais il nous faut rapporter l'affaire Cauvin et ses multiples étapes devant les Cours d'assises, puisque, après avoir été définitivement condamné comme assassin, après cinq ans passés au dépôt des forçats, Cauvin a été acquitté (2).

Une dame Moutet, âgé de quatre-vingts ans, habitait, en 1892, une villa portant son nom dans le quartier Saint-Barnabé à Marseille. Veuve, presque brouillée avec ses deux frères, Messieurs

---

(1) Affaire Métreau, *Gazette des Tribunaux*, nos des 23-24 février, 20 novembre 1857, 3 mars 1858.

(2) Affaire Cauvin, *Gazette des Tribunaux*, nos des 21-22 novembre 1892 ; 4, 5, 6, 7, 8, 9, 10 mars ; 10, 11, 12, 13, 14 août 1896.

Simond, elle vivait seule avec une jeune bonne de quinze ans, Marie Michel, dont elle se disait très satisfaite. Dans le voisinage, demeurait Cauvin, alors âgé de trente-six ans, employé de commerce, sur lequel la dame Moutet avait porté toute sa maternelle affection. Depuis l'année 1886, il était son légataire universel aux termes d'un testament dont il lui avait fourni le modèle. Mais en 1891, M. Eugène Simond s'étant marié, Mme Moutet parut vouloir reprendre des relations plus cordiales avec sa famille.

Elle comptait, dit-on, se rendre à Toulon auprès de son frère, et avait exprimé le plaisir qu'elle éprouvait à l'idée de ce séjour, lorsque dans la nuit du 16 au 17 décembre 1891, elle fut assassinée.

Une instruction fut ouverte.

Les soupçons se portèrent sur Cauvin et sur la jeune bonne. Celle-ci déclara bientôt que Cauvin était, en effet, l'assassin. Au moment où il s'était jeté sur la vieille dame alitée et l'avait prise à la gorge, Marie Michel, un instant, avait tenu le bras de sa maîtresse. C'est par peur de Cauvin qu'elle l'avait aidé dans son crime.

Outre les affirmations de la domestique, les magistrats relevèrent de nombreuses charges contre le légataire de la dame Moutet. Mais il est certain que les accusations de celle qui s'avouait sa complice n'étaient pas un des moindres motifs pour lesquels le ministère public requit la peine de mort contre Cauvin, lorsqu'il comparut, avec Marie Michel, devant la Cour d'assises des Bouches-du-Rhône, le 2 juin 1892. Il ne fut condamné qu'aux travaux forcés à perpétuité; la jeune domestique fut acquittée. Ce premier arrêt fut cassé (1), et Cauvin fut seul renvoyé devant le jury de l'Hérault (audiences des 16, 17 et 18 novembre 1892), le bénéfice du verdict d'acquittement étant acquis à Marie Michel. Elle comparut cependant, mais comme témoin (2), « pas du tout troublée » (3). Si l'on se reporte au compte rendu de l'époque,

---

(1) Le motif de la cassation fut qu'il y avait eu « des actes d'instruction faits incompétemment par le ministère public en violation des droits de la défense. »

(2) Comment notre code permet-il qu'une personne qui a été poursuivie pour un crime, puisse, sous la foi du serment, venir témoigner contre son co-accusé de la veille !

(3) Cette expression, comme toutes les citations suivantes, sont empruntées à la *Gazette des Tribunaux*, du 21-22 novembre 1892.

alors qu'on ne pouvait prévoir les événements judiciaires qui se sont produits depuis, on constate qu'à la Cour d'assises, pendant les seconds débats, ce sont les affirmations dénonciatrices de Marie Michel que le président, précédant l'avocat général, opposa principalement aux protestations d'innocence de l'accusé.

Comme le président, au cours de l'interrogatoire indiquait au jury quelles étaient les déclarations de la jeune bonne, Cauvin l'interrompit à plusieurs reprises, avec la plus grande énergie.

« Il y a onze mois que je souffre, s'écria-t-il avec force, j'aspire après la fin de ce long supplice !

Demande. — Marie Michel n'avait pas intérêt à vous accuser, car, en vous chargeant, elle allait au devant d'une condamnation certaine, elle se chargeait elle-même ».

(La remarque était bizarre, alors que le résultat des accusations de Marie Michel, avait été son acquittement !)

Et Cauvin de répondre :

On lui a fait dire ce qu'on a voulu. Si vous saviez comment se font les interrogatoires !

Marie Michel vint ensuite déposer en ces termes :

Pendant que j'étais dans le salon occupée à allumer du feu, je vis entrer Cauvin qui me dit: Je te donnerai 3.000 francs, si tu m'aides à tuer ta maîtresse. Prise de terreur, je ne fis aucune objection et nous montâmes dans la chambre voisine de celle où couchait Mme Moutet.

Après un moment d'attente, Cauvin entra dans cette chambre, se précipita sur le lit où reposait Mme Moutet, en lui mettant en même temps la main gauche sur la bouche.

D. — C'est bien la vérité ? — R. — Oui, Monsieur, c'est l'exacte vérité ! Cauvin est l'assassin de Mme Moutet.

D. — Cependant, vous n'avez pas toujours fait la même déclaration et, dans les premiers temps, vous avez raconté que Mme Moutet avait été assaillie par des personnes qui cherchaient à l'étrangler ? — R. — C'est Cauvin qui m'avait dit de raconter cela, si l'on venait à m'interroger.

D. — D'où proviennent les égratignures que vous avez au cou ? — C'est un rosier qui m'a fait cela pendant que j'allais ramasser de l'herbe pour la chèvre.

D. — Mme Moutet ne paraissait-elle pas irritée depuis quelque temps contre Cauvin ? — R. — Si, Monsieur le président, et, à la suite d'une dispute qui avait eu lieu entre Mme Moutet et Cauvin, celui-ci s'écria : « Quand pourra-t-elle crever, cette femme, pour que je puisse avoir l'héritage ? »

Cauvin. — C'est atroce !

M. le président. — N'interrompez pas, vous aurez tout le temps de protester à votre aise tout à l'heure. — *(A Marie Michel).* — Comment s'est passée la scène du crime ?

La déposition de Marie Michel continue et s'achève. L'accusé renouvelle ses protestations.

Cauvin. — Je suis innocent, et cette fille ment impudemment.

M. le président. — Mais donnez-en la preuve. alors !

Cauvin. — Je vous ai donné ma parole. La justice s'égare. Du reste, ma femme est là pour témoigner de mon innocence.

Marie Michel. — Ils s'entendaient tous !

Cauvin. — La justice de Dieu vous atteindra, à défaut de la justice des hommes, misérable !

Marie Michel. — Vous êtes un homme indigne et le remords doit vous ronger. Vous méritez un châtiment, car vous avez tué une pauvre vieille innocente.

Cauvin (avec force). — Cette fille est une menteuse. Ma parole vaut bien la sienne, elle vaut même mieux, puisque je suis connu depuis trente ans, et que cette fille est une fille perdue.

M. le président. — Mais quel intérêt a-t-elle à vous accuser ?

Cauvin. — Elle cache un complice.

Et Cauvin fut, pour la seconde fois, condamné aux travaux forcés à perpétuité.

Tandis qu'il restait au dépôt des forçats, sa santé empêchant qu'il fût embarqué pour la Nouvelle-Calédonie, Marie Michel se plaça successivement dans diverses familles. Dès 1893, peu après la seconde condamnation de Cauvin, étant domestique chez le docteur Espitalier, à la suite d'une querelle avec son maître, elle quitte la maison, et, dans sa chambre, on trouve un livre ouvert, les poésies de Piron. Sur une des pages, elle avait écrit ces mots : « Ma vie est perdue pour toujours ! Vous ne me reverrez plus, je vais expier ma grande faute. » On la rejoint, on la ramène, on l'interroge. Elle ne veut rien répondre. Elle avait été élevée à l'hospice de Toulon, elle y est replacée par les soins de M. Simond, le frère même de celle qu'elle a dit avoir aidé à assassiner ! Deux ans se passent. Au mois de mars 1895, un missionnaire de la Compagnie de Marie vient prêcher la retraite à l'hospice. Prenant un jour pour sujet de son sermon l'ingratitude, il fit ce récit :

A la porte principale de la cathédrale de Lyon, il y avait un vieux pauvre dont l'attitude semblait bizarre aux fidèles qui l'avaient remarqué. Jamais il n'entrait dans l'église. Il paraissait être placé là au dehors comme pour expier un crime. Un jour, il fut remarqué par un prêtre, M. l'abbé Sorel, qui lui donna de bonnes paroles et lui fit l'aumône. Mais, quelque temps plus tard, ce prêtre ne trouva plus celui qu'il protégeait. Il se mit à sa recherche, il le trouva dans un appartement somptueux, garni de meubles riches et de tableaux de maîtres, couché, malade, dans un coin sur un peu de paille. Il provoqua des explications du moribond qui lui raconta son histoire.

Intendant dans un château habité par un comte, une comtesse et leurs cinq enfants, quatre filles et un garçon, il n'avait eu qu'à se louer de ses maîtres. Lorsque la Terreur arriva, obéissant à un sentiment de cupidité, il les dénonça et raconta qu'ils avaient conspiré contre la République. Jugés par le tribunal révolutionnaire, le comte, la comtesse et les quatre jeunes filles furent condamnés à mort et guillotinés. Seul, le garçon fut sauvé à cause de son jeune âge. Et, montrant derrière une tapisserie plusieurs portraits accrochés au mur, il dit : « Voilà mes victimes ! » Le prêtre reconnut son père, sa mère et ses sœurs. Il donna l'absolution au vieux mendiant, qui, quelques minutes après, était mort (1).

Cette histoire produisit la plus grande impression sur Marie Michel qui, peu après, alla se confesser auprès de l'archiprêtre de Toulon. Elle lui déclara qu'elle avait fait condamner un innocent et que, craignant plutôt la justice de Dieu que celle des hommes, elle voulait dénoncer sa culpabilité et sauver la malheureuse victime de ses mensonges. Sur les conseils du prêtre, elle va trouver le procureur de la République de Marseille qui ne veut pas croire à sa sincérité.

Il lui dit qu'il ne peut, du reste, rien faire, le procès étant terminé. Marie Michel prétendit même que ce magistrat lui avait demandé combien elle avait été payée pour faire ces nouvelles déclarations.

Une instruction pour faux témoignage finit par être ouverte

---

(1) Déposition du missionnaire, le Père Breny, devant la Cour d'assises de Riom, *Gazette des Tribunaux*, 8 mars 1896.

contre Marie Michel. La jeune fille persista à s'accuser, à proclamer l'innocence de Cauvin.

On la fit examiner par trois médecins de la marine de l'Etat, qui déclarèrent qu'elle n'est ni une aliénée, ni une hystérique.

Malgré tout, une ordonnance de non-lieu, fut rendue, on pourrait dire *contre elle*.

Mais la famille de Cauvin s'était portée partie civile. Elle demande à connaître le dossier de l'instruction. On le lui refuse. Elle forme opposition à l'ordonnance du juge.

C'est la Cour d'Aix qui doit juger cette opposition. Sur une requête des parents de Cauvin, et des conclusions conformes du ministère public lui-même, la Cour de cassation enlève, pour cause de suspicion légitime, l'examen de l'affaire à la Cour d'Aix, et le soumet à la Cour de Riom. Après de sérieuses méditations, celle-ci infirme l'ordonnance et renvoie Marie Michel devant le Cour d'assises du Puy-de-Dôme, par un arrêt dont l'esprit est résumé dans ce passage :

> Considérant que, poursuivie à raison du faux témoignage qu'elle avouait avoir porté ainsi contre Cauvin, le 17 novembre 1892, elle a été l'objet d'une ordonnance de non-lieu, laquelle est frappée d'opposition par la partie civile, et qu'il y a lieu de statuer sur cette opposition ; considérant que les aveux de la fille Michel présentent bien une certaine invraisemblance : qu'ils sont même, pour partie, en contradiction avec des données et des constatations acquises au procès criminel suivi contre Cauvin ; que, néanmoins, cette situation ne peut d'ores et déjà infirmer complètement la valeur des déclarations spontanées, réitérées avec une persistance qui ne s'est point démentie, pendant plusieurs mois ; que la prévenue n'ignore point la peine à laquelle elle s'expose en les renouvelant ; que cette circonstance constitue une présomption en faveur de leur sincérité et qu'un débat public et contradictoire pourrait en démontrer le caractère mensonger ; qu'il y a donc charges suffisantes contre elle du crime de faux témoignage dont elle s'accuse. (1)

Devant la Cour d'assises du Puy-de-Dôme, les débats durèrent une semaine.

_____

(1) Comptes rendus des débats devant la Cour d'assises du Puy-de-Dôme. *Gazette des Tribunaux* des 4 au 10 mars 1896.

Il n'avait fallu que trois audiences pour prouver la culpabilité de Cauvin, malgré ses protestations d'innocence. On en consacra sept à tenter de prouver l'innocence de Marie Michel, malgré ses aveux de culpabilité.

Les adjurations, les ordres, presque les menaces du président, qu'une évidente conviction animait, n'empêchèrent pas l'accusée de maintenir envers tout et contre tous, qu'elle était seule coupable et que Cauvin n'était pour rien dans le crime.

Entre l'avocat de la partie civile, M⁰ Decori, et le Ministère public, aidé de plus de cinquante témoins à charge, la lutte fut ardente et continue.

L'un des médecins appelés à examiner l'état psychologique de Marie Michel, déclara que ses aveux ne signifiaient rien, qu'elle était indigne de toute créance, parce qu'elle avait menti trop souvent.

Il s'attira cette vive et juste réponse de M⁰ Decori.

— Quand doit-on croire une menteuse ? Quand elle accuse ou quand elle innocente ?

Enfin, tous les témoignages ont été entendus. L'avocat de Cauvin a plaidé pour démontrer la véracité actuelle de Marie Michel, son double crime de faux témoignage et d'assassinat. Il existe au moins un doute sur la culpabilité de Cauvin qui est depuis quatre ans en prison ; il y a bien place pour un peu de pitié en faveur de cet homme, dont la femme et le beau-père sont morts, tués par sa condamnation ; eh bien, sait-on comment l'avocat général commence son réquisitoire ? Voici les paroles que rapporte la *Gazette des Tribunaux* (1).

Parlant de la moralité de la famille du condamné, M. l'avocat général indique au jury qu'un des frères du forçat fut poursuivi pour tentative de viol. Il bénéficia, il est vrai, d'une ordonnance de non-lieu, *mais nous savons*, dit-il, *ce que veut dire non-lieu*.

Un autre frère, poursuit M. l'avocat général, fut condamné à Aix à cinq ans de réclusion, pour abus de confiance, et vous enfin, s'écrie-t-il, aux travaux forcés à perpétuité pour assassinat ! Que venez-vous salir les autres ici ! Essayez-donc d'abord de vous laver vous-même !

—————————————

(1) N⁰ du 9-10 mars 1896.

Et l'avocat général demanda au jury d'acquitter Marie Michel qui, poussée par la famille du « forçat » et sous des influences cléricales, s'accusait mensongèrement pour sauver Cauvin.

L'effet de ce plaidoyer fut la condamnation de Marie Michel. Elle fut frappée de cinq années de réclusion (1).

Dès lors, la revision du procès de Cauvin s'imposait. La Cour de cassation l'ordonna, le 23 avril 1896, et renvoya la cause devant la Cour d'assises du Rhône.

Pour la troisième fois, Cauvin comparut devant le jury, le 10 août 1896.

Un nouvel acte d'accusation avait été rédigé.

Il devait forcément laisser de côté les accusations de Marie Michel, devenues sans valeur, et se borner à énoncer les autres charges qu'invoquait le Ministère public. Il apparut alors combien l'instruction avait été incomplète, et l'auteur de l'acte d'accusation chercha à remplacer les preuves qui manquaient, par l'abondance des hypothèses et des raisonnements longuement développés.

Il faut du reste reconnaître que la vraisemblance était du côté de l'accusation.

L'attitude de Cauvin, dans la nuit du crime et pendant les jours suivants, n'était-elle pas, en effet, plutôt la conduite d'un coupable que celle d'un honnête homme ?

Que résultait-il, en effet, de son propre récit ? Comment, en acceptant sa version, se comporte-t-il à la nouvelle de la mort de de sa bienfaitrice ? Averti par Marie Michel, qu'on assassine Mme Moutet, il accourt ; il voit toutes les portes de la maison ouvertes, il trouve sur son lit défait la vieille dame étendue, une jambe pendante, le bras droit levé.

Il touche la malheureuse, constate la mort, regarde s'il n'y a pas de trace de vol, et... s'en retourne chez lui en fermant soigneusement les portes de la maison.

Il n'appelle aucun voisin à l'aide ; il ne cherche pas le médecin, il ne prévient pas le gendarme ; il rentre chez lui, il boit du tilleul et attend le jour pour retourner auprès du corps de sa bienfaitrice.

_____

(1) Arrêt du 9 mars 1896.

D'autres présomptions de culpabilité permettaient au Ministère public de soutenir l'accusation : les traces de sang relevées sur la chemise de Cauvin ; la quasi-certitude que, le lendemain du crime, sa domestique avait lavé des linges ensanglantés ; la précipitation de l'accusé à emporter les titres et les valeurs composant la fortune de Mme Moutet ; enfin, la nécessité, démontrée par les médecins, de la coopération d'un homme à l'assassinat de la vieille dame.

C'était là un réseau de présomptions fortes. Mais ce n'étaient que des conjectures :

L'attitude de Cauvin pouvait s'expliquer par son affolement et son chagrin. Les taches de sang n'étaient point fatalement des taches du sang de Mme Moutet ; sa précipitation d'héritier n'impliquait pas qu'il fût un héritier assassin ; enfin, s'il était vrai qu'un homme eût dû nécessairement prendre part à l'assassinat, cela prouvait que les déclarations de Marie Michel, à Riom, avaient été mensongères, cela n'établissait pas que Cauvin fût l'homme qui avait aidé au crime.

Un doute planait. Pour n'avoir pas, lors des premières enquêtes, tenu assez compte des affirmations de Cauvin, la Justice, à quatre années de distance, se trouvait dans l'impossibilité d'établir la fausseté du système de l'accusé. Ce n'est point sur des probabilités, si grandes soient-elles, qu'on doit condamner un homme. '

Cette vérité, Me Decori, le défenseur de Cauvin la développa victorieusement devant le jury de Lyon. Le condamné de Montpellier, le condamné d'Aix, le témoin de Riom, fut acquitté par les jurés des Bouches-du-Rhône.

« MM. les jurés, avait dit le procureur général au début de son réquisitoire, vous n'êtes pas seulement les juges de l'accusé, vous avez aussi à juger la Justice elle-même.»

D'accord avec les principes, les jurés répondirent : la Justice a eu tort de ne pas se souvenir que le doute doit profiter à l'accusé. Le juge ne doit pas *croire* à la culpabilité, il doit avoir la preuve de l'impossibilité de l'innocence.

BOUYER

(1892)

C'est, une fois encore, une reconnaissance erronée qui a amené la condamnation d'un innocent, dans l'affaire soumise à la Cour de cassation, le 22 mars 1895 : (1)

Le 24 juin 1892, le stokman de la propriété de M. Ballande, sise à Koutio-Konéta, près de Nouméa, aperçut dans un pré de son maître, deux individus qui se disposaient à emporter un veau qu'ils venaient d'abattre.

Plainte fut portée, une instruction fut ouverte. Le stokman déclara reconnaître dans la personne des nommés Driez et Bouyer les deux auteurs de cette tentative de vol.

Le Tribunal de Nouméa condamna les deux hommes chacun à quatre mois de prison (12 août 1892). La Cour abaissa la peine à un mois, et fit aux prévenus application de la loi de sursis.

L'arrêt de la Cour était rendu depuis plusieurs semaines, lorsqu'un nommé Vignot, qui était au service du sieur Driez à l'époque de sa condamnation, déclara à la gendarmerie que son ancien patron avait eu pour complice non pas Bouyer, mais un nommé Boutigny.

L'enquête ouverte confirma la révélation de Vignot, et Boutigny fut condamné à six mois de prison, par la Cour d'assises de Nouméa.

Le 22 mars 1895, la Cour de cassation ordonna la revision des deux décisions contradictoires.

VUILLEMENOT

(1892)

La *Gazette des Tribunaux* du 29 février 1896, exposait, en ces termes, la mésaventure judiciaire — ce ne fut heureusement

---

(1) *Bulletin de la Cour de cassation*, 1895, n° 91, p. 156.

qu'une mésaventure, — dont fut victime, en 1892, M. Etienne Vuillemenot.

Le 3 août 1892, le sieur Magnin, industriel à Andelot, déposait à la gendarmerie une plainte en abus de confiance contre Vuillemenot, horloger, qui persistait à ne pas lui rendre trois montres et une boîte à musique qu'il lui avait donné à réparer.

A l'audience du 23 août 1892, sur les dépositions formelles de Magnin et de sa fille, Vuillemenot, fut condamné, par application des articles 406 et 408 du Code pénal, à un mois de prison, avec application de la loi du 26 mars 1891. Le prévenu avait vainement soutenu, pour sa défense, que les montres dont le détournement lui était reproché, avaient été restituées par lui à la demoiselle Magnin, le 31 décembre 1891, en présence d'un individu dont il ne connaissait que le nom, mais qu'il espérait pouvoir retrouver.

Quelque temps après sa condamnation, Vuillemenot parvint à découvrir un nommé Vuillet, menuisier à Chapois ; les déclarations de ce dernier, corroborées par celles de plusieurs autres témoins, établirent, d'une façon absolue, le bien-fondé des allégations de Vuillemenot, qui porta plainte pour faux témoignage contre Magnin et sa fille.

Sur cette plainte, le Tribunal d'Arbois, par jugement du 21 février 1893, condamna Magnin et sa fille chacun à quatre mois d'emprisonnement. Magnin interjeta appel. Par arrêt du 7 juin 1893, la Cour reconnut la matérialité des faits, c'est-à-dire le faux témoignage imputé à Magnin et à sa fille, et par suite l'innocence de Vuillemot ; mais, estimant toutefois que la mauvaise foi des inculpés n'était pas suffisamment démontrée, elle les fit bénéficier d'une décision d'acquittement.

Statuant ultérieurement sur une demande en dommages-intérêts formée par Vuillemenot contre Magnin et sa fille, le Tribunal civil d'Arbois condamna ces derniers à 2.000 francs de dommages-intérêts. Cette condamnation a été portée par la Cour à 4.000 francs.

Ces décisions judiciaires démontrant que c'était à tort et par suite d'un témoignage inexact, que Vuillemenot avait été condamné par le jugement du 23 août 1892, le Garde des Sceaux chargea le procureur général près la Cour de cassation de requérir la revision du jugement prononcé contre Vuillemenot.

La chambre criminelle ainsi saisie conformément aux prescriptions du Garde des Sceaux, dans son audience du 20 février 1896, rendit l'arrêt suivant :

« La Cour ;

« Vu la lettre du Garde des Sceaux, ministre de la justice, du 11 janvier 1896 prescrivant au procureur général de requérir la revision du jugement du Tribunal correctionnel d'Arbois en date du 23 août 1892 qui, par application des articles 406 et 408 du Code pénal, condamne Vuillemenot (Etienne-Abel), horloger, demeurant à Salins, à un mois d'emprisonnement, pour avoir détourné « trois montres en métal et une boîte à musique » au préjudice du sieur Magnin qui les lui avait donné à réparer ;

« Vu, etc., etc.

« Attendu que la Cour est régulièrement saisie d'ordre exprès du Ministre de la Justice et conformément au deuxième paragraphe de l'article 444 du Code d'instruction criminelle ;

« Attendu, d'autre part, que la demande rentre expressément dans le cas prévu sous le n° 4 par l'article 443 du même Code ; qu'en effet, la restitution des trois montres et la représentation de la boîte à musique, spontanément effectuées au domicile de Magnin par le sieur Vuillemenot, dès le 31 décembre 1891 et aujourd'hui définitivement avérées, constituent un fait nouveau dont la révélation, survenue depuis le 23 août 1892, date de la condamnation du sieur Vuillemenot, est de nature à établir l'innocence de ce dernier ;

« Sur l'état de la procédure :

« Attendu que les pièces produites suffisent pour permettre à la Cour de statuer en pleine connaissance de cause ; qu'il n'échet donc d'ordonner ni un plus ample informé, ni l'apport de pièces supplémentaires ;

« Au fond :

« Attendu qu'il résulte tant de l'instruction ouverte à Arbois, sur la plainte de Vuillemenot, que des décisions judiciaires intervenues à la suite, que, si ledit Vuillemenot a été condamné, le 23 août 1892, par le Tribunal correctionnel d'Arbois à un mois de prison comme coupable du détournement de trois montres et d'une boîte à musique au préjudice de Magnin, industriel à Andelot, il est aujourd'hui manifeste que cette condamnation, uniquement basée sur les dépositions erronées du plaignant et de Cécile Magnin, sa fille, n'était en rien justifiée ; que la fausseté matérielle de ces dépositions a été successivement reconnue par le Tribunal d'Arbois et par les chambres correctionnelle et civile de la Cour de Besançon, dont les décisions ci-dessus visées et analysées, ne laissent aucun doute sur l'erreur judiciaire dont Vuillemenot a été victime ; qu'il y a donc lieu dès à présent de tenir pour démontrée l'innocence de ce condamné ;

« Par ces motifs,

« Casse et annule le jugement du Tribunal correctionnel d'Arbois en date du 23 août 1892, qui a déclaré Etienne-Abel Vuillemenot coupable du délit d'abus de confiance et l'a condamné à un mois d'emprisonnement, avec sursis à l'exécution de la peine ;

« Et attendu, d'ailleurs, que ledit Vuillemenot ne saurait être soumis à de nouveaux débats contradictoires, le délit qui lui était imputé se trouvant couvert par la prescription, dit qu'il n'y a lieu à renvoi ;

« Ordonne que le présent arrêt sera inséré au *Journal Officiel* et qu'il sera affiché à Arbois, à Andelot et à Salins ;

« Ordonne en outre qu'il sera imprimé, transcrit sur les registres du greffe du Tribunal d'Arbois et mentionné en marge ou à la suite du jugement annulé. »

MAC AULIFFE

(1893)

Le 8 août 1893, M. Mac Auliffe, pharmacien, boulevard de l'Hôpital, à Paris, est accusé d'avoir, sans motif, injurié et brutalisé une vieille femme infirme, Mme Royer. En dépit d'un alibi qu'il invoque, il est condamné par la 11e chambre de police correctionnelle du tribunal de la Seine à 25 fr. d'amende pour injures publiques, coups et blessures volontaires. Il interjette appel de cette décision ; la Chambre correctionnelle de la Cour de Paris la confirme, le 3 novembre suivant.

M. Mac Auliffe, sans se décourager, porte plainte en faux témoignage contre les témoins dont le Tribunal et la Cour ont accueilli les dépositions. Il est débouté de sa demande par le Tribunal qui, pour la troisième fois, lui donne tort et déclare véridiques les affirmations de ses accusateurs.

Que valaient ces trois décisions ?

Le remarquable arrêt rendu le 7 février 1896 par la Cour

(même chambre correctionnelle) proclama que la scène qui avait motivé la condamnation de M. Mac Auliffe était *matériellement et moralement impossible*, et que le délit qui lui avait été reproché et pour lequel il avait été condamné était *inadmissible* et *invraisemblable*.

Voici le texte *in extenso* de cet intéressant document judiciaire :

« La Cour;

« Considérant que par jugement du Tribunal correctionnel de la Seine (11e Chambre), du 8 août 1893, Mac Auliffe, pharmacien, boulevard de l'Hôpital, 119, fut condamné à 25 fr. d'amende et à 100 fr. de dommages-intérêts sur la poursuite de la femme Royer, pour injures publiques et coups et blessures volontaires ;

« Considérant que ce jugement de condamnation avait été obtenu grâce aux dépositions des femmes Colliat et Suprin, citées comme témoins à la requête de la femme Royer partie civile ;

« Considérant que la femme Colliat déposa, sous la foi du serment, en ces termes à l'audience du 8 août 1893 : « Le 20 juillet, vers trois heures, la dame Royer était aux cabinets du n° 119, boulevard de l'Hôpital ; quand elle est sortie, Mac Auliffe a couru sur elle, l'a traitée de vieille p...., en disant : « Tu gardes le b...; » puis, il lui a pris sa béquille, et d'une poussée l'a envoyée à terre ; « En la relevant j'ai reçu une poussée de Mac Auliffe ; je le connais bien » ;

« Considérant, qu'à la même audience, la femme Suprin déposa, sous la foi du serment, dans les termes suivants : « Nous avons rencontré dans l'escalier M. Mac Auliffe qui a dit à Mme Royer, qui sortait des cabinets : « Ah ! te voilà vieille v...., vieille m..., tu gardes le b... pendant que la p... fait la retape » ; puis il lui a donné une poussée et elle est tombée ; il était trois heures, trois heures et demie » ;

« Considérant que la femme Royer, partie civile, produisit en même temps un certificat médico-légal, délivré le 26 juillet 1893, par le docteur F°°°, et dont les conclusions étaient ainsi conçues: « On est contraint d'admettre une lésion osseuse (fêlure sinon fracture de côtes) ; les lésions constatées chez la dame Royer offrent une certaine gravité ; elles sont le résultat d'un traumatisme violent produit par un corps contondant (chute sur le sol) ; sauf complications impossibles à prévoir actuellement, elles entraîneront une incapacité de travail de quinze à vingt jours » ;

« Considérant que vainement le prévenu opposa aux témoignages

des femmes Colliat et Suprin l'affirmation de divers témoins disant :
les uns, qu'au jour et à l'heure indiqués, Mac Auliffe était, non
dans sa maison, mais à la justice de paix du treizième arrondissement ; un autre, la concierge, qu'étant dans sa loge au moment où
la scène se serait produite, elle n'avait rien entendu ; que le Tribunal estimant que les deux témoins à charge étaient trop formels, et
trouvant la confirmation de leurs dires dans le certificat médico-
légal produit à l'appui de sa demande par la femme Royer, écarta
les dénégations du prévenu et prononça la condamnation ; (1)

« Considérant que la Cour, saisie par l'appel de Mac Auliffe, confirma par arrêt du 3 novembre suivant, la décision des premiers
juges ; que toutefois, avant de statuer définitivement, elle avait procédé à l'audition de deux nouveaux témoins qui avaient été cités à
la requête de la partie civile : un voisin de l'intimé, le sieur Jamet,
et le cocher Bachy, qui, après la scène prétendue, avait reconduit la
victime à son domicile, lesquels déclarèrent qu'au moment où la
femme Royer était partie en voiture, c'est-à-dire immédiatement
après la prétendue scène d'injures et de violences, ils avaient remarqué les époux Mac Auliffe qui se tenaient sur la porte de la pharmacie et riaient en voyant la voiture s'éloigner ;

« Considérant que ces nouvelles révélations détruisirent aux yeux
de la Cour l'alibi que Mac Auliffe avait prétendu établir, et venaient,
en conséquence, par voie indirecte, confirmer la thèse de la plaignante et des témoins entendus à sa requête ;

« Considérant que Mac Auliffe, condamné ainsi deux fois, protesta avec une énergie croissante de son innocence, et, après avoir
recueilli de nouveaux éléments, porta plainte en faux témoignage
et complicité contre les femmes Colliat et Suprin, Royer et Ponteau, expliquant que les femmes Royer, Colliat et Suprin n'avaient
été que les instruments de la femme Ponteau, qui, habitant la même
maison, n° 119 boulevard de l'Hôpital, lui avait voué une haine
mortelle et promis de le perdre ;

« Considérant qu'il résulte de l'instruction écrite et de l'information orale que cette plainte est fondée et que la scène rapportée,
sous la foi du serment, par les femmes Colliat et Suprin, n'a jamais
existé ;

« Considérant, en effet, que, suivant ces deux femmes, les faits
se seraient passés à la porte des cabinets d'aisances, c'est-à-dire
au milieu de l'escalier allant du rez-de-chaussée au premier étage ;

---

(1) Vingt-cinq francs d'amende pour des faits aussi graves, n'était-ce pas
trop peu s'il n'y avait pas doute, et trop s'il n'y avait pas certitude ?

« Considérant que la dame Baron, concierge, affirme que le 25 juillet 1893, à l'heure de la prétendue scène d'injures et de violences, elle était dans sa loge et qu'elle n'a rien entendu ; ajoutant qu'à raison de la disposition des lieux (sa loge au rez-de-chaussée ayant une porte vitrée qui donne sur le couloir et une petite fenêtre qui donne sur l'escalier), il eût été absolument impossible que Mac Auliffe renversât une femme dans l'escalier en faisant tomber sa béquille, sans qu'aucun bruit parvînt jusqu'à elle ; que la demoiselle Baron, qui se trouvait avec sa mère, fait une déclaration identique ; que ces déclarations trouvent une confirmation dans le constat dressé au cours de l'instruction ; que deux voisins, le sieur Bras et la femme Lelong, qui habitaient : le premier au rez-de-chaussée de la maison même de Mac Auliffe et des époux Ponteau ; l'autre, la maison contiguë où elle tient un magasin de chaussures, déclarent à leur tour n'avoir rien entendu, alors qu'ils n'auraient pas pu ne pas entendre s'il s'était passé quelque chose dans l'escalier ;

« Considérant que la prétendue scène n'a été révélée ni à la concierge, ni à aucun des nombreux locataires de la maison : qu'aucune plainte n'a été portée à la police ; que la femme Colliat a seulement dit au cocher Bachy, qui avait chargé et conduit à son domicile la prétendue blessée : « Si on a besoin de vous, on vous appellera au Tribunal ; c'est le pharmacien qui a enfoncé deux côtes à la femme que vous conduisez ». Et qu'elle ajouta plus tard : « Vous avez vu un grand maigre debout et une femme assise sur la porte de la pharmacie, vous n'aurez qu'à dire cela » ;

« Considérant que l'existence de la prétendue scène d'injures et de violences ne fut dévoilée et connue que le jour de la citation directe, c'est-à-dire le 2 août 1893 ;

« Considérant, en outre, que le docteur F····, qui avait délivré le certificat médico-légal dont les conclusions ci-dessus rappelées avaient appuyé les déclarations des témoins, a dû reconnaître au cours de la procédure instruite pour faux témoignage qu'il avait donné un certificat de confiance, sinon de complaisance : « Je n'ai remarqué, a-t-il dit à l'instruction, aucune trace d'ecchymoses ni de lésion ; au point de vue pathologique interne ou externe, je n'ai pu faire aucune constatation prouvant les déclarations de la femme Royer. Admettant que celle-ci disait la vérité, j'ai rédigé un certificat ; elle accusait des douleurs ; alors, par déduction, j'avais conclu à une fêlure des côtes » ; que, à l'audience du 9 novembre 1894, le docteur F···· a dit encore : « Je ne pouvais songer que la malade pouvait simuler les douleurs qu'elle déclarait ressentir » ;

« Considérant que le docteur F···· n'avait donc rien constaté, qu'il s'était borné à certifier, sans les contrôler, les allégations de la prétendue blessée ;

« Considérant, en outre, que le témoin Bras a déclaré que la femme Roger « ne paraissait nullement souffrir et n'était certainement pas blessée : elle n'a jeté, ni même poussé aucun cri ; elle avait la figure aussi calme que le jour où je l'ai vue au Tribunal » ;

« Considérant qu'il est une autre preuve de l'inexistence de la scène racontée par les femmes Roger, Colliat et Suprin, c'est qu'à l'heure dite, Mac Auliffe n'était pas chez lui ;

« Considérant, en effet, que, suivant elles, la scène aurait eu lieu le 25 juillet 1893 entre 3 heures 1/4 et 3 heures 1/2, et à 3 heures 1/2 selon l'exploit de citation ; que ce jour-là on vint, à 3 heures ou 3 heures moins cinq minutes, chercher Mac Auliffe pour siéger dans un conseil de famille réuni à ce moment devant le juge de paix du treizième arrondissement, en remplacement d'un membre absent, et que c'est seulement à quatre heures qu'il a regagné son domicile ;

« Considérant que l'alibi est attesté par diverses personnes : les sieurs Fillâtre, propriétaire, Bellet, comptable, Lelong, marchand de chaussures, Painvin, entrepreneur de peinture, Noël, rentier, qui faisaient partie du conseil de famille, témoins particulièrement dignes de foi ;   .

« Considérant que ces dépositions paraissent, il est vrai, contredites par celles du cocher Bachy et du marchand de vins Jamet, un voisin, qui, tous deux, prétendent avoir vu les époux Mac Auliffe sur leur porte vers 3 heures 1/4 ou 3 heures 1/2, au moment où l'on conduisait chez elle la prétendue blessée ;

« Mais considérant, d'une part, que le cocher Bachy n'est pas affirmatif et qu'il se borne à déclarer que la personne qu'il a vue sur la porte de la pharmacie ressemblait à Mac Auliffe ; qu'au surplus l'inexactitude de cette déposition est démontrée par le pointage officiel ; qu'il résulte, en effet, d'un rapport de police (pièce 75 de la procédure) que la voiture de ce cocher, n° 14.117, n'a stationné à la gare d'Orléans (boulevard de l'Hôpital), le 25 juillet 1893, que de 3 heures 45 à 5 heures 45 ; que, dès lors, la femme Royer n'a pu être placée dans cette voiture avant 3 heures 45 ; qu'ainsi Mac Auliffe, qui était à la réunion du conseil de famille depuis plus d'une demi-heure, ne pouvait être la personne remarquée par Bachy à la porte de son officine ;

« Considérant, d'autre part, que le sieur Jamet, en dépit de ses affirmations, n'a rien vu, car sa femme, recevant pour lui sa citation à témoin devant la Cour d'appel, s'écria devant l'employé du bureau des huissiers, le sieur Dentier : « Mais mon mari n'a rien vu, il était dans la cave » ;

« Considérant, d'ailleurs, que les affirmations de Bachy et de Jamet sont encore contredites par celles du témoin Bras et de la femme Lelong ; que, suivant ces dernières, Mac Auliffe était parti « au moins depuis vingt minutes et peut-être plus » quand la voiture est venue prendre la femme Royer ;

« Considérant, enfin, que l'inexistence de la prétendue scène d'injures et de violences est démontrée non seulement par son *impossibilité matérielle* et par l'alibi du prévenu, mais encore par son *impossibilité morale* ; qu'il est *inadmissible*, en effet, que le pharmacien Mac Auliffe, qui ne connaissait pas, qui n'avait jamais vu la femme Royer, ait *sans motifs*, après avoir proféré de grossières injures, exercé des violences d'une certaine gravité sur une femme âgée et infirme ; que de pareils actes de brutalité, sans une cause impulsive *sont invraisemblables* ;

« Considérant, dès lors, que la scène d'injures et de violences reprochée à Mac Auliffe n'a jamais existé, et que les femmes Colliat et Suprin, qui l'ont rapportée sous la foi du serment, à l'audience du 8 août 1893, ont commis, en matière correctionnelle, un faux témoignage contre Mac Auliffe, prévenu ;

« Considérant, en outre, que la femme Royer s'est rendue complice de ce délit, d'une part, en procurant aux femmes Colliat et Suprin les moyens de le commettre, sachant qu'ils devaient y servir ; d'autre part, en aidant et assistant avec connaissance les auteurs du faux témoignage dans les faits qui ont préparé ou facilité le délit ou dans ceux qui l'ont consommé ;

« Considérant, en effet, que la femme Royer s'est prêtée à la comédie judiciaire organisée ; qu'elle a consenti à y jouer le rôle de prétendue victime de Mac Auliffe, et celui de fausse plaignante jusqu'à traduire en police correctionnelle un prétendu agresseur comme auteur de faits délictueux que devaient attester en justice, et sous la foi du serment, les femmes Colliat et Suprin ; que la femme Royer a ainsi sciemment aidé au délit ;

« Considérant que la femme Ponteau s'est rendue complice du délit de faux témoignage commis par les femmes Colliat et Suprin : d'une part, en provoquant au délit par des machinations ou artifices coupables, et en donnant aux auteurs du faux témoignage des instructions pour le commettre ; d'autre part, en les aidant ou assistant avec connaissance dans les faits qui ont préparé, facilité ou consommé le délit ; qu'en outre la femme Ponteau a suborné les femmes Colliat et Suprin, auteurs d'un faux témoignage consommé ;

« Considérant, en effet, que la femme Ponteau a ourdi le complot de faux témoignage dans le but d'accomplir une œuvre de haine et pour satisfaire un intérêt pécuniaire ;

« Considérant à cet égard qu'elle avait voué à Mac Auliffe une haine mortelle ; que, le 15 juillet, dix jours avant la prétendue scène, elle disait en apercevant Mac Auliffe : « Voilà Ravachol ; il n'a pas fini, celui-là ; je lui en ferai bien voir d'autres » ; qu'elle se vantait de le faire condamner et annonçait qu'elle avait juré de le mettre sur la paille ; qu'en outre, se trouvant dans une situation gênée, elle recherchait, à titre de griefs contre son propriétaire, des preuves de prétendus troubles à la jouissance des lieux loués pour réclamer la résiliation de son bail avec des dommages-intérêts ;

« Considérant, d'une part, que le complot qui devait se réaliser le 25 juillet, elle l'avait annoncé six jours auparavant, le 19 du même mois à la femme Vériot, comme étant, suivant ses expressions « un coup qu'on allait monter au pharmacien » ; — « La femme Ponteau me proposa, a dit la femme Vériot, 50 fr. si je voulais servir de témoin, et elle ajouta : Vous n'avez rien à craindre, ce n'est pas moi qui paraîtrai dans cette affaire, ce sera une vieille femme ; elle me donna rendez-vous pour le soir même, à six heures, chez son homme d'affaires, un sieur B***, demeurant rue des Boulangers, lequel devait m'expliquer ce que j'aurais à dire en justice ; »

« Considérant que la femme Vériot a révélé ces faits non seulement au cour de l'instruction écrite et le 31 décembre 1893, c'est-à-dire peu de mois après leur date et encore le 7 juin 1894, sans que jamais ses déclarations répétées aient subi une contradiction quelconque, mais encore devant le tribunal le 9 novembre suivant ; que, vainement on a tenté d'infirmer la valeur de cette déposition, en lui opposant, à la dernière heure, le témoignage du sieur Dessaigne, coiffeur, qui a déclaré, pour la première fois, plus de quinze mois après, à l'audience du 9 novembre 1894, et avec une singulière précision de jour et d'heures : « Le 19 juillet 1892, Mme Ponteau est venue chez moi à huit heures du matin et n'est repartie qu'à neuf heures du soir ; et dans la journée entre deux et cinq heures, elle s'est promenée avec ma femme » ;

« Considérant, au surplus, que la femme Ponteau avait l'habitude de rechercher des faux témoins pour assurer le succès de divers procès engagés soit contre Mac Auliffe soit contre des tiers ; qu'ainsi elle a tenté de suborner les femmes Kockler, Mennesson, Dupuis, le sieur Fourès, les époux Beaumont, en les provoquant au parjure, à titre de service, ou avec promesse de récompense ;

« Considérant, d'autre part, que, quatre jours après la prétendue scène de violences, elle fit dresser, le 29 juillet 1893, par ministère d'huissier, un procès-verbal de constat, dans lequel elle fit insérer ce qui suit : « La femme Ponteau avait laissé son appartement le 25 juillet, sous la garde d'une vieille femme, infirme, ne marchant qu'avec des béquilles, Mme Royer, qui gardait en même temps son enfant ; un sieur Mac Auliffe a profité de l'absence des époux Ponteau, pour frapper la dame Royer d'une façon si violente qu'il lui a fracturé trois côtes, en la frappant à coups de poing, et en la faisant tomber dans l'escalier, ainsi qu'il résulte d'un certificat délivré par le médecin » ;

« Considérant que, le 24 juin précédent, elle avait intenté à son propriétaire, le sieur Flatroud, un procès en résiliation de bail avec 13.000 francs de dommages-intérêts, comme étant en butte à ses exactions et à celles des voisins ; qu'elle avait même obtenu le 3 juillet un jugement par défaut ; mais que ce jugement ayant été frappé d'opposition, la prétendue scène de violences du 25 du même mois, reprochée à Mac Auliffe, devait l'aider à augmenter ses griefs, autrement dit appuyer sa demande de 13.000 francs de dommages-intérêts ;

« Considérant, dès lors, que l'affaire de la femme Royer contre Mac Auliffe devait servir à atteindre ce dernier, et aussi à réconforter le procès de la femme Ponteau contre son propriétaire ; que la femme Ponteau avait donc un intérêt de premier ordre à la réalisation du plan concerté ;

« Considérant que, dans ce but, elle attira chez elle, peu de jours avant celui qui fut choisi comme date des faits à établir, la femme Royer, besogneuse, instrument docile de ses desseins, et dont l'âge et les infirmités devaient rendre plus odieuse la conduite de Mac-Auliffe ; qu'il fut donc entendu que celle ci se dirait victime des injures et des brutalités de ce dernier.

« Considérant que la femme Ponteau, en quête de témoins, obtint en outre facilement le concours de deux femmes réputées méchantes, cancanières, de mauvaise foi : celui de la femme Colliat qu'elle ne quittait plus depuis un certain temps et qui lui avait servi de témoin dans un procès antérieur ; celui de la femme Suprin, besogneuse, qui avait déjà eu des démêlés judiciaires avec Mac Auliffe ; qu'il fut donc convenu que ces deux femmes déclareraient qu'en sortant de chez la femme Ponteau elles avaient vu et entendu Mac Auliffe frapper et injurier la femme Royer, le 25 juillet entre 3 h. 1/4 et 3 h. 1/2.

« Considérant qu'à cette date, on vit alors, selon la mise en scène préparée par la femme Ponteau, la femme Royer affaissée sous les prétendus coups reçus, portée dans une voiture par la femme Colliat qui l'accompagna jusque chez elle ;

« Considérant que, le soir même, la femme Ponteau envoyait auprès de la prétendue blessée le docteur X''', choisissant un ennemi de Mac Auliffe ; que, sur son refus, le lendemain, la femme Ponteau conduisit elle-même auprès de la prétendue victime, le docteur F''', et qu'elle obtenait de celui-ci un certificat dont la production à l'audience contribua, en appuyant les déclarations mensongères des témoins, à assurer la condamnation de Mac Auliffe ;

« Considérant que la femme Ponteau a, non-seulement payé le médecin, mais encore l'huissier et la taxe des témoins ; qu'ainsi son intervention constante dans cette affaire prouve bien que c'était sa cause ; qu'elle était la première intéressée au succès de l'entreprise ; que, par suite, la complicité de la femme Ponteau est pleinement établie en fait et caractérisée en droit ;

« Considérant que les faits délictueux commis par les quatre prévenues ont porté atteinte à la dignité de la Justice et entraîné une erreur judiciaire ; qu'ils ont, dès lors, une exceptionnelle gravité et que les circonstances de la cause commandent une application justement sévère de la loi pénale ;

« Considérant que les faits reconnus constants sont prévus et réprimés par les articles 362, 59, 60, 365 du Code pénal, vu l'article 55 du même Code ;

« Par ces motifs,

« Infirme le jugement dont est appel, en ce qu'il a renvoyé les femmes Colliat, Suprin, Royer et Ponteau des fins de la poursuite sans dépens ;

« Émendant, déclare les femmes Colliat et Suprin coupables d'avoir, le 8 août 1893, à l'audience de la 11⁰ chambre du Tribunal de première instance de la Seine séant à Paris, porté un faux témoignage en matière correctionnelle contre le sieur Mac Auliffe, prévenu ;

« Déclare la femme Royer coupable de s'être, en 1893, à Paris, rendue complice du délit ci-dessus spécifié : 1⁰ en procurant à ses auteurs les moyens de les commettre, sachant qu'ils devaient y servir ; 2⁰ en les aidant ou assistant avec connaissance dans les faits qui l'ont préparé, facilité ou consommé.

« Déclare la femme Ponteau coupable : 1⁰ de s'être en 1893, à Paris, rendue complice du même délit, en provoquant les auteurs à le commettre par ses machinations et artifices coupables, et en leur donnant des instructions pour le commettre, en les aidant et assistant avec connaissance dans les faits qui ont préparé, facilité ou consommé ledit délit ; 2⁰ d'avoir, en 1893, à Paris, suborné les témoins femmes Colliat et Suprin, auteurs du faux témoignage ci-dessus spécifié ;

« Et, faisant application aux quatre prévenues, chacune en ce qui les concerne, des textes de la loi pénale ci-dessus visés, condamne :

1⁰ La femme Colliat ; 2⁰ la femme Suprin ; 3⁰ la femme Royer ; 4⁰ la femme Ponteau ; chacune à trois ans de prison et chacune solidairement à 50 francs d'amende ;

« Et, statuant sur les conclusions de Mac Auliffe, partie civile, tendant à l'allocation de la somme de un franc à titre de dommages-intérêts ;

« Considérant que cette demande est justifiée ;

« Condamne les femmes Colliat, Suprin, Royer et Ponteau solidairement et par corps à payer à Mac Auliffe la somme de un franc à titre de dommages-intérêts ; condamne également les quatre prévenues solidairement et par corps aux dépens de première instance et d'appel » (1).

Si M. Mac Auliffe avait eu moins d'énergie et de persévérance, s'il n'eût pas disposé de ressources suffisantes pour suivre son procès pendant trois ans, il serait resté convaincu par arrêt de la Cour, lui, professionnellement tenu à plus de douceur que personne envers les infirmes, d'avoir odieusement brutalisé une vieille paralytique.

Son innocence une fois proclamée par l'arrêt qui condamnait les faux témoins, M. Mac Auliffe obtint de la juridiction civile un jugement (2) aux termes duquel, le médecin qui avait donné, avec une légèreté coupable, le certificat constatant les blessures qui n'existaient pas, et facilité ainsi l'erreur commise, dut lui payer cinq cents francs de dommages-intérêts.

Puis, M. Mac Auliffe poursuivit la procédure nécessaire à la revision de l'arrêt qui l'avait condamné.

---

(1) Les quatre condamnées se pourvurent en cassation contre cet arrêt. Mais leur pourvoi fut rejeté (*Gazette du Palais*, n⁰ du 22 mai 1896).

(2) Jugement de la 5ᵉ chambre du tribunal civil de la Seine. Audience du 13 juin 1896, *Gazette des Tribunaux*, du 14 juin 1896.

COLLOT

(1893)

Cité directement par ses adversaires devant le Tribunal correctionnel, M. Mac Auliffe ne fut condamné qu'à l'amende. M. Collot, fabricant de cadres à Paris, poursuivi par les époux Horn comme coupable des délits de vols, abus de confiance, et coups et blessures, fut condamné par arrêt de la Cour de Paris, le 6 janvier 1893, à un mois de prison, 25 fr. d'amende et 700 fr. de dommages-intérêts (1). (Il s'agissait d'un billet que Collot aurait repris par la violence à Mme Horn, la partie civile). Le tribunal n'avait prononcé qu'une amende : la Cour, sur la déposition d'un nommé Sartoré avait élevé la peine à un mois de prison.

Mais, sur la plainte déposée par Collot contre ce témoin à charge, le 5 décembre 1893, la Cour de Paris condamna Sartoré à trois mois de prison pour faux témoignage.

Collot se pourvut alors devant la Cour de cassation, en revision de l'arrêt de la Chambre des appels de police correctionnelle du 6 janvier 1873. La Cour suprême annula purement et simplement la condamnation prononcée contre Collot.

SIMON JACQUES

(1893)

Deux décisions contradictoires étaient déférées à la Cour de cassation, le 28 avril 1894 (2) :

1º Un jugement du Tribunal correctionnel du Puy, « condamnant le nommé Simon *Jacques*, sabotier au Bouchas, pour coupe

---

(1) *Bulletin de la Cour de Cassation*, 1894, nº 113, p. 176.
(2) *Bulletin de la Cour de Cassation*, 1894, nº 114, p. 180.

et enlèvement de bois dans une forêt communale, à quinze jours d'emprisonnement, 147 fr. d'amende, 14 fr. de restitution et 73 fr. 50 de dommages-intérêts » ; 2° Un jugement du même tribunal en date du 8 janvier 1894, « condamnant le nommé Simon *Ferdinand*, cousin du précédent, pour le même délit à la peine de 21 fr. d'amende, 2 fr. de restitution et 10 fr. 50 de dommages-intérêts ».

En fait, nous apprend le procureur général, après la condamnation de Jacques Simon et au moment où il allait être écroué, son cousin Ferdinand s'est spontanément reconnu l'auteur du délit, et l'innocence de Jacques ayant été reconnue, à la suite d'une information régulière, Ferdinand a été condamné pour le même délit aux peines sus-énoncées.

La Cour de cassation accueillit la demande en revision formée par le procureur général.

Les deux cousins furent renvoyés devant le tribunal d'Yssingeaux, qui acquitta Jacques Simon.

ROSSI

(1894)

Le 22 décembre 1894, la Cour d'assises d'Alger condamnait à la peine de six ans de réclusion, un nommé Jean Rossi, accusé de vols qualifiés (1).

Il avait été dénoncé comme étant leur complice par deux espagnols, Soliverès et Sapena, prévenus d'avoir dévalisé, dans le courant de mars 1894, la maison d'un négociant de Bab-el-Oued, M. Kohler. Parmi les objets volés se trouvaient deux bonbonnes d'essence et, dans une perquisition opérée chez Rossi, on avait découvert au fond d'une écurie deux bonbonnes vides, que M. Kohler reconnaissait comme les siennes.

Devant le juge d'instruction, Rossi avait expliqué que les bonbonnes qu'on avait découvertes dans son écurie, n'y avaient pas

---

(1) *Gazette des Tribunaux*, 8 février 1896.

été apportées par lui, qu'il les y avait lui-même trouvées au moment où il en avait pris possession comme locataire. Mais le juge d'instruction ne s'arrêta pas à ce « système de défense ».

Rossi le renouvela devant le jury ; malheureusement, il se borna à affirmer, et son avocat — un tout jeune homme inexpérimenté (fait valoir le rapport de la chancellerie) — négligea d'appeler des témoins pour appuyer les déclarations de son client et démentir les accusations des deux individus qui le représentaient comme l'auteur du vol.

La Cour ne se soucia pas plus que le juge d'instruction de vérifier les assertions de Rossi ; le président négligea de suppléer à l'inexpérience du jeune avocat ; il aurait pu citer, en vertu de son pouvoir discrétionnaire, des témoins nécessaires à la manifestation de la vérité : il ne le fit point et Rossi fut déclarée coupable.

Soliverès fut condamné à six ans de travaux forcés. Quant aux autres accusés, Sapena, Francès et Lacourt, ils furent acquittés.

A la sortie de l'audience, devant Francès et Lacourt, Sapena, rétractant ses accusations, déclara que Rossi était innocent.

Six moi   us tard, Soliverès, écrivait au procureur général d'Alger et, à son tour, il rétractait les accusations qu'il avait portées contre Rossi.

Une enquête fut ordonnée. On entendit les témoins qu'aurait dû faire citer le juge d'instruction ; il résulta de leurs témoignages que les bonbonnes avaient appartenu au locataire qui occupait antérieurement la maison habitée par Rossi, lors de son accusation. *Il les avait déposées dans cette maison plusieurs années avant le vol chez M. Kohler !*

La Cour de cassation, saisie du pourvoi en revision de Rossi, rendit le 6 février 1896, un arrêt aux termes duquel la demande était déclarée recevable, mais un supplément d'instruction était ordonné.

L'enquête de la Chancellerie avait bien établi que les bonbonnes étaient dans l'écurie, avant la prise de possession du local par Rossi. Mais Sapena, l'un des trois prévenus acquittés, était, au cours de l'information supplémentaire, revenu sur les déclarations qu'il avait faites au sortir de l'audience à Francès et à Lacourt ; et de nouveau, il prétendait Rossi coupable.

Malgré le peu d'importance de cette accusation, la Cour, par arrêt du 1er juillet 1896, a ordonné un nouveau supplément d'information.

L'arrêt définitif n'est point encore prononcé ; mais il nous a paru que, sans l'attendre, nous pouvions considérer Jean Rossi comme victime d'une erreur judiciaire, la Chancellerie, le conseiller rapporteur, M. Accarias et l'avocat général, M. Duval, ayant conclu à la revision de l'arrêt de la Cour d'Alger.

NAUDIN

(1895)

Le 5 juillet 1895, le Tribunal correctionnel de la Seine condamnait à quinze jours de prison pour abus de confiance, un ouvrier nickeleur nommé Naudin.

Mlle Andréa Lannes, la plaignante, avait confié au prévenu un service à thé ancien, composé de cinq pièces, que Naudin devait faire nettoyer et réargenter. Au nombre de ces objets se trouvait un plateau que Naudin ne put représenter quand la demoiselle Lannes le lui réclama.

Il alléguait que, conformément aux instructions de cette dernière, il avait remis le plateau à un argenteur, le nommé Redel ; celui-ci devait toujours l'avoir en sa possession ; mais cet individu, ajoutait Naudin, avait déménagé et sa nouvelle adresse lui était inconnue.

Cette explication ne satisfit point, — cela se conçoit, — Mademoiselle Lannes. Quant aux magistrats saisis de l'affaire, ils n'attachèrent aucune valeur à cette explication de Naudin, qui n'apportait aucune preuve à l'appui de ses allégations et dont le « système » parut banal et puéril.

Naudin subit sa peine à la prison de Ste-Pélagie. Une fois libéré, l'ouvrier nickeleur se mit à la recherche de Redel. Si la justice avait fait le plus léger effort pour vérifier les dires du prévenu, elle aurait évité de prononcer une condamnation injuste. En effet, après quelques semaines, Naudin qui n'avait pas,

(1) *Gazette des Tribunaux*, 1er juillet et 9 novembre 1896.

comme les magistrats, la police entière à sa disposition, retrouva son argenteur. Ce dernier avait fait faillite et vivait sous un faux nom dans un autre quartier de Paris. Il avait toujours le plateau de Mlle Lannes et le tenait à sa disposition.

Naudin se pourvut en revision. Outre la déclaration de Redet et pour établir qu'aucune collusion n'existait entre l'argenteur et lui, l'ouvrier nickeleur apportait à la Cour de cassation la déclaration d'un sieur Nourrit propriétaire de Redet avant sa faillite. Ce témoin avait assisté à la remise du plateau !

La Cour suprême, le 2 mai 1896, déclara le pourvoi recevable, et après un supplément d'information, le 1er juillet suivant, elle cassa la décision du Tribunal de la Seine et renvoya l'affaire devant le Tribunal de Versailles, qui rendit, à la date du 16 octobre, le jugement suivant :

« Attendu que, de l'instruction à laquelle il a été procédé à l'audience, et des débats, résulte la preuve que Naudin n'a pas commis le délit d'abus de confiance qui lui a été imputé, et qu'il semble n'avoir été condamné à la peine de quinze jours d'emprisonnement ainsi qu'à deux cents francs de dommages-intérêts envers la partie civile, que par suite de ce que le principal témoin, tombé en faillite avait dissimulé son identité et sa résidence ;

« Attendu que si Naudin a d'abord déclaré que le plateau qui lui avait été remis pour le réparer et le réargenter était toujours en sa possession, il résulte de la correspondance versée aux débats qu'il n'a pas persisté dans cette allégation, qu'il prouve bien aujourd'hui qu'il avait remis le plateau à un sieur Redet pour le réargenter ;

« Attendu que Naudin fait en outre la preuve que le plateau a été porté chez la demoiselle Lannes en juillet 1894 par le livreur de la maison Redet avec la facture, mais que la livraison n'a pu être effectuée par suite de l'absence de ladite demoiselle Lannes ;

« Attendu que Naudin apporte la preuve écrite que le plateau est toujours entre les mains de Redet, lequel le tient à la disposition de la demoiselle Lannes, contre le paiement de la somme de 25 francs, prix de la réparation ;

« Par ces motifs :

« Dit que Naudin n'a pas commis le délit d'abus de confiance au préjudice de la demoiselle Lannes Andréa, et pour lequel il a été condamné le 5 juillet 1895 par le Tribunal correctionnel de la Seine, à 15 jours d'emprisonnement et à payer à la demoiselle Lannes Andréa la somme de 200 francs, à titre de dommages-intérêts ;

« Le renvoie des fins de la prévention, sans dépens ;

« Et attendu que Naudin a subi un préjudice pour lequel il lui est dû réparation ; que le Tribunal a les éléments suffisants pour en apprécier l'importance ;

« Attendu que, par suite d'un concours de circonstances heureuses, Naudin n'a pas été privé de son travail ; que les nombreux certificats qu'il a produits prouvent qu'il n'a pas été suspecté par les personnes avec lesquelles il était en relation ; que, d'autre part, il aurait pu tenter tous les degrés de juridiction et déférer le jugement à la Cour d'appel, *devant laquelle il aurait produit le mal fondé de la poursuite* ; (1)

« Que, si regrettable que soit l'erreur dont il a été la victime par suite de la disparition momentanée du véritable détenteur de l'objet à lui confié, les dommages-intérêts ne peuvent être que la représentation stricte du dommage éprouvé ;

« Par ces motifs, lui alloue la somme de trois cents francs à titre de dommages-intérêts ;

« Ordonne l'affichage du présent jugement conformément à l'article 446 du Code d'instruction criminelle, revisé par la loi du 8 juin 1895, et son insertion dans le *Journal officiel*, le *Temps* et la *République française.*

Estimant insuffisants les dommages-intérêts qui lui étaient alloués, Naudin interjeta appel de ce jugement.

L'arrêt n'est point encore intervenu.

---

(1) Ce n'était point son rôle. C'était aux magistrats de vérifier si ses allégations n'étaient point véridiques et si la prévention était établie. — En 1599, l'avocat général, Messire Servin, déclarait que si « l'accusé Bellanger avait souffert la Question, il devait se l'imputer à lui-même ; il s'était perdu par ses réponses » (voir p. 190). En 1896, le tribunal reprochait à Naudin de n'avoir point fait appel du jugement erroné qui l'avait frappé. Le tribunal n'ajoutait point que Naudin « ne devait s'imputer qu'à lui-même d'avoir subi un mois de prison ». En la forme, il y a progrès.

ERREURS JUDICIAIRES DU XIXᵉ SIÈCLE

II

ACQUITTEMENTS APRÈS CASSATION DE L'ARRÊT DE CONDAMNATION

DEWILDE ET GAY

(1807)

Le 1ᵉʳ vendémiaire, an XII, deux négociants de la ville de Gand, Hérault et Gay (1), avaient formé avec un sieur Dewilde, concierge de la prison des Alexiens, une société pour le commerce, en Belgique, des vins de Touraine.

Dewilde et Gay, ne tardèrent pas à s'apercevoir que leur associé les trompait dans ses comptes : ils le surveillèrent et, au mois de janvier 1806, ils acquirent la preuve qu'Hérault avait majoré les prix d'achat. Ils lui firent part aussitôt de leur intention de dissoudre la société. Au cours de la liquidation, qui fut opérée à Gand, chez Dewilde, à la prison des Alexiens, Hérault souleva une difficulté, au sujet d'une somme de 12.751 liv. 4 sols 9 deniers qu'il réclamait pour l'intérêt de ses avances.

Ses deux associés lui répliquèrent que, même en admettant le bien fondé de sa réclamation, il faudrait déduire de cette somme de 12.751 livres, les 5 à 6.000 livres qu'il avait portées en trop dans ses comptes, et une autre somme de 10.000 livres, stipulée

---

(1) *Recueil des causes célèbres*, par Maurice Méjan, t. XII, p. 146.

dans les statuts à titre d'indemnité, en cas de fraude de l'un des associés.

Hérault n'insista pas. Il demanda seulement qu'on inscrivît, au bas des comptes, la décharge qu'il consentait à donner de ces 12.751 livres et qu'il rédigea lui-même en ces termes :

« Je reconnais avoir reçu *en espèces* de MM. Dewilde et Gay, la somme de 12.751 liv. 4 sols, 6 deniers. »

Après quelques hésitations les deux associés laissèrent Hérault apposer cette quittance au bas des comptes arrêtés.

Ils ne devaient pas tarder à se repentir d'avoir cédé au désir de leur ancien associé.

Dès le lendemain, en effet, Hérault se rendait chez le magistrat de sûreté et y déposait une plainte dans laquelle il accusait Dewilde et Gay de lui avoir arraché par la violence « la quittance d'une somme de 12.751 livres représentant les intérêts des fonds de la société. » Il y décrivait longuement la scène au cours de laquelle on lui avait extorqué ce reçu. Les mots échangés, les menaces dont il avait été l'objet, les coups qu'il avait reçus, tout y était détaillé avec une précision rare et une habileté extrême.

La plainte avait une telle apparence de vérité, que moins de vingt-quatre heures plus tard, Dewilde et Gay, arrêtés, étaient mis au secret.

Le juge d'instruction leur posa une seule question : *oui* ou *non* les 12.751 livres avaient-elles été *versées en espèces* à Hérault ?

Les deux accusés, soucieux de ne rien dire qui ne fût véritable, reconnurent qu'en cela la quittance était inexacte. Le juge n'en voulut point entendre davantage. Comment admettre que de son plein gré, Hérault eût signé un reçu mensonger ? Comment supposer qu'il eût inventé, de tous points, les scènes décrites dans sa plainte ?

Les explications de Dewilde et de Gay furent vaines : inutilement ils prouvèrent qu'Hérault, associé infidèle, dont ils avaient découvert la fraude, était suspect d'avoir tenté contre eux une abominable vengeance ; ils firent inutilement entendre de nombreux témoins, voisins et domestiques, qui déclarèrent n'avoir entendu, le jour des prétendues violences, aucun bruit de lutte ou même de dispute dans la chambre où se tenaient les trois associés. Ils invoquèrent leurs antécédents parfaits. La déclaration unique d'Hérault l'emporta sur tant de témoignages. Dewilde et Gay renvoyés devant le jury furent condamnés le 24 janvier 1807, à dix-huit ans de fer, comme convaincus d'avoir extorqué par violence, la quittance de 12.751 livres.

L'arrêt fut cassé, pour vice de forme, le 21 mai suivant, et les deux condamnés furent renvoyés devant la Cour criminelle de Bruges, où ils comparurent, le 1er août 1807.

Ils eurent le bonheur d'y trouver un procureur général scrupuleux et sans prévention, qui entendit de nouveaux témoins et interrogea longuement le dénonciateur. Hérault, après s'être contredit plusieurs fois, finit par avouer qu'il avait signé de bon gré la quittance dont il avait rédigé lui-même le projet.

Dewilde et Gay furent acquittés, à la demande même du procureur général et leur calomniateur, Hérault, fut condamné par arrêt postérieur à payer à ses deux victimes 60.000 fr. de dommages-intérêts pour le préjudice que leur avait causé sa dénonciation.

Ce préjudice n'eût-il pas été moins considérable, si conformément au principe trop négligé, le juge d'instruction n'avait pas *a priori* considéré la plainte comme fondée et les dénoncés comme suspects?

FOUREY

(1808)

Le 14 mai 1808, à dix heures du soir, dans la commune de Foulognes, canton de Balleroy (Calvados), par une nuit sans lune, un coup de fusil fut tiré à travers une haie sur le maire, M. Labbé, passant à cheval, suivi de sa servante, la veuve Beaujean, qui marchait à pied.

Dans leurs dépositions à la gendarmerie où ils se rendirent aussitôt, ils déclarèrent tous deux avoir aperçu trois individus tapis derrière la haie d'où le coup de feu était parti.

Le maire assura qu'à la lumière du coup de fusil, il en avait

---

(1) *Bulletin de la Cour de cassation*, 1809, n° 10, p. 20. — *Recueil des causes célèbres*, par Maurice Méjan, t. IV, p. 329. — *Choix des causes célèbres les plus intéressantes*, 1840, t. IV, p. 106.

reconnu un, le nommé Pierre Fourey, de Foulognes. La servante ajoutait qu'elle avait reconnu non seulement Fourey, mais ses deux complices, un sieur Le Brethon et son domestique, Cottel.

Huit jours après, Fourey et Lebrethon étaient arrêtés, Cottel était en fuite. Lebrethon bénéficia d'une ordonnance de non-lieu. Fourey fut seul renvoyé devant la Cour d'assises de Caen, le 10 août 1808.

L'accusé invoqua un alibi. Un fermier de sa prétendue victime, un nommé Delaunay, attesta qu'à 9 h. 1/2 du soir, le jour de l'attentat, il était allé voir Fourey et l'avait trouvé chez lui. Fourey allégua encore pour sa défense qu'il n'avait pas de fusil en sa possession ; il rappela qu'à la perquisition faite à son domicile, le jour de son arrestation, on n'avait saisi ni plomb, ni poudre.

Tout fut vain. L'abbé et sa servante étaient absolument affirmatifs : ils avaient reconnu Fourey à la lumière du coup de fusil ! Les jurés les crurent et ils accordèrent au ministère public la condamnation à mort qu'il réclamait.

Fourey se pourvut en cassation. Le moyen invoqué par lui était tiré d'une violation de l'article 360 du code de brumaire, an IV, relatif à la notification de la liste des témoins. Mais avant de plaider ce moyen juridique, l'avocat de Caille, lut à la Cour suprême une curieuse consultation émanée de cinq professeurs de physique du collège de France, auxquels il avait demandé *s'il était possible qu'une amorce, en s'enflammant, produisît une lumière capable d'éclairer et de faire reconnaître le visage de la personne qui tire un coup de fusil pendant la nuit.*

Le document mérite d'être rapporté :

« Nous soussignés, Louis Lefèvre-Gineau... professeur de physique expérimentale au collège impérial de France, député au corps législatif... etc. ; Louis Lefèvre-Gineau fils, aide et préparateur audit collège, Charles-François Dupuis, Ch. Nessier, J.-A. Caussin, etc.

Réunis le 8 décembre à huit heures du soir au collège impérial de France, chez M. Lefèvre-Gineau, dans l'intention de reconnaître par l'expérience si la lumière que répand l'amorce d'un fusil est suffisante pour faire distinguer les traits du tireur, nous nous sommes retirés dans une chambre parfaitement obscure. Là, M. Lefèvre-Gineau fils a brûlé plusieurs amorces, en donnant au canon du fusil différentes directions : les spectateurs se tenant successivement à diverses distances ; voici ce que nous avons observé :

Le feu de l'amorce a jeté une lumière forte mais fuligineuse, et si rapidement éteinte qu'il a été impossible de distinguer les traits du visage de celui qui tirait. A peine était-il possible d'entrevoir la forme distincte d'une tête. On ne reconnaissait pas celle du visage.

M. Lefèvre-Gineau, professeur, ayant pris ce fusil, a répété plusieurs fois l'inflammation des amorces en plaçant le visage sous tous les aspects. Les résultats ont été constamment les mêmes que dans l'expérience précédente. Le passage d'une lumière forte à l'obscurité était si prompt que l'œil n'a pu voir autre chose que de la lumière. *Le visage du tireur restait tout à fait invisible.*

Voulant porter notre conviction plus loin, nous sommes descendus dans la cour du collège, nous en avons fait éteindre les réverbères, le fusil a été en même temps *chargé à poudre* et amorcé.

M. Lefèvre-Gineau fils, armé du fusil, s'est placé derrière la grande porte, a tiré de nouveau, à plusieurs reprises, sous les directions horizontales, inclinées à droite, à gauche, afin de présenter son visage sous différents aspects, à la lumière et à nous. Nous-mêmes avons varié les distances en nous plaçant à trois, quatre, six, huit mètres et plus encore. Les résultats n'ont différé en rien des précédents.

Nous avons conclu qu'*il est impossible à un homme, même lorsqu'il donne toute son attention et qu'il est prévenu de ce qui doit se faire, de reconnaître, à la clarté que l'amorce et la charge du fusil répandent, un autre homme qui aurait tiré vers lui ou sur lui.*

En foi de quoi, etc. »

La Cour annula pour vice de forme l'arrêt du 18 août 1808, et renvoya Fourey devant la Cour de justice criminelle du département de la Manche, qui, le 21 avril 1809, reconnut formellement son innocence.

CLAUDE VUILLAUME

(1809)

Claude Vuillaume avait vingt-sept ans quand il épousa, en l'an 1805, la veuve Madeleine Poirot, qui en avait quarante-cinq.

Garçon de ferme, sans fortune, travaillant chez un cultivateur de Bulligny (arrondissement de Toul), il avait passé par dessus les huit lustres et les deux enfants de la veuve ; il s'était laissé charmer par les sept ou huit cents louis qu'elle lui apportait en dot et qui doraient les approches de sa cinquantaine.

Le mariage fut d'abord heureux ; même un enfant fut le gage de cette union des premières années. Mais, à jeune mari femme jalouse, dit le proverbe.

La veuve Poirot ne fit point mentir la sagesse des nations et, peu à peu, ce furent chez les Vuillaume des scènes perpétuelles. Tout ce que faisait le malheureux mari éveillait les soupçons de son acariâtre épouse, qui parlait sans cesse d'intenter une demande en séparation de corps, sinon en divorce.

Vuillaume payait cher les quelques mois de bonheur conjugal qu'il avait goûtés au début de son mariage.

Tout, d'ailleurs, en ce moment se tournait contre lui. Deux ans auparavant, il avait eu le tort de dérober un gigot et deux poules qu'il avait d'ailleurs restitués aussitôt. On venait de le poursuivre pour ce larcin oublié, sinon prescrit, et le Tribunal correctionnel de Toul l'avait condamné à trois jours de prison.

Le 11 février 1809, à sept heures du soir, il se constituait prisonnier pour subir sa peine à la maison d'arrêt de Toul où le gardien l'enfermait dans une chambre dite « la pistole », en compagnie de six autres détenus, Boileau, Marson, de Brequelay, Charles Grès, Jacquot et Maigret (1).

Vuillaume était souffrant, il dormit mal, et à six heures du matin il demanda qu'on lui ouvrît la porte de la chambre.

Dans la journée du 12, la nouvelle lui parvint dans sa prison, qu'on avait trouvé le matin, à Bulligny, le cadavre de sa femme au fond d'un puits !

Vuillaume aimait sa femme, malgré les querelles qu'elle lui faisait. Il fut désespéré de sa mort.

Il demanda et obtint l'autorisation de quitter la maison d'arrêt, et se rendit à Bulligny.

Il y fut accueilli par les huées de la foule, et s'entendit, avec stupéfaction, accuser du meurtre de Madeleine Poirot !

---

(1) *Choix des causes célèbres les plus intéressantes*, Paris, Librairie universelle, 1840, T. IV, p. 82. — *Recueil des causes célèbres*, par Maurice Méjan, 1809, T. VII, p. 292. — Mémoire de Mᵉ Bresson pour Vuillaume, *Annales du Barreau français*, T. XVII, p. 257.

Ces gens sont fous ! pensait-il, quand deux gendarmes lui mirent la main au collet et l'écrouèrent à la prison communale, en attendant mieux.

C'était bien la peine d'obtenir sa sortie de la maison d'arrêt !

C'est comme accusé qu'il apprit les circonstances qui avaient précédé et suivi la mort de sa femme.

Le 11 février, Madeleine Poirot était allée à la veillée qui 'se tenait dans une maison voisine ; elle était rentrée chez elle à onze heures avec sa fille, qui s'était aussitôt couchée et avait demandé à sa mère si elle n'allait pas l'imiter. — « Tout à l'heure », lui avait répondu la femme Vuillaume et l'enfant s'était endormie.

Le lendemain à son réveil, n'entendant aucun bruit et ne voyant pas sa mère, elle s'était mise à sa recherche. Elle avait trouvé la porte de la cour fermée en dedans et la clef sur la barre.

Sa mère n'était ni dans la maison, ni au dehors, et la petite fille, inquiète, avait appelé des voisins. Après quelques recherches, on avait découvert le corps de Madeleine Poirot dans le puits d'une maison voisine.

La figure était tuméfiée ; à la partie antérieure du cou se trouvait une incision transversale, longue de deux pouces, profonde de deux lignes et provenant d'un instrument tranchant. Cette légère coupure n'était d'ailleurs pour rien dans la mort, ainsi que le constata le médecin appelé aussitôt. Le décès était dû uniquement à l'asphyxie par immersion.

Le maire de Bulligny avait, comme c'était son devoir, immédiatement averti les magistrats de Toul, mais, poussé par son adjoint, un sieur Habémont, ennemi acharné de Vuillaume, il avait terminé sa lettre d'avis par cette étrange recommandation :

« *J'espère que vous voudrez bien faire les poursuites contre le dit Vuillaume, car la mort ne peut être imputée à sa femme, vu le coup qu'elle a reçu.* »

Habémont qui avait dicté cette singulière conclusion au maire de Bulligny avait en même temps « travaillé » l'opinion de ses administrés : « Non, la mort de la veuve Poirot n'était pas le résultat d'un suicide ; elle avait été assassinée, et ce crime allait certes, bien débarrasser son mari,... à moins qu'il ne le payât de sa tête, ce qui pourrait bien arriver. La calomnie lancée avait fait son chemin...

Et voilà comment, en arrivant à Bulligny, Vuillaume, qui venait ensevelir sa femme, fut arrêté et poursuivi comme son meurtrier.

Aux questions du juge d'instruction, l'infortuné mari se contenta de répondre qu'au moment de la mort de sa femme il était à Toul, en prison. Jamais alibi ne put être plus concluant.

Le magistrat instructeur ne s'occupa pas tout d'abord du moyen de défense péremptoire qu'invoquait l'accusé.

Après un certain temps seulement il vérifia cet alibi. Mais quelle ne fut pas la stupeur de Vuillaume en entendant ses compagnons de la pistole faire contre lui des dépositions accablantes !

L'un, Boileau, dont l'accusé avait partagé le lit dans la nuit du 11 au 12 février, déclara que Vuillaume était sorti de la pistole pendant la nuit ; le second, Masson, affirma que Vuillaume ne s'était même pas couché, qu'il s'était absenté entre dix et onze heures, quelqu'un étant venu lui ouvrir la porte de la chambre ; il n'était rentré qu'à six heures du matin.

Trois autres prisonniers ajoutèrent qu'ils avaient entendu, le 12 février, vers quatre heures du matin, ouvrir la porte de la maison d'arrêt, sur la rue.

Ces charges furent considérées comme suffisantes. On n'interrogea ni les autres détenus de la pistole, ni le geôlier ; et Vuillaume fut traduit devant la Cour de justice criminelle de Nancy.

Les débats commencés le 16 juillet 1809, durèrent trois jours.

Soixante-quatre témoins à charge furent entendus. La plupart rapportèrent les scènes qui avaient éclaté depuis deux ans entre Madeleine Poirot et son mari. A leur tête était naturellement Habémont, l'adjoint au maire.

Vuillaume fit entendre pour sa défense le geôlier et sa femme.

L'un et l'autre affirmèrent énergiquement que l'accusé n'avait pas quitté la prison dans la nuit du 11 au 12 février. Le Ministère public les traita de témoins complaisants, insinuant qu'ils avaient peut-être été jusqu'à faciliter l'exécution du crime ; et peu s'en fallut qu'ils ne fussent tous deux arrêtés et poursuivis comme complices de l'assassinat.

Les jurés, convaincus par le Ministère public, rendirent un verdict de culpabilité, et Vuillaume fut condamné à mort.

Mais son défenseur, Me Bresson, persuadé de son innocence et désolé de la condamnation, se livra après ce procès à une minutieuse enquête.

Il parvint à recueillir la preuve que les témoins à charge avaient été circonvenus par Habémont, qui leur avait dicté leurs dépositions.

Il avait amené Boileau et Masson à déclarer que Vuillaume avait quitté la prison la nuit de la mort de Madeleine Poirot. C'était d'ailleurs sur son instigation, qu'antérieurement Vuillaume avait été poursuivi devant le Tribunal correctionnel et condamné à trois jours de prison pour un délit vieux de deux ans.

Habémont avait menti — Me Bresson en eut la preuve encore — lorsqu'il avait affirmé que Vuillaume avait souvent menacé sa femme de la tuer.

Sur le pourvoi de Vuillaume, l'arrêt de la Cour de Nancy fut cassé le 7 septembre 1809 et la cause renvoyée devant la Cour criminelle de Metz.

Là, les débats furent tout autres que devant les premiers juges. Me Bresson avait publié un mémoire dénonçant les abominables manœuvres du sieur Habémont et démontrant l'erreur commise.

L'opinion publique était entièrement retournée.

Cette fois, ce fut sans passion, scrupuleusement, que furent exposées, instruites, discutées, les charges invoquées contre Vuillaume. Elles furent détruites une à une et c'est à l'unanimité que le jury proclama l'innocence du malheureux.

Il n'existe pas trace de poursuites pour faux témoignage, ni contre Habémont, ni contre ses complices.

FABIANI

(1810)

Pour transiger une contestation pendante entre eux au sujet d'un fermage, Jean Fabiani, prêtre, domicilié à Aregno (Corse) et son neveu Joseph Fabiani, cultivateur, avaient pris rendez-vous chez M. Delarosat, juge de paix, chargé de les concilier.

Joseph Fabiani qui n'entendait rien aux affaires contentieuses, avait prié son frère, Guérino Fabiani, de le représenter et, tandis que ce dernier se rendait chez Delarosat, Joseph s'en était allé faire du charbon à la Paratella.

Guérino se trouva seul au rendez-vous ! Jean Fabiani venait d'être assassiné sur la route. Au village d'Aggioli un inconnu, caché derrière une haie, avait tiré sur lui deux coups de feu.

L'absence de Joseph Fabiani et la présence de Guérino à sa place chez Delarosat, firent tomber les soupçons du juge de paix sur les deux frères.

Il les fit arrêter et, malgré l'absence de tout témoignage, de toute preuve, Guérino et Joseph furent renvoyés devant la Cour d'assises de Bastia.

« Les principales charges relevées par l'acte d'accusation contre les deux frères résultaient :

1º Des discussions d'intérêt qui s'étaient élevées entre eux et le défunt ; 2º De ce qu'on prétendait que Guérino, au moment où l'on avait annoncé la mort de son parent, était sorti de chez le juge de paix sans donner le moindre signe de chagrin ; 3º De ce que les deux accusés s'étaient évadés l'un et l'autre, lorsque la gendarmerie avait cerné leur maison ; 4º De ce que d'après la déclaration d'un témoin, Dominico Fabiani, *leur père*, avait toujours *eu l'idée* d'assassiner Jean Fabiani *et devait avoir inspiré* ce dessein à ses fils ; 5º De ce qu'un témoin *avait entendu* dire par ses enfants et quelques femmes, que Fabiani n'était pas satisfait de la mort de leur oncle Jean, et que *deux autres personnes*

---

(1) *Recueil des causes célèbres*, par M. Méjan, T. XII, p. 191.

devaient périr par leurs mains ; enfin de *la mauvaise réputation* que les témoins s'accordaient à attribuer aux accusés. »

Joseph Fabiani comparut seul devant le jury. Son frère n'avait point été repris après son évasion.

Vainement, l'accusé invoqua un alibi dont plusieurs témoins vinrent attester la réalité : à l'heure de l'assassinat, il était à 7 lieues d'Aggioli à la Paratella, occupé à faire du charbon...

La Cour par arrêt du 30 décembre 1810 sur les seuls indices que nous venons d'énumérer, condamna Joseph Fabiani à mort. Chose rare : son frère Guérino fut acquitté quoique contumax.

L'arrêt fut cassé, pour vice de forme et la cause renvoyée devant la Cour du Liamone, séant à Ajaccio.

L'innocence de Fabiani y fut *formellement* reconnue par arrêt du 7 juin 1811 rendu *à l'unanimité, sur les conclusions conformes du Procureur général.*

JULIE JACQUEMIN

(1814)

Le comte et la comtesse de Normont s'étaient mariés en 1802. Après onze années de vie commune, sans cesse troublée par des querelles, les deux époux avaient engagé un procès en divorce. Pendant la durée de l'instance ils vivaient séparés : le comte à Paris, la comtesse dans une propriété de Choisy-sur-Seine, avec une servante, Sophie Charlier, un jardinier nommé Toutin et sa femme.

Le 31 mars 1813 (1), Mme de Normont passa la journée et une partie de la soirée chez elle avec une de ses voisines, et aussitôt après le départ de sa visiteuse elle s'endormit sur une chaise à

---

(1) *Mémoires sur la fable de l'empoisonnement de Choisy*, par MM. Bellart, Romain de Sèze et Pesse avocats-conseils de Julie Jacquemin. — *Consultation sur une tentative prétendue d'empoisonnement. Affaire de Choisy*, par Hallé, Andry, Jeanroy, Chaussier. — *Consultation pour Julie Jacquemin*, condamnée à mort pour crime d'empoisonnement par arrêt de la Cour d'assises du 20 mai 1814, demanderesse en cassation, etc., etc.

la cuisine. Sa bonne fut obligée de la secouer à plusieurs reprises pour l'éveiller afin qu'elle allât se coucher dans ses appartements. Dès que Mme de Normont se fut mise au lit, Sophie Charlier tira les portes qui n'étaient jamais fermées à clef, ni au verrou, et se rendit dans sa chambre.

Le lendemain matin, 1ᵉʳ avril, le jardinier Toutin, à son réveil, vers cinq heures, fut fort étonné de voir la porte de la cuisine ouverte, mais il fut vite rassuré en constatant que la porte principale de la cour donnant sur la rue était bien close. Sophie Charlier se leva à sept heures, et voulut entrer dans la chambre de sa maîtresse : à sa grande surprise, elle ne put ouvrir la porte qui était fermée à clef... Elle frappa sans obtenir de réponse. Inquiète, elle demanda à la jardinière si elle n'avait pas vu Mme de Normont, et sur sa réponse négative, la servante prise de frayeur se sauva dans la cuisine et s'évanouit.

La femme Toutin monta alors dans les appartements de sa maîtresse. Elle trouva les portes ouvertes. La comtesse était couchée sur un lit dans le salon. Elle était sans connaissance et avait le visage noirci. On courut chercher le médecin, le Dʳ Bacoffe, et l'on alla prévenir le maire de Choisy.

Le médecin trouva Mme de Normont étendue sur le côté droit, la tête penchée et vomissant des corps glaireux. Elle était enroulée dans des couvertures et tellement serrée qu'il semblait impossible qu'elle se fût enveloppée ainsi elle-même. Sur le drap, près de la bouche, était une grande tache huileuse et noirâtre. D'autres taches, du même aspect, se voyaient sur sa camisole.

Non loin du lit, sur une table, étaient posés un bocal et une tasse contenant encore de cette liqueur foncée qui avait été répandue sur les draps et sur la camisole. Le tout exhalait une forte odeur de térébenthine. Près de Mme de Normont, sur le lit, on découvrit un petit morceau de bois, récemment coupé, d'environ six pouces de long. Il portait des traces de morsures et de liquide noir. Le médecin fit prendre un vomitif à Mme de Normont dont il dut desserrer de force la mâchoire contractée. Les vomissements se produisirent, mais les déjections si elles révélaient la présence d'essence de térébenthine, ne contenaient pas trace du liquide qui avait produit les taches. Mme de Normont revenue à elle déclara au juge de paix qui commençait son enquête, qu'elle s'était couchée la veille, vers onze heures ; son sommeil avait été fort agité et elle avait cru d'abord, dans un cauchemar, qu'elle tombait de son lit ; mais elle s'était rendu compte, ensuite, que quelqu'un l'avait enlevée et portée dans le salon. Là, elle avait aperçu un homme de la figure et de l'habillement duquel elle ne se souvenait pas, mais plutôt de petite taille, qui lui avait tenu la tête d'une main tandis que de l'autre il s'efforçait de lui vider dans la bouche le contenu d'une tasse. Pour vaincre la résistance de Mme de Normont et pour écarter ses dents qu'elle serrait de toutes ses forces, il lui avait introduit un petit bâton entre les mâchoires. Elle avait alors perdu connaissance et ne savait plus, disait-elle, ce qui s'était passé ensuite.

L'enquête ne fournit tout d'abord aucun renseignement utile. Le mobile de l'attentat ne pouvait être le vol, aucun objet précieux n'ayant disparu. L'instruction marchait lentement se trouvant continuellement égarée par des déclarations plus ou moins vagues, lorsqu'un sieur Perrault, compagnon charpentier, demeurant à Choisy, fit une déposition qui amena la justice à adopter une opinion dont elle ne se départit plus.

Ce Perrault déclara que le 1er avril en se rendant à son travail dès le matin, il avait trouvé et ramassé devant la propriété de Mme de Normont, un paquet composé de plusieurs papiers. Il avait cru d'abord que ce paquet était destiné à jouer une de ces mystifications d'usage ce jour là (1er avril), mais ayant appris la tentative de crime commise sur la personne de la comtesse, il avait jugé utile de remettre au juge les papiers qu'il avait découverts.

Le paquet consistait en trois feuilles de papier. L'une était une enveloppe garnie de cinq cachets portant l'adresse suivante: « A monsieur le Préfet de Police. Très pressée ». Les deux autres étaient deux lettres ; la première renfermée dans l'enveloppe était pour le Préfet ; l'autre, d'après son contenu, ne pouvait qu'avoir été adressée à l'auteur de l'empoisonnement. L'orthographe de ces différentes pièces était très imparfaite et l'écriture, peu soignée, semblait déguisée.

La lettre adressée au Préfet de police portait, comme date, cette mention : « Matin du jour après la mort de Mme de Normont ».

Elle disait en substance que l'attentat dont la comtesse paraissait avoir été victime, n'était qu'une comédie organisée par Mme de Normont elle-même, et qui avait pour but de faire accuser des personnes dont elle voulait se venger.

Elle voulait perdre, notamment, disait l'auteur de la lettre, une nommée Julie Jacquemin, femme de chambre d'une dame de Mellerty, tante de Mme de Normont, qui avait vécu dans l'intimité du comte et de la comtesse et qui, dans les querelles du ménage, avait pris toujours le parti du mari contre la femme.

La seconde lettre paraissait écrite par cette Julie à une personne qu'elle poussait à s'introduire dans la maison de Mme de Normont pour la tuer. Il n'y avait pas à craindre, disait-elle, d'être découvert : les soupçons se porteraient sur d'autres.

On ne s'expliquait pas comment ces deux lettres avaient été trouvées ensemble, alors qu'elles se contredisaient expressément, l'une affirmant que l'attentat était une comédie, l'autre qu'il y avait eu véritablement un crime commis.

L'instruction interpréta le fait de la façon suivante. Le criminel, après avoir, pour le succès de sa ruse, déposé la lettre au Préfet de police, de façon à ce qu'elle fut trouvée par le premier passant, avait dû laisser tomber de sa poche, par mégarde, la seconde lettre qui dévoilait le mensonge contenu dans la première.

Les lettres trouvées par Perrault furent soumises à quatre experts en écriture, MM. Oudart, St-Omer, Brard et Legros. Ils les attribuèrent à Julie Jacquemin que le juge d'instruction fit immédiatement arrêter. Mais Julie ne pouvait être qu'une complice.

L'auteur du crime devait être un de ses amants. On ne fut pas long à accuser un sieur Bourrée, cousin de Julie Jacquemin « que ses relations avec elle dénonçaient clairement ». En effet, dans la lettre perdue par l'assassin à côté de celle adressée au Préfet de police, Julie (puisque l'on affirmait que c'était elle qui l'avait écrite), disait à celui qu'elle poussait au crime : « Je tremble que le mari ne la rencontre (la désignait Mme de Normont), qu'ils ne se raccommodent, qu'elle ne devienne grosse ; ô rage ! si cela arrive, j'ai juré ta mort et celle de *ton enfant*..... ». Or, Julie Jacquemin avait eu un enfant des œuvres de Bourrée. « Celui-ci était forcément le destinataire de la lettre ». C'était donc l'auteur de la tentative d'empoisonnement. Il fut arrêté et inculpé. Une perquisition opérée chez lui fit trouver une somme de 1.970 fr., quelques valeurs et différents objets d'argenterie, un petit livret contenant des adresses écrites pour la plupart de la main de Bourrée. Sur un des derniers feuillets on découvrit ces mots qui paraissaient avoir été tracés plus récemment que les autres mentions : « *Jette-le vis-à-vis de la grande porte* ». C'était évidemment l'instruction donnée par Bourrée à Julie Jacquemin pour qu'elle jetât le paquet contenant la lettre au Préfet de police à l'endroit où on l'avait précisément trouvé. L'accusé interrogé déclara qu'il ne savait pas ce que ces mots voulaient dire, que ce n'était pas lui qui les avait écrits, bien que les experts affirmassent le contraire.

Les médecins chargés d'examiner le liquide absorbé par Mme de Normont, déclarèrent que c'était un mélange de charbon, de verre pilé, d'huile d'aspic ou de térébenthine, et que l'ingestion à forte dose de ce dernier produit pouvait causer la mort.

L'instruction se poursuivit longuement et péniblement. Elle amena l'arrestation de plusieurs autres personnes qui furent successivement mises hors de cause. Ce furent : le jardinier Toutin, M. de Normont, Mme de Mellerty. Enfin, Julie Jacquemin et Bourrée furent seuls renvoyés devant la Cour d'assises.

L'acte d'accusation représentait les deux accusés comme des gens sans scrupules et capables de tous les crimes. Il énonçait contre Julie une quantité d'affirmations destinées à démontrer qu'elle devait être l'instigatrice de l'empoisonnement. D'une conduite dissolue, elle avait été la maîtresse de M. de Normont, et on l'avait entendue à plusieurs reprises manifester sa haine contre la comtesse, dont elle souhaitait la mort, laissant comprendre qu'elle était certaine d'épouser son maître si celui-ci arrivait à se débarrasser de sa femme. — Comme de coutume, cette pièce de la procédure, en dépit des prescriptions de la loi, ne renfermait l'indication d'aucun des faits qui étaient de nature à diminuer les charges relevées contre les accusés ou à faire présumer leur innocence.

Le conseil de Julie Jacquemin, Me Bellart, et celui de Bourrée, Me Romain Desèze, n'avaient pu, pendant toute l'instruction, avoir communication des pièces. Dès que le dossier leur fut remis, ils engagèrent une défense dont leur conviction redoubla l'énergie. D'abord, M⁰ Desèze put faire disparaître une des principales bases de l'accusation contre son client, c'était la mention trouvée à la fin du carnet saisi chez lui. Au lieu de la phrase compromettante que l'instruction avait relevée : « Jette-le vis-à-vis de la grande porte », il distingua celle-ci : « *Gillet* vis à vis de la grande poste ». Cette mention concordait parfaitement avec la destination exclusive du livret qui ne contenait, avant et après la phrase incriminée, rien que des adresses. M⁰ Desèze se renseigna par lui-même et il apprit, qu'en effet, en mars 1813, un nommé Gillet demeurait bien vis-à-vis de la grande poste.

M⁰ Bellart, de son côté, rédigeait un volumineux mémoire dans lequel il combattait, un à un, les arguments de l'accusation ; soutenant avec une audacieuse franchise que le crime n'existait pas, que c'était Mme de Normont elle-même qui avait imaginé et joué la comédie.

A l'audience, la lutte se poursuivit vigoureuse et tenace entre l'accusation et la défense. Les débats se prolongèrent pendant plusieurs jours, et cent soixante témoins furent entendus. Enfin, le 20 mai 1814, conformément au verdict rendu par le jury, Bourrée fut acquitté et Julie Jacquemin condamnée à mort. L'arrêt ordonna en même temps la suppression de certains passages du mémoire de M⁰ Bellart, considérés comme injurieux pour Mme de Normont.

Ce dénouement n'abattit pas le courage et la conviction de l'avocat de Julie Jacquemin. Le verdict, lui-même, ne renfermait-il pas une contradiction ? Bourrée était accusé d'avoir commis le crime sur les conseils et les invitations de la femme de chambre, son ancienne maîtresse. La justification du premier entraînait celle de la seconde.

En effet, en admettant même que les lettres anonymes trouvées par Perrault, fussent de la main de Julie Jacquemin (et elle le niait énergiquement), il n'existait plus personne à qui elle eût pu adresser ces mots de la lettre perdue (seule charge véritable contre elle) : « Je tremble que le mari ne la rencontre, qu'ils ne se raccommodent, qu'elle ne devienne grosse : ô rage, si cela arrive, j'ai juré « *ta mort et celle de ton enfant* ». Si Bourrée n'était pas coupable, ce n'était pas à lui que cette lettre était adressée, et si ce n'était pas à lui, à qui cela pouvait-il être ? — Ce raisonnement s'imposait. Il n'avait pas, cependant, empêché la prévention de faire son œuvre ; et Julie Jacquemin avait été condamnée.

Me Bellart n'abandonna pas le combat. Julie s'étant pourvue en
cassation, son défenseur recueillit des avis, tous favorables à la
condamnée. Les docteurs Portal, Andry, Jeanroy, Chaussier, déclarèrent qu'au point de vue médico-légal, il leur paraissait impossible, qu'une tentative d'empoisonnement eût eu lieu dans les
conditions indiquées par Mme de Normont et relevées par l'instruction. Trois autres médecins consultés, MM. Pinel, Lapisse et
Léveillé, de la Faculté de Paris, affirmèrent : 1° qu'il n'était pas
admissible qu'une seule personne pût faire avaler de force un liquide à une autre personne ; 2° que Mme de Normont n'avait
rien avalé de la liqueur noire qu'elle prétendait lui avoir été
versée dans la bouche ; 3° que la liqueur retrouvée dans le bocal,
dans la tasse et répandue sur les draps et la camisole de Mme de
Normont, n'était pas un poison. Enfin, vingt-deux avocats du
barreau de Paris, rédigèrent une consultation dans laquelle ils
attestèrent leur conviction de l'innocence de Julie Jacquemin.

Un vice de forme fit casser l'arrêt de la Cour d'assises qui
avait condamné à mort Julie Jacquemin, et celle-ci fut renvoyée
devant le jury de Seine-et-Oise.

Cette fois, soit que les mémoires et consultations aient eu enfin
raison de la prévention publique, soit simplement que le temps
écoulé eût amené dans les esprits un certain apaisement, la situation se trouva tout à fait modifiée. Le passé de Mme de Normont
fut exposé, et les nombreuses étrangetés qu'il présentait, produisirent une impression toute nouvelle.

Les faits, mieux mis en lumière cette fois, avaient déjà été
indiqués lors du premier procès, mais il n'en avait été tenu
aucun compte, tant l'acharnement contre Julie Jacquemin était
inconcevable.

Mme de Normont était la fille d'un épicier de Paris, M. Levert.
Une de ses tantes, Mme de Mellerty, était depuis longtemps attachée à la famille de Normont dont elle avait sauvegardé la fortune, lors de l'émigration. Elle était ainsi intimement liée avec
M. Bady de Normont, riche propriétaire des Flandres, qui revenu
en France après la tourmente révolutionnaire, s'était épris de la
nièce de sa bienfaitrice et l'avait épousée en 1802.

Mme de Mellerty s'était opposée autant qu'elle avait pu à cette union. Elle connaissait Mademoiselle Levert ; elle la savait sans éducation et la considérait comme incapable d'apporter le bonheur à celui qui recherchait sa main. La jeune fille, du reste, n'avait que dix-sept ans, et M. de Normont, d'un physique peu séduisant, en avait quarante-six. M. Levert, lui-même, devait être, par son caractère, ses besoins d'argent et ses mœurs, un élément de trouble dans le futur ménage de sa fille. Malgré ces observations de Mme de Mellerty, M. de Normont avait persisté dans ses intentions. Le mariage avait eu lieu.

Quelques mois, quelques semaines seulement s'écoulèrent, et les prévisions de Mme de Mellerty furent réalisées. Cette dernière vivait avec M. et Mme de Normont. Aidée de son père, la jeune femme chercha par tous les moyens, même les moins avouables, à amener une brouille et une séparation entre sa tante et M. de Normont. Mais celui-ci, bon jusqu'à la faiblesse, ne céda cependant pas et s'associa au contraire aux efforts de Mme de Mellerty qu'il considérait comme sa seconde mère, pour ramener sa femme à de meilleurs sentiments. Rien n'y fit, et il se produisit alors, en l'espace de quelques années, une série de scènes et d'aventures extraordinaires.

Il n'y avait pas deux ans que Mlle Levert était devenue la comtesse de Normont, qu'on découvrit, cachée dans ses papiers personnels, une certaine quantité de vert-de-gris, qu'elle avait amassée peu à peu en faisant mettre de côté des résidus trouvés dans de vieilles casseroles.

Mme de Normont reconnut qu'elle avait eu des intentions coupables, soit que ce vert-de-gris dût servir à empoisonner sa tante, soit qu'il dût faire croire à une tentative d'empoisonnement sur elle-même.

En 1808, au mois d'août, Mme de Normont prétendit qu'étant dans sa chambre, à Choisy, une pierre lancée d'une cour voisine avait cassé un carreau, l'avait frappée à la tête et avait percé son bonnet.

La nuit suivante, on entendit tout-à-coup partir deux coups de feu de la pièce où était la comtesse. Celle-ci déclara aux domestiques attirés par le bruit, que des voleurs venaient de se sauver après avoir pénétré chez elle ; ils l'avaient menacée d'un poignard, et s'étaient emparés de différents objets, notamment d'un portefeuille contenant 6.500 francs, appartenant à M. de Normont.

Trois mois plus tard, elle se plaignit d'avoir été attaquée à Paris, dans la rue St-Denis, par deux malfaiteurs qui l'avaient menacée, si elle parlait du vol de Choisy, de faire périr tous ses parents et amis.

Des enquêtes eurent lieu. Elles n'aboutirent à rien et chacun alors, resta convaincu, que c'était Mme de Normont qui avait imaginé ces divers attentats.

Puis Mme de Normont ayant perdu une petite fille, et ayant fait une fausse couche peu de temps après, insinua que sa fille était morte empoisonnée et qu'elle-même avait été la victime d'une tentative d'empoisonnement.

En même temps, elle accusait son mari d'être l'amant de Mme de Mellerty et d'avoir des relations intimes avec Julie Jacquemin, alors au service des deux époux. Elle prétendit même que M. de Normont était le père de l'enfant qu'avait eu cette fille de sa liaison avec Bourrée.

Toutes ces aventures, toutes ces machinations étaient bien de nature, dès le début du procès criminel sur la prétendue tentative d'empoisonnement du 1er avril 1813, à démontrer, ou tout au moins à faire supposer que cette fois encore c'était Mme de Normont qui avait imaginé cette apparence de crime.

Me Bellart avait, pour la défense Julie Jacquemin, évoqué tout ce passé de l'accusatrice dans le mémoire qui fut jugé diffamatoire par la Cour d'assises. Ni l'opinion publique, ni les magistrats, ni les jurés n'avaient voulu voir la vérité. Il fallut l'émotion que produit toujours un arrêt de mort, une fois prononcé, pour que la passion s'apaisât enfin, et que la réalité des choses eût quelque influence sur l'esprit de la foule et sur la conscience des juges.

Treize jours furent consacrés par la Cour d'assises de Seine-et-Oise au nouvel examen de l'accusation (novembre 1814).

Après ces longs débats, le jury déclara à l'unanimité que Julie Jacquemin n'était pas coupable. Elle fut acquittée.

MARIE GAILLARD

(1826)

A quelques kilomètres de Toulouse, au hameau de Caillol, on trouvait, le 19 février 1826, dans un fossé plein d'eau, le cadavre d'un enfant nouveau-né.

Il ne présentait *aucune trace de décomposition* et les médecins, dans leur rapport, constatèrent que le corps dont ils firent l'autopsie était « *sain, frais et même coloré* ».

Une jeune fille, nommée Marie Gaillard, fut désignée comme la mère de cet enfant et comme l'auteur de sa mort.

Des voisines affirmèrent qu'elle avait dissimulé sa grossesse et qu'elle était accouchée le 4 ou le 5 janvier.

Marie Gaillard interrogée, répondit qu'elle n'avait jamais eu d'enfant, qu'on pouvait l'examiner.

Des médecins la visitèrent et confirmèrent ses assertions ; elle ne portait point trace d'un accouchement récent.

Il semblait que l'affaire dût en rester là, quand, six jours après la découverte du crime, l'autorité judiciaire ordonna l'exhumation du cadavre, alléguant l'insuffisance du premier examen. Cette fois, naturellement, le corps était en pleine décomposition.

Cependant, les experts, constatèrent encore, à la décharge de Marie Gaillard, que le cadavre ne présentait aucune trace de violence.

Mais, les commérages des femmes de Caillol, parlèrent aux oreilles des magistrats plus haut que les rapports des médecins.

Sans autre charge que cette grossesse démentie et cet accouchement imaginaire, Marie Gaillard fut accusée d'infanticide et comparut le 22 juin 1826, devant la Cour d'assises de Toulouse.

Son avocat, Me Lafiteau, démontra, sans peine, l'innocence

_____

(1) *Gazette des Tribunaux*, 29 décembre 1826.

de sa cliente. Il n'était même pas besoin de trancher la question de savoir si elle avait accouché ou non.

D'après l'accusation elle-même, l'enfant était né le 4 ou 5 janvier, et sa mère l'avait tué aussitôt.

Or, le cadavre — trouvé le 19 février — ne présentait encore à cette date aucune trace de décomposition. Les médecins avaient constaté « sa fraîcheur et sa coloration ! » Ce n'était donc pas le corps d'un enfant qui serait mort quarante jours auparavant.

A l'appui de ce moyen de défense irréfutable, l'avocat de Marie Gaillard voulut lire une consultation médico-légale qui lui avait été remise. La Cour s'y opposa et l'accusée fut condamnée aux travaux forcés à perpétuité.

Marie Gaillard se pourvut en cassation. Le pourvoi était fondé sur l'entrave apportée par les magistrats à la libre défense de l'accusée.

Il fut admis ; et la décision rendue contre Marie Gaillard par la Cour d'assises de Toulouse fut cassée.

La cause fut renvoyée devant le jury de Tarn-et-Garonne.

Dans les nouveaux débats qui eurent lieu, le 29 décembre 1826, aucun fait nouveau ne se produisit. Mais cette fois, au lieu de lire une consultation écrite, le défenseur de Marie Gaillard fit entendre comme témoins deux médecins, les docteurs Raynaud et Poux. Tous deux affirmèrent de la façon la plus positive, que le cadavre retrouvé le 19 février, ne présentant à cette date aucune trace de décomposition, il était absolument impossible que ce fut celui d'un enfant mis à mort quarante-cinq ou quarante-six jours auparavant le 4 ou le 5 janvier, date à laquelle le Ministère public plaçait l'infanticide.

L'innocence de l'accusée était évidente.

Le substitut du procureur du Roi ne crut pas cependant devoir la proclamer. Il allégua des doutes et « laissa à la sagesse du jury le soin d'apprécier les charges de l'accusation ou les circonstances invoquées en faveur de l'accusée, et de venger la société ou l'innocence. »

Le jury, *à l'unanimité*, rendit un verdict d'acquittement.

Le Ministère public regretta sans doute d'avoir donné par avance, à la réponse des jurés, la portée d'un blâme adressé aux magistrats toulousains qui avaient entravé la défense de Marie Gaillard.

PIERRE COURRAUD

(1826)

Le 19 juin 1895, Sébastien Déchaud portait plainte au procureur de la République de l'arrondissement de Moulins, contre son gendre, Pierre Courraud, tailleur. Celui-ci n'avait, à en croire son beau-père, tenté rien moins que de l'assassiner. (1)

L'instruction ouverte aboutit au renvoi de Pierre Courraud devant la Cour d'assises de l'Allier.

L'accusation prétendait que, dans la soirée du 19 juin 1825, il s'était mis en embuscade derrière une haie, sur le chemin de son beau-père, et qu'au moment où celui-ci passait, il lui avait tiré à bout portant un coup d'arme à feu chargé de deux balles. Personne n'avait assisté à la tentative criminelle reprochée à Pierre Courraud. Les témoins déposèrent seulement de l'inimitié qui existait entre le beau-père et le gendre.

Il n'y avait d'autre charge contre l'accusé que les allégations de Sébastien Déchaud. Elles suffirent aux jurés de l'Allier, qui rendirent un verdict affirmatif sans circonstances atténuantes.

Pierre Courraud fut condamné à mort.

Il se pourvut en cassation et, pour un vice de forme, l'arrêt fut cassé.

De nouveaux débats eurent lieu, les 21 et 22 novembre 1826, devant la Cour d'assises de Riom, saisie par l'arrêt de la Cour de cassation.

Les accusations de Sébastien Déchaud et les dépositions des témoins furent identiques à ce qu'elles avaient été lors du premier procès. Cependant, l'un des témoins à charge, le nommé Dumoutain, rapporta que Déchaud lui avait offert et fait offrir, à trois reprises différentes, une somme de mille francs, pour porter contre Courraud des accusations inexactes.

Cette tentative de corruption éveilla des soupçons sur la réa-

---

(1) *Gazette des Tribunaux*, 29 novembre 1826.

lité même de l'attentat, dont Sébastien Déchaud prétendait avoir été victime.

L'étrangeté des faits frappa soudain tout le monde. Déchaud avait reçu à bout portant la décharge d'un fusil chargé de deux balles, et il n'avait pas été blessé ! Par un hasard miraculeux, ces deux projectiles se seraient aplatis sur des objets qu'il avait dans sa poche, l'un sur une pièce de monnaie, l'autre sur une tabatière !

Et c'était sur de tels faits, sur un pareil témoignage, qu'on avait demandé et obtenu la tête d'un homme ! Le jury n'hésita pas, et, cette fois, il acquitta Pierre Courraud.

DEHORS

(1835)

Au commencement de l'année 1835, la commune de Grossœuvre, canton de Saint-André, située à quelques kilomètres d'Evreux fut désolée par une série d'incendies. Dans le courant des mois de mars et d'avril, en moins de quinze jours, le feu éclatait à huit reprises différentes, dont cinq fois dans une même ferme, celle d'un nommé Chapelain qui se trouva presque ruiné. Il était impossible que ces sinistres ne fussent pas dus à la malveillance. Aussi les habitants se livraient-ils à une surveillance active, organisant des rondes et des postes d'observation. En même temps, la justice commençait une série d'enquêtes et ouvrait une instruction.

On finit par soupçonner un berger au service de Chapelain, un nommé Lefebvre. On l'arrêta. Le feu prit encore. On connaissait l'intimité de Lefebvre avec une jeune domestique de la ferme, Célestine Plaisance. Elle fut épiée et prise enfin en flagrant délit.

---

(1) *Gazette des Tribunaux*, 5, 6, 12, 13 juin, 8 août 1835, 14 mars, 18, 30 avril, 3, 16, 17 juin, 13 au 21 juillet, 16 octobre 1836. *L'observateur des Tribunaux*, par Roch, t. XI, p. 357.

Lefebvre et la fille Plaisance avouèrent bientôt qu'ils étaient, en effet, les auteurs des incendies, mais ils prétendirent qu'ils n'avaient agi qu'à l'instigation d'un propriétaire d'Evreux, le sieur Dehors. Le berger et la jeune domestique précisèrent les circonstances dans lesquelles Dehors leur aurait donné des instructions. Lefebvre déclara même qu'il avait reçu pour commettre les crimes une somme de 250 francs qui avait été retrouvée sur lui. Mais quel mobile pouvait avoir fait agir Dehors qui jouissait d'une excellente réputation et vivait dans une certaine aisance? On supposa qu'il avait voulu se venger de Chapelain avec lequel il était en assez mauvais termes. Il y avait eu des difficultés entre eux au sujet de la location d'une propriété consentie à Chapelain par Dehors père, location dont le fils n'avait pu obtenir la résiliation. Le mobile une fois admis, on chercha contre Dehors des preuves de culpabilité autres que les affirmations des deux accusés. On crut en trouver une dans ce fait que la veille du premier incendie Dehors avait vendu une propriété contiguë à celle de Chapelain. Cette vente n'était-elle pas la preuve qu'il connaissait, pour l'avoir ordonné, l'incendie qui devait éclater le lendemain et qui pouvait se communiquer aux maisons voisines.

L'instruction releva aussi contre Dehors dans les dépositions des témoins des propos qu'il aurait tenus et dans lesquels perçait son animosité contre Chapelain. ·

Dehors, Lefebvre et la fille Plaisance furent traduits devant la Cour d'assises de l'Eure, le 25 mai 1835.

Au cours des débats, après l'audition des témoins, les plaidoiries des parties civiles, le réquisitoire du ministère public, il se produisit un incident exceptionnellement grave et qui montre combien encore à cette époque, les magistrats faisaient peu de cas des droits légitimes des accusés et quel faible respect ils avaient des nécessités de la défense.

Il restait encore à entendre l'avocat de Dehors, Me Bagot, lorsque celui-ci tomba subitement malade, assez gravement pour être forcé de s'aliter immédiatement. Dehors demanda que le procès fut renvoyé à une autre session. La Cour refusa et ne consentit qu'à une remise à quatre jours.

La famille de l'accusé s'adressa à plusieurs avocats des barreaux de Rouen et de Paris. Tous refusèrent de se charger d'une défense qu'ils n'avaient plus le temps de préparer, alors surtout qu'ils n'avaient pas assisté aux débats.

Au jour où l'affaire revenait devant la Cour, Me Deschamp, jeune avocat du barreau de Rouen, se présenta à la barre, non pour plaider au fond, mais pour exposer qu'il était absolument nécessaire ou d'accorder le renvoi du procès à une époque assez éloignée pour que la défense pût connaître la procédure, ou tout au moins de recommencer les débats. Il insista particulièrement sur ce point, prévoyant que la Cour refuserait de remettre l'affaire à la session suivante, c'est-à-dire à trois mois. Le procureur du roi s'opposa à ce que le procès ne fut pas jugé très prochainement. La Cour annula les débats mais décida qu'ils seraient recommencés le surlendemain.

Ce jour là, à la barre, se présenta Me Berryer. Malgré les difficultés de la tâche (il n'eut qu'un jour pour étudier le dossier !) le grand avocat avait accepté de défendre Dehors. Les audiences furent reprises le 5 juin. Dehors déclaré coupable par le jury fut condamné aux travaux forcés à perpétuité, à l'exposition et à 23.000 francs de dommages-intérêts. Le berger Lefebvre fut frappé de la même peine. Quant à Célestine Plaisance, en dépit, peut-être à cause de ses aveux, elle fut acquittée.

La Cour de cassation saisie par le pourvoi de Dehors, fut appelée à examiner la régularité de la procédure suivie par la Cour d'assises de l'Eure. Les magistrats qui y avaient siégé, avaient montré la plus complète indifférence pour le droit de l'accusé d'être défendu par un avocat ayant eu le loisir de préparer autrement qu'en vingt-quatre heures la réfutation d'une accusation instruite pendant des mois. Il n'en fut pas de même de la Cour suprême.

Elle jugea que la loi avait été enfreinte, que les garanties qu'elle accorde à l'accusé avaient été violées, et l'arrêt du 8 juin de la Cour d'assises de l'Eure fut cassé, malgré les conclusions contraires de l'avocat général.

Le 1er décembre 1835, Dehors comparut de nouveau devant le jury, celui de la Seine-Inférieure. Là encore, les affirmations de Lefebvre, extrait du bagne, et de la fille Plaisance entraînèrent contre Dehors un verdict de culpabilité. Comme la première fois, il fut condamné aux travaux forcés à perpétuité et à l'exposition. A Rouen, comme à Evreux, Dehors n'avait la vie sauve que grâce aux circonstances atténuantes qui lui étaient accordées !

Cette nouvelle condamnation provoqua, disent les comptes rendus d'alors, une profonde stupéfaction et une émotion considérable. En entendant ce second verdict, Dehors s'écria : « Mais ils veulent donc ma mort ! Comment ils m'ont condamné encore, moi qui suis innocent, qui n'ai jamais fait de mal. » Puis s'adressant aux jurés : « Vous avez fait une mauvaise chose », dit-il.

Tous ceux qui avaient suivi les débats, et Me Berryer, le premier, atterré de ce verdict, n'emportaient pas seulement de l'audience l'impression d'un doute qui aurait pu suffire à faire prononcer l'acquittement ; ils en sortaient avec la conviction qu'une erreur judiciaire venait d'être commise.

Dix-neuf avocats à la Cour de Rouen — presque tout le barreau — rédigèrent spontanément une consultation dans laquelle, en termes modérés mais formels, ils manifestèrent leur protestation.

Ce document mériterait d'être cité en entier. En voici quelques passages :

« Les avocats soussignés, vivement émus de la condamnation prononcée par la Cour d'assises de Rouen contre le sieur Dehors, placés encore sous l'impression des débats qui ont précédé cette condamnation, comparant avec étonnement la nature des charges relevées contre l'accusé avec le verdict de culpabilité prononcé contre lui, rapprochant involontairement l'effet produit sur leur esprit par ces charges, avec celui qu'il paraît avoir produit sur la majorité du jury, effrayés d'ailleurs des conséquences que pourrait avoir, pour le repos et la sécurité des citoyens, la propagation d'un système, qui, en matière criminelle et capitale, érigerait des inductions légères en éléments certains de conviction, ont cru de leur devoir de déposer dans une consultation, les impressions récentes et pénibles que leur a laissées le verdict du jury et d'y rappeler en même temps, et dans un but d'intérêt général, les règles que tout juré consciencieux et éclairé doit prendre pour guides, en matière aussi grave, pour arriver à une bonne administration de la justice, dont une part lui est un instant confiée, et pour s'assurer à lui-même le repos de sa propre conscience. »

Puis examinant les charges relevées contre Dehors et les accusations de Lefebvre et de Célestine Plaisance, la consultation ajoute :

« Pour les juges éclairés, pour des jurisconsultes habitués à peser
la valeur d'une preuve, nous n'hésitons pas à dire que ces prétendues charges ne sont rien, moins que rien, et que, pour des hommes
qui auraient quelque connaissance du cœur humain, beaucoup de ces
faits pourraient être présentés avec avantage comme des indices de
non-culpabilité... Est-ce qu'il n'y a pas quelque chose d'effrayant à
voir un jury prendre pour règle de sa décision la pensée de deux misérables s'avouant eux-mêmes coupables du plus lâche des crimes,
l'incendie ?... Où sera pour le jury la garantie qu'il ne s'est pas
trompé, quand il se sera réduit à n'être que l'écho de ces dénonciations qui partent de si bas ? Est-ce que cette prétendue vérité qui s'éla-
bore dans le cachot du coupable, cherchant dans ses insomnies une
atténuation à ses crimes, peut être celle qui se formule sur le siège
du juge en une parole de flétrissure et de mort ?

Et les signataires de la consultation terminaient ainsi :

« ... Nous n'hésitons pas à dire qu'une déclaration de culpabilité
contre Dehors nous paraissait souverainement impossible. »

Dehors se pourvut en cassation contre l'arrêt de la Cour d'assises de la Seine-Inférieure. Son pourvoi fut soutenu, comme la
première fois, par Me Dalloz.

Il plaida qu'il y avait une violation de la loi dans ce fait que
le président de la Cour d'assises, avait, *avant* l'ouverture des débats, entendu des témoins dont les dépositions avaient été déjà
recueillies dans l'instruction.

Le motif eût-il été suffisant, dans toute autre procès, pour faire
prononcer la cassation ? On en peut bien douter, car il fut vivement combattu quelques mois plus tard par le procureur général Dupin dans une autre cause. Mais évidemment, la Cour suprême fut impressionnée par le courant de l'opinion publique qui
s'était formé en faveur de Dehors et dont la consultation du barreau manifestait l'existence. L'arrêt de la Cour d'assises de Rouen
fut cassé comme l'avait été l'arrêt de la Cour d'Evreux, et l'accusé
déjà deux fois condamné fut renvoyé devant le jury de la Seine
pour y être jugé à nouveau.

Cependant, avant ces troisièmes débats, il se produisit des
incidents qui vinrent donner une nouvelle force à la défense de
Dehors.

Depuis l'issue du procès à Evreux, des incendies avaient, à plusieurs reprises, éclaté non loin de Grossœuvre, au hameau de Touvoie. Or, c'était précisément là qu'était venue habiter dans sa famille, Célestine Plaisance, aussitôt qu'elle avait été mise en liberté après son acquittement.

Ainsi que cela était naturel, il n'y eut qu'une voix pour dénoncer la fille Plaisance comme l'auteur de ces nouveaux malheurs. La justice et la police ne tinrent aucun compte de ces dénonciations. On se contenta de faire surveiller cette fille, mais cette surveillance même devint un véritable scandale. On vit Célestine Plaisance se promener avec les gendarmes qu'on lui avait donnés comme gardes du corps, les emmener au cabaret, au bal, dans les foires.

Cependant les incendies se renouvelant, il fallait bien trouver les coupables. On arrêta diverses personnes, parmi lesquelles un nommé Benoît Lemoine que la justice prétendit être un oncle de Dehors, alors qu'il n'y avait entre eux aucune parenté. L'innocence de Lemoine comme de beaucoup d'autres habitants qui furent soupçonnés et mis en prévention, se trouva établie. Enfin, sur les accusations de la fille Plaisance, une veuve nommée Marie et une femme Mesnil furent accusées d'être les coupables et traduites devant la Cour d'assises de l'Eure, le 31 mai 1836.

Là encore, la prévention des magistrats contre Dehors se manifesta nettement, bien que ce malheureux fût tout à fait étranger à ce nouveau procès. Il fut établi cependant que les affirmations de Célestine Plaisance méritaient peu de créance ; il fut démontré qu'elle avait menti dans plusieurs de ses déclarations contre les deux accusées.

D'autre part, différentes dépositions faites dans le nouveau procès, prouvaient que c'était l'accusatrice qui avait mis le feu à Touvoie, comme elle avait avoué l'avoir mis à Grossœuvre.

Des personnes honorables rapportèrent qu'un gendarme, nommé Coffre, avait pris Célestine Plaisance pour ainsi dire en flagrant délit et qu'à ce moment il lui avait dit : « Ma foi ! cette fois, celui qui a mis le feu c'est toi ou moi ! » Le gendarme, il est vrai, nia le propos.

Le jour de l'un des incendies, quelques instants avant qu'il éclatât on avait vu la fille Plaisance s'en aller avec un pot plein de braise pour se rendre, disait-elle, chez sa mère. Le feu s'était déclaré. Et la mère de Célestine avoua que sa fille ne portait pas de braise lorsqu'elle était arrivée chez elle. Ni le Ministère public, ni la Cour, ni le Jury, ne voulurent tenir compte de ces faits. Comme le défenseur d'une des accusées faisait allusion aux incendies de Grossœuvre pour démontrer que c'était la fille Plaisance qui devait être l'auteur de ceux allumés à Touvoie, le Président l'interrompit brusquement en lui disant : « Ne remontons pas à autre chose qu'au procès actuel ; si nous remontions aux incendies de Grossœuvre nous trouverions peut-être la main qui solde les incendiaires ». Ainsi Dehors était en prison depuis de longs mois, à Evreux, à Rouen, enfin à Paris, et, selon le Président, lui ou sa famille avait payé les criminels qui avaient mis le feu à Touvoie ! Chez les jurés mêmes, la prévention était tellement manifeste, que l'un des avocats dut les rappeler aux convenances et à leurs devoirs, en les menaçant de demander la remise de l'affaire.

La femme Mesnil fut acquittée ; la veuve Marie fut condamnée à cinq ans de réclusion.

A Paris, le procès de Dehors devait être jugé le 15 juin 1836, pour la troisième fois, mais un incident se produisit encore. Un des jurés déclara qu'il avait eu des renseignements sur un des témoins. La Cour, craignant un motif d'une nouvelle cassation renvoya l'affaire.

Enfin, le 12 juillet, commencèrent les audiences définitives de cette cause retentissante.

Le temps passé depuis les incendies, la distance qui séparait de Grossœuvre et d'Evreux le siège de la Justice, eussent dû calmer la passion déchaînée contre Dehors. A Paris, cependant, elle se manifesta encore, acharnée contre lui. Mais cette fois, elle demeura sans écho. La conscience du Jury n'avait pas été impressionnée par les rumeurs locales ni altérée par les sollicitations des victimes et de leurs amis. Elle était au-dessus des influences qui du hameau s'étendent au canton, à l'arrondissement, à la contrée toute entière. C'étaient enfin des juges dignes de ce nom qui allaient se prononcer sur l'accusation.

La lutte n'en fut pas moins vive entre Mᵉ Berryer, le fidèle avocat de Dehors et, non plus l'accusation, cette fois moins partiale, mais les témoins à charge. Le défenseur voulait démasquer enfin la légèreté des uns, la mauvaise foi et la haine des autres.

La plupart de ceux dont les témoignages constituaient des charges contre Dehors, ne se rappelant plus ce qu'ils avaient déclaré pendant l'instruction, se contredirent, « se coupèrent ». Leur embarras fut manifeste et, à plusieurs reprises, ils restèrent muets lorsqu'on leur montra leurs variations. Lefebvre et la fille Plaisance furent sans cesse pris en flagrant délit de mensonge.

Il serait trop long de reproduire ici les témoignages, même en les résumant. Il en est cependant qu'il faut rapporter, car ils montrent comment une véritable conspiration peut se former contre un accusé et le perdre sans qu'on saisisse avant de longs mois la trace du complot. — Et ils sont rares les procès dans lesquels il y ait par trois fois des débats publics et contradictoires! — Un témoin, un sieur Lesimple, déclara que le brigadier de gendarmerie Gourdin l'avait sollicité de dire qu'il avait vu, à l'époque des incendies, Dehors causant avec le berger Lefebvre, ce qui n'était pas exact. Le brigadier Gourdin nia qu'il eût poussé Lesimple à faire cette déclaration si elle était contraire à la vérité ; mais il dut reconnaître, après quelque hésitation que, *sur l'ordre du Procureur du Roi*, il était allé trouver Lesimple ; il lui avait dit qu'il avait dû voir Dehors et le berger causant ensemble. Si ce n'était pas une sollicitation, cela y ressemblait fort.

Le maire de la commune dont dépendait Grossœuvre, déclara qu'après l'acquittement de la fille Plaisance, alors qu'elle était revenue dans le pays, des incendies ayant éclaté et la rumeur publique les attribuant à Célestine Plaisance, il avait voulu dresser des procès-verbaux, mais que le Procureur du Roi le lui avait interdit.

Le Président voulut excuser cette interdiction. « Cela s'explique, dit-il! Vous aviez déposé déjà deux fois dans l'affaire Dehors et M. le Procureur du Roi a pensé que vous n'étiez pas pur de toute influence ».

En effet, à Evreux et à Rouen, le maire avait été témoin, et ses dépositions avaient été favorables à Dehors. Mais était-ce une raison, comme le prétendait le Président, pour le supposer capable de partialité contre la fille Plaisance ?

Mᵉ Berryer ne laissa point passer l'observation, sans en faire remarquer l'étrangeté.

« Je ne comprends pas, dit-il, comment la qualité de témoin à décharge a pu autoriser M. le Procureur du Roi à enjoindre à un homme respectable, maire de sa localité, contre lequel aucun soupçon ne saurait s'élever, de ne pas dresser procès-verbal des incendies ».

Un autre incident permit au défenseur de s'élever encore une fois contre les procédés employés à l'égard des témoins à décharge.

Un nommé Zélinski vint dire qu'un sieur Duriez lui avait rapporté les sollicitations dont il avait été l'objet pour qu'il fît contre Dehors un faux témoignage. Ce Duriez ne reconnut pas le fait, et le Président voulut user de rigueur envers Zélinski. « Je n'ai pas à m'expliquer, dit ce magistrat, sur le degré de confiance que mérite le témoin Zélinski, mais j'ordonne qu'il soit immédiatement placé sous la surveillance d'un gendarme ».

Me Berryer, sans protester ouvertement contre cette mesure de suspicion bien faite pour intimider le témoin et rendre sa déposition suspecte au jury, intervint néanmoins et prononça ces sévères paroles :

« Nous avons entendu à cette audience des faux témoins, certainement des faux témoins, cette femme par exemple qui prétendait s'être cachée pour écouter une conversation entre Dehors et le berger Lefebvre. Et M. le Président n'a pas cru devoir prendre de mesures à leur égard, et le Ministère public n'a fait aucune réquisition ; moi-même, je me suis abstenu de toute réflexion, de toute provocation. Et aujourd'hui, parce qu'un témoin vient rendre compte d'une conversation qui a eu lieu certainement, sauf les circonstances que nous examinerons, parce que le témoin se trouve en contradiction avec un autre témoin, on prend une mesure de rigueur, on le place sous la surveillance d'un gendarme !... C'est faire fléchir terriblement la balance de la justice en faveur de l'accusation ».

Le Président répliqua sèchement au défenseur qu'il lui appartenait à lui seul de statuer sur l'incident et qu'il maintenait la mesure qu'il avait prise.

Un instant après, il était établi que Zélinski avait bien dit la vérité et que Duriez lui avait déclaré avoir été sollicité de faire un faux témoignage contre Dehors. Le Président était obligé de lever la surveillance qu'il avait ordonnée contre Zélinski.

M⁰ Berryer défendit avec une énergique conviction le malheureux Dehors. Aucun argument ne fut laissé de côté par lui. Il en trouva jusque dans les verdicts de condamnation antérieurs. Les jurés n'avaient-ils pas accordé des circonstances atténuantes !

« Des circonstances atténuantes ! s'écria M⁰ Berryer. Comprenez-vous cela, Messieurs ? Un lâche qui n'a pas le courage du crime, qui pousse et soudoie, pour assouvir sa vengeance, un misérable berger, une malheureuse servante ; et on trouve pour lui des circonstances atténuantes !... Il n'y en a pas ! Il n'y en a pas ! C'est un crime capital, et quand les premiers juges ont admis des circonstances atténuantes, je dis qu'ils n'étaient pas sûrs de la culpabilité. C'est un mensonge de la justice ! »

M. l'avocat général Plougoulm répliqua à M⁰ Berryer. Pendant l'audition des témoins le magistrat avait à plusieurs reprises montré qu'il entendait soutenir énergiquement l'accusation contre Dehors ; il avait fait preuve dans son réquisitoire d'une indépendance de conscience et d'une franchise de caractère dignes d'être signalées. Cette fois, s'il n'abandonna pas l'accusation, s'il en rappela toutes les charges, il n'en sollicita pas pour cela une condamnation. Il n'eut pas la fausse pudeur de dissimuler que son opinion contre Dehors avait été ébranlée.

« Nous-même, dit-il, après une étude approfondie de cette affaire, il nous a été impossible de ne pas réfléchir beaucoup depuis hier sur nos propres impressions ».

Et après avoir montré la situation lamentable de ceux que l'incendie avait ruinés, d'une part, de l'autre celle non moins triste de Dehors et de sa famille, il termina son réquisitoire par ces paroles :

« Détournez les yeux de cette scène ; voyez la cause en elle-même. Si vous conservez des doutes, ne condamnez pas ; si la culpabilité vous paraît évidente, condamnez. Dans tous les cas et quoi qu'il arrive, votre verdict sera accueilli avec respect, car vous aurez accompli votre devoir comme nous avons rempli le nôtre, avec impartialité ».

Après une courte réplique de M⁰ Berryer qui repoussa toutes circonstances atténuantes, demandant pour Dehors la liberté ou l'échafaud, le Jury rendit un verdict de non-culpabilité.

Dehors fut acquitté et remis en liberté. Il avait comparu trois fois devant la Cour d'assises, soumis deux pourvois à la Cour de cassation et subi plus de quinze mois de prison préventive.

SANSON

(1845)

Dans les premiers jours de mars 1845, des habitants du hameau de Buisson, commune de Digny (Eure-et-Loir), découvrirent, dans une petite mare, le corps d'un enfant nouveau-né, qui semblait avoir séjourné longtemps sous l'eau (1).

La mère fut désignée aussitôt : c'était une fille Lenain qu'on accusa du meurtre.

Arrêtée, elle avoua qu'elle était accouchée récemment, mais elle déclara n'être pour rien dans la mort de l'enfant trouvé dans la mare.

« Le père, dit-elle, est un sieur Sanson, facteur rural de Châteauneuf, marié et père de famille.

« C'est lui qui m'a conseillé de cacher ma grossesse, me disant qu'aussitôt l'enfant venu au monde, il le porterait lui-même aux Enfants Trouvés. Le 7 février dernier, à six heures du matin, je suis accouchée. Sanson était présent. Il a immédiatement emporté l'enfant sans que j'aie même pu connaître son sexe, et, plus tard, il m'a dit que, comme il me l'avait promis, il l'avait porté aux Enfants Trouvés. Ce n'est que par la découverte du cadavre que j'ai appris la mort de mon enfant. »

Sanson arrêté à son tour, nia énergiquement. Confronté avec la fille Lenain qui maintint ses accusations, il entra dans une violente fureur. Sans doute, il avait eu, à trois ou quatre reprises, des relations intimes avec cette femme, mais il assurait avoir absolument ignoré et la naissance et la mort de l'enfant.

Sans autre preuve, sur la seule dénonciation de la fille Lenain,

---

(1) *Le Droit*, 1er et 2 décembre 1845. — *Gazette des Tribunaux*, 2 décembre 1845.

Sanson fut traduit, avec elle, devant la Cour d'assises d'Eure-et-Loir.

Malgré ses protestations indignées, il fut, le 24 août 1845, condamné aux travaux forcés à perpétuité et à l'exposition.

La fille Lenain fut acquittée.

L'arrêt fut cassé (1) et l'examen de l'accusation fut renvoyé à la Cour d'assises de Seine-et-Oise, devant laquelle Sanson comparut le 29 novembre 1845.

Le Ministère public avait fait citer comme témoins la fille Lenain et deux de ses enfants. Mais ils avaient quitté la commune de Digny et la justice n'avait pu découvrir leur nouvelle adresse. La Cour voulut renvoyer l'affaire à la session suivante. L'avocat de l'accusé s'opposa à cette mesure qui devait occasionner à Sanson trois mois de prison préventive de plus. Il connaissait la demeure actuelle de la fille Lenain, que le procureur du Roi disait n'avoir pu trouver. C'était à vingt lieues environ du siège de la Cour d'assises ; en l'envoyant chercher en poste par un huissier, elle pouvait être amenée pour l'audience du lendemain.

Le président refusa d'abord de faire droit à cette demande ; mais les jurés ayant joint leurs instances à celles de l'avocat de Sanson, la Cour rendit un arrêt ordonnant qu'un huissier se rendrait en poste, aux frais du Trésor, au lieu indiqué par la défense comme étant celui du domicile de la fille Lenain, pour y chercher cette fille et ses enfants et les amener devant la Cour. Puis les témoins présents furent entendus.

Tous, tant à charge qu'à décharge, furent unanimes pour attester la mauvaise conduite et les mauvais antécédents de la fille Lenain. Plusieurs d'entre eux déclarèrent que depuis le premier procès, ils lui avaient reproché d'avoir accusé un innocent, lui disant qu'elle devait *en avoir bien pesant sur l'estomac* et qu'elle avait répondu : « Ah ! oui j'en ai bien pesant ! »

Les renseignements recueillis de toutes parts, postérieurement à la condamnation de Sanson, tant auprès de l'administration

---

(1) L'arrêt fut cassé pour violation des règles relatives à la publicité des débats et aux droits de la défense. Pendant l'intervalle de deux audiences le Président avait fait subir un interrogatoire à l'accusé, dans son cabinet et à huis-clos (*Gazette des Tribunaux*, 3 octobre 1845).

des Postes qu'auprès des maires des localités où il avait habité, étaient des plus favorables à l'accusé.

Dès le début du second jour d'audience, la fille Lenain ramenée en poste pendant la nuit par l'huissier, était entendue par la Cour.

Elle persista d'abord à accuser Sanson de l'infanticide ; mais les témoins, confrontés avec elle, lui rappelèrent ses antécédents — *ignorés jusque-là*. N'avait-elle pas voulu, jadis, tuer son fils aîné ?

Ne s'était-elle pas fait avorter trois ans auparavant ?

N'avait-elle pas tenu, enfin, le propos rapporté au jury : « qu'elle en avait bien pesant sur l'estomac depuis la condamnation de Sanson ? »

La fille Lenain, confondue par ces révélations, finit par garder le silence et le procureur du Roi avoua qu'après les incidents qui venaient de se produire, il n'existait plus aucune charge contre Sanson. Il abandonna l'accusation.

Le défenseur n'avait pas à plaider et le Président renonça à son résumé. Il adressa simplement à l'accusé une courte allocution pour rendre un public hommage à son avocat.

« Sans le zèle, sans le dévouement, sans le talent de votre défenseur, lui dit-il, votre existence toute entière était vouée à l'ignominie et au malheur ».

Le jury rendit un verdict négatif, et Sanson, condamné aux travaux forcés, trois mois auparavant par la Cour d'assises d'Eure-et-Loir, fut acquitté et l'on peut dire réhabilité, le 30 novembre, par la Cour d'assises de Seine-et-Oise.

Les jurés, à l'issue de l'audience, remirent à l'avocat de Sanson une demande adressée au Directeur des Postes et ainsi conçue :

« Nous tous, jurés de la Cour d'assises de Versailles, unanimement convaincus de l'innocence de Paul-Auguste Sanson, ancien facteur rural, et de la fausseté de l'accusation portée contre lui, sollicitons avec instance M. le Directeur des Postes de réintégrer Sanson dans sa place que cette fausse accusation lui avait fait perdre. »

Et la femme Lenain ? L'a-t-on poursuivie pour faux témoignage ?

VEUILLE

(1864)

Les affaires les plus obscures, les plus banales, parfois contiennent d'étranges enseignements. Telle l'affaire Veuille (1), dans laquelle la Cour de Poitiers proclama, par arrêt du 5 février 1864, l'indignité de témoins qui avaient servi de base à l'accusation devant le Tribunal de Blaye et la Cour de Bordeaux.

Veuille était prévenu d'avoir volé au cabaret une pièce de dix francs à un sieur Jean Bergeon. Il fut condamné à deux mois de prison, par jugement du Tribunal de Blaye, le 13 juillet 1863. Il interjeta appel. La Cour de Bordeaux confirma la condamnation, le 19 août 1863.

Veuille se pourvut en cassation; l'arrêt fut cassé pour vice de forme, et la Cour de Poitiers fut chargée de statuer à nouveau. Devant cette Cour, Veuille déposa des conclusions afin de faire entendre des témoins nouveaux.

La Cour fit droit à la requête; sept témoins à décharge vinrent établir les mensonges des quatre témoins de l'accusation. Veuille fut acquitté et ses accusateurs, les nommés Celès et Bergeon, Canon et Bertaud furent condamnés pour faux témoignage, les deux premiers à cinq ans de prison, Canon à trois années et Bertaud à deux ans de la même peine.

L'arrêt (5 février 1864) reconnaissait la moralité parfaite des témoins à décharge et les déclarait dignes de toute foi.

« Attendu qu'il n'en est pas de même, continuait l'arrêt, de Celès, de Bergeon, de Canon et de Bertaud ; qu'ils se livrent habituellement à la débauche ; que Bergeon a dévoré sa fortune ;

Qu'il en est de même de Canon qui a déjà joué un rôle peu honorable dans une poursuite pour faux dirigée contre son beau-père ; que Bertrand a été soupçonné de faux témoignage dans une affaire de meurtre ; que ces trois derniers fréquentent continuellement le cabaret ou plutôt le bouge de Celès;

---

(1) *Gazette des Tribunaux*, 13 février 1864.

Attendu qu'il résulte de tout ce qui précède, qu'après avoir, dans la soirée du 2 février, dressé une inculpation fausse de vol d'une pièce de dix francs contre Veuille, pour s'emparer de son argent en profitant de son ivresse, ils ont ourdi avec Celès une trame odieuse, que, pour servir les passions haineuses de cet aubergiste, ils l'ont faussement accusé d'un vol qu'ils savaient n'avoir pas été commis...

Il avait fallu huit mois pour s'en apercevoir !

FEMME LERONDEAU

(1878)

Mariés en 1868, les époux Lerondeau, après deux ans d'union, avaient commencé à faire mauvais ménage. La naissance d'une petite fille ne ramena point la paix entre eux, car les motifs des querelles étaient de ceux que le temps ne saurait atténuer. Lerondeau, maître maçon à Châteaufort, avait treize ans de plus que sa femme. Il était à l'automne de la vie ; elle en était aux ardeurs de l'été. De là, des discussions, des scènes quotidiennes. Mme Lerondeau reprochait encore à son mari d'être aussi prodigue de ses deniers qu'il était avare de ses tendresses, et c'était un autre sujet de continuelles disputes.

La guerre ouverte éclata entre les deux époux, le jour où Lerondeau résolut de mettre sa fillette en pension. La mère fut exaspérée de se voir retirer l'éducation de son enfant, et, s'il fallait en croire certains racontars, elle aurait, à ce propos, menacé de mort son mari. (1)

Vers cette époque — on était en 1875 — Lerondeau fut pris d'indispositions fréquentes. Il se plaignait de violentes crampes d'estomac et éprouvait de telles douleurs qu'au moment de ses crises il se roulait par terre. Des bruits d'empoisonnement coururent aussitôt, et dans les estaminets de Châteaufort on soupçonna sa femme de vouloir se défaire de lui... On jasa beaucoup :

(1) *Le Droit*, 17 et 18 janvier 1878. — *Gazette des Tribunaux*, 16 janvier et 30 juin 1878.

on alla jusqu'à affirmer que Lerondeau avait formulé des accusations précises.

Le 24 juillet 1877, Lerondeau plus gravement malade depuis quelques jours, fut pris d'une crise excessivement violente, au cours d'une tournée de visites à ses chantiers. Il se mit à vomir en poussant des cris. On le transporta dans une grange et, au bout de quelques minutes, il succomba au milieu de convulsions atroces. Cette mort subite ne fit qu'augmenter les soupçons naissants contre la femme Lerondeau, d'autant que, lorsqu'on avait rapporté le corps de son mari, elle n'avait — disait-on — manifesté ni étonnement, ni chagrin.

Le parquet fut avisé ; une instruction fut ouverte et la femme Lerondeau fut arrêtée. Des experts furent nommés. Ils procédèrent à l'autopsie du cadavre. Aux dires du médecin légiste, il ne fut point douteux que Lerondeau ne fût mort empoisonné. Le chimiste qui avait analysé les viscères avait, en effet, constaté dans l'estomac la présence d'acide oxalique ou sel d'oseille.

La femme Lerondeau protesta avec énergie de son innocence. Elle n'en fut pas moins traduite devant la Cour d'assises de Seine-et-Oise, le 16 janvier 1878.

Une cinquantaine de témoins furent entendus. Ils déposèrent de la mauvaise intelligence qui existait dans le ménage de l'accusée. Ils représentèrent Lerondeau comme un homme bon et faible, en butte aux mauvais traitements continuels de sa femme. Ils rapportèrent des menaces que celle-ci lui aurait adressées, ils parlèrent des soupçons de son mari lorsqu'il était tombé malade.

L'accusée reconnut qu'elle s'était montrée parfois emportée, parfois dure avec Lerondeau, qui la délaissait, dit-elle, mais elle nia l'avoir jamais maltraité ni menacé. Enfin, elle fit valoir contre l'accusation, qu'elle avait tout perdu en perdant son mari, et qu'elle ne savait pas ce qu'elle allait devenir, seule avec son enfant.

Les deux experts furent ensuite entendus.

Le Dr B*** rendit compte des résultats de l'autopsie : le ventre était ballonné, la bouche était remplie d'une bave sanguinolente, l'estomac révélait des désordres graves. D'après lui *l'asphyxie à laquelle avait succombé Lerondeau avait été causée par une substance toxique qui était l'acide oxalique.* M. R*** pharmacien-chimiste, expliqua les opérations auxquelles il s'était livré pour arriver à l'opinion qu'il avait formulée. *La présence de l'acide oxalique était certaine.*

Sur les conclusions du défenseur de l'accusée, M. Lhote, chimiste expert, professeur au conservatoire des arts et métiers, désigné par la Cour, vint donner son avis sur le rapport de MM. B⁚⁚⁚ et R⁚⁚⁚. Il déclara que selon lui, la quantité d'acide oxalique recueillie par les experts était trop faible pour permettre de conclure comme ils l'avaient fait. Il émit l'opinion, qu'on aurait dû procéder à une expérience « *à blanc* », comme on dit en termes de laboratoire, c'est-à-dire saturer d'une dose de sel d'oseille l'estomac d'un homme mort naturellement et comparer.

M. R⁚⁚⁚ maintint que les résultats par lui obtenus *ne laissaient aucun doute* dans son esprit sur la présence de l'acide oxalique ; et M. Lhote enfin reconnut que les désordres *constatés par les experts* (1) étaient tels qu'ils avaient dû nécessairement être causés par un acide violent sans qu'il lui fût possible de déterminer quel pouvait être cet acide. En somme, M. Lhote n'avait pas assisté à l'autopsie, il n'avait pas fait l'analyse, il n'avait même pas vu les viscères de Lerondeau. Il ne pouvait donner et ne donna qu'un avis des plus réservés. L'accusation s'en remit au médecin qui avait pratiqué l'autopsie.

M. Froidefond des Farges, procureur de la République, s'appuya sur ses conclusions pour réclamer un verdict impitoyable contre l'accusé.

Me Lachaud lutta en vain pour obtenir un acquittement. Il fonda surtout sa discussion sur l'absence du mobile auquel aurait obéi la femme Lerondeau en tuant son mari.

Déclarée coupable par le jury, la femme Lerondeau fut condamnée à vingt ans de travaux forcés. Elle accueillit l'arrêt par cette exclamation : « Etre condamnée et être innocente ! »

Elle se pourvut en cassation, et l'arrêt de la Cour d'assises de Seine-et-Oise fut cassé le 21 février 1878 pour un vice de forme insignifiant.

La cause fut renvoyée devant la Cour d'assises de la Seine où elle fut jugée le 29 juin 1878. Mais cette fois, l'accusation se présenta dans des conditions tout à fait différentes. Le président, avant ce second procès, avait commis de nouveaux experts, les

---

(1) Mais qu'il n'avait pu contrôler lui-même.

docteurs Wurtz et Vulpian, auxquels il avait adjoint le docteur Bergeron.

Au cours des débats, des faits nouveaux furent tout d'abord révélés par les témoins : il fut établi que, lorsque Lerondeau parlait de ses souffrances et de ses crises, il disait que c'était un mal de famille ; son père et son frère avaient eu des accès identiques à ceux auxquels il était en proie, ils étaient morts dans des conditions semblables.

Un autre incident vint ébranler l'accusation : parmi les témoins qui avaient rapporté des menaces qu'aurait adressées l'accusée à son mari, se trouvait une femme Angéline Chrétien. Elle avait répété au juge d'instruction ce propos qu'elle avait, disait-elle, entendu tenir un jour à la femme Lerondeau : « Si je ne craignais pas la justice, je lui f... un coup de fusil. » Plus tard, la femme Chrétien avait avoué que c'était le maire et le brigadier de gendarmerie qui lui avaient fait dire cela de force. Mais elle était ensuite revenue à sa première affirmation. A l'audience de la Cour d'assises de la Seine, elle affirma de nouveau qu'elle n'avait pas entendu le propos et donna de son mensonge la même explication.

L'affaire avait déjà une toute autre physionomie que devant le jury de Seine-et-Oise, lorsque les dépositions des experts vinrent achever l'anéantissement de l'accusation.

Voici les passages principaux de la discussion médico-légale qui s'engagea devant le jury. Nous les empruntons à la *Gazette des Tribunaux* :

*Emile B***, docteur-médecin à Versailles.* — J'ai été chargé par M. le juge d'instruction de Versailles de procéder à l'autopsie de Lerondeau.

J'ai trouvé extérieurement un homme très robuste et très solide. La décomposition était déjà fort avancée. J'ai regardé d'abord la bouche, le pharynx et l'œsophage. Je n'y ai rien trouvé de remarquable, mais j'ai été frappé de la présence dans l'estomac de symptômes et de lésions graves et exclusives de l'hypothèse d'une mort naturelle. En poursuivant mon autopsie, j'ai trouvé dans l'intestin une perforation qui permettait d'y passer le doigt et des désordres semblables à ceux de l'estomac. La digestion de la veille s'était faite d'une manière tout à fait anormale. Les poumons étaient développés par une suffusion sanguine considérable et étaient un peu ramollis. Le foie était le siège d'une hypertrophie récente ; il était rempli de sang et assez induré ; les reins n'offraient rien d'extraordinaire. La vessie n'offrait aucune apparence d'inflammation. J'ai trouvé le cœur petit et flasque. Toutes ces circonstances réunies m'ont fait penser que Lerondeau avait succombé à une mort violente, qui me paraissait être l'empoisonnement.

J'ai rapporté chez moi les intestins, une partie des poumons, du foie et de la rate et les ai remis au chimiste-expert, M. R***. M. R*** a procédé à l'examen chimique et notre rapport constate ce que nous avons découvert, c'est-à-dire un peu d'acide oxalique.

M. le Président.— Vous avez conclu à une mort par empoisonnement ?

*Le docteur B***.— Oui, monsieur le président.*

M. le Président. — Maintenez-vous encore vos conclusions ?

*Le docteur B***. — Absolument, monsieur le président.*

Un juré. — Qu'entend le docteur en disant que les poumons étaient ramollis ?

*Le docteur B***.*— Il ne s'agissait pas d'un ramollissement ancien, mais d'un ramollissement subit. La veille, le poumon, dans ma pensée, devait être sain.

Un autre juré. — Le témoin a dit qu'il y avait eu perforation de l'intestin grêle. Y avait-il à l'estomac des ulcérations plus ou moins fortes pouvant provenir de l'ingestion d'un acide ?

*Le docteur B***.*—La perforation n'existait pas, mais la membrane interne, la muqueuse était détruite. La tunique existait encore, comme un crible dont les trous n'auraient pas été complètement percés. Il y avait des érosions, des ulcérations.

M. l'avocat général. — Vous avez eu, au cours de l'instruction, connaissance de deux interrogatoires de la femme Lerondeau qui protestait de son innocence, et vous avez maintenu vos explications antérieures.

*Le docteur B***.* — Oui, monsieur, certainement. On m'interroge, je réponds selon ma conscience.

Me Lachaud. — Le docteur croit-il qu'un homme empoisonné à sept ou à neuf heures du matin par l'acide oxalique ait pu vivre jusqu'à trois heures, en vaquant à des travaux ordinaires ?

*Le docteur B***.* — L'acide oxalique pris à petites doses est quelquefois mortel, aussi bien que s'il était pris à forte dose unique ; mais alors il ne peut déterminer qu'une mort lente.

M. le Président. — Pendant six heures Lerondeau a-t-il pu conserver le poison sans être abattu ?

*Le docteur B***.*—Je crois que le poison a pu être pris à neuf heures, être rejeté ensuite par vomissement, et qu'on expliquerait ainsi que la petite quantité restée dans les organes n'ait pu agir que lentement.

Un juré. — Quelle est donc la dose retrouvée par les experts?

M. le Président. — Le chimiste M. R**''' nous le dira d'une façon précise.

Mᵉ Lachaud. — Le docteur la connaît. La quantité retrouvée était-elle suffisante pour donner la mort ?

Le docteur B'''. — Elle était suffisante pour continuer et achever des désordres antérieurs.

M. le Président. — D'après ce que vous exprimez, Lerondeau aurait donc été empoisonné à petites doses ?

Le docteur B'''. — Je crois que l'empoisonnement a eu lieu d'un coup.

Mᵉ Lachaud. — Alors je vous demanderai combien de temps doit s'écouler entre l'absorption d'une dose mortelle et la mort ?

Le docteur B'''. — La mort arrive ordinairement peu après.

Mᵉ Lachaud. — Je reviens maintenant à ce que je vous disais tout à l'heure : Comment expliquez-vous que Lerondeau, empoisonné à neuf heures, ait pu travailler et vivre jusqu'à trois heures ?

Le docteur B'''. — Je n'admets que l'empoisonnement à forte dose et, si Lerondeau a pu vivre si longtemps après l'ingestion, je répète que c'est parce qu'il a dû évacuer une grande partie du toxique.

Un autre juré. — Supposons une personne atteinte d'une grave maladie de l'estomac, d'une maladie ancienne, héréditaire, douloureuse, qui se développe et se traduit par la mort, quels phénomènes constateriez-vous dans l'estomac ?

Le docteur B'''. — J'y trouverais des érosions, des ulcérations, des perforations.

M. le Président. — C'est-à-dire des désordres semblables à ceux que vous avez rencontrés chez Lerondeau ?

Le docteur B'''. — Oui, analogues ; mais un expert serait bien naïf qui confondrait ces désordres récents avec les désordres anciens, les anciennes ulcérations grises avec les fraîches et rosâtres.

Un juré. — L'empoisonnement par l'acide oxalique entraîne-t-il des érosions sur l'estomac ?

Le docteur B'''. — Oui, ordinairement.

Mᵉ Lachaud. — Le témoin nie-t-il que tous les phénomènes qui suivent l'empoisonnement par l'acide oxalique sont au cœur ?

Le docteur B'''. — Oui.

Après la déposition du docteur B''', on entend celle du docteur Vulpian, expert commis par M. le président des assises de la Seine.

Docteur Vulpian, doyen de la Faculté de médecine de Paris. — J'ai été commis par M. le président pour prendre connaissance du rapport du docteur B''' et de M. R''', chimiste, et donner mon avis sur les causes de la mort de Lerondeau. J'étais commis avec mes collègues Wurtz et Bergeron.

Nous avons étudié avec soin ce rapport et toutes les pièces du dossier ; nous avons fait des expériences, et *nous sommes arrivés à conclure que Lerondeau n'avait pas été empoisonné par l'acide oxalique.*

Les preuves des premiers experts étaient de trois ordres : ils les tiraient :

1º Des recherches chimiques.

2º Des symptômes présentés par Lerondeau.

3º Des lésions constatées dans les organes.

Quant aux recherches chimiques, je me récuse, car parmi nous il y a un chimiste illustre dans la science, et dont les sentences sont sans appel.

En ce qui regarde les symptômes observés, nous avons cherché s'ils correspondaient à ceux qu'on constate dans les empoisonnements par l'acide oxalique, et, en prenant tous les actes et les paroles de Lerondeau dans la journée du 26 juillet et en les rapprochant des faits chimiques et des expériences physiologiques, nous avons constaté des *différences complètes.*

L'empoisonnement par l'acide oxalique est très prompt. Quand le sel d'oseille est ingéré en quantité assez grande pour donner la mort, presqu'aussitôt les symptômes se produisent, l'individu s'affaiblit, les symptômes se répètent ; au bout d'une heure, deux heures, trois heures, l'individu meurt ; *il meurt par le cœur ordinairement.*

Chez les animaux, les faits se passent de même. Les vomissements se produisent, (le sel d'oseille fait vomir) ; les chiens vomissent facilement et reprennent ce qu'ils ont vomi. Chez eux, comme chez les hommes, la mort survient en pareil cas par le cœur. Donc si je m'en tiens à la symptomatologie, j'arrive à conclure que *je ne trouve chez Lerondeau aucun des symptômes qui caractérisent l'empoisonnement par l'acide oxalique et le sel oxalien.*

Enfin et en troisième lieu, nous avons dû étudier ce qui avait trait aux lésions.

Nous avons fait de très nombreuses expériences à ce sujet. *Jamais nous n'avons trouvé chez les animaux empoisonnés par l'acide oxalique les lésions constatées chez Lerondeau ;* nous avons vu du mucus mais *jamais d'ulcération, à plus forte raison jamais de perforation.* Comment ces lésions ont-elles pu se trouver chez Lerondeau ? Ont-elles donc pu se produire sans toxique ? Et bien, oui, messieurs les jurés. Lerondeau est mort le 26 juillet, probablement au moment de chaleurs considérables, il est mort subitement, il avait mangé le

matin ; il avait encore des aliments dans l'estomac. Les premiers
experts ont omis de nous dire si ces aliments avaient subi une alté-
ration oxalique ; il y avait eu une digestion spéciale, ce que nous
appelons la digestion *post mortem*.

*Bref, on retrouve ici les phénomènes qui s'observent dans les cas de
mort subite au moment des chaleurs.* J'aurais lieu d'être plus affirmatif, *si l'autopsie avait été mieux faite; malheureusement elle a
été fort défectueuse.* Le rapport ne s'explique sur aucun de ces points
et de ces faits pathologiques que doivent connaître les médecins
instruits. Je parlais de nos expériences sur les chiens : nous avons
fait autre chose ; nous avons essayé, le docteur Bergeron et moi,
d'absorber une légère dose d'oxalate de potasse.

Nous avons mis une certaine quantité d'oxalate de potasse dans
du bouillon; nous n'avons pu, malgré nos efforts, arriver à en boire.
C'est répugnant, c'est impossible ; on se refuse à l'absorption. Et
notez que ce n'était pas là une dose mortelle.

D'où la conséquence *qu'il est impossible de faire prendre à quelqu'un, par cuillerée, un bouillon contenant de l'acide oxalique à dose
mortelle.*

*Ma conviction est donc que Lerondeau n'est pas mort empoisonné
par l'acide oxalique.*

J'ai cru de mon devoir d'aller plus loin. Après avoir mûrement
réfléchi, je suis arrivé à cette autre conviction que *Lerondeau a été
un malade et non un empoisonné.* Le père de Lerondeau est mort
dans les mêmes conditions que lui ; il y avait chez lui une hérédité
morbide paternelle, et une hérédité morbide consanguine. Il a eu
un frère mort également dans des circonstances spéciales.

Quelle a été l'affection à laquelle il aurait succombé ? Il est permis de croire qu'il avait des attaques d'angine de poitrine. Je crois
à l'angine de poitrine plutôt qu'aux maux d'estomac.

En tout cas, il est mort d'une affection analogue. Il a pu succomber à une hémorragie interne. Rappelez-vous qu'au moment de
mourir, et après avoir parlé de douleurs épouvantables à la tête,
il avait dit en étirant ses membres : « Ah ! c'est fini, je ne sens
plus rien ! ». Ce détail est caractéristique. Y a-t-il jamais eu un cas
d'empoisonnement dans lequel on ait constaté quelque chose de
semblable ? Pour nous, ce symptôme est la preuve d'une affection
névrosique.

Je termine donc en disant, d'abord que *Lerondeau n'est pas mort
empoisonné par l'acide oxalique ; ensuite qu'il n'est pas mort empoisonné.*

L'audiencier introduit ensuite M. R*** le premier chimiste expert, celui qui avait été entendu par la Cour d'assises de Seine-et-Oise.

R'''' pharmacien à Versailles. — Le 28 juillet, on a apporté à mon laboratoire une marmite contenant les organes de Lerondeau; je ne puis que confirmer ici les termes de mon rapport.

J'ai dû rechercher les alcaloïdes par le procédé de Star; je n'en trouvai pas. Je cherchai ensuite le phosphore; je n'en trouvai pas davantage; puis l'arsenic, les poisons caustiques : rien.

Cependant j'étais frappé de l'acidité de la petite quantité de liquide contenue dans l'estomac et provenant de la sécrétion stomachale; je cherchai pour les acides, acide sulfurique, acide chlorydrique, acide azotique : rien encore. Enfin, je recherchai les acides organiques; je trouvai alors l'acide oxalique. S'il est difficile d'éliminer l'acide oxalique des matières grasses organiques, il est facile de reconnaître les cristaux caractéristiques de cet acide. J'ai pu détacher cinquante centigrammes d'acide oxalique. J'avais donc trouvé une substance toxique en petite quantité.

J'ai conclu que je ne trouvais pas d'autre substance toxique que l'acide oxalique et que je n'avais pu isoler qu'une quantité minime.

Me Lachaud. — M. R''' pense-t-il que la quantité trouvée était suffisante pour donner la mort?

M. R'''. — Non.

M. le Président. — L'empoisonnement a-t-il pu se faire à petites doses?

M. R'''. — Les empoisonnements par l'acide oxalique sont très fréquents comme accidents, assez fréquents comme suicides; comme crimes, ils sont très rares en France, et moins rares en Angleterre.

L'empoisonnement dans ce cas est très rapide : le poison agit non comme caustique, mais en paralysant le cœur. Le docteur Tardieu cite un cas où un jeune homme ayant pris deux grammes d'acide oxalique, serait mort en une heure; une femme avec cinq grammes, a vécu deux heures, mais en luttant contre la mort. Par suite d'accidents, on a pu en prendre pour du sulfate de magnésie, du sulfate de soude; il est arrivé qu'on en a pris par erreur quinze grammes; l'empoisonnement a déterminé la mort en deux heures.

Un juré. — Cinquante centigrammes dans un potage peuvent-ils être méconnus par celui qui l'absorbe?

M. R'''. — Je crois que oui. Nous avons fait des expériences sur ce point, et nous avons goûté jusqu'à 4 grammes par litre de bouillon : nous sommes arrivés à l'acidité d'un potage aigri par la chaleur. Les cinquante centigrammes passeraient, mais le bouillon serait rejeté immédiatement.

Me Lachaud. — C'est cela.

M. le Président. — Alors Lerondeau n'aurait pas pu conserver le bouillon absorbé et vivre encore huit heures?

M. R'''. — Certainement non?

M. Wurtz dépose à son tour.

Charles Wurtz, membre de l'Institut, doyen honoraire de la Faculté de médecine. — Ma tâche a été fort simple et je puis l'exposer en peu de mots. J'ai lu avec soin le rapport de M. R''' ; son expertise médico-chimique a été bien faite. L'expert se trouvait en face d'un problème difficile à résoudre. Il n'avait aucune indication.

Il a fait toutes les recherches ordinaires ; il n'a rien trouvé. En cherchant les acides, il a démontré l'existence d'une petite quantité d'acide oxalique. Les preuves qu'il a données de cette existence me paraissent concluantes ; un chimiste expérimenté ne s'y trompe pas.

On avait conclu à l'empoisonnement par l'acide oxalique. Lerondeau est-il mort empoisonné? Ah! là dessus, je demande à faire des réserves.

D'abord la quantité d'acide oxalique retrouvé était petite, mais eût-elle été en quantité plus considérable, qu'il aurait toujours fallu la trouver à dose toxique. Ce qui n'est pas. L'acide oxalique peut être introduit accidentellement par l'économie ; il existe à l'état d'oxalate de potasse dans le sel d'oseille ; une potion de cent grammes d'oseille renferme 1 gramme d'acide oxalique ; on peut donc, dans un gros repas, ingérer deux grammes d'acide oxalique sans s'en apercevoir. Cela exclut, ce me semble, l'empoisonnement lent par l'acide oxalique.

Continuant sa déposition, M. le docteur Wurtz parle des expériences faites par lui sur les estomacs qu'on a bien voulu lui procurer. Il conclut qu'il lui est impossible de dire que Lerondeau ait succombé à un empoisonnement par l'acide oxalique.

M. le docteur Georges Bergeron, professeur agrégé à la Faculté de médecine, confirme les dépositions du docteur Wurtz et du docteur Vulpian.

Il termine en disant : « *Ma conviction est que Lerondeau n'est pas mort empoisonné.* »

Sans reprendre en détail les divergences, du reste absolues, entre l'opinion du premier médecin expert et celle des savants commis par le président lors de la seconde comparution de l'accusée devant la Cour d'assises, il est instructif de mettre en opposition, par un simple rapprochement, les affirmations des uns et des autres.

M⁰ Lachaud pose au Dʳ B⁰⁰⁰ cette question : « Le témoin nie-t-il que tous les phénomènes qui suivent l'empoisonnement par l'acide oxalique sont au cœur ? »

Le Dʳ B⁰⁰⁰ répond « Oui! ».

Que dit le docteur Vulpian ? « L'individu empoisonné par l'acide oxalique meurt par le cœur ordinairement... Chez les animaux, comme chez les hommes, la mort survient en pareil cas par le cœur ». Et le pharmacien de Versailles qui a fait l'analyse, reconnaît lui-même que l'acide oxalique agit en paralysant le cœur.

Un juré demande au Dʳ B⁰⁰⁰ si l'empoisonnement par l'acide oxalique entraîne des érosions sur l'estomac. Le Dʳ B⁰⁰⁰ répond : « Oui, ordinairement ». Le Dʳ Vulpian rapportant les expériences qu'il a faites sur des animaux déclare : « Jamais nous n'avons trouvé, chez les animaux empoisonnés par l'acide oxalique, les lésions constatées chez Lerondeau ».

L'expert R⁰⁰⁰, le pharmacien, sur cette question d'un juré : « Cinquante centigrammes d'acide oxalique dans un potage peuvent-ils être méconnus par celui qui l'absorbe ? » répond : « Je crois que oui ; nous avons goûté jusqu'à quatre grammes par litre de bouillon ; nous sommes arrivés à l'acidité d'un potage aigri par la chaleur ».

Le docteur Vulpian qui a fait la même expérience déclare : « Nous avons essayé, le docteur Bergeron et moi, d'absorber une légère dose d'oxalate de potasse, nous en avons mis une certaine dose dans du bouillon ; nous n'avons pu, malgré nos efforts, arriver à en boire. C'est répugnant, c'est impossible ; on se refuse à l'absorption. Et notez que ce n'était pas là une dose mortelle, d'où la conséquence qu'il est impossible de faire prendre à quelqu'un, par cuillerée, un bouillon contenant de l'acide oxalique à dose mortelle ! »

... Et c'est sur de telles certitudes que la femme Lerondeau avait été condamnée à vingt ans de travaux forcés. Sans un vice de forme dans le procès-verbal de l'audience, l'erreur devenait définitive.

Après ces nouveaux débats, il n'y avait plus à discuter l'innocence de la femme Lerondeau.

M⁰ Lachaud ne prononça que quelques paroles :

J'ai trop de joie dans l'âme pour faire un discours, dit Me Lachaud, et, si M. l'avocat général n'avait rien dit, je n'aurais même pas pris la parole. Rassurez-vous donc, Messieurs les jurés, je ne vous retiendrai pas longtemps, car, vous aussi, vous êtes impatients de réparer ce qui aurait pu être une erreur irréparable de la justice. Quant à moi, que vous dire ? Nous avons de vilains jours dans notre profession, et je vous assure que depuis un an, le sort de cette malheureuse m'a souvent attristé, moi qui ai assisté à ses souffrances ; mais nous avons aussi de beaux moments, et celui-ci en est un. C'est que si cette malheureuse est innocente, elle est également digne de sympathie ; vive, irascible, criant fort, taquine, je le veux bien, mais ménagère et mère de famille parfaite.

Tout son crime est d'avoir voulu que son mari économisât beaucoup pour la dot de sa fille, et qu'il se montrât pour elle le mari véritable d'une femme qui l'aimait.

L'accusation qui l'a poursuivie est née de la rumeur publique, de cette passion inintelligente et aveugle qui s'empare des esprits et qui transforme en charges terribles les choses les plus insignifiantes.

Ah ! quand je l'ai vue paraître devant le jury de Versailles, j'ai eu peur : je l'ai vue perdue avant d'être jugée. Peut-être aurais-je dû demander le renvoi devant une autre Cour d'assises pour cause de suspicion légitime. Que voulez-vous ? la prévention, ce crime des honnêtes gens, était là ; je la sentais. Les jurés, très consciencieux, faisaient des efforts pour s'en affranchir et pour suivre les débats avec impartialité.

Il semblait que la défense blessât tous les sentiments respectables en s'affirmant et en faisant valoir ses raisons. Je leur disais qu'il y avait là des racontars de village, que cette malheureuse était incapable d'un crime, que si le mobile du crime était celui qu'on invoquait, elle n'avait pas besoin d'y recourir et qu'il lui suffisait de prendre un amant. Je leur disais que le docteur B*** était seul et qu'une opinion isolée, en semblable matière, n'était pas suffisante, que l'éminent chimiste, M. R***, ne concluait pas contre nous...

Enfin je plaidai suffisamment, je le crois. Et vous savez le résultat ? Après quelques minutes de délibération, j'entendais ce bruit lugubre que la femme Lerondeau était rangée désormais parmi les empoisonneuses.

Eh bien ! j'ai cru à la Providence. Elle s'est pourvue en cassation, et voyez ! il s'est trouvé cette chose rare, une irrégularité de procédure, et on l'a renvoyée devant vous. Oh ! j'ai respiré alors, et je me suis préparé de nouveau à la défendre. C'est que nous ne sommes dignes d'être avocats, que lorsque nous partageons jusqu'au bout les épreuves de nos clients.

J'espérais. Et cependant je devais craindre encore des difficultés. C'est alors... Mon Dieu ! je suis un peu embarrassé, mais il faut cependant que je parle, il faut que je dise à M. le Président Sevestre toute ma gratitude pour ce qu'il a voulu faire sans que je lui aie rien demandé. Il a spontanément commis, pour examiner les questions médicales et chimiques du procès, deux hommes éminents de la science, le docteur Vulpian, le célèbre physiologiste, le docteur Wurtz, le plus illustre chimiste, auquel il a adjoint le docteur Bergeron dont l'expérience est connue.

Quand j'ai annoncé à Mme Lerondeau cette nouvelle, elle s'est jetée à genoux en remerciant Dieu et en me disant que plus il y aurait d'hommes savants et capables dans son procès, plus son innocence serait facilement établie. Maintenant la lumière est faite.

Elle a balayé les bavardages de Châteaufort.

Entendez-le bien, témoins qui m'écoutez, non-seulement M. Lerondeau n'est pas mort empoisonné par cette malheureuse ; mais il n'est même pas mort empoisonné.

Cette femme va devoir son salut, non pas aux doutes ou à l'insuffisance des preuves, mais aux démonstrations éclatantes de la science.

Voilà, Messieurs les jurés, un verdict qui couronne dignement votre session. Cette pauvre mère va pouvoir embrasser sa fille, elle ne vous oubliera pas dans ses effusions de tendresses. Je suis content de cette journée pour elle ; j'en suis content aussi pour la justice.

La femme Lerondeau fut acquittée.

ERREURS JUDICIAIRES DU XIX⁰ SIÈCLE

III

ERREURS JUDICIAIRES RECONNUES PAR LES POUVOIRS PUBLICS

—

BOURGOIS

(1816)

Le 28 octobre 1815, à 7 heures du matin, à l'extrémité du bois de Louvresse, près de St-Pol (Pas-de-Calais), le percepteur de Blingel, Charles Legris, fut attaqué par deux hommes brusquement sortis d'un ravin (1).

Pris par derrière, renversé, roué de coups et aveuglé par des poignées de boue que ses agresseurs lui jettent dans les yeux, il est en même temps suffoqué par la terre dont ils lui emplissent la bouche. Il perd connaissance et les deux malfaiteurs se sauvent, après l'avoir dépouillé de sa ceinture contenant huit cents francs.

Legris, cependant, revient à lui et se traîne jusqu'à la commune de Blingel ; on le conduit chez le maire ; il lui conte l'agression dont il vient d'être victime. De soupçons, il n'en a sur personne. *Il a vu à peine, il n'a pu reconnaître les misérables qui l'ont*

---

(1) *Mémoire* justificatif signé : Disous, beau-père et fondé de pouvoir de Bourgois, Nœuveglise, avocat et conseil.—*Moniteur officiel* du 13 mai 1822, p. 713.

assailli. Ils avaient la figure enduite d'un masque de boue et l'un d'eux, très grand, était bizarrement accoutré d'un jupon bleu ! C'est tout ce qu'il peut dire.

Le maire aussitôt fait sonner le tocsin (bonne précaution pour avertir les voleurs qu'on est à leur poursuite) ; il organise une battue et court prévenir ses voisins.

Il entre chez un nommé Marcelin Bourgois, un ancien soldat qu'il trouve déjeunant au coin de son feu, avec sa femme et ses enfants ; il lui expose le but de sa visite :

« Parbleu ! s'écrie Bourgois, je les ai vus les brigands ! Je les ai vus, il n'y a qu'un instant à l'affût, dans les environs du bois ; ils étaient deux et rôdaient d'un air mystérieux le long du grand ravin. Ils se sont ensuite cachés à une centaine de pas l'un de l'autre. Si j'avais pu me douter de leur dessein !... Mais j'ai cru que c'était des gardes qui cherchaient à me surprendre, comme ils m'en ont menacé, il y a peu de jours, parce que je n'ai point de port d'arme. J'ai rebroussé chemin. »

Cette déclaration de Bourgois éveille, on ne sait pourquoi, les soupçons du maire qui, cependant, part avec l'ancien soldat et de nombreux voisins à la recherche des coupables.

Très fier d'avoir vu les malfaiteurs, Bourgois se donne de l'importance et répète à chacun ce qu'il vient de dire au maire ; il conduit les gens du village sur le lieu de l'agression, indique le chemin suivi par les inconnus, découvre des empreintes de leurs pas, engage les autorités de la commune à en prendre la mesure ; en un mot, il dirige l'enquête.

Tant de zèle paraît suspect à monsieur le maire : Bourgois penserait-il mettre en défaut sa perspicacité ? Il aurait compté sans son hôte. Et, se fortifiant dans sa supposition, mettant son amour-propre à croire coupable celui qui a paru si empressé à le seconder, il va chez Legris, lui fait part de ses soupçons, lui demande son avis. — Cela se pourrait bien, répond le percepteur. *Je crois même l'avoir reconnu.*

Et Legris, qui avait, quelques heures auparavant, déclaré que, saisi à l'improviste et aveuglé de boue, il n'avait pu distinguer les traits de ses agresseurs, se met à affirmer la culpabilité de Bourgois.

« Bientôt, dit le *mémoire justificatif pour Marcelin Bourgois* ancien militaire condamné aux travaux forcés en 1816, et gémissant dans les fers depuis cette époque, quoique son innocence soit plus claire que le jour », mémoire où nous puisons ce récit, bientôt Legris affirme ce qu'il pensait croire et, parce qu'il l'a dit une fois, il le répétera toujours, mais avec des variantes, car il n'y a que la vérité qui ne varie point.

« Sur ces entrefaites arrivent deux gendarmes de St-Pol. C'est à qui du maire et de Legris leur fera part le premier de ses observations et les entourera de plus de préventions contre le malheureux Bourgois.

« Les gendarmes qui ne demandent qu'à arrêter (c'est leur état), applaudissent à la sagacité de ces Messieurs. Ils parlent de visite et se transportent avec le maire chez Bourgois, bien décidés à ne pas perdre le fruit de leur démarche.

« En arrivant, ils aperçoivent sur le lit un vieux pantalon de toile grise : ils s'en saisissent, ils l'examinent, il est taché de sang. C'est du sang de Legris ! »

Bourgois répond que ce pantalon n'est pas celui qu'il portait le matin ; que le pantalon qu'il avait à la chasse, il l'avait quitté en rentrant et mis à la lessive.

« Un pantalon à la lessive !... Quel indice de crime !... Vite on le retire du baquet, on l'examine, On y trouve encore du sang.., Cette fois, il n'en faut plus douter, Bourgois est l'un des assassins (1). »

— J'ai tué un lièvre répond Bourgois et je l'ai achevé d'un coup de poing sur la tête. C'est en l'assommant que je me serai taché et ce sang est celui de l'animal, ce n'est pas celui de Legris.

Et Bourgois montre le lièvre, il cite des témoins qui l'ont vu l'achever tout saignant, il nomme un garçon meunier qui l'a aidé à donner à la bête le coup de la mort. Les gendarmes n'écoutent rien ; le juge d'instruction de St-Pol ne veut rien entendre et répond à l'infortuné chasseur que, puisqu'il a vu les agresseurs de Legris, il doit les nommer, si non il est leur complice. Et voilà Bourgois en prison, pour ne pas savoir le nom — que la justice ignore — des malfaiteurs.

Qui cela peut-il être ? se demande l'accusé qui passe en revue tous les gens du village et qui, avec plus de clairvoyance que ceux dont le métier est d'être perspicaces se met à soupçonner un

(1) *Mémoire justificatif*, p. 9.

de ses voisins, Joseph Herlin. Il ne l'avait pas vu prendre part à la battue organisée par le maire, il le savait au courant des faits et gestes du percepteur...

A tout hasard, dans l'espoir d'obtenir sa liberté, en échange d'une dénonciation, il le nomme. Cette déclaration suffit au juge pour lancer aussitôt un mandat d'arrêt contre Herlin mais non pour rendre au détenu la liberté promise.

Chose étrange : Bourgois avait deviné juste.

Il en fut le premier surpris quand il en fit la découverte.

— Je vous ai parfaitement reconnu, dit-il un jour au nouveau venu qui partageait sa cellule, et qui dut penser que l'ancien soldat s'était vite assimilé les procédés d'instruction. Je vous ai vu avec votre complice sortir du ravin à une centaine de pas l'un de l'autre...

A ces mots Herlin se jette à ses pieds, le supplie de ne pas le perdre, lui offre en échange de son silence six quartiers de terre ou quatre cents francs.

— Je verrai, réplique Bourgois, ce que j'aurai à faire. Mais commencez par me nommer vos complices.

Et Herlin fait des aveux complets. Il a commis l'attentat avec un journalier de Rollencourt, André Lejeune; et un tonnelier de Blangy, François Lauvin, était aux aguets pendant qu'ils dépouillaient le percepteur.

Bourgois, qui décidément était « un malin » se déclare satisfait de ces aveux, dit qu'il accepte les six quartiers de terre, obtient du concierge qu'un notaire vienne dans leurs cellules rédiger l'acte de donation et, l'acte une fois signé, daté et enregistré, le 8 janvier 1860 :

— Nous pouvons, dit-il au donateur nous sauver tous les deux. La Justice ne recherche que deux coupables : dénoncez Lejeune et Lauvin, on abandonnera les poursuites dirigées contre nous.

Herlin refusa d'adopter ce système de défense qui fatalement se retournerait contre lui, Lejeune et Lauvin devant forcément l'accuser, pour se venger de sa dénonciation. Mais il ne gagna rien à ce refus.

Bourgois fit au juge d'instruction un récit complet des aveux qu'il avait reçus de son co-détenu et montra la donation par laquelle Herlin avait cru acheter sa discrétion.

Lanvin et Lejeune furent arrêtés et, malgré leurs dénégations, maintenus en prison. Le juge d'instruction cependant, ne relacha pas Bourgois et, dans le doute, il renvoya les quatre accusés devant la Chambre des mises en accusation.

Que se passa-t-il dans les débats secrets de cette juridiction mystérieuse ? Nul ne le sait. Ce qui est certain, c'est qu'un arrêt fut rendu renvoyant devant la Cour d'assises Herlin et Bourgois.

Lejeune et Lanvin bénéficiaient d'un arrêt de non lieu. Les conseillers à la Cour s'étaient tenu ce raisonnement fort juste, qu'on ne pouvait renvoyer quatre accusés devant le Jury, puisqu'il n'y avait que deux coupables au dire du plaignant Legris, et ils avaient gardé les deux premiers inculpés.

A l'audience de la Cour d'assises, on n'entendit aucun témoin à décharge, ni le garçon meunier qui avait vu Bourgois tuer le lièvre, ni aucun de ceux qui avaient entendu Legris déclarer au début qu'il lui était impossible de désigner personne, qu'il n'avait pu reconnaître ses agresseurs.

Legris à l'audience, fut dans ses affirmations d'une assurance suspecte :

— C'est Bourgois qui m'a attaqué en face, dit-il ; il m'a porté les premiers coups et m'a enlevé ma ceinture...

C'est à sa veste, à son pantalon, à son chapeau, à ses souliers, en un mot à toute sa personne que je le reconnais. Je lui ai parlé ; j'en suis parfaitement sûr.

« Voilà, dit le mémoire, bien des détails pour un homme attaqué à l'improviste, précipité dans un ravin et laissé presque sans connaissance ? Est-il croyable que, dans un tel état, il ait pu remarquer, distinguer, retenir, oublier, se rappeler ensuite toutes les actions du meurtrier, sa coiffure, sa chaussure, etc... Reconnaît-on dans cette multiplicité de détails, ces esquisses légères que trace à la hâte devant les objets mobiles le crayon incertain de la vérité ? (1). »

Le ministère public ne fit pas ces remarques dans son réquisitoire, et le président ne s'arrêta pas à ces réflexions dans son résumé. L'un et l'autre magistrat s'en tinrent à la version d'audience de la victime, la cinquième donnée par Legris, des circonstances

_____

(1) *Le Mémoire*, p. 9.

dans lesquelles il avait été attaqué. Et Bourgois fut condamné ainsi qu'Herlin au carcan et aux travaux forcés à perpétuité.

Bourgois resta au bagne jusqu'en 1822. Le 13 mai de cette année parut enfin au *Moniteur officiel*, une note qui, après un court exposé de l'affaire, était conçue en ces termes :

« A peine la condamnation de Bourgois et d'Herlin eût-elle été prononcée qu'on entendit Herlin proclamer l'innocence de Bourgois ; il la proclama à sa rentrée dans la prison, il la proclama lorsqu'il fut conduit à l'échafaud pour subir l'exposition, il la proclama à Bicêtre lorsqu'il y fut transféré pour attendre le départ de la chaîne, et ses déclarations furent reçues par un juge d'instruction de Paris délégué à cet effet ; il l'a proclamée enfin, et avec une nouvelle force, dans ses derniers moments, au bagne de Brest où il est décédé.

Quoique de telles déclarations de la part d'un condamné obtiennent, en général, peu de confiance, celles de Herlin firent et durent faire la plus grande impression. En effet il n'avait aucune raison d'user de ménagements envers Bourgois encore moins de procédés généreux, puisqu'il avait à lui imputer les poursuites et les condamnations dont il avait été l'objet. Et si Bourgois, eût abusé de l'obligation souscrite par Herlin, comme l'avait prétendu l'accusation, Bourgois n'aurait eu à attendre de Herlin que le mépris, l'indignation et les ressentiments les plus vifs ainsi que les plus légitimes. La puissance de la vérité et de la conscience peut donc seule expliquer les déclarations de Herlin en faveur de Bourgois.

D'un autre côté, le silence qui avait précédé les déclarations du percepteur, les variations et l'accroissement progressif de ses dépositions leur ôtent toute valeur.

Comment concilier ensuite l'idée d'avoir participé à l'exécution de l'attaque contre le percepteur avec l'ensemble de la conduite de Bourgois dans la matinée du 28 octobre ? — Pourquoi était-il sorti avec un fusil qui ne devait être d'aucun usage pour cet acte criminel ? Un tel acte admet-il le projet d'aller en même temps à la chasse ?

En supposant que Bourgois ait concouru à l'attaque du percepteur, à quelle époque, relativement à cette attaque, aura-t-il tué le lièvre ? Est-ce avant l'attaque ? on ne peut l'admettre, car il est revenu dans sa maison immédiatement. Ce ne peut être pendant l'attaque. Ce ne serait donc que postérieurement ; or, d'après les témoignages qui semblent fixer les deux faits pour ainsi dire à la même minute, d'après les localités et le calcul des distances, il faut reconnaître qu'il y a eu *impossibilité physique autant que morale* que le même homme pût faire succéder aussi rapidement les deux actes l'un à l'autre.

Dans ces circonstances la sollicitude de M. le garde des sceaux a
été excitée par le recours en grâce qui lui a été adressé au nom de
Bourgois. Son Excellence a fait venir toutes les pièces de la procédure. Elle les a examinées avec le plus grand soin, et, après s'être
assurée *qu'il n'existait plus aucun moyen judiciaire de revision*, Son
Excellence a cru devoir provoquer un acte éclatant de la clémence
royale qui remédie si heureusement à l'impuissance de la justice
lorsque celle-ci vient à commettre une erreur que la loi ne lui permet pas de réparer.

Sa Majesté par décision du 1er de ce mois a daigné accorder à
Bourgois des lettres de grâce pleine et entière. »

GILLIARD

(1833)

Le plus attentif des juges d'instruction, le plus impartial des
présidents ne songe généralement pas à approfondir un détail infime favorable à la défense. Si on lui signale l'importance de cette
vétille — de laquelle dépend parfois une existence humaine — le
magistrat ne se refusera pas à l'examiner, et quand il aura compris que d'une déposition ou d'une constatation peut définitivement jaillir la vérité, quelle qu'elle soit il écoutera le témoin, il
fera procéder à la vérification. Mais si personne n'est là pour
appeler son attention, le petit « détail à décharge » ne le frap-
pera pas. D'instinct, il aurait saisi un mot, une nuance, un rien
de nature à révéler une culpabilité ; si le mot ou la nuance ne
viennent pas servir l'accusation, elles lui échapperont.

La condamnation de Gilliard (1), offre de cette tendance professionnelle du magistat criminel une double preuve.

Gilliard, chef de cuisine sans emploi, comparut le 12 juillet
1833 devant la Cour d'assises de la Seine. Il était accusé d'avoir,
de complicité avec un de ses amis le nommé Lemoine, assassiné,
rue Joubert, le 19 janvier 1833, la veuve Idatte, domestique

---

(1) *Gazette des Tribunaux*, 12 juillet, 6 et 17 août 1833. — *L'observateur des
Tribunaux*, par Roch, T. II, p. 318-348, T. III, p. 141-263.

de Mme Dupuytren, femme du célèbre médecin, dont les coupables avaient après le crime mis l'appartement au pillage.

Les détails du procès — qui provoqua dans Paris une vive curiosité — sont sans importance ici. Nous n'en voulons retenir que les deux charges principales relevées contre Gilliard et exposées en ces termes dans l'acte d'accusation :

« On remarqua que Gilliard avait des égratignures à la main ; on le conduisit près de la bibliothèque (dont les vitres avaient été brisées par les malfaiteurs) ; sa main fut rapprochée du carreau cassé, et les hommes de l'art ont reconnu que ces légères blessures s'adaptaient aux pointes ensanglantées de cette glace brisée, et qu'elles avaient, tout au plus, 15 à 18 heures d'existence. »

On avait découvert dans le cabinet de toilette de Mme Dupuytren, sous des linges ensanglantés, deux clefs de l'appartement. Ces clefs avaient été confiées à Gilliard pendant les cinq semaines qu'il était resté comme cuisinier au service de Mme Dupuytren, qu'il avait quitté un mois avant le crime.

« En partant, il avait dit qu'il ne pouvait pas rendre ces clefs, qu'il les avait perdues...A la vue des clefs retrouvées chez Mme Dupuytren, Gilliard soutint avec assurance que *ces clefs n'avaient pas été perdues par lui, et qu'il ignorait comment les assassins avaient pu se les procurer.* Mais la veuve Idatte avait dit positivement à un nommé Froissotte et à Guiraud que Gilliard avait allégué avoir perdu les clefs, et Froissotte ayant répliqué à l'inculpé qu'il en imposait, il répondit : « Si elles ont été perdues, elles ont été retrouvées et remises à la Veuve Idatte. » Le père de Mme Dupuytren présent à cette scène, s'est alors écrié : « C'est donc vous, misérable, qui êtes l'assassin de la veuve Idatte. »

« Gilliard baissa la vue et retourna la tête. »

Il y avait d'autres présomptions contre Gilliard. Au moment du crime, il était sans emploi, criblé de dettes, et était venu, il le reconnaissait, dans la maison de Mme Dupuytren, le jour du crime.

Mais l'accusation contre lui reposait surtout sur ces deux charges : les égratignures s'adaptant au verre brisé et les clefs perdues.

Au lieu d'enregistrer l'exclamation mélo-dramatique du père de Mme Dupuytren, l'acte d'accusation aurait bien fait d'indiquer s'il était établi, prouvé par témoins, que c'était bien

Gilliard qui avait perdu les clefs. — L'acte d'accusation était muet sur ce point et, à l'audience, les dépositions et les interrogatoires furent des moins précis sur ce fait capital.

« — J'ignorais que cette clef fût perdue, se borna à déclarer Mme Dupuytren. »

Deux témoins, Guiraud, domestique de la maison et Froissolle, furent questionnés à ce sujet :

« — Qu'avez-vous à dire sur la perte de la clef? demanda le président. »

Tous deux firent la même réponse :

« — Mme Idatte m'a dit que ce *fou de Gilliard* l'avait perdue. »

Plus caractéristique fut la déposition de M. Decrory propriétaire de la maison.

« — J'ai demandé à Gilliard, dit-il, si pendant qu'il était au service de Mme Dupuytren, il avait perdu une clef, ou s'il avait su qu'une clef eût été perdue. Il me répondit *rapidement* que non ; aussitôt je le confrontai avec Charles Guiraud. Gilliard me déclara alors qu'il m'avait bien dit qu'une clef n'avait pas été *perdue* mais qu'il n'avait jamais dit qu'une clef n'eût pas été égarée, semblant établir une différence entre les mots *perdu* et *égaré*. »

Gilliard n'avait pas tort d'établir une différence entre les deux mots. Ce cuisinier était en cela d'accord avec tous les dictionnaires de la langue française. Il était aussi d'accord avec la vérité. L'événement devait bientôt le démontrer.

Mais on n'attacha pas d'importance à la distinction indiquée par Gilliard : *a priori*, on considéra les clefs comme ayant été perdues et l'on passa outre ; on ne tint pas compte davantage des protestations exaspérées de l'accusé qui, pendant le réquisitoire de l'avocat général, poussa de véritables hurlements de fureur.

Gilliard moitié fou, moitié alcoolique, avait au cours des débats fait sourire les jurés par ses réponses étranges ; pendant qu'on requérait contre lui, il devint effrayant. Voici la scène d'après la *Gazette des Tribunaux*.

« C'est une horreur s'écrie-t-il, vous êtes tous des infâmes: celui qui oserait m'accuser serait un monstre !

Me *Bethmont*. — Calmez-vous, calmez-vous !

Gilliard.— Non, non, je ne connais rien ; ma vie cela m'est égal, mais mon honneur !...

M. le président à Me Bethmont. — Me Bethmont usez de votre influence, pour calmer votre client.

Me Bethmont. — Je gémis de l'interruption qui a eu lieu... !

Gilliard (toujours hors de lui). — Parlez ! Parlez ! Je ne vous crains pas ! Après moi, mes écrits parleront. Gendarmes, laissez-moi. Je suis maître de ma personne, ma patrie est là... Laissez-moi... Elle me regarde. Mon honneur...

Puis il reprend avec plus de tranquillité : « Parlez. Je ne dirai plus rien. »

L'accusé est pâle, tremblant ; les gendarmes ont peine à le retenir. On entend plusieurs voix s'écrier : *Cet homme est fou.*

M. l'avocat général reprend son réquisitoire... Gilliard se livre à de fréquentes interruptions que Me Bethmont parvient avec peine à faire cesser...

... Pendant la suspension, Me Bethmont annonce à Gilliard l'intention de M. le président de poser la question subsidiaire de tentative de vol.

— Non, non ! s'écrie Gilliard. La mort, rien que la mort ! Si j'ai volé plutôt deux supplices qu'un seul, la loi est trop douce.

Lemoine, le principal accusé fut condamné à la peine de mort, Gilliard à dix ans de travaux forcés, comme complice, non de l'assassinat mais du vol qui l'avait suivi.

— Je suis pur, s'écria Gilliard. Je pardonne à MM. les jurés, je mourrai bientôt. Pour moi, l'honneur est tout.

En sortant de la Cour d'assises, il dit à Lemoine :

— Je suis condamné à dix ans de travaux forcés quoique innocent ; je crois que tu es innocent aussi : il n'y a plus de justice sur la terre.

Arrivé dans la Cour de Bicêtre, Gilliard déclara qu'il « ne survivrait pas à l'infamie » et Lemoine lui répondit : « Tu es malheureux, toi : tu en as pour dix ans ; moi, dans quelques jours, ce sera fini. »

Lemoine fut exécuté le 26 septembre. Mais avant de mourir il fit à des co-détenus des révélations que ceux-ci répétèrent au directeur de Bicêtre. Le condamné à mort leur avoua qu'il était le seul auteur de l'assassinat de la rue Joubert. Gilliard n'y avait pris aucune part.

Le procureur général et le conseiller qui avait présidé la Cour d'assises de la Seine le 12 juillet précédent, M. Hardouin, avertis de ces aveux, se livrèrent à une enquête personnelle qui aboutit vite à la démonstration de l'innocence de l'ancien cuisinier de Mme Dupuytren.

Gilliard reconnu innocent fut gracié sur le rapport du ministre de la Justice. Le roi envoya 3oo francs au malheureux dont on n'avait pas écouté les protestations et dont on avait, à l'audience, mal secondé la défense.

D'incroyables négligences avait été commises par le juge instructeur et par le président de la Cour d'assises.

Sur la question de la clef perdue, on avait, notamment, omis d'interroger une jeune ouvrière qui, après le départ de Gilliard, avait remplacé la veuve Idatte. Elle avait bien comparu à l'audience comme à l'instruction en qualité de témoin ; mais, à cette suppléante de la domestique assassinée on n'avait point songé à parler des clefs perdues de l'appartement.

A la lecture des journaux, le lendemain de la condamnation, l'ouvrière tressaillit. Cette clef dont Gilliard avait dû se servir pour pénétrer auprès de la victime, la jeune fille l'avait vue pendant qu'elle remplaçait la veuve Idatte, chez Mme Dupuytren. Comme à cette époque Gilliard était déjà congédié, il était certain qu'il n'avait pas emporté la clef, dont la disparition constituait contre lui la plus grave des présomptions. .

« Une dame respectable, chez laquelle cette ouvrière travaillait, la conduisit chez un ancien conseiller démissionnaire par refus de serment.

L'ex-conseiller que cette affaire ne regardait plus (1) renvoya le témoin à Me Bethmont qui fit aussitôt les démarches nécessaires pour éclairer les personnes de qui dépendait la grâce de son client (2). »

Heureusement pour les « hommes de l'art » on n'approfondit pas comment ils avaient « reconnu que les égratignures de la main de Gilliard s'adaptaient exactement aux pointes ensanglantées d'une glace brisée chez Mme Dupuytren ».

_____

(1) Un innocent condamné est l'affaire de tous les honnêtes gens (La Bruyère).

(2) Roch, *L'observateur des Tribunaux*, Tome III, p. 262.

Une jeune ouvrière et un condamné à mort avaient réparé l'erreur due aux experts et aux magistrats.

LA RONCIÈRE

(1835)

« ... Que les médecins légistes lisent le procès de Emile Clément de La Roncière, ils verront que, malgré des impossibilités de fait, malgré les preuves médicales les plus manifestes pour des médecins habitués à étudier les hystériques, la bonne foi des magistrats, du jury, et, chose plus triste pour nous, la science des experts, furent mis en défaut par une jeune fille bien élevée, honnête, entourée d'une famille honorable. Cette jeune fille, hystérique, froidement cruelle, jouant son rôle avec un art consommé, soutint dans l'instruction et pendant les débats de la Cour d'assises ses assertions, sans faiblir une seconde, sans varier sur les points principaux, et *fit condamner un innocent sans que jamais elle ait témoigné un remords* (1). »

C'est en ces termes que M. le professeur Brouardel dénonce aux médecins légistes, comme devant leur servir de leçon, l'erreur judiciaire dont le lieutenant de La Roncière fut victime (2).

Il faut relire les comptes rendus sténographiques des débats de cet étrange procès. Il se dégage des faits une irritante impression d'aberration générale. Pas un des personnages mêlés à l'aventure n'avait, à aucun moment, dit la parole qui s'imposait : chacun avait constamment agi en dépit de la plus élémentaire logique, et du plus simple bon sens. La déraison de la pré-

---

(1) *Nouveaux éléments de médecine légale*, par Hofmann. *Introduction et commentaires*, par P. Brouardel, p. 695.

(2) *Gazette des Tribunaux*, 1835, nos des 11, 17, 30 juin et suivants. *L'observateur des Tribunaux*, par Roch, T. VIII, p. 1 à 448. Procès complet. T. XI, p. 277 et suiv. — *Procès du sieur de La Roncière*. Compte rendu sténographique Ch. Maurier, éditeur à Paris, 1835. — *Souvenirs d'un président d'assises*, par M. Bérard des Glajeux, p. 201.

tendue victime semblait avoir gagné tout le monde, et le jour de l'audience venu, parce que l'accusatrice, fille d'un vieux général, était une enfant de seize ans, touchante comme une ingénue de mélodrame, nul n'osa douter de sa parole et crier brutalement la vérité. On eut en parlant de l'outrage qu'elle prétendait avoir subi, des réticences et des excès de pudeur incompatibles avec la saine et franche justice.

Le procès de La Roncière est de ceux qu'on ne peut brièvement résumer ; et, malgré le développement que nous lui donnons notre analyse en sera forcément incomplète. C'est aux sources qu'il faut aller pour comprendre la portée d'une telle erreur des juges.

Voici les faits d'après l'acte d'accusation très clair, dans sa partialité.

Emile Clément de La Roncière, lieutenant au 1er régiment de lanciers, fut détaché de son corps pour suivre le cours de l'Ecole de cavalerie de Saumur commandée par le général Baron de Morell : il était alors âgé de 29 ans. Arrivé à Saumur à la fin de mars 1833, il ne tarda pas à s'y faire remarquer par ses dettes et le désordre de ses mœurs. Il vivait en hôtel garni avec Mélanie Lair qu'il avait connue en garnison à Cambrai. Quand ses chefs l'eurent obligé à rompre sa liaison publique avec cette fille, il renouvela ce même scandale avec deux jeunes ouvrières, Adèle Boreau et Angèle Rouault. Ces motifs déterminèrent M. de Morell à ne pas le comprendre dans ses invitations particulières pendant toute l'année 1833.

Dans les premiers mois de 1834, La Roncière prenait ses repas à l'hôtel de l'Europe tenu par les époux Marlier ; des lettres outrageantes pour la femme s'y répandirent et forcèrent cette famille à s'expatrier.

Au commencement d'Août 1834, la baronne de Morell et Mlle de Morell sa fille âgée de 16 ans, vinrent rejoindre le général à Saumur. Elles étaient accompagnées de Samuel Gillieron, domestique et de la femme de chambre, Julie Genier. Miss Allen, gouvernante de Mlle de Morell et Robert de Morell, âgé de 12 ans, les suivirent de près. La maison du général fut alors ouverte aux officiers de l'école. Parmi eux se trouvait M. Octave d'Estouilly, officier de cavalerie en demi-solde.

La Roncière, dont la conduite avait paru s'améliorer depuis quelque temps, fut également invité par le général. Il prit même place à un dîner à côté de Mlle de Morell ; après dîner il s'approcha d'elle, et, lui montrant un portrait de sa mère : « Vous avez une mère charmante, lui dit-il ; mais vous êtes bien malheureuse de lui ressembler si peu » (1).

Peu de jours après l'arrivée de Mme de Morell, une multitude de lettres anonymes furent déposées dans toutes les parties de son hôtel. Les premières ne contenaient que des déclarations d'amour pour elle, mais d'autres adressées à Miss Allen, au jeune Robert, à Mlle de Morell, prodiguaient à celle-ci les outrages les plus grossiers. Une autre adressée à Mme de Morell lui offrait l'hommage des tourments causés à sa fille. « Je tremble du désir de vous faire connaître le nom de celui qui vous adore, c'est le premier sentiment doux qui ait rempli mon cœur ; l'hommage doit vous en être agréable. J'espère bien que tout ce que j'ai écrit à mademoiselle votre fille ne vous a pas mécontentée ; d'abord vous devez savoir que j'ai dit vrai, et ensuite, avant de le faire, j'ai pris toutes les informations possibles pour savoir si vous l'aimiez et ce n'est qu'après avoir été persuadé du contraire que j'ai commencé à la tourmenter. J'avais un grand projet en tête. Je ne pourrai le réaliser ici ; mais l'hiver lui sera funeste. J'ai écrit plus de trente lettres anonymes sur elle aux personnes qu'elle connaît à Paris, à Mlle de B*** qui est à Neufchâtel-en-Bray ; à Mme du M*** qui est à Ancy-le-Franc, et vous voyez que je sais tout au monde. Je serai aujourd'hui tout autour de votre maison : si je vous vois sortir, permettez-moi de croire que vous acceptez l'hommage de votre obéissant serviteur. » Signé : E. de la R.

Le général, à l'heure de la sortie de sa femme, ouvrit les fenêtres donnant sur le pont de la Loire. Il y aperçut de La Roncière qui s'éloigna aussitôt.

La même main révélait au général que le but de cette correspondance était de mettre le trouble et la discorde chez lui. Elle écrivait à Mlle de Morell d'un ton de plus en plus menaçant et elle signait de l'initiale R. ces tristes prophéties. « Plus tard ma haine aura des résultats qui ôteront tout bonheur à la vie de Marie. La mort serait pour elle un grand bienfait car sa vie sera toujours misérable et tourmentée. »

A la même époque, des lettres semblables étaient adressées par la poste à M. d'Estouilly qui n'avait eu avec M. de La Roncière que des

---

(1) Mlle de Morell *seule* rapporta ce propos invraisemblable et qui eût été gratuitement grossier. L'acte d'accusation, en ce procès, comme en tous les autres, et suivant une coutume illégale, énonce comme certains les faits les moins établis et quelquefois démentis par l'instruction même.

rapports très froids. Le 28 août, M. d'Estouilly en montra une au lieutenant Ambert. L'inconnu y disait : « Je veux troubler le bonheur de la famille Morell et le vôtre. »

M. d'Estouilly ne cacha pas à M. Ambert qu'il soupçonnait La Roncière. Quelques jours après il reçut une autre lettre. On y lisait : « J'écris aujourd'hui à Marie une lettre dans laquelle je lui dis beaucoup de choses humiliantes sur son compte. Cette lettre est signée d'Estouilly. Je suis sûr qu'elle sera remise parce que j'ai gagné un domestique, moyennant 5 francs. »

Indigné de l'abus qui avait été fait de son nom, M. d'Estouilly se rendit chez Mme de Morell où il apprit que cette lettre avait été en effet déposée. Mais il fut engagé par elle à brûler celle dont il était porteur. Il obéit à son désir.

Il lui en arriva une troisième, le 8 septembre. On y remarque les passages suivants : « Plusieurs choses me font présumer que vous avez tout dit à M. de Morell. Je vous en fais mon compliment, c'était le moyen de mieux tourmenter Marie. Je me suis procuré quelques mots de son écriture (par mon ami). J'ai tâché de les copier et je vous envoie le résultat de mes travaux... Je retaille ma plume pour vous dire des douceurs au nom de la pauvre désolée ».

Cette lettre renfermant un billet signé Marie de Morell qui paraissait écrit par elle à M. d'Estouilly, et où elle lui reprochait sa froideur dans le style le plus étrange (1).

Une coïncidence frappante doit être ici relevée. Peu de temps auparavant, Samuel Gillieron avait été chargé de mettre à la poste une lettre que Mlle de Morell écrivait à l'une de ses amies, la demoiselle Marguerite de Crésenoy. Cette lettre ne parvint pas à sa destination (2).

_____

(1) Ce billet était ainsi conçu :

« Que vous êtes donc méchant de ne pas faire attention à moi ; si vous
« saviez la contrariété que cela me cause ! Vous ne m'avez pas fait danser
« samedi, j'en avais tant d'envie : je vois que vous êtes dur comme un ro-
« cher, et moi qui suis si tendre ; vous me faites du mal, je prie le bon
« Dieu de vous changer ; mais il est aussi sourd que vous.

« Je vous aime bien, je vous assure, vous êtes si gentil !

« Marie de Morell. »

Qui sait si ce n'est pas uniquement pour placer cette lettre, cette déclaration, sous les yeux de M. d'Estouilly, que la signataire avait inventé toutes ces combinaisons puérilement machiavéliques ?

(2) On ne s'inquiéta pas de savoir si la lettre remise à Samuel Gillieron par la jeune fille ne portait pas une adresse volontairement inexacte,

A l'occasion de ce nouvel envoi, d'Estouilly alla communiquer à M. de Morell les soupçons qu'il avait sur de La Roncière. Il manifesta même l'intention de lui en demander réparation. Mais le général l'en dissuada, dans la crainte que le nom de sa fille ne fût mêlé à cette affaire.

Une quatrième lettre à M. d'Estouilly, du 14 septembre, lui exprima de sinistres projets. « Il me faudra la mort pour assouvir ma vengeance ; dans quelque temps cette jeune fille ne sera qu'une pauvre créature dégradée. Si vous en voulez comme cela, on vous la jettera dans les bras. Je l'aime comme un fou, c'est-à-dire son argent et à ma manière. J'aurais voulu lui tourner la tête ; son petit air dédaigneux m'a empêché de le lui dire. Aussi je me vengerai sur elle de son amour pour vous (1).

Le 21 septembre, il y avait une soirée chez le général de Morell. La Roncière s'y présenta. A son entrée M. de Morell le fit prier de se retirer. Sans un mot de protestation ou d'étonnement le jeune homme obtempéra à l'ordre de son chef. Le lendemain il demanda des explications à M. Jacquemain, capitaine d'ordonnance du général, qui donna une double cause à l'injurieux renvoi dont le lieutenant avait été l'objet la veille : le propos tenu au dîner à Mlle de Morell et les lettres anonymes (2) ou mystérieuses envoyées depuis quelque temps. La Roncière, alors, demanda conseil à M. Ambert qui l'engagea à porter plainte en calomnie.

« La Roncière, dit l'acte d'accusation, ne goûta point cet avis. L'affront du 21 ayant mis le comble à sa colère, il aima mieux réaliser ses menaces par un cruel attentat sur Mlle de Morell. »

Voici, toujours d'après l'acte d'accusation qui reproduisait intégralement et sans réserve le récit de la jeune fille, les détails de cet attentat, dont l'invraisemblable absurdité eût dû, au moins, éveiller les doutes.

---

pour qu'elle s'égarât et qu'on pût ensuite accuser Samuel Gillieron de l'avoir gardée et remise à de La Roncière comme modèle de l'écriture de Mlle de Morell.

(1) « Si j'avais écrit de pareilles lettres, dit M. de La Roncière à l'audience, il faudrait m'enfermer à Bicêtre. Je serais un fou. »

(2) Dans tout le cours du procès on qualifia d'*anonymes* les lettres imputées à de La Roncière ; nous avons gardé cette qualification bien que peu exacte.

« Le mercredi 24, vers deux heures du matin, Mlle de Morell fut
tout-à-coup réveillée par le bruit d'un carreau qu'elle entendit briser à sa fenêtre. La croisée s'ouvrit, un homme entra... A cette vue,
Mlle de Morell se précipita en bas de son lit et elle se plaça debout
derrière une chaise qui était auprès. Elle put alors, à la clarté de la
lune, distinguer son agresseur. Il était de taille ordinaire, vêtu d'une
capote de drap et coiffé d'un bonnet de police en drap rouge (1), qui
lui parut bordé d'un galon d'argent. Autour de la figure il y avait
une cravate de soie noire qui cachait les oreilles et passait sous le
menton. Son regard était effrayant. Elle reconnut tout de suite de La
Roncière. Il se jeta sur elle en disant: « Je vais (ou je viens) me venger ». Elle reconnut parfaitement sa voix.

Il ne put d'abord la saisir parce qu'elle tenait fortement la chaise
derrière laquelle elle s'était refugiée ; il la saisit par les épaules, la
terrassa et la dépouilla de sa camisole de nuit qui n'a pas été retrouvée. Il lui passa ensuite un mouchoir autour du cou et il le serra
avec force pour ne laisser à sa victime que la faculté de pousser de
faibles gémissements ; il lui passa en outre une corde autour du
corps et il serra cette corde. A ce moment, Mlle de Morell sentit l'impression des pieds de la Roncière sur ses jambes. Il se pencha vers
elle et lui porta en outre des coups violents sur la poitrine et sur les
bras. Il la mordit également au poignet droit. Il voulait, disait-il,
se venger de ce qui lui était arrivé chez Mme de Morell, deux jours
auparavant. Il ajouta qu'il se vengerait d'une manière plus terrible
d'une autre personne qui avait fait usage des lettres anonymes. En
parlant de la sorte il s'exaspérait de plus en plus et il redoublait ses
violences sur Mlle de Morell. « Depuis que je vous connais, s'écriat-
t-il, il y a quelque chose en vous qui m'a donné le désir de vous faire
du mal ! »

Au même moment, il lui porta entre les jambes deux coups avec
un instrument, qu'elle ne vit pas, mais qu'elle crut être un couteau.
Elle reçut aussi sur les cuisses deux coups qui occasionnèrent des
contusions plus graves encore que celles de la poitrine et des bras.
Il lui sembla qu'alors La Roncière avait quelque chose de dur et de
pointu dans la main, et elle remarqua l'empreinte de cette pointe
sur les contusions des cuisses (2).

Cependant les coups de couteaux produisirent un effet auquel La

---

(1) Le bonnet de police de La Roncière était bleu.

(2) Les contusions étaient toutes légères et toutes étaient situées à des
endroits où l'on peut aisément se blesser soi-même. Cette jeune fille, jetée
à terre, piétinée par un jeune homme exaspéré, ne portait au dos aucune
trace de violence !

Roncière ne s'était pas attendu. Le saisissement avait laissé Mlle de Morell sans voix ; l'excès de la douleur lui rendit des forces, elle poussa des cris qui parvinrent aux oreilles de Miss Allen.

Miss Allen frappa à la porte et l'agita pour l'ouvrir. A ce bruit La Roncière dit : « En voilà assez pour elle ». Il déposa une lettre sur la commode et il se retira par la fenêtre qui était restée entièrement ouverte. Mlle de Morell lui entendit prononcer seulement ces mots : « Tiens ferme ».

Quand la gouvernante entra, elle trouva Mlle de Morell évanouie sur le carreau n'ayant que sa chemise. Son cou était entouré d'un mouchoir blanc ; une corde lui serrait le corps autour de la taille (1); du sang était répandu dans deux ou trois endroits. Mlle de Morell ne put d'abord répondre aux questions de sa gouvernante tant elle était oppressée : mais, étant un peu revenue à elle, elle lui raconta la scène avec tous les détails qui précèdent. Elle ne voulut cependant pas que ses parents fussent réveillés (2). Ils ne le furent que vers six heures du matin, au grand jour, par miss Allen.

Pendant que celle-ci était allée les chercher, Mlle de Morell restée seule (3), s'approcha de la croisée ouverte : sur le parapet du pont elle aperçut La Roncière vêtu d'une capote et d'un bonnet de police. Il regardait en riant la croisée de Mlle de Morell.

La lettre soi-disant déposée sur la commode au cours de « l'attentat » était adressée à Mme de Morell. Elle contenait encore, avec de bizarres déclarations d'amour, d'étranges expressions de haine. Elle se terminait par ces mots : « Tout le monde à Paris saura la honte de votre fille, je pars. Je n'aurai pas la joie de vos douleurs. Signé : Emile de la Ron... (4). »

Le lendemain une lettre de la même écriture parvenait à M. d'Estouilly. C'était une provocation insensée et grossière sans motif, sans prétexte: « ... Vous êtes un lâche et un misérable... Je vous appliquerai le sceau de l'infamie sur la face... etc... »

---

(1) Si l'attentat eût été réel, dans quel but le criminel eût-il passé à sa victime cette inutile ceinture ?

(2) Désir bien inexplicable. Si jamais enfant dut éprouver le besoin d'avoir sa mère auprès d'elle, c'est Mlle de Morell après l'événement qu'elle racontait.

(3) C'est toujours quand elle était seule que la jeune fille était témoin de faits que l'accusation devait relever ensuite comme des preuves de la culpabilité de La Roncière.

(4) Toutes les lettres étaient signées E. de La R... ou E. de la Ron... Une seule était signée E. de la Ronsière avec un s.

M. d'Estouilly, envoya M. Ambert, lieutenant de son régiment,
comme témoin à M. de la Roncière. Celui-ci jura qu'il n'avait
point écrit la lettre qu'on lui montrait. Mais il n'en accepta pas
moins une rencontre avec M. d'Estouilly.—Peut-être, eût-il mieux
valu éclaircir, avant de se couper la gorge, le point de savoir
si M. de la Roncière était ou non l'auteur de la lettre de provocation. Les témoins commencèrent par mener les deux officiers
sur le terrain. M. d'Estouilly y fut blessé au bras et à la cuisse.

Avant et après le duel, reconnaît l'acte d'accusation, La Roncière
avait persisté à nier qu'il fût l'auteur des lettres anonymes. M. d'Estouilly, blessé, fit un dernier appel à son honneur. « Avouez, lui
disait-il, et tout est oublié ! » Mais La Roncière refusa obstinément.
« Je vous poursuivrai devant les tribunaux ». répliqua M. d'Estouilly. La Roncière parut aller au-devant de cette mesure, et il demanda
qu'on lui remît les lettres pour les porter au Procureur du Roi,
mais M. Ambert s'y opposa, dans la crainte qu'il ne les détruisît.

Comment et pourquoi M. de La Roncière finit-il par signer un
aveu dans lequel il se reconnaissait l'auteur, non seulement de
la lettre à M. d'Estouilly, mais de toutes celles qui avaient été envoyées à la famille de Morell ? on le verra plus loin. En tout cas,
ni le duel, ni ces étranges aveux ne firent cesser les lettres mystérieuses qu'on continua à trouver dans la maison de M. de Morell.

« J'avais soif de son sang et de son honneur, écrivait-on au
général... Votre fille aura un gage de mon amour, j'en ai la
preuve certaine. »

Mlle de Morell recevait en même temps, un billet terminé par
cette phrase : « Un lien affreux pour vous nous unira, et, dans
peu de mois, vous serez obligée de venir à genoux me demander
un nom pour vous et pour un autre. »

Une autre lettre parvenait à Mme de Morell. « Je suis informé
de tout ce qui se passe chez vous, y était-il dit. Les bains de pied
et les sangsues, soi-disant pour Mlle Allen, vont leur train. Inutiles précautions... etc... »

Ces lettres furent encore toutes attribuées à M. de La Roncière.
Mais comment pouvait-il connaître des menus faits aussi intimes ? — Voici de quelle façon l'expliquait l'acte d'accusation.

La présence d'un complice au moins dans la maison du général
était plus que jamais révélée par les détails de cette dernière lettre.

Ces complices, l'accusation les désignait. C'était un domestique, Samuel Gillieron, impliqué dans les poursuites, ainsi qu'une femme de chambre de Mme de Morell, Julie Génier.

Cependant des scènes extraordinaires se produisaient encore ; les aventures les plus inouïes continuaient d'arriver à Mlle de Morell ; scènes et aventures dont elle était toujours l'unique témoin, et que, par conséquent, ses récits seuls faisaient connaître.

Un jour, le 22 octobre, on la trouve étendue sans connaissance dans son cabinet de toilette froissant dans ses mains un papier signé E. R. et sur lequel on lisait : « Ce que vous aimez le plus au monde, votre père, votre mère, M. d'Estouilly n'existeront plus dans quelques mois. »

« Tant d'audace, dit l'acte d'accusation, rendait désormais le silence impossible... le général porta plainte... La Roncière fut arrêté..... Mais cette arrestation ne mit pas fin aux lettres anonymes. »

Et l'accusation, sans autrement s'étonner de voir La Roncière écrire à l'insu de tous du fond de sa cellule, imputait au lieutenant une lettre envoyée à M. d'Estouilly et dans laquelle les phrases les plus étranges n'éveillèrent en rien la méfiance du ministère public. Cette lettre, sortie de la prison sans avoir été vue de personne, contenait du crime un aveu complet, conçu dans ces termes :

« Je suis entré dans la chambre de Mlle de Morell dans une toute autre intention que de l'assassiner... J'ai voulu lui faire dire qu'elle ne vous aimait pas. Malgré mes coups elle ne voulut jamais répondre. Je lui donnai un coup de couteau terrible... (1) Brûlez cette lettre. Mon seul moyen de défense est de tout nier. »

Le 22 décembre, — M. de La Roncière étant en prison — nouvel attentat mystérieux. Mlle de Morell se promenait en calèche et passait quai d'Orsay (2).

Elle crut, raconte l'acte d'accusation, sentir qu'on lui saisissait vivement le poignet, au point qu'elle s'écria : « On me casse le bras. » Au même instant elle trouva près d'elle une boule de papier

---

(1) Les blessures reçues aux cuisses par Mlle de Morell étaient en réalité insignifiantes; les médecins le constatèrent.

(2) La famille de Morell était revenue à Paris où l'instruction était ouverte.

et elle vit une femme qui s'éloignait de la voiture.... Il est à remarquer qu'à cette époque Julie Génier était encore libre. »

La boule de papier était une lettre signée E. de R., du genre de celles qu'on a lues plus haut. Quant à la femme que Mlle de Morell disait avoir vue s'éloignant de la voiture, nul autre qu'elle ne l'avait aperçue.

Tels étaient les faits qui, le 29 juin 1835, amenaient devant le jury de la Seine, sous l'accusation de tentative de viol, Clément de La Roncière, lieutenant au 1er régiment de lanciers, fils du général de La Roncière, neveu du général Le Nourry. A ses côtés prenaient place, comme complices, les domestiques du général de Morell, Samuel Gillieron et Julie Génier.

Pendant l'information, de La Roncière s'était fort maladroitement défendu. Il avait expliqué, de la manière la plus confuse, les étranges aveux qu'il avait écrits à M. d'Estouilly ; il avait, avec une légèreté que sa position d'accusé n'excusait pas, prétendu que si Mlle de Morell avait imaginé tout le roman dont il était victime, c'était dans le seul but de masquer ses relations avec son amant, M. d'Estouilly.

Cette calomnie contre une jeune fille malade, mais matériellement vertueuse, ne sauva point de La Roncière et fut la principale cause des colères furieuses déchaînées contre lui. L'opinion publique, révoltée par l'atrocité du crime dont on affirmait la réalité, indignée d'un système de défense qui tendait à déshonorer la victime, s'exaspéra contre l'accusé.

On trouve dans la *Gazette des Tribunaux* du 16 juin 1835, un entrefilet qui laisse deviner ce qu'était l'état d'esprit de tous au moment du procès. La *Gazette* avait donné à ses lecteurs le texte de l'acte d'accusation dressé contre de La Roncière. Celui-ci protesta par une lettre que le journal refusa d'insérer, mais qui fut accueillie par une autre feuille. Le lendemain, la *Gazette* fit paraître ces quelques lignes :

« M. de la Roncière publie aujourd'hui dans un journal une lettre dont nous lui avons refusé l'insertion et dans laquelle il reproche à la *Gazette des Tribunaux* :

1º D'avoir publié l'acte d'accusation dirigé contre lui.

2º De l'avoir fait précéder et suivre de réflexions.

Nous répondons qu'en publiant l'acte d'accusation, nous n'avons fait que nous conformer à un usage constamment suivi jusqu'à ce jour et qu'il n'y avait ici aucun motif de faire une exception. Il y a plus : *la Gazette des Tribunaux* a montré dans cette circonstance beaucoup plus de réserve que la plupart des autres feuilles, car, jusqu'à ce que l'acte d'accusation eût été rédigé et même signifié, elle s'est toujours refusée à livrer à la publicité les détails qui lui étaient parvenus sur cette affaire ou à reproduire ceux qui avaient été publiés.

Quant au second reproche il porte sur un fait inexact. Les prétendues réflexions qu'on nous impute se bornaient à la qualification d'*étonnant* que nous avons appliquée au rapport des experts écrivains et ce seul mot ne pouvait motiver à nos yeux l'admission d'une réponse dans laquelle on croit pouvoir qualifier de *roman* un acte d'accusation tout entier.

Nous persistons donc dans notre refus, sans nous préoccuper de l'indignation qu'il inspire à M. de La Roncière, et nous sommes persuadés que ce refus aurait été approuvé par la justice si l'on avait jugé à propos de s'adresser à elle pour nous contraindre à l'insertion »

La justice donnait en effet l'exemple de la prévention la plus aveugle. En voici la plus saisissante preuve :

Les lettres reçues par la famille de Morell et par M. d'Estouilly furent soumises à quatre experts. Ils furent unanimes à déclarer que ces lettres étaient *à n'en pas douter* de la main de Mlle de Morell. L'accusation ne tint pas compte de cette expertise.

La vérification des écritures a eu lieu, dit l'acte d'accusation, et *contre toute attente* elle a *paru* (1) prêter appui au système de La Roncière.

Deux experts s'étaient bornés à déclarer: 1º que la même main avait tracé toutes les lettres en question et que cette main n'était pas celle de la Roncière ; 2º qu'ils pensaient que la lettre signée Marie de Morell était émanée d'une main de femme. Deux autres experts ont été plus loin. Ils ont déclaré: 1º que les vingt lettres en question n'étaient ni en totalité ni en partie de La Roncière ; 2º que le billet à M. d'Estouilly signé Marie de Morell, et la lettre au même signée Victorine Moyert étaient évidemment de la main de Mlle de

---

(1) On verra plus loin qu'elle n'a *pas paru* prêter appui, mais qu'elle a énergiquement soutenu les dires de l'accusé.

Morell; 3º que les 18 autres pièces en question présentaient, malgré quelques déguisements, de nombreux et *passables* (1) rapports de similitude avec l'écriture de Mlle de Morell et devaient pareillement lui être attribuées.

Mais sans entrer dans une contre expertise, sans se livrer à un examen minutieux des écritures, la plus forte de toutes les preuves, l'*impossibilité morale*, s'élève contre ces deux dernières déclarations.

Le style des lettres, les détails licencieux dans lesquels elles entrent, les combinaisons qu'elles indiquent ne permettent pas de les attribuer à *une jeune fille de seize ans, élevée au milieu de sa famille avec un soin religieux*.

La religion n'empêche pas l'hystérie. On le savait en 1835. Inconnue au temps des procès de sorcellerie, l'affection nerveuse dont souffrait Mlle de Morell était alors une maladie étudiée, classée depuis longtemps (2). On savait à quelles étranges excentricités, à quels mensonges compliqués le besoin d'attirer l'attention et de provoquer la pitié poussent celles qui en souffrent... Mais il semblait que l'honneur de Mlle de Morell exigeât qu'elle fût proclamée victime d'une tentative de viol plutôt qu'atteinte d'une maladie nerveuse.

Le mot fut prononcé cependant.

Le Dr Récamier avait constaté après la nuit du 24 septembre, pendant huit heures consécutives, « des accès d'hystérie avec leur cortège de névroses des fonctions cérébrales et des sens ». Il en déposa à l'audience : mais ces accès furent mis sur le compte de l'émotion éprouvée la nuit de l'attentat et leur constatation ne fit qu'augmenter l'horreur du crime imputé à La Roncière.

Il était acquis que Mlle de Morell était sujette à des catalepsies fréquentes, des hallucinations, des crises de somnambulisme, des phénomènes d'insensibilité : la Justice ne s'en émut point et accepta, les yeux fermés, tous les dires de cette névrosée. Il eût suffi cependant de regarder les charges mêmes de l'acte d'accu-

---

(1) Passables ? Ils déclarèrent qu'on ne pouvait s'y tromper !

(2) Le docteur Matthaëi dans ses observations sur le procès La Roncière cite des cas observés en 1797 par Lautin et rapportés dans son ouvrage : *Addition aux connaissances pratiques de la médecine*. Il cite encore : Herboldt, (1822-1828) ; Kopp (1823) ; Henri Marschal (1826). Voir l'étude de Matthaëi dans l'*Observateur* de Roch, tome XI, p. 347.

sation pour être pris de doute et d'inquiétude. On eût remarqué la périodicité des dates auxquelles se plaçaient les diverses phases « du drame ». Du 20 au 22 août : propos bizarre et absurde de La Roncière rapporté par Mlle de Morell. Nuit du 23 au 24 septembre : l'attentat. Crise du 21 octobre. Le 22 novembre : lettre à M. d'Estouilly. Le 23 décembre : scène du quai d'Orsay.

On eût pu rapprocher de ces faits, un incident qu'il aurait fallu placer également vers la fin d'août. Mlle de Morell avait vu un homme se jeter dans la Loire, et le lendemain une lettre anonyme arrivait à Mme de Morell. C'était pour elle que l'inconnu avait tenté de se noyer ! On l'avait sauvé malgré lui ! Or, à la date indiquée, nulle tentative de suicide ne s'était produite à Saumur (1).

La régularité de tous ces événements revenant à la même époque du mois ne frappa point l'accusation, et la défense n'osa pas insister sur des détails qui pouvaient être pénibles pour la pudeur de la jeune fille. Le public d'élite présent à l'audience (pairs de France, généraux de division, diplomates, femmes du monde, etc.), avait transformé la Cour d'assises en salon aristocratique. Chacun, accusateur et défenseur, se fit un devoir d'y observer exactement les règles de la civilité. On préféra s'en tenir au dicton menteur : « La vérité sort de la bouche de l'enfance. » L'acte d'accusation avait ajouté : surtout quand elle est « élevée au sein de sa famille avec un soin religieux. »

Les caprices même de la jeune hystérique devinrent des lois pour la Cour et, sur les conclusions des médecins experts, il fut décidé que Mlle de Morell ne serait interrogée que la nuit, de minuit à quatre heures du matin, de préférence à minuit.

Mlle de Morell est en bon état de santé seulement à ces heures là, dit le docteur Bailly au début de la première audience, *sauf de deux heures moins un quart à deux heures* (heure de l'attentat du 24 septembre).

..

Dans son interrogatoire M. de La Roncière avec plus de circonspection qu'à l'instruction, nia qu'il fût l'auteur des lettres qu'on lui imputait.

_____

(1) Déposition de M. Bragnières.

Qui soupçonnez-vous d'avoir envoyé ces lettres, lui demanda-t-on ?

— Je ne veux pas soupçonner, répondit-il, crainte de penser mal ; je pourrais me tromper comme on se trompe pour moi.

D. — N'aviez-vous pas dit que si vous vous étiez trouvé en présence de Mlle de Morell, vous lui auriez fait avouer que c'était elle ?

R. — Oui, je l'ai dit ; parce que je le croyais ; et aujourd'hui que je vois comme on se trompe en m'accusant, je n'accuse personne, crainte de me tromper aussi.

Il se défendit énergiquement d'être entré chez Mlle de Morell la nuit du prétendu crime.

— Mlle de Morell a déclaré positivement vous reconnaître, lui dit le président. Il y a plus. L'individu, entré par la fenêtre, a tenu des propos qui n'ont pu être tenus que par vous.

— Je suis étranger à tous ces faits, je ne puis donner aucune explication, répondit M. de La Roncière.

— Comment Mlle de Morell aurait-elle pu dire tout cela, si ce n'était pas vous ?

Naturellement la charge la plus grave contre La Roncière était les lettres qu'il avait envoyées à M. d'Estouilly après son duel, et dans lesquelles il s'avouait l'auteur des lettres anonymes reçues par M. d'Estouilly et par la famille de Morell. Voici comment il les expliquait :

Je me croyais perdu, dit La Roncière ; *on m'avait assuré que les experts déclaraient ces lettres de mon écriture* (1). Je craignais de compromettre le repos de mon pauvre père, moi qui lui ai déjà donné tant de sujets de plainte.

---

(1) Tout le monde s'employa à ce moment pour affoler La Roncière. « Vous avez bien fait de tout avouer, écrivait M. d'Estouilly, car les trois experts reconnaissaient votre écriture et cinq ans de fer vous attendaient. » « Votre affaire a fait du bruit, il va être question d'un conseil d'honneur », écrivait M. Ambert.

Ajoutons qu'en les rapportant, l'acte d'accusation avait tronqué les lettres de M. de La Roncière.

D. — Pourquoi ne vous êtes-vous pas adressé aux tribunaux ?

R. — M. Bérail (témoin du duel), m'avait dit que les experts étaient contre moi ?

Mais, avant d'écrire ces lettres, comme après les avoir envoyées, auprès de tous ceux qui lui demandèrent ou lui conseillèrent de les écrire, avant comme après le duel, de La Roncière avait proclamé que les aveux qu'on lui arrachait étaient mensongers.

Que valait d'ailleurs cette confession, contre les preuves d'innocence apportées à profusion par tous les témoins ?

Mme de Morell, entendue la première, reconnut que le surlendemain du 24 septembre, date de l'attentat, sa fille blessée aux cuisses de « terribles coups de couteaux », par un officier de lanciers « dont la fureur redoublait à chaque mot », était allée, le 26, à un bal où elle avait dansé.

La gouvernante, Miss Allen, déclara qu'elle n'avait entendu ni briser le carreau de la chambre de Mlle de Morell, ni frapper sa maîtresse.

— Je n'ai rien vu du tout, disait la jeune anglaise, qui se contentait, au reste, de répéter ce que lui avait conté Mlle de Morell.

Le général, qui s'était constitué partie civile assisté de Me Odillon Barrot, n'apportait aucun renseignement utile, aucune preuve.

Trop ému pour déposer, il déclara s'en référer à sa plainte écrite que le président crut devoir lire aux jurés. Cette lecture était-elle bien utile ? Ne semble-t-il pas qu'elle fût de nature à dramatiser les débats, sans éclairer le jury ?

Cette plainte avait un titre : « *Crime !* » En voici quelques passages :

O honte, opprobre, malheur, horrible souvenir d'un crime qui me conduira au tombeau en causant la ruine de tous les miens ! Aurai-je la force de retracer ce qui devrait être enseveli dans le centre de la terre ? Le monstre échappé de l'enfer, s'est introduit par escalade dans la chambre de ma fille, et a assouvi sur elle ses plus atroces brutalités, malgré les efforts de ma malheureuse enfant... Marie ! Chère et douce victime, tu étais ce que j'aimais le mieux au monde. Ange de pureté, espoir de ta famille, orgueil de tes parents, pauvre agneau, lâchement immolé, le cœur de ton père ne te manquera pas, etc. (1).

« Des marques d'une vive et profonde sensation accueillirent cette lecture », nous apprennent les comptes rendus de l'époque. C'était le seul résultat qu'elle pût avoir ; ces imprécations étaient peu propres à produire « ce sentiment doux et tempéré qui, selon le mot de Lord Abinger, est essentiel à l'impartiale administration de la justice criminelle. » (2)

Non moins sensationnelle, mais non plus probante, fut la déposition nocturne de Mlle de Morell. Elle fit, avec un calme qui paraît avoir désappointé l'assistance (on eût voulu des larmes et des cris), le récit qui avait servi de canevas à l'accusation. La Roncière interrogé ensuite, renouvela ses protestations.

— En face de Dieu et des hommes, dit-il, je déclare cette déposition de toute fausseté.

La sténographie ajoute cette note : *Rumeurs dans l'auditoire.* Le président traduisit les rumeurs par cette question classique :

— Et quel motif attribuez-vous à la déclaration de Mlle de Morell, pour la réputer mensongère ?

— Je l'ignore, répondit l'accusé. Je ne sais ce qui peut engager Mlle de Morell à m'accuser d'un crime atroce que je n'ai pas commis.

Le reste des témoignages très nombreux porta sur deux points principaux :

Les lettres étaient-elles de l'écriture de M. de la Roncière ? Avait-il pu, la nuit du crime, pénétrer dans la chambre de la jeune fille ?

Sur l'un et l'autre point, la défense semblait triompher.

Ce n'étaient pas seulement les experts qui venaient attester que les lettres anonymes n'étaient pas, ne pouvaient être de l'accusé. Tout le prouvait. On sait que l'un des billets adressés à M. d'Estouilly et imputés à La Roncière était une déclaration d'amour signée Marie Morell.

_____

(1) Dans sa plaidoirie Me Odillon Barrot relut cette étrange morceau. Quoique le public l'eût entendu déjà, il parut le goûter encore et le célèbre avocat en tira un de ses plus gros effets.

(2) Lord Abinger, vo sa lettre ; Roch, *L'observateur des tribunaux*, t. XI, p. 277.

Voici sur cette lettre ce que révéla M. d'Estouilly à l'audience :

— Jusqu'à un certain point vous auriez pu croire que la lettre était de Mlle de Morell, lui demanda le président :

Et le témoin répondit :

— Je l'ai montrée à sa mère qui a dit : « C'est bien l'écriture de ma fille, mais elle écrit plus penché. »

C'était l'écriture de la jeune fille ! *C'était aussi le papier dont elle se servait d'ordinaire.* L'identité en fut reconnue par des témoins : mais le procureur général ne s'arrêta pas à ce détail.

« Tous les papetiers de Saumur en vendent du pareil, expliqua-t-il. Et d'ailleurs, La Roncière voulant faire croire que le billet venait de Mlle de Morell, *a bien pu* lui en faire voler une feuille, par les domestiques, qui sont ses complices. »

Quant aux lettres signées E. de la R., elles avaient été écrites sur un papier qu'un fabricant, M. Montgolfier, déclara parfaitement semblable à celui des feuilles de devoirs de Mlle de Morell. « Il n'y a pas la différence d'un cheveu », affirma le témoin, cité à la requête de La Roncière.

Enfin vinrent les quatre experts dont les dépositions paraissaient de nature à entraîner l'abandon de l'accusation par le ministère public.

On a raillé souvent les calligraphes assermentés ; leur art essentiellement conjectural est un thème à plaisanteries toujours bonnes. Cependant ces honorables graphologues peuvent parfois dire des choses justes.

Il n'est pas douteux, par exemple — cela se comprend sans avoir approfondi les mystères du plein et du délié — il n'est pas douteux qu'un contrefacteur d'écriture hésite, s'applique tout au moins en formant ses lettres ; il n'écrit donc pas d'une plume alerte, libre, machinale. Il est bien certain encore qu'un individu dont l'écriture est naturellement grossière et commune ne pourra, *sans se trahir un instant,* imiter pendant quatre pages une écriture fine et soignée.

Ce sont là des vérités de bon sens, non des lois de calligraphie.

Or, il fallait n'en tenir aucun compte, dans le procès de La Roncière, pour ne point se rallier aux conclusions des experts à qui ces vérités avaient servi de bases.

M. Oudard et M. St-Omer vinrent affirmer que les quatorze lettres, anonymes ou signées, reçues par la famille de Morell, étaient toutes de la même main et que cette main n'était autre que celle du signataire du billet écrit à M. d'Estouilly.

M. Durnerein, troisième expert, déclara :

« Que les lettres n'étaient pas émanées de M. de La Roncière, mais de la main de Mlle de Morell. Il faisait résulter l'impossibilité que les lettres fussent de la main de l'accusé, de ce que son écriture était très médiocre et bien moins belle que celle de la main qui avait dû écrire les lettres anonymes. Quant au second point, il affirma que la petite lettre signée Marie de Morell était de la main de cette demoiselle, et que les autres lettres étaient de la même main. »

Le quatrième expert, ajouta ce détail : Les lettres émanées de La Roncière et prises comme pièces de comparaison étaient émaillées de fautes d'orthographe, tandis que les pièces anonymes étaient écrites de la façon la plus correcte et la plus grammaticale (1).

Voilà tout ce que l'accusation établissait relativement à la présomption de culpabilité résultant de lettres anonymes. Fournissait-elle de l'attentat des preuves plus convaincantes ?

Le ministère public assurait, d'après Mlle de Morell, que l'accusé s'était introduit par la fenêtre de la chambre de la victime en brisant un carreau. On entendit à ce propos le vitrier qui avait remplacé le carreau brisé.

Il avait constaté que le trou de la vitre était de 3 à 5 pouces seulement et qu'il avait été fait *de dedans en dehors.*

— Le trou était-il assez grand pour qu'on pût introduire le bras et ouvrir l'espagnolette ? interrogea le président.

R. — Je ne le pense pas.

D. — Pourquoi ?

R. — Si on eût passé tout le bras on eût défoncé tout le carreau. La situation du trou aurait gêné les mouvements. Il y en avait à

(1) Dans ce débat où des comparaisons d'écritures étaient si importantes, un des conseillers assesseurs était aveugle !

faire un pour ouvrir l'espagnolette ; un second pour la lever, ce qui donne encore plus d'élévation au bras.

Ce n'est pas tout. Un architecte avait fait le plan de la maison de M. de Morell. Pour parvenir jusqu'à ce carreau qu'il aurait si mal brisé, — la chambre de la jeune fille étant au second étage — le mystérieux agresseur était-il monté par une échelle de corde, attachée à la fenêtre ou à la mansarde du troisième ?

Rien n'indique, déclarait l'architecte, qu'une corde ait été nouée à la fenêtre. D'autre part, la mansarde est recouverte en ardoises, dont l'état n'annonçait en rien qu'une corde y eût été attachée... Le mur ne porte pas trace de frottement.

Telles étaient les preuves du ministère public.

La Roncière, lui, établissait un alibi. Il avait passé la soirée au théâtre jusqu'à onze heures. Sa maîtresse, Elisa Rouault, lingère, affirmait, de la façon la plus formelle, qu'il était rentré chez elle vers onze heures et quart et qu'il y avait passé la nuit du 24.

Elle avait fermé la porte et gardé la clef dans sa poche : elle avait travaillé presque toute la nuit et personne n'avait pu sortir de chez elle.

L'accusé, demanda le président, n'aurait-il pas pu sortir sans être vu de vous ?

R. — Non, puisque j'avais la clef dans ma poche.

Comment après de pareils témoignages expliquer la condamnation ?

Elle s'explique par le duel oratoire (un contre quatre) engagé entre Me Chaix d'Est Ange, défenseur de La Roncière, et Mes Odillon Barrot et Berryer, avocats de la famille de Morell, soutenus par le ministère public et le président. Ce grand débat criminel devint le procès de deux familles rivales. « Il faut que La Roncière soit déclaré coupable ou Mlle Morell est à jamais convaincue de mensonge et de calomnie. » C'est à ce dilemme étroit et faux que les avocats de l'accusation réduisiront l'affaire ; le ministère public ne fut plus que partie jointe et ne fit qu'ajouter quelques mots aux réquisitoires enflammés de Mes Odillon Barrot et Berryer. Rien n'arrêtait plus ceux-ci dans leur acharnement contre l'accusé.

Vainement après avoir établi l'absence de toute preuve, et dé-

montré l'impossibilité de l'attentat, Me Chaix d'Est Ange som-
mait-il ses adversaires d'expliquer à quel mobile eût obéi le
jeune lieutenant.

Prétendez-vous m'arrêter, s'écria Me Berryer, en me demandant
d'expliquer son crime et de développer devant les jurés quelles en
ont été les affreuses combinaisons? Non, messieurs, il est des con-
ceptions que je suis fier de ne pas comprendre : il est des infamies
que je suis condamné à croire, sans les concevoir!

Ni preuves à fournir, ni explications à donner! on l'avouait.
Et l'on réclamait au nom du général Baron de Morell la condamnation de La Roncière! Me Chaix d'Est Ange s'indigna de cette
prétention :

Quoi, monsieur, protesta-t-il! Parce que vous êtes honnête homme,
vous vous croyez le droit d'accuser sans expliquer; parce que vous êtes
un homme plein de conscience, et que vous accusez, il ne vous faudra rien prouver! Et, retranché derrière votre conscience, trop pure,
sans doute, pour concevoir de pareils crimes, vous vous bornerez à
dire: Croyez-en ma parole! — En vain je vous demanderai d'expliquer
votre accusation, de fournir vos preuves, de combattre toutes ces
invraisemblances, ces impossibilités morales et matérielles. Non,
non, que vous importent à vous ces misérables nécessités d'une accusation vulgaire? Pour vous, c'est assez de répondre : « Je suis
homme de bien, voilà le coupable ; croyez-en ma parole, voilà le
coupable, condamnez. » — Non pas, non pas! La justice qui veut le
salut des innocents comme le salut de la société, la justice ne doit
pas s'arrêter à ces artifices de langage. Arrière! Arrière ces émo-
tions, ces entraînements, ces douleurs! Arrivons aux débats; voyons
les preuves, les preuves entendez-vous! Les preuves... voilà ce que
demandent les jurés...

Les jurés? Ils ne savaient plus, les malheureux, auquel entendre?

Les témoins, l'accusé, le défenseur, les accusateurs, les journaux, le public, qui croire? Ils s'en rapportèrent au président,
M. Ferey, et se laissèrent dicter leur verdict par son résumé.

Ce résumé du procès fut considéré, en 1835, comme *un chef-
d'œuvre d'impartialité*. Ajoutons que le président Ferey était
convaincu de l'innocence de La Roncière. Il en était si persuadé
qu'après la peine prononcée, il s'employa, vainement d'ailleurs, à

obtenir sa grâce (1). Or, voici le ton de son résumé où il reprit et mit éloquemment en valeur l'argument dominant (le lied motif, dirait-on aujourd'hui) de l'accusation : Mlle de Morell ne pouvait avoir inventé le récit qu'elle avait fait à la justice, et, surtout, ne pouvait avoir écrit les lettres anonymes.

Les faits et les raisonnements qui vous ont été soumis par l'accusation suffiraient, vous a-t-on dit, pour réfuter et la décision des experts et l'argument tiré de l'orthographe, mais il y a quelque chose de plus fort que les rapports d'experts-écrivains, c'est l'impossibilité. Or, puisqu'il ne faut reculer devant aucune supposition, Mlle de Morell serait donc l'auteur des lettres du procès. Et dans quel but ? dans quel intérêt ? Est-il possible qu'une jeune fille, si pure, si innocente, ait inventé une combinaison qui demanderait une âme consommée dans le crime ? Est-il possible que Mlle de Morell, élevée dans les principes les plus sévères de la morale et de la religion, ait écrit ces lettres où la licence des expressions et des images effraierait l'imagination la plus dépravée ? Est-il possible qu'elle ait ourdi un complot dont le succès même devait affliger profondément sa pudeur, dont le renversement la flétrissait d'une honte ineffaçable et qui lui préparait, dans les deux cas, d'affreux remords pour toute sa vie ? Est-il possible qu'elle ait consommé, sans aucun motif, la perte des trois accusés qui sont devant vous et qu'elle se soit présentée dans ce sanctuaire redoutable, devant cette assemblée si nombreuse et si imposante, pour soutenir une odieuse imposture ?

Les jurés se rendirent à cet argument qui leur avait été tant de fois répété ; ils cédèrent aux sommations des accusateurs. Ils déclarèrent La Roncière coupable de tentative de viol, mais, ô illogisme ! ils lui accordèrent des circonstances atténuantes. En même temps, ils acquittaient des co-accusés dont la participation au crime eût été cependant indispensable à son accomplissement.

De La Roncière fut condamné à dix ans de réclusion. Son pourvoi en cassation fut rejeté.

Mais la condamnation était à peine définitive qu'un revirement se produisait dans l'opinion. On réfléchit à l'invraisemblance de ce crime dont on n'avait voulu d'abord envisager que l'horreur. L'idée d'une erreur judiciaire se répandit.

----

(1) On a cité du président Férey ce mot caractéristique : « J'aurais mieux aimé me couper la main que signer un pareil verdict. »

Des mémoires furent publiés en faveur de l'ancien officier. Un célèbre jurisconsulte anglais, lord Abinger, ancien attorney général, écrivit à M. de La Roncière une lettre qui fit le tour de la presse et dont le signataire se proclamait convaincu de l'innocence du condamné. Il y critiquait vivement la procédure criminelle française qui permet de telles erreurs et place la défense dans un état d'infériorité manifeste vis-à-vis de l'accusation.

Bientôt après, parut une brochure d'un médecin conseiller du roi de Hanovre, le Dr Matthaei. Le premier, il eut le courage de démontrer que la justice avait été dans ce procès la dupe d'une hystérique, et il déplorait à son tour les procédés judiciaires qui, en France, rendent si difficile à l'innocent la preuve de son innocence.

Mémoires, consultation, avis des médecins n'empêchèrent pas La Roncière de subir la peine *de dix ans de réclusion,* dont il avait été frappé. Les démarches du président M. Férey qui, trois fois, essaya d'obtenir la grâce de celui dont il avait prononcé la condamnation restèrent sans résultat.

Mais les pouvoirs publics finirent par reconnaître l'erreur dont le malheureux avait été la victime.

L'ancien officier fut réhabilité en 1849, quand les hautes influences qui avaient empêché sa grâce eurent disparu de la scène politique.

Cette réhabilitation fut accordée sur le rapport favorable du garde des sceaux qui s'appelait alors... Odillon Barrot.

La Roncière, trois ans plus tard, était nommé inspecteur de la colonisation en Algérie, puis gouverneur de Saint-Pierre et Miquelon. Il mourut en 1874, commandant supérieur de Taïti et chevalier de la Légion d'honneur.

BORRAS

(1887)

Joseph Borras, accusé d'assassinat fut condamné à mort par la Cour d'assises de l'Aude, le 12 août 1887. Il n'était pas coupable : et il eût été facile d'éviter cette erreur, si la conviction des magistrats avait été moins ardente et moins âpre leur volonté d'obtenir du jury un verdict de culpabilité (1).

Voici les passages importants de l'acte d'accusation dressé contre Borras et contre ses co-accusés, deux jeunes gens de vingt-cinq ans, comme lui, originaires d'Espagne.

« A trois kilomètres de Narbonne, près de la route qui conduit de cette ville à Cuxac, se trouve la ferme du Petit-Condom, appartenant au sieur Bertrand. Cette maison est éloignée de plus de mille mètres de toute habitation. Elle était occupée, le 26 mai 1877, par le sieur Dominique Pradiès, âgé de soixante-trois ans, et par sa femme Anna Delpoux, âgée de cinquante-neuf ans, qui étaient préposés à la garde et à la gestion du domaine qui en dépend. Ce jour-là, ils se couchèrent vers sept heures et demie du soir dans un appartement du premier étage.

« Peu d'instants après, ils entendirent frapper à la porte de la maison.

« Pradiès descendit aussitôt et se trouva en présence de deux Espagnols qu'il reconnut immédiatement, car ils avaient travaillé sous ses ordres, pendant un mois environ, et ne venaient plus à la ferme depuis quinze jours.

« L'un se nommait Vincent Guillaumet, l'autre Joseph Borras. Ils lui demandèrent du travail, et, comme il leur répondit qu'il ne pouvait leur en donner, ils lui déclarèrent qu'il leur fallait de l'argent. Sur son refus, ils le saisirent violemment par les bras, levèrent le couteau sur lui et menacèrent de le tuer s'il ne leur donnait satisfaction.

« Joseph Borras le laissa ensuite entre les mains de son compagnon, fouilla les meubles qui se trouvaient au rez-de-chaussée et y prit une somme de 563 fr.

« Les menaces de ces malfaiteurs empêchèrent Pradiès d'appeler au secours; mais le bruit qu'ils firent dans la maison éveilla les craintes de la femme Pradiès, qui était restée seule au premier étage. A la vue de ce qui se passait elle cria « à l'assassin » et essaya de frapper Joseph Borras; mais ce dernier lui asséna, avec violence, plusieurs coups de couteau et elle tomba inanimée sur le parquet.

---

(1) *Gazette des Tribunaux*, 17 août 1887. — *Une erreur judiciaire*, par M. Marcou, sénateur de l'Aude. Paris, Librairies réunies, 1891. — *Journal Officiel*, compte rendu des séances. Chambre des députés, 28 juin 1890. — Signalons encore une brochure de M. Jules Huret : *Le dossier de l'affaire Pradiès-Borras*. L'auteur soutient la culpabilité de Borras et défend le magistrat qui a présidé les débats.

« Pradiès, cependant, parvint à se dégager de l'étreinte de Vincent Guillaumet ; il gravit l'escalier qui conduisait à sa chambre pour y prendre son revolver ; mais cette arme ne se trouvait pas chargée. Du reste Guillaumet qui l'avait suivi de près, s'en empara avant lui.

« Une lutte terrible s'engagea alors entre ces deux hommes. Guillaumet frappa la victime de nombreux coups de couteau qui l'atteignirent principalement à la tête. Pradiès qui était sans armes, chercha à arracher le couteau des mains de son agresseur et se fit ainsi de profondes entailles à la main. Il parvint cependant, après de grands efforts, à désarmer Guillaumet.

Ce dernier se décida alors à se retirer. Joseph Borras l'avait précédé depuis un instant.

« Le lendemain matin, les ouvriers employés à l'exploitation de la ferme furent surpris de trouver la maison fermée. Dès qu'ils purent y pénétrer ils se rendirent compte de la scène sanglante qui avait eu lieu pendant la nuit. »

L'acte d'accusation fait ensuite connaître les constatations matérielles relevées sur les lieux : la femme Pradiès était étendue morte sur le sol au rez-de-chaussée. Dans la chambre à coucher, son mari gisait sur le lit couvert de sang, épuisé par ces blessures. Il mourait quinze jours plus tard.

Deux jours après le crime, on trouvait des effets tachés de sang sur le lit de Vincent Guillaumet.

« Presque en même temps, poursuit l'acte d'accusation, plusieurs témoins affirmèrent que le jour du crime, vers sept heures du soir, ils avaient vu cet accusé dans la banlieue de Narbonne se dirigeant avec deux Espagnols vers le Petit-Condom ; à huit heures du soir, ces mêmes témoins virent sur la même route deux de ces trois individus revenir à pas précipités. C'est à cette même heure que le crime venait d'être consommé.

« Pradiès n'avait pu reconnaître que deux coupables, car il ne s'était pas rendu compte de ce qui s'était passé hors de son domicile pendant qu'il était aux prises avec ses assassins.

« Mais les deux individus qu'il avait désignés n'avaient pas dû pénétrer dans la maison sans avoir pris la précaution de poster à ses abords un complice pour faire le guet. Ce rôle fut attribué à Francisco Villarubia. A neuf heures du soir, alors que Vincent Guillaumet revenait du Petit-Condom, cet inculpé se trouvait avec lui. Appelé à faire connaître l'emploi de son temps dans la soirée du 26 mai, il fit un récit mensonger qui confirma les soupçons dont il était l'objet. Il fut établi, au surplus, que contrairement à son habitude, il n'avait soupé ce soir là qu'à une heure très avancée de la nuit. Visiblement préoccupé il se décida, dès le lendemain à se réfugier en Espagne. Il partit en compagnie de Vincent Guillaumet.

« La gendarmerie de Perthus les rencontra tous les deux au moment où ils allaient franchir la frontière espagnole.

« L'attitude embarrassée qu'ils eurent alors détermina surtout ces agents à les mettre en état d'arrestation.

« Francesco Villarubia entra dans la voie des aveux. Malgré ses affirmations, Joseph Borras et Vincent Guillaumet protestèrent de leur innocence. Mais de nouvelles charges rendirent leur culpabilité incontestable.

« Le couteau enlevé par Pradiès à son agresseur fut reconnu par plusieurs témoins qui l'avaient vu précédemment en la possession de Guillaumet qui, de plus, fut trouvé porteur du revolver volé à Pradiès.

« Enfin, il résulte des constatations médico-légales que cet accusé a à la main droite plusieurs blessures, remontant à une époque contemporaine du crime, qui ont dû être faites pendant la lutte qu'il a eu à soutenir contre Pradiès. Le médecin légiste a constaté également que l'effusion du sang à laquelle elles ont dû donner lieu avait pu produire les traces sanglantes observées dans les environs du Petit-Condom.

« Outre ces témoignages et ces constatations qui établissent la culpabilité des accusés, il y a un témoignage qui se dresse contre eux, terrible et irrécusable : c'est celui de Pradiès qui n'a succombé que le 9 juin aux suites de ses blessures.

« Pradiès avait, dès le lendemain du crime, signalé comme ses assassins deux espagnols nommés Vincent et Joseph qu'il avait employés sur le domaine.

« Confronté le 2 juin avec Guillaumet et Borras, il les a formellement reconnus et il n'a cessé jusqu'à sa dernière heure de les désigner comme les coupables.

« Borras invoque bien un alibi, mais cependant il lui est impossible de justifier de l'emploi de son temps dans la soirée du 26 mai dernier à l'heure du crime.

« Le témoignage de Pradiès à son lit de mort, à cette heure suprême, suffit pour prouver que Vincent Guillaumet et Joseph Borras sont les auteurs du crime épouvantable du Petit-Condom. »

Tel était l'acte d'accusation. Il omettait en ce qui concerne Borras bien des détails utiles à la découverte de la vérité,

Il ne signalait pas que, lors de son premier interrogatoire, Pradiès avait déclaré *qu'il ne pouvait dire le nom de l'Espagnol*
qui avait frappé sa femme, qu'il ne le connaissait pas. (Et Borras
avait travaillé chez lui !) Pradiès donnait du meurtrier ce signalement: Trente à trente-cinq ans, blond et marqué de la petite vérole. Borras avait vingt-cinq ans, il était brun et n'avait aucune
marque au visage.

L'assassin de la femme Pradiès avait été frappé par sa victime
d'un coup de canne à épée qui lui avait fait une profonde blessure. Après l'avoir tuée il s'était enfui laissant le long du chemin
une trace sanglante sur un parcours de six cents mètres.

Borras arrêté, six jours après le crime, avait été soumis à une
visite corporelle. Le médecin n'avait constaté aucune cicatrice de
blessure récente.

L'acte d'accusation ne donnait pas ce renseignement.

Il n'indiquait pas non plus dans quelles circonstances avait eu
lieu l'arrestation de Borras. Les agresseurs des époux Pradiès
avaient dit à la femme: « Nous sommes les Espagnols qui avons
travaillé pour vous ». — Or les Espagnols qui avaient travaillé
pour Pradiès se nommaient Porta, Guillaumet et Borras. Guillaumet avait été reconnu par Pradiès ; restaient Porta et Borras.
Porta prouva son alibi, on le laissa tranquille et on passa à Borras, *Joseph*, comme on avait l'habitude de le nommer.

— C'est lui le coupable, s'écriait-on d'une voix unanime.

Dès ce moment le nom de Joseph circula, fut répété par tout le
monde et on parvint même à persuader à Pradiès que c'était bien
Joseph qui avait tué sa femme (1).

Que se passa-t-il à l'audience ?

Le Président, M. le conseiller Raisin dirigea les débats avec
un trop manifeste souci de faire partager sa conviction par le
jury. Borras qui ne parlait qu'espagnol répondit à l'interrogatoire du Président par l'entremise d'un interprète (2).

---

(1) 2ᵉ mémoire de M. Marcou, p. 8. (Le premier mémoire n'a pas été publié.)
(2) Les deux co-accusés de Borras étaient coupables; leurs réponses sont
donc dénuées d'intérêt. Le verdict du jury n'ayant été erroné qu'en ce qui
concerne Borras, nous ne donnons (d'après la *Gazette des Tribunaux*) que
l'interrogatoire de celui-ci et les dépositions relatives à sa culpabilité ou
à son innocence.

« Vous êtes accusé du crime du Petit-Condom, lui dit le président. Quelle explication avez-vous à donner?

R. — On m'a pris pour un autre.

D. — Qu'avez-vous à dire contre le témoignage de Pradiès ?

R. — (Avec vivacité). Je jure qu'il se trompe.

D. — C'est vous qui avez assassiné la femme Pradiès et qui avez emporté la somme de 503 fr.?

R. — Non.

D. — Au moment de la confrontation, Pradiès vous a reconnu. A considérer les responsabilités, c'est vous qui êtes le plus coupable. Vous avez non seulement tué; mais c'est vous qui avez fouillé dans les tiroirs et volé.

R. — Je connaissais très peu Pradiès et je n'ai jamais vu sa femme.

D. — Vous avez travaillé cependant au Petit-Condom ?

R. — Oui, pendant quelques jours.

D. — Qu'avez-vous fait dans la journée du crime ?

R. — Je devais aller travailler à la Garrigue, mais je n'ai pu y aller parce qu'il a plu. A six heures, je suis rentré à la maison avec mon frère et mon cousin. Ma femme est alors revenue de son travail. Nous avons soupé tous ensemble; à huit heures, nous sommes sortis sur la promenade, et à neuf heures je me suis couché.

D. — Ce n'est pas ce que vous avez dit au juge d'instruction. Vous avez dit que vous étiez rentré après sept heures. Ce magistrat ne dit donc pas la vérité.

Borras ne répondit pas, mais Guillaumet fit un mouvement de tête qui signifiait : « Certainement il ne dit jamais la vérité. »

D. — Le lendemain qu'avez-vous fait ?

R. — Je me suis levé à cinq heures pour aller travailler à la Garrigue pour un propriétaire d'Armissau.

D. — Vous voulez établir un alibi. Cependant, dans sa première déclaration, votre cousin a dit que vous n'étiez pas rentré le 26 mai pour dîner. Depuis, il est vrai qu'il s'est rétracté ; mais les jurés auront à apprécier.

Tous ceux qui ont suivi des procès de Cour d'assises savent le ton dont se prononce cette phrase et le sens qu'il faut y attacher.

R. — Si mon cousin a dit que je n'étais pas rentré, il s'est trompé ! Aujourd'hui il dit la vérité. Si j'avais commis le crime je serais parti. Et, au contraire, je suis resté à Narbonne.

D. — Vous êtes resté à Narbonne, oui : mais votre femme et votre frère sont partis pour l'Espagne.

R. — Ma femme est allée voir sa mère malade et mon frère était allé échanger de la monnaie espagnole.

D. — Expliquez-vous sur vos relations avec Guillaumet. Les rapports de police vous montrent toujours ensemble.

Borras. — Je ne le connais presque pas.

Guillaumet. — C'est plus fort que le bon Dieu de dire que je fréquentais Borras.

D. — Puisque vous n'avez pas commis ce crime, qui l'a commis?

R. — Un nommé Isidore m'a dit avoir vu un homme qu'il a désigné sous le nom de gravat (grêlé) et qui tirait, près du rempart, des espadrilles ensanglantées pour les remplacer par des bottines.

D. — A qui avez-vous pensé alors?

R. — A personne.

D. — Dans l'instruction vous avez dit: «Je ne sais pas quel est ce gravat, mais il serait possible que ce soit Vincent Guillaumet.» C'est étrange.

R. — Je n'ai jamais dit une chose semblable.

D. — Vous ne reconnaissez pas avoir assassiné les époux Pradiès avec Guillaumet.

R. — Non, comme lui je suis innocent.

Le véritable coupable était, on le verra, un nommé Rossel dit Toinet-Castillon, un espagnol qui était parvenu à prendre la fuite et qui, plus tard, devait faire des aveux complets.

Les témoins à charge vinrent répéter le mot de Pradiès à son lit de mort.

« C'est Vincent qui a essayé de me tuer et je l'ai blessé à la main. Joseph a tué ma femme. »

—Pendant quinze jours j'ai soigné Pradiès, dit Elisabeth Sarrazin, le premier témoin entendu. Jusqu'à sa mort, il m'a toujours désigné Vincent Guillaumet et Joseph Borras comme ses assassins.

Me Vivien, défenseur de Borras. — Pourquoi n'avez-vous pas parlé de l'assassin de la femme Pradiès dans votre première déposition ?

Le témoin. — Parce que ce n'est qu'après que Pradiès m'a parfaitement désigné Borras. Je jure que je dis la vérité.

Les autres dépositions à charge, coupées de dialogues assez vifs entre l'accusation et la défense, furent à peu près la répétition de celles-ci. Il est superflu de les noter ; mais ce qu'il faut retenir ce sont les témoignages à décharge et les incidents qui les marquèrent.

« Borras invoque bien un alibi, disait le réquisitoire ; mais il lui est impossible de justifier de son temps à l'heure du crime.»

Le crime avait été commis entre 7 heures 1/2 et 8 heures et voici les dispositions qui furent recueillies à l'audience. Sur ce point nous copions encore la *Gazette des Tribunaux*.

Baldunna déclare que le jour du crime il avait joué aux cartes avec Borras vers cinq heures et demie au café Longchamps.

Joseph Delacomte, un terrassier, fait une déposition identique.

Joseph Tourrelle, terrassier, dit que le 26 mai, jour du crime, il a vu Borras avec son père sur la place de l'Hôtel-de-Ville vers 8 heures, 8 heures 1/2.

— Voilà un témoin que l'on a entendu à Narbonne, le 18 juillet, s'écria Me Vivien, et l'accusation ne l'a pas fait citer.

Le procureur de la République. — L'instruction du Petit-Condom, a été close le 16 juillet : le dossier a été transmis au parquet général. C'est le 17 juillet que la femme Borras vint demander à M. le procureur de la République de Narbonne d'appeler de nouveaux témoins. Mon collègue de Narbonne *eut la faiblesse de l'écouter.*

Me Vivien. — Je demande à la Cour de me donner acte des paroles de M. le Procureur de la République.

Le procureur de la République. — Laissez-moi achever ma pensée. M. le procureur de la République de Narbonne poussé par un sentiment d'humanité consentit à entendre ces témoins ; mais le dossier était à la chambre des mises en accusation et aucun pouvoir n'avait le droit de changer la face de l'instruction.

Cette affirmation est inexacte en ce sens qu'il eût suffi de faire savoir à la chambre des mises en accusation que de nouveaux témoins se révélaient pour qu'un supplément d'instruction pût être ordonné.

Comment ces dépositions ne jetèrent-elles pas le doute dans l'esprit des jurés ?

Comment surtout les témoignages suivants qui désignaient nettement le vrai coupable, Rossel dit Castillon, n'entraînèrent-ils pas l'acquittement de Borras ? On peut se demander si ce ne sont pas les réflexions dont les ponctua M. le président Raisin, qui changèrent l'issue du procès.

« La nuit du crime, déclare un sieur *Dominique Cornet*, je fus souper. Un nommé Castillon qui mangeait avec nous ne vint pas. Je fus me coucher à sept heures. Castillon arriva à dix heures et il dit qu'il venait de passer un moment à une métairie.

« Le lendemain Castillon fut travailler et il nous dit que si l'on parlait du crime du Petit-Condom et si l'on nous demandait s'il était à la maison à sept heures du soir, de dire qu'il s'y trouvait. Je lui répondis que je ne le dirais pas. Alors, il nous annonça son départ. Je lui dis : « Je ne suis pas complice du crime et je ne pars pas ».

M⁰ Vivien (avocat de Borras). — Castillon est en fuite en Espagne.

M. le Président. — Borras pourquoi n'avez-vous pas parlé de cet individu dans l'instruction ?

— C'est à la prison de Narbonne, répond Borras, que j'ai entendu parler de Castillon.

Michel Terret. — Je travaillais chez M. Coural de Narbonne. Je me trouvai avec deux individus dont l'un était Toinet Castillon qui disait qu'il *allait partir pour l'Espagne parce qu'il était compromis dans le crime du Petit-Condom*, que c'était Vincent et Villarubia qui avaient fait le crime.

Dominique Marcadal. — Le jour où le crime a été commis, j'ai passé la soirée au café avec Vincent Guillaumet et Villarubia. Nous sommes sortis ensemble vers six heures dix minutes ; arrivés devant l'école, j'ai vu Vincent s'arrêter avec sa fiancée Marie Roussel. Au même moment Villarubia a disparu. Antoine Castillon qui était avec nous est parti. Quelques instants après j'ai vu Castillon et Villarubia se diriger vers le cimetière de l'Est. Plus tard j'ai aperçu également Guillaumet qui allait dans la même direction. Je les ai vus se réunir et marcher ensemble.

Quinze jours après, j'ai entendu un ami de Villarubia me dire dans la rue Bonnel que Villarubia lui avait expliqué toute l'affaire du Petit-Condom.

D. — Racontez-nous ce que l'on vous avez dit.

Le témoin. — Cet ami, Corolda, m'a dit que Castillon n'avait pas eu le courage d'aller jusqu'au bout : que seuls Villarubia et Guillaumet étaient au Petit-Condom ; que Guillaumet, après être entré et avoir demandé de l'argent, aurait tué la femme Pradiès, qu'ensuite ils auraient ensanglanté le « *ramonet* » dans sa chambre.

Le Président, à Guillaumet. — Vous entendez ce que dit ce témoin à décharge qui vient de déposer en faveur de Borras et qui vous accuse, vous et Villarubia.

Guillaumet. — Oui c'est Castillon qui a commis le crime puisqu'il est passé en Espagne. Ce témoin dépose contre moi parce qu'on l'a payé.

Le Président. — Vous protestez avec raison. Messieurs les jurés apprécieront.

M° Frontil. — Cette déposition est tellement grave pour Guillaumet que je demande, dans l'intérêt de la vérité, un supplément d'instruction.

Le Président fait appeler M. Gros, commissaire de police ; et, après avoir exposé qu'en ce moment les témoins cités à la requête de Borras tendent à faire une diversion, à accuser Guillaumet, Villarubin et Castillon, il lui demande s'il a jamais entendu parler de ce dernier individu.

M. Gros. — Jamais, monsieur le Président.

Le maréchal-des-logis de gendarmerie fait la même réponse.

Le Président. — MM. les jurés auront à apprécier ce système de Borras que j'appellerai le système de la dernière heure.

En présence de ces témoignages tous les défenseurs des accusés déposèrent des conclusions tendant au renvoi de l'affaire.

« Allons, déposez, dit le Président, *c'était prévu dès la première heure.* »

Et la Cour, suivant l'usage, s'empressa de rejeter ces conclusions. L'audience continua par l'audition d'un nommé Paul Bélagué.

N'avez-vous jamais été condamné, demanda le Président au témoin.

R. — J'ai été condamné en Espagne comme *républicain,* à sept mois de prison.

M. le Président. — *Je ne vous admets pas à prêter serment.* Vous serez entendu à titre de renseignement.

M° Vivien. — Je requiers le serment.

(La Cour décide que le témoin sera admis à prêter serment).

Bélagué. — Le 26 ou le 28, Vincent Guillaumet est venu me trouver à la propriété de Saint-Julien et m'a dit que les assassins du Petit-Condom, c'étaient lui, un individu né à San-Salvador, et un autre qui était à Narbonne, blessé.

D. — Etiez-vous aussi avec Guillaumet ?

R. — Non.

D. — Oh ! il est bien étrange que Guillaumet, qui ne vous connaissait pas, soit allé vous faire une pareille confidence.

Et le Président ajoute ces mots :

« Messieurs les jurés auront à apprécier la valeur de ce témoignage *payé sans doute par la famille Borras.* »

Guillaumet. — ... Oui ce témoin est payé par la famille Borras.

Le témoin. — Je n'ai pas besoin d'argent autant que toi.

Le Président. — Témoin, vous êtes un repris de justice en Espagne. Vous venez jouer un rôle abominable. N'insultez pas l'accusé.

Le témoin, sans doute, une fois de retour en Espagne, dut penser qu'il ne faisait pas bon être témoin à décharge au Nord des Pyrénées.

Un instant plus tard, le défenseur de Villarubia réclamait le renvoi de l'affaire à une autre session, et un supplément d'instruction.

Copions encore la *Gazette des Tribunaux :*

« Monsieur le Procureur de la République, Mignucci, dit qu'*il n'accepte pas les dépositions de ces témoins à décharge qu'il les méprise* et il demande à la Cour de passer outre aux débats. »

La Cour fait droit à ces réquisitions, et le verdict est rendu le soir même.

Guillaumet et Borras sont condamnés à la peine de mort. Villarubia à dix ans de travaux forcés.

Pendant la délibération de la Cour sur la peine, Villarubia se penchant vers son défenseur, M⁰ Castel, laissa échapper cette révélation.

— Que font-ils, demanda le détenu ?

— Ils étudient la peine, répondit l'avocat.

— Que me fera-t-on ?

— Vous serez condamné à dix ou vingt ans.

— Et les autres ?

— A mort !

— Même Borras ?

— Oui.

— Eh bien ! pourtant *il n'y était pas.*

Cet aveu fut le point de départ d'une campagne en faveur de la revision du procès de Borras. Le substitut du Procureur, M. de Crozals qui avait suivi les débats, et n'avait point, paraît-il, partagé contre l'accusé la conviction de son chef hiérarchique, interrogea dans leurs cellules Villarubia et Guillaumet. Devant le jury ils avaient nié toute participation au crime, ils ne pouvaient, par conséquent, décharger Borras. Mais une fois le verdict prononcé, ils parlèrent, ils affirmèrent que le vrai coupable était bien Rossel, dit Castillon.

M. de Crozals reprit l'instruction, interrogea Borras, se convainquit de son innocence et, au mois de septembre 1887, dans deux rapports des plus catégoriques, fit part de son impression au procureur général.

Quelques mois plus tard, on arrêtait Rossel à Barcelone. Il faisait des aveux complets de sa participation au crime du Petit-Condom. Mais il ne pouvait être extradé par l'Espagne, en vertu de ce principe absolu que nul pays ne livre ses nationaux.

On le fit interroger par une commission rogatoire, mais, rare jugement à l'égard d'un contumax qui avoue, la Cour de Montpellier prononça en sa faveur un arrêt de non lieu !

Borras semblait perdu par cette décision qui rendait en tout cas impossible une revision ultérieure de son procès (1).

L'arrêt de non lieu en faveur de Rossel était un démenti donné à tous les partisans de son innocence et le décret présidentiel du 19 juin 1888 qui commua sa peine et lui fit la grâce de l'envoyer au bagne à perpétuité semblait lui accorder tout ce qu'il pouvait attendre de la clémence et de la justice de ses concitoyens.

Par bonheur, sa femme parvint à intéresser à son sort un sénateur de l'Aude, M. E. Marcou qui, dans un mémoire publié en 1891, a raconté tout ce qu'il lui avait fallu d'énergie et de patience pour mener jusqu'au bout la tâche qu'il s'était proposée : la grâce et la réhabilitation de Borras.

Il est nécessaire de publier un extrait de ce récit plein d'éloquence en sa bonhomie.

Cent ans plus tôt les Conseillers de Parlement ordonnaient la mise au bûcher du mémoire de Dupaty en faveur de Bradier, Simare et Lardoise... En 1888, on ne jetait pas au feu les mémoires de M. Marcou, on faisait pis : on ne les lisait pas ; on tentait de lasser, de rebuter l'honorable sénateur, et il eut un rare

_____

(1) Voir l'affaire Pierre Vaux : une mesure analogue empêcha pendant de longues années le procès d'être revisé.

mérite à ne pas abandonner la cause de Borras, à la défendre jusqu'au triomphe définitif.

Je commençai mes recherches, raconte M. Marcou pendant l'hiver de l'année 1888. Je m'installai au ministère de la justice, dans une chambre froide et mal éclairée. Devant l'énorme dossier de l'affaire, je m'armai de courage et je me suis mis au travail, travail long, minutieux, fatiguant pour ma pauvre vue. Je ne me rebutai pas. A mesure que je plongeais dans les arcanes, j'apercevais des lueurs qui ranimaient mon courage et faisaient naître mon espoir. Je ne me bornais pas à lire des documents, je prenais des notes et je copiais les pièces essentielles.

Ce sont ces notes que j'ai classées, analysées dans le mémoire que je remis moi-même au Président de la République.

J'en adressai, pour gagner du temps, une seconde copie directement au directeur des grâces et des affaires criminelles, M. Dumas.

Quand je supposai qu'il avait eu le temps de le lire, j'allai le voir pour conférer avec lui et discuter les points qui auraient pu lui paraître douteux. Son accueil faillit me faire tomber de mon haut. « Il n'y a rien, me répondit-il, dans votre mémoire, qui établisse l'innocence de Borras ».

Je voulus entrer en matière et engager une discussion : ce fut en vain. Je le prévins a. .s que j'allais m'adresser au ministre « Hâtez-vous, me dit-il, car je vais faire partir Borras et les deux autres condamnés pour la Guyane. »

« Mais attendez au moins, lui fis-je observer, que le Président ait eu le temps de lire et de juger mon travail. »

Il ajouta de parti pris :

« Jamais je ne ferai une proposition de grâce entière. »

Je sortis navré, indigné, le cœur gonflé de colère, mais non découragé.

La menace ne tarda pas à se réaliser. J'appris par une lettre de Borras à sa femme, qu'on venait de l'aviser de son embarquement prochain. Je m'adressai aussitôt au ministre de la justice et je sollicitai un sursis à l'exécution de cet ordre. Ce sursis me fut accordé par M. Ferrouillat, ministre de la justice.

En janvier 1889, Borras qui déjà était à bord d'un transport à destination de la Guyane avec un convoi de galériens, fut débarqué et envoyé d'abord au fort Lamalgue et de là au dépôt des forçats d'Avignon.

Sous le ministère de M. Thévenet, j'ai passé par bien des alternatives d'espoir et d'incertitude cruelle.

M. Thévenet ne savait pas se décider et me donner une réponse définitive. Sur la foi de l'ordre formel donné par M. Ferrouillat j'attendais avec patience. Mais tel était l'acharnement du directeur du bureau des grâces, qu'au mois de novembre suivant, il fit signer par M. Thévenet une lettre par laquelle celui-ci m'avisait qu'après examen du dossier il lui était impossible de proposer la grâce de Borras. Cet examen, ce n'était pas lui qui l'avait fait, mais bien M. Dumas, qui, pour lui inspirer plus de confiance, avait chargé de jeunes employés de son bureau de faire une réfutation de mon mémoire sous le titre d'« Observations ».

Cette lettre me parvint à Carcassonne où je passais mes vacances. Je revins à Paris et je courus à la chancellerie. Je vis le ministre, je protestai avec véhémence contre l'erreur dans laquelle on l'avait fait tomber. Il fut ébranlé par mes protestations et infirma lui-même sa lettre en écrivant au bas les lignes suivantes : « Je me mets à votre disposition pour discuter avec vous les points de votre mémoire qui ne m'ont pas paru suffisamment établis ».

En même temps que j'étais prévenu du rejet de la demande en grâce, Borras recevait la même notification par l'intermédiaire du directeur de la prison d'Avignon.

Cet infortuné s'empressa de l'annoncer à sa femme dans une lettre éplorée datée du 10 novembre.

Je la communiquai au garde des sceaux qui s'empressa aussitôt de donner contre-ordre.

Comment se fait-il que le directeur de la prison d'Avignon ait reçu cette lettre non pas directement de la chancellerie, mais par le canal du procureur de Carcassonne qui, depuis l'arrêt de la Cour d'assises, était complètement dessaisi de cette affaire ?

Aurait-on voulu lui faire plaisir en lui donnant la primeur de cette nouvelle qui devait combler ses vœux ?

Cela ne ferait-il pas supposer que le bureau des grâces était en communication avec le procureur pour collaborer aux fameuses observations ? Peu m'importe d'ailleurs. Ce que je voulais, c'était empêcher le départ de Borras ; j'y réussis, et cette fois encore M. Dumas en fut pour ses frais de correspondance avec le Procureur de Carcassonne...

... Toute la résistance de M. Thévenet, toutes ses hésitations ne sont venues que de l'opposition sourde et irresponsable de la direction des grâces...... Cette lutte non contre le ministre, mais contre son subordonné, m'attristait, m'irritait et me donnait la fièvre (1).

_____

(1) Rapprocher ce récit de l'affaire Fabry (1815, p. 267).

Que de nuits passées sans sommeil, en méditant sur le supplice inouï de ce malheureux et sur les difficultés de l'arracher au bagne.

J'expliquais cette résistance anonyme parce que j'avais appris des débuts de M. Dumas dans la justice coloniale.

M. Dumas, m'avait-on assuré, aurait passé, comme substitut, plusieurs années à Cayenne. Le voisinage des forçats, me dis-je, a dû endurcir son cœur et le rendre de parti pris incrédule. Il a dû se faire cette conception que puisque tous les forçats se disent victimes d'erreurs judiciaires, il n'y en a pas un seul qui le soit, pas même Borras, malgré mon mémoire.

Cette logique me rappelle un mot d'un ancien chirurgien d'armée visitant les blessés sur le champ de bataille. Fatigué de trouver tant de blessés, il finit par leur dire : « Si on vous écoutait, aucun ne serait mort ».

Mes visites au cabinet du ministère continuaient toujours. Je me levais le matin quelquefois avec la résolution de faire un éclat, d'annoncer à M. Thévenet que j'allais publier mon mémoire et d'adresser en même temps une pétition au Sénat pour faire venir la question à la tribune ; mais au moment psychologique, je faiblissais, je craignais de tout gâter. Je me remettais alors à faire le siège du garde des sceaux, espérant que la place se rendrait par lassitude, mais hélas ! elle ne paraissait pas vouloir capituler.

Pour être juste, je dois déclarer que je n'ai eu qu'à me louer de la courtoisie et de la bienveillance de M. Thévenet. Par deux fois, comme il était à bout de promesses et qu'il ne savait comment s'excuser, il eut l'amabilité de me retenir à déjeuner. Bon ! me disais-je alors, entre la poire et le fromage, j'aurai tout le temps de l'entretenir de Borras. Mais chaque fois je fus déçu. Un jour je tombai au milieu des robes rouges de la province. Une autre fois la réunion gastronomique se composait d'hommes politiques. Il me fut donc impossible de placer un mot sur la malheureuse affaire.

M. Marcou finit cependant par vaincre les résistances et triompha de cette coalition d'inerties.

Après deux années d'efforts, trois ans après le verdict de l'Aude, le 10 juin 1890, la grâce pleine et entière de Borras fut enfin signée.

Faut-il parler d'un procès plus qu'étrange qui fut alors intenté à la victime de cette erreur lamentable ?

Le fils Pradiès réclama à Borras, à peine sorti de prison, 100.000 fr. de dommages-intérêts pour indemnité de l'assassinat de ses parents. Essayait-on ainsi, (la grâce n'effaçant pas le crime et l'arrêt de non-lieu en faveur de Rossel rendant la revision impossible), essayait-on de déshonorer le malheureux une seconde fois ?

Les magistrats qui avaient fait condamner Borras voulaient-ils demander aux juges civils de déclarer que le gracié du 10 juin n'était qu'un assassin ? On le prétendit, des journaux l'imprimèrent...

Donnons, en terminant ce récit, un extrait du discours prononcé à la tribune de la Chambre le 28 juin 1890 par M. le garde des sceaux Fallières, interpellé à propos de la mise en liberté de Borras. Cette déclaration vaut une réhabilitation judiciaire. Elle est la reconnaissance officielle de l'erreur commise.

M. Fallières avait succédé à M. Thévenet. Il avait examiné le dossier dès son arrivée à la chancellerie.

Bien que je penchasse beaucoup pour l'innocence de Borras, dit-il à la tribune, je n'ai pas à ce moment cru devoir prendre une décision : j'ai dit à M. Marcou que j'étais ébranlé, mais que je voulais savoir si Villarubia et Guillaumet avaient persisté dans leurs révélations et surtout quelle avait été, en prison, l'attitude de celui qui se disait innocent.

Il me semblait que son innocence devait se révéler dans sa prison par quelque fait extérieur.

J'ai demandé à M. le Ministre de l'Intérieur de mettre à ma disposition un inspecteur général des prisons qui irait au dépôt des forçats, à Avignon, et me rapporterait, non-seulement ses impressions sur Borras, mais celles de ceux qui habitaient la prison.

Voici les termes mêmes du rapport que m'adressait le 6 mai 1890, cet inspecteur :

« Quand je me suis présenté le 22 mai au dépôt des forçats d'Avignon, et que j'ai déclaré au directeur que j'étais envoyé par M. le Ministre de la justice, pour prendre des renseignements sur un condamné dont la culpabilité laissait planer quelques doutes, il s'est écrié aussitôt avant que j'eusse prononcé aucun nom : « C'est Borras ! »

« — Est-ce que vous étiez déjà informé de ma mission, lui demandai-je ?

« — Non, mais depuis qu'il est ici, c'est-à-dire depuis deux ans, cet homme m'inspire une pitié profonde.

« Ses protestations d'innocence ne cessent pas, il pleure souvent comme un enfant pendant des journées entières, et cependant, il ne cesse de donner à tous ses co-détenus l'exemple de l'obéissance au travail. Depuis vingt-cinq ans que je vis ici, au milieu des forçats, aucun homme ne m'a inspiré une telle commisération.

«...... Sa femme lui écrit tous les huit jours. Ces lettres sont remplies de courage, d'espérance, relevant son moral, lui disant qu'il ne doit pas désespérer, que son innocence finira par être reconnue.

« Ces lettres Borras les lit et les relit. Jamais il ne profère un mot déplacé, jamais une plainte. Il lit les lettres de sa femme et pleure.»

M. l'Inspecteur général, car jusqu'ici c'est le directeur de la prison qui parlait, a interrogé beaucoup de monde et toutes les déclarations ont concordé avec celle du directeur.

Il a voulu voir Guillaumet et Villarubia. Il les a mis en présence de Borras.

Voici le langage de Guillaumet :

« J'affirme de la façon la plus formelle que Borras n'a en quoi que ce soit, ni comme exécution, ni comme préparation, ni comme connaissance préalable, participé à l'assassinat commis sur les époux Pradiès dans la soirée du 26 mai 1887. Nous étions *trois* complices, trois seulement : Antoine Rossel, dit Antonio de Castillon, Villarubia et moi. »

Telle est, Messieurs l'enquête à laquelle j'ai procédé: j'ai cru de mon devoir de la communiquer à M. Thévenet qui a pensé comme moi, *qu'il n'y avait plus de doute possible.*

Voilà qui était net et décisif. Mais pourquoi M. Fallières essaya-t-il de rejeter la responsabilité de l'erreur sur le jury?

« Maintenant ajouta-t-il, était-il bien nécessaire de faire tant de bruit et d'agiter comme on l'a fait l'opinion publique?...

Les erreurs judiciaires sont très rares à notre époque et il ne faut pas, parce qu'une erreur de ce genre à été commise, outrager les magistrats (*très bien, très bien*)... Car on a paru trop oublier que la décision attaquée n'avait pas été rendue par des magistrats mais par le jury. »

Le jury ! Etait-ce lui qui avait rédigé l'acte d'accusation? Etait-ce lui qui avait dirigé ces débats, malmené les témoins à décharge, déclaré leur sincérité suspecte et leur honorabilité douteuse, cherché à discréditer la défense, enfin refusé un renvoi des débats à une autre session, pour permettre une instruction complémentaire?

ERREURS JUDICIAIRES DU XIX° SIÈCLE

IV

LES ERREURS JUDICIAIRES
NON LÉGALEMENT PROCLAMÉES

————

MAXIMILIEN FLAMENT

(1811)

Le 31 janvier 1811, un incendie détruisit la grange du maire de Noyelles (dans la Somme). Le feu avait été certainement allumé par une main criminelle.

Les constatations ne laissaient, sur ce point, nul doute possible ; mais aucun indice ne permettait de soupçonner l'incendiaire.

La rumeur publique aussitôt accusa le garde champêtre Maximilien Flament (1), un proche parent du maire, brouillé avec lui et dont l'animosité contre l'officier municipal était connue dans le village.

Ces mauvais rapports du garde champêtre et de son parent furent pour l'opinion une suffisante explication du crime et, la

————

(1) L'innocence de Maximilien Flament n'a été reconnue ni par les tribunaux, ni par les pouvoirs publics ; malgré cela, elle ne paraît pas douteuse. — *Une erreur judiciaire au XIX° siècle*, par Lefèvre, extrait des mémoires de la société d'émulation, plaquette imprimée à Cambrai, sans date. — *Biographie des prêtres du diocèse de Cambrai*, p. 440. Cambrai. (Bibliothèque nationale, L. 9, n, 21).

culpabilité de Flament une fois admise *a priori*, on en découvrit des preuves ou de prétendues preuves.

Certains témoins assurèrent que trois jours avant le crime, il avait proféré des menaces contre le maire en présence de ses batteurs et de ses domestiques.

Ces menaces n'avaient, du reste, étonné personne. On savait Flament vindicatif. Il était connu dans le pays pour ses violences et ses rancunes tenaces.

D'autres firent remarquer qu'au moment de l'incendie, le vent soufflait de façon à rabattre les flammes vers la grange du maire, et qu'il les éloignait de la maison voisine, précisément occupée par le garde-champêtre.

D'ailleurs on fut frappé d'entendre, à plusieurs reprises, Flament — qui se sentait suspecté —, répondre à des accusations qu'on ne formulait pas encore. On souligna son inquiétude, son évidente préoccupation.

A ces racontars, à ces insinuations, se joignirent des constatations matérielles qu'on interpréta contre Flament.

Dans la haie qui séparait sa chaumière de la grange incendiée, le maréchal-des-logis de gendarmerie découvrit un trou par lequel le criminel avait dû s'introduire pour mettre le feu.

Près de cette même haie, des traces de pas furent découvertes.

On saisit les bottes du garde-champêtre, elles s'adaptèrent à ces empreintes ! C'en fut assez pour qu'un mandat d'amener fut lancé, le 4 février 1811, contre Maximilien Flament.

Tout de suite l'accusé invoqua un alibi, et cita comme témoin un sieur Cartry, dit Tigaule. Celui-ci confirma d'abord les dires de Maximilien Flament, mais pressé de questions, admonesté par le juge qui lui montrait le danger auquel l'exposerait un faux témoignage, confronté avec les autres témoins qui, d'une voix presqu'unanime accusaient Flament, voyant contre lui tout le monde et peu soucieux, enfin, de se compromettre pour un homme qui, en somme, était peut-être coupable, puisque telle était la conviction générale, Cartry hésita, se troubla, finit par déclarer qu'il n'était pas certain... qu'en définitive, il ne pouvait rien affirmer.

Cette rétractation de Cartry décontenança le garde-champêtre, qui ne trouva plus rien à dire pour sa défense, se sentit perdu et s'abandonna.

L'embarras de ses réponses, résultat de ses craintes et de son découragement, fut interprété comme la confusion d'un coupable abattu.

— Je suis tout troublé quand ces messieurs me parlent, disait-il.

Et ce trouble aux yeux du juge était l'indice d'une conscience bourrelée de remords.

Maximilien Flament fut renvoyé devant la Cour d'assises de Douai, le 20 juillet 1811. Trente-et-un témoins à charge furent entendus. Deux témoins à décharge étaient cités : le premier était Cartry, qui n'osa rien dire ; l'autre un négociant de la commune, M. Paix, qui depuis le début de l'affaire s'était, contre tous, porté garant de l'honorabilité et de l'innocence du garde-champêtre. La fatalité voulut que le jour de l'audience ce témoin fût malade et ne pût quitter le lit.

Autre malchance : Flament avait pour défenseur un jeune avocat, Me Henri Leroy, que le président interrompit constamment dans sa défense (1).

Me Leroy décontenancé par les apostrophes du président, renonça à la parole et céda sa place à l'un de ses confrères qui présenta la défense de Maximilien Flament.... à l'improviste, acceptant bien légèrement une aussi lourde responsabilité.

Son improvisation aboutit à la condamnation à mort de Flament, dont le pourvoi en cassation fut rejeté le 15 septembre 1811. Une seule ressource restait au condamné : la grâce impériale. Bravement, sa jeune femme — vingt ans à peine, — entreprit de l'obtenir et se mit en route pour Paris.

Elle arrive aux Tuileries et se heurte aux grilles fermées. Un portier, touché de sa mine naïve, lui apprend que l'Empereur a quitté la capitale, et lui conseille d'aller trouver le grand juge, le Ministre de la justice, le duc de Massa.

Par quel rare bonheur obtient-elle la faveur d'une audience ?

_____

(1) Les présidents de Cours d'assises, du moins un certain nombre d'entre eux, usent de leurs pouvoirs sans limites pour interrompre le défenseur à tout propos. Pourtant le ministère public et le défenseur sont égaux. Ils doivent être traités sur le même pied par le Président de la Cour d'assises. Or a-t-on jamais vu un Président, interrompant un membre du Parquet pour lui adresser des observations ?

On ne sait, mais elle parvient jusqu'au garde des sceaux, qui l'écoute. Il l'écoute... mais il lui répond que la Justice doit suivre son cours. Tout ce qu'il peut faire pour elle — car ses larmes l'ont touché. — c'est « afin, dit-il, de ménager sa sensibilité », d'ordonner l'exécution immédiate, tandis qu'elle est à Paris. Tout serait fini de la sorte quand elle reviendrait à Noyelles! C'était, ajoutait-il, la seule grâce qu'il fût en son pouvoir d'accorder à la solliciteuse.

La jeune paysanne poussa un cri de colère à cette étrange proposition. « Comment ! s'écria-t-elle en sanglotant, je viens demander la grâce de mon mari ; je suis prête à racheter sa vie de dix ans de la mienne et vous m'offrez de hâter sa mort...»

Le duc fut tout surpris que son « bon mouvement » fût si mal accueilli : il n'avait point eu l'intention de se livrer à une cruelle ironie, loin de là : il avait cru faire preuve d'humanité.

L'exécution eut lieu quelques jours plus tard, suivant un cérémonial alors en usage dans le diocèse de Cambrai.

Les frères de la Miséricorde, couverts d'une robe blanche, un voile sur la tête, portant sur le bras l'image d'une tête de mort, et sur l'épaule, au bout d'un baton une lanterne allumée, escortaient le patient jusqu'à l'échafaud en psalmodiant des chants funèbres.

Leurs lugubres litanies furent, ce jour-là, ponctuées des protestations de Maximilien Flament.

— Je suis aussi innocent que le plus jeune de mes enfants, répétait-il désolé.

Cependant le glas sonnait au-dessus de la ville tout entière impressionnée par cette procession sinistre.

Au moment où le bourreau se saisit de Maximilien Flament, tandis que tintait encore la cloche des suppliciés, une scène des plus étranges se passait chez un des jurés qui avaient siégé dans l'affaire, M. Douay-Frémicourt. Il se jetait à genoux, appelant sa famille à ses côtés, « afin, disait-il, de prier pour les juges qui avaient condamné l'innocent. »

M. Douay-Frémicourt comprenait, que le garde de Noyelles n'avait été condamné que sur des présomptions. Le vent qui soufflait de tel ou tel côté; des traces de pas analogues à celles qu'aurait laissées l'accusé, (comme si les paysans faisaient tailler leurs bottes et leurs sabots sur mesure !) des propos à doubles sens interprétés par la malignité des voisins, et par la rancune des gens auxquels le garde-champêtre avait dressé des procès-verbaux, voilà tout ce que pouvaient invoquer, pour rassurer leurs consciences, les jurés qui avaient condamné Flament et les magistrats qui avaient réclamé contre lui la peine de mort !

On comprend leur inquiétude alors ! On devine quels durent être leurs remords, huit ans plus tard, lorsqu'éclata l'innocence du garde-champêtre dans les circonstances suivantes :

Le 20 octobre 1817, on guillotinait à Cambrai, un mendiant convaincu d'assassinat, Félix Moreau. La grande place était couverte de monde ; toute la ville était venue assister au défilé du cortège funèbre des frères de la Miséricorde, accompagnant le condamné jusqu'à l'échafaud, Moreau avait à ses côtés l'abbé Marc Antoine Bauduin, vicaire de St-Géry, celui-là même qui avait assisté Maximilien Flament à sa dernière heure.

Parvenu sur la plate-forme de la guillotine, le prêtre arrête le bourreau et, lui retenant le bras, il s'avance vers la foule :

Mes frères, dit-il d'une voix forte qu'on entend sur toute la place, vous vous rappelez que l'on a guillotiné ici le garde-champêtre de Noyelles : vous vous rappelez que cet homme a toujours dit qu'il était innocent. Eh bien, je suis autorisé à vous déclarer qu'il était véritablement innocent, et que l'incendiaire est celui qui va mourir maintenant. Il demande pardon à Dieu du double crime qu'il a commis et va vous déclarer lui-même que ce que je vous dis est la vérité.

. — Oui ! c'est vrai, j'en demande pardon à Dieu, s'écrie alors Moreau.

Un terrible et unanime frémissement, raconte l'auteur de la *biographie des prêtres du diocèse de Cambrai*, agita à ces mots toute la foule... le fatal couperet tombe... Alors les sanglots, les cris éclatent. L'abbé Bauduin, qui s'est retourné vers le supplicié pour lui adresser une dernière parole reparaît le surplis couvert de sang.

« A genoux » s'écrie-t-il.

Et cette masse compacte, comme si la foudre l'avait atteinte, se prosterne, et tous, en pleurant, répondent aux paroles du prêtre qui, à genoux lui-même, sur la guillotine, récite tout haut le *De profundis*. »

Un acte de notoriété signé de *plusieurs personnes respectables* de Cambrai atteste en des termes moins dramatiques l'exactitude de cette scène poignante. Aucune suite judiciaire, cependant, ne fut donnée à ces révélations de Moreau ; mais dès lors l'innocence de Maximilien Flament ne fit plus de doute dans le pays.

D'ailleurs la loi sur la revision était inapplicable en l'espèce et le fils du malheureux garde-champêtre n'eut d'autre ressource que d'adresser, trente-cinq ans plus tard, en 1850, une pétition à l'Assemblée législative, demandant qu'il lui fût servi « une pension alimentaire dont l'exposé des motifs fut l'équivalent d'une reconnaissance de la non culpabilité de son père. »

PIERRE VAUX

(1852)

Pierre Vaux, jeune instituteur de haute intelligence et de parfaite moralité, était à Longepierre (1), depuis 1848, le chef avéré du parti républicain. Très aimé, très populaire, il avait comme partisans toute la classe des travailleurs, et contre lui tous les *notables* du pays. (2)

Dans un petit village, presque toujours, une question exclusivement municipale, divise les habitants en deux partis irréconciliables. Les grands principes ne sont que des accessoires.

A Longepierre, en ce temps là, il s'agissait surtout de savoir si le domaine communal (deux cents hectares environ) serait ensemencé de blé, destiné à nourrir les familles pauvres de la commune, ou s'il resterait à l'état de vaine pâture, utile seulement aux propriétaires de bestiaux.

Les républicains, Pierre Vaux en tête, réclamaient le défrichement : les notables étaient partisans du maintien des «pâquiers», et, maîtres de la municipalité, ils avaient toujours fait triompher le système qui leur était profitable.

---

(1) Longepierre, canton de Verdun-sur-Doubs, près Châlon-sur-Saône. (Saône-et-Loire).

(2) *Histoire de Pierre Vaux*, par A. Buchot et Gauthey, d'après les documents du greffe de la Cour d'assises de Châlon-sur-Saône, et la correspondance officielle de M. le juge de paix Feurtet. Louhans, 1889.

Pierre Vaux organisa le premier à Longepierre un parti d'opposition et parvint à faire entrer des « démocrates » au conseil municipal. Du coup, de tous les évincés il se créa autant d'ennemis.

Il fit pis, ou mieux. Il réclama, lui instituteur, l'instruction gratuite pour tous ; il multiplia à son école les cours, les conférences, pour les électeurs de son village.

Bientôt, représenté par les notables et par le curé comme un « socialiste », un « révolutionnaire », il fut révoqué de ses fonctions, le 12 avril 1850.

Le gouvernement doublait ainsi sa popularité et assurait son élection au conseil municipal dès la première vacance. Au renouvellement de cette assemblée, Pierre Vaux, en effet, était élu conseiller et nommé maire de Longepierre. Le préfet refusa d'approuver cette nomination, et désigna à la place de Pierre Vaux, comme chef de la municipalité, le premier adjoint, un aubergiste nommé Gallemard. Celui-ci s'était fait élire comme républicain. Une fois entré au Conseil, il se montra tout dévoué au gouvernement, et entreprit de gagner Longepierre au bonapartisme.

Ce fut dès lors entre Pierre Vaux et Gallemard une lutte quotidienne ; lutte dont l'âpreté se devine et où l'ancien instituteur plus intelligent, et plus populaire, eût bien fini par avoir le dessus, si Gallemard n'eût employé pour se défaire de son rival, un procédé tel que la politique, peu délicate cependant quand il s'agit de se débarrasser d'un adversaire, n'a jamais rien inventé de pire.

Gallemard fit mettre ou mit lui-même le feu à plusieurs reprises, soit chez ses ennemis personnels (dont il se vengeait ainsi du même coup), soit chez les ennemis de Pierre Vaux, et accusa ce dernier d'être l'auteur de cette série d'incendies. Il désignait en même temps, comme ses complices, les autres chefs du parti républicain, ainsi transformé en société d'incendiaires.

En qualité de maire il fut entendu le premier comme témoin par le juge de paix. Il suggéra au magistrat, dès le début de chaque enquête, tout un système d'accusation très habilement conçu et corroboré par des constatations qu'il était censé avoir faites comme maire et dont il apportait chaque jour les prétendus résultats.

Il est impossible de détailler ici (1) la façon habilement compliquée dont ce Machiavel de village parvint à donner à la justice cette proposition pour point de départ à ses recherches : « Ce sont les républicains qui sont coupables. »

Disons seulement qu'il se passa dans cette instruction ce qui se produit, nous l'avons vu, trop souvent : le juge chargé de l'information, se crut en face non d'une vérité à découvrir, mais d'un théorème à démontrer. Séduit par une hypothèse qui flattait ses préférences politiques et dont la vérification devait être utile à son avancement, le magistrat n'eut plus qu'une idée : échafauder solidement l'accusation lancée par Gallemard contre Pierre Vaux et ses amis. Et dans cet état d'esprit, il accueillait toute déposition à charge, avec la joie du savant qui voit l'expérience confirmer son calcul.

Tout témoignage favorable à l'accusé se présentait, au contraire, comme un retard dans la marche du juge vers son but, et, comme un risque d'échec.

Vivement menée l'instruction aboutissait le 22 juin 1852, à la comparution devant la Cour d'assises de Saône-et-Loire, de huit accusés.

Voici, en sa partie essentielle, l'acte d'accusation dressé contre eux :

Le 2 mars 1851, à minuit 1/2 un incendie éclata dans la commune de Longepierre, et détruisit six corps de bâtiments contenant neuf ménages; le mobilier, les récoltes furent la proie des flammes. Dans la même nuit, au même instant et dans un point opposé de la commune, quelques habitants combattaient heureusement le feu qui se manifestait au toit d'une maison habitée par un sieur Voisenot.

Les traces apparentes du frottement d'allumettes chimiques sur le mur indiquaient de la manière la plus certaine que le commencement d'incendie était le résultat d'une tentative criminelle. Le 25 du même mois, à dix heures du soir, un nouveau sinistre réduisait en cendres cinq corps de bâtiments considérables, et contre le mur, où le feu avait d'abord été mis, on remarquait les traces des allumettes chimiques dont l'incendiaire avait fait usage. Des faits si graves n'étaient que le prélude d'une longue série de crimes. Malgré une

_____

(1) Voir ce récit dans l'*Histoire de Pierre Vaux*, par A. Buchot et Gauthey.

surveillance active et pendant les veilles anxieuses des habitants, la commune de Longepierre eut à subir six fois les effets du fléau dévastateur. Le 5 mai, à dix heures du soir, le feu détruisit quatre bâtiments, renfermant huit ménages. Le 14 septembre suivant, à neuf heures du soir, il consuma rapidement six corps de bâtiments et quatre meules de récolte.

Le 28 octobre, entre onze heures et minuit, quatre maisons sont réduites en cendres.

L'acte d'accusation poursuit l'énumération des incendies, puis continue :

.... « Dès le mois de mai 1851, l'opinion publique et avec elle l'autorité locale (lisez Gallemard), désignaient résolument les auteurs de ces coupables méfaits.

« Les magistrats étonnés de l'énormité des crimes dénoncés à leurs recherches, hésitèrent quelque temps ; mais bientôt ils durent reconnaître la puissance de cette accusation populaire et, guidés par de graves indices, éclairés par des preuves accablantes, ils peuvent enfin livrer à la justice du pays les hommes qui pendant une année ont jeté la désolation et la ruine au milieu d'une population laborieuse.

« Avant l'année 1848, une question de biens communaux avait amené une division profonde entre les habitants. Les uns voulaient laisser ces biens indivis, les autres en demandaient le partage.

« A la tête de ces derniers se trouvait l'instituteur Pierre Vaux, assisté des accusés Antoine Michaud, Jean Petit, Maurice Nicolot, Félix Savet, J.-B. Dumont et Claude Malois.

« Lors de la révolution, le partage se fit arbitrairement. Cet état de choses dura quelque temps et, quand les élections furent arrivées, Pierre Vaux et presque tous ses adhérents furent élus membres du conseil. Malgré leur succès et quoique l'administration supérieure eût donné sa sanction au partage des biens communaux, les haines de la lutte survécurent dans l'esprit de Pierre Vaux et de ses amis ; les animosités politiques les excitaient aussi.

« Bientôt les premiers incendies eurent lieu, ils se manifestèrent dans des circonstances et avec des précautions qui indiquaient chez les auteurs le dessein arrêté de détruire la commune. La ruine atteignait aussi tous les hommes riches ou dans l'aisance qui s'étaient opposés au partage. Les accusés n'avaient rien à redouter des effets de l'incendie, leurs maisons étant grevées d'hypothèques et leur situation de fortune très compromise. Puis il courait de vagues rumeurs des événements menaçants de mai 1852, événements qui devaient niveler toutes les conditions; sinon améliorer les unes aux dépens des autres (*sic*).

« Les paroles, l'attitude des accusés justifiaient les soupçons que laissait échapper la population terrifiée par le nombre et la succession des sinistres.

« Ces hommes semblaient disposer des événements et leurs prédictions s'accomplissaient instantanément.

« Le 24 mars, Jean Petit annonce que l'incendie du 2 mars ne sera pas le seul, que bientôt il y en aura un nouveau, et, le lendemain 25, éclate avec violence un nouvel incendie.

...... (Suivent d'autres propos analogues).

« Tandis que les habitants sont dans l'effroi, les accusés se réunissent et paraissent se réjouir des événements. Vaux les dirige et les anime. Il dit un jour : « Tout cela n'arriverait pas si l'on eût voté des fonds pour célébrer la révolution de 48. »

« Deux de ses amis J.-B. Dumont et Claude Malois sont entendus après un incendie chantant la *Marseillaise* et disant à chaque refrain : « Il a brûlé, il brûlera encore et nous ne risquons rien... »

« C'est alors que se produisit un des graves événements de cette procédure. Le 24 mai 1851 un nommé Pierre Balléaut, de Longepierre, fut surpris à Seurre, au moment où il cherchait à négocier deux billets dont l'un portait la signature d'un sieur Petitjean. Ces billets étaient faux.

« Pierre Balléaut, complètement illettré, déclara qu'ils avaient été écrits et lui avaient été donnés par Antoine Michaud. Ce dernier avait voulu, par ce moyen, acheter le silence de P. Balléaut qui racontait ainsi les circonstances qui avaient précédé et déterminé la création des faux billets : Le mardi 4 ou le mercredi 5 mars, Antoine Michaud se trouvant sur les lieux de l'incendie du 2, dit à P. Balléaut : — Te voilà, tu regardes. — Oui, reprit Balléaut, je regarde et je vois bien des malheureux. — Eh bien, nous en ferons des heureux. Si tu veux être de notre société, tu sauras de quelle manière. — Quelle société ? répondit Balléaut. — Oh ! ce n'est pas difficile, continua Michaud, c'est pour faire cet ouvrage, c'est pour mettre le feu. Nous ne sommes que quatre, mais il y en aura bien d'autres.

« Balléaut fut invité à garder le secret. Quelques jours plus tard, Antoine Michaud lui dit que Nicolot, J. Petit et Félix Savet étaient de « la Société ». La discrétion la plus absolue lui fut recommandée.

« Deux mois après Balléaut, étant dans le besoin, avait demandé un secours à Michaud et celui-ci, placé par ses imprudentes propositions dans la dépendance de son confident, s'était rendu l'auteur des faux billets dont il avait fait usage à Seurre.

« Ces révélations soutenues avec énergie par P. Balléaut, alors surtout qu'elles corroboraient tous les soupçons et tous les indices déjà acquis à l'instruction, amenèrent l'arrestation de Michaud, Félix Savet, J. Petit, Maurice Nicolot et Malois.

« ... Pierre Balléaut et Antoine Michaud, traduits devant le jury, le 18 décembre 1851, sous l'inculpation de faux, ont été : le premier acquitté, le second reconnu coupable, et condamné à sept ans de réclusion.

« Les 14 septembre et 28 octobre, deux incendies éclataient à Longepierre.

« Cependant l'opinion publique (lisez Gallemard) ne déviait pas de ses premières indications. Comme Balléaut, avant et depuis les révélations de cet homme, elle imputait les crimes à une société organisée et elle désignait hautement les membres de cette société : c'étaient Pierre Vaux, Michaud, Félix Savet fils, Jean Petit, Maurice Nicolot, J.-B. Dumont et Claude Malois. Elle s'inquiétait de l'hésitation des magistrats, regrettait leur erreur et renouvelait énergiquement ses accusations contre les accusés lors des sinistres qui éclataient encore les 15 janvier, 8 et 11 mars 1852.

« Pierre Balléaut rendu à la liberté par le verdict du jury, et n'ayant désormais rien à redouter des recherches de la justice, n'avait plus été interrogé par les magistrats.

« Après l'incendie du 11 mars dernier, il fut appelé devant M. le juge d'instruction, compléta ses révélations et y persista; le 23 avril, il se décida enfin à faire connaître toute la vérité... Il fit la déclaration suivante :

« Avant les incendies, au mois de février 1851, le 15 ou le 17, Antoine Michaud vint le trouver, l'invita à venir le soir chez Pierre Vaux.

« Il s'y rendit à l'heure indiquée ; là étaient les accusés : Pierre Vaux, A. Michaud, Félix Savet, son fils Claude, Jean Petit, Maurice Nicolot et J.-B. Dumont. Savet père prit le premier la parole en disant qu'il fallait brûler la rangée en partant de chez Valuzon pour aller au Doubs ; et qu'il était prêt à commencer. Jean Petit s'offrit alors et il fut désigné avec Michaud, car on décida qu'il fallait être deux sur cette longueur-là. Le jour ne fut pas arrêté. On attendait l'occasion favorable. Savet père s'offrit pour continuer, disant que chacun aurait son tour. Pierre Vaux reprit qu'après ce coup-là on en ferait un autre. P. Balléaut, ayant refusé de participer à ces actes, J.-B. Dumont lui dit : « Si tu ne veux pas, tu seras un lâche. »

« L'incendie et la tentative du 2 mars, eurent lieu. Dans les jours qui suivirent, Pierre Balléaut fut de nouveau rencontré par Michaud qui l'invita à venir le lendemain chez lui où l'on devait décider encore quelque chose. Balléaut vint au rendez-vous et trouva Michaud, Vaux, Petit et Dumont; Savet père arriva ensuite.

« Nous voilà tous réunis, dit Savet père. Il faut commencer de manière à en faire brûler un peu gros.

« Savet désigna la maison de Jean Duperron... Le 25, le feu fut mis chez Duperron...

« Pierre Balléaut, soumis à des confrontations et à des interprétations répétées et solennelles, a persisté dans ses révélations. Il explique comment il a caché d'abord une partie de la vérité, ne voulant pas compromettre tant de monde et redoutant la vengeance de ceux qu'il considérait comme puissants et dangereux.

« *Il se défend du mensonge dans un langage énergique et imposant. Il n'est entraîné que par la force de la vérité et la véracité de ses remords....*

« Les faits constatés avant et après les révélations de Balléaut sont tous des indices, des preuves de la véracité de ce témoin... »

Il est nécessaire de rapprocher de cet acte d'accusation la déposition de Gallemard devant le juge de paix, M. Boulanger ; elle en est en quelque sorte le sommaire. L'argumentation et la valeur du document judiciaire apparaissent tout de suite singulièrement affaiblies, lorsqu'on sait que ce Gallemard, convaincu plus tard d'incendie, devait se pendre dans sa cellule le 2 juillet 1855, que Balléaut, reconnu coupable du même crime, devait être condamné à mort au mois de novembre suivant, *après avoir proclamé l'innocence de Vaux et rétracté toutes ses accusations.*

Voici cette déposition de Gallemard, en date du 17 juin 1852 :

« Quelques jours avant l'Ascension, Michaud, conseiller municipal à Longepierre, est venu me trouver chez moi et m'a fait l'aveu qu'il était l'auteur des faux billets signés Petitjean. (Suit l'histoire des faux billets.)

D. — Quelle est la moralité de Michaud ?

R. — Jusqu'au moment où il est entré au conseil municipal en n'avais rien à dire de lui. Depuis ce moment, il s'est montré très animé en politique. C'est Vaux qui l'a accaparé et perdu.

D. — Vous êtes interrogé en votre double qualité de maire et d'habitant de la commune; votre première qualité vous oblige à faire connaître en détails les faits relatifs à chacun des inculpés.

R. — J'ai toujours été au-devant de ce qui a pu éclairer la justice et je vais encore le faire en disant tout ce que je sais par les rapports qui m'ont été faits. Savet a dit, après que son enfant a été interrogé : « Si mon enfant ne m'eût pas vendu je ne serais pas dans la passe où je vais me trouver; il est probable que je vais aller à Châlon bientôt. »

« Richard, qui a été en prison, prétend que l'homme qui a été vu lors du dernier incendie, tournant le dos au feu, par un des gardes de nuit qui dit ne pas l'avoir reconnu, serait Savet. Il paraît que Mme Duperron-Burette, de Longepierre, qui aurait vu passer le même homme, aurait la même opinion.

« Savet est un des conseillers municipaux qui s'identifiait le plus complètement avec Vaux. C'est un homme qui porte fort bien la haine et qui serait un homme d'action dans l'occasion, n'allant point faire de confidences comme Michaud, ne s'en remettant qu'à lui du soin de faire ce qu'il croit bon à ses projets. Dans ces derniers jours, après la découverte du faux billet Michaud, ils ont tous bien senti la position nouvelle que cet événement leur créait, et particulièrement Savet était comme aliéné. Il allait et venait dans les rues sans motif. Il ne pouvait rester en place. Il a été proposer à des personnes, dont il a toujours été l'ardent adversaire, de leur faire des voitures de pierre. Ce n'est que la prudence de Vaux et ses discours qui les ont tous remis...

« Balléaut et sa femme en savent plus long qu'ils n'en disent, car tout le monde, dans le pays, du moins tous ceux qui ne sont pas de leur bande, disent bien que les vrais coupables sont bien en prison, mais qu'ils n'y sont pas tous. Ainsi on pense que Barilot était bien l'homme qui s'est sauvé à travers champs.

« On commence à comprendre que l'opinion s'était égarée sur Treffort, mais sa mauvaise réputation avait dû le faire soupçonner un des premiers..... Il y a des faits qui, isolément, n'ont aucune valeur, mais qui, réunis et s'appliquant à une personne plutôt qu'à une autre, changent de caractère. Ainsi, tout le monde disait à Longepierre : « Nous brûlerons encore après le premier feu et surtout après le second »; mais Jean Petit le disait d'une manière tellement sûre, qu'on aurait pu lui dire : « Mais c'est donc vous qui allez mettre le feu? » Ainsi, il disait à Charbonnier Antoine, le père de l'ancien maire, étant à boire ensemble : « Oh ! il faut que vous y passiez, mon cousin, vous brûlerez comme les autres.» Mais si je brûle, répondit Charbonnier, tu brûleras aussi, malheureux ! — Oui, reprit-il, je le sais bien, mais tout le quartier y passera, je le sais bien (1).

_____

(1) Petit tenait ce langage parce que dans sa pensée les incendiaires avaient pour objectif le bureau de tabac.

Les allées et venues, les réunions de tout genre de tous ces hommes qui ne peuvent donner comme prétexte que les prétendues affaires de la commune, prouvent bien leur entente. Ainsi, on voit, d'après le dire de Moissonnier (1), voisin de Balléaut, Michaud, quand il veut parler à Balléaut, le faire sortir de sa maison, le conduire sous le hangar et lui parler à voix basse. Y a-t-il besoin d'un pareil mystère pour lui dire qu'il va lui faire un faux billet pour faire soigner son enfant? Il en est de même des rapports de Charbonnier-Borgeot avec Barelot. Le prétexte est le nettoiement d'une horloge, et on les voit causer mystérieusement. Puis tous enfin ont des rendez-vous, des réunions tellement fréquentes, qu'en dehors de celles qui restent inconnues, tout le monde était étonné de la multiplicité de leurs rencontres. »

. . . .

A l'audience, ce fut encore Gallemard qui déposa le premier :

« Après s'être expliqué sur les sinistres et sur les dommages qui en sont résultés, il déclare que l'opinion publique, à Longepierre, désigne depuis longtemps les accusés comme membres d'une société organisée dans le but de détruire la commune. « On regarde, dit-il, dans le pays, Vaux comme le chef de cette association. » Il rappelle l'histoire des faux billets, etc.; il montre les accusés atterrés par les révélations de Balléaut, Vaux revenant de prison et les réconfortant. Il parle de leurs allées et venues, de leurs réunions et conversations mystérieuses sous le prétexte de s'occuper des affaires de la commune.

« Puis, arrivant à l'accusation portée contre lui par Jean Petit, qui a « osé les dénoncer, lui et son gendre, comme ayant tenu une conversation suspecte dans la nuit du 2 mars 1851 », Gallemard déclare qu'il ne veut pas même protester contre une semblable accusation. »

Pierre Vaux, interpellé, répondit point par point à ce réquisitoire du maire :

« On a prétendu, dit-il, que l'opinion publique me désigne comme chef d'une société criminelle. Je défie M. le Maire de citer une seule personne, à part Balléaut, dont je prouverai les mensonges, qui m'accuse de la moindre action déshonorante. Si j'ai eu des relations avec la plupart des accusés, ces relations n'avaient rien de

_____

(1) Ce Moissonnier, beau-frère de Balléaut, fut condamné en 1855 comme incendiaire, complice de Gallemard.

caché et rien de coupable. Nous faisions partie du conseil municipal ; nous avions, sur les affaires de la commune, les mêmes sentiments et nous étions unis par l'ardeur de faire triompher nos idées.»

Un des accusés, Jean Petit, imputa formellement à Gallemard
et à son gendre Pichon la responsabilité des incendies :

, « Le 2 mars, dit-il, comme je sortais de l'auberge de Gallemard,
vers les onze heures et demie du soir, j'ai parfaitement entendu
Gallemard dire à Pichon : « Pensez-vous toujours le faire ce soir ? »
Pichon a répondu : « Oui, il faut que cela se fasse. » « Cela suffit »,
dit Gallemard.

« J'ai dit à plusieurs personnes que les incendies allaient recommencer, parce que je supposais que Gallemard ne s'arrêterait pas
avant d'avoir détruit le bureau de tabac, car tout le monde sait
bien que les Gallemard sont furieux d'avoir été supplantés dans le
débit de tabac et qu'ils ont une haine mortelle contre Mme Frilley
qui leur a succédé. »

La déposition de Balléaut fut des plus étranges. Le témoin, à
chaque instant, se retournait vers Gallemard qui, par ses regards et ses gestes, lui dictait pour ainsi dire ses réponses. Ce
fut à ce point que les défenseurs déposèrent des conclusions demandant qu'il plût à la Cour : « attendu que le sieur Gallemard,
par sa présence, par son attitude et par ses gestes, semble influencer le témoin Balléaut, ordonner que ledit Gallemard sortît
de l'audience pendant la durée de la déposition de Balléaut. »

Ces conclusions eurent le sort habituellement réservé par la
Cour d'assises aux conclusions de la défense. Elles furent rejetées et Balléaut poursuivit son récit plein d'inexactitudes et de
contradictions.

Balléaut racontait notamment qu'il avait assisté chez Pierre
Vaux, le 16 février, à une réunion où des incendies avaient été
organisés, et il indiquait, à la demande de la défense, la porte
par laquelle il était entré chez Pierre Vaux. Or, la porte désignée
par le témoin était condamnée et murée depuis le mois de novembre précédent. Dans la chambre où s'était, prétendait-il,
comploté le crime, Balléaut déclarait avoir vu un poêle et un
lit, et l'accusé put établir qu'il n'y avait jamais eu dans cette
pièce de meuble d'aucune sorte.

Plusieurs témoins à décharge vinrent déposer de la mauvaise

réputation de Balléaut. Gallemard même dut reconnaître qu'il était assez mal famé, et que dans plusieurs circonstances il avait commis des détournements.

— A-t-il subi une condamnation pour vol, interrompit sévèrement le président?

— Non, M. le président, répondit Gallemard.

— Alors vous n'avez pas le droit de l'appeler voleur, déclara le magistrat, qui ne se doutait pas qu'un de ses collègues prononcerait, trois ans plus tard, contre Balléaut, la peine capitale, et que, dans l'acte d'accusation de l'affaire à venir, le procureur général donnerait sur Balléaut et ses deux complices les renseignements que voici :

« Leurs habitudes, leurs antécédents, leurs caractères, leurs vices, tout en eux était bas et méprisables. Ils étaient adonnés à la paresse et à l'ivrognerie. Balléaut était plus particulièrement un mendiant. Il ne vivait que d'aumônes. »

Le compte rendu du second procès ne mentionne pas que le président ait interrompu la lecture de l'acte d'accusation pour interdire au ministère public le droit de traiter l'accusé d'ivrogne et de mendiant.

Et Gallemard ! ce Gallemard qu'on écoutait avec complaisance, dont l'accusation se contentait de paraphraser la déposition et qu'on ne voulait même pas faire sortir de l'audience lorsqu'il influençait visiblement les autres témoins par ses gestes et ses regards, veut-on savoir ce qu'en devait écrire en son réquitoire le procureur général trois ans après?

Voici le passage qui le concerne :

« Qu'était-ce donc que cet homme qui jouissait d'un tel crédit, qui usurpait une telle influence? Un homme décrié à tous égards, un cabaretier naguère hostile, un ci-devant démagogue à qui l'Administration avait été obligée de retirer, à raison de la violence de ses opinions, un bureau de tabac dont il était titulaire. Il était devenu l'un des principaux propriétaires de la commune, et chaque année il faisait de nouvelles acquisitions. Mais la notoriété publique lui imputait de s'être enrichi par des moyens honteux et criminels. Il avait autrefois, disait-on, étant au service de M. de Lays, soustrait une somme de dix-huit cents francs au préjudice de son maître. Nulle probité, d'ailleurs, pas même dans l'exploitation de son cabaret. Il ne se faisait aucun scrupule de faire payer deux fois aux consommateurs le vin qu'ils avaient bu, et une jeune servante le quittait pour ne pas être témoin de ses indélicatesses.

« On lui imputait d'avoir, en 1848, fait périr traîtreusement un vieillard, le nommé Faudot, dont il venait d'acheter le bien à rente viagère..... Personne n'ignorait, à Longepierre, que le maire de la commune pouvait bien n'être au fond qu'un voleur et un assassin. Il y avait, de plus, de fortes raisons de le soupçonner d'être l'instigateur ou le complice des incendies qui désolaient la contrée. »

Ainsi parlait la justice en 1855. En 1852, Gallemard était son témoin principal, il était le maire nommé par le préfet et toutes ses paroles étaient considérées comme l'écho de « la clameur publique. »

Revenons aux débats de 1852 devant la Cour d'assises.

Pierre Vaux n'était accusé d'aucun incendie déterminé. Il avait seulement « dirigé » ses coaccusés, disait le ministère public. Et le mobile de ses crimes, le procureur impérial, dans son réquisitoire, l'indiquait en ces termes :

« Vaux, disait ce magistrat, a le premier jeté dans une population paisible ces grands mots de *pauvres* et de *riches*, qui ont été le brandon de la discorde et de l'incendie. Il a allumé les querelles, entretenu les défiances, attisé les haines.... Exaspéré par sa révocation, il a redoublé d'audace et de violence démagogiques. Dernièrement encore, il écrivait à l'illustre prince qui préside aux destinées de la patrie, une lettre insolente dans laquelle il a osé lui adresser la qualification de *citoyen*. Poussé par la haine qu'il nourrit contre les notables de Longepierre, qui ont contribué à sa révocation, il se laisse emporter aux plus coupables résolutions. Il rêve la ruine et la dévastation de la commune, etc. »

Est-ce le bon moyen de faire équitablement juger un accusé « sans haine et sans crainte » que de dire à ses juges : Cet homme vous hait et veut votre ruine ?

Mais c'est malheureusement un excellent procédé pour obtenir une condamnation.

Le président, dans son résumé, insista sur le péril social, sur la nécessité d'aider un gouvernement providentiel dans son œuvre de répression et de salut.

Et Pierre Vaux fut condamné aux travaux forcés à perpétuité.

Deux seulement de ses huit co-accusés furent acquittés.

Quoiqu'il n'y eût contre lui que l'accusation de Balléaut, quoiqu'il ne fût accusé que d'une complicité morale, Vaux fut envoyé au bagne. De Toulon, de la Guyane, comme il l'avait fait dès le lendemain de son arrestation, comme il devait le faire jusqu'à sa mort, il écrivait à sa femme et à ses amis des lettres éloquentes et touchantes, dans lesquelles il protestait de son innocence et sans cesse espérait que le jour de la justice approchait pour lui (1).

Cependant, les incendies n'avaient pas cessé à Longepierre.

Après la condamnation de l'instituteur, le 4 novembre 1852, quatre mois après le verdict qui l'avait envoyé au bagne, le feu prenait chez un propriétaire de Longepierre, nommé Jacquin ; le 9 août 1853, nouvel incendie ; le 19 du même mois, le 28, le feu prend encore dans la commune.

Le 12 avril, la maison des sœurs-institutrices brûlait ; mais cette fois on arrête l'incendiaire sur le lieu même du sinistre : c'est Balléaut, le témoin de l'accusation dans le procès de Pierre Vaux, Balléaut qui, après quelques jours de détention, dénonce son complice : Gallemard. Et le juge de paix de Verdun-sur-Doubs, M. Feurtet, nouvellement nommé, fait procéder à l'arrestation du maire

C'est à partir de ce moment que commence l'incroyable, l'effroyable responsabilité des magistrats. Jusqu'alors ils avaient

---

(1) Cette correspondance de Pierre Vaux est des plus curieuses et des plus intéressantes. L'analyser sortirait du cadre de notre ouvrage. Citons-en seulement ces deux extraits. La première lettre est ainsi datée : « En rentrant de la Cour d'assises, le 25 juin 1852. » Elle se termine par cette phrase : « Quoi qu'il advienne de moi du reste, et quelle que soit la destinée que le ciel nous réserve dans sa puissance, ô ma femme, ô mes enfants, portez toujours le front haut devant les hommes, et souvenez-vous que le nom que vous tenez de moi est sans tache aux yeux de l'Eternel. Pierre Vaux, sans peur et sans reproche. »
Cet autre extrait est daté du bagne de Toulon, 3 février 1854. « Tu me dis, ma chère femme, que tout le monde prend part à ma douloureuse position et que partout le cri de l'opinion publique est que je suis sans tache. A peine condamné, je t'écrivais qu'il viendrait un jour où chaque fois qu'il serait question de Pierre Vaux, de sa femme, de ses enfants, un sentiment de douleur mêlé de pitié et de respect s'empareraient du cœur de tous les honnêtes gens. Eh bien, tu le vois, ce jour est arrivé... Courage donc et patience, ce ne sera pas toujours aux mêmes de pleurer. »

pu être trompés par Gallemard et se laisser aller à voir dans les opinions républicaines de Pierre Vaux quelque chose équivalant à un antécédent mauvais. Mais que dire, en présence de cette lettre adressée, le lendemain de l'arrestation de Gallemard par le procureur impérial de Châlon, M. Guillaume du Fay, au juge de paix de Verdun, M. Feurtet ?

« Châlon, 4 juin 1855.

« Monsieur le Juge de paix,

« Monsieur le procureur général a approuvé l'arrestation de Gallemard, espérant, comme nous, qu'elle amènera des révélations pouvant prouver la culpabilité de l'ex-maire de Longepierre. Mais ce magistrat vous recommande de vous mettre en garde contre l'exagération probable de certains témoins et, en suivant la voie nouvelle de notre information contre Gallemard, de ne pas abandonner l'autre voie de l'information contre les propriétaires de Longepierre, dont quelques-uns ont incendié leurs maisons par spéculation, en comptant bien que les soupçons de la Justice se fixeraient d'abord sur les anciens débris de la bande de Vaux.

« A propos de ce dernier, il est bien *essentiel* en recevant les déclarations à charge de Gallemard qui le feraient considérer comme complice de la première bande d'incendiaires de *ne vous arrêter officiellement à aucune déposition pouvant faire supposer l'innocence de Vaux et consorts*. Ces individus, dont quelques-uns nient à tort la culpabilité, paraissent bien avoir mérité le châtiment qui leur a été infligé ; tout ce qui pourrait ressortir de notre information *actuelle*, c'est la complicité de Gallemard *ne détruisant nullement la culpabilité des condamnés de 1852, etc.* »

Le juge de paix, M. Feurtet, malgré les indications du procureur impérial, continuant à recevoir toutes les dépositions à charge et à décharge, le juge d'instruction lui renouvelle les ordres du procureur impérial :

« Il *faut surtout* que rien n'autorise l'opinion à entrer dans une voie de revision anticipée du procès de Vaux. »

Vaux à ce moment était encore au bagne de Brest. M. Feurtet demande à aller l'interroger ainsi que ses co-condamnés. Il offre de faire le voyage à ses frais.

Aussitôt l'administration embarque pour Cayenne l'ancien instituteur et ses amis de Longepierre, dispensant ainsi le procureur impérial de rejeter la proposition généreuse de M. Feurtet.

Le 12 août 1855, Gallemard se pendait au barreau de la fenêtre de sa cellule ; mais la disparition du principal accusé n'empêchait pas la lumière de se faire peu à peu grâce à l'honnête entêtement de M. Feurtet.

Le 28 août il faisait part au juge d'instruction de ses scrupules (1) :

« S'il m'était permis d'émettre toutes mes idées, écrivait-il, je soulèverais un doute immense sur le point de départ de notre instruction, sur le lien qui unit cette dernière affaire à la première, en un mot sur *la complicité de Vaux que je ne trouve nulle part et de Gallemard que je trouve partout.* »

Le juge d'instruction, M. Metman, ne tarda pas à partager l'avis de M. Feurtet ; mais il n'était pas le maître :

« Rappelez-vous, lui écrivait-il, quelques jours avant les débats, rappelez-vous que la pensée d'abréger et de simplifier domine chez le président des assises et qu'il ne faut pas songer à lui faire adopter d'autres propositions que celles où il veut réduire l'affaire. »

Cependant, pour leur édification personnelle, les deux hommes s'en vont, le 7 décembre 1855, trouver Balléaut dans sa cellule. Ils l'adjurent de dire la vérité, et reçoivent de lui la déclaration suivante que rédige le juge d'instruction (2) :

« Je reconnais dit Balléaut, que je n'ai assisté en 1851 à aucune réunion incendiaire. Je ne sais pas s'il en a existé ; mais tout ce dont j'ai déposé à cet égard m'a été dicté par Gallemard qui m'a fait répéter plus de vingt fois ma leçon et qui était toujours présent lorsque M. le juge de paix Boulanger m'interrogeait, m'aidant à persister toujours dans la même version.

« Il me faisait dire que le premier conciliabule s'était passé dans la troisième chambre de Vaux et comme je n'y étais jamais entré, je ne sais comment je n'ai jamais été mis en défaut sur ce point...

---

(1) La correspondance de M. Feurtet et toutes les pièces établissant l'innocence de Vaux ont été réunies par la Commission parlementaire saisie par ses enfants de la demande en réhabilitation.

(2) Pièce retrouvée dans le dossier d'une instruction postérieure dirigée contre Pichon, gendre de Gallemard, et publiée dans son rapport par la Commission d'enquête parlementaire de 1879.

« Voici comment j'ai entendu parler d'incendies pour la première fois :

« Dans une soirée du 10 au 12 février 1851, Moissonnier m'engagea à venir avec lui chez Gallemard, sans me dire de quoi il s'agissait. Quinard nous rejoignit en chemin. Nous sommes entrés chez Gallemard qui nous a fait entrer dans le cabinet, près de la chambre à four. Nouvelot y était déjà; il n'y avait personne dans le cabaret. Gallemard nous fit boire et nous tint des discours contre les riches habitants de Longepierre qui exploitaient, disait-il, la misère des manœuvres. Ils voulaient les faire travailler pour rien, tandis que lui payait bien et ne craignait pas de donner encore à boire, puis il ajouta, en parlant de tous les habitants aisés de la commune : « Je vois bien qu'ils se sont mis contre moi. Il faudra donc donner un coup de balai. »

« Voulez-vous être un homme pour cela, je vous dirai ce qu'il faudra faire.... Soyez tranquille, j'aurai soin de vous et vous ne serez pas malheureux. — Alors il nous a fait promettre, mais sans serment, d'obéir à ses ordres et d'observer le plus grand secret. — Il nous dit ensuite qu'il fallait brûler toute la rangée, depuis le pont de Revignon jusqu'au Doubs, que c'étaient tous des bleus et que si l'église et la cure y passaient, ce ne serait pas dommage.

« Six personnes en tout assistaient à cette réunion ; c'était avec Gallemard et Pichon, Guinard, Moissonnier, Nouvelot et moi. »

Balléaut finit par avouer qu'il était l'auteur ou le complice de la plupart des incendies de 1851. — Cependant, malgré ses aveux formels, malgré les efforts du juge d'instruction et du juge de paix qui avaient reçu ses déclarations, *on ne le poursuivit pour aucun des crimes antérieurs à la condamnation de Pierre Vaux.*

Quant à la déposition dont on vient de lire un extrait, elle fut, comme par hasard, égarée jusqu'en 1879, date à laquelle la Commission parlementaire saisie de la pétition des fils du condamné, la retrouva dans un autre dossier.

On amena devant le jury Balléaut, Quinard et Moissonnier et, pour éviter toute revision ultérieure du procès de Pierre Vaux, voici le système d'accusation qu'adopta le procureur général.

L'inspirateur des incendies, ce n'était plus Pierre Vaux, mais Gallemard : l'ancien instituteur, n'avait été dans cette série de crimes qu'un lieutenant, un auxiliaire de son ancien accusateur !

L'acte d'accusation de ce second procès présentait l'affaire en ces termes :

« Dans la soirée du 12 avril 1855, le feu dévorait à Longepierre le bâtiment communal où se tient l'école des sœurs. — C'était le dix-septième incendie qui, depuis quatre ans, éclatait dans ce bourg. — Déjà, le 25 juin 1852, après le huitième sinistre, une bande d'incendiaires, ayant en tête l'instituteur Vaux, avait été condamnée par la Cour d'assises de Saône-et-Loire. Mais depuis cette époque, les désastres avaient continué — « *La Volonté supérieure* » (*Gallemard*) qui présidait à cette œuvre de destruction, la main toujours invisible qui l'accomplissait, poursuivait sans relâche l'exécution de ce dessein criminel. — Soixante-quatre maisons sur cent quatre qui composent cette commune avaient été la proie des flammes.

« Ni la sévérité de la répression qui avait frappé Vaux et ses complices, ni la présence d'une brigade de gendarmerie établie à Longepierre, ni la surveillance des habitants eux-mêmes n'avaient pu prévenir le retour de ces catastrophes, etc... »

Reconnus coupables, sans circonstances atténuantes, les trois accusés furent condamnés à la peine de mort.

Quant à Pierre Vaux, il resta au bagne jusqu'à sa mort, survenue en 1874.

Il écrivit vainement, pour les intéresser à son sort, à M. Le Royer, à Schœlcher, à Gambetta, à bien d'autres !

— Faites une demande en réduction de peine, lui répondait-on, nous l'appuierons.

Pierre Vaux mourut sans avoir pu obtenir que les pouvoirs publics s'occupassent de lui.

Un député, M. Boysset, voulut bien enfin examiner et présenter la pétition (1) adressée aux Chambres par ses fils : on répondit à ses efforts par un *non possumus* continuel.

Le 9 janvier 1886, le Garde des Sceaux (Directions des affaires criminelles, 1er Bureau, n° 512, A. 79) adressait à M. Jules Grévy, qui lui avait communiqué et recommandé une requête afin de revision, présentée au Président de la République par les fils du condamné.

« ..... *Les résultats de la deuxième enquête ne firent que confirmer les preuves matérielles qui avaient déterminé la condamnation du sieur Vaux et de ses co-inculpés.*

« Les fils du sieur Vaux persistent néanmoins à penser que la

_____

(1) À fin de revision.

condamnation de leur père est incompatible avec l'arrêt qui a frappé les complices du sieur Gallemard et ils demandent, en conséquence, que l'arrêt du 25 juin 1852 soit revisé.

« La demande directe des parties n'étant plus recevable par suite de l'expiration du délai fixé par l'article 444, j'aurais seul le droit aujourd'hui de demander la revision et je ne manquerais pas d'exercer ce droit si les arrêts qu'on met en opposition, étaient réellement inconciliables. Mais les crimes d'incendies auxquels se rapportent ces décisions ont été multiples et la condamnation des uns n'implique pas l'innocence des autres. Dans ces conditions, la nouvelle requête des sieurs Vaux ne paraît susceptible d'aucune suite.

« Recevez....., etc.

> « Pour le Ministre : Le conseiller d'État, directeur des affaires criminelles et des grâces,
>
> Et. JACQUIN.

Les enfants de Pierre Vaux, que rien ne décourageait, écrivirent encore une lettre, le 27 janvier 1888, à M. Carnot nouvellement élu à la présidence de la République.

Ils reçurent la réponse suivante :

« Le secrétaire particulier informe M. Vaux, que sa demande, adressée à M. le Président de la République dans le but d'obtenir *la grâce* de son père, a été transmise au Ministre de la Justice comme étant de sa compétence.

> « Paris, le 30 janvier 1888. »

La grâce de Pierre Vaux ! Il y avait quatorze ans que le malheureux était mort innocent au bagne de Cayenne ! (1)

---

(1) La revision du procès de Pierre Vaux sera prochainement, sans doute, un fait accompli. La Cour de cassation est saisie d'une demande introduite par M. Pierre-Armand Vaux, fils de l'instituteur de Longepierre et transmise par le garde des sceaux, sur avis unanimement favorable de la commission des erreurs judiciaires. La Cour a nommé M. le conseiller Sevestre, rapporteur.

TABLE ANALYTIQUE[1]

PRÉLIMINAIRES

LES CAUSES D'ERREURS

CHAPITRE PREMIER. — La passion publique.

CHAPITRE II. — Les témoins.

CHAPITRE III. — Les experts.

(1) Voir en tête du volume la liste chronologique des erreurs.

CHAPITRE IV. — L'instruction.

CHAPITRE V. — **A l'audience.**

CHAPITRE VI. — **Inégalité entre l'accusation et la défense.**

LES ERREURS JUDICIAIRES

Achevé d'imprimer le 28 février 1897.

Laval. — Imprimerie E. JAMIN, 8, rue Ricordaine.